시민참여론

이승종 | 김혜정

박영사

Preface
머리말

본 서는 1995년 출간된 '민주정치와 시민참여'를 후학 김혜정 교수와 협업개정을 통해 2011년 '시민참여론'으로 새롭게 한 책이다. 책이 출간된 이후 짧지 않은 기간이 경과되면서 우리사회의 시민활동이나 시민참여제도에 상당한 변화가 이루어져 왔다. 이에 따라 책의 내용이 현실을 반영하지 못하는 부분이 생겼고, 그 간극을 메우기 위한 노력으로 개정판을 출간하게 되었다. 이번 개정작업에서는 기본적으로 책의 전반적인 구조는 유지하면서 변화된 제도와 운영현황을 반영하고 보완하였다. 구체적으로 시민참여의 근간이 되는 주민투표제, 조례제정개폐청구제, 주민소환제, 주민감사제, 주민소환제 및 시민참여예산제도 등의 내용을 수정하였다. 물론 법제도적 측면에서만 변화가 일어난 것은 아니며, 제도변화와 함께 시민의 참여행태에 있어서도 상당한 변화가 일어났으므로 이를 반영하는 노력도 기하였다. 한편, 시민참여의 근간으로서 근린차원의 매개집단의 역할이 중요하다. 이를 감안하여 최근 국제사회에서 많은 관심을 받고 있는 지역사회 발전모형 또는 참여거버넌스의 모형으로서 새마을운동에 대한 내용을 포함하였다. 정보화사회의 진행에 따라 정보기반참여의 의미가 더욱 중요해졌다. 이와 관련, 정보공개제도나 정보격차 등의 주요 내용들을 업데이트하는 작업도 병행하였다. 끝으로, 개정판의 출간을 적극적으로 도와주신 박영사 안종만 회장, 조성호 이사, 안희준 대리에게 깊은 감사의 말씀을 전한다.

2018년 2월

이승종, 김혜정

차 례

01 민주정치와 시민참여
CITIZEN PARTICIPATION

02 민주정치의 시원과 확장
CITIZEN PARTICIPATION

03 시민참여의 개념
CITIZEN PARTICIPATION

04 시민참여의 관점과 성격
CITIZEN PARTICIPATION

05 참여모형:참여요인과 효과

CITIZEN PARTICIPATION

06 시민참여활동과 참여자

CITIZEN PARTICIPATION

07 참여 실태와 전개

CITIZEN PARTICIPATION

08 참 여 자

CITIZEN PARTICIPATION

09 정책결정자
CITIZEN PARTICIPATION

10 매개집단
CITIZEN PARTICIPATION

11 참여제도

CITIZEN PARTICIPATION

12 전자민주주의
CITIZEN PARTICIPATION

14 참여의 효과와 과제

CITIZEN PARTICIPATION

15 참여환경

CITIZEN PARTICIPATION

16 결론: 협력민주주의의 지향

CITIZEN PARTICIPATION

민주정치와 시민참여

민주정치와 시민참여

I 민주정치의 가치요소

CITIZEN PARTICIPATION

참여는 시민이 주인인 민주사회에서라야 가능한 것이다.[1] 시민이 주인이 아닌 사회에서 시민의 참여는 권리로서 인정되는 것이 아니라 권력자로부터의 은전으로 제한된 범위 내에서 허락될 수 있을 뿐이다. 따라서 시민참여를 논하기 위하여는 우선 민주주의(democracy)가 무엇인가에 대하여 언급할 필요가 있다. 불행히도 우리는 민주주의를 자주 거론하면서도 민주주의가 과연 무엇인가에 대한 일치된 개념정의를 갖고 있지 않다.

주지하다시피 어원적으로 볼 때 민주주의는 그리스어 demos(민중)와 kra-

1) 여기에서 시민(citizen)이라 함은 서울시, 부산시와 같은 지역으로서의 시의 구성원을 의미하지는 않는다. 일반적으로 시민은 "정치공동체의 구성원으로서 공동체의 유지·발전을 위하여 노력하는 구성원"을 의미하며 개개 구성원을 나타내는 동시에 구성원의 집합체를 함께 가리키는 포괄적인 용어로 쓰인다. 이와 같은 시민이라는 용어는 민, 민중, 대중, 인민, 국민, 주민 등의 용어와 사실상 같은 개념으로 상호 교차하여 사용하여도 크게 무리가 없다할 것이다. 다만 시민은 공동체의 유지·발전을 추구해야 한다는 규범적인 의미가 강조된다는 점에서 여타 개념과 다소 차이를 보인다.

tia(통치)의 합성어인 demokratia에서 유래된 것으로서 '민중에 의한 통치'를 의미하는 것이다. 어원이 갖는 의미에 충실할 경우 민주주의는 사실상 사상이나 행동양식을 나타내는 '주의(ideology, ism)'라기보다는 정치형태 또는 정치원리를 나타내는 용어이며, 따라서 민주주의는 오히려 '민주정치'로 이해되고 표현된다.[2] 이와 같이 민주주의를 민주정치와 동일시하는 관점에서 볼 때, 민주주의(민주정치)는 단순히 '시민에 의한 정치', 또는 '주권이 시민에 있고 그 주권이 시민에 의하여 직접 행사되거나 또는 자유로운 선거에 의하여 선출된 시민의 대표에 의하여 행사되는 정치형태', 또는 '시민을 위한 정치' 등으로 이해된다. 그러나 오늘날 민주주의는 이와 같이 정치형태에 관련된 개념으로만 사용되지 않으며 보다 확장적인 의미로 사용된다. 예컨대, 미국의 교육철학자 듀이(Dewey)는 "민주주의란 단순한 정치형태만은 아니며 공동생활의 한 양식이며 또 상호간에 교섭하는 경험의 한 양식"이라고 규정하였고, 메이요(Mayo)는 민주주의를 "인간의 존엄성에 대한 신념을 구현하기 위한 사회생활의 원리와 정부형태"라고 규정하였다.[3] 요컨대, 오늘날 민주주의에 대한 개념정의는 시민에 의한 통치체제라는 민주주의의 어원에 충실한 개념규정으로부터 민주적 정치체제를 지탱해주는 사상체계 내지는 생활양식까지를 포괄하는 개념으로 확대되었다.[4]

이와 같이 민주주의는 매우 다의적인 의미로 사용되고 또 사용될 수 있지만, 그럼에도 불구하고 시민의 참여와 관련하여 볼 때 민주주의의 핵심적 의미는 역시 시민이 주인으로서 인정되고 주인의 지위에 걸맞는 역할을 담당하는 정치형태 즉, 민주정치에 있다고 보아야 할 것이다. 그리고 이때, 사상 또는 행동양식으로서의 민주주의는 앞에서 지적한 바와 같이 민주정치가 원활히 기능하기 위한 전제요건으로 이해될 수 있을 것이다.

아마도 정치원리로서의 민주주의 또는 민주정치(이하 민주주의와 민주정치를 같은 의미로 혼용하기로 한다)에 대한 개념정의 중, 민주정치는 "시민의, 시

2) 정치형태라 함은 통치기구를 통하여 실현되는 정치생활의 제 행동을 조직화하고 규제하고 나아가서 개발하는 원리를 말한다. 김운태. (1978). 「정치학원론」. 서울: 박영사, 347.

3) 한국국민윤리학회. (1990). 「사상과 윤리」. 서울: 형설출판사, 330.

4) 이때 이와 같이 비정치적인 분야를 포괄하는 개념으로 민주주의를 사용하는 경우에는 정치형태를 가리키는 민주주의 즉, 민주정치를 정치적 민주주의(political democracy)로 구분하여 부르기도 한다. G. Bingham Powell, Jr. (1982). *Contemporary democracies: Participation, stability, and violence*. Cambridge, MA: Harvard University Press, 1.

민에 의한, 시민을 위한 정치(government of the people, by the people, for the people)"라고 한 미국의 링컨(Lincoln) 대통령의 개념정의처럼 민주정치의 명료하고 정확한 표현은 없을 것이다. 링컨의 말은 민주정치의 세 가지 가치요소를 나타낸 것으로 해석된다. '시민의 정치'는 민주정치의 근원가치요소를, '시민에 의한 정치'는 민주정치의 수단가치요소를, 그리고 '시민을 위한 정치'는 민주정치의 목적가치요소를 각각 가리키는 것으로 이해될 수 있다.[5] 보다 구체적으로 '시민의 정치'는 통치권력의 소재가 시민에게 있고 따라서 통치권력의 정당성의 근원 역시 시민에게 있다는 점을 규범적으로 선언한 것이고, '시민에 의한 정치'는 권력의 행사가 시민에 의하여 직접적으로 또는 시민의 대표에 의하여 행사되어야 한다는 권력행사방식(통치체제)을 제시한 것이며, '시민을 위한 정치'는 권력의 행사(수단)가 궁극적으로 시민이익의 증진이라는 목적달성을 위한 것이어야 한다는 점 즉, 통치의 목적을 천명한 것이라 하겠다.[6]

생각건대, 민주정치는 이 세 가지 요소가 적절히 조화된 상태에서 최대로 고양될 수 있을 것이다. 그런데 이 세 가지 요소간의 관계에 관하여 강조할 것은 '시민에 의한'과 '시민을 위한'은 '시민의'가 먼저 전제되어야 가능한 개념이라는 것이다. 정치가 시민에 의하여 한다거나 또는 시민을 위한 것이어야 한다든가 하는 주장은 그 정치의 주인이 시민인 경우에만 정당화될 수 있기 때문이다. 이러한 논리는 우리의 일상생활에서의 예를 통하여도 쉽게 이해가 된다. 예컨대, 운전면허는 면허소지자에 의하여 면허소지자의 용도에 부응토록 사용되어야 함이 당연하다. 환언하자면 '시민의'는 '시민에 의한 정치' 및 '시민을 위한 정치'를 정당화 시키는 근원가치라는 것이다. 이때 이 삼자간의 관계는 [그림 1-1]과 같이 나타낼 수 있을 것이다.

지적할 것은 그림의 화살표가 나타내듯이 '시민의 정치'는 하나의 추상적 내지는 선언적 개념으로써 '시민에 의한 정치'와 '시민을 위한 정치'에 당

5) 이와 관련하여 Schumpeter는 민주주의는 수단이나 목적이 아니며 정치의사결정을 위한 하나의 정치형태(a political method)일 뿐이라고 주장한다. J. S. Schumpeter (1943). *Capitalism, socialism, and democracy*. London: Geo Allen & Unwin, 242; 그러나 정치형태가 어떠한 목적이거나 목적달성을 위한 수단으로서의 성격을 전혀 갖지 않는다고 보기는 어려운 노릇이다.

6) 여기에서 시민이익은 공익을 의미하는 것으로 본다. 공익이 구체적으로 무엇을 의미하는지, 사익과의 관계는 어떠한지에 대하여는 뒤에서 구체적으로 언급할 것이다.

그림 1-1 민주정치의 세 가지 가치요소

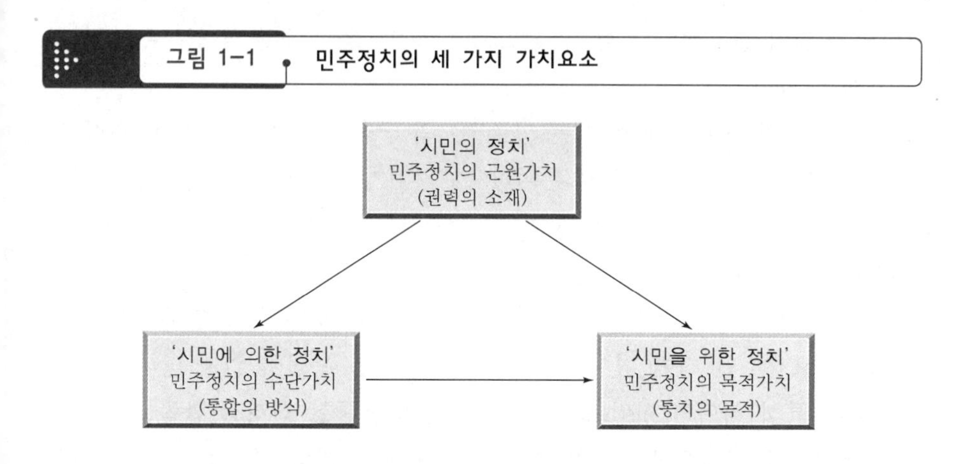

위성을 부여하는 가치요소로서 기능할 뿐, 현실 민주정치를 논함에 있어서는 '시민에 의한 정치'와 '시민을 위한 정치'가 관심의 대상이 된다는 점이다.[7] 이와 같이 '시민의 정치'를 '시민에 의한 정치'와 '시민을 위한 정치'를 정당화 시키는 대전제로 볼 때, 결국 민주정치는 '시민에 의한 정치'와 '시민을 위한 정치'의 조화를 통하여 구현가능한 것으로 볼 수 있다.

그럼에도 불구하고 민주정치 또는 민주주의에 관한 일반적 논의는 '시민에 의한 정치' 즉, 권력행사방식을 중심으로 전개되어 왔다. 이는 앞서 제시한 민주정치의 세 가지 가치요소 중에서 정치원리로서 가장 기본이 되는 것은 '시민에 의한' 정치라는 암묵적 가정에서 비롯된 것으로 생각된다.[8] 아울러 이러한 입장에서 단순히 '시민에 의한 정치'를 민주정치라 부르는 경향이 일반화되어 있다. 예컨대, 버바(Verba)와 나이(Nie)는 민주정치를 단순히 "시민에 의한 정치(rule by the people)"라고 정의하면서 참여가 낮을수록 민주정치의 수준이 낮으며, 참여가 높을수록 민주정치의 수준이 높을 것이라고 제시한 바 있다.[9] 그러나 정치과정에 있어서 시민의 역할이 증대된다고 해서 반드시

7) Edward S. Greenberg (1983). *The American political system: A radical approach*. 3rd ed. Boston: Little, Brown & Co, 26.

8) 김운태. (1978). 앞의글, 351.

9) Sidney Verba and Norman H. Nie (1972a). *The model of democratic participation: A cross-national comparison*. Beverly Hills: Sage Comparative Politics Series. No. 01-13, 1. 단, Verba와 Nie 자신도 이와 같은 민주주의의 개념이 정치(精緻)되지 못한 것임을 인정하고 있다.

시민의 이익이 증진된다고 할 수 없으므로 그와 같이 좁은 의미로 부르는 것은 문제가 있다.

오히려 '시민에 의한 정치'는 민주정치의 궁극적 목적인 '시민을 위한 정치'의 달성을 위한 수단가치일 뿐이며 그 자체가 민주정치의 궁극적 목적은 아니라는 점이 강조되어야 한다(그림에서 횡선으로 그린 화살표는 '시민에 의한 정치'가 '시민을 위한 정치'와 수단과 목적의 관계에 있음을 나타낸 것이다). 물론 고전적 민주정치 이론가들이 주장하듯이 '시민에 의한 정치'도 민주정치를 구성하는 주요요소인 점에 있어서 그 자체로 목적인 측면이 없지 않다는 점도 인정된다. 특히 시민의 이익 또는 복지는 참여를 통한 심리적 만족을 통하여도 이루어진다 하겠으므로 시민에 의한 정치에 논의의 초점을 맞추는 것도 일응 타당한 측면이 있다 할 것이다. 그럼에도 불구하고 '시민에 의한 정치'는 본질적으로 '시민을 위한 정치'를 위한 수단가치로서의 성격이 크다는 점을 간과할 수 없다. 이는 왜 시민이 정치과정에 참여하여야 하느냐는 질문을 통해 쉽게 이해할 수 있는 사항이다. 시민은 단지 참여를 위하여 참여하는 것은 아니기 때문이다. 이와 관련하여 일찍이 루쏘(Rousseau)는 다음과 같이 말한 바 있다:

> "일반의지(general will)는 언제나 정당하고 시민의 이익에 부합하게 될 것이지만 시민의 사고(deliberation)도 그러한 것은 아니다. 시민의 의지는 시민의 이익을 추구하지만, 시민의 이익이 무엇인지를 반드시 발견하지는 못한다. 그것은 시민이 부패했기 때문은 절대로 아니다. 그러나 시민들은 흔히 현혹되며 또한 그러한 경우에 그들의 이익에 배치되는 것을 추구하게 된다."[10]

이러한 루쏘의 주장은 시민에 의한 정치가 반드시 시민 자신을 위한 정치가 되는 것은 아니라는 점을 지적한 것으로서 시민에 의한 정치가 민주정치의 궁극적 목적일 수 없다는 주장을 뒷받침해 주는 것이다.[11]

그러나 이러한 지적이 수단가치로서의 '시민에 의한 정치'가 무시되어야

---

10) Jean Jacques Rousseau (1913). *The social contract and discourses*. Recited from Joseph F. Zimmerman (1986). *Participatory democracy: Populism revisited*. New York: Praeger, 1.

11) 역설적으로 이러한 루쏘의 주장은 시민참여에 대하여 회의적 내지는 제한적인 입장과도 통하는 것이다.

함을 의미하는 것은 아니다. 그것은 시민을 위한다는 명목하에 자행되는 과두정치를 민주정치라 부를 수 없다는 데서 명백하다. 더욱이 실제로 민주정치의 목적달성이 시민에 의한 통치방식에 의하지 않고는 달성되기 어려울 것이라는 점도 고려되어야 한다. 다만, 민주정치를 논함에 있어 시민에 의한 정치를 중시하더라도 그것만으로 민주정치가 완성되는 것으로 보아서는 안 된다는 사실을 강조하고자 하는 것이다. 결론적으로 민주정치는 '시민에 의한 정치'(by)를 핵심요소로 전제하되 '시민을 위한 정치'(for)에 대한 고려를 잃지 않을 것을 요구한다고 하겠다.

한편 '시민에 의한 정치'(by the people)는 다수결의 원리 또는 다수보호주의와 연결된다. 문제는 다수결은 종종 다수에 의한 독재로 전락할 우려가 있다는 점이다. 민주정치를 시민에 의한 정치로만 볼 수 없는 또 다른 이유이다. 다수의 의사를 존중하되 다수의 횡포를 막고 소수를 보호하기 위해서는 다수와 소수간 경계의 이동성이 확보되어야 하는데 그 주요 방편이 토론과 협상(discussion and compromise)이다.

일반적으로 토론은 엘리트에게는 설득의 기회를, 일반인에게는 이해의 기회로 작용하여 양 집단간의 경계선이 이동할 여지를 부여한다. 하지만 토론은 제한된 의제에 대하여 제한적으로 이루어지기 때문에 이러한 점에서 볼 때, 보다 협력적이고 공동체적인 협의, 즉 토의(deliberation)가 바람직하다. 토의는 공동체적 활동에 기반하고, 강요가 아닌 리더십에 의한 것이며 전문성에 기초한 정보가 우선적으로 제공될 것을 전제로 하기 때문이다. 토의에 대해서는 토의민주제에 대한 논의에서 별도로 다루도록 한다.[12]

II 시민에 의한 정치: 직접민주제와 대의민주제

CITIZEN PARTICIPATION

시민에 의한 정치방식은 크게 두 가지로 나눌 수 있다. 하나는 시민 자신의 직접참여에 의한 직접민주제이며, 다른 하나는 시민의 대표에 의한 대의민

12) 본서의 제 2 장을 참조.

주제(또는 간접민주제)이다. 전자는 루쏘(Rousseau), 밀(Mill), 토크빌(Tocqueville), 바버(Barber), 패이트만(Pateman)과 같은 고전적 민주이론가 등에 의하여, 후자는 슘페터(Schumpeter), 다알(Dahl), 사르토리(Sartori), 벤담(Bentham)과 같은 수정론자들(revisionists) 또는 엘리트주의자들에 의하여 각각 그 장점이 지지되고 있다. 직접민주주의의 주창자들은 권력의 행사과정에서 시민의 역할이 크면 클수록 바람직한 것으로 인식한다. 그러한 인식의 바탕은 기본적으로 시민의 의사는 시민 자신이 직접 통치과정에 참여할 경우에 가장 잘 반영될 수 있으리라는 믿음에서 출발한다.[13] 이러한 이유로 흔히 민주주의의 이상은 직접민주정에 있으며 대의민주주의는 불가피한 차선책 내지는 시민참여의 증대를 통하여 개선되어야 할 정치제도로 인식되어 왔다.

직접민주정치의 전형으로는 흔히 그리스 아테네(Athens)의 직접민주정치가 제시되고 있다. 주지하는 바와 같이 고대 그리스 아테네에서는 모든 시민들이 직접 민회(eclesia)에 나가서 토론을 통하여 공동의 의사결정을 함으로써 "모든 시민에 의한 정치"를 추구하였다. 일반시민이 정치에 직접 참여함에 있어서 개개인의 시민성(citizenship)이 강조되었는데, 이때 시민성은 공익에 반하여 남에게 간섭받지 않는 권리와 자유를 향수할 수 있음을 의미하는 부정적 의미로서가 아니라, 의무와 권리로서 통치과정에 참여해야 한다는 보다 적극적인 의미로 인식되었다.[14] 엄격히 보면 아테네의 민주정은 직접민주정치의 형식을 갖추었으면서도 실제로는 수많은 부녀자, 노예, 상공업자, 외국인 등을 제외한 시민권 소유자만의 귀족정치에 가까운 것이었다.[15] 또한 델로스 동맹에 대한 제국주의적 지배를 기반으로 성장한 정치체제라는 비판도 있다. 그러나 아테네 민주정은 귀족적, 제국주의적 색채에도 불구하고 시민 다수의 참여가 보장되었고, 참여하는 시민 내부에 관한한 철저한 직접민주주의가 추구되었다는 점에서 여전히 민주정치의 모범이 된다.

한편, 고대 아테네에서의 직접민주정이 사실상의 민주정치라고 할 수 있느냐의 문제와는 별도로 오늘날에 있어서도 직접민주정치의 예를 발견하기는

13) Russell J. Dalton (1988). *Citizen politics in western democracies*. Chatnam, New Jersey: Chatnam House Publishers, Inc., 1.

14) Greenberg (1983). 앞의글, 27.

15) James V. Cunningham (1972). "Citizen participation in public affairs." *Public Administration Review* 32, 590.

어렵지 않다. 예컨대 스위스(Swiss)의 Canton, 미국의 town이나 township 등 소규모 지역단위에서는 여전히 주민총회형식을 통하여 직접민주정치가 이루어지고 있다. 그러나 이들 역시 제한된 범위의 의제에 관해서만 주민이 직접 참여하여 영향력을 행사할 수 있다는 점에서 진정한 의미의 직접민주정치라 보기는 어렵다.

일반적으로 직접민주제는 소규모의 정치공동체에 한하여 적용될 수 있는 민주주의 제도이다. 그리하여 일찍이 루쏘(Rousseau), 플라톤(Platon), 아리스토텔레스(Aristoteles)와 같은 정치철학자는 직접민주제가 시민이 상호간에 쉽게 접촉할 수 있을 정도의 소규모 정치공동체의 경우에만 가능함을 지적한 바 있다. 이 중에서도 플라톤은 직접민주정을 위한 적정 인구규모를 5,040명으로 산정하기도 하였다.[16] 오늘날은 미디어, 통신, 정보기술의 발달로 정치토론을 위한 시민집회의 규모 확대가 가능해지면서 이론적으로는 원격민주주의(teledemocracy)도 가능해진 상태에 있으므로 직접민주정의 가능성에 대한 규모의 제한은 과거와 같은 정도로 문제시되지 않는 것으로 볼 수도 있다.[17] 그러나 직접민주주의의 한계는 시민집회를 가질 수 있는 규모의 한도에 의하여 결정되기보다는 충실한 토론이 가능한 범위에 의하여 결정되지 않으면 안 된다고 한 린제이(Rinzay)의 지적을 고려한다면 통신발달에 의한 직접민주제적 요소 도입가능성의 확대에도 불구하고 규모로 인한 한계는 여전히 작용한다고 볼 것이다.[18]

인류의 통치역사를 돌이켜 보건대, 사실상 직접민주정치의 예는 극히 예외적 또는 제한적인 범위에서 발견될 뿐이며, 근세에의 왕정 · 귀족정을 거쳐 현대에는 대의민주제가 보편적인 민주정치형태로 대두되었다. 즉, 시민에 의한 정치는 시민의 직접참여에 의한 정치이기보다는 시민의 대표에 의한 정치로서 일반화되어 있는 것이다. 여기에서 왕정 · 귀족정은 비민주적인 정치형태로서 논외로 하더라도, 대표에 의한 민주정치 즉, 대의민주정치는 엄격히 말하자면 시민에 의한 정치가 시민 자신의 직접참여에 의해서가 아니라 대표라는 매개체를 통하여 이루어진다는 점에서 그만큼 '시민에 의한'이라는 민주

16) 岩崎忠夫. (1984). 住民参加論: 住民参加の理論と實務. 制一法規, 82.
17) Benjamin R. Barber (1984). *Strong democracy: Participatory politics for a new age*. Berkeley: University of California Press, 273-278.
18) 岩崎忠夫. (1984). 앞의글, 84에서 재인용.

정치의 이념에 완전히 부합하지는 않는 것으로 볼 수 있다. 그것은 특히 현대에 있어 대표는 그 의사를 결정함에 있어서 위임자인 시민의 의사에 구속받기보다는 자신의 양식과 판단에 의하여 독자적으로 결정을 할 수 있는 것으로 인식되고 있는 점을 고려하면 더욱 그렇다. 그러나 그렇다고 해서 대의민주정치가 민주주의의 이념에 위배되는 것은 아니다. 대의민주주의란 시민이 소유하고 있는 권력을 시민에 의하여 선출된 대표가 시민을 위하여 대신 행사하도록 한 제도로 이때 대표의 선출행위가 시민 자신의 자유로운 의사에 기초하는 한, 그와 같은 대의제도는 시민에 의한 정치의 한 형태로 보아야 할 것이기 때문이다.

논자들도 '시민에 의한 정치'가 직접참여뿐만 아니라 대표를 통한 간접참여를 포함한다는 데 대하여 동의한다. 예컨대, 켈젠(Kelsen)은 시민(인민)에 의한 정치란 피지배자의 정치에의 참가, 또는 정치상의 자기결정이라고 하는 의미에서의 자유의 원리에 입각한 것이며 시민이 '직접' 혹은 '간접'으로 정치에 참여하는 것을 의미한다고 하였다. 코헨(Cohen)도 '민주주의는 대체로 공동사회의 구성원이 그들 모두에게 영향을 미치는 결정과정에 "직접 · 간접"으로 참여하거나 참여하는 것이 가능한 공동사회의 정치체제라고 한 바 있다.[19]

문제는 두 민주정치제도 중 어느 것이 더 우월한가 하는 것이다. '시민에 의한 정치'라는 요소만으로 민주정치를 판단하고자 할 경우, 대의민주제는 직접민주제에 비하여 미흡한 민주정치제도임이 틀림 없을 것이다. 그것은 대표가 아무리 시민의 의사를 의사결정에 충분히 반영한다고 하더라도 시민 자신에 의한 결정만큼 충분히 반영할 수는 없기 때문이다. 그러나 이미 앞에서 언급한 바와 같이 민주정치를 '시민에 의한'이라는 기준에만 의하지 않고 '시민을 위한'이란 기준을 같이 채용하여 판단할 경우에는 직접민주제와 대의민주제간의 우열을 쉽게 정할 수 없게 된다. 나아가서 '시민에 의한 정치'가 '시민을 위한 정치'를 위한 수단가치인 점을 고려한다면 직접민주제와 간접민주제간의 우열은 오히려 어느 정치형태가 보다 더 시민의 이익을 위한 것이 되느냐에 따라 판단되어야 할 것이다. 따라서 대의제가 '시민에 의한 정치' 기준에 의할 때는 직접민주제에 비하여 미흡한 것이 될지라도, '시민을 위한 정치' 기준을 부가하였을 때에는 대의민주제가 직접민주제보다 열위에

19) Carl Cohen (1971). *Democracy*. The Free Press; 岩崎忠夫. (1984). 앞의글, 76-78에서 재인용.

있다고 단정하기 어렵게 된다.

요컨대, 대의민주제도는 기본적으로 '시민에 의한 정치'에 위배되지 않을 뿐 아니라 '시민을 위한 정치' 기준에도 위배되지 않을 수 있으므로 엄연한 민주정치 형태의 하나로 인식되어야 하는 것이다. 더욱이 인구증가, 상업발달 및 국가규모의 확대 등으로 인하여 직접민주정이 사실상 불가능하다는 제약을 고려할 때, 대의민주제는 직접민주제와의 우열논의와 상관 없이 불가피한 시민에 의한 정치형태 즉, 민주정치형태로서 인식되어야만 한다.[20)]

대의민주제의 위기와 시민참여

CITIZEN PARTICIPATION

문제는 과연 대의민주제가 얼마나 시민의 의사를 정치의사결정과정에 제대로 반영시켜 진정한 시민을 위한 정치형태가 되고 있느냐 하는 것이다. 불행히도 대의민주제하에서 시민은 대표를 선출하거나 중요 공공문제의 결정에 관한 투표행위 외에는 정치과정에 이렇다 할 영향력을 행사하지 못하는 것이 일반적이다. 더욱이 그러한 투표행위도 자기 의사의 자유로운 표출방식에 의하여서가 아니라 주어진 입후보 또는 주어진 안건에 대하여 찬성 및 반대의 의견을 나타낼 수 있을 뿐이다. 물론 이러한 현상은 시민 자신이 아닌 대표를 통한 대리정치를 전제하고 있는 대의민주제의 기본적 원칙에 비추어 볼 때 오히려 당연한 귀결일 수 있다. 다만 대의민주제하에서 시민의 권리행사가 실질적으로 제한되어 있는 것은 부인할 수 없는 사실이며, 이를 가리켜 샤슈나이더(Schattschneider)는 시민이 "반쪽 주권시민(semi-sovereign people)"으로 전락하였다고 예리하게 지적한 바 있다.[21)]

만일 대의민주제하에서 시민 스스로 그들의 의사를 정치과정에 충분히 반영하기 어렵다는 것이 사실이라면, 시민의 대표인 입법부가 시민을 대신하여 시민의 의사를 정치의사결정과정에 충분히 반영할 수 있어야 한다. 그러

20) 실제로 직접민주제를 강조하는 입장도 간접민주제의 불가피성을 부정하지는 않는다.

21) E. E. Schattschneider (1960). *The Semi-sovereign people*. New York: Holt, Rinehart, and Winston.

나 불행히도 이러한 요청은 현대 산업화 사회에서 사회문제의 규모 및 복잡성이 증대하면서 이의 해결을 위한 조정과정에서 '행정국가화' 현상이 두드러지는 한편, 소위 '대의민주제의 위기' 현상이 심각하게 대두되면서 쉽게 충족되지 못하게 되었다. 대의민주제의 위기란 시민의 대표로서 국가의 의사결정을 책임지고 전담하여야 할 입법부가 복잡하고 방대한 사회문제의 해결을 도모함에 있어서 전문성의 부족으로 전문적 관료집단인 행정부에 상당한 권한을 이양하게 됨으로써, 결국 시민으로부터 선출되지 아니한 임명직 관료집단이 국가의 정책을 실질적으로 좌우하게 된 현상을 가리킨다. 위임입법 및 행정명령의 증가, 직업공무원제의 발달, 시민요구에 대한 정부의 대응성 저하, 입법부 위상의 약화 현상 등은 대의민주제의 위기를 나타내는 특징적 현상이다.

서구의 경우, 1960-1970년대에 들어와서 행정국가화 현상의 심화 및 이에 따른 대의민주제의 위기에 대한 자연적 반작용으로서 정책결정과정에 대한 시민참여 활동이 증가하는 한편 시민참여에 대한 논의가 활발해지기 시작하였다. 이러한 변화에 대하여 일찍이 카우프만(Kaufman)은 20세기의 마지막 3분의 1 기간은 정부의 대응성 증대를 요구하는 시민운동으로 인한 긴장과 갈등의 시대가 될 것으로 예견한 바 있다.[22] 드사리오(DeSario)와 랭튼(Langton) 역시 1980년대에 이르러 시민참여는 이미 돌이킬 수 없는 하나의 거대한 흐름(megatrends)이 되었다고 단언하기에 이르렀다.[23] 물론 1960년대 이전부터 서구의 많은 학자들은 과소참여가 민주정치의 원활한 기능을 위하여 문제시된다고 하면서 적극적 관심을 표명하여 왔다. 그러나 그 때까지만 하더라도 시민참여는 1960년대 이후와 같은 큰 주목을 받지 못하였다. 왜냐하면 과소참여에도 불구하고 서구민주주의는 대체로 잘 기능하고 있는 것으로 관찰되었기 때문이다. 이러한 상황하에서 시민의 주요 역할은 대표를 선출하는 것으로 충분하다고 간주되어 왔으며 따라서 참여의 개념 역시 제한적인 것으로 인식되는 경향이 있어왔다. 그러나 1960-1970년대에 걸친 이른바 '참여혁명(participation revolution)'의 시대에 이르러 선거, 압력집단, 언론, 편지

22) Herbert Kaufman (1969). "Administrative decentralization and political power." *Public Administration Review* 29, 3-15.

23) J. DeSario and Stuart Langton eds. (1987). *Citizen participation in public decision making*. New York: Greenwood Press, 12.

등과 같은 전통적 참여는 연좌농성(sit-in), 행진, 심지어는 집단적 폭력 등을 포함한 비제도적 참여로 변화하는 양상을 보이게 되었고,24) 이에 따라 민주주의 사회가 종래의 방식 즉, 참여에 대한 무관심 속에서 순조롭게 기능하기는 어려울 것이라는 인식이 높아지면서 참여에 대한 관심이 급속하게 확산되었다.25)

한편, 민주주의가 발달하지 못하여 시민을 권력의 주인으로서보다는 권력의 객체로 간주함으로써 민주정치가 아닌 '민객정치'가 지배하여 온 우리나라에서는 서구에서와는 또 다른 이유로 시민참여에 대한 관심이 높아졌다. 그러한 관심은 비민주적인 정치상황에 대의민주제가 민주정치의 보편화된 형태임에도 불구하고 시민의사 반영의 미흡이라는 분명한 한계가 있는 상황에서 저항의 일환으로 형성된 것이다. 4.19나 1970년대 이후의 학생데모, 6.10 항쟁 등이 그 대표적인 예라 하겠으며, 시민은 그러한 참여과정을 통하여 과거 권력의 객체로서의 지위로부터 본연의 주인성을 점차 회복해 왔다.26)

생각건대, 이러한 국내·외의 참여에 관한 움직임은 기본적으로 대의민주제가 본연의 기능을 다하지 못하는 데 따른 대의민주제에 대한 불신에서 비롯된 것이다.27) 대표에 의한 대의민주제가 한계에 부딪혔을 때 그와 같은 상황은 결국 권력의 주체인 시민의 정책결정과정에서의 역할을 높임으로써 개선될 수 있을 것이라는 당연한 논리가 작동하게 된 것이다.28) 사실 행정국

24) Dan D. Nimmo and Charles M. Bonjean (1972). "Introduction." in Nimmo, Dan D. and Charles M. Bonjean eds. *Political attitudes & public opinion*. New York: David McKay Co., 5.

25) Laster W. Milbrath and M. L. Goel (1977). *Political participation: How & why do people get involved in politics?* Chicago. 13, 144–145.

26) 단, 독재정권에 대한 시민의 저항은 지식인층을 축으로 한 일부 시민에 의하여 계승되어 온 점을 지적할 수 있다.

27) Samuel H. Barnes and Max Kaase et als. (1979). *Political action: Mass participation in five western democracies*. Beverly Hills: Sage Publications, 13. 한편 여기에서 대의민주주의의 위기라 함은 입법부에 대한 불신뿐만 아니라 행정부에 대한 불신도 포함하는 개념이다. 즉, 정부에 대한 총체적 불신을 나타내는 개념이다. 입법부가 시민의 대표기능을 제대로 수행하지 못하는 경우에도 행정부가 그 기능을 충분히 수행할 수 있는 경우 입법부에 대한 불신을 그만큼 상쇄할 수 있을 것이기 때문이다. 그러나 일반적으로 입법부의 행정부에 대한 권한이양은 그와 같은 긍정적 효과를 수반하지는 못하는 것으로 인식되고 있다. 즉, 행정국가화 현상 및 대의민주제의 위기는 상승작용을 일으켜 정부에 대한 총체적 불신의 증폭으로 귀결되고 이에 대한 반작용으로서 시민참여에 대한 관심과 요구가 증대되고 있는 것이다.

28) Carl W. Stenberg (1972). "Citizens and the administrative state: From participation to power."

가화 현상에 따른 대의민주제의 위기에 대한 논란 이전에도 대의민주제에 대한 비판은 존재하여 왔다. 특히 고전적 민주이론가들은 대의제의 불가피성을 인정하면서도 시민의 직접참여의 중요성을 지속적으로 강조하여 왔으므로 시민참여 문제의 부각은 전혀 새로운 것이 아니다. 대의민주제의 한계를 극복하기 위한 시민참여의 활성화는 환영할 만한 현상이라 하겠다.

그럼에도 불구하고 대의민주제의 위기 또는 대의민주주의에 대한 비판과 관련한 시민참여의 활성화 논의가 대의민주제도의 부정으로 확대 해석되어서는 않된다. 대의민주제의 위기 또는 한계와 관련한 많은 비판은 ① 시민에 의하여 선출된 대표가 아닌 임명직이 근간을 이루고 있는 행정부가 정부의 의사결정을 장악하면서 시민과 정부와의 거리가 더욱 소원해졌다는 점 및 ② 입법부가 시민의 의사를 충분히 대변하지 못함으로 인하여 결국 시민의 의사에 대한 정부의 대응성이 저하되었다는 점 두 가지로 요약된다.[29] 이같은 문제극복을 위한 대안으로서 시민참여의 성격에 관하여는 일반적으로 대의제 보완설과 대의제 치환설이 대립된다.[30] 대의제 보완설이란 대의제의 부정이 아닌 대의제의 한계에 대한 인식에서 출발하여 시민의 의사를 직접 정부의사결정과정에 반영하는 장치로서 대의제의 기능을 보완하는 성격을 갖는다고 보는 입장을 말한다.[31] 반면, 대의제 치환설이란 대의제에 대한 불신에서 출발하여 대의제로는 시민의 의사가 유효하게 정부의 의사결정과정에 반영되기 어려우므로 시민참여는 의회를 대신하여 시민이 직접 의사결정과정을 담당하는 성격을 지닌다고 보는 입장이다. 이 경우는 오히려 의회가 시민참여를 보완하는 기능을 담당해야 하는 것으로 인식된다. 즉, 대의제 보완설은 대의민주제를 전제로 하여 직접민주제 요소를 도입하는 입장인 반면, 대의제

Public Administration Review 32, 212.

29) S. Powers, F. Gerald Brown and David S. Arnold (1974). *Developing the municipal organization.* International City Management Association, 288.

30) David K. Hart (1972). "Theories of government related to decentralization and citizen participation." *Public Administration Review* 32, 603; 최호준은 이에 의회우회설을 추가하고 있으나 이는 대의제 보완설의 범주에 포함시킬 수 있는 것이라 하겠다. 최호준. (1987). 「시민행정학」, 거목, 149.

31) 대의민주제의 한계는 시민참여 외에도 의원의 능력발전, 의정활동에 대한 지원기능 강화, 의회의 권한 강화(특히 대 행정부 통제권), 정보공개 등과 같은 제도적 장치의 마련을 통하여도 어느 정도 개선이 이루어질 수 있을 것이다. 다만, 시민참여는 이러한 방안에 비하여 보다 근본적이고 혁신적인 보완책으로서 구분된다.

치환설은 대의제의 불신에 입각하여 직접민주제를 강화하려는 입장인 점에서 양자는 구분된다.

지적할 것은 시민참여가 아무리 활성화되더라도 대의제를 치환하는 것은 사실상 불가능하며 또한 바람직하지도 않다는 점이다. 대의제의 치환이 불가능한 이유는 앞에서 이미 지적한 바와 같이 직접민주제의 보편적 적용이 물리적으로 불가능하고 대의민주제 이상의 대안이 제시되지 못하고 있기 때문이다. 대의제의 치환이 바람직하지 않은 이유는 상당수 시민이 다른 활동을 마다하고 정치참여에 전념하는 데 따른 사회적 비용부담이 클 뿐 아니라, 복잡한 사회문제 해결에 필요한 시민적 전문성의 한계가 있기 때문이다.

Ⅳ 대의민주제의 보완과 시민참여

CITIZEN PARTICIPATION

1. 세 가지 처방

대의제가 불가피하다는 것과 대의제에 대한 보완이 이루어져야 한다는 것과는 별개의 문제이다. 이미 앞서 언급한 바와 같이 대의제 아래에서 시민의 의사는 정치과정에 충분히 반영되지 못하고 있으며 따라서 자신들의 의사를 보다 충분히 반영하기 위한 시민참여는 그 필요성이 인정된다. 물론 대의제하에서 시민에 대한 정부의 대응성을 높이기 위한 방법이 시민참여에만 있는 것은 아니다. 정부가 시민요구나 선호에 반응하도록 하기 위한 처방으로서 참여의 신장과 함께 시장화, 경영화가 제시된다. 이들은 정부에 대한 시민의 권력을 확대하는 수권처방(empowerment strategies)으로서의 성격을 공유하면서도 그 효과에 있어서는 상당한 차이를 보이게 된다.

우선, 시장화(marketization)는 정부가 담당하던 일을 시장의 자동조절장치에 맡김으로써 주민의 선호를 충족시키기 위한 방식인바, 국공유기업의 민영화, 민간위탁, 제 3 섹타 등의 민간화를 의미한다.[32] 이러한 시장화는 정부의 실패를 시장의 자동조절기능의 회복을 통하여 해결하자는 입장으로서 1990

32) 민간화는 소유 · 관리의 민간화와 민간방식의 도입을 포함한다.

년대 이후 우파의 발흥에 따라 상당히 환영을 받는 접근방법이다. 하지만 시장화는 기본적으로 사익추구를 위한 개인의 자유와 선호를 보장하는 데 우선순위를 두는 방식이기 때문에 집합적 이익(공익)의 보장을 위한 방식으로는 본래적인 한계가 있다. 시장화는 정부의 서비스에 불만을 가진 시민으로 하여금 공공서비스 대신 경쟁시장에서 필요한 재화와 용역을 획득하도록 하는 것으로서 허쉬맨(Hirschman)의 표현을 빌자면 이탈(exit)의 성격을 갖는 전략이라 하겠다.[33)]

경영화(managerialism)는 정부 자체의 개선노력을 말한다. 정부재창조, 고객제일주의, 성과주의 등은 이러한 경영화 움직임의 표출로 볼 수 있다. 문제는 정부가 경영을 표방함으로써 공공성보다는 이윤추구를 표방하는 데 따른 문제점은 논외로 하더라도, 외적 압력이 없는 상황하에서 정부 스스로의 개혁 움직임으로서의 경영화는 관료제의 보수적 속성을 고려할 때 한계가 있을 수밖에 없다는 점이다. 의미있는 개혁을 위하여는 언제나 외부로부터의 통제가 병행되어야 할 것이기 때문이다. 이 같은 경영화는 시민으로 하여금 정부 스스로의 서비스 개선을 기대할 수밖에 없게 한다는 의미에서 허쉬맨(Hirshman)의 충성(loyalty)에 가까운 전략으로 볼 수 있다.[34)]

이상에서 살펴본 바와 같이 시장화나 경영화 역시 시민참여와 마찬가지로 시민에 대한 정부의 반응성 제고를 위한 대안으로 제시되고 있지만 이보다는 참여의 신장이 더 바람직한 대안이 된다. 이미 언급한 바와 같이 시장기제의 확장은 정부가 결정하던 일을 시장에 맡김으로써 개인의 자유와 선호를 보장하기 위한 방식이지만 집합적 이익(공익)의 보장에는 한계가 있으며, 정부의 경영화는 관료제의 속성상 스스로의 개혁에 한계가 있다. 이러한 상황하에서 우리는 당연히 참여의 신장(democratization)에 주목하지 않을 수 없다. 참여는 시장화와는 달리 사익보다는 공익지향적이며, 내부의 개선노력인 경영화와는 달리 정부에 대한 외부통제적 성격을 갖기 때문이다. 또한 참여는 이탈이나 충성이 아니라 시민에 의한 정부에 대한 투입(voice)의 성격을 갖는 것으로서 민주시민적 이상에 부합하는 속성을 갖는 전략이라는 점도 고려되

33) Albert O. Hirschman (1970). *Exit, voice, and loyalty: Responses to decline in firms, organizations, and states*. Cambridge: Harvard University Press.

34) Hirschman (1970). 앞의글.

표 1-1 대의제 보완을 위한 제도적 대안

1960-70년대 문제점	비대응적인 정부(정부실패)		
	↙	↓	↘
처방(1980년대)	시장기제(민간화)	경영화(new managerialism)	참여증대
성 격	**이탈(exit)**	**자체개선(self-improvement)**	**참여(voice)**
	↓	↓	↓
시민의 속성	소비자(consumers)/ 개인주의적	고객(customers)	시민(citizens)/ 공동체주의적
정부의 성격	소극 정부	중 립	적극 정부
영 역	경 제	조 직	정 치
진 영	우 파	-	좌 파

* 출처: Danny Burns, Robin Hambleton and Paul Hoggett (1994). *The politics of decentralization*. Macmillan, 22.

어야 한다. 물론 앞에서 논의한 바와 같이 참여에 따른 부작용이 없는 것은 아니다. 그러나 전반적으로 볼 때 우리의 경우에는 참여과소로 인한 문제가 참여과잉으로 인한 문제보다 크다는 점도 고려되어야 한다.

2. 시민참여의 필요성

시민참여의 필요성을 민주정치의 실현과 관련하여 정리하면 다음과 같다. 첫째, 시민참여는 민주정치의 세 가지 가치요소 중 핵심적 사항이라 할 수 있는 '시민에 의한'에 부합하는 주권적 시민의 당연한 권리 및 의무의 행사로서 그 필요성이 인정되어야 한다. 즉, 참여는 국민주권의 실현수단으로서 필요한 것이다. 나아가서 시민은 정부의 정책결정과정에 직접 자신들의 의사를 전달함으로써 공공의사결정에 영향을 미치는 동시에 참여를 통하여 만족감을 얻을 수 있으므로 필요하다.

둘째, 시민참여는 적정히 이루어지는 경우 민주정치의 목적으로서의 '시민을 위한'이라는 목적가치에 기여할 수 있을 것이므로 그 필요성이 인정된다. 물론 참여가 적정히 이루어지지 않을 경우 즉, 과잉 또는 과소참여는 사회불안을 초래하거나 권위주의를 조장하여 시민에게 위해요소로 작용할 우려가 있다. 그러나 적정히 이루어지는 경우 시민참여는 시민의사의 정책과정에의 투입 및 감시라는 두 가지 기제를 통하여 시민복지증진에 기여할 수 있을 것이므로 그러한 점에서 필요성이 있다 할 것이다. 다만, 적정한 참여가 어느 정도 또는 어떤 형태의 참여를 의미하는지에 대하여 일치된 견해를 찾기는 어려운 실정이다.

셋째, 시민참여의 필요성은 역설적으로 시민참여가 결여되었을 경우의 정치상황을 생각하면 쉽게 인식될 수 있다. 시민참여는 기본적으로 정부에 대한 시민의사(여론)의 투입 및 감시활동의 강화를 의미한다. 이와 같이 시민으로부터의 의사투입과 감시·통제가 견지되는 한 정책결정자는 함부로 자의적인 결정을 내리기 어렵게 되어 보다 책임있는 정책수행을 하게 될 것이다. 그러나 시민으로부터의 의견투입이나 감시가 미흡할 경우, 정책결정자는 자신의 이익에 따라 자의적인 정책결정을 하게 될 여지가 있을 것이다. 이러한 경우, 시민은 권력의 주체가 아닌 객체로 전락하게 되고, 정책결정자는 시민의 공복이 아닌 주권자로서 권력을 남용하게 됨으로써 민객정치의 구조화가 우려된다. 이러한 우려는 우리나라에서 4.19, 6.10항쟁과 같은 시민참여가 정치상황을 보다 민주적인 분위기로 바꾸는 데 결정적인 계기가 되었다는 점을 생각하면 쉽게 수긍이 갈 것이다. 즉, 시민참여는 권력의 권위주의를 방지하는 한편 대의제의 약점을 보완함으로써 시민의 복지증진에 기여할 수 있다는 데서 그 필요성이 인정된다.

시민참여의 필요성과 관련하여 일반적으로 고전적 민주정치론가들은 시민참여가 확대될수록 바람직하다고 하는 반면, 수정론자들은 시민의 참여는 대표를 선출하고 감시하는 선에서 제한되는 것이 바람직하다고 주장한다. 그러나 지나친 참여에 대하여는 우려를 표명하면서도 시민의 참여는 투표행위 정도로 제한되는 것이 바람직하다는 수정론자의 주장을 그대로 수용할 수는 없다. 왜냐하면 그들의 주장은 ① 대체로 민주주의가 과소참여에도 불구하고 무리 없이 가능하던 때의 주장으로서 오늘날과 같이 다원화되고 조직규모가 확대된 시대상황에 잘 부합되지 않고, ② 투표와 같은 제한된 범위에서의 참여마저도 과소하여 대표(또는 정부)에 대한 최소한의 통제마저 결여되어 있는 것이 오늘날의 보편적인 현상으로 문제시되고 있기 때문이다. 아울러 위에서 제시한 바와 같이 오늘날 시민참여가 대의제의 한계를 보완하여 정책과정에 시민의사를 보다 더 유효하게 반영시킴으로써 시민이익을 증진시키는 기능을 담당할 수 있다는 점, 참여행위가 시민으로서의 권리인 동시에 의무라는 점 및 참여는 시민의 이익증진에 기여한다는 점 등이 함께 고려되어야만 하는 것이다. 요컨대, 시민참여는 필요한 것이며, 기본적으로 확대되는 것이 바람직하다고 판단된다.

그럼에도 불구하고 앞에서 언급한 바와 같이 시민참여가 무한정 확대되어야 할 것은 아니다. 물론 연혁적으로 보더라도 일반적으로 과잉참여보다는 과소참여가 문제시되어 오고 있는 형편이므로 기본적으로 참여의 확대는 필요하다. 그러나 과잉참여는 과소참여만큼이나 부작용의 우려가 크다는 사실이 함께 고려되어야만 한다. 앞에서도 언급한 바와 같이 현대 국가에서 정책결정과정에 대한 시민의 직접참여는 물리적으로 한계가 있을 뿐 아니라, 과도할 경우 시민의 이익증진을 저해할 우려마저 있기 때문이다. 예컨대, 과도한 참여는 사회의 안정을 해쳐 결국은 시민의 이익을 저해하게 될 것이라는 소위 민주주의의 전통적 곤경(dilemma)에 관한 많은 논의들은 참여에 대한 일정한 제한 또는 한계가 적정한 수준에서 이루어져야 할 것임을 가르쳐 준다.[35] 그리하여 예컨대, 알포드(Alford)와 프리드랜드(Friedland)는 민주주의가 유지되기 위하여는 질서와 제한적인 참여가 필요하다고 지적한 바 있다.[36] 따라서 시민참여가 아무리 권리의 행사의 일환으로 이루어지더라도 그러한 활동이 시민 자신들의 공통의 이익 즉, 공익에 배치되는 경우에는 그에 대한

35) 참여와 안정과의 상충이라는 민주주의의 고전적 딜레마에 관한 논의는 Ithiel de Sola Pool (1967). "The public and the polity." Ithiel de Sola Pool ed. *Contemporary political science*, 22-52.와 Kenneth Janda, Jefffrey M. Berry and Jeny Goldman (1986). *The challenge of democracy: Government in America*. Boston: Houghton Mifflin Co., 19-29을 볼 것. 특히 Janda et al.은 자유(참여)와 질서(안정)의 모순을 전통적 딜레마로, 자유와 평등을 새로운 딜레마로 구분하여 제시하고 있다.

36) Robert R. Alford and Roger Friedland (1985). *Power of theory: Capitalism, the state, and democracy*. New York: Cambridge University Press, 50: 이와 관련하여 일반적으로 참여가 적정하게 이루어지기 위한 조건으로는 ① 두터운 중산층의 존재, ② 사익보다 공익을 우선시하는 시민의식, ③ 시민과 정부간에 개재하는 매개집단의 불편부당성 등이 제시되고 있다; Pool (1967). 앞의글.

제약은 불가피하며 바람직하기까지 한 것이다. 즉, 시민참여가 진정 시민을 위한 것이 되기 위하여는 "적정한" 수준에서 이루어져야만 하는 것이다. 문제는 어느 정도의 참여가 적정한 참여인가하는 것이다. 그러나 불행히도 어느 정도의 참여가 '적정한 수준'인지에 대하여는 주장이 엇갈리며 구체적인 기준을 제시하는 것은 현실적으로 불가능하다. 이에 대하여는 뒤에 재론하기로 한다.

강조할 것은 참여수준의 적정화 필요성에 대한 주장이 참여에 대한 부정적인 주장으로 해석되어서는 아니 된다는 점이다. 여기에서 참여수준의 적정화란 과잉 또는 과소참여를 지양한다는 의미이며 따라서 참여의 제한 또는 참여의 극대화와 같이 극단적인 개념과는 구별되어야 할 것이다. 오히려 참여의 적정화란 실제적으로는 참여의 증진을 의미하는 것으로 해석되어야 한다는 점이다. 이는 특히 우리나라와 같이 권위주의적 전통이 강한 국가에서는 현실적으로 과소참여가 문제시되고 있는 형편이기 때문에 더욱 그러하다. 그럼에도 불구하고 적정화라는 용어를 사용하는 경우 참여에 대한 제한적인 의미를 강조하는 것으로 오해될 소지가 있을 경우, 참여수준의 적정화 대신 "참여의 활성화"란 용어를 사용하기로 한다.

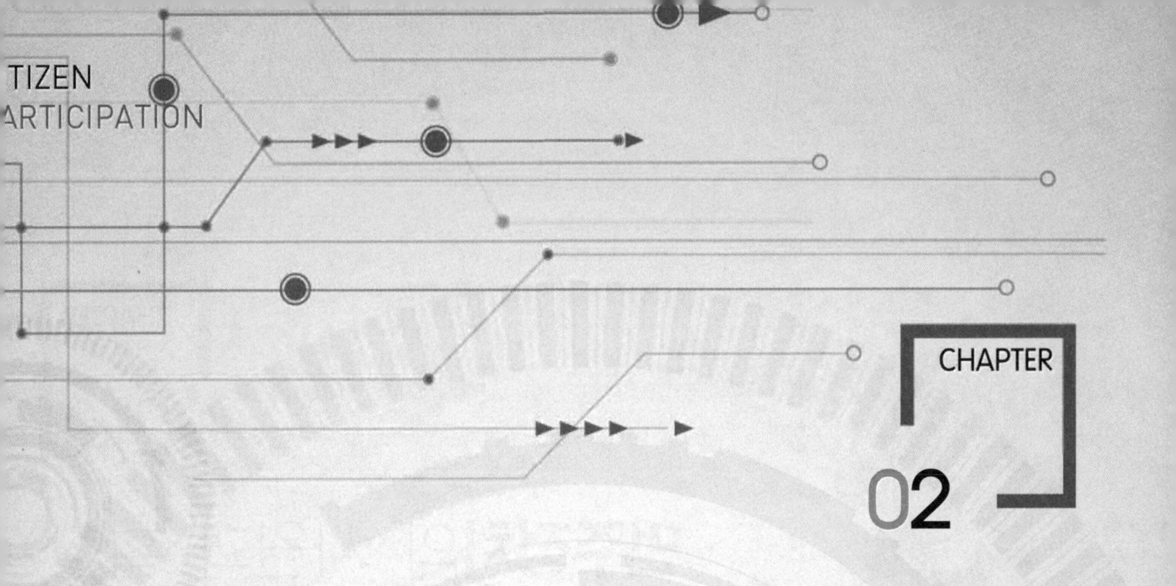

CHAPTER 02

민주정치의 시원과 확장

Ⅰ. 그리스 아테네 민주정치

Ⅱ. 한국 민주정치의 뿌리: 조선조 향약

Ⅲ. 토의민주제

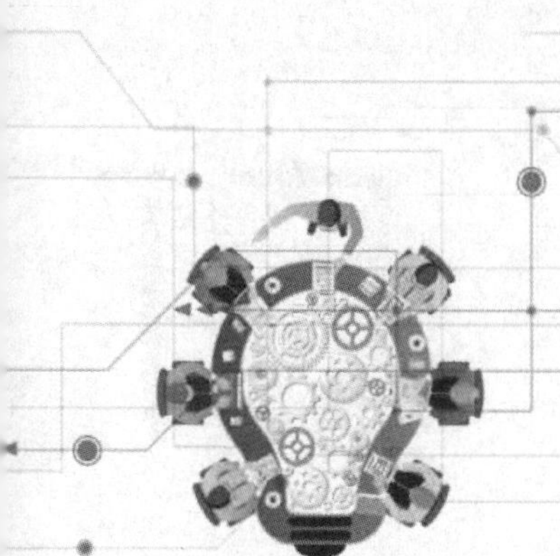

CHAPTER 02

민주정치의 시원과 확장

본장에서는 민주정치의 시원이 된 그리스 민주정치와 함께 한국 민주정치의 뿌리인 향약에 대해 살펴보고, 오늘날 유력한 민주정치의 관점으로 확장된 토의민주제의 이론적 내용에 대해 제시하고자 한다.

I 그리스 아테네 민주정치

CITIZEN PARTICIPATION

1. 아테네 민주정치의 진화

고대 그리스 아테네의 민주정치는 인류 최초의 민주주의로, 그것도 참여민주주의가 이루어졌다는 점에서 민주주의의 이상으로서 논의되는 경우가 많다. 물론 이 시기의 민주주의는 노예제도를 당연한 것으로 받아들이고, 노예와 여성의 참여 권리를 인정하지 않는 등 오늘날의 민주주의와 비교한다면 매우 제약적인 것이지만 시대의 한계를 초월해서 본다면 매우 획기적인 것이었다. 이와 같은 아테네의 민주정치가 탄생하게 된 역사적 배경을 살펴보면 다음과 같다.

기원전 11세기 말 미케네 문명의 몰락과 함께 그리스에서 왕의 지배가 종식되고 귀족정으로 이행되었다. 귀족은 토지와 권력을 독점하게 되고 점차 빈부격차가 확대되면서 많은 농민들은 부채에 짓눌려 노예로 전락하는 상황이 발생하였다. 평민과 귀족간 갈등이 증폭되고 사회불안이 심화되자 이에 대한 대응책이 필요해지게 되었는데 이때 스파르타와 아테네의 대응방식은 상이한 것이었다. 스파르타는 군사화 기반의 전체주의로 이행하였던 반면 아테네는 귀족의 특권을 없애고 민중의 권력화를 통해 민주주의로 이행하고자 하였던 것이다.

기원전 5-4세기 아테네는 귀족정에서 고대도시국가(polis)로의 이행기로 이 과정에서 평민과 귀족간의 분쟁이 100년 이상 계속되었고, 드라콘, 솔론 등 귀족에 의한 민주화 개혁도 전개되었다. 드라콘(B.C. 601년)은 "법에 의하지 않고서는 아무도 처벌받지 않는다"고 규정한 만민평등법의 성문법을 제정하였다.

집정관 솔론[1)]은 B.C. 594년 여러 개혁조치를 단행하였다. 그 중 하나는 경제개혁인데 농민의 부채탕감 조치로 빚에 의해 노예가 되는 일을 법으로 금지하였다. 기원전 7세기 말 당시 도시 빈민들의 대부분은 토지를 소유한 부자에게 예속되었는데, 이들 빈민은 핵테모로이(hectemoroi)라는 토지생산량의 1/6을 소작료로 납부하여야 하는 자와 펠라타이(pelatai)라는 가난한 농민을 일컫는 두 가지 종류로 구성되었다. 솔론은 핵테모로이의 소작인 표지(표석)를 제거함으로써 이들의 신분을 폐지하고 빚 때문에 노예가 되는 것을 금지하였다.[2)] 다른 하나는 정치개혁으로써 민회(ekklesia)를 창설한 것이다.[3)] 이로써 민중의 정치참여를 제한적으로 인정하였다. 솔론의 경제개혁은 소지주들을 양산하게 되어 소위 민주정치의 주체가 되는 시민엘리트를 형성하였고 이

1) 솔론은 아테네의 시인이자 정치가로서 그리스의 7 현인 중 한 사람으로 알려져 있다. 그는 배타적인 귀족정치를 종식시키고 금권정치로 대체했으며, 좀더 인도적인 법을 새로 도입하였다. 특히 솔론의 농노해방은 민주정치가 시작될 수 있었던 첫 번째 조건을 형성하였다. 김비환. (2000). 「데모크라토피아를 향하여」. 교보문고, 107.

2) 단, 토지균분법은 거부하였다.

3) 400인 협의회의 형태이다.

들이 군대의 주력을 이루게 됨으로써 정치변동의 밑거름이 되었다. 한편 이들이 자유시민과 군대를 이루게 됨에 따라 그들이 비운 자리를 대신할 생산계급이 필요하게 됨으로써 노예제도가 도입되었다. 노예제도의 도입은 역사적 의미에서 민주정치에 기여한 바가 크다. 노예제도는 이미 소지주로 변신한 자유시민들의 의식을 한층 더 고양시켰고, 의식적으로 특권시민과 자부심이 높아져 자유시민으로서의 특권에 대한 애착을 더 갖게 하였으며, 동료들 사이의 평등의식을 고조시켰다. 다른 한편 노예제도의 도입으로 자유시민은 적극적인 시민생활을 향유할 수 있게 되었다. 즉, 여성과 노예들이 가사와 생산을 담당하게 되면서 자유시민들은 공적인 토론과 공직담당을 위한 여가를 얻게 된 것이다.[4] 다만 솔론의 개혁은 토지 재분배나 민중에게 권력이양 의사가 없는 제한적 개혁으로 평민과 귀족간의 분쟁을 본질적으로 해결하기에는 역부족이었다.

B.C. 560년 피시스트라토스(Pisistratus)는 민중의 지지에 기반하여 독재정권을 수립하고, 민중의 비위를 맞추기 위해 귀족들의 땅을 빼앗아 평민들에게 분배하는 조치를 취했다. 자신의 개인 재산을 사용하여 대규모 공공사업을 추진하고, 민중 축제를 지원하는 등 다양한 변화를 꾀하였다. 하지만 이 시기의 정치체제는 기본적으로 혹독한 독재체제로서 정적의 살인이나 추방 등을 자행한 점은 한계로 지적할 수 있다.

B.C. 501년은 민주주의 이행의 마지막 고비가 되었던 시기로 피시스트라토스에게 혜택을 입었던 민중의 지원을 받는 이사고라스와 클레이스테네스간의 대결이 있었다. 이들 대결에서 민주화를 위한 혁신적 개혁안을 민회에 상정한 클레이스테네스가 승리하였다. 클레이스테네스는 원래 민주정을 지지하지 않았으나 이사고라스와의 정쟁에서 승리하기 위하여 민중에게 권한이양 의사를 표현함으로써 지지를 획득하게 되었고, 클레이스테네스는 민주정의 창시자가 되었다.

클레이스테네스는 아테네에 민주주의와 구역제도를 만들었다. 그는 전통적인 4개의 혈연부족 대신 지리적 단위인 10개의 지연부족을 중심으로 새로운 행정구역인 데모스(demos, 행정단위)를 만들었다. 당시 데모스의 개수에 대해서는 역사적 논란이 있으나 대체로 100에서 170개 정도였던 것으로 추정되

4) 김비환. (2000). 앞의글, 107-108.

고 있다.[5] 이들 데모스를 도시지역, 해안지역, 내륙지역의 세 구로 나누어 각 구마다 10개의 트리티스(Trittys)로 배분하고, 각 구에서 하나씩 추린 세 개의 트리티스로 한 필레(Phyle)를 만들어서 모두 10개의 필레를 이루게 하였다.[6] 이를 기반으로 클라이스테네스는 종래의 혈연기반의 통치체제를 지연기반의 새로운 통치체제로 전환하였고, 이는 혈연기반의 권력이 약화되고 새로운 지연기반의 권력체제가 구축됨을 의미하는 것이다. 각 데모스에서 인구비례에 따라 추첨으로 선출한 대표들의 모임인 500인회(Boule)가 국정을 담당하도록 하고 민회가 국가의 모든 중대사를 결정할 수 있도록 함으로써 시민의 권한을 강화하였다. 한편 아테네에 민주정이 들어서는 것에 불안을 느낀 스파르타는 이사고라스를 앞세워 아테네를 공격하였으나 민주정의 아테네가 승리하였고, 후에 페르시아를 이기는 강국으로 발전하게 되었다.

페르시아 전쟁 후 페리클레스(Pericles, B.C. 495-429년)의 시대는 아테네 민주정의 절정기로 민주주의가 완성되었던 시기이다. B.C. 462년 페리클레스의 정치 선배인 에피알테스(Ephialtes)는 원로귀족의 모임인 '아레이오스 파고스(Areios Pagos)'[7]의 모든 권한을 민회로 옮기는 개혁을 단행하여 출신에 상관 없이 모두가 법 앞에 평등하게 되었다. 하지만 에피알테스는 귀족들의 미움을 사 암살당하고 그의 뒤를 이어 페리클레스가 민주파의 우두머리로 등장하게 됨으로써 페리클레스는 B.C. 461년부터 B.C. 429년까지 33년 동안 아테네를 통치하게 되었다.[8] 그는 배심원 수당을 최초로 도입하는 등 공공봉사에 대한 보수를 지급하고, 일자리 창출을 위해 아크로폴리스를 건설하는 등 대

5) 고전 원문의 해석에 따라 100개의 데모스가 있었던 것으로 받아들이는 학자들도 있으나, 한 필레에 20개의 데모스가 들어 있으므로 비례상 200개 정도가 추정되어 대략 150개 정도에 근접하는 것으로 보는 것이 보다 일반적이다. 양병우. (1997). 「아테네 민주정치사」. 서울대학교출판부, 21.

6) 필레(Phyle)는 고대 그리스의 도시국가에 존재했던 최대의 정치집단으로 시민전체를 포괄하는 친족체계이자 독자적인 관료, 성직자를 둔 협동체였으며, 행정적·군사적 목적을 위한 지역단위 조직이었다. 다수의 시민들이 배제되었던 아테네의 옛 필레는 B.C. 508-507년 클레이스테네스의 정치개혁에 의해 10개의 신생 필레 조직으로 대체되었다. 이것들은 공식적으로 에레크테이스, 아이게이스, 판디오니스, 레온티스, 아카만티스, 오이네이스, 케크로피스, 히포톤티스, 아이안티스, 안티오키스 등으로 구분되었다.

7) 이 때까지 아레이오스파고스는 정부관리에 대한 임명과 헌법재판소와 대법원의 기능을 겸하는 막강한 권력을 보유하였다.

8) 페리클레스는 통치자로서 가장 먼저 염두에 두어야 하는 것을 ① 사람, ② 바르고 훌륭한 정치를 펴는 것, ③ 영원히 권좌에 머물 수 없다는 것이라고 응답하였다.

규모 공공사업을 시행하여 민주주의의 경제적 기반을 구축하였고, 경제적 평등도 추구했다.

아테네 민주정치 체제를 설명하면 다음과 같다(그림 2-1 참조).

그림 2-1 아테네 민주정치 체제

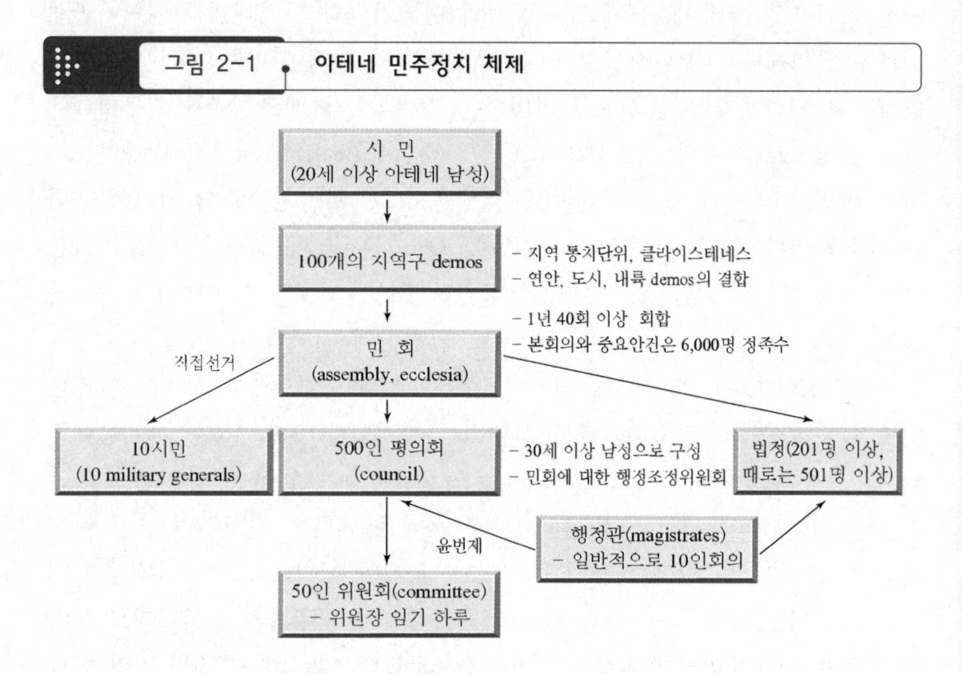

* 출처: David Held (1987). *Models of democracy*. Standford University. 이정식 역 (1993). 「민주주의의 모델」. 인간사랑, 30 그림의 수정.

2. 아테네 민주정치 체제

1) 민회(Ecclesia)

아테네는 민회와 500인 평의회 의원을 매일 추첨으로 선출함으로써 일부 집단의 영향력을 배제하고자 하였다. 배심원에 대해서는 페리클레스 시대부터 급료를 지급하였다. 민회의 장소는 아고라(Agora)에서 시작하여 프닉스(Pnyx)언덕으로 이동하였다.[9] 연 40회 이상 회의를 하였고 중요 안건의 경우

9) 프닉스언덕은 아크로폴리스의 서북쪽에 있는 야트막한 언덕으로 프닉스는 '숨막히는'이란 뜻을 지닌다. 좁은 언덕에 너무 많은 사람들이 모여 숨이 막혔다는 뜻이다.

는 정원이 6,000명에 이르렀으며, 주로 공공질서 유지에 관한 법적 기반이나 재정 및 과세, 외교, 도편추방(ostracism) 등 주요 문제에 대한 토론과 의사결정을 하는 기능을 지녔다. 평의회(50인회의)가 발의한 안건에 대하여 토론하고, 다수결 원칙에 따라 의결이 이루어졌다. 기원전 4세기부터 민회 참석에 대한 수당 지급을 시작하였는데 그 액수는 회당 3오볼로스였다. 민회참석 수당 지급에 대해서는 시민적 권리행사에 물질적 대가를 지불한다는 비판도 있었지만 이에 대해서는 모든 민회를 참석해도 생계유지가 곤란한 수준이었다는 점에서 후에 1½드라크마까지 인상되었다.[10] 보수지급은 회의정수를 지정하는 효과가 있었다는 반론도 있다. 한편 민회의 진행은 즉흥적 연설과 표결이 난무하지 않도록 500인 회의에서 의제를 준비하였고, 기존 법률에 위배되는 제안의 경우 제안자가 처벌되도록 하였다.

2) 500인 평의회

500인 평의회는 민회의 의안 준비와 민회의 주관 등 민회의 회의 일정의 관리, 정부관리 활동에 대한 감독 및 조정, 행정관의 임용·탄핵과 함께 일부 일상 행정업무를 직접 처리하는 기능을 담당하였다. 상설회의의 성격을 지니며 한 부족 50명(평의회)이 1년의 1/10기간 동안(35~36일) 의석을 지키도록 되어 있다. 민회의 500인 평의회 의장은 매일 추첨으로 선출되는 방식을 사용하여 특정 개인의 영향력을 배제하였다. 평의회 의원은 30대 이상의 시민을 자격요건으로 하고 추첨으로 선출되나 2회 이상 선출이 불가능하도록 하고 있다. 또한 구역별로 추첨을 함으로써 지역대표성을 높이고자 하였다. 하지만 민회 권한이 강화되면서 500인회는 회의진행을 하는 기관으로 위축되었다.

3) 50인 위원회

500인 평의회의 상임집행위원회와 같은 곳으로 회의주관과 회의날짜를 지정하는 등의 기능을 한다.

4) 시민법정(헬리아이아, Heliaia)과 아레오파고스

시민법정은 솔론이 창설한 것으로 알려지고 있는데, 30세 이상의 시민들

---

10) 1드라크마 = 6오볼로스

중에서 추첨한다. 시민법정(배심원)은 매년 추첨으로 선출된 6,000명의 시민단(배심원 후보)에서 재판 당일 추첨에 의하여 배심원을 구성하는데, 일반사건은 201명, 보통재판은 501명, 중요사건은 1,501명으로 구성된다. 보통재판은 600명 중에서 501명 이상이 출석해야 개정되고 보통 10개의 법정이 구성된다. 시민법정은 정기적으로 정부관의 불법·비리에 대하여 제소하고 재판함으로써 행정관의 행정책임 담보 효과를 지닌다. 하지만 법정출정수단이 3오볼로스로 인상되면서 생계수단으로 악용하는 전문재판꾼이 증가하기도 하였다.

한편 아레오파고스(Areopagos; 대심원, 귀족법정)는 전직고위행정관(정무관)을 포함하여 구성되어 대법원의 기능을 수행하고 정부기구에 대하여 거부권을 행사했으나 기원전 5세기에 이르러서는 대부분의 권력이 시민법정으로 이관되었다. 다만 살인죄, 신성모독죄는 아레오파고스에서 재판받았다.

5) 행정관(정무관, 집정관, 아르콘, magistrates)

행정관은 도시행정업무를 담당하는 사람으로 추첨에 의해 임명되고, 임기는 1년이며 총 10인으로 구성된다. 다만 무보수이므로 행정관은 주로 부유계층에 한정되는 특징을 지녔다. 10명의 아르콘이 선출되지 않는 상태를 무정부상태(anarchia)라고 하고 제1의 아르콘을 대표 아르콘이라 한다. 전문화된 행정 운영기구로 임기가 끝날 때 행정관리의 부패행위, 정실행위, 무능력을 시민들이 고발할 수 있게 함으로써 책임성 고양을 위한 장치를 마련하였다.

6) 장군(10 generals, strategoi)

장군의 선출은 표결로 이루어졌다는 점에서 이 당시 유일한 직접선거가 시행되었던 부분이다. 중임제한은 없으며, 아르콘의 권한이 약화되면서 장군의 권한이 아레오파고스의 권한을 압도하였다.[11]

7) 기　　타

그 외 재정관, 경기진행위원 10인, 신전보수위원 10인, 시장감독관 10인, 도량형위원 10인, 곡물위원 10인, 교역감독관 10인, 간수 11인, 즉결재판관 40인, 도로감독관 5인, 회계감사관 10인, 제식담당관 10인, 각종 서기 등도 추

11) 가령 페리클레스도 장군이었다.

첨에 의해 1년간 복무하도록 하였다. 아테네 제국 시기에 이들은 약 700명에 이르렀다. 추첨에 의하긴 하지만 모든 관리는 업무 개시 전에 법정에서 자격 심사를 받도록 하였다.

3. 아테네 민주정치에 대한 평가

1) 아테네 민주정치에 대한 비판론

현대민주주의를 대의제의 관점에서 볼 때 고대 그리스의 민주주의를 민주주의의 원형이라고 보는 데는 분명한 한계가 있다. 왜냐하면 그리스에서는 개인의 권리에 대한 개념이 없었고, 권력은 사실상 소수가 지니고 있었기 때문이다. 의사결정은 직접투표에 의한 방식으로 이루어졌는데, 그리스 철학자들에 있어서 그리스 민주주의는 '무지한 자 및 빈자에 의한 통치'로 인식되었다.[12)]

비판의 주요 내용은 첫째, 노예제에 기생하는 소수의 민주제라는 점이다. 단지 20세 이상의 아테네 남자들만에 의한 통치로 여성, 이주민, 노예는 제외되는 가부장 민주주의라는 것이다. 때문에 민회 참석인구는 전체 시민의 1/6 정도(6,000명) 이내였고, 다른 도시에서는 상공업 종사자, 극빈자가 제외되기도 하였다. 다만 이러한 한계에도 불구하고 그 안에서 민회가 다수결 원칙을 채택했다는 점은 중요한 의미를 지닌다 하겠다.

둘째, 아테네 시민의 참여 대가로 지급하는 급료는 델로스 동맹에 가입한 아테네 동맹국의 헌금으로 충당하였다는 점에서 아테네 민주주의는 아테네 제국에 기생하였다는 비판을 받는다. 하지만 일면으로는 아테네 제국이 상실한 4세기에도 계속해서 민주기능이 유지되었다는 점에서 제국주의적 수탈체제에 기생했다는 비판에 대한 반론도 존재한다.

셋째, 중우정치라는 비판을 받는다.[13)] 플라톤의 국가론(The Republic)에서는 이러한 정치 형태를 마치 선원들이 전문항해사의 존재를 무시하고 마음대로 항해하는 것에 비유한다. 무지한 대중의 전제정치에 대한 위험을 지적한 것이다. 또한 그는 대중을 크고 힘센 동물에 비유하였다. 그는 동물의 욕망을

---

12) Anthoy H. Birch (1993). *The concepts and theories of modern democracy*. Routledge, Ch. 4.
13) Held (1987). 앞의글, 33-36.

아는 것으로 충분하지 않고 어떠한 욕망이 바람직한지를 알아야 동물을 제대로 돌보고 훈련시킬 수 있다는 비유를 통해 철인의 지배가 필요함을 주장하였다. 이러한 인식에서 플라톤은 지식을 소유한 계몽군주의 필요성을 주장한다. 물론 플라톤의 군주정치론에는 군주의 비민주성이라는 위험 요소에 대한 지적이 존재한다.

2) 아테네 민주정에 대한 찬성론

플라톤과는 달리 아리스토텔레스(Aristotles)는 각 개인은 질적으로 보잘것없어도 시민의 지혜와 미덕의 총화는 선출된 소수의 지혜와 미덕을 능가한다고 보았다. 그는 예술품에 대한 더 나은 판단자는 작품의 사용자이지 예술가가 아니며, 집에 대한 더 나은 판단자는 집의 사용자이고 건축가가 아니며, 배의 키에 대한 더 나은 판단자는 조타수의 사용자이고 목수가 아니며, 음식에 대한 더 나은 판단자는 먹는 사람이지 조리사가 아니라고 지적하였다. 즉 전문가보다 일반 시민의 판단이 중요하다고 본 것이다.

다만 아리스토텔레스는 건축 등 기술적인 문제에 대한 토론은 소수가 적합한 반면 정의와 중용 등 정치적 문제에 대한 토론은 모든 사람이 참여하는 것이 적합하다고 구분하였다. 즉 전문적 사안에 대한 논의는 전문가가 해야 하고, 일반 사안에 대한 논의는 일반인이 논의하는 것이 적당하다고 하면서 일반 정치적 문제에 대한 일반 시민의 참여가 적정하다고 주장한다.[14] 이 같은 주장에 부합하는 역사적 기록도 있다. B.C. 483년 아테네 라우리온에서 대규모의 은광맥이 발견되었다. 이 자원의 용도를 둘러싸고 이익분배를 주장하는 아리스테이데스와 전함건조를 주장하는 테미스토클레스의 주장이 대립하였다. 민회의 결정에 따라 아리스테이데스는 도편추방되었고, 테미스토클레스의 주장에 따라 전함이 건조된다. 건조된 전함은 후일 살라미스해전 승리에 기여하게 되었다.[15] 이러한 사례는 민주주의가 반드시 이기적이거나 무책임한 것은 아님을 보여주는 것이다.

---

14) 지동식 편 (1976).「고전고대 희랍사 연구의 제문제」. 고려대학교출판부, 51.

15) W. G. Forrest (1996). *The emergence of Greek democracy*, 800-400B.C. 김봉철 역 (2009)「그리스 민주정의 탄생과 발전」. 한울, 252.

3) 아테네 민주정치의 의의

페리클레스 시대에 전성기를 맞은 아테네의 민주정치는 권력을 소수 엘리트들에게 집중시키는 대신 전체 인민에게 부여하였고, 공적인 지위의 등용에 있어서 계급보다는 실천 능력을 우선적으로 고려하였다. 또한 사생활에서는 자유롭고 관용을 베풀지만 공공업무에서는 법률을 준수하도록 제약하였다. 개인으로서 시민은 자신의 일뿐 아니라 국가의 공무에도 관심을 갖도록 요구하였다.[16)]

아테네 민주정치의 가장 중요한 특징은 자유 덕목을 갖춘 시민이 주체가 되는 정치이다. 덕목을 갖춘 시민이란 도시국가의 번영과 자유를 위해 기꺼이 자신의 사생활을 희생하려는 의지를 갖춘 사람을 의미한다.

이러한 아테네 민주정치의 이상은 비록 현대의 민주주의 원칙과는 현실적으로 다르다고는 하나 후대의 민주정치 사상가들에게 지대한 영향을 준 것이 사실이다. 고대의 학자인 마키아벨리, 루쏘에서 시작하여 오늘날에도 많은 학자들이 자유민주주의의 한계를 극복하기 위한 대안으로서 고대 그리스 아테네의 민주정을 되돌아보고 있다. 이러한 측면에서 고대 그리스 아테네의 민주정치는 참여민주주의의 근원을 제공하는 역사적 단초로 작용한다. 물론 아테네 민주정치에 대한 비판도 그 논리와 내용에서 상당한 타당성이 인정되지만 당시의 시대적 상황을 고려할 때 그 안에서 찾을 수 있는 민주적 요소들은 충분히 획기적임을 인정하여야 한다.

II 한국 민주정치의 뿌리: 조선조 향약

CITIZEN PARTICIPATION

우리나라 민주정치의 뿌리로서의 협동조직의 형태는 신라시대의 화랑이 공동생활에 있어서 화충협동을 강조한 데에서 거슬러 찾아볼 수 있다. 낭(郎)도, 향(香)도, 12공(公)도 등 도(徒)는 신라에서 발원하여 고려시대에까지 계승

16) 이러한 아테네 민주정치의 내용은 페리클레스의 연설 속에 민주정치의 이상과 목표로서 제시되어 있다. 김비환. (2000). 앞의글, 110.

되었다. 하지만 무엇보다 조선시대 향약의 민주적 성격이 두드러진다.

1. 향약(鄕約)의 등장 배경

조선 초기 중앙정부는 유교적 정치이념을 효과적으로 실현하기 위해 수령권을 강화하고, 각종 구휼, 진대제도를 실시하였다. 그러나 조선 중기 이후부터 구휼과 진대제도는 차츰 쇠퇴되어 갔고, 국가는 이 제도를 일종의 관영고리대화 함으로써 민에 대한 수탈이 심해지는 결과를 가져왔다. 이에 많은 농민들은 일정한 거주지 없이 떠돌아다니게 되었고, 농촌은 황폐화되었으며, 각지에서는 도적들이 증가하게 되었다. 이 같은 문제들은 농민들의 생사와도 관련되지만 당시 향촌에 거주하던 양반층에게도 큰 위협이 되었다. 이러한 혼란 속에서 사회를 안정시키고, 악화된 민생문제를 해결하기 위한 대책으로 향촌사회에서는 새로운 사회보장체계가 필요하였다. 즉 하나의 지역사회에서 나름의 향촌질서를 바로잡고, 지역민끼리 상부상조하는 방안을 강구하게 되었는데 이에 사림들은 향촌질서를 바로잡는 길을 향약에서 구하였다. 향약은 특히 성리학적 실천윤리를 향촌사회에 보급시키고자 했던 사림에 의하여 영남지방부터 점차 전국으로 확산되었다.

향약은 향인들끼리 마련한 약속으로 동향인리(同鄕隣里)의 사람들이 일종의 조합을 만들어 조합원끼리의 권선징악과 동시에 도움을 주기 위하여 협정한 규약을 뜻하던 것으로 향촌의 교화와 선도를 통한 고대 이상사회의 구현을 그 목적으로 하였다.[17] 후에는 조합 자체를 향약이라고 부르게 되었다. 처음에는 향교(鄕校)를 중심으로 자치교화적인 성격을 띠고 출발하였으나 점차 향청(鄕廳)을 중심으로 한 지방행정구역 안에서 지방 교화를 위하여 여러 가지 활동을 하게 되어 지역자치단체로서의 성격을 가지게 되었다.[18]

중국 향약의 기원은 송대의 남전여씨(藍田呂氏) 향약으로 알려진다. 우리에게도 고유한 향약이 있었을 것이나 문헌으로는 중국 주자(朱子)증손여씨향약이 조선조 향약의 기원이 된 것으로 보고 있다. 조선조 향약은 영농상의 협동에 그치지 않고 유교의 정치철학의 이상인 대동사회의 실현을 위한 정신이 표방

17) 곽효문. (2003). "조선조 향약의 복지행정기능과 의의." 「행정논총」 41(1), 23.

18) 이상백. (1962). 「한국사」. 서울: 을지문화사, 210-212; 곽효문. (2003). 앞의글, 29에서 재인용.

되고 있다.

향약은 그 지방의 사정에 맞게 짜여진 규약에 의하여 제정되었다. 향약의 주된 내용을 보면 덕업상권(德業相勸), 과실상규(過失相規), 예속상교(禮俗相交), 환난상휼(患難相恤)은 공통사항이었다. 즉 향약은 덕업(德業)을 서로 권하고 과실(過失)을 서로 규제하고, 예속(禮俗)을 서로 교환하고 환난을 당하면 서로 구휼한다는 것 등 이른바 권선징악의 상부상조를 골자로 하는 향촌의 자치규약이라 할 수 있다.

2. 향약의 구성과 운영

1) 향약의 임원(향임)

향약의 임원은 군, 읍의 경우는 도약정(都約正, 도약장), 부약정(副約正), 직월(直月), 유사(有司)가 있었고, 향이나 면에는 약정, 직월이, 리에는 이정과 장무 등이 있었다. 도약장은 향약의 장으로 향약을 대표하고 약원을 지휘하고 통솔하는 중심인물로서 유림 중에서 나이가 많고, 덕행 또는 학문이 있는 자를 약원 가운데 다수의 추대로 선출되는 종신직이며, 관직이나 신분의 고하를 반드시 따지는 것은 아니었다. 부약정은 도약정을 보좌하고, 집회에 있어 실질적인 역할을 하는 인물로 그 선임 역시 여러 사람의 추대로 선출하되 학덕이 높고 품행을 겸비한 사람으로 역시 종신직이다. 직월은 향약에 따른 여러 사무를 관장하는 실무자로 약원 가운데서 매월 윤차적으로 한 사람씩 선발하여 맡겼는데, 적임자가 없을 때는 연임될 수 있었으며, 사역시킬 노복을 소유하고 있는 사람으로 한정하였다. 이와 같이 향임의 피선자격을 관직이나 신분으로 하지 않고 인격자로 하였다는 점, 약원들이 자치적으로 선출하였다는 점 등에서 민주적 유산을 찾아볼 수 있다.

2) 운　　영

향약은 지역 주민 모두가 참여하는 것을 원칙으로 하였다. 향약에 들지 않은 자에게도 그 원칙은 강제적으로 적용된다. 향촌의 많은 일들이 향약에 의하여 처리되었으며, 자체적으로 처리 곤란한 일만 관가로 넘겨진다. 즉 향약은 향촌 자치의 표현으로 볼 수 있다.

향교, 서원 또는 사창에 모여서 연간 4회 독회(독약)를 개최하는데[19] 독향례는 약원들에게 향약의 취지를 이해할 수 있도록 교육하여 주지시키는 한편, 규약을 계속 준수하도록 독려하여 경계하는 뜻을 갖는 일련의 의식이었다. 이때 비약원과 서민의 참여를 허용한다. 독약의 방법은 직월이 규약의 조문을 읽은 후 부약정이 그 뜻을 설명해 주고 그래도 알지 못하는 사람을 위해서는 질문을 허락했다. 직월의 조사에 따라 그 내용이 만장일치가 되었을 때에만 각각 선적과 약적에 정식으로 기록하였다.[20] 향약은 수령의 자문기관인 향청(유향소)이나 지방관아와 협력관계였다는 점에서 일종의 민관협력 방식으로 볼 수 있다.

향약은 어디까지나 자율적·자치적인 것이지만 때에 따라 강제력도 행사하였다. 선행자는 가급적 관청에 알리고, 널리 본받도록 권장하였으며, 악행자는 벌을 주었다. 처음에는 악행자에게 처벌을 하는 대신 벌주(罰酒)를 내도록 하였으나, 뒤에 벌칙을 강화하여 태형, 속전(贖錢)지불, 출향(黜鄕: 그 마을에서 내쫓음) 등을 하였다.

3) 향청과의 관계

향약은 향청과 밀접한 관계를 지닌다. 향약의 임원인 약정, 부약정, 직월 등은 향청의 좌수, 별감, 유사 등이 겸하기 마련이어서 그 조직체계를 거의 같이 하였다.

4) 향안과 향규

향약이 보급되기 전인 15세기부터 지방 유력자들에 의한 자율적 조직체가 존재하였다. 향안은 그 구성원의 명부이며, 향규는 그 규약이다. 향안에는 이른바 세족(世族)이어야 등록될 수 있고,[21] 입록자에 한해 유향소 임원이 된

---

19) 집회일은 원칙적으로 매월 1일이었으나, 먼 곳에 거주하는 경우에는 연중 4회, 즉 봄, 여름, 가을, 겨울의 음력 첫 달 즉 정월, 사월, 칠월, 시월에 한해 참석하거나 1년에 1-2회만 참석하여도 무방하였다.

20) 곽효문. (2003). 앞의글, 31-32.

21) 향안에 새로 들어가기 위해서는 흔히 6조(부, 조부, 증조, 고조, 외조, 처부) 중에서 3명(지역에 따라서는 4명 혹은 2명)이 이미 구안(舊案)에 기록되어야 가능하였다고 한다.

다. 유향소의 조직과 임원 선정, 향임의 임무와 권한, 향촌교화 및 향안의 입록 범위와 절차 등에 관한 사항을 규정한 것이 향규이다.

3. 향　　청

1) 향청(유향소)

향청은 유향품관(留鄕品官)들이 중심이 되어 구성된 조직으로 조선시대 재지사족(양반)의 자치기구로서 수령의 자문과 협력 기관이다. 본래 고려시대의 사심관(事審官) 제도로부터 그 기원을 찾을 수 있는 향청은 조선초기에는 유향소 또는 향소라고도 불렀다. 향청의 주요 기능은 수령의 일방적 권한행사를 견제하면서도 사족의 향촌지배 보장과 사족의 이익을 대변하는 것이다. 이들은 향촌사회에서의 주도권 확보를 목적으로 관과 일정한 관계를 맺으면서도 관권의 상징인 수령과는 전혀 별개의 조직으로 기능하고자 하였다.

향청은 임기 2년의 임원을 선거로 뽑아서 구성되는데, 임원은 좌수(座首), 별감(別監), 도감(都監) 등을 말한다. 이들은 마을에서 선거로 추대되면 이를 수령이 임명하는 것을 원칙으로 하였다. 좌수는 50세 이상의 덕망자 중 추대되었고, 임기는 2년이었다. 좌수의 역할은 수령을 자문하고, 그 지방의 풍기를 단속하였으며, 마을의 업무 전반적인 것을 감찰하였고, 각 면의 풍헌(면장)을 선임하였다. 또한 향리를 감독하고 정군의 선발, 군포징수, 봉수대 감독 등의 일을 관장하였다. 한편 별감에는 관청별감, 형방별감 등이 있었다. 관청별감은 관청에서 수용되는 쌀 징수를 주임무로 하였고, 형방별감은 형구(形具) 마련이나 감옥수의 감시·감찰 등을 하였다.[22]

향청은 향약과 매우 밀접하게 연관되어 있었다. 향청의 임원은 향약회의에서 선출하였고, 이들 임원은 대체로 향약의 사무를 겸하고 있었다. 향청에 소속된 사령을 시켜 향약의 일을 보기도 하였고, 향청의 실무자인 유사(有司)가 향약의 간사인 직월을 겸한 것 등은 향청과 향약이 매우 밀접함을 의미한다.[23] 또한 풍헌(風憲), 존위(尊位) 등 면·리의 임원은 좌수나 별감이 추천해서 수령이 임명하는 것이 상례였다. 이는 면이나 리의 통치는 수령보다는 향

22) 이존희. (1986). "조선시대 지방관청의 관원과 향청."「지방행정」35(388), 124-125.

23) 이존희. (1986). 앞의글, 125-126.

표 2-1 향청과 향약의 관계

향 청		향 약
좌수(座首)	–	도약정(都約正)
부감(副監)	–	부약정(副約正)
유사(有司)	–	직월(直月)

* 출처: 이존희. (1986). 앞의글, 126.

청 또는 향약 계통과 연결되어 통치되었음을 의미한다(표 2-1 참조).

원래 유향소는 고려 말, 조선초기 향촌사회 내 재지품관들에 의해 자의적으로 조직된 기구였다. 고려 말 향리감찰과 풍속교정의 임무를 지닌 사심관제도가 혁파된 후 그것과 연원을 같이하며 지역에 따라 조직되고 있던 유향소는 지역적인 확산을 가져왔고 유향소의 세력도 현저히 강화되어 조선초기에는 사회적 문제로 대두되었다.[24] 즉 유향소는 성장하는 촌락을 기반으로 새로운 질서를 세우고, 지방을 대변한다는 명목으로 수령과 충돌하였으나 차츰 수령과 한통속이 되어 지방민을 수탈하거나 수령의 권한을 넘어서는 일을 종종 벌이게 된 것이다. 이에 향촌사회에 불법적으로 조직되어 있던 유향소는 1406년(태종 6) 6월에 혁파되었다. 이후 경재소를 설치하고 1428년(세종 10)에 '유향소복설마련절목'을 반포하고 유향소를 다시 세웠다. 부 이상에는 5명, 군에는 4명, 현에는 3명의 유향품관을 각 경재소가 택정하여 그들로 하여금 유향소를 설치하도록 하였다. 이와 같이 유향소에 대한 혁파, 재설치가 반복되다가 성종 때 재설치된다. 이 때는 유향소의 성격이 변화하게 되는데, 자치기구로서의 성격이 축소되고, 향촌의 예절 기구화 된다. 즉 풍속기구로서 성리학적 질서를 세우는 기구로 변화한 것이다. 임진왜란 후인 조선후기에는 향임에 대한 임명권이 수령에 귀속되는 등 중앙집권화되는 추세였으나 농민항쟁기에는 일시적이나마 대소민향회, 민회 등이 결성되어 주민의 자결 노력이 발생하였다.

24) 배기헌. (1988). "16세기 향촌지배질서와 유향소의 성격."「대구사학」35, 94–95.

2) 경 재 소

경재소는 조선 초기에 정부와 지방의 유향소 사이의 연락기능을 담당하기 위하여 서울에 둔 기구로 재경관인(在京官人)들의 모임이다. 유향소를 통하여 지방자치를 허용하면서도 유향소를 중앙에서 직접 통제할 수 있게 하기 위한 목적을 지녔다. 중앙정부에 재직하는 고위 품관이 출신지역 경재소를 관장하여 그 지방에 설치되어 있는 유향소를 통제하고, 출신지역과 정부와의 중간에서 여러 가지 일을 주선하거나 공물의 상납에 책임을 지기도 하였다.

경재소의 임원으로는 당상, 좌수, 별감을 두었다. 경재소를 관장하는 당상(堂上)은 동향인 가운데서 좌수 1명, 6품 이상의 참상별감 2명, 7품 이하의 참외별감 2명 등의 경재소 임원을 임명하였고, 수령권에 대한 남용이 심한 지방 유향소를 효과적으로 감독하기 위하여 유향소의 품관도 임명하였다. 즉 경재소는 유향소 임원의 임면, 원악향리의 규찰, 향중 인사의 천거와 보증, 공부 · 진상의 독납, 공물 대납 및 해당 군현의 요구사항을 건의하는 등 전반적인 향중 공무를 관장하고, 향촌 사회 내부의 풍속 규찰과 교화를 담당하였다.

경재소는 지방 수령의 정사에는 간섭할 수 없었으나, 경재소를 장악한 고관들은 지방의 정치, 경제적 영역을 침범하여 사적 경제기반을 확대하기도 하였다. 또한 훈구대신을 비롯한 권세가나 재경관인들이 경재소를 통해 연고지의 품관, 향리층을 장악하면서, 수령의 관권을 매개로 향촌사회에 대한 자의적인 지배와 수취를 강화해 나가면서 그 성격이 크게 변질되어 1603년(선조 36)에 혁파되었다. 중종대에 정계에 진출한 조광조 등의 사림파는 훈척들의 지방통제 수단으로 이용되던 경재소, 유향소 등의 철폐를 주장하고 그 대안으로서 향약의 보급을 제안하였던 바 있다. 기묘사화로 일단 좌절되었으나 사림파가 정권을 장악한 선조대에 이르러서 각 지방의 여건에 따라 향약이 시행된 것이다.

4. 향약에 대한 평가

1) 한　　계

향약의 보급과 실시는 사족의 향촌자치와 자율성 측면에서 중요한 발전이었고, 전통적인 민주적 운영의 뿌리라 할 수 있으나 여러 가지 한계를 지닌다. 지역 주민 모두의 참여에도 불구하고 향약은 신분제에 의하여 규율되므로 진정한 민주공동체라 볼 수는 없는 것이다. 상층부는 양반이 장악하여 운영상의 여러 차별이 있었고, 이 같은 상하간 구분과 차별은[25] 교화라는 명분으로 향약이 향촌민에 대한 통제 수단으로 이용되었던 측면을 보여준다.[26] 일각에서는 유교문화가 지배계급과 피지배계급의 이익을 별개로 보지 않는다는 점을 들어 이 같은 비판을 부인하기도 한다.[27] 아울러 향약은 기본적으로 향촌질서를 성리학적으로 재편하려는 목적을 가지고 있었다는 점에서 촌락 농민들의 생활공동체 문화와 자율적 전통을 억제하는 효과를 가져왔다는 비판도 있다.

다산의 목민심서에는 "수령으로서 뜻은 높으나 재주가 엉성한 자는 반드시 향약을 실시하는데 이 경우 향약의 폐가 도둑보다 심하다. 토호와 향족(鄕族)이 집강에 임명되어 스스로 향장이나 혹 헌장(憲長)을 칭하고 그 아래 공원(公員), 직월(直月) 등의 명목을 두어서 향권을 제 마음대로 휘둘러, 백성을 위협하고 공갈하여 술을 토색하고 곡식을 징수하는 데 그들의 요구는 끝이 없다. 백성들의 드러나지 않은 허물을 적발하여 뇌물을 받고 보답을 요구해서, 나가서는 이르는 곳마다 술과 고기가 질편하며 집에서는 송사를 처리한다고 소란스러우며…"(다산, 목민심서, 禮典六條, 敎民編)라고 나와 있다.

2) 의　　의

향약은 국가권력과는 별도의 군현차원의 독자적 권력 영역으로, 그 규범

---

25) 가령 처벌상의 차별을 들 수 있는데 양반의 잘못에는 입정(立庭)을, 상민에게는 매질을 한 것이 그 예이다.
cf) 입정: 뜰 아래에 세워두던 벌을 의미한다.

26) 권내현. (2005). "향약은 지방자치의 원형이었을까?." 한국역사연구회 편 「조선시대사람들은 어떻게 살았을까」. 파주: 청년사, 49-59.

27) 지헌교, 최문성, 박균섭. (1991). 「조선조 향약연구」. 서울: 민속원, 11.

은 유교 교리에 의거하기는 했으나 국법체계의 직접적 소산이 아닌 자체적인 것이었다. 규범 집행주체는 사회 내에 자체적으로 존재해 온 신분적 권위를 토대로 선발되고 결집된 지방유력 사족들의 독자적 결사체로서 관권조직과는 별도의 것이었다. 또한 강제력도 지방유력 사족들의 결집된 신분적 영향력을 토대로 하여 나온 것으로 국가 권력과의 직접적 연관이 없는 독자적인 것이었다. 지방차원의 독자적 권력영역인 향약은 국가 권력(수령)에 대해 구심적 측면과 원심적 측면을 동시에 지니고 있었다. 구심적 측면은 향약이 사족들 자신을 포함한 지방민들에 대한 기강을 유지해 줌으로써 왕권체제의 버팀목으로서의 역할을 하였고, 향약의 주체들은 그러한 역할을 자임하고 자부하여 왔다. 그러나 지방민에 대한 관의 침탈을 막는 과정에서 수령과 이하 관속들을 규제한다는 점과 향약에서의 재판과 여론조성 과정에서 왕권과 다른 판단을 할 수 있다는 점에서 원심적 측면을 내재하고 있었다.[28]

물론 시대적 한계로 인하여 양반계층에게만 참여가 허용되었다는 단점이 있으나 향약은 한국 지방자치의 근원이자 민주주의의 시원으로 중요하게 다루어질 필요가 있다. 아울러 관료제의 일방성에 대한 견제라는 차원에서 기능적 의의도 찾아볼 수 있다.

토의민주제

CITIZEN PARTICIPATION

1. 토의민주주의의 의의

1) 개 념

최근 주목을 받고 있는 토의민주주의는 대의민주제와 직접민주제를 결합하려는 시도이다. 토의민주주의는 기본적으로 시민은 공공문제에 대하여 피상적인 관심과 지식만을 소유하고 있더라도 상호 참여와 심도 깊은 토의를 통하여 개명된 결정에 이를 수 있다고 보는 것으로 성격상 고대 아테네의 직

28) 김일중. (2007). "향약의 문화적 가치와 지방행정에의 적용가능성 탐색." 한국행정학회춘계학술대회발표논문.

접민주제를 현대에 접목시키고자 하는 노력이다.

토의란 무엇인가? 토의(deliberation)란 1990년대 베젯(Bessette)에 의해 창안된 개념으로 토의, 심의, 숙고, 숙의, 협의, 토론, 담론 등으로 번역된다.[29] 토의에 대한 심층적인 연구는 코헨(Cohen), 벤하빕(Benhabib), 드라이젝(Dryzek), 엘스터(Elster), 거트만(Gutman)과 톰슨(Thompson), 맨스브릿지 등(Mansbridge etc)에 의해 이루어졌다.[30] 하버마스 등은 토의를 토론과 논증의 요소를 모두 갖춘 것으로 본다.[31] 왜냐하면 토론이 결여되고, 지나치게 논증만을 강조하면 논증의 형태로 표현되지 않는 가치가 희생될 우려가 있기 때문이다.[32] 그리하여 기든스(Giddens)는 토의민주주의라는 말 대신 대화(dialog) 민주주의라는 개념을 선호한다.

토의는 다양한 행동 방식과 다른 의견들의 결과에 대해 주의 깊게 가중치를 부여하는 것이다.[33] 미국의 사회학자인 양켈로비치(Daniel Yankelovich)는 토의에 대하여 "보다 사색적이고, 대안에 가중치를 부여하고, 이슈에 대한 진정한 참여를 하며, 일상적인 여론보다는 다양한 요인에 대한 고려를 하는 것"이라고 정의하였다.[34] 아울러 그는 토의를 3가지 'R'(Reason, Reflection, Refinement)로 축약해 정리할 수 있는 것으로 보았다. 첫째, 참여자들로 하여금 면대면의 환경에서 보다 심도 있게 주제를 다룰 수 있도록 토론에 필요한

29) Joseph M. Bessette (1994). *The mild voice of reason: Deliberative democracy and American national government*. Chicago: University of Chicago Press.

30) Seyla Benhabib (1992). *Democracy and difference: Contesting boundaries of the political*. Princeton University Press; Stephen Cohen (2004). *The nature of moral reasoning: The framework and activities of ethical deliberation, argument, and decision making*. Oxford University Press; John S. Dryzek (2002). *Deliberative democracy and beyond: Liberals, critics, contestations*. Oxford University Press; Jon Elster (1998). *Deliberative democracy*. Cambridge University Press; Amy Gutman and Dennis Thompson (2002). "Deliberative democracy beyond process." *Journal of political philosophy* 10(2), 153-174; Amy Gutman and Dennis Thompson (2004). *Why deliberative democracy?*. Princeton, NJ: Princeton University Press; Jane Mansbridge, James Bohman, Simon Chambers, David Estlund, Andreas Føllesdal, Archon Fung, Christina Lafont, Bernard Manin, José Luis Martí (2010). "The place of self-interest and the role of power in deliberative democracy." *Journal of political psychology* 18(1), 64-100.

31) 하버마스는 토의를 의사소통행위로 보았고, 롤스나 듀이(Dewey)는 담론을 강조하여 토의의 개념과 간접적으로 연관된다.

32) 가령 단순한 대화, 진솔한 삶의 이야기 등이 그것이다.

33) David Mathews (1994). *Politics for people: Finding a responsible public voice*. Urbana: University of Illinois, 111.

34) Sue Goss (1999). *Managing working with the public*. KOGAN PAGE, 74.

자료를 준비하고, 토의를 위한 충분한 시간을 사전에 부여하여 논거의 역량을 구축하는 것이고(Reason), 둘째, 참여자들에게 심도 있는 대화와 회고할 시간(soak-time)을 부여하며(Reflection), 셋째, 참여자들에게 자신의 견해를 조율할 기회와 공간을 준다는 점에서 개선(Refinement)과 관련된다. 이와 같은 개념의 토의는 토론(discussion)이나 결정(decision)과는 구별된다. 토론이나 결정은 갈등적 상황에서 승패가 구분되지만 토의는 갈등적 상황과 함께 공동체의 대화적 요소가 공존한다는 점에서 차별화 된다.[35] 이러한 관점에서 보면 토의민주제는 자유롭고 동등하며 합리적인 시민들간에 토론에 의하여 의사결정을 하는 것으로 의회의 활동은 국가의 의무적 토의의 일종으로 볼 수 있고, 시민들의 토의활동은 자발적 토의라 할 수 있다.

이와 유사하게 김명식은 토의민주주의를 자유롭고, 평등한 시민들이 보편성에 입각하여 토론을 통하여 합의를 도출해 내려는 정치이념으로 이해한다.[36] 토의민주주의는 대화나 토론을 통하여 선호의 변화를 기대한다는 점에서 선호를 고정된 것으로 보는 시장경제, 시장민주주의와 선호교육적 측면에서 차이를 보인다. 토의민주주의는 공동체 지향적 측면을 지니는 것으로서 공적인 문제에 대하여 공동체적 관점에서 시민참여가 이루어진다는 점에서 자유주의와 공화주의 중 공화주의에 보다 가깝다. 토의민주주의는 참여민주적 성격을 지닌 것으로 소수의 대표가 아닌 자유롭고 평등한 참여를 강조한다는 점에서 대표성 있는 대표의 행위만으로 충분하다고 보는 대표민주제와는 다르다. 또한 토의민주주의는 이성주의적 측면을 지닌 것으로 개인의 즉자적 선호가 아닌 이성에 기초한 합의를 존중하고, 합의에 대하여 낙관적이다.

토의민주주의는 무엇보다 면대면(face-to-face)에 기초한 민주주의를 의미한다.[37] 민주주의의 조건은 정치적 평등, 독재의 방지(다수의 독재), 토의, 참여라는 점에서 이러한 조건을 충족시키기 위해서는 참여의 기회균등이 확보되는 소규모의 대면토론이 가능한 집단형성이 필요하다고 본다. 정치적 평등과 비독재성은 매우 깊이 연관된다는 점에서 위의 조건들 중 정치적 평등과 토

35) Michael E. Morrell (2005). "Deliberation, democratic decision-making and internal political efficacy." *Political Behavior* 27(1), 55.

36) 김명식. (2002). 「환경, 생명, 심의민주주의」. 고양: 범양사.

37) Mathews (1994). 앞의글.

의가 무엇보다 중요하다.[38] 문제는 현대 사회에서는 규모의 문제로 이와 같은 취지를 충분히 살릴 만한 대면토의의 실현이 어렵다는 것이다. 그리스 민주제는 대면하여 토론을 통하여 정치하는 것을 근본 원리로 한다는 점에서 어떻게 하면 현대 대규모 사회에서 대면토론이 이루어지게 할 수 있을 것인가가 토의민주주의의 관건이라 하겠다.

2) 토의민주주의의 특징

토의민주제에 대한 개념논의는 다양하지만 그러한 논의 속에서 두 가지 공통점을 발견할 수 있다.[39] 하나는 참여에 기초한 의사과정을 중시한다는 점에서 참여민주적 측면을 지닌다는 점이다. 다른 하나는 참여 토의에 의한 결정을 중시한다는 점에서 토의적 측면을 지닌다는 것이다. 토의민주제는 이 양자의 결합으로 모든 이해관계자나 대표의 참여라는 민주적 요소와 함께 불편부당하고 합리적인 토론을 거친 토의적 요소를 지닌다.

인간관의 측면에서 기존의 민주이념인 대의민주제는 합리적 인간관에 기초한 합리적 선택의 접근방법을 취한다. 이것은 선호총합적 민주주의 이론의 범주로 시민의 선호는 주어진 것(고정불변)으로 가정하고 개인은 이익 극대화를 추구하는 합리적 경제인으로 가정한다. 따라서 협상이나 흥정, 타협을 통해 의사결정을 하는 것으로 본다. 반면 토의제는 시민선호가 가변적이라고 본다. 시민의 선호는 사회 속에서 형성되는 것으로 선호는 학습된다는 사회구성이론적 접근방법을 취한다. 개인은 개별적으로 모두 합리적 경제인이므로 설득과 합의를 통해 의사결정에 이르는 것이 가능하다고 본다. 토의는 강압・조작이 아니며 설득과 관련되는 것으로 이는 투표, 협상, 흥정, 이익 총합과 대비되는 개념이다. 토의자들간 상호작용과정에서 자신들의 견해를 바꿀 태세가 되어 있다고 본다.[40]

3) 토의제의 원형

토의민주제는 내용적으로 직접민주제와 간접민주제의 결합이다. 직접민

---

38) James S. Fishkin (1991). *Democracy and deliberation: New directions for democratic reform*. New Haven: Yale University Press.

39) Jon Elster (1988). *Deliberative democracy*. Cambridge University Press.

40) 김명식. (2002). 앞의글.

주제의 요소로는 평등한 참여를 원칙으로 하고, 간접민주제의 요소로는 토의를 주된 방식으로 한다. 즉 정치적으로 평등하지만 비토의적인 직접민주제와 토의적이지만 정치적으로 불평등한 대의민주제를 절충하고자 하는 것이다.

아테네 민주주의는 토의민주제의 원형이다. 그리스 아테네민주제하에서 시민들은 프닉스(Pnyx)언덕에서 6,000명 정도가 모여서 토의를 하였는데, 당시 아테네 인구가 3만명(4세기, 데모스테네스)에서 5만명(페리클레스)이었으므로 모든 시민이 모인 것은 아님이 분명하다. 즉, 아테네는 직접민주제를 근간으로 했지만 간접민주제를 활용한 것이다. 간접민주제는 추첨(lot, random selection)을 사용하고, 선출된 자는 전체를 대표해서 말한다. 반면 스파르타는 추첨 대신 샤우트(Shout) 방식을 사용했다.[41]

4) 참여민주주의와 토의민주주의 비교

토의민주주의에 참여민주제적 요소가 중요하게 포함되어 있는 만큼 양자간의 차이를 규명하는 것은 중요하다. 우선 참여민주주의는 '누가 결정하는가(who decides)'가 중요한 이슈이다. 반면 토의민주주의는 '어떻게 결정하는가(how decides), 어떻게 생각하는가'가 중요한 문제이다. 이러한 점에서 참여민주제가 대의제의 보완적 형태라면 토의민주제는 대의민주제와 직접민주제의 혼합적 요소를 지닌다. 특히 이해관계에 기초한 협상이 아닌 공적 입장(공익적 입장)에서 이해배제적 접근을 할 것이 요구되고, 이를 위하여 직접적 이해당사자를 배제시키는 것과 관련된다.

2. 토의민주주의 제도

공론조사(opinion poll)는 1988년 미국 스탠포드 대학의 제임스 피시킨(James Fishkin) 교수가 제안한 제도이다.[42] 이후 1994년 영국에서 '범죄 대

41) 고대 스파르타의 공직자 선출방식은 다소 특이한 형태를 지니는데, 공직 후보자가 연단에 올라 군중 앞에 나섰을 때 터져 나오는 군중의 환호소리(shout)의 크기를 측정하여 그 크기의 순서대로 공직자를 선출하였다. 누구의 환호소리가 더 큰가를 판정하기 위하여 후보자를 볼 수 없는 격리된 장소에 심판관을 배치하여 군중의 환호소리의 높고 낮음을 기록하였다.

42) James S. Fishkin (1991). *Democracy and deliberation*. Yale University. 김원용 역 (2003). 「민주주의와 공론조사」. 이화여자대학교출판부.

응방안'에 대해 실시한 것을 시작으로 선진 각국에서 20여 차례 시행된 바 있다.

공론조사와 비교할 때 여론조사는 피상적 의견의 확인이자 의사의 양적 단순 취합에 불과하다. 여론조사는 신뢰성과 정당성이 취약하고, 무응답이 많으며, 허위의사의 우려가 있다.[43] 또한 일방적 의사소통 때문에 여론조작의 우려가 있어 결과적으로 선호를 조사하는 데 그치는 경우가 대다수이다. 이에 비하여 공론조사는 과학적 확률표집에 근거한 추출과 토의를 결합시킨 형태로 정보제공과 토론과정이 포함된다. 때문에 심층적 여론조사가 가능하며, 토론과정에서 유의미한 의사변경이 가능하다.[44] 쌍방향적 토의를 통하여 고립된 대중이 아니라 참여적이고 공적인 시민형성을 가능하게 하고, 선호가 아닌 공론을 규명할 수 있다. 특히 공론조사는 합리적 무지를 제어할 수 있는 장치를 지닌다.[45] 공론조사에 있어서는 토론이 중요한데 이때 토론은 이상적 대화상황인 것이 좋다. 하버마스가 논의한 이상적 대화상황이란 자유롭고 평등한 토의가 이루어지는 상황으로서 시간의 제약없이 더 나은 주장에 근거한 합의에 의해서만 규제되는 상황을 의미한다. 여론조사와 공론조사를 비교하면 〈표 2-2〉에 제시된 바와 같다.

표 2-2 단순 여론조사와 공론조사의 비교

	단순 여론조사	공론조사
방 법	순간적인 인식수준 진단	설문→학습 및 토론→2차 설문
결 과	공공이슈에 대한 의견 분포	학습 및 토론을 거친 심사숙고한 의견
단 점	대표성과 정확성 결여	비용 및 시간소요, 복잡한 절차, 적은 표본집단

43) 존재하지 않는 법안의 폐지에 대한 여론조사에서 응답자의 1/3이 찬반의사를 표명한 경우도 있다. Fishkin (1991). 앞의글.

44) 토의를 통하여 일반적으로 2/3가 의사를 변경하는 것으로 나타났다. 개인의 의사변경은 지식의 증가에 비롯되는 것으로 이러한 변화는 사회적 신분, 교육정도와 무관하게 일어나는 것으로 나타났다. Fishkin (1991). 앞의글.

45) 합리적 무지(rational ignorance)는 자신의 투표행위가 선거결과에 미치는 영향이 미미하다는 인식하에 후보자들과 이슈들에 대하여 평가하기 위한 노력을 제대로 하지 않는 것을 의미한다. Anthony Downs (1957). *An economic theory of democracy*. New York: HarperCollins.

공론조사의 활용 방식은 다양한 형태에서 찾아볼 수 있다. 그리스 아테네는 평의회에 추첨제를 도입했는데 이는 평의회 의원의 권력집중을 제어하기 위한 것이다. 미국 선거인단의 원래 취지도 이러한 것이며, 영국 그라나다 500 텔레비전 프로그램이나 시민배심원제도도 토의민주주의를 제도적으로 활용한 사례이다. 또한 하나의 아이디어로서 대의제 인환권(representative vouchers)은 시민들이 정부가 나누어 준 인환권을 자신이 지지하는 이익단체들에게 주도록 하자는 것으로 경제적 평등과 다원적 대표성의 제고에 기여할 수 있다.

이러한 형태의 토의민주제가 가져올 수 있는 효과는 다음과 같다. 첫째, 대화와 타협을 통해 대처하므로 사회갈등의 해결에 도움이 된다. 둘째, 1997년 노동법 파동이나 2000년 의약분업 파동에서 나타났던 것처럼 정치권의 무능을 토의민주제의 방식을 통해 대안적으로 해결할 수 있다. 셋째, 쟁점별로 구체적 대안 도출이 가능하다. 넷째, 일반시민과 전문가의 지혜를 통합함으로써 기술민주주의(technodemocracy)를 시현할 수 있다.

3. 토의민주제의 운영 사례

토의의 요소를 지닌 참여제도들은 영국 등지에서는 비교적 최근인 90년대 말에 도입된 기법들이지만 북미나 스칸디나비아 등에서는 오랜 역사를 지닌다. 토의적 요소를 지닌 민주주의 참여제도에는 시민배심원제도, 공동체 이슈집단, 공동체 워크숍, 포커스 그룹 등이 있다. [표 2-3]은 토의

표 2-3 토의제도 모형

초 점	양 적	질 적
시민 판단(저)	포커스 그룹	
↓	공동체 워크숍(Community Workshop)	
↓	공동체 이슈집단(Community Issue Group)	
↓ 시민판단(고)	시민 배심원(Citizens' jury)	공론 조사(deliberative opinion poll)

* 출처: Goss (1999). 앞의글, 77.

를 위한 제도들이 각각의 성격에 따라 토의의 깊이와 시민 판단의 정도가 달라짐을 제시한다.46)

토의민주주의의 한국적 적용 사례로 부동산 정책 등의 이슈에 대한 공론조사, 배심원제도, 합의회의, KDI의 시민배심원제, 이슈포럼 등을 들 수 있다. 토의민주제가 운영되고 있는 사례 및 제도는 [표 2-4]에 제시하였다.

표 2-4 토의민주주의 운영 사례

O 한국의 최초 토의민주주의 실험

1998년 11월 숭실대에서 '유전자 조작 식품의 안전과 생명윤리'에 대한 합의회의와 1999년 9월 연세대에서 '생명복제기술에 관한 합의회의'를 개최하였다. 시민패널은 신문, 방송, 통신망을 통해서 모집하였는데 총 88명이 지원하였고 이 중 16명을 선정하였다. 전문가의 초청 질문과 토론이 있었고, 시민패널 내부 토론을 실시하였다. 내부 토론 결과 '인간 개체 복제의 완전 금지', '인간 배아 복제는 현재로서는 금지', '동물복제는 엄격한 감독과 관리하에 허용'이라는 결론을 얻었다.

* 출처: 김명식. (2002). 앞의글, 211.

O 한국에서의 공론조사(opinion poll) 사례

2003년 북한산 국립공원을 관통하는 서울외곽순환고속도로를 건설하는 사안에 대해 공론조사를 도입하자는 논의가 있었으나 무산되었다. 그 후 2005년 8월 31일 부동산 정책 국민 여론 수렴을 위한 공론조사를 재경부가 시행하였다. 전체 시행과정은 다음의 그림과 같다.

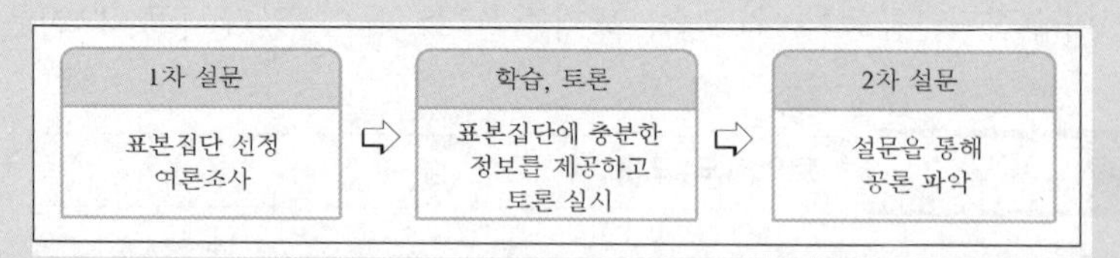

O 1단계 – 1차 설문조사

표본은 서울 · 수도권 지역에 거주하는 20~69세 성인남녀 511명을 표본으로 선정하고, 이들을 대상으로 부동산 정책에 대한 1차 설문조사를 실시하였다. 1차 설문이 완료되는 시점에 부동산 정책에 대하여 찬반의견이 고루 분포된 토론자료집을 제공하여 학습기회를 제공하였다.

46) 토의 제도의 운영방식에 대한 상세한 설명은 본서 11장 4절 '효과적인 회의방식의 적용' 부분을 참조.

ㅇ 2단계 - 토론진행(8. 20, 9:30-17:00)

전체 표본 중 토론 참여의사, 정책에 대한 태도, 연령, 성별 등을 기준으로 토론자 47명을 선정하였다. 전문가를 배제하고 5개조로 편성하여 분임토론을 시행하고, 전체 모임에서 전문가 패널에게 질문할 사항을 합의하였다. 그리고 전문가 패널(4명)이 참여한 전체토론을 진행하였다. 아울러 토론회에 참석하지 않은 나머지 464명에게는 전문가 패널토론을 녹화하여 시청하게 하였다.

ㅇ 3단계 - 2차 설문조사(8.24)

표본에 대하여 1차 설문조사와 동일한 문항으로 2차 설문조사를 실시하여 의견 변화 정도를 분석하였다. 그 결과 부동산 정책추진시 '정부개입이 필요하다'는 의견에 대하여 1차 조사시 55.4%에서 2차 조사시에는 70.2%로 높아졌고, '개입이 불필요하다'는 의견은 31.1%에서 25.3%로 낮아졌다.

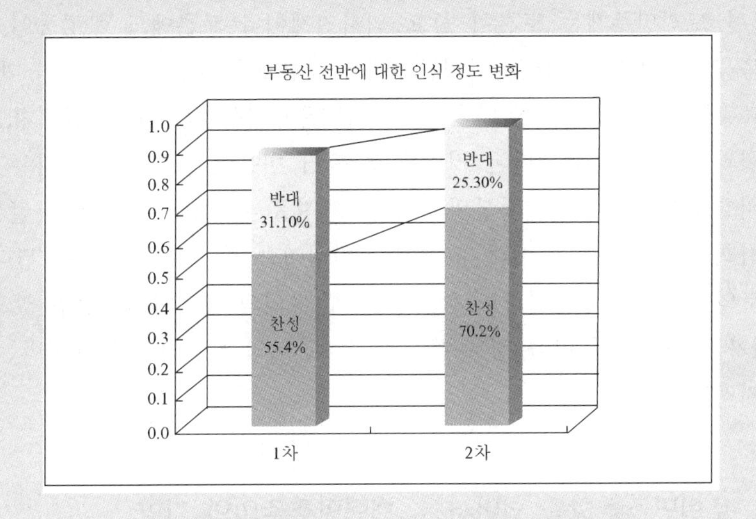

이 사례에서 논의한 토의민주제의 운영 형식으로서 합의회의(consensus conference)는 1987년 덴마크에서 처음 시작하였다. 기존의 전문가간의 토론, 이해집단간의 토론을 넘어 일반시민의 토론으로 확대한다는 점에서 기존 토론과 차이를 지닌다.[47]

지역사회에서 토의민주주의의 실현가능성은 반상회, 제주도 통리장, 주민자치위원회 등에서 찾을 수 있다 하겠다.

47) 김명식. (2002). 앞의글, 214.

4. 토의민주주의의 평가

1) 찬 성 론

토의민주주의의 도입에 대한 찬성의 입장은 토의의 방식이 시민정치가 지닌 자결의 원칙에 부합함을 강조한다. 특히 대의제가 지닌 엘리트에 대한 공정성·객관성에 대한 우려의 한계를 보완함으로써 엘리트의 편파성을 보완할 수 있다. 또한 다수의 지혜가 소수의 판단보다 우월할 가능성이 높음을 제시한다.[48]

2) 비판과 한계

한편 토의민주제는 토론이 중요 의사기제이나 토론에도 불평등이 있을 수 있음을 지적한다. 토론은 이해관계에서 자유로울 수 없고, 전문가 개입에 따른 불평등 또는 전문가 지배라는 또 다른 문제점을 야기할 수 있으며, 합의는 타협과 구분하기 어렵다는 것이다. 아울러 비용이 과다하게 든다는 점에서도 비효율적이고 의사결정상의 지연을 가져올 수 있다. 오늘날과 같은 대규모 사회에는 적용이 용이하지 않아 실현성이 낮다는 문제도 지적된다. 요컨대 토의민주주의는 운영상의 한계 때문에 토의의 깊이가 얕을 수 있고, 정치문화가 토의적이지 않을 경우 문제가 되며, 토의참여 규모에 제한받는다는 점이 지적된다.[49]

5. 토의민주주의를 넘어서서: 협력민주주의의 지향

대의정치와 참여정치의 딜레마는 결코 풀기 쉬운 숙제가 아니다. 참여의 확산은 분명 소수 엘리트의 선견을 부인하게 되는 문제가 있기 때문이다. 해법은 결국 참여의 필요성과 엘리트의 선견간의 타협에서 찾을 수밖에 없을 것이다. 90년대 들어와 관심을 끌기 시작한 토의민주주의는 이러한 통합 노력의 하나로 보여진다.

그러나 대의제와 참여제의 결합을 위하여 일반 시민들에 의한 토의를 강

48) 김명식. (2002). 앞의글, 245.
49) 김명식. (2002). 앞의글, 244.

조하는 데에는 두 가지 문제가 있다. 하나는 토의의 방향성 문제이고, 다른 하나는 전문가 참여의 문제이다.

첫째, 토의의 방향성 문제이다. 지금까지의 논의는 토의의 방향성과는 무관하게 토의에 대한 지지를 보냈지만 갈등적(conflictual) 토의와 협력적(communal, cooperative) 토의의 구분이 필요하리라 생각된다. 예를 들어 서울대 미술관 건립 허가를 두고 관악구청과의 오랜 대립은 1998년부터 시작되어 2005년이 되어서야 완공될 수 있었다. 이처럼 협력적 메커니즘이 마련되지 않으면 대립과 갈등이 이루어지고, 이는 공공이익의 입장에서 토의를 지지하는 토의민주제의 기조와는 맞지 않는 것이다. 협력적 토의를 위한 대안으로 첫째는 리더의 능동성으로, 공직자가 스스로 시민에게 다가가야 한다. 둘째는 시민교육이다. 셋째는 새로운 회의의 유형을 수립하여 시민들의 목소리를 이끌어 내는 것이다.[50) 가령 시민들의 참여를 유도하기 위한 방식으로 공동개최를 하고, 참여에 여러 전제조건들이 제시되지 않아야 하며, 대표나 대리가 아닌 개인으로서의 참여가 이루어져야 하며, 합의나 결정이 아닌 대안, 아이디어를 모색하기 위한 미팅으로서의 전원합의를 추구하며, 공개가 가능해야 한다.

토의민주제의 두 번째 문제는 전문가 참여의 문제이다. 대중들의 의견을 수합하는 데에만 초점을 맞추다 보면 토의는 단지 말로서 하는 토론에 그칠 우려가 있다. 때문에 일반 시민과 전문가의 결합이 필요한데, 토의에서 전문가의 참여를 인정할 것인가, 아니면 지원 역할에 한정할 것인가가 문제가 된다. 전문가의 역할을 인정할 때 토의민주주의는 협력민주주의(cooperative democracy)의 관점과 같아진다.[51) 즉 대의제의 요소로서 토의와, 직접민주제의 요소로서 시민참여의 결합인 토의민주주의는 시민들간의 토의를 필요조건으로 하지만 보충적 요건으로서 전문가의 지원이 필요한 것이다. 전문가 참여가 원래 토의민주제 개념에 반드시 포함되어 있는 것은 아니지만, 그렇다고 해서 이를 배제하는 것도 아니다. 따라서 전문가 참여를 토의의 기능화 조건으로 볼 수 있는 것이다.

---

50) Mathews (1994). 앞의글, 91-92.

51) 협력민주주의에 대한 자세한 설명은 본서의 마지막 장인 16장에 자세히 서술되어 있으니 참고 바람.

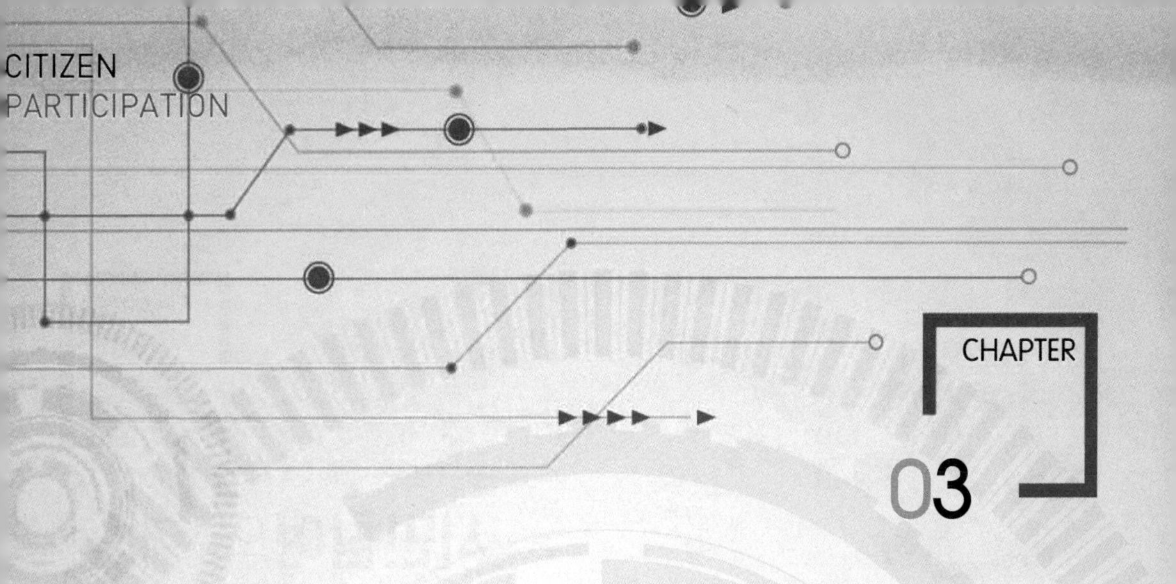

CHAPTER 03

시민참여의 개념

시민참여의 개념

I 참여의 개념

CITIZEN PARTICIPATION

앞의 장에서는 시민참여의 배경이 되는 민주주의 또는 민주정치에 대하여 논의하였다. 그렇다면 시민참여란 무엇인가? 참여에 대한 개념정의는 매우 다양한데 크레이튼(Creighton)은 참여를 시민들의 관심, 수요, 가치가 정부 내부와 집합적 의사결정 내부로 흡수되는 과정을 지칭한다. 양방향의 의사소통과 상호작용을 통해 궁극적으로 시민들에 의해 지지받는 더 좋은 의사결정을 하고자 하는 목적을 지닌다.[1] 스카프(Scaff)는 참여의 범위와 목적 및 결과에 따라 두 가지의 참여요소를 제시한다. 하나는 공동체의 공동이익을 증진시키기 위해 공통의 삶을 공유하고 상호성의 기초하에서 나타나는 상호작용(interaction)으로서의 참여이고, 다른 하나는 공동체보다는 영향력과 권력을 획득하기 위한 도구적(instrumental) 활동으로서의 참여이다.[2] 어떠한 개념적 접

1) James L. Creighton (2005). *The public participation handbook*. John Wiley & Sons, 7.

2) Lawrence A. Scaff (1975). "Two concept of political participation." *The Western Political*

근이건 간에 참여의 개념을 정의하는 데에는 누가, 무엇에 대해, 언제, 어떻게 참여하는가에 관한 문제가 남아 있다.[3] 이러한 개념적 논제를 중심으로 참여의 개념에 대한 학자들의 입장이 조금씩 차이를 지니게 되는데 참여의 개념은 그 의미의 크기에 따라 최협의, 협의, 광의 및 최광의로 구분할 수 있다.

1. 최 협 의

버바(Verba)와 나이(Nie)는 참여에 대하여 매우 좁게 정의한다. 이들은 정치적 참여를 정책 결정자의 충원이나 정책의 선택에 상당한 영향력을 행사하기 위한 일반 시민들의 활동이라고 정의한다.[4]

보다 구체적으로 이들의 개념을 살펴보면 다음과 같다. 첫째, 정부에 대한 지지(support)나 의례적(ceremonial) 참여활동을 참여 범주에 포함시키지 않는다. 예컨대 가두 행진, 개발 사업에의 참여, 관변 청소년 단체에의 참여 등은 참여의 범주에 해당하지 않는 것으로 본다. 버바와 나이는 위의 형태와 구분되는 참여를 민주적 참여(democratic participation)라고 지칭한다.[5] 민주적 참여는 정부 정책의 직접적 수행이 아닌 정부 정책에 대한 영향력의 행사 과정으로서 대중으로부터 정부로의 상향적 흐름을 강조한다. 이 같은 활동은 기존의 결정에 대한 지지나 반대가 아니라 창조 과정의 한 부분이라는 점에서 의례적 참여 또는 지지를 위한 참여와 구분되어야 한다고 본다.

둘째, 참여는 정치적 효능감이나 시민의식과 같은 심리적 경향의 관점은 포함하지 않고, 실제 참여로서의 행동만을 대상으로 한다.

셋째, 참여 대상은 대체적으로 정부 부문에 국한하여 정부에 영향력을 행사하기 위한 '정치적 참여'만을 포함한다. 따라서 가정, 학교, 직장, 이익단체 등 다른 영역에의 참여인 비정치적 참여는 대상에서 제외한다.

마지막으로 합법적(legal) 내지는 정당한(legitimate) 참여만을 대상으로 한다. 따라서 정치적 항의와 같은 불법적 활동 또는 정당성에 논란이 있는 참여

Quarterly 28(3): 447-462.

3) Scaff (1975). 앞의글, 448.

4) Sidney Verba and Norman H. Nie (1972b). *Participation in America: Political democracy and social equality*. New York: Haper and Row, 2-3.

5) Verba and Nie (1972b). 앞의글.

행위는 포함하지 않는다.

이와 같이 최협의의 참여 개념에서는 수동적 형태의 참여, 시민 불복종이나 정치적 폭력, 정부의 형태를 변화 또는 유지시키려는 노력, 정부 영역 외부의 활동, 정부에 의해 동원된 행태, 의도치 못한 정책 결과 등을 모두 참여 개념에서 배제하는 입장을 취하고 있다. 하지만 이러한 개념 정의는 정밀성을 추구하다 못해 지나치게 협소하여 다른 문화영역에서 발생하는 다양한 참여행태의 범주를 충분히 포괄하지 못한다는 지적을 받고 있다.

2. 협 의

협의의 참여 개념 속에는 최협의 관점에서 제외하였던 정부에 대한 지지(support) 활동이 포함된다. 예컨대 밀브레이드(Milbrath)와 고엘(Goel)은 참여를 정부에 대한 영향력의 행사 또는 지지(support)를 위한 시민의 활동으로 정의한다.[6] 이러한 정의는 정치적 결과에 영향을 미치고자 하는 적극적 역할뿐만 아니라 의식적(ceremonial) 활동과 정부에 대한 지지활동도 참여의 범주에 포함시킨다는 점에서 최협의의 참여 개념과 차별화 된다. 다만 폭력적이거나 비합법적인 활동을 제외한다는 점에서는 공통적이다.

3. 광 의

참여의 범주에 시민 불복종 운동과 정치적 폭력활동 등을 포함하는 것으로 오늘날 학자들로부터의 지지도가 높아지고 있는 관점이다. 예컨대 반즈(Barnes)와 카스(Kaase) 등은 시민참여라는 용어 대신 정치적 행위(political action)라는 용어를 사용하면서 정치적 행위(즉 시민참여)는 "정치 시스템의 다양한 수준에서 발생하는 정치적 선택에 직·간접적으로 영향력을 미치기 위한 의도를 지닌 개별 시민들의 모든 자발적 활동"을 포함하는 것으로 정의한다.[7] 이 개념 속에는 투표와 같은 관습적 참여활동뿐만 아니라 항쟁과 폭력

6) Lester W. Milbrath and M. L. Goel (1977). *Political participation: How & why do people get involved in politics?.* Chicago: Rand McNally College Publishing Co., 2.

7) Samuel H. Barnes and Max Kaase et al. (1979). *Political action: Mass participation in five western democracies*. Beverly Hills, Sage, Ch.2 참조.

적 활동까지도 포함된다. 개발도상국의 빈민에 대한 연구에서 정치적 참여를 "국가 또는 지방정부의 활동이나 구성에 영향을 미치려는 의도를 지닌 민간 시민의 활동"이라고 규정한 넬슨(Nelson)도 같은 입장이다. 구체적으로 넬슨의 참여 개념은 정부에 영향력을 행사하기 위한 불법적이고 폭력적인 활동, 정부 형태(구조)의 변화 요구, 그리고 동원·지원된 정치적 활동 등을 포함한다.

페리 등(Parry et al.)도 마찬가지로 정치참여(political participation)라는 용어를 사용하면서 참여를 광의의 관점으로 이해한다. 정치참여를 "공공정책의 형성, 결정 및 집행과정에의 참여," 보다 구체적으로는 "궁극적으로 의원과 관료에 의한 의사결정에 대한 영향력 행사를 목적으로 하는 시민의 행동"이라고 정의하고,[8] 정부에 대한 지지나 폭력, 항의도 참여의 개념 속에 포함하는 것으로 본다. 이들은 참여의 개념을 획정하기 위해 다음과 같은 요소들을 제시한다.

첫째, 참여는 공직자인 의원·관료에 대한 영향력 행사를 직접적인 목적으로 하는 행위에 한한다. 따라서 청소년 훈련 캠프(camp)의 참가 또는 구호양곡 등의 수령을 위하여 행정관청에 가는 일과 같이 의원이나 관료에 대한 영향력 행사를 직접적 목적으로 하지 않는 행동은 참여로 보지 않는다. 둘째, 의원·관료와 같은 공식적 정책결정자가 아닌 일반인 또는 일반 집단에 대한 영향력 행사를 목적으로 하는 행위는 참여의 개념에 포함하지 않는다. 따라서 직장에서의 참여행위 또는 노동조합의 지도자 또는 경제단체의 간부 등에 대한 영향력 행사는 그들이 아무리 공공정책결정과정에 실제적인 영향력을 행사할 수 있다고 하더라도 참여로 보지 않는다. 셋째, 참여의 요체는 행위(behavior)이다. 따라서 정치에 대한 관심의 표현 또는 정치적 담화는 참여에 포함하지 않는다. 오히려 이러한 인식이나 태도는 참여행동의 결정요인으로 이해하는 것이 보다 타당할 것이다. 그러나 어떠한 정책문제에 대하여 명시적으로 의사표시를 하는 것은 정치적 영향력 행사를 위한 명시적 행사로 보아야 할 것이다.[9] 이와 관련한 구체적인 참여 활동의 사례로서 투표, 의원에

8) Geraint Parry, G. Moyser and Neil Day (1992). *Political participation and democracy in Britain*. Cambridge: Cambridge University, 16.

9) 이와 관련하여 Parry et al.은 단순한 찬성 또는 반대의 태도를 보이는 것은 참여에서 제외하고 있다. 그러나 실제로는 행위와 태도를 구분하기가 쉽지는 않다는 문제가 있다. Parry

대한 서한 발송, 공직자 접촉(의원과 관료), 선거유세, 정책문제에 관한 공청회 등의 공공집회 참석, 청원에 대한 서명, 압력단체(시민단체 포함)에의 가입, 데모참가 등을 들 수 있다.

광의 관점의 참여 개념 속에는 이와 같이 수동적이거나 인식만을 지닌 비활동(inaction)을 참여에서 제외시키고, 정부가 아닌 것을 대상으로 하는 행위는 제외된다.

4. 최 광 의

위에서 논의한 최협의, 협의, 광의의 참여는 정부를 대상으로 하는 것이라는 특징이 있다. 그러나 이와는 달리 최광의는 정부를 대상으로 하지 않는 시민 스스로의 공공활동도 시민참여로 보는 입장이다. 참여는 공공재(public goods)의 생산과 배분에 영향력을 행사하려는 시도나 행태까지를 포함하는 것으로 본다.[10] 과거 공공재는 일반적으로 정부에 의해 제공되는 것으로 인식되어 왔으나, 최근에 이르러 공공재는 반드시 정부에 의해서 생산 또는 공급되지 않고 민간에 의해서도 생산 또는 공급될 수 있다는 관점으로 확장되어 왔다. 가령 지역공동체는 주민들로부터 자금, 노동, 물질을 기증받아 도로, 다리, 마을 회관, 학교, 관개수로 등의 공공재를 스스로 공급할 수 있는 것이다. 정부가 공급하지 않거나 공급하지 못하는 서비스를 시민들이 근린 활동을 통하여 제공하는 활동을 중심으로 참여 개념을 구성한 것이다. 이들의 개념화는 정부 정책에 영향력을 미치는 시민활동만 참여로 보고, 시민이 직접 수행하는 공동생산(co-production)활동은 참여로 보지 않는 개념화와는 차별화되는 것이다. 즉, 참여를 간접적인 영향력 행사만이 아닌 직접적인 서비스 생산활동까지 포함하는 가장 광범위한 활동으로 본다는 특징이 있다.[11]

나아가서 부스(Booth)와 셀릭슨(Seligson)은 시민 스스로의 협동적 활동뿐 아니라 정부를 대상으로 하지 않는 노동자들의 파업활동을 참여활동으로 포

et al. (1984). 앞의글, 16 참조.

10) Patrick J. Conge (1988). "The concept of political participation." *Comparative Politics*. Vol 20, 244 재인용.

11) Verba and Nie (1972b). 앞의글.

함한다.[12] 왜냐하면 노동자들의 파업 권한은 공공재의 배분에 영향을 미치려는 시도와도 관련될 수 있기 때문이라는 것이다. 요컨대 최광의의 참여 개념은 의도하지 않았던 정치적 결과, 정부 영역 밖을 대상으로 한 참여 행동, 정부에 의해 동원된 참여활동, 정부 구조를 변화 또는 유지하려는 노력, 정치적 항쟁, 정부서비스의 생산활동 등을 모두 포괄한다. 아울러 애국심, 정치적 소외감, 냉담, 무관심, 정치적 의식 등의 의식적 부분과 관련된 비활동(inaction)까지도 개념범주에 포함한다.

최광의의 개념화에 의하면 참여는 개인이나 집합체의 의도적 및 비의도적 활동, 정부나 공동체의 일정 측면을 변화 또는 유지 요구, 반대 또는 지지의 활동 및 의식적 부분까지도 포함한다.[13]

5. 참여 개념의 종합

지금까지 참여의 개념 정의를 협의의 관점에서부터 최광의의 관점에 이르기까지 네 가지 유형으로 구분하여 간단히 살펴보았다. 콘지(Conge)는 참여 개념의 구분 기준으로 여섯 가지 기준을 제시한다.[14] 여기에서는 최협의, 협의, 광의, 최광의 개념의 근거가 되었던 기준을 중심으로 제시하고자 한다.

첫째, 정부에 대한 요구나 반대 활동에 관한 것이다. 둘째, 정치적 참여를 대상으로 하는가의 여부이다. 셋째, 자발적 행위와 동원에 관한 것으로, 시민이 자신의 이익을 추구하기 위한 자발적 참여에만 국한할 것인지, 정부가 복리증진을 유도하기 위해 지원하거나 이끄는 행태(동원)와 정부활동에 대한 지지까지 포함할 것인지에 관한 것이다. 넷째, 공격적 행태와 비공격적 행태에 관한 것으로 전형적인 시민활동에만 한정할 것인지, 시민 불복종 운동이나 정치적 폭력 등을 포함할 것인지에 관한 것이다. 다섯째, 참여에 소극적 형태로서 의식적 차원을 포함시킬 것인가에 관한 것이다. 즉 참여를 투표나

12) John H. Booth and Mitchell A. Seligson, eds. (1978). *Political participation in Latin America*. New York. Holmes and Meier.

13) Conge (1988). 앞의글, 246.

14) 콘지가 제시한 여섯 가지 기준은 참여에 소극적 형태, 공격적 활동, 정부 형태의 변화나 유지를 위한 활동, 정부영역 외의 시민활동, 정부의 동원이나 지지활동, 비의도적 결과를 야기한 활동 등을 포함할 것인가의 여부에 대한 것이다. Conge (1988). 앞의글, 241-242.

선거운동 등 활동의 관점에서 정의해야 할지, 아니면 의식의 차원인 애국심이나 정치적 이슈에 대한 인식까지도 포함할 것인가의 문제이다. 마지막으로 참여가 지향하는 대상에 관한 것으로 정부의 권한, 정책, 제도 등 정부를 대상으로 한 행위에만 참여의 개념을 제한할 것인지, 아니면 정부 영역 외의 시민활동까지도 포함할 것인지의 문제이다.

위의 여섯 가지 기준들을 앞에서 논의한 참여의 의미의 크기에 따른 네 가지 범주의 관점과 연결시키면 [표 3-1]과 같이 정리할 수 있다.

표 3-1 참여의 개념적 관점과 주요 논점

구 분	최협의	협 의	광 의	최광의
1. 정부에 대한 요구, 반대	○	○	○	○
2. 정치적 참여	○	○	○	○ (사회적 참여 포함)
3. 정부에 대한 지지, 동원된 활동	×	○	○	○
4. 공격적 · 폭력적 행위	×	×	○	○
5. 의식적 측면 (애국심, 효능감, 정치 이슈에 대한 관심)	×	×	×	○
6. 정부 영역 외의 시민활동	×	×	×	○

이와 같이 참여의 개념 정의의 다양성에도 불구하고 이들은 다음의 몇 가지 사항에 대해서는 대체로 인식을 같이하는 것으로 보인다.[15)]

첫째, 참여는 정치 전문가나 분야별 전문가가 아닌 아마추어(amateur)로서의 일반 시민(citizen)에 의한 행위라는 점이다. 둘째, 참여는 공공문제에 관한 영향력 행사를 목적으로 한다는 점이다. 셋째, 참여는 단순한 인식이나 태도가 아닌 명시적인 행위(action) 또는 활동(activity)이라는 점이다. 넷째, 정부에 대한 지지(support) 행위도 일부를 제외하고는 대부분 참여의 일부분으로 인정

15) 최광의의 참여 개념은 다소 급진적이고 포괄적인 개념으로서 이 수준까지 참여의 개념을 확장하기에는 다소 무리가 있다. 최광의의 개념을 제외한 관점 가운데 일반적인 합의를 이루는 부분들을 중심으로 한다.

하고 있다는 점이다. 다섯째, 참여활동의 대상은 정부부문에 대한 것이 보편적이다. 다만 공공재의 민간부문 생산이 확대되면서 참여활동이 다양해지고 있어 그 구분이 불분명해지고 있는바 정부 영역 외의 시민활동은 정치참여와는 다른 사회적 참여(social participation)로 구분되어짐이 바람직할 것이다.

그러나 데모, 폭력적 항의와 같은 비관습적 참여행위까지도 참여의 범주에 포함시킬 것인가에 대하여는 의견이 일치하지 않는다. 다만 초기의 참여연구에서는 참여를 주로 투표와 같은 선거관련 활동에 한정하는 경향이 있었으나, 최근에 이르러서는 항의·데모 심지어는 폭력과 같은 행위도 정치적 영향력 행사를 목적으로 하는 한 참여에 포함시키려는 경향이 발견된다.

이와 관련하여 비관습적 참여행위에 대한 시민태도(수용성)의 국가별 비교에 따르면 대체적으로 합법적 항의 형태인 청원, 합법적 시위 등에는 상당히 높은 긍정적인 응답을 나타내고 있는바,[16] 이러한 측면에서도 비관습적 참여를 참여행위로 볼 수 있음은 오늘날의 통설이라 하겠다.

이에 본서는 시민참여를 참여행위의 합법성 또는 제도 존재여부를 묻지 않는 개념으로 이해하고자 한다. 즉, 참여를 광의의 관점에서 이해하여 전통적 참여활동 외에 데모, 정치적 항쟁, 보이콧(boycotts), 도로점거와 같은 교통방해, 심지어 폭력 또는 폭동까지도 정치적 영향력 행사를 목적으로 하는 한 참여의 범주에 포함시킨다. 이는 참여행위와 참여행위의 합법성 또는 정당성의 판단을 동일한 차원에서 논의하는 것은 논리적으로 타당하지 않기 때문이라는 인식에 기초한다. 아울러 폭력적 참여와 비폭력적 참여의 구분은 질적인 것이 아니라 정도의 차이에 의한 상대적 구분이라는 점이 인식될 필요가 있다. 예컨대, 폭력을 수반하지 않고 피켓을 흔드는 형식의 데모도 정신적 폭력으로서 주장되는 경우에 투석과 같은 과격행위를 포함한 폭력적 참여행위와 구분되기 어려울 수도 있는 것이다.

단, 이와 같이 참여를 광의로 이해한다고 해서 항의나 폭력적 행위가 장려되어야 한다는 것은 아니다. 그것은 항의는 일반적으로 민주사회에서 합의된 의사표시의 규칙을 깨고 압력에 의한 과대반응의 도출을 기도하는 것인

16) 비관습적 참여행위에 대한 시민태도의 국제 비교분석은 본서의 6장 참여실태와 전개부분에 구체적으로 제시될 것이다.

경우가 많고 따라서 그러한 한에 있어서 평등참여에 위배되는 측면이 있기 때문이다. 특히 폭력적 행위는 지탄받아야 할 문명적·반민주적 행위로서 당연히 지양되어야 하며, 이를 위한 적절한 대책마련이 필요하다 할 것이다.[17] 그럼에도 불구하고 그러한 행위도 여전히 정부에 영향력을 행사하기 위한 참여행위의 하나임에는 틀림이 없다할 것이다. 오히려 때에 따라서는 리바이어던(Leviathan)이 된 정부가 시민을 위하여 봉사하지 않고 오히려 본연의 역할을 망각한 채 시민을 압제하고자 할 때, 저항권의 발동차원에서 시민의 폭력적 행위가 불가피한 경우도 있을 것이다.

이에 대하여 간디의 무저항주의는 저항권을 발동하는 경우에도 그 방식은 비폭력적이어야 한다는 점을 분명히 하고 있는 데서 대비된다. 단, 이와 같은 무저항주의는 정부가 시민 앞에 정당하지 않을 때 시민에게만 일방의 부담을 지우는 것으로서 일응 한계가 있으며, 근원적으로는 시민과 정부가 공동의 노력을 통하여 폭력의 발생을 예방하는 것이 바람직하다. 구체적으로는 시민의 의식개혁, 실질적인 참여제도의 확충, 공권력의 정당한 대응, 시민요구에 대한 정부의 대응성 증대 등이 복합적으로 요청된다고 하겠다.

Ⅱ 시민과 시민성 및 시민참여

CITIZEN PARTICIPATION

참여의 개념에 대한 논의를 토대로 시민참여의 주체인 시민, 그리고 시민이 지녀야 할 의식적 요건으로서의 시민성에 대한 논의를 하고자 한다.

1. 시민과 시민성의 개념

시민은 어원적으로 볼 때 정치공동체의 법적 구성원을 의미하며, 법적 구성원으로서의 시민은 당연히 정치공동체에 대한 권리와 의무를 수반하는 것으로 간주된다.[18] 아울러 시민은 개개 구성원을 나타내는 동시에 구성원의

17) 정치적 폭력이라 함은 사물이나 인간에 대하여 정치적 이유로 물리적 힘을 행사하는 것을 말한다. Barnes and Kaase et als. (1979). 앞의글, 44.

집합을 함께 가리키는 포괄적인 용어로 쓰인다. 이와는 달리 루쏘(Rousseau)는 국가의 구성원으로서의 시민을 집합적으로 부를 때는 민중(people)이라고 하는 한편, 주권을 행사하는 개별 구성원은 시민(citizen)이라고 구분하여 부르기도 하였다. 또한 바버(Barber)는 시민(citizen)을 대중(masses)과 구분하여 대중은 아직 시민이 되지 않은 사람들로서 스스로를 지배하지 못하는 명목적 자유인에 불과한 것으로 본다.[19] 그는 대중은 소란을 일으키지만 시민은 심사숙고하고, 대중은 대응(behave)하지만 시민은 행동(act)하며, 대중은 충돌하고 대립하지만, 시민은 관여하고 공유하며 기여한다고 하여 시민을 대중과 엄밀히 구분한다. 대중이 심사숙고하고, 행동하고, 공유하며, 기여하게 되면 그들은 더 이상 대중이 아니고 시민이 되며, 그럼으로써 참여하게 된다고 강조한다.[20]

이러한 다양한 이해에도 불구하고 일반적으로 시민이란 용어는 민(民), 민중(民衆), 대중(大衆), 인민(人民), 민국(國民), 주민(住民) 등의 용어와 사실상 같은 개념으로 상호 교차하여 사용하여도 크게 무리가 없는 용어라 할 것이다. 다만 시민이란 용어는 시민이 공동체의 구성원으로서 공동체의 유지 발전을 추구해야 한다는 규범적인 의미가 강조된다는 점에서 여타 개념과 다소 차이를 보인다 하겠다.

한편 정부의 서비스 활동과 관련하여 시민적 지위에 대한 관점을 수혜자 관점, 고객 관점, 소비자 관점 및 시민적 관점으로 분류한 번즈 외(Burns et al.)의 논의는 주목할 만하다.[21] 첫째, 수혜자(clients 또는 recipients) 관점이다. 이 관점에서는 정부는 공급자이고 시민은 피공급자에 불과한 것으로 본다. 관료는 주민의 수요를 그들보다 더 잘 알며, 중립적 입장에서 공익을 지향할 것으로 인식한다. 수혜자들은 그들의 특권을 포기하고 전문가의 우월한 판단을 수용하는 것으로 본다.[22] 그러나 대부분의 경우 공익은 고객의 의견과 상관

18) J. M. Barbalet (1988). *Citizenship*. Minneapolis: University of Minnesota Press, 5; 岩崎忠夫. (1984). 住民參加論: 住民參加の理論と實務. 制一法規, 36.

19) Benjamin R. Barber (1984). *Strong democracy: Participatory politics for a new age*. Berkeley CA: University of California Press, 154-155.

20) Barber (1984). 앞의글, 155.

21) Danny Burns, Robin Hambleton and Paul Hoggett (1994). *The politics of decentralization*. Macmillan.

22) J. Gower Davies (1974). *The evangelistic bureaucrat*. Edinburgh University Press; Burns et al.

없이 정의된다. 즉 고객은 어디까지나 수동적인 서비스 객체일 뿐이고 양자간의 관계에 있어서 고객은 정부에 종속적이다. 이러한 관계는 가부장적 관료제 모형에 해당하며 대단히 약한 환류기제만이 작동할 뿐으로, 정부로부터의 시민에 의한 이탈(Exit)이나 정부에 대한 주장(voice)의 가능성은 대체로 막혀 있다.

둘째, 고객(customer) 관점이다. 이 입장에서는 고객은 수혜자와는 달리 언제나 옳은 것으로 보고 고객이 선택하고 비판하고 거부할 수 있음을 인정한다. 이 같은 관점은 관료의 요구보다는 고객의 요구를 충족시키기 위한 접근방법이라는 점에서 기본적으로는 바람직한 것이다. 더욱이 고객이 서비스 공급기관에 대하여 일종의 애착의 감정을 확보할 수 있다는 점에서 의미를 지닌다 하겠다.[23] 그럼에도 불구하고 고객우선주의 접근방법은 기본적으로 고객을 우월적 지위로 바꾸는 것이 아니라는 점에서 제한적인 수혜자 모형(discredited client model)의 범주를 벗어나지 못하는 것이다.[24] 단지 가부장적 관료제를 가부장적 관리라는 새로운 형태의 가부장제로 치환하는 것에 불과하다. 더욱이 이 모형에서 고객의 지위가 성립되기 위해서는 거래관계가 성립되어야 하나 많은 공공서비스에서 사용자 부담과 같은 거래관계가 성립되지 않는 경우가 많아 고객이라는 말 자체가 부적합한 말이 될 수도 있다는 한계도 안고 있다.

셋째, 소비자(consumer) 관점이다. 이 접근방법은 서비스 공급자와 피공급자간의 권력 불균형을 시정하고 시민의 권한을 강화하기 위한 것이다. 소비자는 경쟁하는 공급자 중에서 자신이 선호하는 것을 선택할 수 있는 소비자 주권을 소유한다. 이는 이탈(exit)할 수 있는 능력에 기초하는 것이다. 다만 문제점은 소비자가 선택할 수 있는 대안적 서비스가 부재하는 경우가 많다는 점이다. 특히 서비스가 민영화된다 해도 같은 지역 안에 복수계약이 되어 있지 않은 경우에는 여전히 선택의 여지가 없고, 이 경우 소비자 권력은 이탈(exit)이 아닌 주장(voice)으로부터 나올 수밖에 없다. 또한 공공서비스는 많은 경우 소비자에게 선택의 여지를 주지 않고 강제한다.[25] 그리고 공공서비스는

(1994). 앞의글, 40에서 재인용.

23) 지역에 대한 애착심은 이탈(exit)을 억제하고, 주장(voice)을 촉진하는 효과를 갖는다는 점에서 지역에 대한 정체성이 참여를 위하여 중요하다.

24) Burns et al. (1994). 앞의글, 43.

표 3-2 시민의 지위에 따른 구분

구 분	수혜자(client/recipient)	고객(customer)	소비자(consumer)	시민(citizen)
권한의 소재	관 료	관 료	소비자	시 민
민주화	비민주적 (undemocratic)	가민주적 (pseudo democracy)	경제적 민주주의 (economic democracy)	정치적 민주주의 (political democracy)
중요 요소	공무원의 전문적 판단	주민의 경험	주민의 선호	주민의 영향력

개인보다는 집합적 이익의 보장을 위하여 공급되어야 하나 소비자는 개인 이익 위주의 개인주의적 접근방법을 기조로 한다는 점에서 사회정의 또는 공익 차원에서 접근되어야 할 공공서비스 전달에 있어 소비자모형을 엄격히 적용하는 데에는 한계가 있다.

마지막으로 시민을 시민성을 갖춘 시민(citizen)으로 보는 관점이다. 시민은 정부가 제공하는 서비스에 대한 수혜자, 고객 또는 소비자가 아니며 주체적 입장에서 권리와 의무를 갖고 참여하는 주권적 시민으로 본다. 소비자가 개인적인 경제적 결정을 하는 것이라면, 시민은 집합적으로 정치적 결정을 내리는 것으로 전자는 경제적 민주주의를, 그리고 고대 그리스 아고라에서 공공문제를 토의하던 시민은 정치적 민주주의를 상징한다. 소비자는 공동체보다는 개인의 이익을 추구하는 대신 시민은 전체로서의 공동체의 이익을 추구하며 공익의 사익에 대한 우월성을 인정한다.[26] 시민의 지위에 관한 관점은 [표 3-2]에 구분되어 있다.

무엇보다 시민성에서 권리적 측면만을 강조하는 것은 지나치게 시민성을 좁게 해석하는 것이다. 시민성은 권리뿐만 아니라 의무를 포함하기 때문이다. 이러한 점에서 시민은 공공영역, 공공목적과 관계되는 것이며, 정치적 참여 역할의 권리와 의무를 갖는 존재이다.

25) 경찰, 환경규제, 건축규제 등의 경우가 그러하다.
26) Burns et al. (1994). 앞의글, 48.

2. 시민참여의 유사개념

시민참여는 시민에 의한 정치참여를 말한다. 보다 구체적으로 말하면 주권자인 시민이 정치공동체에 관한 권리와 의무를 행사하는 것을 가리키는 것이라 하겠다. 경우에 따라 시민참여는 정치참여(political participation), 공중참여(public participation), 주민참여(residential participation), 시민지배(citizen control) 등의 개념과 혼동되지만 실제로 이들간에 의미상의 큰 차이는 없다. 그럼에도 불구하고 이들 개념과의 차이점을 밝혀 본다면 다음과 같이 구분될 수 있을 것이다.[27]

먼저 정치참여는 정부의 의사결정과정에 대한 참여를 강조하는 용어로서 시민참여의 경우에 비하여 시민의 측면보다는 정부의 측면을 보다 강조하는 개념이라 하겠다. 공중참여는 시민으로서의 권리·의무와 관계 없는 대중의 참여를 지칭하며 따라서 시민참여보다 넓은 개념으로 볼 수 있다. 주민참여는 지방정부의 주민으로서의 시민의 참여를 의미하는 것으로 시민의 지역거주성을 보다 강조한 개념이다. 지방자치 또는 지방행정과 관련하여 빈번히 사용되는 개념이다. 시민관여(citizen involvement)는 참여과정이 정부에 의해서 통제되고 있음을 강조하는 용어라고 하여 일반적으로 사용하는 시민참여와 구분하는 견해도 있으나 굳이 양자를 구분하지 않고 모두 시민참여로 사용해도 무방하리라 본다. 끝으로 시민지배 또는 시민통제(citizen control)는 시민이 주권적 입장에서 정책과정을 지배하는 상태를 말한다. 시민참여가 정부의 우월적 통제력을 내포하는 것과 달리 시민통제는 시민의 우월적 통제력을 강조하는 용어이다.[28]

---

27) 岩崎忠夫. (1984). 앞의 글, 36-38.

28) 시민참여와 시민지배에 관한 개념적 구분에 대하여는 John Gyford (1991). *Citizens, consumers and councils: Local government and the public*. London: MacMillan Education Ltd., 72-79를 참조할 것. 여기서 그는 영국의 경우, 시민참여(public participation)와 시민지배(popular control)의 적용 예를 제시하면서 초기의 시민지배 이념은 시민참여로 전환되고 있다고 설명한다. 보다 구체적으로, 1970년대 영국의 지방행정에 있어서 시민참여와 계획(planning)은 매우 유기적인 관계를 갖도록 추진되었다. 이는 지방정부로 하여금 지역계획을 정식으로 채택하기 이전에 시민에게 계획안에 대하여 의견을 제시할 수 있는 기회를 부여하는 것을 의무화한 도농계획법(The Town and Country Planning Acts, 1968)에서 비롯되었다. 그러나 1980년대에 들어와서는 계획과정에 대한 시민참여가 지나치게 시간 및 비용을 증대시키게 된다는 Thatcher 정부의 비판적 입장을 배경으로 하여 오히려 참여를 제한하려는

시민참여는 시민정치(citizen politics)와 불가분의 관계에 있는 개념이다. 정치(politics)는 광의의 관점에서 공적문제의 해결을 위한 참여자간 교호작용을 의미한다. 정치는 다시 공식(formal) 정치와 비공식(informal) 정치로 구분해 볼 수 있다. 전자는 협의의 정치로 공적문제의 권위적 해결을 의미하며, 공적문제의 해결을 위한 기구는 일차적으로 정치기구로서의 정부이다. 여기에서 참여는 정부에 대한 영향력 행사활동으로 이해된다. 한편 비공식 정치인 시민정치(citizen politics)는 자조적(自助的) 정치로서 공공문제의 권위적 해결방식이 아니라 공공문제의 해결 그 자체에 초점을 둔다.[29] 여기에서 시민참여는 정부에 대한 영향력이 아니라 스스로의 문제해결 활동을 의미하게 된다. 최근 시민사회의 발흥에 따라 시민의 주체적 활동이 강화되면서 이 같은 시민정치 개념에 대한 관심이 높아지고 있다. 공식 정치와 비공식 정치는 서로 연관된 것으로 가령 비공식 정치는 공식 정치의 건전성 확보를 위한 초석이 된다.

시민정치와 시민참여는 어떻게 다른가? 평가컨대 정부와 관련되지 않은 시민사회 내부의 정치는 정부정치나 정치참여와 개념상 구분하여 시민정치 또는 비공식 정치로 구분하여 부르는 것이 바람직하다. 왜냐하면 권위적 해결이 필요한 이슈가 있고, 정부는 중요한 권한과 자원의 보유자이므로 공공문제의 해결에 있어서 차지하는 비중이 크며, 상대적으로 비중이 작은 시민정치와 구분할 필요성이 있으며 특히 통제의 대상으로서 구분되어야 하기 때문이다. 또한 어디까지나 정치와 참여의 핵심은 공식적 정치에 있고, 정부 내부와 외부를 구분하더라도 양 개념을 합하면 광의의 시민정치가 될 것이다.

움직임이 구체화되었다. 예컨대, 1981년 환경부(Department of Environment)는 정부회람 23/81을 통하여 형식적인 수준 이상의 시민참여를 제한하도록 정책방향을 선회할 것을 명시적으로 천명한 바 있다. 요컨대, 영국의 경우 지방정부의 계획분야에 관한 1970년대의 계획수립에 관한 시민주권을 강조하는 시민지배의 개념으로부터, 1980년대의 정부의 계획과정의 시민에의 공개를 강조하는 시민참여 개념으로의 이행현상이 발견될 수 있다는 것이다.

29) David Mathews (1994). *Politics for people: Finding a responsible public voice*. Urbana: University of Illinois.

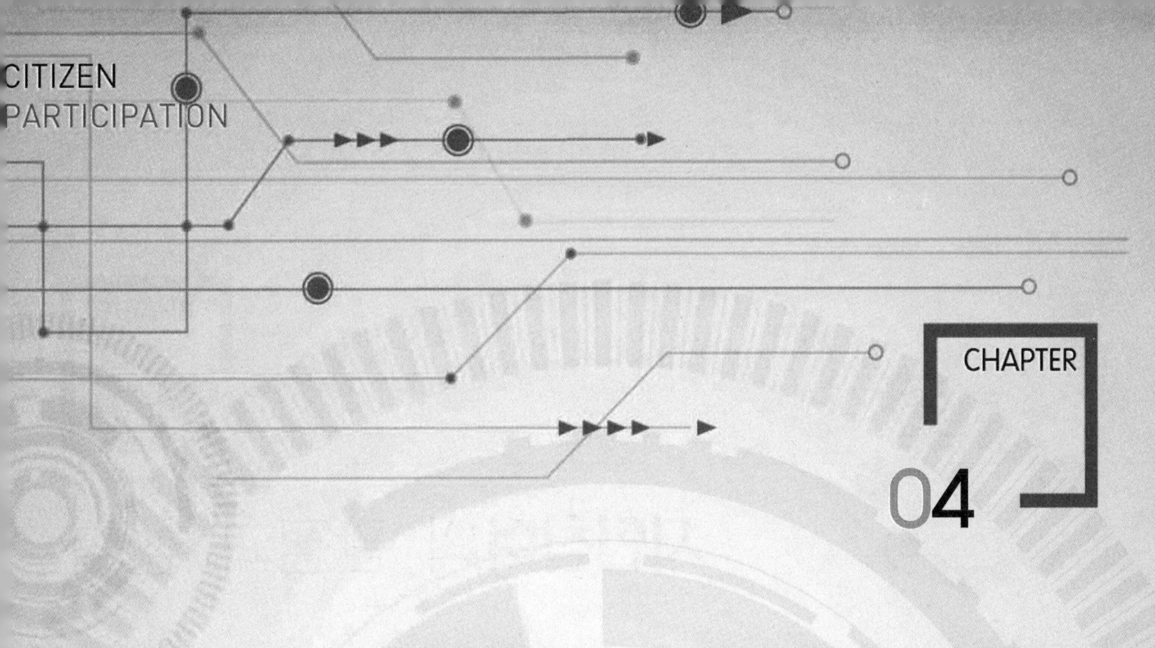

CHAPTER

04

시민참여의 관점과 성격

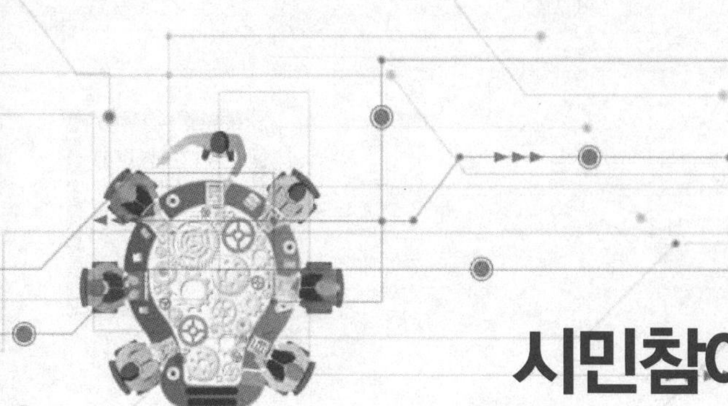

CHAPTER 04

시민참여의 관점과 성격

I 시민참여에 대한 관점

CITIZEN PARTICIPATION

1. 긍정론: 고전적 민주이론

참여에 대한 긍정적 관점은 루쏘(Rousseau), 밀(Mill), 로크(Locke), 토크빌(Tocqueville)과 같은 고전적 민주이론가들을 중심으로 하여 주창된 이래 1960년대에 이르러서는 참여민주주의(participatory democracy) 이론으로 발전하여,[1] 국가나 지방자치단체를 막론하고 일반시민에 의한 결정과 집행의 참여라는 의미로까지 확대되어 왔다. 이들은 공통적으로 민주체제가 성공적으로 기능하기 위해서는 시민에게 높은 민주시민적 자질이 요구된다고 본다. 이러한

1) 현대의 참여민주주의에 관한 대표적인 논저로는 Benjamin R. Barber (1984). *Strong democracy: Participatory politics for a new age*. Berkeley: University of California Press; Jane J. Mansbridge (1983). *Beyond adversary democracy*. Chicago: University of Chicago Press; C. B. MacPherson (1977). *The life and times of liberal democracy*. London: Oxford University Press; Carole Pateman (1970). *Participation and democratic theory*. New York: Cambridge University Press. 등을 들 수 있다.

자질은 정치문제에 관한 높은 지식과 민주주의에 대한 신념을 의미하는바, 이들은 이러한 시민적 자질을 전제로 하여 민주사회의 기능을 위한 시민참여를 옹호하는 입장에 선다.[2)] 대표적인 참여옹호론자들의 주장을 간단히 살펴보면 다음과 같다.[3)]

민주주의에 있어 참여에 관한 기본적 가정을 제공한 대표적인 학자는 루쏘(Rousseau)와 밀(Mill)이다. 먼저 루쏘의 정치이론에서 참여의 역할을 이해하기 위하여는 그의 참여정치체제의 본질에 대해 명백히 하는 것이 필수적이다. 루쏘의 참여체제 운영분석은 두 가지 점에서 분명하다. 첫째, 루쏘에 있어 '참여'는 의사결정에의 참여이며, 둘째로 참여는 대의제 정부론에 있어서와 같이 사적이익을 보호하고 좋은 정부(good government)를 보장하는 수단이라는 것이다. 이러한 루쏘의 논의는 인간이 가지는 일반의지의 개념에 의하여 분명하게 설명된다. 그는 일반의지란 타인에 의하여 대표될 수 없는 것이기에, 대의제하에서의 시민은 단지 의회의 구성원을 선거하는 동안만 자유로울 뿐이며, 그 과정이 끝나면 다시 노예가 되어, 실로 아무 것도 아닌 존재로 된다.[4)] 이 때문에 그는 일반의지와 조화를 이루려는 시민 각자의 의사를 위해 대의제적 민주주의보다는 참여에 의한 직접민주주의를 주장한다.

루쏘는 이러한 참여과정을 통하여 정치적 평등이 효과적으로 이루어지도록 보장받는다고 한다. 또 그는 의사결정을 위한 이상적 상황은 조직된 집단이 존재하지 않고 단지 개인만이 존재하는 경우인데, 그 이유는 조직화된 집단은 개인에 비하여 우월적인 입장에서 그들의 '특수한 의지(의도)'를 실현하기 때문이라는 것이다. 루쏘에 있어 참여의 중심적 기능은 교육적 기능이다. 루쏘가 생각하는 이상적 사회는 참여과정을 통하여 책임 있고 개별적인 사회적·정치적 행동이 개발될 수 있는 사회이다. 아울러 그는 이러한 교육적 과정이 개별적 시민으로 하여금 자신들이 공동체에 속해 있다는 느낌을 증가시켜 줄 것이며, 따라서 개인들은 공공영역과 사적영역 사이의 갈등을 느끼지 않게 될 것이라고 한다.[5)]

---

2) Edward S. Greenberg (1983). *The American political system: A radical approach*. 3rd ed. Boston: Little, Brown & Co., 26.

3) 여기에서 Rousseau, Mill, Cole에 관한 문헌 중 상당부분은 Pateman (1970). 앞의글 및 ACIR. (1979). 앞의글에서 재인용된 것임을 밝혀 둔다.

4) 박옥출 역 (1971). 「민약론」. 서울: 박영사, 204.

밀(Mill)에 있어서 참여는 매우 핵심적인 사안으로서 중시된다. 밀에 의하면 좋은 정부(good government)는 두 가지 측면에서 파악될 수 있다. 하나는 물질적 측면으로서 좋은 정부로 사회를 효율적으로 경영하며 사회의 물질적 복지를 증진시키는 정부로서 인식된다. 이러한 측면에서 볼 때 정부는 효율적 사회경영을 위한 조직체계의 성격을 갖는다. 다른 하나는 정신적 측면으로서 좋은 정부로 사회구성원에게 도덕적으로나 정신적으로 바람직한 자질을 함양·발전시키는 정부로 이해된다. 그런데 밀에 의하면 첫번째 측면은 부차적인 것으로서 좋은 정부의 조건으로서 중요도가 떨어지며 정말로 중요한 것은 두번째 측면이다. 이러한 인식에 기초하여 그는 어느 정부를 막론하고 일차적인 과제는 사회구성원의 자질을 여하히 바람직한 방향으로 계몽시키느냐에 있는데, 그와 같은 바람직한 시민적 자질은 대중적이고 참여적인 제도 및 기구를 통하여 이루어진다고 함으로써 시민참여를 중시하고 있다.[6)]

기본적으로 밀에게 있어 가장 좋은 통치형태는 주권이 사회전체에 부여되어 있는 통치형태, 즉 모든 시민이 그 주권에 대해 발언할 수 있는 힘을 가질 뿐만 아니라 적어도 약간의 지방적·일반적인 공적 기능을 담당함으로써 통치에 실제로 참여할 수 있는 통치형태이다. 이에 가장 적합한 것은 완전한 대중정부(popular government)이다.[7)] 사회의 모든 문제를 해결해 줄 수 있는 유일한 통치는 모든 인민이 참여하는 통치일 것이기 때문이다. 요컨대, 아무리 작은 기능에 대한 것이라도 참여자체는 유익한 것이며 그 참여는 사회진보가 허용하는 한 커야 하며 궁극적으로는 모든 사람이 국가주권에 참여해야 한다는 것이다. 그러나 작은 도시가 아닌 큰 사회에서는 공적인 일의 극히 작은 부분 이외에는 모든 사람이 참여할 수 없으므로 그럴 경우 이상적인 형태의 완전한 통치는 대의정치가 된다. 단, 모든 사회에 대의정치가 적합한 것은 아니며, 인민이 그것에 반대하거나 무관심, 무지하거나 미개인인 경우, 지방적

---

5) J. J. Rousseau (1968). *The social contract*. M. Cranston trans. Penguin Books. Recited from Pateman (1970). 앞의글, 22-27.

6) 단, 밀은 시민참여를 중시하면서도 공리주의자인 그의 부친 제임스 밀(J. Mill)의 영향을 받아 대의제를 선호하는 점에서 직접민주제를 선호하는 루쏘와 대비된다. John Stuart Mill (1910). *Considerations on representative government*. New York: Henry Holt & Co., 39-40.

7) J. J. Rousseau (1913). *Representative government*. Everyman ed. 203-204. Recited from Pateman (1970). 앞의글, 29.

근성이 강한 경우에는 부적절하다고 한다.[8)]

루쏘와 마찬가지로 밀 역시 참여의 교육적 효과를 강조한다. 그런데 밀은 참여의 교육적 효과는 특히 지방정부 수준에서의 참여과정에서 현저하다고 함으로써 지방자치를 중시한다. 중앙단위에서의 참여는 지방단위에서의 참여에 비하여 중요하기는 하나 매우 제한되어 있기 때문이다.[9)] 그리하여 만일 개인에게 지방적 수준에서의 참여가 마련되지 못한다면 전국적인 수준에서의 보통선거와 참여는 소용이 없을 것이라고 주장한다. 자치를 배우는 것은 지방적 수준에서이며, 이러한 수준에서 참여의 실질적 교육효과가 발생한다는 점이 강조된다. 개인과 그의 일상생활에 직접적으로 영향을 미치는 이슈는 지방적 수준에서 다루어질 뿐만 아니라 지역사회를 위하여 봉사할 정치인으로 선출될 좋은 기회 역시 지방적 수준에서 부여되기 때문이다.[10)] 민주주의는 '어떻게 민주주의를 할 것인가'라는 단순한 말만으로는 학습될 수 없으며, 오로지 제한된 규모의 대중정부에서의 실습을 통해서만 가능하다는 것이다. 그리고 이와 같이 지방적 수준에서의 참여를 통하여 더 큰 규모의 정부에서 민주주의를 수행해 나가는 방법을 배우게 될 것이라고 한다.[11)]

콜(Cole)은 산업분야에서의 참여연구를 통하여 시민참여의 외연을 넓히고자 한 점에서 주목할 만하다. 콜의 이론은 결사체(associations)에 관한 이론이다. 그가 정의한 사회는 '구성원들의 의지에 의하여 만들어진 결사체들의 복합체'이다. 만약 개인이 자치를 원한다면, 그가 구성원으로 있는 단체의 의사결정에 참여할 수 있어야 할 뿐만 아니라 단체 그 자체도 그 자신의 문제해결에 자유로워야 한다고 한다.[12)] 그는 사회결사체의 목표는 단순히 물질적인 효율성의 확보에만 있지 않으며 모든 구성원의 자기표현(self-expression)을 극대화시키는 것도 필수적인 목표로 포함한다고 전제한다. 이때 자기표현이란 자치(self-government)를 포함하는 개념으로서, 공동체의 문제와 관련하여 공동의 행동방향을 결정함에 있어서 시민의 최대한 참여가 요청된다고 한다.[13)]

---

8) 한국정치연구회 사상분과 편 (1992). 「현대민주주의론 Ⅰ」. 파주: 창작과 비평사, 60.
9) Mill (1910). 앞의글, 287-288; ACIR. (1979). 앞의글, 29에서 재인용.
10) Mill (1910). 앞의글, 347-348.
11) Mill (1963). 앞의글, 186.
12) Pateman (1970). 앞의글, 36.
13) G. D. H. Cole (1920). *Social theory*. London: Methuen, 208.

콜에 의하면 한사람이 다른 사람을 대표할 수 있다는 것은 잘못된 생각이다. 개인의 모든 행동은 반드시 어떤 특정한 목적을 가지며, 그 결과 개개인은 단체에 가입하여 단체의 조직을 통하여 공동으로 그 특정한 목적을 추구하기 때문에 오직 그 단체 존립의 특정목적에 한하여 그 단체에 가입한 구성원을 대표할 수 있다. 그러므로 참된 대표는 언제나 특수적 · 기능적이며, 결코 일반적 · 총괄적일 수는 없다. 따라서 대표되는 것은 개인이 아니라, 그 단체의 공통된 어떤 특수목적이다.[14] 콜이 주장하는 바의 특징은 참여를 정치분야에 한정하지 않고 모든 형태의 사회행위 특히, 산업 및 경제분야의 활동에도 똑같이 적용되어야 할 민주원칙으로 고양시키려한 데 있다. 아울러 그는 밀과 마찬가지로 개인들은 오직 지방수준 및 지방결사체에서의 참여를 통하여서만 민주주의를 배울 수 있다고 보았다.[15]

바버(Barber)는 현대사회는 과소민주주의 때문에 고통을 겪고 있다고 하면서 진정한 민주주의는 강한 민주주의여야 한다고 강조한다. 그는 대의제적 민주제를 약한 민주주의로 규정하면서 그것의 무정부주의적 경향, 현실주의적 경향, 최소주의적 경향을 비판한다. 그에게 있어 강한 민주주의는 현대적 형태의 참여민주주의이다. 참여민주주의는 시민교육에 의하여 결속되며, 민주시민적 태도와 다양한 참여제도를 통하여 공동목표를 추구하고 상호작용을 하는 시민의 정치공동체에 의존한다. 바버는 이러한 참여민주주의가 서구의 약한 민주주의 즉, 도구적, 대의제적, 자유주의적 민주주의에 대한 적절한 대안이 될 수 있다고 하면서 참여의 필요성을 역설한다.[16] 그러나 그는 이러한 참여민주주의가 개인들의 자치능력에 대한 무한한 신뢰라는 비현실적인 가정에 기초하는 것은 아니라고 강조한다. 그보다는 오히려 소수의 사람들이 다수의 평범한 사람들을 지배하려는 데서 생기는 실수보다 다수의 평범한 사람들이 스스로를 다스리는 데서 생기는 실수가 더 적을 것이라는 가정에 근거하는 것임을 강조한다.[17] 아울러 그는 참여과정을 통하여 개인의사간의 불일치를 상호 협력을 바탕으로 공적이익과 변증법적 균형을 이룰 수 있을 것으로 주장한다.[18]

---

14) Cole (1920). 앞의글, 103-108; 이극찬. (1989). 「정치학」. 파주: 법문사, 463-464에서 재인용.
15) G. D. H. Cole (1919). *Self-government in industry*. London: G. Bell & Sons, 157.
16) Barber (1984). 앞의글, 117.
17) Barber (1983). 앞의글, 150.
18) Barber (1983). 앞의글, 154.

프롬(Fromm)은 참여 그 자체가 흥미있는 민주주의적 삶이라고 함으로써 참여를 중시한다.[19] 그는 민주주의가 권위주의의 위협으로부터 벗어나기 위해서는 수동적인 '관객민주주의(spectator democracy)'로부터 능동적인 '참여민주주의(participatory democracy)'로 변모하지 않으면 안된다고 역설한다. 그런데 이 참여민주주의에서는 공동체의 일들이 시민 개인들에게 사적인 일들과 마찬가지로 친근하고 중요한 일이며, 더 나아가서 공동체의 복지가 시민 각 개인의 사적인 관심사가 된다. 공동체에 참여함으로써 사람들의 생활이 보다 흥미있고 자극적인 것이 될 수 있다. 그는 실제로 참된 정치적 민주주의는 생활이 바로 그와 같이 되는 민주주의라고 정의한다.

한편, 워커(Walker)는 후에 설명할 수정주의론(특히, 엘리트론)에 대한 비판적 입장에서 참여의 필요성을 다음과 같이 강조한다.[20] 첫째, 정치에 참여하지 않는 경우, 시민들의 의사는 정치과정에 정당하게 대표되지 못할 것이며, 이에 따라 정부 역시 개인의 다양한 삶들의 평가를 통해 얻게 될 이익을 상실하게 될 것이다. 민주주의 사회에서 참여는 시민이 가질 수 있는 영향력이며 정치적 무관심과 비참여는 정치적 무지를 낳아 결국 정치적 생명력과 경계심의 일반적 수준을 떨어뜨리게 될 것이다. 둘째, 정치적 무관심・비참여의 증대는 정부를 무책임하고 자기중심적인 사람들이 지배하도록 방치하는 것이다. 즉, 비참여는 책임성 확보에 저해되는 것이다. 반면, 참여는 위정자로 하여금 시민에 대한 책임감・의무감・봉사감을 갖도록 해주므로 필요하다. 셋째, 정치참여의 경험은 시민의 판단능력을 개선시켜주며, 정치적 학습을 통하여 정치적 감각을 살려준다. 넷째, 정치적 무관심・비참여는 체제위기의 징조인 동시에 그 원인이기도 하다. 그것은 사회성원으로 하여금 그들의 자치활동에 참여케 하는 데 실패했다는 것, 그리고 관심과 충성심을 불러일으키게 하는 데 실패했다는 것을 의미한다. 아울러 많은 사람들이 그들의 생존에 관계되는 결정에 참여할 수가 없기 때문에 정치적 폭발의 가능성이 잠재하게 됨으로써 민주주의에 대한 커다란 위협이 상존하게 될 것이다.

이상에서 참여에 대한 긍정적인 학자들의 주장을 간단히 살펴보았거니

19) E. Fromm (1976). *To have or to be*. New York: Harper & Row Publisher, 181-182; 이극찬. 앞의글, 529에서 재인용.

20) J. L. Walker (1960). "A critique of the elitist theory of democracy." *American Political Science Review* 60, 285-295.

와, 참여에 대한 긍정론자들은 투표를 포함한 광범한 정치참여의 필요성을 강조하면서 참여의 확대, 다양화 및 일상화를 주장함과 동시에 그것을 추진하는 원동력으로서의 시민정신을 주창하는 한편, 참여 그 자체에 의미를 부여하는 민주주의 이론으로서 시민의 정치참여를 사실상 선거에서의 투표에 한정시키려는 수정론자와 대비된다.[21)]

2. 회의론: 수정적 민주이론

고전적 민주이론가와는 달리 오늘날의 많은 수정이론가들은 참여에 대하여 회의적인 경향을 보인다. 이러한 경향은 기본적으로 시민성에 대한 회의에서 비롯된다. 즉, 이들에 의하면 시민들은 고전적 민주이론가를 중심으로 한 참여옹호론자들이 주장하는 바와는 달리 정치에 대한 관심이 낮으며, 정치문제에 대한 지식이나 이해가 미흡할 뿐만 아니라 선거에서의 간헐적인 투표행위 이외에는 참여에 있어 매우 소극적이다.[22)] 그러한 투표행위마저도 후보에 대한 합리적인 판단에 기초하기보다는 정의적인 요소 또는 개인적인 특성과 같은 비민주적 기준에 의하여 이루어지는 경향이 크다고 한다.[23)] 이와 관련하여 베렐슨 등(Berelson et al.)의 지적은 매우 단호하다.

> "평균적 시민들의 행태는 일반적으로 민주주의의 성공적 기능을 위하여 필요한 것으로 생각되는 요건들에 부합하지 않는다 … 시민들은 선거과정에 대한 상세한 정보를 갖고 있지 못하다 … 엄격한 의미에서나 좁은 의미에서나 투표자들은 상당한 합리성을 갖고 있지 않다."[24)]

---

21) 山口定. (1989). 政治體制. 東京大 出版會; 조정남 편 (1993).「자유민주주의의 이해」. 서울: 교양사, 234.

22) Camilla Stivers (1990). "The public agency as polis: Active citizenship in the administrative state." *Administration & Society* 22(1), 87.

23) 이러한 판단은 1960년대를 전후로 대두된 경험주의 방법론에 의거 시행된 시민정치행태에 대한 다양한 서베이 결과를 통하여 뒷받침되었다. Bernard Berelson et al. (1954). *Voting*. Chicago: University of Chicago Press; Angus Campbell et al. (1960). *The American voter*. New York: John Wiley & Sons; Michael Margolis (1979). *Viable democracy*. New York: St. Martin's; Gabriel Almond and Sidney Verba (1963). *The civic culture*. Princeton: Princeton University Press 등이 그 예이다.

24) Bernard Berelson et al. (1954). 앞의글, 307-310.

이들에 의하면 시민들은 민주시민적 자질이 부족하기 때문에 시민참여는 사실상 활성화되기 어려우며 오히려 사회의 안정을 해쳐 공익을 저해할 우려가 크다고 한다.25) 더욱이 20세기에 들어와서 산업화 및 도시화의 진전에 따른 사회의 복잡화 및 조직규모의 확대 등의 새로운 현상은 전통적 참여관에 대한 회의론을 배태하는 토양으로 기능하게 되었다.

이와 같이 시민적 자질에 대한 회의 및 사회변화에 기초하여 수정론자들은 시민참여에 대하여 부정적인 반응을 보인다. 그리하여 이들은 민주사회의 기능을 위해 필요한 최소한의 참여 즉, 선거에서의 후보자에 대한 투표를 제외한 시민참여는 제한되는 것이 바람직하다고 주장한다.26) 과도한 참여는 제1차 세계대전 후 독일의 바이마르(Weimar) 공화국에서의 경험이 보여주듯이 결국 민주사회의 존립자체를 위협하여 바람직하지 않다고 한다. 반면 과소참여는 역설적으로 민주사회가 잘 기능하고 있다는 하나의 증거로 인정된다.27) 요컨대, 이들에 의하면 현대 민주사회에서의 전형적 시민상은 "능동적인 시민(active citizen)"이 아니라 "잠재적으로 능동적인 시민(potentially active citizen)"이다. 시민들은 정치에 대한 효능감(political efficacy)을 가져야 한다. 그리고 문제가 충분히 중요한 것일 경우에는 참여해야 한다. 그러나 일상적으로 정치는 지도자의 재량과 양식에 맡기는 것이 민주사회의 유지발전을 위하여 바람직하다.28) 이와 같은 수정론자들의 시민참여에 대한 회의 및 엘리트에 대한 신뢰는 다이(Dye)와 자이글러(Zeigler)의 다음과 같은 주장에서 단적으로 드러난다.

"민주주의의 생존은 민주주의에 대한 대중의 광범한 지지 보다는 엘리트의 민주이념에 대한 헌신에 달려 있다. 대중의 정치적 무관심 및 비참여는 민주주의의

25) Stivers (1989). 앞의글; Kathlene Jones, John Brown and Jonathan Bradshaw (1978). *Issues in social policy*. London: Routledge & Kegan Paul, 104-106; Ithiel de Sola Pool (1967). "The public and the polity." in Ithiel de Sola Pool ed. *Contemporary political science*, 22-52.

26) 수정론자들은 참여에 대하여 회의적이면서도 오늘날 대부분의 시민은 고전적 민주이론이 가정하는 바와 같은 선량한 민주시민이 아님에도 불구하고 영·미 등 민주정치체제가 오랫동안 잘 기능해 오고 있다는 모순(paradox)에 직면하여 이와 같이 최소한의 참여를 인정할 수밖에 없게 된다.; Russell J. Dalton (1988). *Citizen politics in western democracies*. Chatham, New Jersey: Chatnam House Publishers, Inc., 16; Pateman (1970). 앞의글, 6.

27) Seimour M. Lipset (1960). *Political man*. New York: Doubleday & Co., 219.

28) Dalton (1988). 앞의글, 17.

생존에 기여한다. 민주주의를 위하여 다행하게도, 비민주적인 대중들은 엘리트들보다 (정치에) 무관심하다."[29]

이하에서는 추가적으로 대표적인 참여회의론자들의 주장을 간단히 살펴본다.[30] 참여에 관한 회의론은 모스카(Mosca)나 미첼스(Michels)와 같은 엘리트론자들에 의해 발전되었다. 모스카는 현실적으로 볼 때 조직된 소수자(organized minority)가 조직되지 못한 다수자(unorganized majority)를 지배하는 것은 피할 수 없는 현상이기에, 모든 사회는 엘리트가 지배한다고 한다. 미첼스 역시 '과두제의 철칙'은 '역사의 냉혹한 숙명'이라고까지 언급한다.[31] 이들 엘리트론에 의하면 대중은 정치에 무관심하고 비활동적이기 때문에 엘리트가 중립적 입장에서 하층계급의 이익을 비롯한 공익의 대변자가 되는 것이 바람직하며, 대중의 참여는 바람직하지 않다. 어떠한 사회에서도 엘리트의 역할은 예외 없이 지배적이라 할 수 있는바, 자유선거와 자유경쟁, 그리고 대중의 정치참여가 활발히 진행된다고 하더라도 이것은 상징적인 것에 불과하다. 여론이 존중되더라도 사실상 여론은 엘리트에 의해서 통제되는 것이며, 엘리트와 일반대중의 실제적인 권력관계를 보여주지는 못한다.[32] 요컨대, 피통치계급은 다수를 점하고 있으나 항상 통치계급에 의해 관리되고 통제된다. 뿐만 아니라 일반대중에 의한 정치참여의 증대는 민주사회의 안정성을 위태롭게 할 수 있다고 주장한다.

슘페터는 고전적 민주주의론에 대한 비판적 입장에서 민주주의의 수단성이나 목적성을 부인한다. 즉 그에 의하면 민주주의는 어떠한 목적이나 이상과 관련있는 것이 아니라 정치적 방법(political method), 즉 정치적(입법적 · 행정적) 의사결정을 위한 제도적 장치의 유형을 의미할 뿐이다. 그의 관심은 정책결정자(elite)에 있으며 민(民)에 있지 않다. 민주주의의 제도운용을 위한 요

29) Thmoas Dye and Harmon Zeigler (1970). *The irony of democracy*. Belmont, California: Duxbery, 328; 괄호 안은 저자가 삽입한 것임.

30) 여기에서 Schumpeter, Berelson, Dahl, Sartori에 관한 문헌 중 상당 부분은 Pateman (1970). 앞의글 및 ACIR. (1979). 앞의글에서 재인용된 것임.

31) G. Mosca (1939). *The ruling class*. H. D. Kahn trans. New York: McGraw Hill; R. Michels (1915). *Political parties*. E. & C. Paul trans. London: Jarrold & Sons. Recited from Pateman (1970). 앞의글, 2.

32) 안병만. (1989). 「한국정부론」. 서울: 다산출판사, 31-32를 참조.

체는 지도자간의 민의 지지획득을 얻기 위한 경쟁에 있으며, 민의 결정에의 참여는 바람직하지 않다고 본다. 그렇기 때문에 보통선거는 필요하지 않으며 재산, 인종, 종교에 따라 참여에 제한을 가하는 것도 민주주의와 양립하는 것으로 본다. 그는 시민에게 부여되는 참여수단은 지도자를 뽑는 선거와 토론에 한정되어야 하며, 심지어 지도자에 대한 편지공세조차 허용되어서는 아니된다고 한다. 그러한 행위는 민의 지도자에 대한 통제의 성격을 갖는 것으로서 이는 사실상 지도자(leadership)의 부정(否定)이기 때문이다.[33] 그에 의하면 이는 시민과 지도자와의 정치문제에 관한 기능분담에 위배되는 것이다. 이는 유권자는 투표를 통하여 정책을 선택하는 것이 아니라 정책을 결정하는 인간을 선택하는 것이라는 그의 언명에서 명백하게 드러난다.[34]

슘페터의 사상은 그가 민주주의의 성공을 위한 한 조건으로 제시한 '민주주의적 자제(democratic self-control)'라는 말에서 극명하게 나타난다. 그에 따르면 투표자는 그들 자신과 그들이 선출한 정치가들 사이의 업무분담을 존중해야 한다. 투표자들은 선거와 선거 사이에 선출된 정치가들에 대한 신임을 너무 쉽게 철회해서는 안되며, 또한 그들이 일단 어떤 사람을 선출한 이상 정치활동은 선출된 사람의 일이고 자신의 일이 아니라는 점을 이해해야 한다. 또한, 엘리트는 대중보다 우월한 정책결정능력을 가지고 있기 때문에 정책결정은 엘리트의 손에 맡겨지는 것이 보다 바람직하며,[35] 따라서 투표자는 선출된 사람에게 무엇을 해야 하는가를 지시하는 것을 삼가야 한다.[36]

슘페터 이후의 베렐슨, 다알, 사르토리 등은 슘페터에 비하여 상대적으로 정치체제의 안정성을 강조하는 차이 외에는 기본적으로 고전적 민주론에 대한 슘페터의 공격적인 입장을 계승한 것이다. 먼저 베렐슨은 민주주의의 성공적 운용을 위한 필요조건은 '평균적 시민'(보통시민)의 행태에 의해 충족되는 것이 아니라는 견해를 피력한다.[37] 그는 고전적 이론이 개별적 시민에 초점을 맞춤으로써 실질적으로 정치체제 자체는 무시하고 있다고 전제하는 한

33) Joseph Schumpeter (1943). *Capitalism, socialism and democracy*. London: Geo Allen & Unwin, 242-293.

34) 山口定. (1989). 앞의글, 224.

35) B. Holden (1986). *Understanding liberal democracy.* Philip Allan, ch.2; 조정남. (1993). 앞의글, 141.

36) 한국정치연구회 사상분과 편 (1992). 앞의글, 234-235.

37) Berelson (1954). 앞의글, 307.

편, 민주주의가 살아남기 위한 조건들로서 갈등의 강도 제한, 변화율의 억제, 사회적·경제적 안정성의 지속, 다원적 사회조직 그리고 기본적 합의가 존재해야 함을 제시한다.[38)]

베렐슨의 핵심적 논의는 참여제한과 무관심은 반대, 조정, 그리고 변화에 따르는 충격을 완화시켜줌으로써 정치체제에 대하여 긍정적으로 기능한다는 것이다. 그는 주장하기를 높은 수준의 참여와 관심은 단지 소수의 시민들에게만 요구될 뿐이며, 대다수 시민들의 냉담과 무관심은 오히려 민주사회체제 전체의 안정성 유지를 위하여 가치있는 역할을 한다고 한다. 아울러 실제적으로 나타난 참여의 정도는 민주주의체제의 안정을 위해 요구되는 정도만큼일 것이라고 주장한다.[39)]

다알(Dahl)에 의하면 민주주의란 다두제(polyarchy) 즉, 복수의 소수집단에 의한 지배(the rule of multiple minorities)를 의미한다. 그는 슘페터와 마찬가지로 민주주의를 정치적 방법으로 간주하며, 그러한 방법의 핵심은 선거과정에 있다고 한다.[40)] 이는 선거가 지도자에 대한 통제메커니즘을 제공해 주기 때문이다. 민주주의는 일반시민들이 지도자에 대하여 비교적 높은 정도의 '통제'를 행할 수 있느냐에 관심을 갖는 정치제도를 말한다. 이와 관련하여 다알은 실질적으로 가능한 수준 이상의 통제의 관념을 제시해서는 안된다고 강조한다. 즉, 대부분의 시민들은 정치에 무관심 내지는 무감각한 경향이 있기 때문에 통제를 위해 보통시민의 최대참여를 요구하는 이론은 소용없는 것이라고 한다.[41)]

다알에 의하면 어떤 형태의 사회조직이건 의사결정과정에 참여할 수 있는 기회를 갖는 자는 비교적 소수에 지나지 않는다. 따라서 실제로 지도자에 대한 통제는 지도자들 사이의 경쟁의 장인 선거에 의존할 수밖에 없다. 개인들은 선거를 통하여 한 지도자 집단에서 다른 지도자 집단으로 선택을 바꿈으로서 그들에 대한 지도자의 책임성을 어느 정도 보장받을 수 있게 된다.[42)]

---

38) Berelson (1954). 앞의글, 312-313.

39) Pateman (1970). 앞의글, 8.

40) Robert A. Dahl (1956). *A preface to democratic theory*. Chicago: University of Chicago Press, 84.

41) Dahl (1956). 앞의글, 3.

42) Dahl (1956). 앞의글, 133-134.

결국 다알은 민주정치의 핵심은 참여에 있기보다는 지도자들의 득표경쟁에 있다고 주장함으로써 참여제한론자에 포함되는 것으로 평가받는다.

사르토리(Sartori) 역시 다알의 다두제적 민주주의론의 연장선상에서 민주주의를 경쟁적 엘리트에 의한 지배로 본다. 이는 오늘날의 민주주의는 귀족정(aristocracy)으로부터 보호되어야 하기보다는 평범성(mediocrity)의 우려 및 지도자들을 비민주적인 반대지도자로 대치시킬 우려로부터 보호되어야 한다고 한 그의 주장에서 쉽게 알 수 있다.[43] 나아가서 그는 정치과정에 있어서의 민의 활발한 참여가 곧 전체주의로 변질될 것을 경계하면서, 기본적으로 민주주의란 제약되지 않은 다수의 지배가 아니라는 것을 강조한다.[44] 그는 인민은 스스로 행동(act)하기보다는 경쟁적 엘리트의 발의(initiative)나 정책에 반응(react)해야 한다고 단언한다. 또한 그렇기 때문에 대다수의 정치적 냉담은 특별히 누구의 책임도 아니며, 그에 대하여 희생양을 찾는 일은 멈추어야 할 것이라고 지적한다.[45] 그는 소수의 권리를 보장하는 제한된 다수지배의 형태로서의 대의제를 바람직한 것으로 보는 한편, 대의민주주의하에서의 시민은 루소가 주장했던 것처럼 투표하는 순간에 자유를 상실하는 것은 아니라는 점을 강조한다.

한편, 최근의 시민참여의 분출현상과 관련하여 정치학자 립셋(Lipset)은 "현대사회에 있어서의 극단적이고 비타협적인 시민운동이 중류층 또는 상류층보다는 주로 하위계층에 기반을 두고 있다는 사실은 지금까지 하층계급이 자유, 평등 및 사회발전을 위한 원동력이 될 것으로 믿어 온 좌익경향의 민주주의 신봉자들을 심각한 곤경에 빠뜨리게 하였다"고 지적함으로써 시민의 정치참여에 대하여 회의적인 입장을 나타내기도 하였다.[46]

끝으로 맥클로스키(McClosky)는 다음과 같은 이유로 일반시민의 참여는 제한적이어야 한다고 주장한다.[47] 첫째, 정치적으로 무지한 자들이나 무관심한 자들에 의한 참여는 득보다 실이 많을 것이다. 이들은 대체로 자기 자신이

---

43) G. Sartori (1962). *Democratic theory*. Detroit: Wayne State University, 119.

44) G. Sartori (1962). 앞의글. 이행 역 (1989). 「민주주의이론의 재조명Ⅰ」. 인간사랑, 61.

45) Sartori (1962). 앞의글, 77.

46) Lipset (1960). 앞의글, 87.

47) H. McClosky (1969). "Political participation." *International Encyclopedia of the Social Sciences*. Vol. 12, 262-263.

나 사회의 최선의 이익에 관하여 잘못 생각하는 경우가 많으며, 또 잘못된 지도자의 선전에 영향을 받기도 쉬우므로 이들의 정치참여는 민주정치를 해칠 수 있는 것이다. 둘째, 민주주의하에서 일반시민들은 정치를 무시할 수 있는 권리를 갖고 있으며, 경솔하게 정치에 참여하기보다는 오히려 정치에 대해서 무관심한 편이 나을 것이다. 셋째, 가장 좋은 조건하에서도 대부분의 시민은 복잡한 정치적 판단을 위하여 필요한 지식을 가지지 못하므로 정치적 실무는 오히려 통치능력이 우월한 소수지도자에게 일임하는 것이 바람직하다. 넷째, 광범한 정치활동은 어느 면에서는 바람직할지 모르지만 또 다른 면에서는 불이익을 초래할 우려가 있다. 지나치게 적극성을 보이는 시민은 위정자의 정책결정에 대한 장애물이 되기도 하며 또한 과도한 논쟁·분열·정치적 불안의 촉진요인으로 작용할 수도 있다. 일반시민 중에 무관심한 자가 많은 경우에는 체제에 일종의 탄력성을 부여하게 됨으로써 정책운영에 변화가 생기는 경우에도 안정성을 줄 수 있다.

한편, 넓은 의미로 볼 때, 참여에 대한 회의론은 위에서 살펴본 바와 같은 참여자체에 관한 회의론에 부가하여, 참여의 순기능을 인정하면서도 참여의 실현가능성에 대한 회의론을 포함한다.[48] 다만, 후자는 사실상 참여자체에 대한 회의론이라기보다는 사회의 여러 가지 현실적 장애요인으로 인하여 참여의 효과가 미미할 것이라는 논의라 하겠다.[49] 따라서 후자에 관련된 문제로서의 참여의 활성화 및 효과 제고에 관하여는 별도의 장에서 논의할 것이다.

3. 평　　가

이상에서 살펴본 바와 같이 참여에 관하여는 고전적 이론의 긍정적인 관점과 수정이론의 부정적인 관점이 교차한다. 이러한 상반된 관점은 기본적으로 시민의 정치에 대한 관심 및 지식 등과 같은 시민성 내지는 시민적 자질

48) 山口定. (1989). 政治體制. 東京大 出版會. 조정남 편 (1993). 「자유민주주의의 이해」. 서울: 교양사, 236-237.

49) 참여에 대한 장애요인에 관하여는 Lyn Kathlene and John A. Martin (1991). “Enhancing citizen participation: Panel designs, perspectives, and policy formation.” *Journal of Policy and Management* 10(1)을 참조할 것.

에 대한 시각의 차에서 비롯된다. 전자는 시민성에 대하여 긍정적이며, 따라서 시민참여의 효과도 긍정적일 것이라는 전제하에서 참여를 옹호한다. 그리하여, 시민참여는 활성화 될수록 바람직한 것으로 주장하며 바람직한 통치형태로서 참여민주주의를 제시한다. 반면, 후자는 시민적 자질에 대하여 부정적이며, 따라서 시민참여의 효과도 부정적일 것이라는 판단하에 시민참여에 대하여 비판적이다. 그리하여, 제한된 범위 내에서의 참여만을 인정하고 정치과정에서 일반시민보다는 대표(엘리트)의 역할이 강조되어야 한다고 주장하는 한편, 바람직한 통치형태로서 대의민주주의를 옹호한다. 양자를 간단히 요약하여 비교하면, [표 4-1]과 같다.

생각건대, 긍정론에 대하여는 이미 수정론자들이 지적하였듯이 지나치게 이상적이라는 비판이 제기될 수 있다.[50] 수정론자들이 주장하는 정도까지는 아니라 하더라도 분명히 시민들의 정치적 능력에는 한계가 있으며, 그렇지

표 4-1 참여에 대한 관점의 비교

	고전적 민주이론	수정적 민주이론
참여에 대한 기본적 관점	긍정적 (참여의 순기능 부각)	회의적 (참여의 역기능 부각)
시민관	시민성에 대한 신뢰	시민성에 대한 불신 또는 현실적 판단
참여의 성격	목적적 성격	수단적 성격
논리의 성격	규범적	실증적
참여효과	시민교육기능 강조	민주체제의 안정성 강조
참여범위	완전한 참여	제한적 참여
참여유형	다양한 참여활동	선거에 중점을 둠
공공의사의 결정과정	시민의 역할 강조	엘리트의 역할 강조
민주정치 형태	참여민주주의	대의제적 민주주의

50) 긍정론에 대한 가장 철저한 비판의 하나로서 D. Stephen Cupps (1977). "Emerging problems of citizen participation." *Public Administration Review* Sep./Oct., 478-487은 특히 참고가 된다.

않은 경우에도 과도한 시민참여는 안정을 해쳐 공익을 저해할 우려가 있다. 따라서 그러한 점을 감안하건대 시민참여의 무조건적 확대의 주장은 비판의 여지가 있다. 더욱이 시민과 엘리트와의 기능분담체제로서의 대의민주제를 전제로 할 때, 지나친 참여는 사회적 비용의 낭비가 크다는 점도 감안되어야 하는 것이다.

그렇다고 해서 시민참여를 부인하는 수정론자들의 태도 역시 현실을 지나치게 과장한 것으로서 전폭적으로 수용하기는 어렵다. 이는 오늘날의 시민들은 수정론자들이 지적하는 정도로 정치에 대하여 무관심하고, 무지하며, 비참여적이지만은 않으며, 특히 최근에 이르러 교육 및 소득의 증가 등으로 시민의 정치적 역량이 과거에 비하여 크게 증가된 것으로 판단되기 때문이다. 이에 대하여는 회의론의 근간이 되어 온 종래의 객관적 증거들과 모순되는 결과를 제기하고 있는 일련의 최근 연구들이 유용한 참고가 된다.[51] 특히 달튼(Dalton)의 다음과 같은 지적은 매우 단정적인 것으로서 주목할 만하다.

> "비판적인 과학적 조사들은 시민의 정치적 한계를 종종 과장함으로써 엘리트 민주주의의 수용을 위한 규범적 기초를 제공하여 왔다 … 다행히 좋은 뉴스는 (그와 같은) 나쁜 뉴스는 틀리다는 것이다. 시민들은 비판론자들이 주장하는 바와 같이 비참여적이고, 무지하며, 비민주적이지 않으며, 시민정치의 속성은 민주정치과정을 강화하는 방향으로 변화되고 있다."[52]

나아가서 엘리트에 대한 양 진영의 관점 역시 비판의 여지가 있다. 고전적 민주이론가들과 같이 엘리트에 대하여 지나치게 불신하는 것도 문제이거니와 수정론자들과 같이 엘리트에 대하여 지나치게 신뢰하는 것 역시 경계하여야 할 것이기 때문이다. 엘리트가 시민의 의사에 무감각하고 자신들의 사익만을 추구하게 될 때, 시민참여의 제한은 설득력을 잃게 되기 때문이다. 요컨대, 참여가 과소할 경우에 엘리트에 의한 전횡의 우려가 상존하고, 대의제의 위기가 존재하는 한, 과도하지 않은 적정한 시민참여는 기본적으로 긍정

51) 예, Nie, Norman et al. (1979). *The changing American voter*. Cambridge, Mass: Harvard University Press; Dalton, Russel et al. (1984). 앞의글; Baker, Kendall et al. (1981). *Germany transformed*. Mass: Harvard University Press.

52) Dalton (1988). 앞의글, xiv.

적인 입장에서 보는 것이 타당하다 할 것이다.

요컨대, 양자의 입장은 다소 극단적인 입장이라 하겠는바, 이를 고려하여 본서에서는 양자의 중간적 입장 즉, 시민성 및 참여의 장점과 단점에 대한 보다 균형적인 관점을 취한다. 이러한 관점은 우선 시민성에 대하여 불신 또는 과신하기보다는 중립적인 입장에서의 현실인식에 기초한다. 생각건대 시민들은 고전적 민주이론가들이 가정하는 "초시민(supercitizen)"이나 수정이론가들이 가정하는 "소박한 시민(unsophisticated citizen)"은 아니며,[53] 일상적으로는 수동적이면서도 정치상황에 따라 어느 정도 능동적으로 대처할 수 있는 능력을 가진 중간적 내지는 변화적 시민(variant citizen)으로 보는 것이 타당할 것이다.[54] 이와 관련하여 ① 양차 대전 후 서구의 정치사회의 변화가 시민의 정치적 역량을 강화시켰다는 점, ② 과거 시민성에 대한 불신의 기초가 된 경험적 조사연구들에 대하여 회의가 있다는 점, ③ 최근 일련의 연구는 시민성이 보다 고양된 것임을 보여 주고 있다는 점 등을 근거로 하여 서구의 시민이 수정론자들이 생각하는 바와 같은 소박한 시민은 더 이상 아니라고 한 달튼의 주장은 참고가 된다.[55]

나아가서 본서는 시민을 중간적 또는 변화적 시민으로 파악하는 입장에서, 기본적으로 참여는 활성화되는 것이 바람직한 것으로 본다. 다만, 뒤에서 보게 될 참여의 목적을 고려할 때 참여에는 상한선과 하한선이 있어야 한다는 입장에 선다. 상한선은 민주사회의 안정에 대한 저해로 인한 공익저해 우려 때문이고 하한선은 엘리트의 전횡에 의한 공익침해 우려 때문이다.

53) 이러한 용어는 Russell J. Dalton (1988). *Citizen politics in western democracies*. Chatham, New Jersey: Chatnam House Publishers, Inc, 13-31에서 빌어 온 것이다.

54) 여기에서 시민의 자질은 참여의 과정을 통하여 어느 정도 고양될 수 있을 것이기에 중간적 시민은 바로 변화적 시민이 된다.

55) Dalton (1988). 앞의글, 13-31.

Ⅱ 시민참여의 성격

CITIZEN PARTICIPATION

앞에서 언급한 바와 같이 직접민주제를 강조하는 고전적 민주이론가들은 대표의 역할보다는 시민의 역할(참여)을 보다 강조한다. 반면 대의민주제를 옹호하는 입장(수정론자 또는 엘리트론자)에서는 시민참여보다는 대표의 역할을 상대적으로 더 강조한다. 이와 같이 관점에 따라 시민참여의 중요성에 대한 인식이 달라질 뿐만 아니라 시민참여의 성격에 대하여도 인식이 달라진다.

1. 고전적 민주론자의 관점(목적론)

우선 직접민주제를 옹호하는 전통적 민주이론가들은 참여는 민주주의의 핵심적 요소로서 어떠한 목적을 성취하기 위한 수단일 뿐만 아니라 그 자체로서 중요한 가치를 갖는 "목적"의 성격을 갖는다고 주장한다. 이러한 입장을 취하는 논자로는 아리스토텔레스(Aristoteles)와 같은 고대철학자를 비롯하여 루쏘(Rousseau), 밀(Mill), 콜(Cole), 어렌트(Arendt), 패이트만(Pateman), 바버(Barber)와 같은 근・현대의 민주주의 이론가들을 들 수 있다. 이들은 공통적으로 참여에 따른 교육적 효과를 강조한다. 예컨대, 루쏘에 의하면 참여를 통하여 시민들은 책임있는 시민으로 교육된다. 이와 같은 교육과정에서 책임있는 시민은 타인으로부터의 협조를 얻기 위하여는 자기 개인의 직접적이고 사적인 이익에 우선하여 공적인 문제에 관심을 기울여야만 한다는 점을 인식하게 되고 사익과 공익은 별개의 것이 아니라 연관된 것이라는 점을 깨닫게 된다고 한다. 또한 궁극적으로 시민들은 사적이익과 공적이익간의 상충을 전혀 또는 별로 느끼지 않게 된다고 본다. 더욱 중요한 것은 이러한 상황하에서 민주정치는 그 자체가 자생력을 갖고 발전해 나갈 수 있게 된다는 것이다.[56] 이와 유사하게 밀(Mill)은 공공정신을 가진 시민을 교육하는 과정으로서, 콜(Cole)은 사회구성원의 최대의 자기발현과정으로서, 바버(Barber)는 살아가는

56) Pateman (1970). 앞의글, 24-25.

방식(way of living)으로서 참여를 중시한다.[57] 니들맨과 니들맨(Needleman and Needleman) 역시 참여 그 자체가 목적이 된다고 보았는데,[58] 인간을 자기완성적으로 통합하고, 개인에게 바람직한 결과를 가져오기 때문이다.

요컨대, 참여의 수단성과 함께 목적성을 중시하는 관점은 시민은 참여를 통하여 그들의 잠재력을 최대로 발현할 수 있게 되므로 참여는 그 자체가 선이요 덕 즉, 목적이라고 보는 것이다. 아울러 정부는 그와 같은 참여의 기회가 최대한 보장되는 환경조건을 마련해야만 함을 강조한다.[59]

2. 수정론자의 관점(수단론)

수정론자 또는 엘리트론자로는 모스카(Mosca), 미첼(Michels), 슘페터(Schumpeter), 버렐슨(Berelson), 다알(Dahl), 사르토리(Sartori), 엑스타인(Eckstein) 등을 들 수 있는바,[60] 기본적으로 이들은 목적성을 부인하는 입장에 선다. 극단적으로 표현하면 이들은 목적이든 수단이든간에 일반시민의 참여의 성격에 관하여 큰 관심을 보이지 않는다. 이는 수정론자들이 기본적으로 민주주의는 대중이 아닌 대표(소수 엘리트)에 의한 지배이어야 함을 주장하는 동시에 시민의 정치적 역할을 경시하고 있다는 점을 감안하면 전혀 놀라운 일이 아니다.[61] 어떤 의미로는 시민의 역할에 비중을 두지 않으면서 시민참여의 성격(목적성 또는 수단성)을 논의한다는 것 자체가 무의미한 일일 것이다. 그러나 대체적으로 수정론자들은 기본적으로 참여의 목적성은 부정(또는 무시)하는 한편, 수단성을 상대적으로 강조한다고 볼 수 있다.

우선 이들은 시민참여가 전통적 민주주의 이론가들이 주장하듯 시민성을 고양시키는 등의 교육적 효과를 갖지 못한다고 지적한다. 예컨대, 엘리트주의자의 선두주자인 슘페터(Schumpeter)는 전통적 민주이론이 주장하는 정치

57) Barber (1983). 앞의글, 117-138.

58) Martin L. Needleman and Carolyn E. Needleman (1974). *Guerrillas in the bureaucracy: The community planning experiment in the United States*. New York: John Wiley & Sons, 237.

59) Stivers (1990). 앞의글.

60) Pateman (1970). 앞의글, Ch.1.

61) 수정론자들은 과소참여 또는 정치적 무관심은 오히려 갈등 · 조정 · 변화로 인한 충격완화에 의하여 민주주의가 원활히 기능하게 하는 순기능을 갖는다고 주장한다. Patemen (1970). 앞의글, 7.

의사결정과정에서의 시민의 역할은 실증적 근거없는 비현실적인 가정에 지나지 않을 뿐이라고 통박하고 있는 데서 이를 알 수 있다. 목적론에 대하여 참여가 본질적으로 좋은 것이라고 보는 생각에 반대하며, 참여가 본질적으로 선(good)이 되는 것은 철학적으로 불가능하다고 보는 것이다.[62]

반면 이들은 제한적이나마 수단으로서의 참여에 관심을 보인다. 예컨대, 슘페터는 민주주의는 "어떠한 목적(ends)이거나 목적달성을 위한 수단(means)이 아니라 정치적(입법적 · 행정적) 의사결정을 위한 제도적 장치로서의 정치적 방법(political method)"이라고 정의하면서도 민주주의의 순조로운 기능을 위하여는 무엇보다도 정치적 지도자의 역할이 중시되어야 하며, 시민의 역할은 정치적 지도자의 충원을 위한 선거에 제한되어야 함을 강조하고 있는 바,[63] 이러한 주장은 참여를 민주주의의 원활한 기능을 위한 하나의 '수단'으로서 인식하고 있음을 보여주는 것이라 하겠다.

3. 평 가

1) 참여의 수단성

위에서 살펴보았듯이 기본적으로 두 가지 관점은 나름대로 타당성이 있으며, 시민참여는 양자간의 비중은 다르겠으나 목적으로서의 성격과 수단으로서의 성격을 동시에 갖는다. 문제는 참여의 목적 성격과 수단적 성격 중 어느 것을 보다 중시해야 하느냐는 것이다.

이에 대하여 본서는 목적으로서의 참여를 부정하지 않으면서도 목적으로서의 참여보다는 수단으로서의 참여를 강조하고자 한다. 이러한 입장은 민주주의의 개념정의에 있어 시민에 의한 정치는 시민을 위한 정치의 수단가치의 성격을 갖는다고 한 것과 맥을 같이 하는 것으로서, 참여를 위한 참여가 참여의 유일한 목적이 될 수 없을 것이라는 지극히 상식적인 판단에서 비롯된다. 이와 관련하여 1960년대 미국에서 빈곤계층의 "가능한 최대의 참여(maximum feasible participation)"를 천명했던 근린활동사업(Community Action

62) Mary Grisez Kweit and Robert W. Kweit (1981). *Implementing citizen participation in a bureaucratic society*. Praeger, 33.

63) Schumpeter (1943). 앞의글, 242, 269.

Program)과 "광범한 시민참여(widespread citizen participation)"를 표방했던 모범도시사업(Model Cities Program)에서의 시민참여를 비교연구한 스트레인지(Strange)의 지적은 유익한 참고가 된다.[64)]

> (빈곤계층의 최대참여 및 시민의 광범한 참여의 확대라는) 목표를 달성한다고 하더라도, 그것만으로는 충분하지도 않으며 경우에 따라 바람직하지 않을 수 있을 것이다. 충분하지 않은 이유는 참여의 궁극적 목적은 평등의 획득에 있으며 단순히 효과적 참여에 있지 않기 때문이다. (참여의) 궁극적 목적은 빈곤의 해소 및 인간의 존엄성을 보장하는 사회의 창조에 있어야만 한다. 참여는 하나의 목적(an end)일 수 있으나, 궁극적 목적(the end)이 될 수는 없다. … 중략 … 실제로는 참여가 다른 목적의 달성을 위한 수단(means)으로 생각되는 경우에도, 너무도 흔히 참여는 표면적으로 하나의 목적 또는 궁극적 목적으로서 표방되어 왔다. 나는 정치적인 이유로 참여가 다른 목적달성을 위한 수단임을 숨겨야 할 필요성이 참여가 수단인지 목적인지에 대하여 혼동을 가져왔다고 주장하는 바이다. 따라서 우리는 참여의 수단성과 목적성을 동시에 인식할 필요가 있다. 그러나 동시에 우리는 양자를 구분해야 한다. 참여는 시민의 권리이기 때문에 '하나의' 목적일 수 있다. … 중략 … 그러나 참여는 다른 목적달성을 위한 수단이다.[65)]

2) 참여의 목적: 공익증진

그렇다면 시민참여의 궁극적 목적은 무엇인가? 참여의 목적으로는 대응성 제고,[66)] 정부의 책임성 제고 또는 수정론자들이 주장하듯 민주주의의 원활한 기능 등 여러 가지가 제시될 수 있을 것이다. 그러나 이러한 가치들이 참여의 하나의 목표 또는 중간목표일 수는 있으나 궁극적 목적일 수는 없다. 참여의 궁극적 목적은 민주주의의 개념구성에서 명백히 알 수 있듯이, 시민을 위한 것이 되어야 할 것이기 때문이다.

'시민을 위한'은 어떻게 해석되는가? '시민을 위한'이란 개념은 다분히

---

64) John H. Strange (1972). "The impact of citizen participation on public administration." *Public Administration Review* 32, 457-470.

65) ( )안의 내용은 저자가 추가한 것임.

66) Sidney Verba and Norman H. Nie (1972a). *The model of democratic participation: A cross-national comparison*. Beverly Hills: Sage Comparative Politics Series. No. 01-13, 300.

가치판단적인 개념으로서 다의적 해석이 가능할 것이므로 이에 대한 일치된 의미를 부여하기는 불가능하다. 그럼에도 불구하고 쉽게 생각해서 '시민을 위한'이란 '시민의 이익증진(또는 복지증진)'을 의미하는 것으로 볼 수 있다.[67] 이익은 구체적으로 무엇을 의미하는가? 공익을 의미하는가? 아니면 사익을 의미하는가? 일반적으로 시민참여의 목적으로서 시민의 이익을 이야기할 때, 시민의 이익은 넓게 보아 공익을 의미하는 것으로 이해된다.

문제는 공익이 구체적으로 무엇을 의미하는가 하는 것이다. 공익이 무엇인지에 대하여는 일치된 견해가 없다. 우선, 공익이 존재하지 않는다는 견해가 있다. 예컨대, 벤틀리(Bentley)는 "사회 전체에 관한 집단이익 즉, 공익을 찾기란 불가능하다"라고 했고,[68] 트루만(Truman)은 "정말로 포괄적인 이익(공익)을 설명할 필요는 없다. 왜냐하면 그러한 것은 존재하지 않기 때문에"라고 함으로써[69] 공익의 존재를 부정하고 있다. 개인의 사적이익 동기를 전제로 하여 제시되는 경제이론의 핵심 역시 기본적으로는 공익의 존재를 부정하는 것이다. 이러한 경우 공익은 사익의 기계적인 총화에 불과한 것으로서, 실제적으로는 사익간의 갈등 · 조정의 결과를 공익으로 볼 수밖에 없게 된다. 이와는 달리 공익의 실체를 확실히 규정할 수는 없더라도 공익은 존재한다고 생각하는 보다 일반적인 견해가 있다. 예컨대, 루쏘에 있어서의 일반의지(general will)는 바로 공익을 말하는 것이며, 맨스브리지(Mansbridge)는 공익의 존재를 전제로 하여 통합민주주의(unitary democracy)를 주장하고 있다.[70] 또한 스톤(Stone)은 공익을 예컨대, 높은 생활수준과 같이 개인이 공통적으로 가지는 개별이익 또는 국가발전과 같이 공동체를 위한 개인의 목적으로서 공익을 이해하며 공익은 정치공동체의 목적으로서 중요하다고 하여 공익의 존재를 인정하려 한다.[71] 대체적으로 공익의 존재를 부정하는 입장은 개인주의적 또는 다원주의적 입장에 있는 논자들의 주장으로서 과정설로 특징지어지며, 공익의 존재를 인정하는 입장은 집단주의적 또는 엘리트주의적 입장에 있는 논

---

67) 일반적으로 이익(interest)과 복지(welfare, well-being)는 상호교차적으로 사용되는 개념이다. Stone, Deborah A. (1988). *Policy paradox and political reason*. Glenview, Illinois: Scott, Foresman & Co., 13.

68) Bentley (1949). *The process of government*. Evanston, Illinois: Principia Press, 222.

69) David Truman (1959). *The governmental process*. New York: Knopf, 51.

70) Mansbridge (1983). 앞의글, Ch.1, 2.

71) Deborah A. Stone (1988). 앞의글, 14.

자들의 주장으로서 실체설로 특징지어질 수 있다는 점에서 양자를 구분할 수 있다.72)

이와 같이 공익에 대하여는 상반된 견해가 있을 뿐 아니라, 공익의 존재를 인정하는 경우에도 구체적으로 그 실체를 제시하기는 어려운 것이 사실이다. 그럼에도 불구하고 다음과 같은 점을 고려하건대 공익의 존재에 대하여 긍정적으로 인식하는 것이 타당할 것이다. 첫째, 존재유무에 상관 없이 공익이라는 용어가 흔히 사용되고 있으므로 이를 위한 개념화가 필요하다. 둘째, 사익과 전혀 별개의 공익은 존재하지 않는다고 하더라도 최소한 다수의 이익 내지는 사익의 최대공약수로서의 공익은 존재할 것이다. 더욱이 이러한 의미에서 공익은 사익과 반드시 충돌하지 않는다. 셋째, 공익을 부정하고 사익의 존재만을 강조할 경우, 권력구조상 필연적으로 영향력 있는 개인 또는 집단의 사익이 강조되게 됨으로써 결국 시민 대다수의 이익이 저해될 우려가 크므로 시민 대다수의 이익에 부합하는 공익의 발견·제시가 필요하다.

요컨대, 공익은 사익의 총화와 같지는 않더라도 사익과 전혀 별개의 것은 아니며, 어느 정도 중복 또는 조화된다는 점에서, 그리고 각 개인의 사익을 동시에 보장하는 것은 실제적으로 불가능하며 오히려 불평등을 조장할 우려가 있다는 점에서 시민의 이익은 곧 공익을 의미하는 것으로 보아 무방하다는 것이다. 이와 같은 입장은 사익의 집합이 아닌 공익의 존재를 인정하면서도 사익과 관련시켜 생각하는 입장으로서 박동서 교수가 공익에 관한 실체론과 과정론의 중간적 입장으로서 제시한 것과 같은 것이다.73) 나아가서 공익은 대단히 추상적인 개념으로서 그에 대한 동의가 매우 어려운 상황을 고려하건대, 시민참여의 목적으로서의 공익을 논함에 있어 공익의 구체적 내용을 반드시 밝혀야 하는 것은 아니며, 우리는 단순히 시민이 참여를 통하여 많은 사람의 사익과 조화되는 공동체의 이익 즉, 공익을 추구하는 것으로 가정하는 것에 만족하는 것이 보다 현실적이라 하겠다.74)

---

72) 박동서. (1989). 「한국행정론」. 파주: 법문사, 224-233.

73) 박동서. (1989). 앞의글, 228; 아울러 공익에 대한 보다 구체적인 논의는 박동서. (1989). 앞의글, 224-233; 박정택. (1990). 「공익의 정치행정론」. 서울: 대영문화사; Stone, Deborah A. (1988). 앞의글, 14-16, Ch.9 등을 참조할 것.

74) 공익을 이상(ideal)과 과정(process)으로 파악한 Wamsley의 관점도 이와 맥을 같이한다. 여기에서 공익이 '이상'이라 함은 어떠한 정의라도 공익을 정확히 나타내는 것은 불가능함을 말하는 것이며, '과정'이라 함은 단기적 결과에 지나치게 집착하기보다는 장기적 관점에서

지적할 것은 공익이 사익의 총화(집합적 이익)와 유사한 모습을 가지며 많은 경우 사익과 조화된다고 하더라도 사익은 공익에 의하여 필연적으로 제한당하게 된다는 점이다. 그것은 지구상의 어떤 공동체를 막론하고 공익을 무시하고 사익증진을 위하여 그 구성원이 자의적으로 행동하는 것을 방관하지는 않을 것이기 때문이다. 그리고 그와 같은 공익의 제한 또는 기준하에서 사익의 추구방법은 제한당하고 또는 조정될 수밖에 없다. 이러한 논의는 시민참여가 공익을 추구하는 행위일 뿐만 아니라, 동시에 참여과정에서 공익을 도외시한 사익의 과도한 추구는 공익의 제한 하에 있다는 점을 말해준다. 그러나 그렇다고 해서 공익이 사익과의 조화를 의미하는 한, 공익에 의한 사익의 불가피한 제약이 사익을 지양해야 함을 의미하지는 않는다. 박동서 교수가 지적하듯이 형식적으로 공익을 우선하면서 사익을 절대악으로 치부하는 것은 온당치 못하며 공익에 부합하는 사익은 당연히 보장되어야 한다.[75] 즉, 시민참여는 개인의 자유와 권리를 위한 활동인 동시에 공익에 대한 의무와 책임을 위한 활동인 것이다.

지금까지 참여의 목적은 공익(public or common interests)의 증진을 의미한다 하였는바, 공익증진이란 유사개념으로서의 복지(well-being) 또는 행복(well-being)의 증진 또는 삶의 질(Quality of Life)의 개선 등을 포괄하는 의미로 널리 이해될 수 있을 것이며, 따라서 이하에서는 이들 용어를 엄격히 구분하지 않고 혼용한다.

3) 참여의 목적과 참여의 활성화

앞에서 시민참여가 진정으로 시민을 위한 것이 되기 위하여는 참여의 활성화(적정화)가 요청된다고 하였는바, 시민참여를 그 자체 목적으로서보다는 이상적인 목표달성(즉, 공익증진)을 위한 수단으로서의 성격을 강조하는 입장은 이와 같은 참여의 활성화 논의와 밀접한 관련이 있다. 만일 참여가 목적으

의 사고가 필요하며, 아울러 소수가 아닌 정책에 의하여 영향받는 모든 개인과 집단의 요구와 필요를 고려해야 함을 나타내는 것이다. G. L. Wamsley et al. (1987). “The public administration and the governance process: Refocusing the American dialogue.” in R. C. Chandler ed. (1987). *A centennial history of the American administrative state*. London: Collier Macmillan, 291–317.

75) 박동서. (1989). 앞의글, 223.

로서 강조될 경우에는 참여의 내용과는 상관 없이 참여수준의 극대화가 바람직한 것으로 인식되게 될 것이며 따라서 참여수준의 적정화 또는 내용의 건전화는 어떤 의미에서건 목적으로서의 참여를 제한하는 것으로서 무시되거나 또는 부차적인 문제로 소홀히 취급될 것이다. 오늘날 적지 않은 논자들이 시민참여는 무조건 바람직한 것으로 전제하고 어떻게 참여를 신장시킬 것인가 만을 논의하는 경향은 이와 무관하지 않다. 그러나 만일 참여의 목적성을 강조하여 참여 극대화만을 추구할 경우, 앞에서 언급한 안정과 참여와의 상충이라는 민주주의의 곤경은 더욱 심각한 문제로 대두될 것이라는 점이 인식되어야만 한다.

이와는 달리 본서에서와 같이 참여의 수단성을 강조하는 경우, 무조건적인 참여의 극대화보다는 참여의 목적달성을 위하여 참여를 어떻게 적정한 수준에서 활성화 시키느냐 하는 문제에 상대적으로 관심이 모아질 것이다. 이러한 입장은 참여와 안정과의 상충과 같은 민주주의의 곤경을 참여의 적정화를 통하여 완화 또는 해소시킬 수 있으리라는 설명을 제공할 수 있다는 점에서 이론적으로도 상대적 강점이 있다. 한편, 시민참여는 그 자체 목적이기에 앞서서 어떠한 목적달성을 위한 수단적 성격이 강하며, 이때 목적이란 공익의 증진이라고 할 때, 공익은 바로 시민참여의 적정성을 판단하는 기준이 되는 것이며 따라서 참여의 수준은 공익에의 기여정도에 따라 조율되어야 하는 것이다.

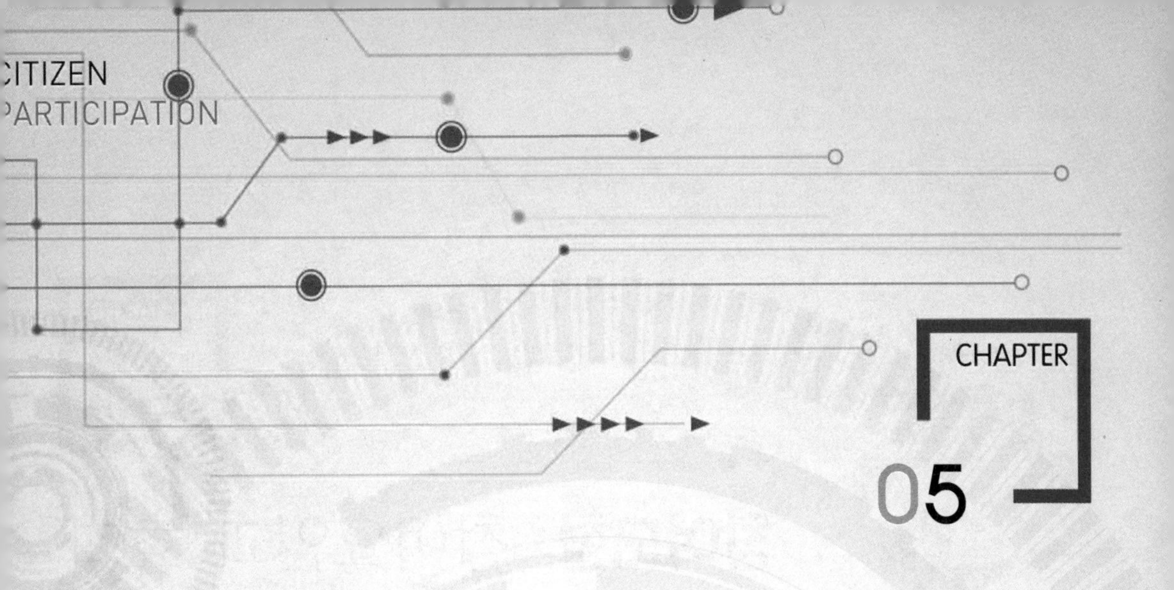

CHAPTER 05

참여모형: 참여요인과 효과

Ⅰ. 참여의 영향요인

Ⅱ. 참여모형

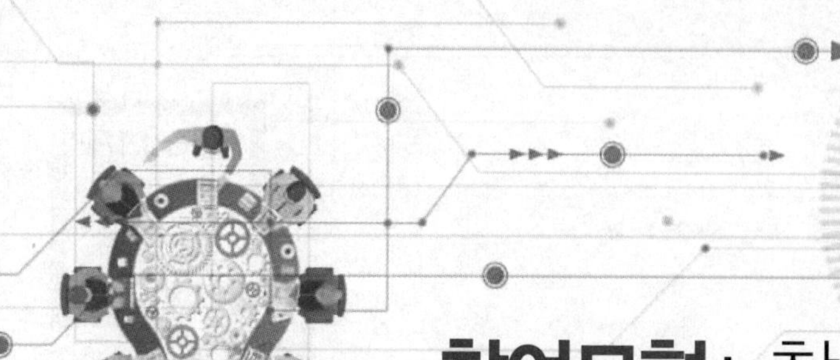

CHAPTER 05

참여모형: 참여요인과 효과

I 참여의 영향요인

CITIZEN PARTICIPATION

참여는 어떠한 요인에 의하여 영향받는가? 이에 대하여는 논자에 따라 다양한 요인이 제시되고 있다.

밀브레이드(Milbrath)와 고엘(Goel)은 참여에의 영향요인으로서 ① 참여자가 인식하는 자극정도로서의 직접적 환경, ② 태도, 신념, 성격과 같은 개인적 특성, ③ 교육정도, 연령, 인종 등과 같은 개인의 사회경제적 특성, ④ 환경으로서의 정치, 경제, 사회체제 등을 제시하였다.[1)]

패리 등(Parry et als.)은 ① 개인의 자원(교육, 재산 등), 집단적 자원(조직의 성격, 규모 등)을 포함하는 자원요소, ② 직업 및 계층, 개인 및 상황적 조건, 개인의 가치 및 세계관, 사회이념 및 가치관 등을 포함하는 배경요소, ③ 상황적 요소로 구분하여 제시하고 있다.[2)]

1) Lester W. Milbrath and M. L. Goel (1977). *Political participation: How and why do people get involved in politics?* Chicago: Rand McNally College Publishing Co., Ch.1.

스타우퍼(Stouffer), 옵하임(Opheim) 그리고 데이(Day)는 ① 참여에 따른 기대효과, ② 정책문제의 논쟁가능성, ③ 정치적 효능감, ④ 정책결과에 대한 우려, ⑤ 참여에 필요한 지식과 기술, ⑥ 기회비용의 크기, ⑦ 제도적 요인을 들고 있다.[3)]

콘웨이(Conway)는 비록 명시적은 아니지만 참여의 결정요인으로서 ① 사회적 요인(연령, 교육, 소득, 직업과 같은 사회경제적 지위, 인종, 성별과 같은 개인적 특성), ② 심리적 요인(태도, 신념, 가치관, 성격 등), ③ 정치적 환경요인(정당제도, 정치운동, 정책문제의 성격, 대중매체 등) 및 ④ 법적요인(선거등록, 선거절차에 관한 규정 등)을 제시한다.[4)]

본서에서는 위에서 논의한 기존의 연구결과를 참고하여 참여에의 영향요인으로서 ① 개인적 특성(개인의 의식 및 태도, 사회경제적 특성), ② 정책결정자(관료, 의원과 같은 정책결정인의 인식 및 행태), ③ 정당, 이익단체, 시민단체, 대중매체 등과 같은 매개기관, ④ 참여제도, ⑤ 정치사회적 환경, ⑥ 권력구조 등 여섯 가지 요인군을 제시하고자 한다. 생각건대, 위에서 살펴본 바와 같이 논자에 따라 참여에의 영향요인으로서 다양한 요인이 제시되고 있으나 대체적으로 볼 때 이들이 제시하는 바는 본서에서 제시한 바로부터 크게 벗어나지 않는 것으로 판단된다.

시민참여의 활동과 효과는 이들 요인 및 요인간 관계의 성격에 따라 결정될 것이다. 구체적으로 정치적·경제적·사회적 환경의 영향하에서 참여자인 시민의 개인특성과 개인의 사회경제적 배경, 제도적 특성, 매개집단, 정책결정인의 인식 및 행태, 권력구조 등에 의하여 영향을 받게 되는 것이다. 이를 도식화하면 다음과 같다.

---

2) Geraint Parry, George Moyser, and Neil Day (1992). *Political participation and democracy in Britain*. Cambridge: Cambridge University Press, 21.

3) Willard B. Stouffer, Cynthia Opheim, and Susan Bland Day (1991). *State and local politics: The individual and the governments*. Harper Collins Publishers Inc., 193.

4) M. Margaret Conway (1985). *Political participation in the United States*. Washington, D.C., Congressional Quaterley Inc., Ch.1.

그림 5-1 참여의 영향요인

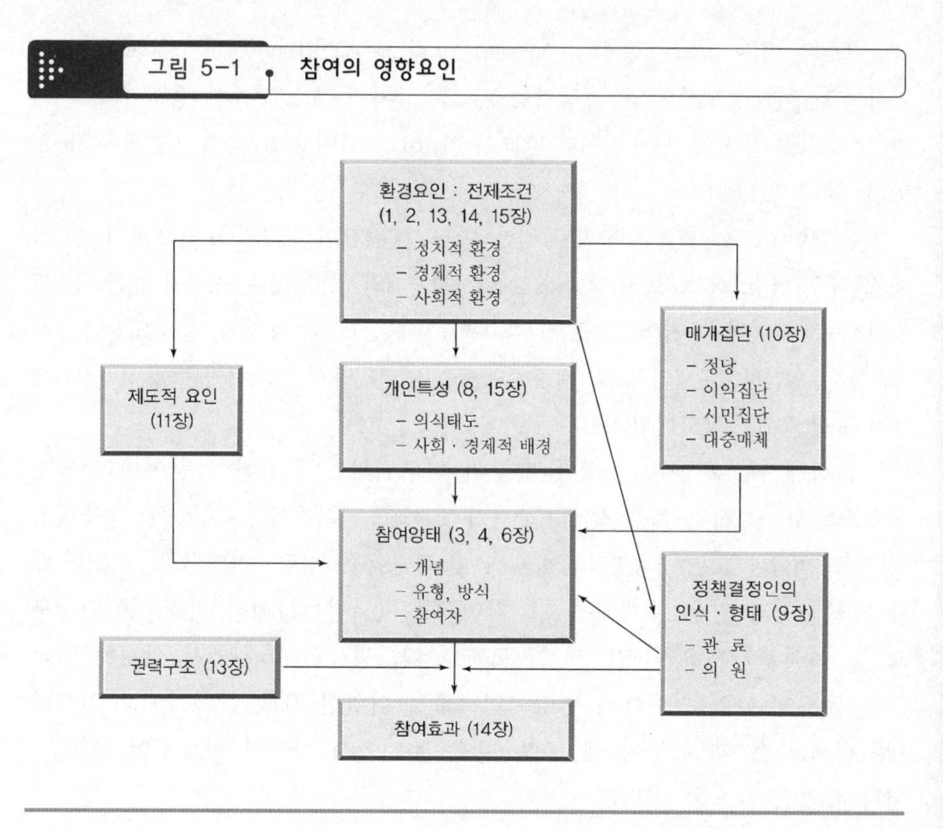

[그림 5-1]에서 보듯이 참여에 따른 참여효과는 사회 내의 권력구조와 정책결정인의 인식(認識) · 행태(行態)에 영향을 받아 결정될 것이다. 한 가지 부언할 것은 정책결정인의 요소는 참여에의 영향요인일 뿐 아니라 참여의 효과에도 영향을 주는 요인으로 제시되었다는 점이다. 이는 정책결정인의 행태에 따라 시민참여가 영향받기도 하겠거니와 이들은 정책결정자로서 직접 정책결정에 참여함으로써 참여효과에 영향을 주는 사실을 반영한 것이다. 참여의 효과로는 참여의 핵심대상인 정책결정에 대한 효과 외에 참여와 평등의 문제를 함께 논할 것이다.[5)]

본서는 [그림 5-1]에 나타난 구성요인의 체계에 근거하여 제시될 것이다(괄호 안의 장 표시를 참조할 것). 참여활성화 문제와 관련하여 본서는 참여문

5) 참여의 결정요인 및 참여의 효과에 관한 문헌의 종합적 논의에 관하여는 김태룡. (1986). "정치참여: 경향과 조망." 「상지대 논문집」. 제 7 집, 1-18을 참조할 것.

제의 성격을 대의제 보완설의 입장에서 파악하면서 현대 대의민주주의 국가에서 시민참여는 어느 수준까지, 어떻게 활성화(적정화)되어야 하며 그러기 위하여는 어떠한 조치가 이루어져야 하는가를 제시하는 것을 기본 목적으로 한다.

II 참여모형

CITIZEN PARTICIPATION

참여의 영향요인에 대해서는 본문에서 상술하였거니와 일단 이하에서는 참여의 영향요인이 참여에 대하여 갖는 연관관계에 대하여 간략히 언급하고자 한다.

1. 개인적 심리(동기) 요인

알몬드(Almond)와 버바(Verba)는 정당과 조직 참여활동 모두에서 정치효능감이 높은 수준의 연계성을 지닌다고 보았고, 울프스펠드(Wolfsfeld)는 시민참여가 이루어지기 위해 시민의 능력이 필요조건이라면 정치효능감은 충분조건임을 제시하였다.[6] 발치(Balch) 역시 정치효능감과 참여간에 상관관계가 있음을 발견하였다.[7] 또한 이엔가르(Iyengar)는 효능감이 일반적인 참여를 증진시킬 뿐만 아니라 항쟁적 행태의 성향을 줄어들게 한다고 주장하였다.[8]

이와 같은 연구들은 개인의 심리적 특성, 가령 효능감이나 신뢰와 같은 요인들이 참여 행태를 활성화하는 데 영향을 준다고 본다.[9] 버바(Verba)와 나

6) Gadi Wolfsfeld (1985). "Political efficacy and political action: A change in focus using data from Israel." *Social Science Quarterly* 66(3), 617.

7) George I. Balch (1974). "Multiple indicators in survey research: The concept "sense of political efficacy." *Political Methodology* 2(1), 1.

8) Shanto Iyengar (1978). "The development of political efficacy in a new nation - The case of Andhra Pradesh." Comparative Political Studies 11(3), 337-338.

9) William A. Gamson (1968). *Power and discontent*. Homewood, Ⅲ: Dorsey Press. 효능감의 정도와 신뢰의 정도에 따른 결합효과에 따라 참여형태는 4가지, 즉 충성스러운 활동가, 충성스러운 냉담가, 소외된 활동가, 소외된 냉담가로 유형화할 수 있다는 가설을 제시한다. 관

이(Nie)는 집단의 인식이 참여 성향에 영향을 주게 됨을 제시하였는데, 가령 인종문제에 민감한 흑인은 덜 민감한 흑인보다 참여 성향이 높다는 것이다. 이것은 '민족공동체'에 관한 것으로 소수민족 구성원들은 관련 사회·정치적 사안에 대하여 보다 적극적이 되는데, 이러한 태도는 그들의 공동체 내의 규범에 순응하도록 하는 사회적 압력으로 작용하고, 그 구성원들은 자신들의 공통 사안에 대한 사회적 인식이 높아지고 조직적 응집성을 높이는 방향으로 작용하며, 그에 따라 집단의 효능감과 체제에 대한 불신이 높아지면서 참여로 연결된다는 것이다.[10]

심리적 차원에서 참여 행태를 설명하는 다른 관점은 보상이론(compensation theory)에 근거한다. 보상이론은 뮈르달(Myrdal)에 의해 처음 제기되고 반척(Banchuck)과 톰슨(Thompson)이나 오럼(Orum) 등에 의해 재론된 것으로 개인의 사회경제적 지위가 낮을수록 그들의 불리한 지위를 보상하기 위해 보다 많은 참여를 하게 되는 동기로 작용한다는 것이다.[11] 가령 흑인은 사회적 삶의 많은 영역에서 직면하는 인종적 차별을 보상받기 위해 관계를 형성하고, 그들간에 조직을 만들며, 이를 통해 적어도 백인의 인종주의를 부분적으로라도 벗어나려 한다는 것이다.[12] 오럼(Orum)은 이와 관련하여 다음과 같이 기술한다.

> "흑인들은 일상생활에서 사회적·심리적 만족을 박탈당하기 때문에 다른 수단을 통해 이러한 만족을 보상받고자 한다. 슬럼가 환경의 억압적 분위기 역시 사회적 활동에 친화적 환경은 아니다. 당연히 클럽과 결사체는 흑인들의 사회적 삶에 초점을 맞추게 된다."

련 설명은 본서 8장을 참조.

10) Robert E. Lane (1959). *Political life: Why and how people get involved in politics*. New York: The Free Press, Ch.17.

11) Marvin E. Olsen (1970). "Social and political participation of blacks." *American Sociological Review* 35, 684; Gunnar Myrdal, Richard Sterner and Arnold Rose (1944). *An American dilemma.* New York: Harper and Brothers.; Babchuck, Nicholas and Ralph V. Thompson (1962). "Voluntary associations of negroes." *American Sociological Review* 27, 647-655; Anthony M. Orum (1966). "A reappraisal of the social and political participation of negroes." *American Journal of Sociology* 72, 32-46.

12) Olsen (1970). 앞의글, 684.

보상이론은 많은 종류의 자발적 결사체나 교회에의 참여, 친구나 친척과의 개인적 상호관계의 영역에서 상당한 타당성을 지닌다. 하지만 보상이론은 대중매체의 노출, 공동체 활동, 투표, 당파적 정치 참여, 공무원 접촉 등에서 흑인이 백인 공동체와 밀접히 접촉할 수 있다는 점에서 다양한 시민 활동을 설명하는데 부적합한 측면이 많다.

이론의 부분적 한계에도 불구하고 심리적 요인들, 가령 효능감과 신뢰의 다양한 결합은 참여의 성향에 상당한 영향을 미치는 것은 사실이다.

2. 환경요인: 정치 · 경제 · 사회적 측면

개인이 처해있는 사회적 환경 등의 맥락은 개인의 참여활동, 양태, 방향 등에 영향을 미치게 된다. 이와 관련한 이론은 다음과 같다.

1) 표준사회경제 모형(Standard SES Model)

가장 전통적인 참여의 영향요인으로 일반적으로 소득, 교육, 직업 등과 같은 사회경제적 지위가 높은 개인일수록 참여 성향이 높게 나타난다고 본다. 사회경제적 지위가 높은 개인은 그렇지 못한 개인에 비하여 참여에 필요한 지식, 기술, 사회적 태도 등의 자원이 상대적으로 풍부하므로 상대적으로 보다 높은 참여 행태를 지니게 된다는 것이다.[13]

2) 사회적 맥락 이론(social context theory)

사회적 환경이 시민참여의 성향에 영향을 미친다는 것이다. 즉 사회적 연대성이나 네트워크, 이웃간의 연대, 종교 조직 및 기타 맥락적 요인들이 참여에 영향을 미친다는 것으로 사회자본 이론이 그 주축을 이루고 있다.

3) 자원동원 이론(resource mobilization theory)

조직에의 참여가 참여를 증진한다는 것이다. 즉 조직적 참여 경험은 정치 행동의 규범을 습득하게 하고, 참여 기회에 대한 지식을 증가하여 궁극적으로 참여를 증진한다는 것이다. 다만 이 이론은 참여 유형에 따라 참여의 양

13) 자세한 설명은 본서 13장 참조.

태에 대하여 일관적인 설명을 하기는 어렵다.

3. 정부의 태도

킹 등(King et al.)의 연구는 시민에 대한 관료들의 부정적 행태는 시민참여의 중요한 장벽으로 작용한다고 논의한다.[14] 많은 관료들은 시민참여에 대해 이중적이거나 문제성 있는 것으로 느끼고, 일부는 적개심을 가지기도 한다. 이들은 시민의 참여가 정치 시스템 내의 갈등을 증가시키고, 정부 의사결정에 여러 가지 문제를 야기하며, 사회적 형평성을 감소시킬 것을 우려한다.[15] 때로는 시민은 공공의사결정을 내림에 있어 능력이 없고,[16] 확정적 선호가 없으며,[17] 너무 냉담하고 무관심하여 참여할 수 없다는 입장을 취하기도 한다.

4. 제도요인

참여의 유형은 제도화되어 있는가의 여부에 따라 제도적 참여와 비제도적 참여로 구분할 수 있다. 제도적 참여란 법규 또는 절차 등을 통하여 공식적으로 인정되어 있는 참여활동을 의미하는 것인 반면 비제도적 참여는 공식적으로 인정되어 있지 않은 활동들을 의미한다. 시민은 제도화된 참여 방법뿐만 아니라 비제도화된 방법을 통하여도 정치과정에 참여할 수 있다. 하지만 비제도적 방법을 통한 참여는 전자에 비해 더 많은 시간, 노력, 재원 등의

14) King and Stivers (1998); Feltey King and Susel (1998); Yang (2005) 등의 연구는 관료들의 부정적 태도를 시민참여의 저해 요소로 논의하고 있다. Cheryl S. King and Camilla Stivers (1998). Citizens and administrators: Roles and relationships. In *government is us*, edited by Cheryl S. King and Camilla Stivers, 49-62. Thousand Oaks, CA: Sage Publications; Cheryl S. King, Kathryn M. Feltey and Bridget O'Neill Susel. (1998). "The question in public administration." *Public Administration Review* 58(4), 317-326; Kaifeng Yang (2005). "Public administrators' trust in citizens: A missing link in citizen involvement efforts." *Public Administration Review* 65(3), 273-285.

15) Yang (2005). 앞의글, 274.

16) Walter A. Rosenbaum (1978). Public involvement as reform and ritual. In *Citizen participation in America*, edited by Staurt Langton, 81-96. Lexington, MA: Lexington Books.

17) Robert Dahl (1966). Further reflection on "The elitist theory of democracy." *American Political Science Review* 60(2), 296-305.

비용이 소요된다. 이러한 점에서 다양한 참여 방법 등이 제도화되어 있는가의 여부에 따라 참여의 용이성, 접근가능성 등이 높아지는 등 참여에 영향을 미친다.

참여의 제도화가 충분히 이루어질수록 참여과정의 정형화를 통하여 참여에 필요한 비용을 절감할 수 있으며, 참여 활성화의 효과도 높아질 것이다.

5. 매개집단

시민참여는 개별적으로 이루어지기도 하지만, 매개집단을 통하여 이루어지기도 한다. 매개집단은 주로 시민과 권력간의 관계에서 시민의 관점을 연계하는 기능을 하는 조직을 말하며 이익집단, 시민집단(또는 조직), 정당, 언론매체 등을 들 수 있다. 매개집단으로서 시민조직은 스스로 참여할 역량이 부족하거나 소외된 개인들에게 보상적 자원으로 기능하고,[18] 정당 등 정치적 조직은 개인의 활동비용을 낮추고 편익을 증진시킴으로써 참여(공직자 접촉)를 증진시키는 것으로 나타나고 있다. 특히 이와 같은 매개조직은 빈곤이나 무지 등 참여활동의 한계를 극복하는 중요한 기초가 되기도 한다.[19] 때문에 매개조직은 시민의 의견을 정부 정책에 투입하는 데 보다 효과적일 뿐 아니라 시민 개인의 참여를 증진시키는 역할을 하는 것으로 볼 수 있다.

6. 권력구조

참여는 사회 내의 권력구조에 의해서도 영향을 받는다. 공직자의 시민참여에 대한 반응성과 수용도에 따라 참여의 활성화 정도뿐만 아니라 참여의 효과가 좌우된다. 구체적으로 공직자의 시민참여에 대한 반응성이 높을 경우 참여효과는 커지게 되는데 이와 같은 공직자의 참여에 대한 반응성은 기본적으로 권력구조의 형태에 따라 달라진다. 이에 사회의 권력구조의 특성에 따라 시민의 참여 양상은 달라지게 되는 것이다. 만일 공직자가 권력을 독점하

18) Elaine B. Sharp (1980). “Citizen perceptions of channels for urban service advocacy.” *Public Opinion Quarterly* (fall), 363.

19) Alan S. Zuckerman and Darrell M. West (1985). “The political bases of citizen contacting: A cross - national analysis.” *The American Political Science Review* 79(1), 129-130.

여 시민과 공직자간의 권력의 격차가 크다면 공직자의 참여에 대한 반응성은 필연적으로 저하될 것이고, 따라서 참여효과 역시 제한적일 것이다. 반면 권력이 사회 내에 고루 분산되어 시민에 대한 공직자의 상대적 권력이 크지 않을 경우, 참여에 대한 공직자의 반응성은 제고될 것이며, 참여의 효과 역시 제고될 것이다. 한편 사회의 권력구조는 시민참여 자체에 대하여도 영향을 미친다. 즉 시민과 정부와의 상대적 권력의 차이가 클 경우 시민참여는 위축될 것이며, 그 반대의 경우는 참여가 신장될 것이다.

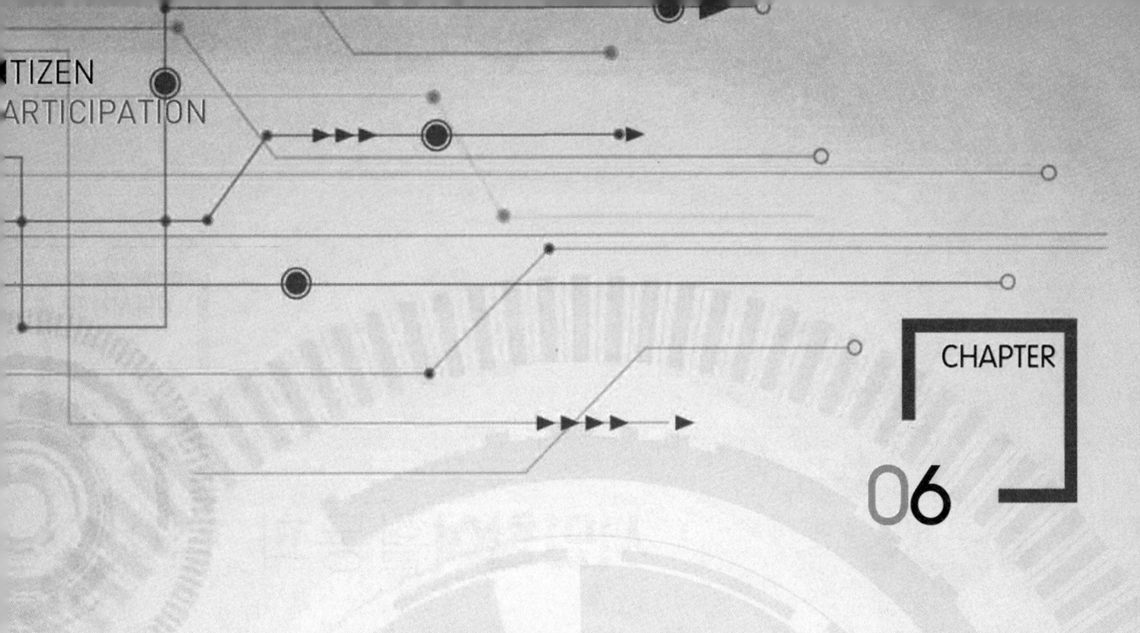

CHAPTER 06

시민참여활동과 참여자

CHAPTER 06 시민참여활동과 참여자

I 참여활동의 유형

CITIZEN PARTICIPATION

참여에는 다양한 활동이 포함된다. 참여를 무엇으로 보느냐에 따라 참여활동의 범위가 달라지기는 하겠지만 공공기관에 대한 편지, 전보, 전화의 공세, 문서 배포, 정당이나 이익집단 등 조직에의 가입, 각종 조직활동에의 참여, 투표, 서명, 타인의 참여를 독려하거나 선거운동, 정치 부문에의 입후보, 연설, 정당활동, 신문 투고, 의회 참관, 공공문제에 대한 정보공개청구 및 자료 조사, 정치적 입장 표명, 위원회 참가, 항의, 시위, 보이콧, 투쟁, 청원 등 다양한 활동이 참여에 포함될 수 있다. 이때 이와 같이 다양한 참여활동들을 보다 간결하고 효과적으로 분석하고 논의하기 위해서는 일정한 기준에 의거하여 이들을 유형화하는 작업이 필요하다.

참여의 유형은 적용하는 기준에 따라 다양하게 분류할 수 있다. 몇 가지 유형론을 제시하고자 한다.

1. 정부의 수권양태에 의한 분류

1) Arnstein의 참여 단계론

안슈타인(Arnstein)은 미연방의 시민참여 프로그램들의 실제 사례들을 중심으로 시민이 정책결정에 참여하는 정도에 따라 참여활동을 사다리(ladder)로 표현하여 최초로 단계분류를 시도하였다. 총 8개의 단계 분류를 하였는데 그 형태는 [표 6-1]과 같다.[1] 가장 아래쪽부터 1, 2단계는 비참여(non-participation)의 단계이고, 3-5단계는 형식적 참여(degrees of tokenism)의 단계이며, 6-8단계가 실질적 참여로서 시민권력(degrees of citizen power)의 단계에 해당한다. 이같은 세 단계 분류는 페이트만(Pateman)의 분류에 대응하는 것이다. 페이트만은 참여 상황을 세 가지로 유형화하면서 완전한 참여(full participation)는 의사결정 기구의 각 구성원들이 결과를 결정하는 데 동등한 권력을 지니는 상황이고, 부분 참여(partial participation)는 동등한 권력을 지니지는 못하지만 결정권자에게 어느 정도 영향력을 행사할 수 있는 상황이며, 가참여(pseudo participation)는 의사결정에서 어떠한 참여도 발생하지 않는 상황이라 하였다.[2]

표 6-1 Arnstein의 참여 단계별 분류

참여 단계	참여 형태
⑧ 시민통제(citizen control) ⑦ 권한이양(delegated power) ⑥ 협동관계(partnership)	실질적 참여
⑤ 회유(placation) ④ 상담(consulting) ③ 정보제공(informing)	형식적 참여
② 치료(therapy) ① 조작(manipulation)	비참여

1) Sherry Arnstein (1969). "A ladder of citizen participation". *Journal of the American Institute of Planners*. 35(4), 216-224.

2) Carole Pateman (1970). *Participation and democratic theory*. Cambridge: Cambridge University Press, 68-71.

이러한 유형론은 시민참여의 단계를 명확히 하고 진정한 참여를 구분하는 판단기준을 제시한다는 점에서 유용하다. 그럼에도 불구하고 이러한 분류방법은 시민권력 단계와 다른 참여 단계와의 구분이 명확하지 않다는 점, 권력보유자의 저항이나 인종주의, 가부장적 태도, 저소득 지역의 무지와 비조직화 등의 장애 요소들을 고려하지 못했다는 점, 참여의 한 단계에서 다른 수준으로의 이동에 대해 논리적 연계성을 제시하지 못한다는 점, 제도적 참여만을 분류대상으로 하고 있다는 점 등에서 비판받는다.[3)]

2) Connor의 참여 단계론

한편 안슈타인(Arnstein)의 정태적 단계분류의 한계를 극복하고자 단계별 진전을 제기하는 코너(Connor)의 유형론은 주목할 만하다.[4)] [그림 6-1]에서 보는 바와 같이 코너는 교육, 정보환류, 자문, 협력적 기획, 중재, 소송, 해결/예방 등 7단계로 참여활동을 구분한다. 안슈타인과 구분되는 것은 코너가 단계간 논리적 연계성에 대한 설명을 시도하고 있다는 점이다.

구체적으로 참여의 첫째 단계는 교육이다. 교육은 시민들의 논쟁을 해결하고 예방하기 위해 정보를 제공하는 활동이다. 교육에서의 핵심은 특정 이슈가 발생하기 전에 적절한 지식 기반을 사람들에게 제공하는 것이다.[5)] 교육은 비교적 장기간의 시간이 소요되지만 기존의 교육 자원(학교, 공공 매체 프로그램)이 사용될 수 있다는 점에서는 저비용의 활동이다. 또한 정책에 대한 건전한 지식 기반이 수립되었을 때 정책을 입안하게 되면 폭넓은 이해와 수용을 얻게 된다. 그러므로 교육은 맨 윗 단계인 해결과 갈등 예방의 단계로 직접 연계될 수 있다. 만약 해결 단계로 이행되지 못했을 경우 상황에 대한 특정적 지식을 제공하고 응답을 환류받아야 하는데 이것이 다음 단계인 정보-환류이다.

정보-환류 활동은 영향을 받는 유권자들이 정책을 이해 또는 수용하지

3) 안슈타인의 단계론에 대한 비판으로 참여활동의 각 단계에 대한 명칭과 순서에 대하여 이의가 제기되기도 한다. Kathleen Jones, John Brown and Jonathan Bradshaw (1978). *Issues in social policy*. London: Routledge & Kegan Paul, 109.

4) Desmond M. Connor (1988). "A new ladder of citizen participation." *National Civic Review* 77(3), 249-257.

5) 이미 적대감과 근심이 높은 수준에 다다른 경우 교육의 효과는 미미하거나 갈등 해결의 기능을 하지 못한다. 관련 내용은 Connor (1988). 앞의글, 251 참조.

그림 6-1 Connor의 참여 단계론

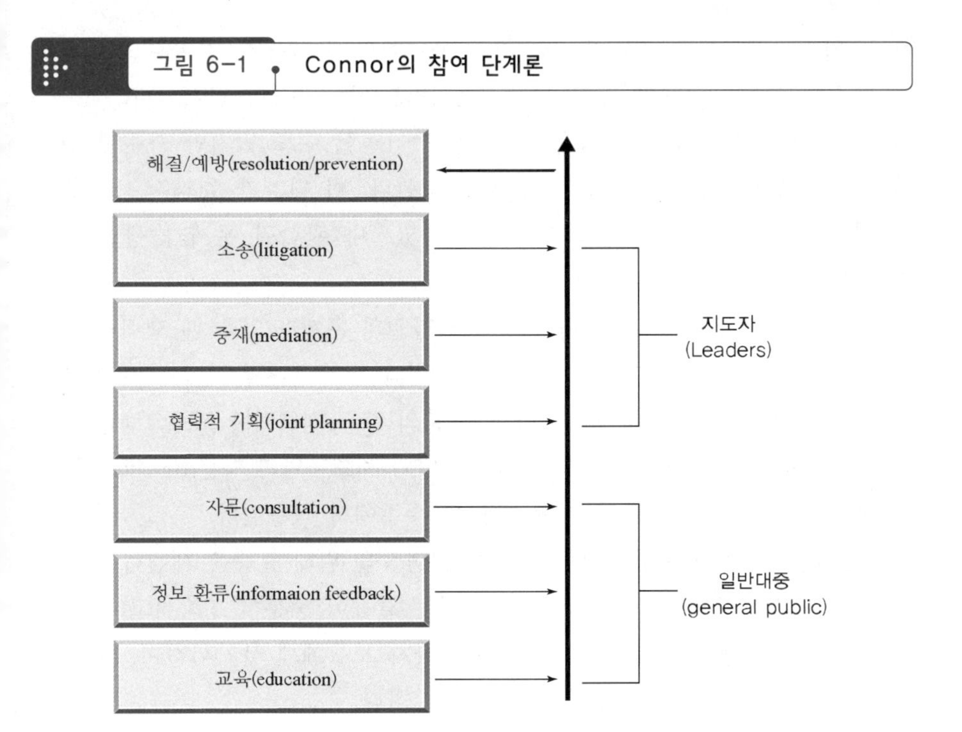

못할 때 정책과 관련된 정보를 확산시킨 후 시민들의 견해 및 대안을 받는 단계이다. 정보를 제공할 때에는 주로 공식·비공식 매체를 사용하고, 응답을 환류받기 위해서는 수신자 부담 우편이나 핫라인 전화 등을 사용하게 된다. 이 단계에서 핵심적인 요소는 각 당사자들이 아는 정보와 대안에 관해 정확히 평가하여 정보 격차를 파악하고 고정관념 및 부정적 관점에 대하여 인지하는 것이다. 이러한 정보-환류 활동에 대한 응답은 이슈에 대해 명료하고 실현가능한 해결책을 제공해 줄 수 있다는 점에서 역시 가장 상위 단계의 해결/예방 기능으로 도약할 기회를 제공한다.

자문이 적용되는 경우는 첫째, 앞에서의 교육활동이 주요 대상자들에게 지지를 받지 못할 때, 둘째, 정보-환류 활동이 보편적 이해와 수용을 가져오지 못했을 때, 셋째, 현재의 지식과 제안을 수용하는 것과의 격차가 너무 커서 앞의 두 단계로는 정보 격차를 메우기 어려울 때 자문 단계를 활용하게 된다. 이 단계에서는 원래 제시된 대안에 더하여 추가적인 해결책들을 제시하고, 이해관계자들의 견해에 가중치를 부여하여 고려하며, 기술적으로 건전하고 경제적으로 수용할 만한 대안들을 마련하는 과정적 단계이다. 정부는 시민들이 제시한 관점을 수용할 수도 있고 거절할 수도 있지만 자문이 있기 전보다는 보다 적실한 방법으로 규명해야 한다. 이 단계가 효과적으로 활용될 경우 가장 상위 단계의 해결로 갈 수 있으나 관할권 문제가 생길 경우 협력적 기획이 필요할 수 있다.

협력적 기획은 제안된 정책에 법적 관할권의 문제가 있을 때 협력자로 참여하여 공유된 정의를 통해 대안적 해결방법과 평가 절차를 논의하여 창조적 해결을 극대화하고자 하는 활동이다. 대부분의 주요 정책이나 프로그램은 일반대중을 위한 정보-환류 과정, 핵심 이익집단의 지도자와의 자문(consultation) 과정, 관련 당사자간의 협력적 기획과정 세 수준에서 작동된다.

중재 또는 조정은 중립적인 제 3 자가 협상을 위해 갈등을 해결하는 과정이다. 효과적인 중재가 이루어지기 위해서는 갈등이 충분히 성숙하고, 권력이 양 당사자간 균형을 이루고, 협상이 두 당사자 모두에게 불가피하며, 협의 내용에 따라 필요할 경우 개정이 가능하여야 한다.

중재로도 해결이 되지 않을 경우 법적 소송으로 가게 된다. 물론 많은 경우 소송 진행과정에서 중재적 내용을 수용하여 재판이 발생하기 전에 논쟁이 해결되는 경우가 많다.

마지막 단계는 정책의 결정 및 갈등 예방 단계로 이전의 교육 전략이나 고객지향적인 시장적 적용 기법을 통해서도 이루어질 수 있다. 논쟁의 해결은 당사자들간에 합의된 해결책을 얻는 것이다. 제안에 대한 논쟁을 예방하면 집행에 소요되는 시간과 비용을 절약할 수 있고, 시민들의 자문을 통해 기술적으로 더 나은 정책을 입안할 수도 있으며, 조직의 부정적 이미지를 회피하고 조직 참모 및 관련 기관의 도덕적 측면을 개선할 수 있다.

이러한 사다리 모양의 분류는 각 단계간에 누적적 관계를 지니는 것으로 이전의 전략 위에 수립하게 된다. 코너는 때로는 관련 당사자들의 수요에 부응하기 위해 동시에 여러 접근법을 이용할 수도 있음을 제안한다. 특히 복잡한 경제적 · 사회적 · 문화적 · 정치적 문제는 정보를 제공하거나 공청회를 개최하는 것만으로 해결하기 어려운 경우가 많기 때문에 특수한 상황에 맞는 적절하고 체계적인 참여과정을 설계하고 집행하여야 한다.

3) Creighton의 참여 분류

크레이튼(Creighton)은 정부가 제공하는 참여를 연속적 활동으로 이해하고 네 개의 주요 카테고리를 [그림 6-2]와 같이 제시한다.6)

그림 6-2 참여 활동

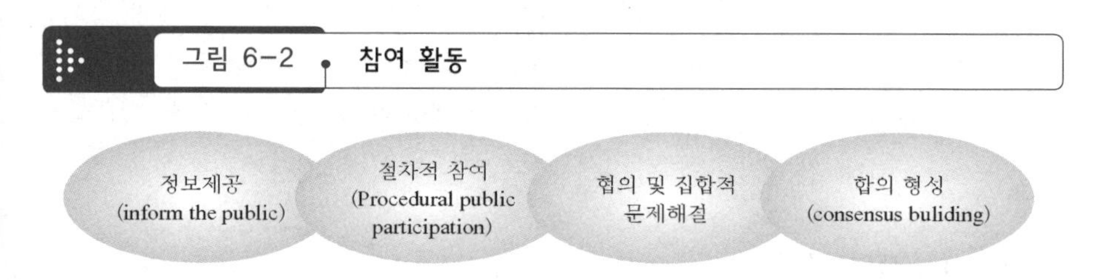

* 출처: Creighton (2005). 앞의글, 9.

정보제공은 대중에 대한 일방향적인 의사 전달로서 정부가 온정주의적 관점에서 결정-공표-방어의 형식을 취하는 형태이다. 이 단계는 그 자체로 참여라고 볼 수는 없지만 온전하고 객관적인 정보가 없다면 참여 자체가 불가능하다는 점에서 효과적인 참여의 전제조건으로서 중요한 요소를 구성한다.

많은 정부기관들은 참여를 발전시키기 위한 주요 메커니즘으로써 공청회 제도나 정부에 대한 접근성을 높이기 위한 보고서를 발간하여 배포하거나 자료실을 설치하여 시민들이 관련 서류나 연구내용에 접근할 수 있도록 하는데 이러한 메커니즘들을 절차적 시민참여라고 한다. 절차적 시민참여는 다른 종류의 참여 방식이 없을 때 중요한 기능을 수행할 수 있지만 의사결정에 큰 영향을 주지 못하고 집합적 문제해결의 기회를 제공하지 않은 채 정부기관이 단지 통과해야 할 절차적 단계에 그칠 수 있다는 한계가 있다.

세 번째 협의 및 집합적 문제해결은 정부가 문제해결을 위해 시민들과 함께 일을 함으로써 대폭적인 지지와 합의를 이루고자 하는 방식이다. 물론 이 방식이 항상 합의로 귀결되는 것은 아니지만 상호작용을 통해 사안에 존재하는 다양한 내용에 대해 시민들이 이해할 수 있게 되고, 반대하는 사람조차도 암묵적으로 수용하여 합법성을 확보하고 정책을 추진할 수 있게 될 가

6) James L. Creighton (2005). *The public participation handbook*. John Wiley & Sons.

능성을 높인다. 즉 여기서의 정책적 동의는 실제로는 반대하지만 어쩔 수 없이 동의하여 하나의 방향으로 나가게 되는 것을 의미한다는 점에서 '합의 추구(consensus seeking)'라고 묘사하기도 한다. 이 단계에서 정부는 가능한 높은 수준의 합의를 추구하지만 항상 합의에 이르는 것은 아니고, 만약 이르지 못했을 경우 종국적 의사결정 권한은 정부가 보유한다.

마지막은 '합의 형성(consensus building)'으로 완전한 합의점에 이르는 것을 목표로 하는 과정에서 사용된다. 모든 이해관계자의 이익을 충족시켜주기 위한 노력을 통해 만장일치의 합의를 추구하는 과정에 해당한다.[7)]

4) OECD의 분류

OECD는 시민의 권한 수준 및 정책적 영향력에 따라 참여를 세 단계로 구분하였다.[8)] 정보제공(information)은 시민에 대한 일방향적 관계를 나타내는 것으로 정부는 시민이 사용할 정보를 생산하고 전달한다. 시민의 요구에 따라 수동적으로 정보에 접근할 수 있으며 정부가 시민에게 정보를 유포하는 것은 적극적 조치로 이루어진다. 공공기록물, 정부간행물, 정부 웹사이트에 대한 접근이 대표적인 예이다.

협의(consultation)는 양 방향의 관계로서 시민은 정부에 대해 환류를 제공한다. 정부는 협의를 위해 이슈를 정의하고 질문안을 수립하며 과정을 관리하는 한편 시민은 자신의 견해나 여론을 제기할 수 있도록 초대받는다. 여론조사나 법안 초안에 대한 의견제시 등이 여기에 포함된다.

마지막으로 적극적 참여(active participation)는 정부와의 협력(partnership)에 기초한 관계이다. 시민은 정책의 과정 및 내용을 정의함에 있어 적극적으로 관여한다. 비록 정책 형성의 최종적 책임은 정부에게 있지만 의제설정이나 정책 수단의 강구, 정책 형성에 있어 시민에게 동등한 지위를 제공한다. 시민배심원제나 합의 형성을 위한 컨퍼런스 등이 그 사례이다.

---

7) L. Susskind (1999). "An alternative to Robert's rules of order for groups, organizations, and ad hoc assemblies that want to operate by consensus." In L. Susskind, S. McKearnan, and J. Thomas-Larmer (eds). (1999). *The consensus building handbook*. Thousand Oaks, Calif.: Sage Publications, 6.

8) OECD. (2001). *Citizens as partners-Information, consultation, and public participation in policy-making, 23.*

그림 6-3 정보제공, 협의, 적극적 참여의 개념도

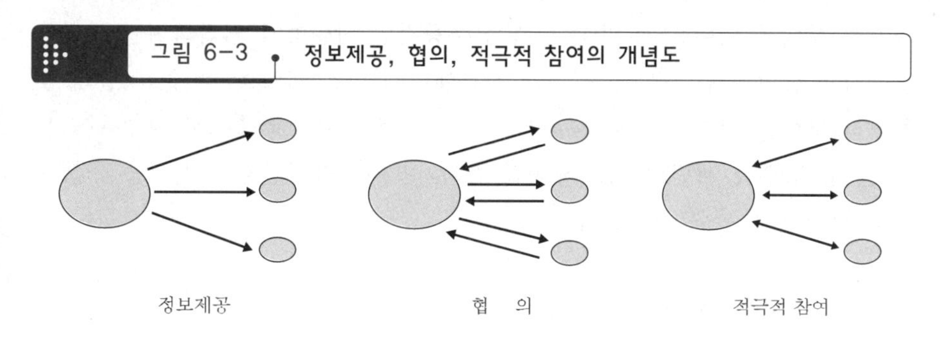

* 출처: OECD. (2001). 앞의글, 23.

5) Kumar의 분류

다양한 참여행위를 정부와 시민간 영향력 관계에 따라 구분한 것으로는 쿠머(Kumar)의 도식화가 유용하다.[9] [그림 6-4]의 왼쪽 부분은 정부의 통제력이 압도적인 상태이고, 오른쪽으로 갈수록 지역 주민의 통제력이 강화되는

그림 6-4 참여의 스펙트럼

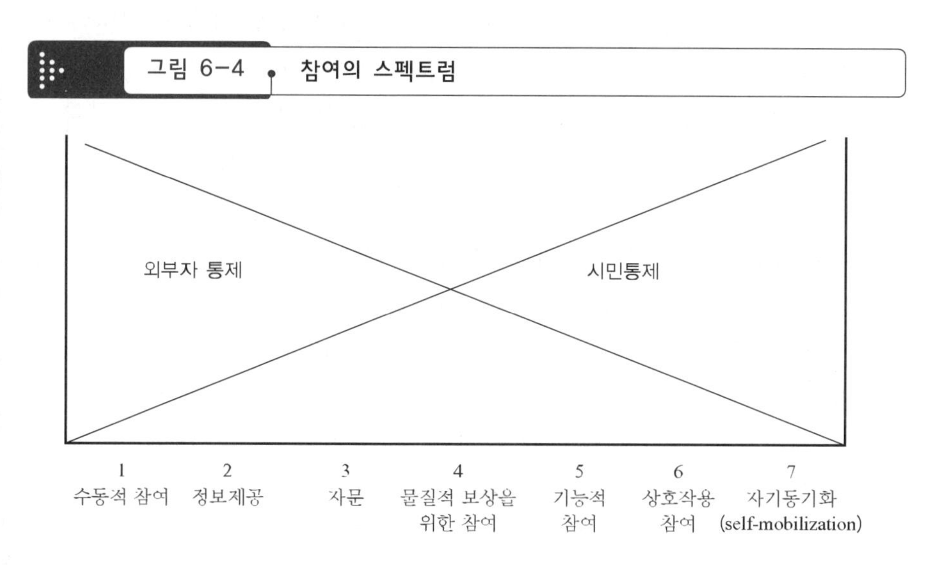

* 출처: Kumar (2003). 앞의글, 25.

9) Somesh Kumar (2003). *Methods for community participation: A complete guide for practitioners*. ITDG Press.

연속적 상태를 의미한다. 가장 좌측은 수동적인 참여에서 시작하여 정보만을 일방적으로 받거나, 자문을 하지만 결과에의 영향은 담보할 수 없는 단계 및 물질적 보상을 위한 참여가 1-4단계의 참여 형태이다. 우측으로 갈수록 기능적 참여, 정부와 시민의 상호작용적 참여 및 마지막 7단계의 시민중심적 참여로 나아가게 됨을 의미한다.

6) Lunde의 분류

룬드(Lunde)는 시민의 참여와 재량권 정도를 기준으로 하여 정보제공(information), 협의(consultation), 공사협동(partnership), 위임(delegation), 통제(control) 등 5단계로 나누고 있다.[10] 정보제공은 정부가 시민에게 서비스에 대한 정보를 제공하여 서비스의 투명성과 비교성을 높이기 위한 것이다. 협의는 시민의 의사를 정부과정에 투입하도록 보장하지만 결정은 어디까지나 정부가 한다(예, 공청회, 자문위원회). 공사협동은 공공정책결정에 공직자와 함께 시민이 참여하여 실질적인 영향력을 행사하는 점에서 형식적·상징적 참여와 다르다(예, 거부권, 집행위원회). 위임은 정부에 의하여 주어진 범위 내에서 시민이 서비스에 대한 결정권을 행사하는 점에서 보다 실질적인 참여를 보장한다(예, 시민자치위원회). 통제는 시민이 모든 결정권을 행사한다.

7) 종 합

생각건대, 정책과정에서의 시민참여를 통하여 정부의 반응성이 얼마나 담보되는가는 기본적으로 정부와 시민의 상대적 영향력에 의하여 결정되므로 영향력을 기준으로 한 유형화는 유용하다. 위에서 제시한 여러 가지 유형화 중에서 안슈타인이나 룬드의 유형화는 이러한 관점에 근접한 것이다. 다만 이들의 유형화는 참여에 있어서 시민이 갖는 영향력에 초점을 맞추는 대신, 정부와의 상호 관계에서 시민의 영향력을 직접적으로 드러내는 데 일정한 한계를 보인다. 이러한 인식을 바탕으로 참여과정에서의 정부와 시민간의 영향력 관계 내지는 결정권의 위치를 기준으로 다음과 같이 세 가지로 유형화가 가능하다.[11]

---

10) Tormod K. Lunde (1996). "Client consultation and participation: Consumers and public services." in OECD, *Responsive government: Service quality initiatives*. Paris: OECD.

11) 이승종. (2005). "참여를 통한 정부개혁: 통제적 참여방식을 중심으로." 「한국공공관리학보」, 19(1), 23-26.

첫째, 반응적(reactive) 참여이다. 이는 정부가 주도권을 갖는 참여제도이다. 시민은 참여하지만 제도적 절차에 따라 소극적으로 반응하는 데 그칠 뿐, 참여의 결과에 대하여 유의미한 영향력을 갖지 못하며 따라서 참여의 결과는 정부의 반응내용에 따라 결정된다. 이에는 민원실, 고충처리, 정보공개, 서베이 등이 포함된다.

둘째, 교호적(interactive) 참여이다. 이는 정부와 시민간의 대등한 상호작용이 이루어지는 참여제도이며 공청회, 간담회, 자문위원회, 공사협동 등이 포함된다.

셋째, 통제적(controlling) 참여이다. 이는 시민이 상당한 주도권을 소유하는 참여제도이며 민주정치의 이상에 가장 가까운 형태라는 의의가 있다. 심의위원회, 지역수권, 직접민주제(시민발의, 소환, 투표), 토의민주제(deliberative democracy) 등이 여기에 포함된다.

이러한 유형화의 의의는 단지 여러 가지 참여대안의 속성을 구분하는 데 그치지 않고, 각 참여유형에 대하여 유의미한 정책대응의 차별화가 가능하게 하는 데 있다 할 것이다. 정책관심의 초점은 다음과 같이 차별화될 수 있을 것이다. 첫째, 반응적 참여에 있어서는 정부가 여하히 시민의 반응을 적극적으로 수용하느냐에 정책관심이 주어져야 한다. 만일 투입된 시민의 의사에 대하여 정부가 냉담할 경우, 이러한 유형의 참여기제는 유명무실한 것이 되어 시민의 정부에 대한 냉소주의를 강화할 뿐 아니라 참여기제의 마련에 소요되는 비용을 낭비적인 것으로 만들게 될 것이라는 점이다. 따라서 이 유형의 참여기제가 제도화되도록 하기 위해서는 투입된 시민의사가 정부의 정책에 적절히 반응하도록 하기 위한 정부 내부의 통제조정장치가 마련될 것이 요구된다. 둘째, 교호적 참여의 경우에는 정부와 시민간의 자유롭고 대등한 의사소통의 확보에 정책초점이 맞추어져야 한다. 즉 진정한 공사간의 파트너십을 확보하는 것이 관건이 되는 것이다. 셋째, 통제적 참여는 정부가 어느 정도의 권한을 시민의 자율적 결정권 범위로 이양하느냐가 정책적 관심이 된다. 생각건대, 일반적으로 정부의 권한의 이양에 대하여는 공직자의 적극적 수용을 기대하기는 어려운 것이 현실이며 따라서 이러한 유형의 참여 기제가 확산되는 데에는 한계가 있을 것이다. 그러므로 이러한 참여유형의 정착을 위하여는 기본적으로 적정한 범위와 수준에서 시민의 결정권을 결정하는 일이 주요한 정책과제가 될 것이다. 이와 아울러 시민의 책임있는 결정권 행사를 담보할 수 있는 노력이 병행되어야 함은 물론이다.

2. 시민의 활동양태에 의한 분류

1) 관습화 정도에 의한 분류

가장 보편적인 참여유형론으로는 참여활동의 관습화 정도를 기준으로 하여 구분하는 것이다. 이와 관련하여 반즈(Barnes)와 카아스(Kaase)는 정치적 참여를 비교·분석하고자 정치행위를 관습적 참여(conventional participation)와 비관습적 참여(unconventional participation)로 구분하였는바,[12] 전자는 정부의 제도적 경로(institutional channels)를 이용하여 행하여지는 비교적 루틴한 참여방법을 일컫는 것으로서 투표를 비롯하여 정치토론, 정당지원, 정치적 집회참석, 정치인과의 접촉 등의 참여활동을 포함한다. 또한 후자는 관습적 참여에 비하여 상대적으로 새로운 형태의 참여활동으로서 정부의 공식적 경로에 대하여 도전하거나 대항하는 형태로 참여자나 피참여자 모두에게 비용이 큰 행위이다. 이에 속하는 행위들로는 서명운동 참여, 보이콧트, 세금·공과금 납부 거부, 데모 참가, 건물점거, 기물파손, 데모과정에서의 구타행위 등이 해당되는 것으로 제시되고 있다.[13] 일반적으로 비관습적 참여는 관습적 참여에 비하여 사회적 수용도가 낮아 참여에 드는 비용이 크다는 점에서 이를 구분하는 실익이 있다 할 것이다.

2) 제도화에 의한 분류

참여활동은 제도화 되어 있는가의 여부에 따라 제도적 참여와 비제도적 참여로 나눌 수 있다. 제도적 참여란 법규 또는 절차 등을 통하여 공식적으로

---

12) 반즈와 카아스는 그들의 저술인 '정치행위(political action)'에서 정치적 행위(political action)와 정치적 참여(political participation)를 구분하였는바, 정치적 행위는 폭력적인 행위와 비폭력적인 행위를 포함하여 시민들의 영향력 발휘를 위한 모든 수단을 일컫는 것이고, 정치적 참여란 정치체제의 각 계층에 있어서의 선택에 직·간접적인 영향력을 행사하기 위한 시민의 자발적인 활동으로서 비폭력적 항의까지를 포함하는 개념이라 하겠다. Samuel H. Barnes and Max Kaase et als. (1979). *Political action: Mass participation in five western democracies*. Beverly Hills: Sage Publications, 27.

13) Barnes and Kaase et als. (1979). 앞의글, 152-157.

인정되어 있는 참여활동을 의미하며 투표, 선거관련 활동, 정치헌금, 위원회, 청문회 등의 참석 등이 그 예이다. 비제도적 참여는 공식적으로 인정되어 있지 않은 활동으로서 압력단체를 통한 참여, 시민운동, 데모 등을 그 예로 들 수 있다. 그러나 공식적으로 인정되어 있지 않다고 해서 비제도적 참여가 불법적인 참여를 의미하는 것은 아니며, 비제도적 참여는 합법적 참여와 비합법적 참여를 포함하는 것이다. 비제도적·합법적 참여의 예로는 시민집단을 통한 참여, 협상, 인가된 항의활동 등이 있으며, 비제도적·비합법적 참여에는 인가되지 않은 데모, 시민불복종, 폭력행위 등이 있을 수 있다. 대체로 볼 때, 제도적 참여(또는 공식적 참여)는 정부의 의사에 의하여 이루어지며, 비제도적 참여(또는 비공식적 참여)는 시민의 의사에 의하여 이루어지는 경우가 많다. 아울러 제도적 참여의 기회가 많을수록 비제도적 참여의 필요성은 그만큼 적어지지만, 제도적 참여의 기회가 적어질수록 비제도적 참여의 요구는 그만큼 커지게 된다.[14] 즉, 제도적 참여기회와 비제도적 참여기회는 상충관계(trade-off)에 있는 것이다.

시민참여는 그 제도화의 정도에 따라 (시민)운동, 교섭, 협조 및 자치의 4단계로 분류되기도 한다. 이때 비제도적 참여는 운동과 교섭을, 제도적 참여는 협조 및 자치를 가리킨다. 여기에서 운동은 비정형적 활동인 데 비하여 교섭은 쌍방간의 대립이라는 정형성을 띄는 활동으로서 대비된다. 협조는 정책과정에 시민이 협조적으로 참여하는 것을 의미하며 자치는 정책과정에 대한 시민의 주체적인 통제과정을 의미한다.[15]

제도화를 기준으로 참여를 유형화하는 이유 중의 하나는 제도화가 충분히 이루어질수록 참여과정의 정형화를 통하여 참여에 필요한 비용을 절감할 수 있으며 이에 따라 참여활성화의 가능성이 높아질 것임을 감안한 것이다. 특히 참여와 안정을 조화시키기 위하여는 무엇보다도 제도적 참여가 중시되어야 할 것인데서 이 유형론의 의의를 찾을 수 있을 것이다.

---

14) 정세욱. (1984). 「지방행정학」. 서울: 법문사, 260.

15) 정세욱, 최창호. (1983). 「행정학」. 서울: 법문사, 672-673; 김홍기. (1983). 「행정국가와 시민참여」. 서울: 대왕사, 478.

3) 합법성의 정도에 의한 분류

뮬러(Muller)는 시민참여를 합법성(또는 민주성)을 기준으로 하여 합법적(legal) 또는 민주적(democratic, permissible) 참여와 비합법적(illegal) 또는 공격적(aggressive) 참여로 나눈다. 합법적 참여는 다시 관습적 참여와 비관습적 참여로 구분하였는바,[16] 관습적 참여에는 투표형, 선거운동원형, 공직자 접촉형, 지역사회활동 참여형 등의 참여활동이 속하고, 비관습적 참여에는 청원, 보이콧, 데모 등이 이에 속한다. 그리고 비합법적 참여에는 불복종(disobedience)과 폭력행위(violence) 등이 포함된다. 한편, 비합법적 참여에 속하는 불복종은 합법적 또는 민주적 참여에 있어서의 비관습적 참여(unconventional)에도 중복하여 포함이 되는데, 이들간의 관계를 도식화 하면 [표 6-2]와 같다.

표 6-2 합법성의 정도에 의한 참여유형

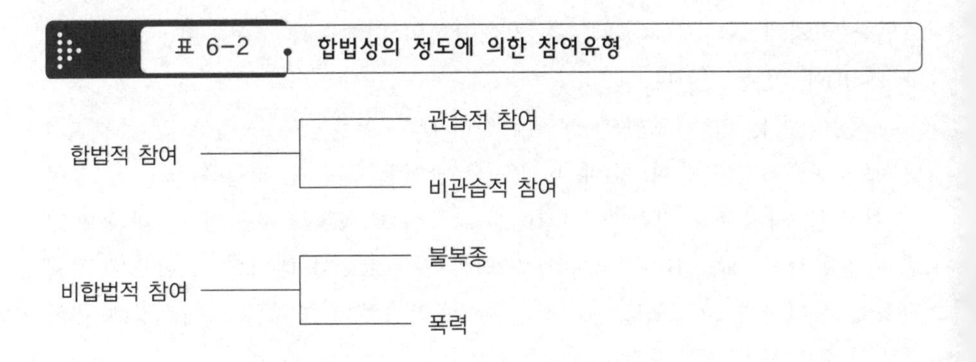

4) 급진성 및 합법성 정도에 의한 분류

싸부세도(Sabucedo)와 아르체(Arce)는 두 개의 분류차원을 기준으로 참여유형을 네 개 부문으로 구분한다.[17] 분류에 사용된 첫 번째 기준은 체제내부적(within-the-system) 참여이냐, 체제외부적(out-of-the-system) 참여이냐에 관한 기준이다. 이 기준은 앞에서 분류한 합법성-비합법성의 기준 또는 제도적-비제

16) Edward N. Muller (1982). "An explanatory model for differing types of participation." *European Journal of Political Research* 10, 1-16.

17) Jose Manuel Sabucedo and Constantino Arce (1991). "Types of political participation: A multi-dimensional analysis." *European Journal of Political Research* 20, 95.

도적 기준과 유사한 측면이다. 두 번째 분류 기준은 정치 지향성에 관한 것으로 참여활동이 급진적(progressive) 성격인지, 아니면 보수적(conservative) 성격인지에 관한 기준이다. 이 두 가지 기준을 교차하여 만들어진 네 개의 사분면에 해당하는 참여유형은 [표 6-3]과 같다. 기준선 우측은 체제내부적(합법적) 참여활동이고, 왼편은 체제외부적(비합법적) 참여활동에 해당하며, 기준선 위쪽은 이데올로기 차원에서 급진적이고 진보적인 성격을 지니고, 아래쪽은 보수적 성격을 지닌다.

표 6-3 참여의 합법성 및 급진성 요소에 의한 분류

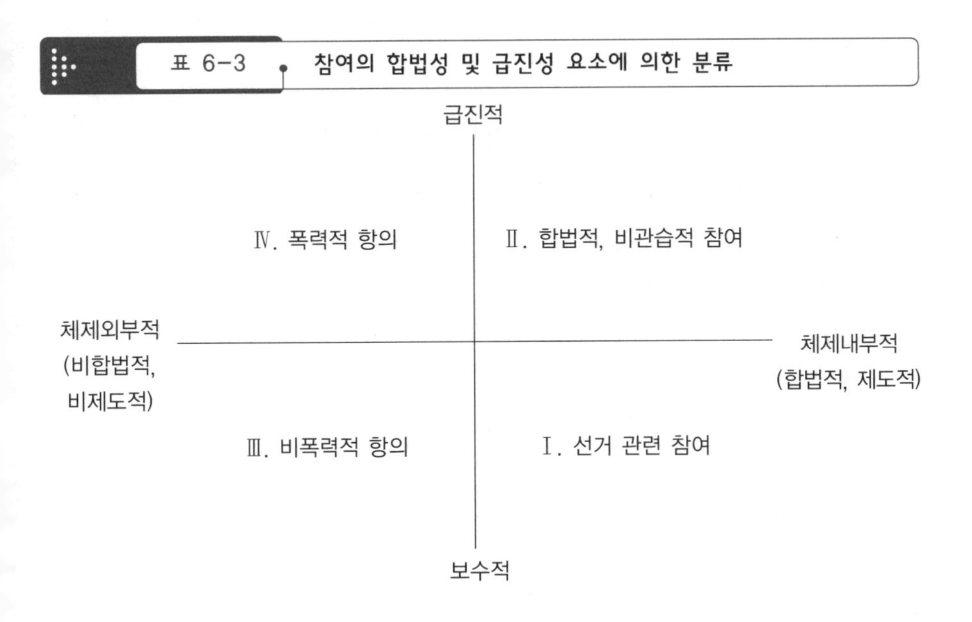

먼저 제Ⅰ, Ⅱ유형은 체제내부에 해당하는 합법적 참여활동을 포괄한다. 그 중Ⅰ유형은 선거와 관련된 참여 유형으로 투표, 투표의 권유, 정당 가입, 정치집회 참석 등의 활동을 포함한다. Ⅱ유형은 합법적이지만 급진적 요소로서 비관습적 참여 형태를 지니는 것으로 신문투고, 합법적 데모 및 합법적 투쟁 등을 포함한다.

제Ⅲ, Ⅳ유형은 체제외부에 해당하는 불법적 참여활동에 해당한다. Ⅲ유형은 합법적 범주 내의 것은 아니지만 보수성을 지니고 있어 폭력 행위로 규정되지 않는 항의유형에 해당하는 것으로 가령 보이콧,[18] 인가받지 아니한

18) 보이콧은 성격상 Ⅲ유형과 Ⅳ유형의 경계선 부근에 위치하고 있어 명확한 구분이 어렵다.

데모, 투쟁, 데모, 도로 및 건물 점거 등이 이에 해당된다. Ⅳ유형은 불법적이면서도 급진적 형태의 폭력적 항의유형으로서 사유재산 파괴, 무장폭력, 보이콧 등을 포함한다.

단 위의 유형론은 그 정교함에도 불구하고 실제의 검증과정에서 두 번째 기준(수직축)이 유효한 참여분류의 기준으로 확인되지 못한 문제가 있다. 즉, 조사결과 보수적인 참여자들은 합법적 참여자와 상당부분 중복되는 것으로 밝혀진 바 있다. 결국 이들의 유형론은 참여의 유형화에 있어서 합법적-비합법적 또는 제도적-비제도적 참여와 같은 분류기준이 주요기준이 되어야 함을 재삼 입증해 주는 것이라 하겠다.

5) 제도적 참여와 비제도적 참여의 결합에 의한 분류

참여를 유형화함에 있어 많은 연구들은 제도적 참여와 비제도적 참여를 상호배타적인 것으로 구분한다. 여기서의 암묵적인 가정은 제도적 참여를 하는 사람들은 굳이 비제도적 참여를 하지 않으며, 비제도적 참여를 하는 사람들은 제도적 참여를 하지 않거나 하지 못해서라는 것이다. 하지만 셀릭슨(Seligson)은 실증연구를 통해 제도적 참여와 비제도적 참여가 서로 배타적이지 않으며 참여자들의 참여 양태에 따라 네 가지 분류가 가능하다고 제시한다.[19] 셀릭슨(Seligson)은 뮬러(Muller)의 참여 유형론을 변형하여 다음의 네 가지로 분류한다.[20]

첫째는 순응적 참여(conformative participation)로 비제도적 참여가 동반되지 않는 제도적 참여를 의미하며, 일상적인 참여 양태 중 가장 많은 비중을 차지한다. 둘째는 실용적 · 비제도 참여(pragmatic mobilized activism)로 제도적 참여도 하고, 필요한 경우 비제도적 참여도 활용하는 형태이다. 셋째는 비순응적 참여(non-conformative opposition)로 제도적 참여 없이 비제도적 참여에만 의존하는 형태이다. 마지막으로 정치적 철회(political withdrawal)는 제도적 참여나

다만 사례별 보이콧의 주요 활동 내용에 따라 두 부문 중에서 결정된다고 볼 수 있겠다.

19) Mitchell A. Seligson (1980). "Trust, efficacy, and modes of political participation: A study of Costa Rican peasants." *British Journal of Political Science* 10(1), 75-98.

20) 셀릭슨(Seligson)은 뮬러(Muller)의 유형론 중 개혁가적 활동(reformist action)을 제외하고 있는데, 이 활동 유형은 제도적 참여활동이 중간에서 높은 수준이고, 비제도적 참여 수준은 중간 정도인 활동가를 의미한다. Seligson (1980). 앞의글, 93.

비제도적 참여 등 어떤 형태로도 참여하지 않는 비참여 유형이다.

이와 같은 유형론은 비제도적 참여가 제도적 참여가 구비된 상태에서도 발생할 수 있으며, 두 참여의 양식이 상호배타적인 것은 아니라는 점을 지적함으로써 참여연구에 있어서 이분법적 접근의 한계를 넘어 보다 통합적 시각에서의 접근이 필요함을 시사해준다는 의미가 있다. 참여연구의 방법론과 이론적 차원의 다각적 모색이 필요함을 제시해준다.

6) 능동성 및 건설성 정도에 의한 분류

지방정부 서비스 불만족에 대응하는 시민들의 반응 형태는 여러 가지가 있는데 그 중 가장 많이 인용되는 것은 티부(Tiebout)의 논의로 이탈(exit) 또는 '발에 의한 투표(voting with one's feet)'가 그것이다.[21] 그 외 시민의 관료 접촉[22]이나 폭동(rioting),[23] 지역 참여의 철회[24] 등이 있는데 이러한 양식들을 일반화하고자 한 것이 허쉬만(Hirschman)의 연구이다.[25] 허쉬만은 시민의 대응양식을 포괄적으로 세 가지로 분류하였는데 이탈(exit), 주장(voice), 충성(loyalty)이 그것이다. 이탈은 개인이 회원, 고객, 유권자로서의 자신의 지위를 종결시키는 행위로서 지방정부의 공동체 영역 밖으로 이동하는 것이다. 주장은 정치적 참여 요구의 특정 영역인 정치 참여의 다양한 방식을 포괄하는 것으로 불만족을 표현하거나 개선을 위한 노력으로서 적극적 행동을 촉구하는 표현과 관련된다. 가령 시민주도적인 관료 접촉이나 지역 문제에 대해 다른 사람과 함께 협력하는 것 등이 그에 해당한다. 충성은 불만족스러운 상황에 그대로 머물러 있으면서 누군가가 상황을 개선시킬 수 있도록 행동하기를 기대하는 행태를 의미한다.

허쉬만의 세 가지 유형에 더하여 라이온스(Lyons)와 로워리(Lowery)는 무

---

21) Charles M. Tiebout (1956). "A pure theory of local expenditures." *Journal of Political Economy* 64, 412–424.

22) Elaine B. Sharp (1984a). "Citizen demand-making in the urban context." *American Journal of Political Science* 28(4), 654–670.

23) David O. Sears and John B. McConahay (1973). *The politics of violence*. Boston: Houghton Mifflin.

24) Peter Bachrach and Morton S. Baratz (1970). *Power and poverty: Theory and practice*. New York: Oxford University Press.

25) Albert O. Hirschman (1970). *Exit, voice and loyalty*. Cambridge, Massachusetts and London, England: Harvard University Press.

표 6-4 • 불만족에 대한 시민 대응 국면

적극적(active)

	Ⅰ. 적극적 참여	Ⅱ. 중도적 참여	
건설적 (constructive)	주장(Voice) · 관료 접촉 · 정치적 쟁점 토론 · 선거운동 · 선거 기부 · 근린집단 참여 · 시위 참가	이탈(Exit) · 지역을 떠나거나 이주를 고려 · 정부 서비스에 대한 민간 부문의 대안을 선택	비건설적 (destructive)
	Ⅲ. 소극적 참여	Ⅳ. 참여거부	
	충성(Loyalty) · 투표 · 지역사회 선전 · 지역사회에 대한 지지표명	무시(Neglect) · 투표 거부 · 참여효과에 대한 불신 · 공직자 불신	

수동적(passive)

* 출처: Lyons and Lowery (1989). 843 재구성.

시(Neglect)라는 방식을 추가하여 네 가지의 유형으로 접근한다.[26] 네 가지 유형은 시민의 태도가 적극적·수동적인지의 국면과 건설적·비건설적 국면에 따라 네 부분으로 구성된다. 각 부문의 위치와 주요 사례는 [표 6-4]와 같다.

표는 참여활동이 능동적-수동적인가 하는 기준과 건설적-파괴적인가 하는 두 가지 기준을 교차시킴으로써 네 가지로 참여 유형을 분류한다. 유형 Ⅰ은 적극적 참여에 해당하는 것으로 관료와의 접촉, 정치적 쟁점에 대한 토론, 선거운동, 근린집단에 참여, 데모 참가 등 주장(voice) 활동과 관련된다. 유형 Ⅱ는 중도적 참여로 서비스에 불만족할 때 관할구역을 이탈(exit), 공공서비스에 대한 사적 서비스의 선호 등 회피의 방법에 해당한다. 유형 Ⅲ은 소극적

26) William E. Lyons and David Lowery (1989). "Citizen responses to dissatisfaction in urban communities: A partial test of a general model." *Journal of Politics* 51(4), 842-845. Lyons와 Lowery의 모형은 원래 시민의 불만에 대한 반응 유형을 나타낸 것이지만 불만에 대한 반응 역시 참여행위의 일종이므로 일반적인 참여의 유형론으로 적용가능하다.

참여로서 투표, 지역사회에 대한 선전, 지역사회에 대한 지지표명 등 충성(loyalty)과 관련된다. 유형 Ⅳ는 투표거부, 참여 효과에 대한 불신감 또는 공직자에 대한 불신 등이 포함되는 것으로 참여를 거부하는 무시(neglect)적 활동이 발생한다.

7) 집단성에 의한 분류

참여는 참여활동이 개별적으로 이루어지는가 또는 집단적으로 이루어지는가의 여부에 따라 개별적 참여와 집단적 참여로 구분될 수 있다. 집단적 참여는 정당, 이익집단, 시민집단, 지역집단, 대중매체 등 매개기관을 통한 참여활동을 의미하며, 개별적 참여는 투표, 공직자 접촉, 신문투고 등 시민 개인으로서의 참여활동을 의미한다.

집단적 참여와 비교하여 볼 때, 개별적 참여는 심리적, 사회적 및 정치적으로 다양한 장애에 직면한다는 점에서도 차이가 있다. 그리하여 대개의 경우 시민참여의 핵심적 기능은 집단을 통하여 이루어지는 것이 보편화되고 있다.

국가적 수준에서의 집단적 참여형태는 대체로 특정한 쟁점과 관련하여 조직되는 경향이 있으며, 지방수준에서의 집단적 참여는 대체로 복합적 목표를 지향하여 이루어지는 경향이 있다. 따라서 지방적 차원에서의 개별적 참여와 집단적 참여의 구분은 전자는 일반적으로 개인의 이익(self-interest)을 위하여 동기부여되는 반면에, 후자는 집단 또는 지역의 이익을 위하여 이루어진다는 점에서 구할 수도 있다.[27)]

이러한 유형론은 일반적으로 집단적 참여가 개별적 참여에 비하여 정책과정에 대한 효과가 상대적으로 클 것이라는 점에서 그 의의가 있다 하겠다.

8) 자발성에 의한 분류

짐머맨(Zimmerman)은 참여를 참여자의 자발성을 기준으로 하여 능동적 참여(active form)와 수동적 참여(passive form)로 유형화한다.[28)] 그에 의하면 수동적 참여는 공직자가 시민에게 문제에 관한, 문제의 해결을 위한 계획에 관

27) Lawrence J. R. Herson and John M. Bolland (1990). *The urban web: Politics, policy, and theory*. Chicago: Nelson-Hall Publishers, 148–150.

28) Joseph F. Zimmerman (1986). *Participatory democracy: Populism revisited*. New York: Praeger, 6–13.

한 정보를 제공하거나, 정책대안에 관한 문제와 의견에 관한 여론을 조성하려는 행위로서 PR, 정보공개, 여론조사 등이 포함된다.

이와는 달리 시민의 능동적 참여에 속하는 참여활동으로서는 주민총회(town meeting), 공청회(public hearings), 민간자문위원회(citizen advisory committees), 시민헌장의 제정과 수정(charter drafting and amendment), 주민투표(referendum),[29] 주민발안(initiative), 주민소환(recall), 자원봉사(volunteerism) 등이 포함된다. 이러한 유형론은 시민으로부터의 협조를 얻어내기 위한 수동적 참여가 과연 바람직한 것이냐 하는 문제에 관하여 유용한 분류기준이라 하겠다.

9) 곤란도에 의한 분류

참여유형은 참여활동의 정도(activism) 또는 곤란도(difficulty)에 따라 관객형 활동, 과도형 활동, 투사형 활동 등으로 나누어지기도 한다. 밀브레이드(Milbrath)는 참여활동의 정도 또는 곤란도에 따라 이와 같이 세 가지로 구분하면서 각 유형에 해당하는 구체적인 참여활동의 예 15가지를 [표 6-5]와 같이 나타내고 있다.[30]

관객형 참여자들은 정치 과정에 매우 수동적이고 정치활동을 한다 해도 실패할 가능성이 높다. 과도형 활동가들은 중간 정도의 참여활동을 수행하면서 적어도 정보수집이나 투표, 토론, 정치적 설득, 선호 표출 등에 개입한다. 투사형 활동가들은 다른 두 집단에 비해 비교적 소규모 집단으로 활동하면서 공직이나 정당직 점유, 선거 입후보, 정치기금 모집, 정당 가입 및 활동, 정당간부회의 및 전략 회의, 정치운동 등에 가담한다. 투사형 활동으로 갈수록 참여의 곤란도 내지는 기회비용이 커지며 따라서 일반적으로 이러한 활동에 참여하는 개인의 비율은 점차 감소하게 된다.

---

29) 주민투표에 관하여는 David Butler and Austin Ranney (1978a). *Referendums: A comparative study of practice and theory*. Washington D. C.: American Enterprise Institute for Public Policy Research가 유용한 참고가 된다.

30) Lester Milbrath (1965). *Political participation*. Chicago: Rand McNally & Co.

표 6-5 정도(곤란도)에 의한 분류

참여활동의 예	참여 유형
공직 또는 정당직의 점유 선거입후보 청원, 증언 정치기금 모집 정당간부회의 참석 정당 가입 및 활동 정치운동에 가담	투사형 활동 (gladiatorial activities)
정치적 집회 참가 정치헌금 공직자(관료, 의원) 접촉	과도형 활동 (transitional activities)
정치관련 배지 또는 스티커 부착 투표에 관한 대화 시도 정치적 담화 시도 투표	관객형 활동 (spectoator activities)
정치적 문제에 접촉	
비참여	무관심형(apathetics)

* 출처: Lester Milbrath (1965). 앞의글, 18-19.

10) 참여의 일반 양태(오프라인 참여와 온라인 참여)

시민이 정치에 참여하는 활동의 여러 양상에 대하여 버바(Verba)와 나이(Nie)는 결과의 영향 범위(scope of outcome), 갈등의 정도(degree of conflict)와 적극성(initiative)에 기반하여 참여 유형을 구분하였고, 이후 연구에서 또다른 국면으로 협력의 필요성(cooperation)을 유형화의 기준으로 삼았다. 이러한 기준에 의한 참여의 네 가지 형태로는 투표참여(voting), 투표와 관련된 참여활동인 선거운동(campaigning), 공직자 접촉(particularized contacting) 및 집단이나 조직적 참여활동(communal activity) 등으로 구분된다.31) 시민들은 자신의 동기와 목적에 부합하는 하나의 활동에 초점을 맞추는 경향이 있다고 본다. 이에 더하여 달튼(Dalton)은 참여의 개념 확대에 따라 두 가지 유형을 더하였다. 하나는 항쟁과 기타 논쟁적인 정치적 활동 및 온라인 참여가 그것이다. 후자인 온라인 참여는 웹사이트의 방문이나 이메일을 보내는 것, 탄원서를 인터넷으로 송부하는 것 등이 포함된다.32)

이와 같은 정치참여의 일반적인 양태들에 따라 참여자들이 갖추어야 할 기본 요건이 다르고, 그들의 영향력의 특성도 다르다. 즉 이러한 참여 활동의

표 6-6 정치적 활동의 양상과 그 특징

참여 양태		영향력의 유형	갈 등	노력의 정도	타인과의 협력
오프라인 참여	투 표	높은 압력/낮은 정보	당파적 갈등	매우 적음	매우 적음
	선거활동	높은 압력/ 정보수준이 다양	당파적 갈등	약간	약간 또는 다소 높음
	공직자 접촉	낮은 압력/높은 정보	다양	매우 높음	매우 적음
	공동체 활동	압력 수준이 다양/ 높은 정보	다양	약간 또는 다소 높음	약간 또는 다소 높음
	항 쟁	높은 압력/ 높은 정보	매우 갈등적	약간 또는 다소 높음	약간 또는 다소 높음
온라인 참여	인터넷 참여	높은 압력/ 높은 정보	다양	다소 높음	다소 높음

* Verba, Nie, and Kim (1978). 앞의글, 55; Dalton (2008b). 앞의글, 35 등에서 인터넷 참여 유형을 더하여 일부 수정함.

31) Sidney Verba and Norman H. Nie (1972b). *Participation in America- Political democracy and social equality*. New York: Harper.; Sidney Verba, Norman H. Nie and Jae-on Kim (1978). *Participation and political equality- A seven-nation comparison*. Cambridge: Cambridge University Press.

32) Russell J. Dalton (2008b). *Citizen politics-public opinion and political parties in advanced industrial democracies*. Washington, D.C.: CQ Press, 33-34.

기준은 개인의 정치적 선호에 관한 정보를 포함하는 활동인지와 영향력의 유형, 활동에 포함된 갈등의 잠재적 수준 차이, 요구되는 노력의 정도, 활동에 요구되는 타인과의 협력정도 등에서 차이를 지닌다. 이와 같은 다양한 참여 양태들은 오프라인 참여와 온라인 참여라는 구분기준을 추가하여 제시할 수 있다. 이들 참여활동들의 특성을 요약하여 제시하면 [표 6-6]과 같다.

우선 오프라인 참여 형태로서 투표참여는 정부 공직자를 선출한다는 점에서 정치적 압력이 매우 높은 활동이지만 상당히 많은 이슈들과 관련되기 때문에 정치적 초점이 불확실하여 필요한 정보의 수준은 낮다. 또한 타인과 협력할 필요가 적은 단순한 활동에 해당한다. 이와 비교하여 선거운동은 참여자의 시간과 동기를 요구하는 활동이고 정치적 관심도도 높아야 한다는 점에서 구분된다. 공직자 접촉은 전화 통화, 편지 및 이메일을 통해 정부와 직접 접촉하는 것으로 특정 이유에 근거한 것이라는 점에서 개인적 활동이면서 많은 노력이 요구된다.[33] 공동체 집단이나 활동에 대한 참여는 개인의 보다 많은 노력을 요하는 활동으로서 시민 투입의 다른 양태와는 질적으로 다르다. 경쟁적인 정치나 항쟁의 정치는 특정 이슈나 정책적 목표에 초점을 맞추는 것으로 매우 높은 수준의 정치적 정보를 전달할 수 있다.

마지막으로 온라인 활동은 오늘날도 진화하고 있는 중이며 여러 다양한 형태를 취한다. 온라인은 전통적인 참여활동을 하는 데 있어서 새로운 방법을 창출한다. 가령 타인과 연락을 하거나 정보를 수집 및 공유하거나 정치 과정에 영향을 미치고자 하는 시도 등과 관련된다.[34] 구체적으로 E-mail은 가장 보편적인 방법인데, 유권자가 공직자들과 의사소통하는 방법으로 빠르게 증가하고 있고, 웹사이트 등은 선거 정치의 하나의 표준이자 확장적인 도구가 되고 있다. 정치 집단, 정당, 이익집단은 인터넷을 이용하여 정보를 확산시키고 있다. 온라인은 기존에 비하여 정치적 기회를 창출하는 데에도 기여하고 있어 정치적 의사소통과 동기부여의 중요한 방법으로 부각되고 있다.[35] 온라

33) 시민이 공직자를 접촉하는 이유는 도로의 구멍을 메우거나 특정 정부서비스를 요구하는 지극히 개인적인 목적에서부터 매우 포괄적인 정책 문제에 관한 것에 이르기까지 다양하다.

34) Bruce A. Bimber (2003). *Information and American democracy-Technical in the evolution of political power*. Cambridge, UK; Cambridge University Press; Bruce Bimber and Richard Davis (2003). *Campaigning online: The internet in U.S. elections*. Oxford: New York: Oxford University Press.

35) Dalton (2008b). 앞의글, 53.

인 참여는 같은 생각을 공유하는 사람과 조직화를 하는 데 이용하거나 정보를 전달한다는 점에서 공동체 활동과 유사하다. 또한 접촉이나 항쟁의 형태를 취할 수도 있다. 다만 초점은 정치적 참여의 다른 형태와는 전혀 다른 것으로 매우 다양한 개인 집단들이 관여하고 정치과정에 매우 다른 영향력을 미친다.

11) 기 타

위에서 제시한 유형화 외에도 참여분야에 의한 분류(투표, 선거운동 활동, 지역사회활동, 공직자 접촉활동, 항의활동 및 의사전달활동),[36] 참여주도권의 소재를 기준으로 한 분류(시민주도형, 정부주도형, 균형형, 수평형),[37] 참여대상과정에 의한 분류(행정과정에의 참여, 정치과정에의 참여),[38] 참여과정에 의한 분류(기획과정에서의 참여, 집행과정에서의 참여),[39] 참여자의 규모와 정보흐름의 방향에 의한 분류[40](개인적 참여: 투표, 고객, 제언, 로비, 청원, 선거운동, 데모 등, 조직적 참여: 시민단체, 이익집단, 시민위원회, 개인정보수집: 청문회, 집담회, 정부기록열람, 정부문서수집, 관찰, 서베이, 정보전파: 정보공개, 회의공개, 간담회, 출판, 언론, 전시, 우편, 광고, 통신, 구전) 등 필요와 관심에 따라 다양한 유형화가 제시되고 있다. 이와 같이 다양한 기준에 의하여 제시된 유형론은 필요에 따라 상호 적절히 배합됨으로써 새로운 용도에 맞는 보다 세련된 유형화로 재창출될 수 있을 것이다.

Ⅱ 참여자 유형

CITIZEN PARTICIPATION

앞에서는 참여활동을 다양한 기준에서 분류하여 제시하였고 여기에서는

36) Lester W. Milbrath and M. L. Goel (1977). *Political participation: How and why do people get involved in politics?*. Chicago: Rand McNally College Publishing Co., 18-19.

37) 김종표. (1991). 「신지방행정론」, 148; 김홍기. (1983). 앞의글, 482.

38) 김홍기. (1983). 앞의글, 484. 그러나 행정과정과 정치과정은 상호 구분이 어려운 개념으로서 이는 행정과정에의 참여와 입법과정에의 참여로 보는 것이 타당하다.

39) 정세욱. (1984). 앞의글, 264.

40) ACIR. (1979). *Citizen participation in the American federal system*, Washington, D.C., 2.

참여자가 어떤 활동을 우선하느냐를 기준으로 참여자를 유형화 하고자 한다.

1. 참여분야에 따른 참여자 유형

버바(Verba)와 나이(Nie)는 투표, 선거운동, 지역사회 참여, 공무원 접촉 등 네 가지로 참여활동을 구분한 다음 이에 기초하여 참여자의 유형을 비참여형(inactives), 투표전문가형(voting specialist), 공직자 접촉형(parochial participants), 지역사회활동가형(communalist), 선거운동원형(campaigners), 완전한 참여형(complete activists)으로 나누고 있다.[41] 또한 이들이 주축이 된 최근의 연구에서는 참여자의 유형을 투표전문가, 공무원 접촉자, 항의자, 지역사회활동가, 위원회 활동자(board members), 선거운동원형(campaign workers) 및 선거자금 제공자(campaign contributors) 등 일곱 가지로 세분하고 있다. 여기에 비참여자 및 완전한 참여자 유형을 더하면 총 아홉 가지 유형이 된다.[42] 밀브레이드(Milbrath)와 고엘(Goel)은 참여자의 유형을 투표자형, 선거운동원형, 지역사회활동가형, 공직자 접촉형, 항의자형, 의사전달형으로 나누고 있다.[43] 이들은 여기에 더하여 비참여형 및 완전한 참여형을 추가함으로써 사실상 참여자 유형을 여덟 가지로 세분하고 있다. 이들의 유형화는 이와 같이 대동소이하다. 이하에서는 밀브레이드와 고엘의 유형을 중심으로 참여자를 구분하여 설명한다.

1) 투표자형(voters)

투표자형이란 가장 기초적인 참여활동으로서의 투표행위에만 참여하는 참여자 유형을 말한다. 시민들은 투표에 대하여 단지 시민으로서의 의무나 일반사회규범으로써 참여하며, 개인적인 정치 시스템에 대한 요구를 투입하는 장치로 생각하지는 않는다. 때문에 투표행위를 하기 위해 특별한 동기유

41) Verba and Nie (1972b). 앞의글, 73-81. 이들은 비관습적 참여 유형을 참여의 개념에 포함하지 않기 때문에 항의형을 참여 형태로 포함하지 않고 있다.

42) Sidney Verba, Kay Lehman Schlozman, Henry Brady and Norman H. Nie (1993). "Citizen activity: Who participates? What do they say?" *American Political Science Review* 87(2), 303-318.

43) Milbrath and Goel (1977). 앞의글, 12-20.

발, 정보획득 및 또 다른 정치적 활동이 요구되지는 않는다. 이러한 점에서 볼 때, 투표자형은 적극적인 참여자라고 보기는 어렵다. 이와 같은 투표는 시민 개인에게 평등하게 부여된 제도적 참여활동으로 특징지워지며, 다른 참여행위에 비하여 비교적 많은 시민들이 투표에 참여한다. 그러나 투표행위만으로는 시민의 정책과정에 대한 영향력이 제한적이라 하겠으며, 그리하여 이를 가리켜 상징적 확인행위에 불과하다는 지적이 제기되기도 하였다.[44)]

2) 선거운동원형(campaigners)

유권자 설득, 정당과 후보자를 위한 활동적인 운동, 정치적 회의와 집회 참석, 정당 또는 정치클럽에의 가입, 선거운동에 참여, 정당 또는 후보자를 위한 정치자금 모금 또는 제공, 정당 및 후보자에 대한 지지, 선거사무소 근무 등의 선거관련 활동을 수행하는 유형이다. 이러한 행위들은 정치참여는 단일차원적이라는 믿음에 기초한 초기의 정치참여 연구에서 특히 관심의 대상이 된 활동이었다.[45)]

3) 지역사회활동가형(community activists)

지역사회활동가형은 지역사회의 문제를 해결하기 위한 활동에 적극적인 참여자 유형을 가리킨다. 이들은 지역문제를 다루는 집단을 형성 또는 가입함으로써 지역사회에서의 공공문제, 공공서비스, 복지관련 활동에 참여하는 경향을 보인다. 지역사회활동가형의 수많은 행위들은 선거운동원형의 그것과 거의 흡사하다. 즉 두 유형 모두 지역사회 문제에 대한 심리적 참여 수준이 높다는 점이다. 중요한 차이점이라면 지역사회활동가형은 정당 정치나 선거운동과 관련이 적다는 것이다.

4) 공직자 접촉형(contacters)

시민들은 그들에게 직접적으로 영향을 미치는 특정한 문제 예컨대, 세금, 도로보수 또는 상하수도와 같은 각종 공공 서비스, 취학, 고충처리 등과 관련

44) William A. Shultze (1985). *Urban politics: A political economy approach.* Englewood Cliff: Prentice-Hall.

45) 예, Verba and Nie (1972b). 앞의글.

하여 정부의 공직자와 접촉한다. 대개 이런 유형을 선호하는 시민들은 정치적 문제에 깊게 관여하지 않는 경향을 보인다.

공직자 접촉형에 대하여는 약간의 추가적 설명이 유용할 것 같다. 일반적으로 시민의 공직자에 대한 접촉은 본인의 이해에 직결된 특정한 문제와 관련하여 이루어지는 것으로 인식되어 왔다. 그리고 그러한 접촉활동은 다른 유형의 참여행위 또는 참여의 정도와는 별 상관관계가 없는 것으로 생각되었다. 그리하여 버바와 나이는 접촉행위를 가리켜 "국지적 참여(parochial participation)"로 명명한 바 있다.[46] 그러나 최근 쿨터(Coulter)는 미국 알라바마(Alabama) 주의 버밍햄(Birmingham)에서의 시민과 관료간의 접촉에 관한 연구를 통하여 접촉활동도 다른 참여활동 및 참여의 정도와 상당히 밀접한 관계에 있음을 보여주었다.[47] 즉, 그의 조사결과는 접촉활동의 참여자는 투표, 선거운동, 정치적 대화 등 다른 유형의 참여활동에도 마찬가지로 적극적임을 나타내 준 것이다. 본서는 이를 감안하여 이하의 [그림 6-5]에 공직자 접촉형을 추가한 것이다.

5) 항의형(protesters)

가두시위에의 참가, 공직자의 정치적 부패를 시정하기 위한 폭동, 정부의 도덕적 잘못에 대한 적극적이고도 공식적인 항의, 항의집회에의 출석, 항의적 가두행진에의 참가, 공직자에게 항의하기 위한 집단의 결성, 부당한 법률에 대한 복종 거부 등의 활동에 참여하는 유형이다. 밀브레이드(Milbrath)는 항의형 참여자의 사회·심리적 특성과 관련하여 항의형 참여자는 흑인, 청소년, 남성에서 상대적으로 많이 발견되며 이들의 사회·경제적 배경, 정치적 관심, 정보의 소유량, 정치적 효능감, 자신에 대한 신뢰도, 정부에 대한 불신감 등은 평균인보다 높다고 보고한 바 있다.[48]

---

46) Verba and Nie (1972b). 앞의글, 11.

47) Philip B. Coulter (1988). *Political voice: Citizen demand for urban public services*. Tuscaloosa: University of Alabama Press.

48) Lester W. Milbrath (1968). "The nature of political beliefs and relationship of the individual to the government." *American Behavioral Scientist* 12(2), 28-36.

6) 의사전달형(communicators)

정치에 관한 정보의 제공, 정치지도자에 대한 지지 또는 항의메시지의 전달, 정치적 토론에의 참여, 지역사회 내 다른 사람에게 정치에 관한 정보를 제공하는 것, 공직자에게 개인의 견해를 알리는 것, 신문편집자에게 편지를 쓰는 것 등 시민과 시민, 또는 시민과 정부간의 언어적 상호교환(의사소통)활동에 적극적인 참여자 유형을 말한다. 이러한 유형의 참여자는 다른 사람에 비하여 상대적으로 높은 교육 수준, 정치에 대한 높은 수준의 관심 및 정보의 소유자인 경향이 있다. 이는 의사전달활동이 의사전달기술 및 이에 필요한 정보를 요구하는 데 기인하는 것이라 하겠다. 의사전달자는 정당참여자나 지역사회활동가형보다 정부에 대해 더 비판적인 경향이 있지만, 그럼에도 불구하고 그들의 비판적 관점을 표현하기 위해 일반적으로 항의적 행동을 취하지는 않으며, 많은 사람들은 정치적 지도자에게 메세지를 써 보내는 것이 충분하다고 느끼기도 한다. 그러나 고도의 의사소통기술이 없는 사람들은 이러한 활동에 참여하기 어렵고 그 대신 보다 활동적인 참여의 양상을 보이게 된다. 그리하여 항의형 참여자에 빈곤층이 상대적으로 많이 포함되어 있는 경향은 그들이 상대적으로 의사소통기술이 결여되어 있는 데 일부 기인하는 것으로 인식되고 있다.

7) 비참여자형(apathetics, inactives)

위에서 제시한 어느 활동에도 참여하지 않는 유형 즉, 참여에 냉담한 유형으로서 이러한 유형을 가리켜 밀브레이드는 무관심형(apathetics)이라 하였고, 버바와 나이는 비활동형(inactives)이라 하였다.

8) 적극적 참여형(complete activists)

이 유형의 참여자는 위에서 제시한 모든 참여활동에 적극적인 참여자 유형을 가리킨다. 이들은 어느 하나의 특정 참여 방식에만 전문화되기보다는 참여 양식 전체에서 고루 활동하는 사람들이다. 정치 참여에 대한 심리적 관심도가 높고, 정치에 대한 기술과 능력을 보유하고 있으며, 정치 갈등에 참여할 의사가 높은 시민적 의식을 지닌 사람들이다. 이와 같은 완전한 참여자는

표 6-7 미국인의 참여 실태: 밀브레이드와 고엘

참여 형태		참여 유형	항목 정의	비고	수요 형태
적극형(Active)	비관습적	항의형 (Protestors)	- 가두시위 참석 (3%) - 필요하다면 폭동 (2%) - 강력한 항의(정부가 도덕적으로 잘못된 일을 할 경우) (26%) - 항의집회 참석 (6%) - 부당한 법률에 대한 복종거부 (16%)	이 유형의 참여자들은 다른 참여활동에도 적극적으로 참여함	매우 적극적인 정부 요구; 특히 시민권 보호와 경제적 기회 제공 요구
	관습적	지역사회활동형 (Community Activists)	- 지역 문제에 관하여 타인과 일함(30%) - 지역 문제를 위한 집단을 구성 (14%) - 지역사회 내 집단의 일원으로 활동 (8%) - 사회적 쟁점에 대해 공직자 접촉 (14%)	이들은 정규적으로 투표에 참가	정부의 직접적 복지제공보다는 자발적인 공동체 활동 이용
		정당 · 선거운동원형 (Party and Campaign Workers)	- 정당이나 후보자를 위해 적극적으로 일함 (26%) - 투표에 있어 타인을 설득 (28%) - 정치적 집회에의 참석 (19%) - 정당이나 후보자에 헌금 (35%) - 공직에 출마한 후보자임 (3%)	정규적으로 투표	특별한 형태가 없음
		의사소통형 (Communicators)	- 정치에 관한 정보 제공 (67%) - 정치 토론에 참석 (42%) - 신문 편집자에 투고 (9%) - 정치지도자에 지지 또는 항의 서한을 보냄 (15%)	투표에 상당히 참여함	정부성과를 관찰, 토론, 비판, 감시
		공직자 접촉형 (Contact Specialists)	- 특정문제에 관하여 지방, 주, 국가 공직자와 접촉 (4%)	이외의 활동에는 비참여적임	일반적인 사회적 상황보다는 개인의 수요에 대한 특별한 대응을 추구
수동적 지원적		투표자형 (Voters)	- 선거에 정규적으로 투표 (63%)		
냉담형		비참여자형 (Inactive)	- 투표 또는 여타 활동을 하지 않음 (22%)		

* 출처: Milbrath and Goel (1977). 앞의글, 18-19.

주로 높은 사회경제적 계층이 압도적일 수 있으며, 특히 높은 수준의 교육을 받은 사람들로 특징지워진다. 다만 완전한 참여자들은 모든 참여활동에서 높지만 항의형태는 높지 않은 편인데 이들은 의사결정자에 대한 접근이 이미 좋은 상태이고 기술도 지니고 있어서 항의에 몰두할 필요가 없기 때문이다.

한편 밀브레이드(Milbrath)와 고엘(Goel)은 버바(Verba)와 나이(Nie)의 조사와 밀브레이드(Milbrath)의 조사에 기초하여 미국인의 시민참여 실태에 관하여 [표 6-7]과 같이 제시하고 있다. 그는 위에서 논의한 참여자의 유형 분류에 따른 참여 현황을 제시하였다. 현황 조사결과에 따르면 대부분의 미국 시민은 투표에 정규적으로 참여하고 있으며, 투표행위 이외의 지역사회 활동에 참여하는 비율은 10-20%, 선거관련 활동에 참여하는 비율은 이보다 높은 25-35%, 그리고 의사소통활동에 참여하는 비율은 투표자 유형을 제외하고는 가장 높은 수준인 40% 안팎으로 나타나고 있다. 그리고 참여활동들은 유형에 따라 투표 참여와 상호 연계성을 띠는 형태들도 나타난다. 아울러 투표를 포함한 여타의 활동을 전혀 하지 않는 비율도 22%로 상당 부분을 차지하고 있다.

2. 참여정도에 따른 참여자 유형

앞에서 참여 유형은 참여활동의 정도 또는 곤란도에 따라 관객형 활동, 과도형 활동, 및 투사형 활동 등으로 나누어진다고 하였는바, 이와 유사하게 참여자 유형 역시 참여도에 따라 무관심형, 관객형, 및 투사형으로 나눌 수 있을 것이다.[49] 투사형 활동으로 갈수록 참여의 곤란도 내지는 기회비용이 커지며 따라서 참여자의 비율은 점차 감소하게 된다. 밀브레이드의 조사에서 관객형 참여자의 비율 60%에 비하여, 과도형 참여자의 비율은 10-15%, 투사형 참여자의 비율은 5-7%로 나타난 것은 이를 입증해 준다.[50]

한편, 참여 분야에 의한 참여자 유형과 참여정도에 의한 참여자 유형을

49) 유사한 관점에서 알포드(Alford)와 스코블(Scoble)은 다섯 가지 유형으로 나누고 있다. 적극형(mobilized), 잠재적 적극형(potentially mobilized), 온건형(moderate), 의식형(ritualistic), 냉담형(apathetic)이 그것인데 이는 지역 정치에 대한 관심, 지역 정치정보의 습득 정도, 공청회 참석 여부, 지역 선거 투표 참여 여부를 중심으로 분류한 기준이다. 자세한 사항은 Robert R. Alford and Harry M. Scoble (1968). "Sources of local political involvement." *The American Political Science Review* 62, 1193.

50) Milbrath (1965). 앞의글, 18-19.

구분하여 논의하였으나, 실제로 양자는 상호배타적인 유형이 아니라 상호연관되어 있는 것이다. 즉, 투사형 참여자는 대체로 적극적 참여형, 지역사회활동가형, 선거운동원형, 항의형, 의사소통형, 및 공직자 접촉형을 포괄하는 참여자 유형이며, 관객형은 투표자형과, 그리고 무관심형은 바로 비참여형과 대응하는 참여자 유형임을 알 수 있는 것이다. 아울러 본 절에서 제시한 참여자의 유형은 앞에서 제시한 참여방법의 유형과 사실상 별개의 것이 아니다. 참여자 유형이란 곧 어떤 유형의 활동에 참여하는 부류를 가리키는 것이기 때문이다. 다만, 여기에서는 대표적인 참여자 유형을 별도로 제시한 것임을 부언해 둔다.

Ⅲ 참여자 관점과 유형

CITIZEN PARTICIPATION

시민이 정치적 참여를 하게 되기까지는 몇 가지 결정을 거쳐야 한다. 첫째는 참여활동을 할 것인가의 여부, 다른 하나는 행동의 방향, 세 번째는 행동의 정도, 지속기간, 극단책의 사용 여부 등이다. 참여는 다양한 방식이 있는바 이와 같은 참여활동을 취할 것인지의 여부, 어떠한 방식을 선택할 것인지 등은 참여에 필요한 시간, 노력, 지식, 기술 또는 참여에 따른 갈등의 소지 등에 영향을 받는다. 이에 따라 참여에 대한 기회비용의 크기가 달라지고, 참여의 곤란도 등에서 차이가 생긴다.[51] 예컨대 데모 참가행위는 투표활동에 비하여 지식, 기술 및 참여에 따른 갈등의 소지가 크므로 즉, 참여에 필요한 기회비용이 상대적으로 커서 그만큼 참여가 어려울 것이다.

그렇다면 이에 대한 시민의 대응은 어떠할 것인가? 이에 대하여는 관점이 다음과 같이 두 가지로 나뉜다.

51) 참여활동에 필요한 비용(시간, 노력, 재원 등)의 개념은 참여활동에 필요한 직접비용으로 이해되거나 기회비용(opportunity cost)으로도 이해될 수 있다. 기회비용이란 실제 사용된 비용이 아니라 어떠한 활동을 하기 위하여 다른 활동에 필요한 자원을 다른 활동에 투입하지 않고 해당 활동에 투입함으로써 참여자가 감수하게 되는 손실을 말한다. 예컨대 어떤 사람이 참여활동에 필요한 시간, 노력, 비용을 자신의 개인 활동에 투입함으로써 얻게 되는 이득은 바로 참여로 인한 기회비용이 되는 것이다. 기회비용에 대한 설명은 이형순. (1975). 「경제학원론」. 서울: 박영사, 159 참조.

1. 단일차원적 관점(uni-dimensional view)

참여를 단일차원적(uni-dimensional)인 행위로 보는 관점에 의하면 참여는 단일차원적 활동으로서 어떤 참여활동에 참여한 참여자는 다른 참여활동에도 참여한다고 본다. 예컨대 데모와 같이 시간과 노력 등 비용이 많이 소요되는 참여활동에 참여한 사람은 투표와 같이 비용의 크기가 상대적으로 적은 활동에도 아울러 참여한다는 것이다.[52] 즉 참여는 누적적(cumulative) 또는 부가적(additive)인 행위이며, 참여의 곤란도에 따라 계서적으로 배열될 수 있다. 예컨대 참여자의 유형을 참여의 정도에 따라 능동적 참여자–수동적 참여자–비참여자 등의 순으로 배열할 수 있게 되는 것이다.

이러한 관점에 관한 실증적 연구결과는 밀브레이드(Milbrath)의 연구가 있다.[53] 밀브레이드는 그의 저서 '정치적 참여(political participation)'에서 방대한 서베이 결과에 기초하여 참여자의 유형을 참여의 정도(intensity)에 따라 투사형(gladiators), 관객형(spectators) 및 무관심형(apathetics)으로 나누고 있다.[54] 이는 한 참여활동에 참여한 참여자는 다른 참여활동에도 참여하는 경향이 있다는 단일차원적 관점을 지지하는 것이다. 또한 스타우퍼(Stouffer) 등도 참여행위는 참여행위에 내재되어 있는 기회비용의 크기에 따라 순서대로 나열될 수 있으며, 상대적으로 비용이 많이 소요되는 활동에 참여하는 사람은 상대적으로 비용이 적게 소요되는 활동에도 참여한다고 함으로써 단일차원적 관점을 수용하고 있다.[55]

지적할 것은 이와 같은 참여활동에 대한 단일차원적 관점은 주로 참여에 대한 초기연구에서 비롯되었다는 점이다. 즉 대부분의 초기 참여연구들은 투표, 정치적 집회 및 결사에의 참여, 정당활동, 정치자금의 기여 또는 공직의

52) Willard B. Stouffer, Cynthia Opheim and Susan Bland Day (1991). *State and local politics: The individual and the governments*. Harper Collins, 175.

53) Milbrath (1965). 앞의글, 18. 밀브레이드는 1965년 저서의 1판에서는 단일차원적 관점을 취하고 있지만 향후 연구에서는 다중차원적인 연구결과들을 제시한다.

54) 여기서 사용하는 투사형, 관객형, 무관심형의 용어는 로마 검투장에 참여하는 사람들의 역할을 비유하여 따온 용어이다. 적은 수의 검투사들이 관중들을 즐겁게 하기 위해 싸우고, 이에 박수를 치며 즐거워하던 관객들이 최종적으로 싸움의 승자를 결정하는 투표에 참여한다. 하지만 무관심형은 검투쇼를 보러 오지도 않는다. 이에 대한 설명은 Milbrath and Goel (1977). 앞의글, 11.

55) Stouffer et al. (1991). 앞의글, 175.

추구 등과 같이 제한적인 범위의 참여행위를 연구대상으로 하였는바, 이러한 행위들은 대체로 선거에 승리하는 것에만 중점을 두는 관점으로 참여행위가 단일차원적이라는 관점이 무리없이 수용될 수 있었다. 또한 참여행위는 참여의 곤란성의 정도에 따라 단계적으로 배열될 수 있는 것으로 인식될 수 있었던 것이다.[56)]

2. 다중차원적 관점(multi-dimensional view)

참여행위가 누적적이라고 보는 단일차원적 관점과는 달리 다중차원적(multi-dimensional) 관점은 참여행위는 누적적이지 않으며 다분히 선별적인 것으로서 참여행위간에는 교환 또는 대체관계가 성립한다고 본다. 이 관점에 의하면 비용이 많이 드는 참여활동에 참여한 사람이라고 해서 상대적으로 비용이 적게 드는 참여활동에 참여하지는 않는다. 예컨대, 데모와 같이 상대적으로 기회비용이 큰 활동에 참여한 사람이라고 해서 투표와 같이 상대적으로 기회비용이 작은 활동에 참여한다는 보장이 없다는 것이다. 즉, 개인의 참여활동은 참여자의 개인적 성향에 따라 특화되는 경향이 있다는 것이다. 예컨대, 동일한 정당을 지지하는 두 사람이 있다고 할 때, 그 중 한 사람은 정당운동원으로 전면에서 활동하려 하지만 다른 한 사람은 모습을 드러내지 않고 배후에서 자금을 지원하는 활동을 선호할 수도 있을 것이며, 이러한 의미에서 참여활동은 다중차원의 모습을 보인다는 것이다. 즉 정치적 활동은 얼마나 어려운가의 관점으로만 구분되는 것은 아니며, 시민들이 정부와 정책에 관여하고자 하는 양식에 있어서 다양한 성향과 스타일이 반영된다는 것이다.

참여활동의 다중차원성은 버바와 나이 등(Verba and Nie et als.)과 밀브레이드 등(Milbrath et al.)의 연구에서 입증된 바 있다.[57)] 이러한 연구들은 투표와

---

56) Milbrath et al. (1977). 앞의글, 10-11.

57) 다중차원적 관점을 입증한 하나의 연구로 버바와 나이 등의 연구는 호주, 인도, 일본, 네덜란드, 나이지리아, 유고슬라비아, 미국의 연구자들이 합동팀을 구성하여 국제간 비교연구를 수행한 것이다. Sidney Verba, Norman Nie and Jae-on Kim (1971). *Modes of democratic participation: A cross-national comparison*. Beverly Hills, Calif.: Sage Publications; Sidney Verba and Norman Nie (1972). 앞의글. 다른 하나의 연구는 Milbrath, Cataldo, Johnson, Kellstedt 등이 뉴욕의 버팔로를 중심으로 1966년에서 1968년까지 한 미국의 국내연구이다. Milbrath (1968; 1971).

같은 선거관련 행위 외에 관료, 의원에 대한 시민접촉, 항의 등 비선거관련 행위도 참여의 개념에 포함시켜 조사를 행하여 참여의 유형(modes)을 추출해 냄으로써 참여가 다중차원적 활동임을 보여 주었다. 연구자들은 시민들의 참여는 하나 또는 복수의 참여활동으로 제한되어 있으며, 따라서 시민의 참여활동을 단일차원에서 계층적으로 배열할 수는 없는 것으로 결론지었다. 요컨대, 다중차원적 관점에 의하면 참여행위는 참여비용의 차이에 의한 참여의 곤란도에 의해서 구분될 수 있을 뿐만 아니라 참여자의 선호에 따라 참여의 유형도 달라지는 다중차원의 성격을 지닌다.

이는 물론 개인이 가진 자원의 한계에 기인하는 것으로서 이를 감안한다면 참여활동을 다차원적으로 보는 관점이 단일차원적 활동으로 보는 관점에 비하여 상대적으로 현실성이 크다 하겠다.

3. 종　　합

생각건대, 참여성향이 있는 사람은 한 가지 활동 이외의 다른 참여활동에도 참여하는 성향이 있음을 생각할 때 단일차원적 관점은 일응 그 타당성이 인정된다. 그러나 개인이 가지고 있는 시간, 재원 등의 자원제약은 결국 추가적인 참여활동을 제약하는 요인으로 작용할 것이라는 점을 고려할 때 그와 같은 관점을 무비판적으로 수용할 수는 없으며 이러한 측면에서 보면 다중차원적 관점의 타당성이 인정된다 하겠다. 요컨대 양 관점은 나름대로의 설득력이 있으며 따라서 어느 한쪽은 옳고 어느 한쪽은 틀리다고 단정하기는 어렵다.

이러한 논의는 단일차원적 참여관과 다중차원적 참여관은 상호배타적이기보다는 상호보완적으로 참여에 대한 이해를 높일 수 있을 가능성을 시사해 주는 것이라 하겠다. [그림 6-5]는 참여의 정도와 참여활동의 유형을 종합하여 새롭게 참여자의 유형을 제시해 준다.[58] 그림에서 오른쪽 수직선은 상단으로 올라갈수록 참여자의 참여 정도(intensity)가 올라감을 나타낸다. 즉 참여자는 참여활동의 정도에 따라 무관심형, 방관형 및 투사형으로 분류된다. 또한 오른쪽의 나무 모양은 참여자의 유형이 적극적 참여형, 선거운동원형, 항

58) Milbrath and Goel (1977). 앞의글, 20-21.

그림 6-5 참여자의 유형

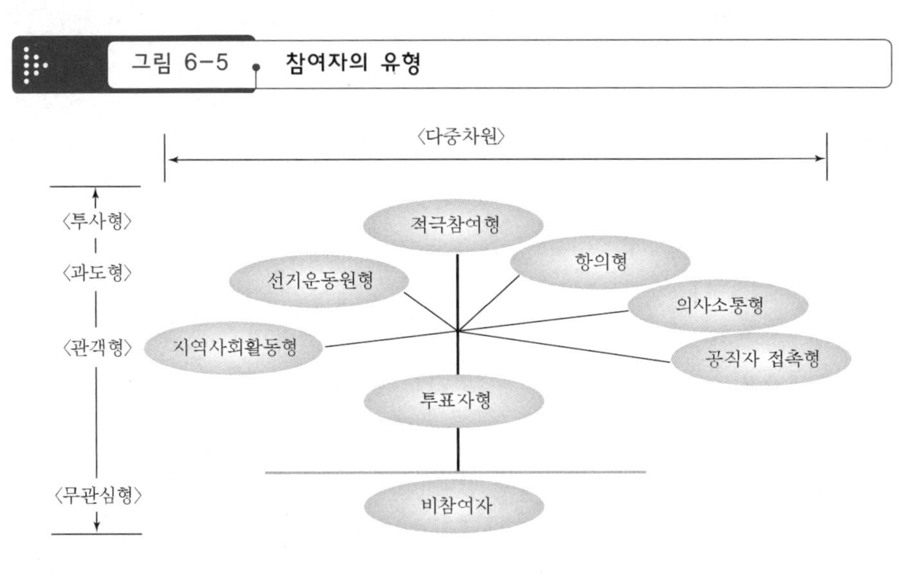

* 출처: Milbrath and Goel (1977). 앞의글, 21을 일부 수정한 것임.

의형, 지역사회활동형, 의사소통형, 공직자 접촉형, 투표자형 등으로 다양함을 보여주며, 나무 모양의 위로 갈수록 활동수준이 증가됨을 나타낸다. 다만 참여활동들은 기본적으로 특화된 활동이기는 하나 전혀 별개의 것은 아니며 상호연관되어 있는데, 각 참여활동을 연결하고 있는 선은 이를 나타낸다. 그림의 가장 위쪽에 위치하는 적극적 참여형은 밀브레이드 등(Milbrath et al.)이 '완전한 참여자(complete activists)'로 지칭하는 것으로 어느 하나의 참여 유형에만 국한된 것이 아니라 모든 유형의 활동에 참여하는 참여자형을 의미한다.[59] 아울러 참여자의 유형이 적극적 참여자(투사형)와 방관자로 단순히 구분되기보다는 적극적 참여자 안에서도 참여 유형이 보다 세분될 수 있음을 보여준다. 적극적 참여자 중에서도 일부는 선거운동 위주의 참여자일 수 있으며, 일부는 항의형 참여자일 수 있음을 예로 들 수 있다. 요컨대 우리는 단일차원적 관점과 다중차원적 관점을 절충함으로써 보다 참여자의 유형을 세분화할 수 있는 것이다.

59) Milbrath et al. (1977). 앞의글, 17.

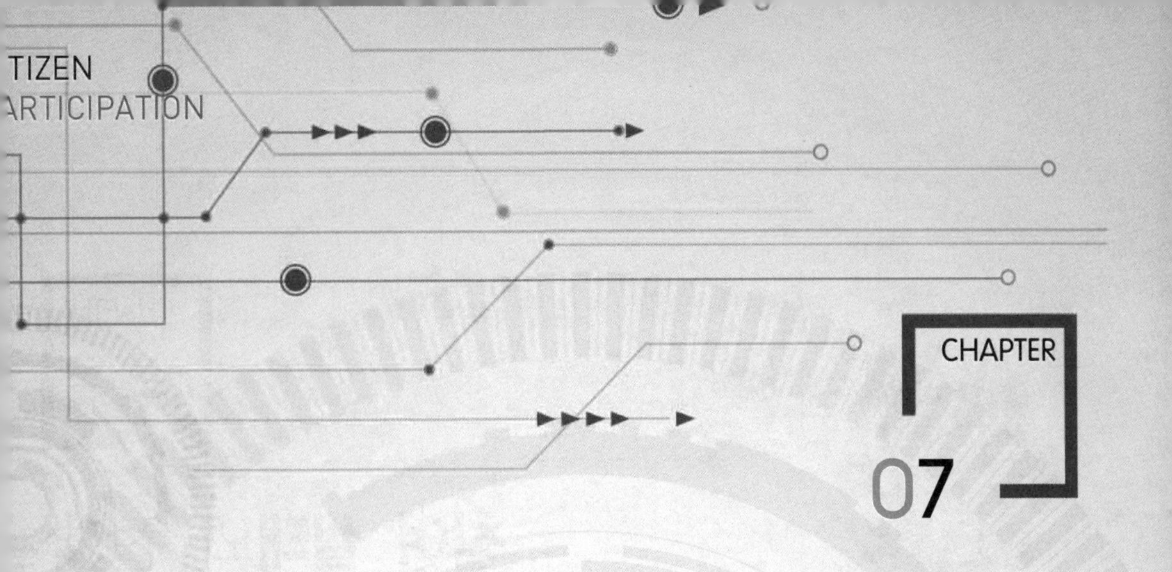

CHAPTER 07

참여 실태와 전개

CHAPTER 07

참여 실태와 전개

I 참여 실태

CITIZEN PARTICIPATION

참여의 실태는 학자에 따라, 국가에 따라 상이한 항목 및 조사방법에 의하여 이루어지므로 정확한 수준을 비교하기는 어렵다. 하지만 전반적인 추세 및 방향에 대한 시사점은 줄 것인바, 다양한 연구에 기초하여 전반적인 현황을 살펴보고자 한다. 먼저 우리나라의 참여 실태를 분석하고, 이어 외국의 참여 현황을 살펴본 다음, 국내외의 전반적 실태를 비교분석해 본다.

1. 한국의 참여 실태

기존 조사에서 나타난 우리나라의 참여 실태는 [표 7-1]에 제시된 바와 같다. 이 표는 시간적 경과에 따른 참여의 실태를 제시하되, 각 시기별로 다른 연구자에 의해 조사된 것으로 조사항목이 다소 상이하여 수평적 비교가 어렵다는 점에서 시기별 엄밀한 추세비교에는 한계가 있다. 다만 시기별로 유사항목을 기초로 하여 전반적인 참여 추세에 대한 대강의 판단은 가능하다 하겠는바, 이에 따른 시간경과별 참여 경향을 보고자 한다.

전체적으로 볼 때 1970년대 중반 이후 정치에 대한 관심도는 투표를 제외한 나머지 참여영역에서 전반적으로 높아지고 있다. 투표참여는 과거에 비해 다소 낮아지는 경향이 있고 최근 들어서는 그 하락폭이 커지고 있다. 1988년 이후 선거관련 활동의 비율이 높지 않게 나타난 것은 최근의 정치에 대한 사회전반에 걸친 냉소주의와 무관하지 않은 것으로 생각된다. 투표 참여 외의 참여는 전반적으로 증대되는 경향을 보인다. 한 가지 주목할 만한 변화는 참여의 내용에 있어 공공정책과 관련한 도구적인 참여활동의 비율이 증가추세를 보이고 있다는 점이다. 가령 정부관료나 정치단체에 대한 직접적 접촉이 60, 70년대에 비해 두 배 이상 높아졌고, 정치목적을 위한 기부나 지역사회에서 주민들과 함께 일하는 형태 등도 새롭게 부각된 참여 양상으로 볼 수 있다. 아울러 2003년 조사에는 비관습적인 정치 참여활동인 항의집회나 집단활동이 포함되어 11%라는 비교적 높은 수준의 참여 비중을 나타내고 있는데, 이러한 변화는 참여 개념에 대한 연구 범위의 확대 추세 및 다양한 참여 양식의 활용 양상을 반영한다 하겠다.

표 7-1 시간의 경과에 따른 참여 양상

1965년		1975년		1988년		2003년		2005년		2008년		2012년		2016/17년	
항 목	%	항 목	%	항 목	%	항 목	%	항 목	%	항 목	%	항 목	%	항 목	%
투표 참가	91.2	투표참가	87	공식 투표율 (대통령/국회)	89.2/75.8	공식 투표율 (대통령/국회)	70.8/56.4	공식 투표율 (국회)	60.6	투표율 (대통령/국회)	62.9/45.9	투표율 (대통령/국회)	75.8/54.2	투표율 (대통령/국회)	77.2/58.0
타인과 정치 논의	17.4	지방, 국가 문제 토론	44.5	정치에 대해 대화	38										
선거운동에 대한 관심	16.6	특정후보 투표를 친지 에게 권유	35.5	특정 후보 투표 권유	17	특정 정당, 후보자지지 설득	18	투표 권유	74						
정당가입	4.4	정치단체 활동	4.0												
선거운동에 시간 냄	4	일정후보 선거운동	11	특정 정당이나 후보를 위해 일함	8	특정 정당, 후보자를 위해 선거운동	6								

지방 정책에 영향을 미치고자 시도	10.5	지방문제에 대해 공무원과 대화	12			개인적, 사회적 문제해결을 위해 정부공직자나 정치단체 접촉	21	공직자 접촉	18.5	민원제기 및 공직자 접촉	25				
정책결정에 영향을 미치고자 시도	2.5	국가문제에 대해 공무원과 대화	5												
정치목적을 위한 기부	0.5					특정 정당, 후보자를 위해 선거후원금 기부	2								
		선거구 문제에 대해 공무원과 대화	4												
		정견발표 같은 모임 참가	53.9	정치집회나 모임 참석	13			정치집회 참석	45	시민단체	18.7				
		사회단체 활동	19	지역문제를 위해 일함	17	지역사회 문제로 주민들과 일함	16	지역사회 활동	30	지역사회 참여	26.4				
						개인, 사회 문제해결을 위해 항의집회나 집단행동	11	반대 서명, 집단 시위	32.5						

* 출처: 1965년과 1975년 자료는 박동서, 김광웅. (1987). 한국인의 민주정치의식: 대중과 엘리트. 서울대학교출판부, 104에 인용된 이영호. (1973). "한국의 사회변화와 정치참여." 「한국사회의 전통과 변천」. 고대아세아문제연구소, 62와 배성동, 길영환, 김종림. (1975). "한국인의 정치참여형태와 그 특성." 제 1 회 한 · 재북미 정치학자회 합동학술대회 논문집, 322를 재인용한 것임. 1988년의 자료는 신도철 외. (1990). 한국 민주주의의 미래: 의식과 이념적 성향 분석. 서울대학교출판부, 183의 내용에서 답안항목 ① 매우있다 ② 많은편 ③ 그저 그렇다 ④ 적은편 ⑤ 전혀없다 중 ①과 ②를 합하여 재구성한 것이며, 2003년 자료는 유재원. (2003). "시민참여의 확대방안-참여민주주의의 시각에서." 「한국정책과학학회보」 7(2), 111에서 인용; 2005년 자료는 박대식, 강경태 편 (2005). 「한국 지역사회 주민참여-배경과 수준」. 오름, 283의 자료를 재구성; 2008년 자료는 김혜정. (2009). "시민참여의 표준사회경제이론 수정모형의 수립 및 분석." 「한국정책학회보」 18(3), 295의 자료를 재구성; 1988년부터 공식투표율은 1987년 대선, 1988년 총선의 자료, 2003년 자료는 2002년 대선, 2000년 총선의 공식투표율, 2005년 자료는 2004년 실시된 17대 총선 투표율, 2008년 자료는 2007년 대선과 2008년 총선의 공식투표율임.

이러한 참여의 시대적 경향에 관한 분석은 조사의 항목 및 분류체계가 상이하여 수평적으로 엄밀한 비교가 어렵다는 점에서 다소 유보적으로 받아들여야 할 것이다. 다만 참여 범주의 큰 흐름상 투표 참여는 지속적으로 줄어드는 대신 다양하게 확대된 참여 수단을 활용하고 있음은 일면 수용할 수 있을 것이다. 그러나 우리나라 국민의 의식수준이 상당히 높아졌음을 감안할 때[1] 이에 반하여 참여수준은 그다지 크게 제고되지 않고 있다는 사실은 참여 활성화를 위한 여건조성 등 다양한 노력이 필요함을 시사해 주는 것이라 하겠다.

시민들의 참여 증대와 관련하여 참여에 기반이 되는 심리적 차원으로서 지방정치에 대한 관심도와 정치적 효능감의 수준은 [표 7-2]에 제시하였다.[2] 지방정치에 대한 관심도는 주민들의 가장 일반적인 정치관심도를 조사한 것이다. 박대식의 조사결과 지방정치 관심도의 항목 가운데 심리적 지방정치 관심도가 상대적으로 가장 높은 것으로 나타나 심리적 차원이 지방정치에 대한 관심을 제고하는 데 중요한 것으로 나타나고 있다. 이러한 측면은 시민의식의 제고가 정치적 관심을 높이는 데 기여하는 것으로 받아들일 수 있다. 신문이나 TV 등 언론매체를 통한 지방정치 관심의 수준은 대체로 심리적 관심도와 유사하게 나타나고 있는 반면, 토론을 통한 관심은 상대적으로 낮게 나타났다. 이러한 점에서 시민의식의 향상과 함께 지역의 언론매체는 지방정치의 관심을 제고하는 데 중요한 역할을 하는 것으로 볼 수 있다.

이와 함께 지역주민들의 정치효능감 수준으로써 지방정치과정 효능감은 지방정치 전반에 대한 효능감을 의미하는 것으로 "나 같은 사람은 지방정치 과정에서 별로 발언권이 없다고 생각하십니까?"라는 문항에 대한 답변이고, 지방정치인 효능감은 "지방의회 의원이나 지방관청 관리들이 나 같은 사람의 의견에 관심을 둘 하등의 이유가 없다"라는 문항에 대한 답변이며, 지방정치 이해감은 "지방정치를 얼마나 잘 이해하고 있는가?"에 관한 것이다. 응답 결과 효능감이 높게 나온 항목은 지방정치 이해감과 지방정치인 효능감인 것으로 나타났다. 지역시민들은 지역 현안을 보통 수준 이상으로 이해 및 파악하

1) 박동서, 김광웅. (1987). 앞의글, 107.

2) 이 자료는 박대식 외. (2005)에 의해 서울을 제외한 9개 도시(인천, 수원, 춘천, 청주, 대전, 전주, 광주, 대구, 부산)의 지역주민들에 대하여 조사한 결과에 대한 종합이다.

표 7-2 지역 시민들의 지방정치 관심도와 정치적 효능감

지방정치 관심도	관심도 수준	정치 효능감	정치효능감 수준
심리적 지방정치 관심도	**3.34**	지방정치과정 효능감	2.89
토론을 통한 지방정치 관심도	2.12	지방정치인 효능감	**3.24**
신문을 통한 지방정치 관심도	3.06	지방정치 이해감	**3.51**
TV를 통한 지방정치 관심도	3.28		
전 체	2.95	전 체	3.21

* 출처: 박대식 외. (2005). 앞의글, 276, 279의 자료 재구성.

고 있다고 느끼고 있고, 지방정치인들도 지역민들의 의견을 존중할 것이라는 기대감이 보통 수준 이상이었다. 반면 지방정치과정에 대한 효능감은 다른 항목에 비해 상대적으로 낮은 것으로 나타나 지방정치과정에 대한 지역 시민들의 이해도가 상대적으로 낮다고 느끼고 있었다. 이러한 측면은 지역 시민들이 지방정치에서 소외감을 느끼는 것과도 연결된다는 점에서 참여의 역량과 여건상의 한계로 작용할 수 있다. 하지만 종합적으로 보건대 한국 지역주민들이 지방정부에 대해 지니는 효능감은 대체로 보통 수준 이상으로 그다지 비관적이지는 않은 수준이라 할 수 있다.

2. 외국의 참여 실태

1) 미국의 참여 실태

미국의 연방정부와 지방정부를 포괄하는 전국적 수준에서 미국인들의 참여 실태는 버바(Verba)와 나이(Nie)의 연구를 통해 확인할 수 있다. 이들에 따르면 미국 시민들의 70년대참여 현황은 [표 7-3]와 같다.

표 7-3 미국인의 참여 실태: 버바와 나이

참여 항목	비율(%)
1. 대통령 선거에서 정규적으로 투표함	72
2. 지방선거에서 항상 투표함	47
3. 지역문제와 관련있는 조직에서 활동함	32
4. 지역문제 해결을 위해 다른 사람과 일한 적이 있음	30
5. 투표에서 다른 사람을 설득하고자 한 적이 있음	28
6. 선거기간 동안 정당이나 후보자를 위해 적극적으로 활동한 적이 있음	26
7. 특정 이슈나 문제에 관하여 지방공직자를 접촉한 적이 있음	20
8. 최근 3년간 정치적 집회에 한번 이상 참석한 적이 있음	19
9. 특정 이슈나 문제에 관하여 주 또는 중앙정부 공무원을 접촉한 적이 있음	18
10. 지역사회 문제의 해결을 위하여 집단이나 조직을 구성한 적이 있음	14
11. 선거운동 기간에 정당이나 후보자에게 기부한 경험이 있음	13
12. 현재 정치적 집단의 회원임	8

* 출처: Verba and Nie (1972b). *Participation in America-Political democracy and social equality.* Harper and Row. 31.

[표 7-3]의 자료는 1970년대 조사 결과라는 점에서 현재의 참여 수준과 격차를 보이긴 하겠으나 분명한 것은 대부분의 참여활동에서 소수의 시민만이 활동한다는 것이다. 12개의 참여 항목 중 6개의 활동은 시민의 20%도 안 되는 비중만이 참여하고 있고, 대통령 선거와 지방선거 등에서 30%를 넘어서고 있는 수준이다. 대통령 선거는 다른 참여활동과 비교할 때 다수가 참여하는 활동으로 나타났다.

장기적인 관점에서 미국 시민들의 참여활동의 추세를 분석하기 위해 1967년부터 2004년까지의 참여 양상의 변화를 살펴보면 [표 7-4]와 같다.

1967년 자료는 버바(Verba)와 나이(Nie)의 서베이 결과로 정치에 대한 일반적인 관심에 대해 질문한 결과 시민의 2/3가 정치에 대해 관심있는 것으로 답하였다. 이 시기는 베트남전이 진행되고 있던 시점이자 시민권에 대한 논쟁이 가열되었된 시기라는 점에서 정치적 관심을 고조시키는 정치사회적 환경에 기인한 것으로 파악할 수 있다. 하지만 20년 후에도 이러한 경향은 지속되어 2000년대 중반에도 정치적 관심수준은 거의 유사하게 유지된다. 다른 조사 기관의 자료에서는 시간의 경과에 따라 약간의 증가추세가 나타나기도

표 7-4 미국 정치참여의 시대별 양상

범 주	참여 유형	시대별 참여 수준			
		1967	1987	2000	2004
정치나 국가적 사안에 관심이 있는가?		66	66	66	-
투표	지난 대선에서 투표(응답)	66	58	-	-
	지난 대선의 공식 투표율	62	53	47	49
	지방선거(항상 참여)	47	35	-	-
선거운동	특정 정당이나 후보에 투표해야 하는 이유에 대해 타인 설득	28	32	-	44
	정당이나 후보자를 위해 일한 경험	26	27	-	-
	지난 3-4년간 정치적 회의나 집회 참석	19	19	16	-
	지난 3-4년간 정당이나 후보자 및 정치적 이유로 돈을 기부	13	23	-	-
접촉	지역 문제에 대해 영향력있는 사람이나 지방정부 구성원들을 만나거나 대화하거나 편지를 쓴 경험	21	34	-	28
	중앙정부, 주정부를 접촉	20	31		
지역 활동	지난 5년간 공동체 문제를 해결하기 위해 지역의 타인과 일한 경험	30	34	38	36
항쟁	지난 2년간 시위, 항쟁, 보이콧, 행진 등에 참여	-	6	7	7

* 1967년 자료는 Participation in America study, 1987년 자료는 NORC General Social Survey, 2000년 자료는 Social Capital Survey, 2004년 자료는 Comparative Study of Electoral Systems Survey(CSES)에서 도출.

** 출처: Dalton (2008a). 앞의글, 60에서 재인용.

한다.[3] 이러한 결과는 전반적으로 미국인들의 정치적 관심도가 정치환경적 안정성에도 불구하고 저조해 지지는 않고 있음을 의미한다.

한편 투표는 60년대에는 보편적인 참여 유형으로서 대통령 선거에 2/3가 정규적으로 참여한다고 답하였고, 지방선거에서도 절반 정도가 참여하는 것으로 나타났다. 하지만 80년대 이후 투표참여는 감소하기 시작하였다. 투표는 참여의 방식으로서 여전히 중요한 수단이기는 하지만 시민들은 정부에 영향력을 미치기 위하여 보다 직접적인 다른 방법들로 전환하는 경우가 많은 것이다.[4]

선거운동 참여는 더 많은 적극성과 시간, 노력 등을 요하는 활동으로서 시간적 경과에도 불구하고 거의 유사한 수준을 유지하거나 다소 증가하는 경향을 보인다. 특히 투표율의 감소에도 불구하고 선거운동에 대한 참여는 비교적 지속적으로 높은 관심을 받고 있다.

시민의 공직자 접촉은 60년대 1/5 수준에서 80년대에는 1/3 수준으로 큰 폭으로 증가하였다. 더 많은 시민들이 안건을 스스로 선택하고, 의사소통의 시간과 방법을 스스로 선택하며, 전달할 메시지의 내용을 투표와 같은 간접적 방법이 아닌 직접적으로 전달하는 방법을 채택하고 있는 것이다.

지역사회 참여는 정치적 이슈에 대하여 타인과 함께 일하는 활동들을 포함한다. 오늘날 시민집단 형태의 참여로 환경관련 이슈나 여성, 소비자 보호와 같은 포괄적인 정책 주제에 대하여 공익집단을 형성하는 것도 포함한다. 1967년과 1987년 조사자료의 값은 거의 유사하지만, 2000년대에는 38%, 36%의 수준으로 증가되었다. 이것은 토크빌이 의미한 미국의 풀뿌리 민주주의의 형태에 가까운 것으로 비공식적인 집합적 참여활동이 미국인들에게 점차 중요해지고 있음을 의미한다.

한편 항쟁은 참여의 다소 이질적 활동 유형으로 주로 하나의 특정적 정책 이슈나 정책 목표에 초점을 맞추어 활동하는 양상을 보인다. 1950년대와 60년대 초반에는 항쟁에 대한 조사가 거의 없었는데, 이는 항쟁활동의 수준이 낮았기 때문인 것에도 기인한다. 1987년에는 지난 2년간 시위, 항쟁 및 보

3) 가령 Gallup Poll/Pew Center는 1952년과 2000년 사이의 정치적 관심도는 약간 증가함을 발견하기도 하였다. Dalton (2008a). 앞의글, 59 참조.

4) Dalton (2008a). 앞의글, 57.

이콧에 참여한 비율이 6% 정도였고, 10년 후에는 7% 수준으로 증가하였다. 항쟁 개념의 범주에 따라 참여 현황의 값은 다소 현격한 차이를 보이기도 하는데, 예컨대, World Values Survey(WVS)의 조사에 따르면 1970년대 중반 탄원서에 서명한 비중은 절반 정도이고, 오늘날은 거의 4/5에 달하는 수준으로 나타났다. 특히 시위, 보이콧 및 비공식적인 투쟁들은 이 기간 동안 거의 두 배가량 증가하였다.5)

2) 영국의 참여 실태

패리(Parry), 모이저(Moyser)와 데이(Day)는 영국의 참여 실태에 대하여 관습적인 정치참여와 함께 비관습적인 정치참여의 유형을 포함시키고 [표 7-5]에서 보는 바와 같이 이를 다시 세분화하여 분석하였다.6)

표 7-5 영국인의 참여 실태: 패리, 모이저와 데이 (단위: 비율)

유 형	참여활동	참여자 비율(%)
투 표	1. 지방적 수준의 투표	68.8
	2. 전국적 수준의 투표	82.5
	3. EC문제에 대한 투표	47.3
정당 선거운동	4. 기금모금	5.2
	5. 선거운동	3.5
	6. 정당선거사무	3.5
	7. 집회참석	8.6
집단활동	8. 비공식 집단	13.8
	9. 조직화된 집단	11.2
	10. Issue in group	4.7
공직자 접촉	11. 의회의원	9.7

5) 항쟁의 참여 수준에 대한 수치에 큰 차이가 발생하는 이유는 CSES의 자료는 일정 기간 동안 항쟁적 참여 활동을 하였는지를 조사한 데 반하여, WVS는 이러한 활동에 참여한 경험이 있는지의 유무를 질문하여 다소 항쟁의 경향을 다소 과장한 것에 기인한다. Dalton (2008a). 앞의글, 66-67.

6) 영국 시민참여에 관한 Parry, et als. (1992)의 연구는 미국에서의 Verba and Nie (1972)의 연구와 필적할 만한 연구로써 주목된다. Parry, et als. (1992). 앞의글.

	12. 시공무원	7.3
	13. 시의원	20.7
	14. 시청	17.4
	15. 언론	3.8
항 의	16. 항의집회참석	14.6
	17. 조직적 청원	8.0
	18. 청원에 서명	63.3
	19. 교통방해	1.1
	20. 항의행진	5.2
	21. 정치적 파업	6.5
	22. 정치적 보이콧	4.3
	23. 물리력 행사	0.2

* 출처: Parry, et als. (1992). 앞의글, 44.

영국의 다양한 참여 유형 중 선거활동과 관련하여 시대별 참여활동의 변화에 대한 달튼(Dalton)의 조사 결과는 [표 7-6]과 같다. 앞의 [표 7-5]의 참여 항목 중 선거운동 항목이나 [표 7-6]에 제시된 선거운동 내역들 모두에서 확인할 수 있는 것은 대체적으로 선거운동에 대한 영국시민들의 참여 수준은 그다지 높지 않다는 것이다. 이러한 현상의 원인은 영국의 선거가 여러 가지 측면에서 이질적인 특징을 가지기 때문이다. 즉 영국의 선거는 수상이 의회를 해산하고 언제든 새로운 선거를 요청할 수 있기 때문에 정규적인 선거일정을 따르는 것이 아니다. 때문에 선거는 상당히 빠른 속도로 조직화되고, 선거운동은 평균적으로 한 달 이내의 짧은 기간 동안 이루어진다. 게다가 영국 정당은 선거운동을 위한 공식적인 정당 구성원들의 집합에 의존하기 때문에 이들이 직접 정치적 집회에 참석하거나 선거운동 기간 동안 유권자들을 선택하고 접촉하는 일을 한다.[7] 결과적으로 핵심적인 정당 구성원들을 제외하면 대부분의 선거활동의 참여는 매우 제한된다. 또한 표에서도 나타나듯이 점진적으로 정당 가입 수준도 감소하기 때문에 시간이 지날수록 조직화된 선거운동은 쇠퇴하는 경향을 보이는 것이다.

---

7) Patrick Seyd and Paul Whiteley (2002). *New labour's grassroots: The transformation of the Labour Party membership.* New York: Macmillan; Dalton (2008b). 앞의글, 41에서 재인용.

표 7-6 영국의 선거운동 참여의 시기별 변화

<table>
<tr><th></th><th>1964</th><th>1966</th><th>1970</th><th>1974</th><th>1979</th><th>1983</th><th>1987</th><th>1997</th><th>2001</th><th>2003</th></tr>
<tr><td>투표 권유</td><td>3</td><td>2</td><td>1</td><td>2</td><td>2</td><td>2</td><td>2</td><td>2</td><td>–</td><td>–</td></tr>
<tr><td>정당 또는 후보자를 도움</td><td>8</td><td>2</td><td>2</td><td>2</td><td>2</td><td>2</td><td>2</td><td>–</td><td>3</td><td>3</td></tr>
<tr><td>회의 참석(indoors)</td><td>8</td><td>7</td><td>5</td><td>5</td><td>4</td><td>3</td><td>4</td><td>4</td><td rowspan="2">1</td><td rowspan="2">2</td></tr>
<tr><td>회의 참석(outdoors)</td><td>8</td><td>3</td><td>6</td><td>4</td><td>2</td><td>–</td><td>–</td><td>7</td></tr>
<tr><td>포스터 전시</td><td>–</td><td>–</td><td>10</td><td>9</td><td>8</td><td>12</td><td>10</td><td>9</td><td>–</td><td>–</td></tr>
<tr><td>정당 홈페이지 방문</td><td>–</td><td>–</td><td>–</td><td>–</td><td>–</td><td>–</td><td>–</td><td>–</td><td>2</td><td>4</td></tr>
<tr><td>정당 가입</td><td>14</td><td>–</td><td>10</td><td>–</td><td>–</td><td>7</td><td>9</td><td>4</td><td>4</td><td>4</td></tr>
<tr><td>선거유인물 읽기</td><td>46</td><td>49</td><td>53</td><td>51</td><td>56</td><td>49</td><td>49</td><td>62</td><td>69</td><td>–</td></tr>
</table>

* 주: 1964–1974년의 자료는 British Gallup Poll, 2001–2005는 MORI Poll, 1979년 참여 자료와 모든 해의 정당 가입 자료는 British Election Studies.

** 출처: Russell J. Dalton (2008b). *Citizen politics-Public opinion and political parties in advanced industrial democracies*. Washington DC: CQ Press, 42에서 재인용.

3. 국제 비교

1) 투표 참여에 대한 국제 비교

20세기 각국의 민주정부들은 점차 참정권을 확대하기 시작하였는데 영국의 경우는 1918년 여성의 투표권을 인정하였고, 뒤이어 1919년에는 독일이, 미국은 1920년에 여성의 투표권을 인정하였다. 프랑스는 서유럽에서는 가장 지체되어 1944년에 여성에게 투표권을 부여하였다. 1965년 미국의 투표권법(Voting Rights Act)으로 미국은 흑인들의 투표 참여에 대한 남아있던 공식적인 제약들을 모두 철폐하였다. 1970년대에는 미국, 독일, 프랑스, 영국에서 유권자의 나이를 18세로 낮추었다. 이로써 투표권은 실질적으로 모든 성인들에게 확대되었다.

1950년대부터 2000년대까지 한국을 포함한 20개 국가들의 투표율의 양상은 [표 7-7]과 같다. 강제투표제도를 실시하고 있는 호주와 벨기에를 제외하면 독일이나 영국, 프랑스의 투표율이 비교적 높게 나타난다. 특히 독일은

표 7-7 외국의 투표율 수준의 시대적 변화(1950년대-2000년대) (단위: %)

국 가	1950년대	1960년대	1970년대	1980년대	1990년대	2000년대
호 주*	83	84	85	83	82	81
오스트리아	89	90	88	87	77	76
벨기에*	88	87	88	89	84	85
캐나다	70	72	68	67	60	55
덴마크	78	87	86	85	82	83
핀란드	76	85	82	79	70	63
프랑스	71	67	67	64	61	52
서 독	84	83	86	79	74	70
영 국	79	74	74	73	72	58
아이슬란드	91	89	89	90	87	88
아일랜드	74	74	82	76	70	63
이탈리아	93	94	94	93	90	86
일 본	74	71	72	71	67	65
네덜란드	88	90	85	81	73	77
뉴질랜드	91	84	83	86	79	75
노르웨이	78	83	80	83	76	74
스웨덴	77	83	87	86	81	76
스위스	61	53	61	40	36	37
미 국	59	62	54	52	53	53
한 국	91	84	80	90	81	63
20개국 평균	79.75	79.8	79.55	77.7	72.75	69

* 주: 호주와 벨기에는 강제투표제도를 실시하고 있는 국가임.

** 투표율 수치는 영국의 경우 의회선거의 voting-age public(VAP), 미국은 대통령 선거를 기준으로 하며, 2000년도의 값은 VAP가 모든 선거결과에 대해 공개되지 않아 추정치 값임. 한국은 대통령 선거를 기준으로 하며 소수점 첫째자리에서 반올림한 수치.

*** 출처: Russell J. Dalton (2008b). 앞의글, 37에서 수정 작성.

80%에 가까울 만큼의 투표율을 보인다. 위의 국가별 투표율 자료에서 나타나는 또 다른 특징은 시간의 경과에 따라 20개 국가 중 18개 국가들에서 2% 이상의 투표율 쇠퇴를 지속적으로 경험하고 있다는 점이다. 구체적으로는 1960년대 투표율이 가장 높은 지점으로 상승하였다가 그 이후로 하락하고, 1990년대에 가장 현저한 투표율 하락 현상을 보인다. 2000년대의 선거 결과 패턴은 다소 복합적이지만 일반적으로 감소 추세가 지속된다. 가령 영국의 경우 1997년에는 69%였다가 2001년에는 58%로 하락하였고, 2005년에는 약간의 반등세를 보인다. 2004년 미국의 투표율은 5% 가량 증가하였지만 50년대나 60년대의 수준보다는 평균적으로 하회한다.

우리나라 역시 이러한 양상에서 특별히 다르지는 않다. 전반적으로 투표율이 높은 수준의 국가군에 속하지만 그 하락 추세는 매우 가파른 편이다. 특히 1990년대에서 2000년대에 이르는 기간 동안 급격한 투표율 하락을 경험한다.

이와 같은 전반적인 투표율의 하락현상은 여러 가지 요인에 기인한다. 그 중 하나는 미국의 젊은 세대는 투표에 일반적으로 관심이 적은데, 투표가능 연령을 낮추어 젊은 세대가 유권자 수에 많이 포함된 것이 전체 투표율을 낮추게 되는 원인이 된 것으로 해석되기도 한다.[8] 또한 정부와 정당에 대한 신뢰의 하락도 투표율 하락에 결정적인 영향을 미친 것으로 보인다.[9] 이에 대하여 달튼(Dalton)은 투표의 기회가 더 넓어짐에도 불구하고 평균 투표율이 하락하는 것을 역설적(ironic)이라고 표현하면서 이에 대해 '유권자의 피로감(voter fatigue)' 때문이라고 분석한다.

여러 국가 가운데 미국에서의 투표율이 전반적으로 낮을 뿐만 아니라 현저하게 하락하였다. 1970년대 이후로 이러한 현상은 더욱 심화되는데 이는 미국 선거의 유권자 등록 시스템 및 기타 선거 절차 등의 복잡성 때문이기도 하다.[10] 이에 반하여 대부분의 유럽 국가들은 유권자들의 자동 등록 및 갱신이 이루어지고, 주말에 선거를 치른다는 점도 투표율 향상에 기여한 것으로 파악된다. 또한 비례대표 방식(proportional representation)을 채택하는 점 역시

---

8) Martin P. Wattenberg (2007). *Is voting for young people?*. New York: Pearson/Longman.

9) Dalton (2008b). 앞의글, 38, 60.

10) Watternberg (2007). 앞의글.

미국의 다수결 투표(plurality-based single-member districts)에 비하여 투표 참여를 동기화하는 데 기여한다. 호주와 벨기에는 투표를 하지 않으면 정부에 벌금을 물어야 하는 강제투표(compulsory voting: 의무투표) 제도를 시행하고 있고, 기타 유럽의 나라들은 정당간에 정치적 경쟁과 이데올로기적 다양성이 큰 점도 투표율이 상대적으로 높게 나타나는 현상과 관련된다 하겠다.[11)]

2) 항쟁 참여에 대한 국제 비교

역사적으로 항쟁이나 과격한 활동은 좌절과 박탈의 감정에서 발생하는 경우가 많다. 예컨대 기성 정치질서로부터 사회적으로 소외되었거나 억압받는 소수자나 집단들은 공식적인 참여의 통로를 통해서 접근할 수 없기 때문에 항쟁은 하나의 분출구인 것이다. 가령 1980년대 말과 1990년대 초반 동유럽, 동아시아, 남아프리카 및 기타 민주화 국가들에서 민주화 혁명으로 항쟁의 형태가 발생한 것이 그 예이다. 또한 미국이나 프랑스의 이민자 권리에 관한 항쟁 등은 불만족이 집합적 행동을 가져온 또 다른 경우라 하겠다. 즉 시민들이 합법적인 정식 참여 채널을 통해 정치적 영향력을 행사하는 것이 막힐 때 항쟁은 또 다른 선택수단이 되었던 것이다.

그러나 이러한 항쟁의 성격은 오늘날 선진화된 산업 민주국가에서 변화하고 있다. 즉 항쟁의 주체가 사회적 약자에서부터 보다 포괄적인 대상들을 포함하게 된 것이다. 예컨대 소비자들의 산업에 대한 적극적인 모니터나 환경주의자들의 생태학적 문제에 대한 관심의 요구, 노령자들의 시민권에 대한 항쟁 등이 그것으로 항쟁의 참여자나 이슈가 매우 다양화된 것이다. 선진 산업화된 국가에서의 새로운 항쟁의 형태는 기존의 정치 질서를 압도하는 형태가 아니다. 현대의 항쟁은 자신들의 논지가 가장 잘 수용될 시기를 선택하여 정치적 집단들의 활동을 조직화하는 활동으로서 사전에 계획된 것이다. 항쟁은 한때 관습적 정치 참여와는 구분되는 것으로 보기도 하였으나 오늘날은 참여의 범주 속에 일반화되어 포함된다.[12)]

항쟁이나 저항적 활동에 대한 여러 국가들의 참여 수준을 비교하기 위하여 아래에서는 청원에 서명하거나 저항적 시위활동에 참여한 경험 등에 대한

11) Dalton (2008b). 앞의글, 38.

12) 이에 관한 내용은 본서의 3장 참여의 개념을 참고하길 바란다.

자료들을 [표 7-8]에 제시하였다. 왼쪽은 청원서에 서명한 비율로 항쟁의 형태 중 비교적 온건하고 보편적인 형태로서 민주적 기준에서 정치의 관습적 부분에 속한다.[13] 오른쪽 칸은 보다 도전적인 항쟁에 대한 참여 현황으로 합법적 시위, 보이콧 참여, 비공식적 투쟁, 건물점거 방식이 이에 해당한다.

청원서에 서명하는 형태의 항쟁적 참여활동은 대다수의 민주 국가에서는 대중들에게 보편적인 방식이 된 것으로 나타난다. 특히 미국이나 영국 정치에서 청원에 관한 역사는 오래되고 존중되는 유산이라는 점에서 높은 수준으로 나타나고 있다. 그 외에 다른 국가에서도 보편적인 참여 형태로 자리잡고 있다고 볼 수 있다. 한국에서도 지방자치제도의 활성화로 지방정부를 대상으로 한 서명운동이 활성화되면서 서명활동에 대한 참여율은 선진국에 못지 않게 높은 수준으로 나타나고 있다. 한편 보다 급진적인 항쟁 유형 네 가지에 관한 자료에서는 상대적으로 프랑스가 높은 수준이었는데 이는 2/5 이상의 프랑스인들이 적어도 네 가지 항쟁활동 중 하나 이상에 참여했다는 의미를 지닌다. 기타 다른 대다수의 국가에서 급진적인 항쟁에 대한 참여율은 대략 20-30%의 참여도를 보인다. 한국의 경우는 저항적 활동의 참여는 아직까지 높은 수준은 아닌 19% 정도로 집계되고 있지만 지속적으로 증가하고 있는 추세이다.

비록 항쟁은 오늘날 참여의 개념 범주 속에 포함되는 공식적인 참여 형태로 인정받을지라도 그것이 폭력적인 활동과 연계될 때에는 항쟁도 부정적인 측면을 지님을 간과할 수는 없다. 가령 2006년 낙태클리닉 폭파사건이나 파리 교외에서의 2006년 폭동과 자동차 방화 및 기타 미국과 유럽에서의 폭

표 7-8 항쟁적 참여활동의 국가간 비교 (단위: %)

청원서에 서명	참 여 율	저항적 활동에 참여	참 여 율
뉴질랜드	91	그리스	55
스웨덴	87	스웨덴	48
미 국	81	덴마크	46

13) Dalton (2008b). 앞의글, 48.

영 국	79	프랑스	43
호 주	78	네덜란드	40
캐나다	73	벨기에	39
프랑스	68	이탈리아	37
벨기에	68	미 국	36
노르웨이	65	노르웨이	34
스위스	64	독 일	30
일 본	63	호 주	30
아일랜드	60	캐나다	30
네덜란드	59	스페인	29
덴마크	57	뉴질랜드	28
오스트리아	57	영 국	25
이탈리아	53	아일랜드	25
독 일	51	핀란드	22
핀란드	50	스위스	22
그리스	50	오스트리아	21
스페인	28	포르투갈	17
포르투갈	22	일 본	14
한 국	72	한 국	19

* 주: 저항적 활동은 합법적 시위, 보이콧 참여, 비공식적 투쟁, 건물점거 네 항목의 자료.
** 출처: 1999-2002년 European Values Survey/ World Values Survey. Dalton (2008b). 앞의글, 49에서 재인용. 한국 자료는 박대식 외. (2005). 앞의글, 283 자료 활용. 한국의 저항활동 참여율은 저항적 활동 중 항의집단의 시위참여만이 집계된 자료임.

력적인 테러리스트의 활동들은 근본적으로 항쟁활동과는 다른 것이며 수인할 수 있는 정치의 범주를 넘어서는 것이다.[14]

이와 관련하여 [표 7-9]은 비관습적인 행위에 대한 시민의 태도(수용하는 정도)를 국가별로 비교해 놓은 것이다. 여러 나라의 시민들은 비관습적 참여행위로서 항의활동의 필요성은 원칙적으로 인정하면서도 항의행위의 합법성을 강조하는 한편, 폭력을 수반하거나 타인에게 혐오감 또는 과도한 불편을 초래하는 행위에 대하여는 부정적인 반응을 보이는 것으로 파악할 수 있다. 즉, 응답자들은 합법적 항의행위인 청원, 합법적 시위 등에의 수용에는 상당히

14) Dalton (2008b). 앞의글, 52.

높은 긍정적인 응답비율을 보이면서도 보이콧을 제외한 그 외의 항의행위들에 대하여는 상당히 부정적인 응답을 하고 있는 것이다. 특히 개인적 폭력과 기물손상을 수용하는 응답이 극히 저조한 것은 주목할 만한 사실이다. 그럼에도 불구하고 보이콧, 임대차와 관련한 투쟁 등에 대한 수용의 정도가 상당하다는 사실은 참여제도가 참여의지를 충분히 수용하지 못할 때 비제도적인 항의라는 형태의 참여분출이 충분히 예상된다는 것을 알려준다 하겠다.

표 7-9 비관습적 참여행위에 대한 시민태도(수용성)의 국가별 비교 (단위: %)

형태 \ 국가	미 국	영 국	독 일	오스트리아	네덜란드	종 합
청 원	89	82	82	82	92	85.4
합법적 시위	73	65	62	58	80	67.6
보이콧(boycotts)	52	35	36	22	42	37.4
임대차 투쟁(rent strikes)	20	23	13	13	31	20
비공식적 파업	13	13	9	7	20	12.4
건물점거	15	14	6	6	42	16.6
교통방해	7	14	12	17	22	14.4
벽면 구호	4	2	7	7	11	6.2
기물손상	1	1	1	2	1	1.2
개인적 폭력	2	2	3	3	2	2.4

* 출처: Barnes and Kaase et als. (1979). 앞의글, 541-542를 재구성한 것임.

3) 다양한 참여활동에 대한 국제 비교

반즈와 카스 외(Barnes and Kaase et al.)는 정치 참여의 실태에 관하여 국가간 비교연구를 하고 있는데 이들의 조사와 우리나라에서의 참여 실태 조사결과를 종합하여 비교하면 [표 7-10]과 같다. 단, 이 자료는 이른바 관습적인 참여행위에 한정한 것이며, 비관습적 참여행위는 자료의 제약으로 비교대상에서 제외되었다. 다른 나라의 참여 실태가 우리나라의 참여 실태를 평가하는 명확한 기준이 될 수는 없을지라도 국가간의 실태비교는 우리나라에서 앞으로의 참여에 관한 정책방향을 제시해 주는 데 유용한 참고가 될 수 있을 것이다. 표에서 보는 바와 같이 각국의 시민의 정치에 관한 관심(정치에 대한 토론, 정치관련 기사를 읽음)은 전반적으로 높으나 투표를 제외한 실제적 참여활동은 전반적으로 높지 않은 수준으로 나타났다.

우선 피상적으로 볼 때 한국인의 참여는 참여의 선진국이라 할 수 있는 미국을 제외하고는 대체로 다른 나라와 비슷한 수준을 보이고 있다. 특히 투표율은 상당히 높은 수준에 있는 것으로 나타났다. 그러나 이러한 결과가 바로 우리나라의 참여 수준이 선진적임을 나타내 주는 것은 아니다. 오히려 우리의 열악한 참여 여건을 생각할 때, 이러한 결과는 다소 의외이기까지 하다. 실제로 우리는 주변에서 시민참여활동이 너무도 제약되어 있는 것을 많이 보아왔기 때문이다.

그럼에도 불구하고 [표 7-10]에 나타난 결과를 지나치게 경시하는 것도 옳은 태도는 아니다. 실제로 선후진국을 막론하고 투표활동 이외의 참여활동은 우리나라에서와 같이 전반적으로 제약받고 있거나 과소한 것이 일반적인 현실이라 할 수 있기 때문이다. 물론 앞으로 추가적인 비교연구를 통하여 질적·양적 측면의 객관적인 평가에 기초하여 비교론적인 시각에서 우리나라의 참여 실태를 평가해 볼 수 있을 것이다. 다만 우리나라의 참여 수준의 비교론적 실태가 어떠하던지간에 위에서 본 바와 같이 투표행위를 제외한 시민참여활동의 전반적인 과소현상을 여하히 개선하느냐 하는 것은 우리에게 중요한 과제임은 틀림이 없을 것이다.

이와 관련하여, 참여 수준이 낮은데 대하여 반드시 비관적인 시각으로 볼 필요는 없을지도 모른다. 왜냐하면 수정론자들이 주장하듯이 저조한 참여는 오히려 시민의 만족한 상태를 나타내주는 것인지도 모를 것이기 때문이다. 즉, 저조한 참여는 허쉬맨(Hirschman)의 표현을 빌자면 정부에 대하여 목소리(voice)를 높일 필요가 없는 상태를 간접적으로 나타내 주는 것일 수도 있을 것이다.[15] 그러나 이러한 해석에는 주의를 요한다. 첫째, 시민이 참여를

15) Albert O. Hirschman (1970). *Exit, voice, and loyalty: Responses to decline in firms, organizations, and states*. Cambridge: Harvard University Press.

표 7-10 • 시민참여 실태에 관한 국가간 비교 (단위: %)

형태 / 국가	한국(A), (B)	미국	영국	독일	오스트리아	네덜란드	종합
선거에서의 투표	87	68	73	90	89	76	80.5
신문에서 정치에 관한 기사를 읽음	-	74	66	73	58	59	66.0
정치에 관한 토론	45(A), 38(B)	64	46	43	45	52	48.6
청원 서명	-	58	22	31	34	21	33.2
지역문제를 위해 일함	17(B)	36	17	14	14	18	19.3
공직자와의 접촉	12(A)	27	11	11	12	13	14.3
특정 후보에 투표하도록 권유	35(A), 17(B)	19	9	23	17	10	17.3
정치집회에의 참석	53(A), 13(B)	18	9	22	18	6	17.7
특정 정당이나 후보자를 위한 선거운동	11(A), 8(B)	14	4	8	5	3	7.3

* 자료출처: 한국(A)는 박동서, 김광웅. (1987). 앞의글, 105; 한국(B)는 신도철 외. (1990). 앞의글, 183임. 나머지 자료의 출처는 Barnes and Kaase et als. (1979). 앞의글, 541-542을 재구성한 것임.

하지 않는 이유는 만족하기 때문에 그러하기도 하겠지만 만족하지 않는 경우에도 비참여 경향은 나타날 수 있다. 이는 시민들이 정부에 대하여 불만이 있는 경우에도 명시적으로 주장(voice)하기보다는 회피(exit), 충성(loyalty), 또는 무시(neglect) 등의 다른 대안을 강구할 수 있을 것이기 때문이다.

둘째, 과소참여현상은 불만족에 따라 참여하고자 하여도 참여 여건이 조성되어 있지 않기 때문일 수도 있다.[16] 기본적으로 서구제국과 같이 정치체제가 관심 있는 시민에게 열려 있고, 참여를 위한 다양한 제도가 확충되어 있으며, 시민은 자유롭고 압제받지 않는다는 전제조건이 성숙된 경우에는 수정론자들의 주장은 제한적이긴 해도 일응 설득력이 있다 하겠다. 그러나 우리

16) 박동서, 김광웅. (1987). 앞의글, 107.

나라에서와 같이 그러한 조건들이 성숙되어 있지 못한 경우에 그러한 주장은 설득력이 매우 약한 것으로 판단된다. 즉, 우리나라의 경우 과소참여는 만족의 표현이기보다는 불만의 표현 내지는 참여 통로의 제약을 간접적으로 시사해 주는 것으로 보아야 하는 것이다. 그리고 그렇기 때문에 참여 활성화를 위한 인위적 노력은 우리에게 있어 절실하다 할 것이다.

한편, 위의 표에 나타난 바와 같이 비교론적인 시각에서 볼 때 우리나라의 참여 수준은 크게 문제시되지 않는다고도 볼 수 있으므로, 이에 기초하여 참여 활성화 노력에 대하여 소극적인 주장이 있을 수도 있겠다. 그러나 그와 같은 판단은 매우 피상적이라 생각된다. 같은 수준의 참여활동이라 하더라도 민주주의의 역사가 짧은 우리의 경우에는 참여의 내용에 있어서는 선진국과 비교하여 많은 차이가 있기 때문이다. 우리나라의 참여가 건설적이기보다는 저항적이고, 예방적이기보다는 사후교정적이며, 시민주도적이기보다는 정부주도적이며, 또한 제도화 수준이 낮다는 등의 지적은 이를 잘 말해주는 것이다.[17] 그리고 그러한 점에 있어서 참여의 활성화는 우리에게 필요한 과제인 것이다. 다만, 문제시되는 것은 여하히 신장된 참여가 공익과 조화될 수 있느냐 하는 것이라 하겠다.

위의 자료는 1970-80년대 자료인바, 1980년대 이후부터 1990년대 말까지의 다양한 참여 양식에 대한 한국과 다른 국가와의 비교 조사는 [표 7-11]의 World Survey Value의 조사 결과를 통해 종합적으로 확인할 수 있다. 주로 항쟁 및 조직 참여에 기반한 현황 자료이다.

표 7-11 한국과 서구의 참여 실태 비교 (단위: %)

	한 국			서 구		
	1981	1990	1996	1981	1990	1996**
정치적 관심층	48.1	72.9	61.9	34.2	53.4	54.5
서명운동 참여	19.9	42.0	39.8	46.4	54.8	56.3

17) 김홍기. (1987). 앞의글, 527.

불매운동 참여	2.3	11.3	**46.5**	9.0	12.8	17.7
시위참여	7.1	19.8	14.5	16.1	19.3	22.2
파업참여	1.6	-	3.9	3.8	8.3	4.7
농성참여	1.8	10.7	2.3	1.2	1.4	1.5
노동조합	5.4	8.6	10.9	22.6	27.3	35.9
정당	2.6	6.5	11.8	9.6	10.4	17.8
환경단체	2.7	4.2	**25.0**	3.9	6.1	12.3
봉사단체	4.4	12.0	**32.3**	10.4	8.7	23.5

* 출처: 주성수. (2003). "참여시대의 시민, 정부 그리고 NGO." 시민사회와 NGO, 5에 인용된 World Values Survey.

** 여기서 서구는 서독, 스페인, 미국, 노르웨이, 스웨덴, 핀란드 6개국이고, 일부 국가는 1995년 혹은 1997년임.

위의 표에서 나타나는 점은 1980년대와 1990년대 시민참여는 한국과 서구를 막론하고 폭발적으로 증가해 왔다는 점이다. 특히 서명, 시위, 불매운동 등 신사회운동의 직접 행동에 대한 참여가 증대되고 있는 추세이다. 노조와 정당 소속도 크게 늘었지만, 특히 환경단체와 봉사단체의 회원증가는 가히 폭발적이라 할 수 있다.[18)]

18) 시민단체인 환경단체나 봉사단체의 소속 회원만으로는 서구에 비해 10% 가량씩 높은 것으로 나타나 있지만, 이는 회원으로만 등록된 명목적 참여를 고려하지 못한 수치라는 점에서 한계가 있다. 명목적 참여가 아닌 실제 활동하는 시민의 수준은 각기 6.2%로 환경단체 활동은 서구보다 높지만, 봉사단체 활동은 아직 저조한 참여 수준을 보인다. 이에 대한 설명은 주성수. (2003). 앞의글, 5.

Ⅱ 참여의 전개
CITIZEN PARTICIPATION

1. 신사회운동

1) 사회운동(Social Movement)의 개념

사회운동은 라슈케(Raschke)에 의하면 고도의 상징적 통합, 그리고 여기에 기인한 지속성과 여러 종류의 하부조직을 통한 역할 분담을 특징으로 하고, 이를 통해 의도적으로 사회적 변화를 이루기 위해 또는 경우에 따라 사회적 변화를 방해하려는 집단적 행동을 의미한다.[19] 때문에 사회운동에 포함되는 주요 개념적 요소는 조직화 즉 조직을 기반으로 하고, 의도적인 활동이 있어야 하며, 주요 활동 내용은 사회의 변화와 관련된다.

사회운동은 목적 달성의 성공과 실패에 따라 그 존립이 영향을 받게 되고, 추가적인 활동의 역량도 달라지게 된다는 점에서 사회운동은 결코 영속적인 형태가 아닌 '창발적 · 임시적(emergent)'인 특징을 지닌다.[20]

2) 사회운동의 설명모형

(1) 전통이론

사회운동의 전통적 접근방식은 1960년대 사회심리학적 이론에 의거하는 것으로 집단행위를 사회적 변화에 대한 좌절과 일탈 등에 기인한 것으로 파악한다.[21] 대중사회론, 지위불일치, 집합행동론, 상대적 박탈이론 등이 이러한 흐름과 이론적 맥락을 같이한다. 즉 경제적 또는 사회적 상황에 대한 상대적 박탈감이나 좌절이 정치폭력을 유도한다는 것이다. 가령 1960년대의 인권시위는 이와 같은 불만모델에 의해 해석되는데, 흑인들의 기대가 현실보다 급격히 팽창하면서 흑인들이 저항하게 된다는 것이다. 즉 사회운동은 사회적

19) Joachim Raschke (1988). *Soziale Bewegungen*. Ein historisch-systematischer grundriβ, Frankfurt am Main/New York, 77 재인용. 신율. (1999). "독일에서의 사회운동, 신사회운동과 정당." 국회학술회의 발표자료, 76.

20) Susan S. Fainstein and Norman I. Fainstein (1985). "Economic restructuring and the rise of urban social movements." *Urban Affairs Quarterly* 21(2), 189.

21) 이러한 입장에서 사회운동을 분석하는 이론은 소위 시카고학파에 속하는 학자들이다.

병리의 증후로 유대감의 상실에 의한 현상으로 보는 것이다.

일부의 과격한 사회운동을 설명하는 데 있어 상대적 박탈감과 같은 접근 방식은 상당한 이론적 가치가 있음에도 불구하고 새로운 사회운동 현상의 본질에 근접하는 데에는 한계가 있다.[22] 가령 뮬러(Muller)는 1960년대 후반 정치적 행동주의자들에게서 상대적 박탈모형의 연관성을 매우 미약하고 비선형적인 수준에서만 발견하였고, 반즈와 카스 등(Barnes, Kaase et al.)도 상대적 박탈감은 저항참여 성향에 단지 주변적인 영향만을 미친다는 것을 보여주었다.[23]

(2) 자원동원이론

자원동원이론은 1960년대 미국에서 등장한 것으로 사회운동의 활성화에 대하여 불만과 같은 사회심리학적 범주 중심의 사회운동 해석을 거부하면서 조직의 제 형태, 의사소통 양식의 중요성을 부각하는 조직론적 접근을 시도한다.[24] 즉 정치적 불만과 사회적 갈등은 모든 사회에 내재하는 것이며, 따라서 사회운동의 형성 여부는 그러한 이해관계의 존재 그 자체가 아니라 그러한 잠재력을 동원하는 조직의 창출에 달려 있다고 가정한다. 자원동원이론을 제시하는 연구자들은 조직, 이익, 자원, 기회, 전략 등의 객관적인 변수를 가지고 사회운동의 특성을 파악하고자 한다. 때문에 사회운동은 사회운동조직, 활동가의 자원추출능력과 자원활용능력, 기회구조의 변화에 따른다. 사회운동의 자원이란 재원의 규모, 전문가 및 멤버십의 규모, 제도적 차원의 자원 등을 의미한다. 즉 운동에 투여할 수 있는 재원의 규모가 클수록, 전략적 사고와 지식을 제공할 수 있는 지적 자원이 풍부할수록, 운동에 참여하고 지지하는 멤버십과 봉사자가 많을수록 사회운동은 활성화된다.[25]

22) Russell Dalton and Manfred Kuechler (1990). *Challenging the political order - New social and political movements in western democracies*. Cambridge: Polity Press. 박형신, 한상필 역 (1996). 「새로운 사회운동의 도전」. 한울아카데미, 23.

23) Edward Muller (1972). "A test of a partial theory of potential for political violence." *American Political Science Review* 66, 928-959; Samuel M. Barnes, Max Kaase, et al. (1979). *Political action: Mass participation in five western democracies*. Beverly Hills, CA: Sage Publications, Ch. 13, 14.

24) J. C. Jenkins (1983). "Resource mobilization theory and the theory of social movements." *Annual Review of Sociology* 9, 528-530

25) John MaCarthy and Mayer Zald (1987). "Resource mobilization and social movements: A partial theory." in Zald, Mayer/John McCarthy (eds). *Social movements in an organizational society*. Transaction Books, New Brunswick(US) and Oxford(UK) 재인용; 김용철. (2008). "정보화시대

자원동원을 통한 사회운동의 주요 전략은 두 가지로 요약할 수 있다. 하나는 설득의 방법으로 정보의 제공, 재정적 지지, 투표, 언론매체, 설득의 방법이고, 다른 하나는 항의 전략으로 보이콧, 시위, 투쟁 등이다. 요컨대 자원동원이론은 어떻게 조직이 형성되고, 대중의 지지가 동원되고, 조직행동이 전개되며, 정치적 전술이 결정되는가에 대한 통합이론을 제시한다.

자원동원이론의 접근방식은 미국의 사회운동 연구(새로운 사회운동 포함)에 광범위하게 채택되었다. 가령 프리만(Freeman)은 미국의 여성운동을 자원동원 관점에서 분석하며, 다양한 여성단체들의 목표와 조직구조간의 연관관계를 연구하였다. 자원동원이론은 농장 노동자운동에서부터 버스통학 반대운동, 사냥금지운동, 그리고 음주운전 반대 어머니회에 이르기까지 광범위하게 적용되었다.[26]

자원동원이론은 자원 동원의 관점에서 사회운동행위의 다양한 측면들을 설명하게 되었다는 점에서 기여한 바가 크다. 하지만 이론의 비정치적(apolitical) 성격 때문에 새로운 사회운동에서 무엇이 새로운가를 파악하지 못한다는 점은 한계로 작용한다. 즉 자원동원이론은 사회운동의 정치적 또는 이데올로기적 내용에 무관심하여 매우 다른 정치적 및 이데올로기적 범주의 모든 조직들에 기계적으로 적용하고 있는 것이다.[27]

(3) 신사회운동

신사회운동은 1960-70년대 유럽에서 발생한 것으로 이데올로기적 요소에 보다 중요한 역할을 부여하고 있다는 점에서 자원동원이론의 접근방식과 차이를 이룬다. 특히 신사회운동은 기존의 정치중심적 계급운동이나 노동운동과는 달리 후기 자본주의 사회의 복잡성 증대와 분화의 고도화에 대응해서 나타나는 새로운 양식의 운동이다.[28] 신사회운동은 엘리트들의 논쟁에서 대중운동으로 확대되고, 그같은 참여의 확대와 함께 논쟁의 내용도 협소한 이데올로기적 담론을 넘어서게 된다.[29] 즉 전통적인 경제문제나 계급문제를 넘

의 사회운동: 온라인 사회운동의 유형과 특징.” 「사이버커뮤니케이션학보」 25(1), 8.

26) Jo. Freeman (1975). *The politics of women's liberation*. New York: Longman; 러셀 J. 달튼. 박형신 역 (1996). 앞의글, 27에서 재인용.

27) 러셀 J. 달튼. 박형신 역 (1996). 앞의글, 27.

28) 알베르토 멜루치 (1993). 정수복 편 「새로운 사회운동에 대한 이론적 접근」, 서울: 문학과지성사, 151.

어서 사회의 근대화 과정에서 발생한 새로운 사회적·문화적 이슈와 삶의 질과 같은 문제에 정치적 관심을 기울이기 시작하였다. 시민들이 이해표출방식을 전통적인 양식으로부터 좀더 참여적인 정치적 양식으로 전환함에 따라 새로운 형태의 정치행동이 전개되었다. 주요 내용은 평화운동, 여성운동, 학생운동, 생태 및 환경운동, 지역자치운동을 포함하며, 해방의 잠재력을 구현하기보다는 시민사회에 바탕한다는 점에서 사회운동과 차별화된다. 또한 환경운동조직, 페미니스트 단체, 평화운동 조직, 기타 새로운 사회운동단체 등의 다양한 형태에 기반하고 있다. 즉 신사회운동은 사회경제적으로 불이익을 받는 사람들이나 억압된 소수집단으로부터 분출된 운동이 아니라 목적을 공유하는 광범위한 사회집단들로부터 지지를 받는 활동이다. 때문에 신사회운동은 집단에 토대한 정치적 분열에서 가치 및 이슈에 기초한 분열로의 전환을 의미하기도 한다. 또한 하나의 확고하고 명확하게 경계지어진 사회적 토대가

표 7-12 사회운동과 신사회운동의 비교

	사회운동	신사회운동
이데올로기 차원	운동 이데올로기에 이론적 바탕을 둠	특정 이데올로기에 이론적 바탕을 두지 않음
목적과 주제	비교적 단일하고 선명	목적과 주제가 다양하며, 이슈도 빠르게 변화
조직적 기반과 구조	- 조직적 측면에의 의존도가 높음 - 중앙집권적 위계구조	- 조직 개념이 미약 - 관료적 요소가 상대적으로 배제됨 (분권적, 개방적, 민주적 구조 선호)
지도자의 역할	매우 중요	지도부 역할이 상대적으로 미미하고, 지도자의 역할도 비교적 적음
행동방식	비교적 일정	행동양태에서 매우 다양함
연 합	-	독자적인 신사회운동들간의 연합이 용이하고, 다양한 커뮤니케이션 수단이 존재

* 출처: 신율. (1999). 앞의글, 78 재구성.

29) 러셀 J. 달튼. 박형신 역 (1996). 앞의글. 한울아카데미, 18.

존재하지 않는다는 것은 참여자들이 정치적 맥락과 개인적 상황의 변화에 따라 연대와 이탈을 거듭하게 되고, 따라서 신사회운동의 성원의식 역시 매우 유동적인 경향을 지님을 의미한다. 사회운동과 구별되는 신사회운동의 특징은 [표 7-12]에 기술된 바와 같다.

2. 도시사회운동

도시사회운동(urban social movements)은 공동체에 기반한 활동에 뿌리를 두고, 활동의 대상이 지방정부인 사회운동의 한 유형을 의미한다.[30] 도시사회운동은 인종, 집합적 계급, 지형적으로 유사한 집단으로 구성되어 문화적 공동체를 양산한다. 때문에 이처럼 영토적 동질성에 기반을 둔 활동은 강력한 영향력을 발휘하는 경우가 많다. 도시사회운동은 민간 지주에 대한 투쟁에서부터 자조와 자율적 공동체에 대한 노력에 이르기까지 지방정부를 반드시 대상으로 할 필요는 없지만 거의 대부분의 도시사회운동은 도시 공동체의 서비스, 정책, 재개발에 대한 활동이라는 점에서 지방정부를 대상으로 하는 경우가 많다.

도시사회운동은 주로 세 가지의 형태를 갖는다. 첫째는 도시사회운동을 통해 공동체의 통제력, 분권화, 주정부 운영에 대한 정치 참여에 대한 요구를 하는 경우이다. 이러한 경우 지방정부와 도시사회운동은 정치적 권력의 분배와 관련한 갈등을 겪게 된다. 둘째, 도시사회운동은 학교, 공공주택, 보건 서비스 등의 집합적 소비재에 대한 요구의 형태를 띠는 경우가 있다. 셋째는 지역 공동체의 수호와 관련된 이슈에 대하여 발생하는 것으로 주정부의 간섭과 영향력으로부터 지역의 물리적·문화적 통합을 보호하고자 하는 노력이다. 가령 주정부가 지역에 혐오시설의 입지나 유해한 정책, 고속도로 건설이나 도시재건 계획을 수립하는 것과 같은 형태의 이슈들이 이에 해당한다.

도시사회운동은 지방정부와의 갈등 과정에서 정부 프로그램이나 정치 기관의 특성에 따라 스스로 생겨나는 것이기 때문에 일상적인 정치 상황과 구별하는 것이 가능하지 않다. 대부분의 자유민주주의 국가들은 정규적인 통로로 집합적 수요를 수용할 역량을 지니고 있기 때문이다. 하지만 미국의 경

30) Fainstein and Fainstein (1985). 앞의글, 189.

우 전후 경제적 전환이나 정치적 요인 등의 결합에 의해 도시사회운동이 발생하게 된 객관적 상황 등은 몇 가지로 정리해 볼 수 있다.[31)]

첫째, 생산의 특성과 지역뿐 아니라 노동의 분업상의 변화는 이주와 정착의 패턴을 변화시켰다. 1950년대 미국 남부지역 농업의 자본화는 흑인들을 북부지역 도시로 이주하게 하였고, 동시에 백인들은 빠르게 교외지역으로 옮겨가게 되었다. 미국 도시들은 1960년대와 70년대 제조업 관련 산업 기반을 상실하고, 이러한 상황은 중요한 도시사회운동의 기저를 제공하였다.

둘째, 도시의 경제적 기능이 변화하면서 제조업 중심의 도시들이 금융 및 서비스 경제로 전환되기 시작하였고, 이에 따라 도심지의 노동자 계급의 주거지역이 점차 대규모 고급 주택과 현대식 식당, 거대 사무실로 변화되었다. 이러한 도시 개발에 있어서 지방정부는 변화의 직접적 추진자로서 자본을 보조하고 지원하였다. 하지만 주택의 부족으로 갈 곳을 잃은 주민들은 도시 재개발에 저항하였고, 재개발 이슈와 관련한 사회적 운동을 만들어 내었다.

셋째, 일부 도시에서는 주택 부족 문제가 발생하고, 주택위기 문제는 정치화되었다. 공공주택의 공급에 대한 의존도가 증가함에도 불구하고, 정부의 보조금은 높아지는 수요를 충족하기에 턱없이 부족하여 사회적 운동으로 비화된 것이다. 이러한 현상은 프랑스, 이탈리아, 라틴아메리카 등의 도시에서도 찾아볼 수 있다.[32)]

31) Fainstein and Fainstein (1985). 앞의글, 190.

32) M. Castells (1983). *The city and the grassroots*. Berkeley: Univ. of California Press.

CHAPTER 08

참 여 자

Ⅰ. 참여자 동기

Ⅱ. 시 민 성

Ⅲ. 시민의식 관련개념

Ⅳ. 사회경제적 지위

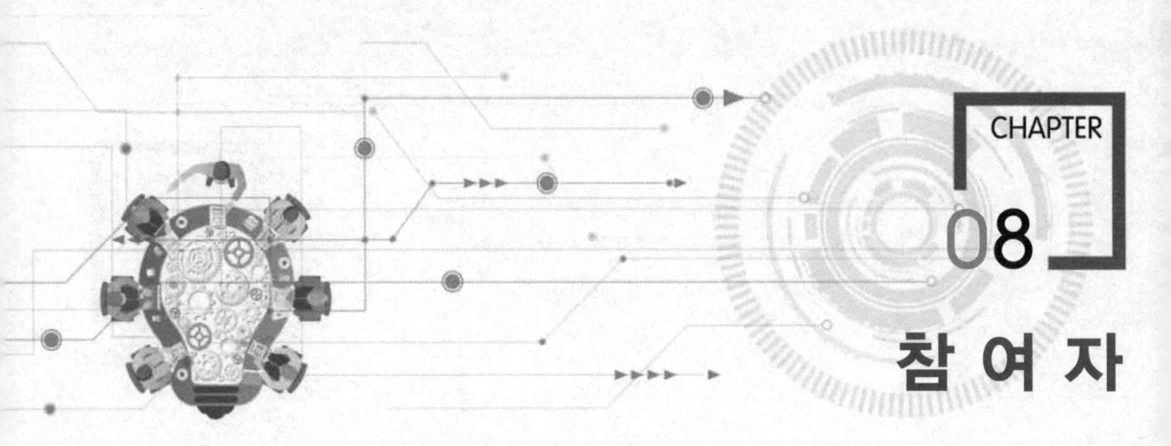

CHAPTER 08 참여자

I 참여자 동기

CITIZEN PARTICIPATION

1. 참여자 동기의 의의

일반적으로 동기(motivation)라 함은 어떤 목표성취를 지향하는 인간행동을 촉발하고 그 방향을 설정하고 지속시키는 정신적인 힘 또는 정신작용의 과정을 지칭한다.[1] 참여 역시 참여하고자 하는 동기가 있어야만 한다. 참여 동기란 무엇인가? 참여를 정부에 영향력을 행사하기 위한 활동이라고 할 때, 참여 동기란 정부에 영향력을 행사하기 위해 활동하고자 하는 정신적인 힘을 의미한다. 참여자의 동기는 참여의 유무와 내용 및 강도를 결정함에 있어 영향을 미치는 매우 중요한 요소임에 틀림없다. 물론 참여라는 개인의 행태를 유발하는 데에는 동기만이 영향을 미치는 것은 아니다. 앞에서 언급한 바와 같이 사회적 요인, 정부의 대응방식, 제도적 요인, 매개집단, 권력구조 등 다

1) 오석홍. (2005).「조직이론」. 서울: 박영사, 148.

양한 측면 역시 참여에 영향을 미치며 동기는 참여의 다양한 영향요인 중 하나일 뿐이다. 그러나 참여활동이 이루어짐에 있어서 개인의 참여 동기는 활동을 위한 심리적 기초를 형성한다는 점에서 중요하다.

시민의 참여 동기는 개인의 자아실현 욕구의 발현이라는 측면에서 보면 당연한 것일 수 있지만 합리적 선택의 관점에서 보면 반드시 그런 것은 아닌 것 같다. 왜냐하면 합리적 판단을 하는 개인이 집합의 공익적 목적을 달성하기 위한 참여활동을 하는 것은 비합리적이기 때문이다. 앤서니 다운즈(Anthony Downs)와 맨서 올슨(Mancur Olson)[2]의 연구 이전에는 시민참여에 관한 주요 이슈가 시민의 무관심과 냉담함(apathy)이었다면 합리적 선택이론은 참여에 대한 시민의 무관심과 냉담함의 이유를 개인의 합리성 때문인 것으로 설명한다.[3] 그러나 이들 이론은 오늘날 수많은 시민들이 여전히 투표에 참여하고, 집합적 목적을 달성하기 위한 자발적 행위가 일어나고 있는 것에 대해 설명하지 못한다. 이렇듯 합리적인 개인일지라도 참여활동을 할 수 있다는 점은 참여자의 동기가 경제적으로 합리적인 이익에만 국한한 것이 아니며, 경제적 이익을 포함한 여타 동기들이 작용하는 것으로 볼 수 있다.

이러한 관점에서 이하에서는 숄츠만 등(Schlozman et al.)의 연구를 중심으로 시민이 참여하게 되는 동기에 대하여 논의하고자 한다.[4]

2. 참여자의 동기 유형

시민이 참여하게 되는 이유는 전술한 바와 같이 개인의 합리적 계산을

2) Mancur는 발음대로 하면 맨커지만 그의 제자가 맨서라고 하며 여기서는 그렇게 부르기로 한다.

3) Downs의 관점에서 보면 개인이 투표참여를 통해 선거의 결과에 미치는 영향력이 미미하다면 투표행위는 합리적이지 않은 것이며, Olson 역시 집합적 목표인 공공재의 개선이나 공급에 개인의 자원인 시간, 돈, 노력을 쏟아붓는 것은 비합리적이므로, 합리적인 개인이라면 타인의 노력에 무임승차하려 한다는 것이다. Kay Lehman Schlozman, Sidney Verba and Henry E. Brady (1995). "Participation's not a paradox: The view from American activities." *British Journal of Political Science* 25(1), 1-2.

4) Schlozman et al. (1995). 앞의글. 본서에서는 집합적 참여에 대한 동기를 다룬다. 집합적 참여를 대상으로 참여의 동기를 논하는 이유는 집합적 참여가 아닌 관료와의 개인적 접촉, 특히 특정적 목적의 접촉은 자신이나 가족의 문제를 해결하기 위한 것이라는 점에서 합리성이 우선시되는 부문이기 때문이다.

포함한 다측면적 요소들을 함축하게 될 것인바 이하에서는 참여자의 동기를 참여하는 개인만이 누리게 되는 선별적 보상(selective gratification) 관점에서의 동기와 참여하지 않는 사람도 비배타적으로 편익을 향유할 수 있게 되는 집합적 보상(collective outcomes)의 동기로 구분한다.[5)]

1) 선별적 보상 동기

선별적 만족을 위한 참여 동기는 참여를 통해 개인이 얻을 혜택의 관점에 주목하여 발생하는 동기이다. 여기에서 참여를 통해 얻게 되는 편익은 물질이나 유형적 측면에 국한되지 않고 무형적이거나 심리적으로 개인이 얻을 수 있는 보상까지 포함한다. 이 관점에서 참여는 개인이 사익을 달성하기 위한 도구로 본다.

선별적(배타적) 보상은 특히 조직참여에서 발생하는 참여의 역설문제와 관련하여 등장하였다. 즉 정당이나 이익집단과 같은 조직참여에서 개인의 기여로 발생하는 결과는 집합재의 성격을 가지고 있어서 조직구성원들은 무임승차자가 되려는 집단행동의 모순이 발생할 여지가 크다는 것이다(Olson, 1965). 특히 구성원들에게 분배되는 몫이 작은 대규모 조직은 무임승차자가 되고자 하는 유인을 가진 개인으로부터 적극적 헌신을 이끌어내는 것이 조직의 가장 큰 관심인바, 조직이 제공해야 할 유인체계에 관하여 연구가 이루어져 왔다. 이러한 측면에서 조직이 구성원의 참여를 유발하기 위해 사용할 수 있는 유인체계에 대하여 에치오니(Etzioni)는 세 가지 유인체계, 즉 경제적 보상(economic rewards), 규범적 보상(moral rewards), 강제적 수단(coercion) 등을 제시하였다.[6)]

조직이 제공하는 경제적 유인은 개인의 참여 동기로서 숄츠만 등(Scholtzman et al.)이 제시한 선별적·물질적 편익(selective material benefits)과 관련된다. 참여하는 사람만이 얻을 수 있는 물질적 혜택으로서 참여활동을 통해 직장을

5) 여기서 사용하는 선별적(selective)이라는 용어는 참여하는 사람만이 얻게 되는 배타적 이익을 의미한다. 일반적으로 합리적 선택이론가들이 생각하는 참여는 공공재와 같이 사회 전체적으로 편익이 배분되는 형태를 가정하기 때문에 무임승차자 문제를 고려하나 참여에는 이와 같이 참여하는 사람에게만 부여되는 배타적 이익도 있으며, 이러한 측면들이 개인의 경제적 동기로 작용하게 되는 것이다.

6) Amitai Etzioni (1975). *A Comparative Analysis of Complex Organizations*. New York: Free Press.

얻거나, 경력 향상을 꾀하거나, 공직 출마나 정부 부문에 진출하기 전 경력과 인맥 확보를 얻는 것과 관련된다. 이러한 물질적 이익을 추구하는 개인들에게는 선별적 보상으로 동기가 부여될 수 있을 것이다. 이와 같은 경제적 동기에는 그 외에도 개인이나 가족의 문제를 해결하는 데 조직을 활용하거나 기관(교회 등)이 제공하는 레크레이션 활동이나 서비스 등의 배타적인 물질적 편익을 누리고자 하는 등의 사익적 편익에 대한 기대 등도 포함된다.

선별적 보상의 내용에는 유형적 편익에서 더 나아가 참여를 통해 사회·심리적인 무형적 편익을 얻는 것도 포함될 수 있다. 예컨대 타인과 함께 일함으로써 사회적 욕구를 충족시키고자 하거나, 정치에 대한 흥미를 얻고자 하는 것, 중요하고 영향력 있는 사람들을 만날 기회를 얻는 등의 자기발전의 기회는 참여자만이 누릴 수 있는 선별적·사회적 편익(selective social gratifications)에 해당한다. 시민들은 공동체의 정책결정에 참여함으로써 자신과 자신의 집단을 초월하는 공동체에서의 역할과 의무도 배우게 된다.[7] 조직이 구성원으로 하여금 참여하도록 하는 유인체계로서 규범적 보상은 개인에게는 참여로 파생되는 심리적 만족감의 동기로 작용할 수 있다. 즉 시민으로서의 의무를 다하고, 자신의 몫을 다한다는 보람을 느끼며, 공동체나 국가를 더 살기 좋은 곳으로 만들 수 있다는 심리적 의식 및 정치효능감 등과 관련된다. 이와 같은 선별적·시민적 만족은 참여하는 사람만이 느낄 수 있는 것으로 시민은 참여를 통해 사적 시민을 초월하여 공적 시민으로 인식하고, 행동하며, 그에 대한 만족을 느낄 수 있는 등 자아실현의 심리적 만족이 동기로 작용하게 된다.

이에 비하여 조직이 부여하는 강제적 수단이 참여의 동기가 되는 경우는 그다지 보편적이지 않다. 참여라는 행위는 대체로 개인의 자발성에 기초하기 때문이다. 이러한 까닭에 비참여에 대한 처벌이 어렵고, 제재로 참여를 동기화하는 방법은 매우 불명확하다. 특히 조직의 규모가 클수록 참여에 대한 제재는 어려워지게 된다.[8] 다만 자신이 속한 공동체나 집단의 사회적 규범이나 분위기에 의하여 참여를 결정하거나, 주변의 권유 등에 기인하는 경우는 어느 정도 강제적 수단이 작용할 수 있다. 그러나 그마저도 개인의 자유에 기반

7) Craig A. Rimmerman (1997). *The new citizenship-Unconventional politics, activism, and service.* WestviewPress, 19–20.

8) Paul F. Whiteley (1995). "Rational choice and political participation. Evaluating the debate." *Political Research Quarterly* 48(1), 214.

한 선택에 의하여 이루어진다는 점에서 강제적 동기라기보다는 사회 규범적 유인에 더 가깝다 하겠다. 강제적인 참여 형태로는 한때 네덜란드, 벨기에, 호주, 이탈리아, 그리스 등의 라틴아메리카 등지에서 채택했던 강제(의무)투표 제도(compulsory voting) 정도를 들 수 있다. 다만 강제투표의 경우에도 제재의 내용이나 수준이 강하지 않았다는 점에서 참여에 대한 강압적 동기로 작용하였으리라고 보기는 어렵다.

이와 같은 배타적 만족을 얻기 위한 개인의 참여 동기는 유형적인 것뿐만 아니라 사회심리적인 무형적 요소를 포함하는 것으로 참여하는 사람들만이 얻을 수 있는 편익이라는 점에서 무임승차자 문제를 뛰어넘어 개인이 적극적으로 참여하고자 하는 동기를 형성하게 된다.

2) 집합적 보상 동기

개인의 참여 동기는 반드시 배타적 유인체계를 전제로만 하는 것은 아니며 참여의 결과가 사회 전체적으로 공유되는 것일지라도 개인에게 충분히 만족스러운 내용을 담고 있는 경우 집합적 결과(collective outcomes)가 개인의 참여 동기로 작용하게 된다. 예를 들면 바람직한(공익에 가까운) 정책의 입안이나 집행 또는 선호하는 후보의 당선으로부터 오는 만족감 등이 이와 관련된다. 또한 물질적으로는 자발적 참여를 통해 세금 절약 등의 공공예산 감축을 기할 수 있는 경우가 있는데 이는 '그림자 보수(shadow wage)'로 표현되며, 정부과정에 대한 참여를 통해 서비스의 비용 증가를 줄이거나 막아서 세금낭비를 피할 수 있게 되는 경우를 의미한다.[9] 합리적 선택이론의 관점에서는 집합적 보상은 무임승차자 문제를 발생시킬 가능성이 비교적 높은 부문으로 보지만 오늘날 합리적 선택이론을 수정하는 접근법들에서는 정책에 영향을 미치고자 하는 욕구나 공익을 달성하고자 하는 태도 역시 충분히 참여활동을 동기화할 수 있는 것으로 나타나고 있다.

이상에서 볼 때, 개인의 참여에는 다양한 동기가 복합적으로 작용하지만 그 중에서도 선별적 보상 동기, 그 중에서도 사익추구의 동기(물질적·심리적)가 참여활동에 중요한 영향 요인인 경우가 일반적인 것 같다. 그러나 시민의

9) T. F. Stinson and J. M. Stam (1976). "Toward an economic model of voluntarism: The case of participation in local government." *Journal of Voluntary Action Research* 5(1), 52-60.

참여 동기가 사익추구적인 것이라 하여 참여에 대하여 회의적 관점을 취해서는 곤란하다. 개인이나 집단이 배타적 이익을 추구하는 과정에서 공익에 근접하게 될 가능성도 상당히 존재하기 때문이다. 특히 규범적·심리적 차원의 보상을 추구하고자 하는 동기로 유발된 참여활동에는 참여 결과에 있어 집합적 이익을 추구하는 경우가 많다. 다만 이러한 동기 요인을 감안할 때 사익추구적 성향에 기인한 편파적 활동을 거르는 장치(filtering)로 시민단체나 전문가집단 및 언론매체 등의 여론 수렴 기능이 중요해진다. 또한 정부는 시민의 참여에 대해 이러한 활동의 동기를 감안하고 참여 프로그램의 집행에 있어 다수의 의견을 수렴할 장치 등을 마련해야 할 것이다.

한편 개인의 참여에 사익추구 동기보다 집합적 이익추구가 우선한다는 연구결과도 있어 주목된다. 즉, 숄츠만 등(Sholtzman et al.)의 연구는 개인의 참여 동기로서 물질적 편익, 사회심리적 편익 및 집단적 편익 가운데 전통적 관점의 물질적 편익이 동기화되는 경우보다는 시민으로서의 만족감이나 정책에 영향을 미치고자 하는 측면이 동기로 작용하는 정도가 더 큰 것으로 나타나 합리적 선택이론자들의 예상을 깬 바 있다. 물론 이러한 결과는 시민이 참여행태에 대한 설문 과정에서 다소 과장된 응답을 하였거나, 또는 시민적 책임성과 자발적 서비스 규범이 정치문화로 고착된 미국의 시민문화적 특징일 수도 있다. 그러나 시민의 인식 차원에서 참여에 유형·무형의 개인적 편익보다는 공익적이고 집합적인 차원이 중요함을 의식하고 있다는 측면을 나타낸다는 점에서 중요한 의미를 지니고, 더 나아가 시민사회가 빠르게 성장하고 있는 여타 국가에도 시사하는 바가 크다.

참여의 동기를 유발하여 참여가 효과적이고 의미있게 이루어지기 위해서는 다음의 세 가지 요소들이 필요할 것으로 보인다.[10] 첫째, 집합적 결과의 관점에서 참여가 동기화되기 위해 개인의 공동체에 대한 소속감이 높아야 한다. 둘째, 시민적 의식과 만족을 얻을 수 있기 위해서는 시민의식의 교육과 개발이 필요하다. 셋째, 참여를 통한 정치효능감의 제고 등이 필요하다.

---

10) Rimmerman (1997). 앞의글, 19에서 재인용. 위의 관점은 Pateman (1970); MacPherson (1977); Mason (1982)에서 공통됨.

Ⅱ 시 민 성
CITIZEN PARTICIPATION

시민참여는 다양한 요인에 의해 영향을 받는다. 정치적 요인 외에도 개인의 의식, 자질과 같은 심리·행태적 요인에도 영향을 받는다. 한편 같은 여건하에서도 시민의 의식수준, 적극성과 역량에 따라 참여활동과 효과는 달라질 수 있다.

시민적 자질 또는 자격(citizenship)은 전통적으로 개인과 국가간의 공식적 관계에서 정치·사회·경제 분야에 규정된 권리와 의무의 연속으로 정의할 수 있다.[11] 시민은 정치체제의 구성원으로서 소속 정치체제에 대하여 특정한 권리와 책임을 지닌다. 보다 포괄적으로 시민 자격은 개인 구성원으로서의 지위와 역할을 의미하는 것으로 여기서의 지위와 역할은 권리이자 헌법이나 헌장, 때로는 비공식적 가치, 전통, 합의에 의해 결정되는 의무로 구성된다. 시민은 공식적 또는 비공식적으로 부여되는 시민권의 지위를 누릴 자격이 있는 사람이며, 국가 또는 지역이 부여하는 역할에 따른 의무를 지는 사람이다.[12]

시민으로서의 자격을 규정하는 시민적 자질(citizenship)은 크게 두 가지 개념으로 구성된다. 첫째는 권리이자 의무로서의 시민성 또는 시민권(citizenship)이다. 정치공동체 구성원으로서의 권리 또는 의무로서 국가의 결정에 영향력을 행사하는 것을 정당화하는 개념이다. 둘째는 의식 상태(a state of mind)로서의 시민권 즉, 시민의식 또는 시민성(citizenship)이다. 이러한 시민의식/시민성은 설득력 있는 제언을 할 수 있는 능력, 즉 정치역량과도 밀접한 관련을 지닌다.

---

11) Rina Ghose (2005). "The complexities of citizen participation through collaborative governance". *Space and Polity* 9(1), 61.

12) Terry L. Cooper and Luther Gulick (1984). "Citizenship and professionalism in public administration." *Public Administration Review* 44(Special Issue), 144.

1. 시 민 권

시민은 역사적으로 국가라는 정치 실체 속에서의 구성원을 의미하며, 특정 권리와 책임이 연계된다는 것이 고전적 관점이었으나,[13] 이러한 고전적 정의는 점차 시민권의 규모 확대와 영역의 확장, 지향성의 변화라는 큰 변화를 겪었다.[14] 시민권의 확장은 여성을 포함한 다양한 집단들의 권리를 확대하기 위한 사회적 움직임의 산물이자 투쟁의 결과물이다.[15] 1960년대 발생한 참여민주주의 사상의 확대에 따른 시민권의 확대를 림머맨(Rimmerman)은 새로운 시민권(new citizenship)이라고 부르기도 한다.[16] 새로운 시민권의 핵심적 가치는 시민참여, 정치적 형평, 유대감, 신뢰, 다양한 견해와 인종에 대한 관용, 시민조직과 결사체의 성장 등을 포함한다.

시민적 자질의 한 요소로서 시민권은 시민이 정치공동체에 대하여 갖는 권리와 의식이다. 시민권은 다음의 두 가지 측면으로 나누어 볼 수 있다.[17] 첫 번째 측면은 권한의 배분에 관한 것으로 시민권을 높은 것과 낮은 것으로 분류하는 것이다. 여기서 시민권이 높다는 의미는 시민에게 권한이 넓게 분포되어 있고, 권한을 동등하게 공유하는 대등한 사람으로 취급할 때의 관점이다. 낮은 시민권은 단지 요구를 하는 시민에게만 권한을 부여하는 계서적 배분형태를 의미한다. 높은 시민권은 아리스토텔레스나 루쏘의 견해와 일맥상통하고, 낮은 시민권 관점은 홉스의 사상과 입장을 같이한다.

두 번째 측면은 시민권을 공식적인 측면과 비공식적인 측면으로 구분하는 것이다. 전자를 법적 시민권(legal citizenship)이라 하고, 후자를 윤리적 시민권(ethical citizenship)이라 한다. 법적 시민권은 헌법과 법규정에 제시된 시민의 자질, 권리, 의무의 관점에서 정의되고 처방되며, 정부 영역과 관련된다. 때문

---

13) 시민권은 아테네 시민들이 어떻게 행동해야 하는가에 관한 아리스토텔레스와 플라톤간의 논쟁에서 기원한 것으로 정치과학에서 매우 오랜 역사를 지닌 개념이다. 그러나 오랜 역사를 지나면서 다양한 개념적 의미를 지니게 된다.

14) Ghose (2005). 앞의글, 62-63.

15) A. Giddens (1982). "Class division, class conflict and citizenship rights." *Profiles and critiques and social theory*. London: Macmillan.; B. S. Turner (1988). *Citizenship and capitalism*. London: Allen and Unwin.

16) Craig A. Rimmerman (1997). *The new citizenship- Unconventional politics, activism, and service*. Westview Press, 27.

17) Cooper et al. (1984). 앞의글, 144-145.

에 이러한 관점의 시민권은 실제 정치적 지위와 역할에 관한 논의와 동일하다고 볼 수 있다. 윤리적 시민권은 역할에 대해 보다 포괄적으로 정의하여 정치뿐 아니라 삶의 사회적·경제적 측면을 포함한다. 이 관점에서의 시민권은 정치적 영역에 국한하지 않고 다양한 공동체의 가입과 관련된다. 도시나 국가와 같은 정부 영역뿐 아니라 근린이나 자발적 연합에서의 역할까지도 포괄한다. 여기서의 시민의 자질, 권리, 의무는 공동체에서 규정된 가치, 규범, 전통, 문화에 의해 규정되거나 또는 특정한 경우 공동체 구성원 사이의 합의에 의해 정의되고 처방될 수 있다. [표 8-1]은 위의 두 가지 측면에 근거하여 네 가지의 시민권 유형을 제시한 것이다.

[표 8-1] 네 가지 유형에 대하여 플라쓰맨(Flathman)은 시민권의 법적 국면을 중요시하여, 시민권은 주로 정치적 국면으로 협소하게 규정된다고 본다.[18] 반면 모셔(Mosher)는 윤리적 관점의 시민권을 중요시하는 데 이에 부합

표 8-1 시민권의 유형 분류

	법적 측면	윤리적 측면
높음	- 정부 영역의 구성원 - 법적으로 구성원의 지위, 권리, 의무 부여 - 의무는 정부영역에 국한됨 - 법에 의해 구성원간 공유되는 권한 - 법에 의한 광범위한 참여	- 공동체의 구성원으로 정부영역에 제한하지 않음 - 가치, 규범, 전통, 문화에 의해 구성원의 지위, 권리, 의무가 정의됨 - 의무는 정치적, 사회적, 경제적 영역 포함 - 관습, 전통, 합의에 의해 광범위한 참여
낮음	- 정부 영역의 구성원 - 법적으로 구성원의 지위, 권리, 의무 부여 - 의무는 정부영역에 국한됨 - 법에 의해 권한은 계서적으로 배분 - 법에 의한 최소한의 참여	- 공동체의 구성원으로 정부영역에 국한하지 않음 - 규범, 전통, 문화, 가치에 의해 구성원의 지위, 권리, 의무가 정의됨 - 의무는 정치, 사회, 경제적 영역 포함 - 관습, 전통, 합의에 따라 계서적으로 권한 배분 - 관습, 전통, 합의에 의해 최소한의 참여

* 출처: Cooper et al. (1984). 앞의글, 146.

18) Richard Flathman (1981). "Citizenship and authority: A chastened view of citizenship." *News*

하는 좋은 시민의 특성으로 사회적 권리 및 타인의 수요에 민감하고, 독립적인 사고와 비평적 평가역량을 제시한다.19) 롱(Long)은 두 측면에 대한 통합적 관점에서 시민권을 효과적인 시민권의 법적 성격과 윤리적 성격이 상호작용한 과정의 결과라고 본다. 나아가서 롱(Long)은 좋은 삶이 정치체제에서의 법적 구조보다 더 근본적이라는 아리스토텔레스의 가정에 기반하여 시민권의 법적 내용이 윤리적 성격에 의해 해석되어야 한다고 주장한다.20)

2. 시민역량(협의의 시민성)

시민역량은 정치공동체의 유지·발전을 위한 요소로서 중시된다. 시민역량이란 앞에서 언급한 바와 같이 정치공동체의 구성원으로서 시민이 갖는 자질(시민성)로 법적·윤리적 차원에서 시민으로서의 권리와 의무를 다하는 것과 함께 정치공동체의 구성원으로서 적극적으로 참여하고, 설득력 있는 제언을 할 수 있는 능력·의지를 포괄한다. 역량 있는 시민은 자신의 정책적 견해를 구축하고, 이를 적절한 방법으로 실현하기 위한 방법으로 다양한 참여제도를 활용할 수 있으며, 필요한 정보를 스스로 획득할 수 있다.21) 시민들이 이같은 역량을 갖추는 데는 교육 수준이 중요한 역할을 한다. 시민의 교육수준이 높아질수록 많은 지식과 인지적 기술을 습득할 수 있고, 이러한 교육의 효과는 정치·경제·사회·문화에 대한 정보와 지식의 축적을 통하여 활발한 정치참여의 기반을 제공한다.

시민역량이 요구하는 바는 이른바 '좋은 시민(good citizen)'이 요구하는 바와 다르지 않다. 이와 관련, 달튼(Dalton)은 시민성의 개념을 좋은 시민으로서 기대되는 느낌을 의미하는 것으로 정의하고, 좋은 시민은 민주적 정치문화로 정의되기 위해 토크빌이 강조했던 규범들을 갖추어야 한다고 본

---

for Teachers of Political Science. Summer. 특히 높은 법적 시민권 영역을 지지하는 견해를 가지고 있다.

19) Mosher, William E. ed. (1941). *Introduction to responsible citizenship*. New York: Henry Holt and Company, iv.

20) Cooper et al. (1984). 앞의글, 145에서 재인용. Paul Sniderman 역시 민주사회의 시민권은 이러한 유형의 복잡한 혼합이라는 결론을 이끌고 있다.

21) 김혜정, 이승종. (2006). "지역시민사회의 역량과 지방정부의 정책혁신." 「한국행정학보」 40(4), 115-116.

다.[22] 오늘날 그 같은 규범으로서 중요하게 논의되는 요소에는 정치에 대한 시민참여, 타인에 대한 윤리적·도덕적 책임감으로서의 사회적 시민의식(social citizenship), 국가의 권한에 대한 수용 등이 있다. 한편 이러한 규범의 수행을 위해서는 좋은 시민으로서의 자질을 갖추어야 하는데, 여기에는 정치적 과정에서 민주적 시민으로서의 적극적 역할, 참여에 있어서 정부에 대하여 충분히 지식을 갖출 것을 요구하는 자율성(autonomy), 국가의 정통성을 수용하는 사회적 질서(social order), 타인에 대한 배려를 의미하는 사회적 결속(solidarity) 등이 포함된다.[23]

시민역량은 정치공동체의 유지·발전을 위하여 중요한 역할을 한다. 왜냐하면 시민들이 정부에 대해 의견을 제시할 역량을 지니지 못한다면 시민들은 단지 정부서비스의 소비자에 불과할 뿐 민주주의를 이끌어가지 못할 것이기 때문이다.[24]

그러나 시민역량을 지나치게 강조할 경우 시민간 차별과 불평등 문제를 야기할 수 있다는 점에 유의해야 한다. 역량 있는 자와 그렇지 않은 자간에 차별이 이루어질 경우, 이는 민주주의에 대한 또 다른 위협요인으로 작용할 수 있는 것이다. 즉, 시민의 역량이 민주주의의 유지·발전에 도움이 되는 것은 사실이나, 이러한 자질 조건을 참여의 전제조건화할 경우 참여에 기반한 민주주의의 후퇴를 가져올 수 있다. 그러나 적지 않게 시민 역량을 참여 조건화하는 경향이 있다. 참여민주주의에서 전제하는 시민에게 기대되는 역할 자체가 비현실적이라는 논리, 일상적인 시민들이 지역과 직업 모두에서 정치적으로 적극적으로 참여할 역량을 가진다는 것은 비현실적인 개념이라는 비판들이 바로 그것이다.[25] 또한 참여민주주의는 인간 본성에 대한 유토피아적 개념에 근간하고 있기 때문에 시민참여를 통한 발전은 현실과 이상간의 좁힐 수 없는 격차라고 비판하는 엘리트 민주이론도 이와 다르지 않다.[26] 지적할 것은 시민참여의 전제조건으로 시민역량이 과도히 강조될 경우 교육수준을

---

22) Russell J. Dalton (2008a). *The good citizen- How a younger generation is reshaping American politics*. CQ Press, 21.

23) Dalton (2008a). 앞의글, 24-26.

24) David Mathews (1994). *Politics for people: Finding a responsible public voice*. Urbana: University of Illinois, 112.

25) Rimmerman (1997). 앞의글, 24.

26) Peter Bachrach (1971). *The theory of democratic elitism: A critique*. Boston: Little, Brown, 8.

비롯한 사회경제적 지위와 능력 등에 기인하여 능력자에게만 시민권을 부여할 근거가 되며, 이러한 논거에 따라 참여적격자의 색출에 시민역량 관점이 활용되면서 민주주의의 발전을 저해할 우려가 충분히 존재한다는 점이다. 강조하건대, 시민역량의 육성과 구축은 참여민주주의의 발전을 위해 매우 중요하고 필요한 요소이기는 하나, 시민역량을 전제조건으로 설정하여 참여의 장벽을 높여 엘리트주의를 강화시킬 개연성에 대한 경계는 게을리해서는 안 될 것이다.

3. 시민의식

1) 시민의식의 개념

시민은 정치공동체의 법적 구성원으로서 공동체에 대한 권리의무를 갖는바, 시민의식은 "정치공동체의 유지 · 발전을 위하여 그 구성원이 가져야 할 권리 · 의무에 관한 의식"을 말한다.[27] 이러한 시민의식(sense of citizen), 또는 시민책임성(civic responsibility)은 공동체의 유지 · 발전을 위하여 요구되는 시민의 태도 내지는 자질에 관련된다는 점에서 사실상 시민성(civic virtue) 또는 시민적 자질(citizenship)과 같은 의미로 볼 수 있다.[28] 또한 '시민의식'을 권리와 의무의 관점에서 파악하지 않고 '정치의식'과 동일시하여 "정치적 대상에 대한 정신작용"으로 파악할 수도 있겠다.[29] 이러한 정의는 결국 시민의식을 정치의식, 정치적 태도, 정치적 성향 나아가서 정치문화와 유사한 개념으로 파악하는 것이 된다.

시민의식은 시민으로서의 자격에 대한 인식을 의미하는 동시에 구성원으로서 공동체의 의사결정에 참여하고자 하는 의식을 의미하는바,[30] 후자의 참여는 정치공동체의 구성원으로서의 권리이자 의무에 해당하는 것으로 중시

27) J. M. Barbalet (1988). *Citizenship*. Minneapolis: University of Minnesota Press, 2; 최호준. (1987). 「시민행정학」. 거목, 245.

28) R. Freeman Butts (1991). "A personal preface." in Charles F. Bahmueller ed. *CIVITAS: A framework for civic education*. California: Center for Civic Education, xix; 김왕근. (1993). "시민교육을 위한 덕목주의의 새지평: 합리성의 형식관심에 대한 비판을 중심으로." 「사회와 교육」 제17집, 19-36에서 재인용.

29) 박동서, 김광웅. (1988). 「한국인의 민주정치의식」. 서울대학교출판부, 46-47.

30) Barbalet (1988). 앞의글, 2.

그림 8-1 • 시민의식과 공직자의 의사결정

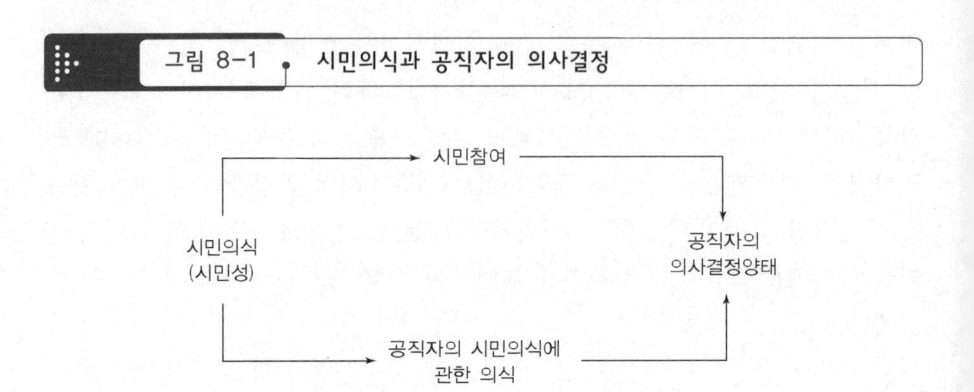

* 출처: Russell J. Dalton (1988). *Citizen politics in western democracies*. Chatham, New Jersey: Chatham House Publishers, Inc., 211의 모형을 수정한 것임.

되어야 한다. 이와 같이 시민의식은 참여의식을 포함하며 참여를 위하여 중요한 요소가 된다.

물론 의식이 있다고 해서 반드시 실제 행동으로서의 참여가 진작되는 것은 아니다. 그러나 의식 없이 참여가 있을 수 없다는 점을 생각할 때, 참여활성화를 위하여 시민의식이 갖는 의의는 매우 크다 하겠다. 예를 들면, 어떤 환경운동가는 그가 환경운동에 관심이 없던 시절에 요트를 타고 세계여행을 하던 중에 해상에 널려 있는 쓰레기를 보고 환경운동을 결심하게 되었고 그 이후 오늘날까지 환경운동의 일선에 서게 되었다 한다. 이러한 예는 인식이 실제적 행동에 미치는 영향을 적절히 보여주는 것이라 하겠다.

[그림 8-1]에서 보듯이 시민의식은 한편으로는 시민참여를 통하여 공직자의 의사결정에 영향을 미칠 수 있을 뿐 아니라 다른 한편으로는 공직자의 시민에 대한 인식제고를 통하여도 공직자의 의사결정에 영향을 미침으로써 공익증진에 기여할 수 있을 것이므로 중시되어야 한다.

이와 같이 시민의식의 중요성에도 불구하고 우리의 경우 결코 선진외국에 비하여 시민의식이 높다고 하기 어렵다. 우리나라의 민주주의 역사는 제도의 민주화와 시민의식과의 괴리가 확대 또는 축소되어 오면서 오늘날까지 이행되어 왔다. 그러한 와중에서도 정치항쟁의 일환으로서의 4·19, 5·18, 6·10과 같이 간헐적인 참여분출을 통하여 시민의식은 계속해서 성장되어 왔다.[31] 전체적으로 시민의식은 이와 같이 성장의 모습을 보여 왔다고 할 수 있으나 일반적으로 우리의 시민의식은 아직도 취약한 것으로 보인다. 아직도 각종 선거에서 금품제공, 흑색선전 등 전근대적인 행태를 쉽게 목격할 수 있으며 참여를 위한 제반활동이 매우 미약한 실정이며, 참여의 현장에는 이해와 타협보다는 극단적인 주장이나 힘 있는 자의 일방적인 강요가 분위기를 압도하고 있다. 우리 국민의 시민의식의 성장은 일응 파행적인 성장이었다고 할 수 있다. 그것은 짧은 민주정치의 역사, 그리고 권위적 정권에 대한 저항으로서의 참여가 주를 이루었기 때문에 안정적이고 조화적인 민주시민적 정체성 확보가 지연되었기 때문이다. 이와 같이 시민의식에 대한 우려가 제기되는 상황은 역설적으로 시민의식의 제고를 위한 정책적 노력이 필요함을 제시해주는 것이다.

2) 바람직한 시민의식

공동체의 유지발전을 위하여 시민이 지녀야 할 바람직한 시민의식 또는 시민성은 구체적으로 무엇인가? 오늘날 민주사회에서 정치공동체란 바로 민주사회를 의미하므로 바람직한 시민의식 또는 시민성은 문자 그대로 간단히 표현하면 민주사회의 구성원으로서의 시민이 가져야 할 시민의식 또는 시민성 즉, 민주시민의식 내지는 민주시민성이라 하겠다. 구체적으로 민주시민의식 또는 민주시민성이 어떠한 의식 또는 자질을 의미하느냐는 규범적인 문제로서 논자에 따라 다양하게 제시될 수 있겠다.

버트(Butts)는 민주시민이 갖추어야 할 12가지의 시민적 자질을 [표 8-2]에서 보는 바와 같이 바람직한 형식으로서의 권리 및 의무덕목과 부패된 형식으로서의 권리 및 의무로 나누어 제시하고 있다.[32]

스타이버스(Stivers)에 의하면 바람직한 시민성은 능동적인 시민성(active citizenship)을 의미하는바, 구체적으로는 ① 단순한 판단에 의거한 공적의사결정에의 권위적 참여, ② 공익에 대한 고려, ③ 정치학습 및 ④ 정치공동체의 구성원으로서의 상호관계 유지 등의 네 가지 속성을 포함한다고 본다.[33]

---

31) 고영복. (1993). "전환기 한국사회와 시민의식." 대한 YMCA연맹 민주개혁 시민운동 심포지움 (I) 주제논문집, 7-16; 박동서, 김광웅. (1987). 앞의글, 26.

32) Butts (1988). 앞의글, 136.

33) Camilla Stivers (1989). "The public agency as polis: Active citizenship in the administrative

표 8-2 민주시민의 12덕목

부패된 형식 (의무덕목)	올바른 형식		부패된 형식 (권리덕목)
	의무덕목	권리덕목	
법과 질서(Law and order)	정의(Justice)	자유(Freedom)	무정부주의(Anarchy)
강제된 획일화 (Enforced Sameness: Conformity)	평등 (Equality)	다양성 (Diversity)	불안정한 다원주의 (Unstable Pluralism)
권위주의, 전체주의 (Authoritarianism: Totaliarianism)	권위 (Authority)	사생활 (Privacy)	사적주의, 민영화 (Privatism; Privatization)
다수주의(Majoritarianism)	참여 (Participation)	공정한 절차 (Due Process)	범죄와 타협 (Soft on Criminals)
위선, 적당주의 (Beguiling half-truth; Plausible)	진실 (Truth)	소유권 (Property)	인권에 대한 소유권 우위(Property rights superior to human)
맹목적 애국심, 배타주의 (Chauvinism; Xenophobia)	애국심 (Patriotism)	인권 (Human right)	문화적 제국주의 (Cultural imperialism)

* 출처: Butts (1988). 앞의글, 136. 김왕근. (1993). "시민교육을 위한 덕목주의의 새지평: 합리성의 평식관심에 대한 비판을 중심으로." 「사회와 교육」 제17집, 28에서 재인용.

고스(Ghose)는 유연한 시민성(flexible citizenship)을 제시하는데,34) 이는 수동적인 시민성에서 적극적인 시민적 행동으로의 이동을 의미한다. 전통적으로 소외받던 시민인 여성, 유색인종, 저소득 집단 등 소수자로서의 시민이 민주적 참여 과정에서 새로운 기회를 부여받게 되면 이에 따라 유연한 시민성을 소유하게 된다는 것이다. 단 이 같은 변화는 자동적인 것이 아니라 유연한 시민성에 대한 새로운 인식이 작용하여 보다 적극적인 행동을 스스로 취할 경우에 가능하다. 이를 위해서 시민은 지역 공동체에서 기업가적 역량을 습

state." *Administration & Society* 22(1), 88.

34) 유연한 시민성의 용어는 Lepofsky and Fraser (2003)가 처음 제시하였다. Ghose (2005). 앞의글, 64; J. Lepofsky and J. C. Fraser (2003). "Building community citizens: Claiming the right to place-making in the city." *Urban Studies* 40(1), 127.

득하여 적극적인 활동가가 되는 것이 바람직하다. 그것은 시민의 권리이자 의무이다.[35]

샤터(Schachter)는 효율적인 시민성이 중요하다는 전제하에 고객(client) 중심적 관점에서 소유자(owner) 관점으로의 패러다임 전환을 제시한다.[36] 고객 중심적 관점의 시민은 정부가 제공한 서비스에 대해 선호와 비선호만을 표현하는 제한적이고 수동적인 역할로 제한된다는 점에서 비판을 받는다. 반면 소유자 관점에서의 시민은 정부의 소유자이고, 소유자로서 정부의 업무에 참여할 의무를 가지며 정치인과 공직자에게 주주로서의 요구를 해야 할 의무도 지닌다. 두 가지 중에서 보다 효율적인 시민성은 소유자 관점의 시민성이다. 소유자 모형이 효율적인 이유는 이러한 의식을 지닌 시민은 자기 정부의 발전을 위해 변화를 달성하기 위한 노력을 기꺼이 기울일 것이기 때문이다. 그리고 이 같은 요구는 부자나 빈자 모두에게 요구된다.

지포드(Gyford)는 시민은 정치과정의 객체적 지위를 탈피하여 정치과정에 대한 주권적 지위를 갖도록 노력할 것이 요청된다고 하면서, 보다 구체적으로 시민들은 종래의 납세자(ratepayer)에서 주주(shareholder)로, 고객(client)에서 소비자(consumer)로, 투표자(voter)에서 시민(citizen)으로 변모되어야 한다고 제시한 바 있다.[37]

한편, 갈스톤(Galston)은 자유주의에 기초하고 있는 미국의 경우 자유주의적 덕목(liberal virtues)이 중요하다고 전제하면서 민주시민이 소유해야 할 정치적 덕목으로서 타인의 권리에 대한 분별력 및 존중노력, 입후보의 재능과 성격에 대한 판단력, 국가능력 이상의 공공서비스를 요구하지 않으려는 의지 및 수혜에 대한 대가의 지불의지, 그리고 공공담화에의 참여의지 등을 제시하고 있다.[38]

그러나 카노버(Conover)가 지적하듯이 자유시민이 반드시 민주시민일 수

35) Ghose (2005). 앞의글, 64.

36) Schachter and Hindy Lauer (1995). "Reinventing government or reinventing ourselves: Two models for improving government performance." *Public Administration Review* 55(6), 530-537.

37) Gyford (1991). 앞의글, 181.

38) William A. Galston (1989). "Liberal virtues." *American Political Science Review* 82, 1277-1292, 1283-1285; 이와 관련하여 특히 Benjamin R. Barber (1983). *Strong democracy: Participatory politics for a new age*. Berkeley: University of California Press, 267은 참여민주주의를 주장함에 있어 정치적 담화의 중요성을 역설한다.

는 없다.[39] 자유주의적 요소를 지나치게 강조하게 되면 시민은 정치에 참여하지 않아도 되고, 공익을 위하여 사익을 희생할 필요도 없으며, 다수의 합의를 수용할 필요도 없어지게 되어 결국 공익증진에 저해가 될 위험이 있다. 더욱이 우리의 경우는 미국과는 달리 정치문화에 있어 집단주의적 내지는 권위주의적 성향이 강하므로 자유시민적 덕목이 사회발전을 위하여 반드시 바람직하다고 보기는 어렵다.

3) 시민의식의 구성 요소

앞에서 살펴본 바와 같이 민주시민의식 또는 시민이 지녀야 할 의식에 대하여 일치된 견해를 찾기는 어렵다. 그럼에도 불구하고 본서에서는 참여의식과 공익의식(공동체의식)을 민주시민이 지녀야 할 바람직한 시민의식 중 가장 핵심적인 시민의식으로 규정하여 제시한다. 이 두 가지 의식은 대개의 논자들에 의해서도 직·간접적으로 언급되어 온 것이므로 상호 연관성이 높다. 여기에서 참여의식은 참여수준의 확대를 위하여 필요한 것이며, 공익의식은 참여내용의 건전화를 위하여 필요한 것이다. 이 두 가지가 동시에 요구되는 이유는 참여가 사회에 바람직한 결과를 낳기 위해서는 시민이 적극적으로 참여(activism)할 뿐만 아니라 참여에 관련된 공적문제에 대하여 적절한 이해(informed)를 가져야 하기 때문이다.

(1) 참여의식

참여의식이란 공익을 위하여 공동체의 의사결정에 능동적으로 참여하는 의식을 말하며, 참여수준의 확대를 위하여 필요하다. 구체적으로 각 개인은 참여가 민주사회의 구성원으로서 당연히 행사하여야 할 권리이며 의무인 점을 자각하여 공공의사결정과정에 참여함으로써 공익실현에 이바지하려는 자세를 견지할 것이 요청된다.

우리나라 국민의 참여의식 수준에 관하여는 의견이 갈린다. 한편에서는 우리나라의 경우 정치과정에 직접적으로 영향을 미치는 압력활동, 단체활동, 또는 선거운동 참여와 같은 활동에 비해 투표참여가 압도적으로 높은 소위

---

39) Pamela Jonston Conover (1991). “Political socialization: Where’s the politics?” in William Crotty ed. *Political behavior political science: Looking to the future*. vol. 3, Evanston, IL: Northwestern University Press, 138.

"참여구조의 이중성"에 근거하여 우리나라 시민의 참여의식에 대하여 회의적인 시각이 있다.[40] 다른 한편으로는 정치참여의 수준이 낮다고 해서 이를 반드시 참여의식(민주의식)이 낮기 때문이라고는 할 수 없으며 그 밖의 다른 환경적 요인 때문이라는 시각이 있다.[41]

생각건대, 참여를 위한 제도 및 자원 등 참여환경이 열악한 우리의 현실을 고려할 때, 후자의 견해가 보다 타당한 견해라 하겠으며, 우리는 이러한 연구결과로부터 참여활성화를 위한 환경적 여건(참여제도, 정책결정권의 행태, 정치경제사회적 구조 등)의 조성이 필요함을 알게 된다.

그럼에도 불구하고 참여에 대한 여건의 불비(不備)만을 지나치게 과장하는 태도는 바람직하지 않다. 그것은 참여제도 등 참여환경은 주어지는 것이기도 하지만 시민의 요구에 의하여 새로이 주어지기도 하며 경우에 따라 시민 스스로의 노력에 의하여 만들어질 수도 있는 것이기 때문이다. 지방자치제 출범이후 지방의회의 의정활동에 대한 감시노력으로서 시민 스스로가 구성한 의정지기단은 그 한 예이다. 물론 시민 스스로 참여환경을 구성하고 유지하는 데에는 많은 비용과 시간이 소요되어 문제가 되는 측면이 없지는 않다 하겠으나 그럼에도 불구하고 저조한 참여가 제도적 불비 때문만이 아님은 분명한 것이다. 즉, 제도 또는 사회구조(structure)가 인간의 행동(action)을 제약하는 것은 사실이라 하겠으나 동시에 인간의 행동이 제약요소로서의 제도 또는 환경을 생성·변개시켜 나갈 수 있는 주체적 능력이 있다는 사실이 강조되어야 하는 것이다.

이러한 입장에 서는 대표적인 학자들로는 영국의 사회이론가인 기든스(Giddens)를 들 수 있다. 그는 사회의 구조(제도, 조직, 자원 등)는 인간활동의 도구(medium)인 동시에 결과(outcome)이며, 인간활동에 대한 제약요소인 동시에 인간활동에 의하여 변화될 수 있는 변수라고 주장함으로써 구조의 제약을 과소평가하지 않으면서도 인간활동의 중요성을 부각시킨 바 있다.[42] 이러한 입

40) 예, 배성동, 길영환, 김종림. (1975). "한국인의 정치형태와 그 특성." 한국정치학회, 재북미한국인 정치학자회 합동학술회의 논문집 Ⅰ, 323, 329.

41) 박동서, 김광웅. (1987). 앞의글, 107; 박동서, 김광웅 교수의 조사결과, 한국인의 정치참여가 낮은 수준이기는 하지만 정치참여가 사회경제적 배경과는 유의미한 상관관계를 보이면서도 민주의식수준과는 유의미한 상관관계를 보이지 않는 것으로 나타난 것이다.

42) Anthony Giddens (1987). *Social theory and modern sociology*. Stanford, CA: Stanford University Press. 이를 구조화(structuration)라 한다. 구조화는 규칙과 자원이라는 매개에 상호행위가 의존하고, 이들 매개를 통해서 상호행위가 구조를 (재)생산하는 메커니즘을 의미

장은 시민참여와 관련하여 참여제도와 별도로 시민의 주체적인 참여노력을 중시하고 촉구하는 논리적 기초를 제공해주므로 주목된다.[43]

참여의식에 있어서 특히 강조할 것은 한 사람의 힘에 대한 자각이 요청된다는 점이다. 작은 물방울이 모여서 큰 폭포를 이루어 내듯이 민주사회에서 개인의 참여의식은 그 이상의 의미를 가질 수 있다. 각 시민이 나 하나의 힘을 인지하고 이를 표현하려는 강력한 의지를 가질 때, 참여제도의 불비는 어느 정도 극복될 수 있을 것이며, 또한 그러한 의지의 발현에 따라 참여를 위한 통로가 형성될 수 있을 것이다. 특히 빈곤계층은 개인으로서의 무력감에서 탈퇴하여 개인의 결집을 통한 집단적인 힘의 발휘가 가능함을 깨달을 필요가 있다. 다만, 개인의 참여가 집단적인 힘의 과시, 소위 집단이기주의로 발전되는 것은 바람직하지 않다. 시민의 참여는 필요한 것이면서도 어디까지나 공익에 의하여 조율되어야 할 것이기 때문이다.

불행히도 참여의식은 쉽게 조성되지 않는다. 그것은 ① 인간은 이기적이고, 수동적이며, 공공문제에 관하여 무관심한 경향이 있을 뿐만 아니라, ② 고대 그리스의 도시국가와는 달리 현대의 거대한 국가규모는 사실상 능동적 참여를 곤란하게 하는 점, ③ 현대사회에서는 이익집단의 활동이 보편화되어 일반시민의 참여가 사실상 어려운 점 및 ④ 사회안정과 관련하여 적극적인 참여에 부정적인 시각도 만만치 않은 점 등은 시민의 참여의지를 위축시키는 요인으로 작용하고 있기 때문이다.[44] 그럼에도 불구하고 이러한 논의는 참여의식의 고양을 위한 인위적 노력이 필요함을 가르쳐 준다.

(2) 공익의식/공동체 의식

참여내용의 건전화를 위하여 각 시민이 공익의식을 갖는 것이 요청된다. 그러나 공익의 개념에 대한 앞에서의 논의를 통하여 알 수 있듯이 공익의식이 무엇을 의미하는가에 대한 정확한 규정을 내리기는 어렵다. 다만 대체적으로 공익의식이란 "공동체 전체의 이익에 대한 집합적 관심"[45] 또는 평등성

한다.

43) Stivers (1989). 앞의글, 95.

44) Stivers (1989). 앞의글, 87.

45) Stewart Ranson (1988). "From 1944 to 1988: Education, citizenship and democracy." *Local Government Studies* 14(1), 6.

을 공익의 중요요인으로 강조하여 "정책으로 영향을 받는 모든 사람을 균등한 방법으로 대우하는 것"이라고 규정하여도 크게 무리가 없다 할 것이다.[46)]

시민의 참여의식이 아무리 충실하더라도 공익의식이 결여되어 있는 경우의 참여는 시민을 위한 참여가 될 수 없으므로 문제시된다. 시민참여와 관련하여 적극적 참여만이 아니라 정치문제에 대한 고양된 이해가 필요하다는 지적(not only active, but also informed)은 바로 참여에 있어서 공익의식이 중요하다는 지적과 같다. 공익의식의 중요성은 특히 최근에 민주화·지방화 추세를 배경하여 심각한 사회문제로 대두되고 있는 이른바 님비(NYMBY: Not In My Backyard) 또는 핌휘(PIMFY: Please In My Front Yard) 현상으로 특징지어지는 집단 또는 지역이기주의 현상을 통하여 잘 알 수 있다. 예컨대, 안면도 핵폐기물처분장건설 반대운동(1991-1992), 부산 반송동 산업폐기물 매립지입지 반대운동(1990), 옥천분뇨처리장건설 반대운동(1991-1992), 선산골프장 건설 반대운동(1990) 그리고 강북수원지 건설, 남동공단의 운영권, 군산공단의 귀속권을 둘러싸고 최근 발생한 서울시와 경기도간, 상공부와 인천시간, 충청남도와 전라북도간의 갈등과 분규(1993), 의약분업을 둘러싼 의사와 약사의 대립(1998-1999), 한약조제권을 중심으로 한 약사와 한의사의 대립(1993) 등은 지역 또는 집단이기주의 대표적인 사례이다.

이와 관련 [표 8-3]은 이와 같은 지역주의의 공공문제가 발생시킨 사회적 비용을 제시한 것이다. 여기서의 경제활동비용이란 시위대가 일하지 않아 발생하는 기회비용을 의미하고, 질서유지비용은 전의경 동원비용으로 계산한 것이다.[47)] 교통지체비용은 시위로 인한 교통지체비를 추정계상한 것이다.[48)] 단 분쟁으로 인한 사업지연비용은 계상하지 않은 것이다.

물론 이러한 공공문제로 인한 갈등 현상은 지역주민이나 관련 자치단체들의 입장에서 본다면 생활권 보장 및 자율권 확보를 위한 그들의 당연한 권리행사의 일종으로서 그 자체를 일방적으로 매도하거나 규탄할 수 있는 성질

46) Bryan Barry (1967). "The public interest." in A. Quinton ed. *Political philosophy*. Oxford University Press, 112-126.

47) 경제활동비용은 139,505원(도시근로자 1일 평균임금)×시위대수로 계산하여 산정한 것이고, 질서유지비용은 71,758원(경찰병력 1인당 진압비용)×병력동원수로 계산한 것이다.

48) 교통과학연구원. (2000). 「집회시위의 사회적 비용에 관한 연구」. 추정기준은 서울시에서 발생한 시위에 의한 교통지체비 평균 2억 3천만원을 활용한 것임.

표 8-3 공공문제의 사회적 비용 (단위: 억원)

	경제활동비용	질서유지비용	교통지체비용	계
평택미군기지 반대	103	134	298	537
부안방폐장 반대	319	35	177	532
새만금사업 반대	70	20	69	159
사패산터널 반대	36	2	18	57
천성산터널 반대	25	1	29	55

* 출처: 중앙일보, 2007. 2. 8 보도. (이성우, 서문석. (2007). 단국대 분쟁해결연구센터).

의 것이 아니다. 또한 일각에서 주장되고 있는 바와 같이 지역이기주의 현상이 민주화와 지방자치제의 정착이라는 옥동자를 낳기 위한 산고의 기간에 당연히 나타나는 '일시적 동요'에 불과할 수도 있다.[49)]

그럼에도 불구하고 그와 같은 공공갈등이 과다하여 민주사회의 원활한 기능을 저해하는 한편 극단적인 대립의 장기화로 공익을 저해하는 한, 그 원인의 정당성 여부와는 상관 없이 그러한 현상을 여하히 예방 내지는 축소시키느냐 하는 논의는 충분히 가치가 있는 일이다. 이와 관련하여 사익 또는 부분 이익만이 아닌 구성원으로서의 공동체의 이익 즉, 공익에 관한 관심을 포함하는 시민의식 즉, 공익의식의 고양은 매우 중요한 의의를 갖는다. 공익의식의 고양을 통하여 공공문제에 대한 극단적인 대립은 공익이라는 목표 아래 당해 지역 및 집단간의 대화(political talk or deliberation)로 변화되고 이에 따라 보다 현명한 민주적 결정이 이루어질 수 있을 것이기 때문이다.[50)] 이와는 반대로 만일 공익의식이 결핍된 참여로 인하여 극단적 이기주의가 사회에 팽배하여 공익을 현저히 저해할 경우, 참여에 대한 반동적 움직임이 대두될 우려가 있다는 점에 대하여 깊은 인식을 가질 필요가 있다.

강조할 것은 공익의식을 갖는다는 것이 사익추구를 도외시해야 함을 의미하는 것은 아니라는 점이다. 그것은 이미 앞에서 논의한 바와 같이 일반적

49) 김홍식. (1993). 「지역이기주의 극복을 위한 정책연구」. 한국지방행정연구원, 1-2.
50) Barber (1983). 앞의글, 173-198.

으로 공익은 개인의 이익(사익)과 반드시 충돌하는 것은 아니며 개념상 상당 부분 중복되는 것으로 여겨진다 하겠는바, 사익을 무시한 공익이 시민을 위한 것이 될 수 없으며, 반대로 공익을 무시한 사익이 시민을 위한 것이 될 수는 없기 때문이다. 이는 공동체의 발전 없이 구성원으로서의 시민의 발전이 있을 수 없다는 점을 생각하면 쉽게 이해가 된다. 즉, 양자는 상호 관련된 것이며 일반적으로 공익은 사익의 집합과 같은 것은 아니나 최소한 유사할 것이라는 점에서, 또한 어느 개인의 사익보장이 다른 개인의 사익을 침해할 경우에 사익들의 최대공약수로서의 공익을 도모하는 것이 정의에 맞다는 점이 고려되어야 한다는 것이다.

일응 이러한 의미의 공익의식은 공자나 아리스토텔레스도 추구해야 할 덕목으로서 제시한 이른바 "중용"의 덕과 통한다. 중용이란 과대와 과소의 양극의 어느 한 쪽에도 치우치지 않고 올바른 중간(mesotés)의 입장을 취하는 것을 말한다. 그러나 중용은 대립되는 제 가치의 포기를 의미하는 중립과는 다르다. 오히려 중용이란 기본적으로 '대립되는 제 가치의 각각에 대한 이해와 수용'을 전제로 하여 이들 가치의 '발전적 합일'을 추구하는 태도를 의미한다. 그리하여 중용에 대한 의식을 갖는 시민은 공익을 추구하되 사익을 무시하지 않으며, 사익을 추구하되 공익을 배려함으로써 공동체의 유지·발전에 기여할 수 있을 것이다.

(3) 책임의식(교양)

시민이 참여를 함에 있어 지녀야 할 시민성(citizenship)은 의지와 능력의 차원으로 구성된다. 새로운 시민성(new citizenship)의 개념은 적극적으로 참여하고자 하는 의지와 공적문제에 대하여 적절한 이해를 할 수 있는 시민역량(교양)으로 구성된다. 이러한 관점에서 참여의식과 공익의식을 민주시민이 지녀야 할 바람직한 시민의식으로 규정하였다. 책임의식은 이 두 가지 개념을 종합한 개념이다. 즉 민주주의의 질서에 대한 올바른 이해를 가지고 적극적으로 참여할 의지를 가지며, 자신의 행위가 가져올 결과에 대하여 잘 알고 있고 공동체에 대한 관심을 지닐 수 있는 역량을 의미하는 것이다. 책임의식이 중요한 이유는 참여의식만을 강조할 경우 참여의 양적 확대에만 치중한 나머지 참여의 내용과 질적 측면이 간과될 우려가 있고, 공익의식만을 강조할 경우 참여의 활성화가 위축될 우려가 있기 때문이다. 이러한 관점에서 책임의식은 참여의 양적 확대와 함께 질적 제고 및 참여 결과에 대한 책임을 공유한다는 점에서 새로운 시민의식을 형성하는 요소가 된다 하겠다.

이와 같은 책임의식은 시민의 무관심을 극복하고 정치에 대한 관심과 정보를 제공하는 시민교육을 통해 고양될 수 있다. 특히 지역사회에서 서비스를 제공하는 활동과 지식을 연결시키는 새로운 현장중심의 교육(service-learning)은 오늘날 시민의식을 고무하는 주요 방편으로 강조되고 있다.

4. 참여자 시민교육

1) 시민교육

위에서 참여활성화를 위한 바람직한 시민의식에 관하여 언급하였고, 시민의식의 함양을 위하여는 시민교육(civic education)이 필요하다. 일반적으로 시민교육은 "기존의 정치체제의 유지·발전에 필요한 가치관과 태도를 가르치는 의도적 노력"을 말한다. 시민교육은 광의와 협의의 차원으로 이해될 수 있다.[51] 광의의 의미에서 시민교육은 상이한 집단, 조직, 기구, 기관과 미디어에 대한 사회·정치적 질서의 일부분으로서 개개인들에게 정치적으로 심대한 영향을 주는 모든 과정을 포함하는 총체적 개념으로 이해된다. 협의의 시민교육은 사회·정치생활에의 참여를 위하여 필요한 전제조건을 시민들이 갖추도록 의식적으로 계획되고 조직되며, 지속적이고 목표지향적인 모든 조치들을 위한 총체적 표현으로 볼 수 있다. 즉 광의로는 시민자질의 육성에 중점을 두고, 협의로는 정치체제 안정의 측면을 강조하는 것이다. 이러한 차원에서 민주사회에서의 시민교육은 바로 민주시민(democratic citizens)이 소유해야 할 의지와 능력을 배양하기 위한 교육활동을 의미한다.

시민교육과 관련된 핵심적 내용은 다음과 같이 정리할 수 있다.[52] 첫째, 시민교육은 정치질서 내지 정치체제의 안정을 유지하기 위하여 시민의 지지를 형성하는 것이다. 둘째, 시민교육은 정치에 관한 연구와 정치과정의 참여

51) 심익섭. (2004). "한국 민주시민교육의 기본논리." 김민정 외. 「한국민주시민 교육론」. 엠-애드, 14.

52) 한국민주시민교육학회 편. (1998). 「민주시민생활용어사전」. 서울: 유풍출판사.

에 필수적인 시민의 지식과 기술, 태도를 획득하도록 하는 것이다. 셋째, 국민이 국가의 주권자로서 국가와 지역사회에서 일어나고 있는 정치현상에 관한 객관적 지식을 갖추고, 정치적 상황을 올바로 판단하며, 비판의식을 갖고 정치과정에 참여하여 권리와 의무를 적극적으로 수행하고 책임지는 정치행위가 형성될 수 있도록 가정, 학교, 사회에서 습득하는 모든 내용과 과정이다.

이러한 시민교육은 각 나라의 역사나 사회문화적 요인, 정치적 상황과 추구하는 목표에 따라 다른 형태를 띠어 왔지만 어느 곳에서나 민주적 가치를 생활 속에서 내재화시키기 위한 노력이라는 점에서는 같았으며, 끊임없이 계속되어 왔다.

시민교육은 정치교육(political education)이나 정치사회화(political socialization)와 구분되는 개념이다. 먼저 정치교육은 "정치공동체의 유지 · 발전을 위해 참여에 필요한 정치생활 관련 지식(이해), 기술, 가치관(태도)의 육성을 위한 의도적 활동"으로 정의할 수 있다. 이러한 정치교육은 정치에 관한 정보의 전달 또는 정치적 정향의 함양을 위한 '의도적인 노력'이란 점에서는 시민교육과 같으나 교육의 방향이 반드시 기존의 정치체제에 대한 지지를 포함하는 것은 아니라는 점에서 시민교육과 차이가 있다. 정치사회화는 흔히 습득되는 가치관 및 태도가 기존의 정치체제에 부합하는 것이라는 점에서는 시민교육과 같다 하겠으나 사회화 과정이 의도적 활동뿐 아니라 비의도적 과정까지 포함한다는 점에서 시민교육과 구분된다. 정치학습(political learning)은 이들을 포괄하는 보다 일반적인 개념이다.[53)]

[그림 8-2]는 이들과의 관계를 도식화하여 설명해 준다. 시민교육은 정치사회화와 정치교육의 공통분모적 성격을 가지는 개념임을 알 수 있다.

강조할 것은 시민교육이란 민주시민의 육성을 통하여 민주사회의 지속적인 유지 · 발전을 위한 활동이며, 기존의 정치공동체가 비민주적이거나 시민을 억압하는 경우에도 시민교육이 그러한 정치체제에 부합하는 인간상을 육성하기 위한 활동은 아니라는 점이다. 즉, 시민교육은 민주시민(democratic citizens) 또는 선량한 시민(good citizens)을 양성하기 위한 노력일 뿐, 맹목적인 체제유지활동으로서의 정치적 교화(political indoctrination)와는 구별되어야 하는 것이다.

53) Conover (1991). 앞의글, 125-152.

그림 8-2 시민교육, 정치교육 및 정치사회화

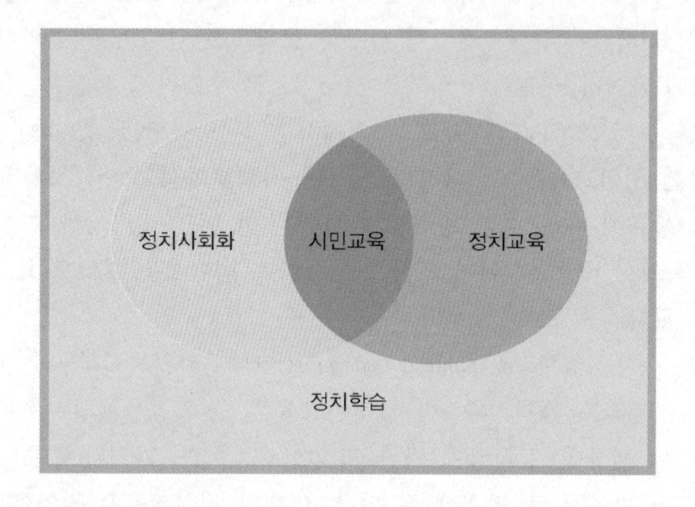

* 출처: Conover (1991). 앞의글, 133.

정당성이 취약한 비민주적 정치체제에서 그러한 체제의 유지를 위한 교육이 민주시민을 양성할 수 없음은 자명한 일이다. 예컨대 제2차 세계대전 발발을 즈음한 나치 독일의 청소년 교육이나 오늘날 북한의 정치교육이 민주시민을 양성할 수 없음은 두말할 나위 없을 것이다. 요컨대, 시민교육은 기존의 정치체제가 민주적일 것을 전제로 하는 것이다. 따라서 시민교육을 할 수 있는 정치체제는 민주적 정당성 획득을 위하여 끊임없는 자기혁신의 노력이 필요하다 하겠다. 단, 이러한 전제조건하에서 시민교육과 정치교육은 사실상 같은 개념이 됨을 지적해 둔다.

한편, 이른바 권력의 세 가지 차원을 고려하건대, 시민교육이 적절히 이루어진다면 권력행사과정에서 야기되는 갈등으로 인한 기회비용을 줄여 공익 증진에 기여할 수 있을 것으로 보인다. 권력의 첫 번째 측면이란 정책과정에서 이해관계인 또는 집단간의 가시적 갈등(overt conflicts)에 관한 권력행사의 측면으로 이른바 다알(Dahl)과 같은 다원주의자들이 주목한 것이다. 두 번째 측면은 잠재적인 문제에 관한 이해관계인 또는 집단간의 비가시적 갈등(covert conflicts)에 관한 권력행사의 측면으로서 바크락(Bachrach)과 바라츠(Baratz)

가 다원론 및 엘리트론에 대한 비판을 통하여 식별해 낸 것이다. 세 번째 측면은 사람의 선호에 영향력을 행사함으로써 가시적 갈등이나 비가시적 갈등의 발생여지 자체를 예방하는 권력의 행사로서 잠재적 갈등(latent conflicts)에 관한 권력행사의 측면으로서 루커스(Lukes)가 첨가한 것이다.[54] 이 세 가지 권력의 차원 중 내포된 갈등의 조정비용의 크기는 세 번째 잠재적 권력차원에서 가장 적고, 첫 번째 가시적 권력차원에서 가장 크다. 따라서 권력행사를 계층간의 수직적 권력행사에 한정하지 않고 불필요한 갈등의 조정 및 예방이라는 관점에서 볼 경우, 만일 정부가 적절한 시민교육을 통하여 민주사회의 유지·발전에 적합한 시민을 육성하는 데 성공할 수 있다면 그만큼 사회 내의 불필요한 잠재적 갈등해소를 통한 사회비용의 감소로 결국 공익증진에 기여할 가능성을 갖게 될 것이다.

시민교육은 일반적으로 정규학교를 통하여 이루어진다. 그러나 이외에도 ① 시민강좌, 개방학교, 언론매체 등을 통한 지속적 사회교육, ② 행정 및 의정활동에 대한 적극적 홍보, ③ 시민조직의 육성, ④ 여론의 수집 및 성실한 반영, ⑤ 참여기회의 확대 등을 통하여도 효과적으로 이루어 질 수 있을 것이다. 이 중에서 실제적 참여를 통한 교육의 효과가 가장 크다는 데 대하여 주목해야 한다.[55]

강조할 것은 시민교육을 위하여는 국가의 능동적·적극적 역할이 중요하다는 점이다. 이는 이미 오래전 플라톤(Plato)이나 루쏘(Rousseau)에 의하여 강조되어 온 것으로 새로울 것도 없는 주장이다. 그럼에도 불구하고 시민교육을 위한 국가의 역할은 소홀히 취급되거나 바람직하지 않은 것으로 치부되어 왔다.[56] 이는 특히 우리의 경우 국가에 의한 정치교육이 대체로 일방적인 정치적 교화의 모습을 띠어왔기 때문에 문제시된다. 그러나 이제는 민주화의 진전 및 시민의식의 향상으로 그와 같은 부정적 의미의 정치교육은 필요하지도 않고 또 가능하지도 않게 되었기 때문에 체제수호가 아닌 공익증진이라는

54) S. Lukes (1974). *Power: A radical view*. London: MacMillan; 이에 대한 보다 자세한 설명은 Christopher Ham and Michael Hill (1984). *The policy process in the modern capitalist state*. Harvester Press, 67을 볼 것.

55) Rahima C. Wade (1997). *Community service-learning in a democracy: An introduction, community service learning-A guide to including service in the public school curriculum*. State University of New York Press, 14-15.

56) Conover (1991). 앞의글, 139.

보다 적극적인 입장에서 시민교육이 강화될 필요가 있음이 인식되어야 한다.

이와 관련하여 전후 독일이 히틀러 치하의 독재국가로 출현한 것은 독일 국민들의 민주시민의식 결여에 근본적인 원인이 있다는 판단하에 이를 극복하기 위한 대책의 일환으로 연방정치교육센터(Bundeszentrale fuer politishe Bildung)를 설립하는 등 정치교육을 강화하고 있는 사실은 우리에게 참고가 된다.[57]

2) 봉사교육

시민교육은 지적이고 활동적인 시민을 개발하고자 많은 노력을 기울여 왔으나 실제 정치적 삶에서 시민들의 관심, 참여 및 능력을 육성하는 데는 실패한 것으로 평가된다.[58] 이러한 현상은 시민의식의 감정적 부분에 정보제공적인 교육이 연계되지 못한 것에 기인한다. 기존의 시민교육이 적극적이고 능력 있는 시민을 양성하는 데 효과적이지 못했던 이유에 대하여 살펴보면 다음과 같다. 첫째, 전통적인 교육 전략은 심적인 인센티브를 제공하지 못하고 사회과목의 교과서적 지식제공에만 집중했기 때문으로 분석된다. 사람들에게 유의미한 권력을 주면 지식의 필요성을 절감하게 되지만 책임이나 권한의 부여 없이 지식만 제공하면 무관심만 보이게 될 것이라는 바버(Barber)의 지적은 적절하다.[59] 둘째, 학교의 위계적인 관료적 질서 역시 적극적이고 지적인 시민을 양산하는 데 실패한 이유로 제기된다.[60] 학교 스스로가 민주적 공간이 되지 않은 상태에서 민주주의를 가르친다는 것은 현실과 괴리된 교육에 불과할 뿐이다. 셋째, 좋은 시민의 특성에 대한 합의된 의견의 부족에 기인한다.[61] 개인주의적인 자유와 권리의 필요성과 적극적인 시민참여를 강조하는 공화주의적 시각의 대립은 시민교육의 방향성을 잃게 하는 원인으로

57) 현 독일연방정치교육센터는 1919년 Weimar공화국 시대에 국가정치교육기관으로 설립된 제국실향민센터(Reichszentrale fuer Heimatdienst)가 1963년 현재의 기관명으로 개편된 것으로서 독일 국민들에게 정치적 문제, 정치상황에 대한 정보제공, 국민들의 민주정치의식의 고양, 및 시민의 참여를 위한 방안의 제공을 기본 임무로 하고 있다: 정무장관실 자료, 1991.

58) R. F. Ferguson (1991). "Paying for public education: New evidence on how and why money matters." *Harvard Journal of Legislation* 28(2), 465-498.

59) Barber (1984). 앞의글, 234.

60) Wade (1997). 앞의글, 4-5.

61) Wade (1997). 앞의글, 5.

작용하였다.

이와 같은 시민교육의 한계를 극복하기 위해 등장한 새로운 교육은 지식교육과 현장의 경험을 연계하고, 시민성에 대한 균형 있는 관점을 창출하는 방향성을 띤다. 이를 서비스러닝(service-learning)이라 하는데 20세기 초 존 듀이(John dewey)의 실용주의 철학의 영향과 1960년대 시민권 운동으로 대학과 공동체 기반의 조직이 증대되면서 부각되기 시작하였다. 구체적으로 서비스러닝은 지역사회의 풀뿌리 조직을 기반으로 학교와 지역사회 그리고 이론과 실제를 긴밀히 연계하고자 하는 진화적 혁명에 해당한다.[62] 서비스러닝은 지역사회의 서비스 제공활동에 참여하는 경험을 제공함으로써 지식을 적용하고 통합하는 방법을 배우고, 자신의 지식 및 방법을 평가할 기회를 얻게 하는 것으로[63] 적극적 시민의식이 요구되는 정치사회적 활동에서 실무적인 기술에 대한 직접적인 이해를 개발하는 교육이다.[64] 서비스러닝은 다음의 요소에서 기존의 시민교육이나 자원봉사활동과는 구별된다.

첫째, 시민교육의 방식이다. 기존의 시민의식을 향상시키기 위한 교육은 학교 내에서 사회과목에 대한 교육, 협소한 연구 방식을 활용하였다면 서비스러닝은 지역사회와 학교를 연계하여 서비스를 직접 제공하는 데 참여하도록 하는 교육방식을 택한다. 이러한 서비스러닝의 시민교육은 실행을 통한 학습(learning by doing), 토의를 통한 학습(learning by talking), 연습을 통한 학습(learning by practicing), 배움을 통한 학습(learning by learning)의 네 가지 접근방법을 활용할 수 있다.[65] 이들은 서로 배타적인 것은 아니지만 이 중에서도 실행을 통한 학습이 서비스러닝에서 가장 강조되는 접근방법이다.

둘째, 지역사회에 서비스를 제공하는 방식에 대한 관점의 차이이다. 둘 다 서비스를 제공하는 활동에 참여한다는 점에서는 공통적이지만 자원봉사활

62) Timothy K. Stanton, Dwight E. Giles, Jr., and Nadinne I. Cruz (1999). *Service-learning- A movement's pioneers reflect on its origins, practice, and future*. San Francisco: Jossey-Bass Publishers, vii

63) J. S. Duley (1981). "Field experience education." in A. W. Chickering (ed.). *The modern American college*. San Francisco: Jossey-Bass.

64) T. K. Stanton (1983). *Field study: Information for faculty*. Ithaca, N.Y: Human Ecology Field Study Office, Cornell University.

65) Suzanne W. Morse, ed. (1992). Politics for the twenty-first century: What should be done on campus?. Dubuque, Iowa: Kettering Foundation, 5–6; Craig A. Rimmerman (1997). *The new citizenship- Unconventional politics, activism, and service*. Westview Press, 100–101에서 재인용.

동이 서비스를 제공하는 사람과 제공받는 사람 사이에 가부장적이고 일방향적 접근을 하는 것으로 자비나 자기희생적 관점을 전제하는 반면 서비스러닝은 양자간의 관계에서 상호성을 강조한다. 즉 지역사회에서 서비스를 제공하는 활동을 통해 서비스를 제공하는 사람은 그 과정에서 정치사회의 문제에 대해 인식하고 고찰과 분석을 경험할 수 있는 배움의 기회를 얻는다. 서비스를 제공받는 사람 역시 제공자를 교육시키기 위한 목적에서 서비스를 받아들인다는 점에서 보다 가치지향적이고 수평적인 관계성을 지닌다.

이와 같은 서비스러닝 방식의 시민교육은 그 경험만으로 시민성 개발과 공동체를 위한 봉사 방식을 습득할 수 있는 효과를 지닌다. 또한 자신과 지역공동체, 사익과 공익은 필연적으로 연계된 것임을 깨닫고, 공동체에서 타인을 돕는 것이 시민적 만족을 야기할 수 있음을 인지할 수 있다.[66] 공공선을 증진시키기 위한 목적의 시민의식을 표출하는 과정에서 공동체의 의무감도 충족시킬 수 있음을 알게 된다. 즉 서비스러닝은 지역사회의 참여 경험을 통해 정치·사회적 문제를 인지하고 해결하고자 하는 노력에 참여할 수 있는 시민적 의지와 능력을 육성한다.

3) 교육의 참여 효과

시민의 참여의지와 능력의 배양을 위한 조치로 시민교육은 필수적이다.[67] 시민교육은 민주시민을 육성하기 위한 교육적 노력이라 할 때 민주시민은 참여의지와 능력을 그 핵심적 속성으로 포함하고 있으므로 양자간의 관계는 필연적이다. 이와 관련 포스터(Posterr)와 크뤼거(ruger)는 "시민성은 공허한 지식과는 무관하다. 또는 조직이나 지도자의 자리를 차지하는 것과도 무관하다.[68] 그것은 단지 참여와 관련 있을 뿐이다"라고 함으로써 참여와 시민교육의 관계를 단적으로 확인하고 있다. 요컨대 민주시민성의 핵심이 참여에 있고, 시민교육이 시민성의 고양을 목표로 한 교육활동이라 할 때, 시민교육은 바로 참여를 위한 교육에 다름 아니다.

이와 관련하여 림머맨(Rimmmerman)은 민주주의에서 의미 있고 효과적인

66) Barber (1984). 앞의글, 249.
67) 이승종. (2007). "참여활성화를 위한 실천적 시민교육." 박재창 외. 「민주시민교육의 전략과 과제」. 서울: 오름, 51.
68) Poster and Kruger (1990). 앞의글, 5.

시민참여가 이루어지기 위하여 필요한 세 가지 요소를 지적한 바 있다. 하나는 공동체에 대한 소속감이고, 둘째는 시민의식의 교육과 개발이며, 셋째는 참여에 의한 자기결정감(self-determination)이 그것이다.[69] 시민교육은 시민의식의 계발을 통하여 참여확대와 효과적 참여에 기여한다. 나아가서 공동체에 대한 소속감이나 자기결정감은 참여를 통해 이루어진다고 했을 때, 시민교육은 참여에 대한 시민의식을 개선함으로써 참여의 활성화에 기여한다.[70]

시민교육이 참여에 미치는 효과를 상술하면 다음과 같다.

첫째, 시민교육을 통해 시민은 민주주의 가치에 입각한 집단 의사결정과정의 중요성을 인식함으로써 독선과 독재, 획일성의 문제를 극복하고 제대로 된 참여문화와 공동체 문화를 형성해 나가는 지향점을 확립할 수 있다.

둘째, 시민교육을 통해 참여의 내용과 질이 효과적으로 개선될 수 있다. 즉 시민은 교육을 통해 참여 목적을 개인의 특정 이익달성에 부응하도록 하기보다는 지역사회나 사회 전체 공동이익의 중요성에 주의를 기울일 수 있게 되기 때문이다.[71]

셋째, 시민교육은 참여활성화의 실질적 계기가 된다. 물론 참여제도의 확충이 우선적으로 필요하겠지만 참여제도의 확충만으로 참여활성화가 달성되는 필요충분조건은 아니다. 아무리 참여제도가 잘 구비된다 하여도 참여제도가 시민에 의하여 이용되지 않게 되면 그러한 제도화는 사회적 낭비가 될 뿐이다. 그러므로 참여활성화를 위한 노력에 있어서 제도의 이용자인 시민의 참여의지를 고양시키기 위한 조치가 필요한데 그것은 시민교육을 통해서 이루어질 수 있는 것이다.

넷째, 참여활성화를 위해서는 참여의지의 고양과 함께 시민의 참여 능력이 요구된다. 참여능력이란 공공문제에 대한 적절한 관심과 태도 및 합리적인 의사소통의 기술 등을 포함하는 것인바, 이러한 참여능력이 결여된 상황에서의 무분별한 참여 확대는 자칫 공익을 저해하게 될 우려가 있다. 이러한 경우 참여의 제도화는 참여의 양적 확대에는 기여할지 모르나 참여의 질적 수준은 저하될 것이다. 그러므로 참여의 활성화를 위해서는 시민의 참여의지

69) Rimmerman (1997). 앞의글, 19.

70) 심익섭. (2007). “민주시민교육의 논리와 발전전망.” 박재창 외. 「민주시민교육의 전략과 과제」. 서울: 오름, 81.

71) Schachter (1995). 앞의글, 535.

의 강화를 위한 노력과 함께 참여능력 제고를 위한 노력이 병행되어야 하는데 그 수단 역시 시민교육이다.

4) 참여의 시민교육 효과

일찍부터 여러 논자들은 시민의 정치참여가 시민성을 고양시키는 효과, 즉 민주시민교육 효과를 갖는다는 점을 제시하여 왔다.[72] 이와 같이 참여가 시민교육의 도구라는 착상의 연원은 멀리는 아리스토텔레스(Aristotle)에서 찾을 수 있으나, 이에 대한 본격적인 논의는 근대에 이르러 루쏘(Rousseau)나 밀(Mill) 등에 의하여 제시된 것으로 인식되고 있다.[73] 먼저 루쏘는 시민들은 오직 참여를 통하여서만 공동체에 속해 있다는 의식을 갖게 되고 이에 따라 공적 영역과 사적 영역간의 갈등을 느끼지 않게 된다고 하였다.[74] 밀은 시민적 자질이 대중적이고 참여적인 제도 및 기구를 통하여 이루어진다고 함으로써 참여를 통하여서만 시민적 자질이 고양될 수 있다고 강조하였다.[75] 이러한 초기 민주론자의 입장은 현대의 직접민주론자들에게로 이어지고 있는바, 예컨대 바버(Barber)는 시민은 저절로 태어나는 것이 아니며 자유로운 정치체에서의 정치적 참여를 통하여 태어나는 것이라고 함으로써 시민교육 도구로서의 참여의 중요성을 제시하였다. 시민참여의 외연을 산업분야에서의 참여로 넓히려 한 콜(Cole) 역시 시민의식은 결사체에서의 참여를 통하여서만 가능하다고 강조한 바 있다.[76] 페이트만(Pateman)은 정치적 의사결정에서의 참여를 통해 개인들은 사적 시민으로서 뿐만 아니라 공인으로서의 시민 역할을 배우게 된다고 제시한다.[77] 이들 외에도 토크빌(Tocqueville), 마르깡(Marquand) 등 여러 논자들이 참여가 시민의 민주적 자질을 배양하는 기본적 도구가 됨을 지속적으로 제시하여 왔다.

요컨대 참여는 개인의 창조적 역량을 육성시켜 줄 뿐 아니라 개인으로

---

72) 정치 참여의 시민교육 효과에 대한 주요 논의는 이승종. (2004). "지방정치참여와 민주시민교육." 김민정 외. 「한국민주시민교육론」, 217-218을 요약·발췌한 것임.

73) Geraint Parry, Goerge Moyser and Neil Day (1992). *Political participation and democracy in Britain*. Cambridge: Cambridge University Press, 286.

74) J. J. Rousseau (1968). *The social contract*. M. Cranston trans. Penguin Books.

75) J. S. Mill (1910). *Considerations on representative government*. New York: Henry Holt & Co.

76) G. D. H. Cole (1920). *Social theory*. London: Methuen.

77) Pateman (1970). 앞의글.

하여금 정치 과정에 대한 더 많은 정보를 얻을 수 있게 하며, 다른 시민의 수요에 대한 지식을 얻을 수 있으므로 자연스럽게 시민교육의 효과를 얻게 된다.[78] 특히 개인적 수준에서 지역사회와 자발적 활동에서의 시민참여는 사회적 행태인 신뢰, 상호성, 유대감, 협력 등을 마음의 습관(habits of the heart)이 되도록 가르친다.[79] 이는 서비스러닝이 중요한 시민교육의 방식으로 강조되는 이유이기도 하다.

한편 참여에 따른 시민교육 효과를 강조하는 직접민주론자들과는 달리 슘페터(Schumpeter), 다알(Dahl), 사르토리(Sartori), 베렐슨 등(Berelson et al.)의 간접민주론자들은 선거를 제외한 직접참여 자체에 대하여 찬성하지 않는 입장을 취한다. 이들은 선거 외의 직접 참여는 특수이익을 옹호하기 때문에 바람직하지 않고, 또한 가능하지도 않다는 입장을 취하고 있는 것이다. 그러나 참여에 대한 기본적인 회의적 시각에도 불구하고 간접민주론자들이 참여의 시민교육 효과에 대하여도 명시적인 반대 입장에 서는 것은 아니다. 첫째, 이들은 기본적으로 참여에 따른 부작용 내지는 참여의 비현실성을 부각시키고 있을 뿐, 참여에 따른 교육효과, 즉 민주시민성 함양이라는 순기능에 대하여는 대체로 함구하고 있다. 둘째, 이들은 직접참여에는 반대하면서도 선거라는 간접참여방식을 필수불가결한 참여방식으로 인정하고 있을 뿐 아니라, 선거참여에 따른 시민교육 효과를 부정하지도 않는다.[80] 요컨대 간접민주론자들은 직접참여에 반대하고 있을 뿐, 기본적으로 참여에 의하여 시민성 고양이 이루어질 수 있음을 부인하는 것은 아니다. 더욱이 그 당위성에 대한 논란과는 별도로 제한적이나마 직접참여가 이루어지고 있으며, 따라서 이에 따른 시민교육 효과 역시 실재한다고 보는 것이 타당할 것이다.

지금까지 참여활성화를 위하여는 시민성으로서 시민의 능력과 시민의식의 개선이 중요함을 지적하였다. 그럼에도 불구하고 참여활성화를 위한 요건으로서 시민의식이나 행태의 개선만을 강조함은 옳지 않다. 왜냐하면 다음

78) Rimmerman (1997). 앞의글, 19, 22.

79) R. Bellah, R. Madsen, W. M. Sullivan, A. Swindler, and S. M. Tipton (1985). *Habits of the heart: Individualism and commitment in American life.* Berkeley, CA: University of California Press; Kenneth Newton (2001). "Trust, social capital, civil society, and democracy". *International Political Science Review* 22(1), 202에서 재인용

80) Dilys M. Hill (1974). *Citizens and cities: Urban policy in the 1990s*. Hemel Hempstead: Harvester Wheatsheaf, 37.

장(제 9 장)에서 살펴보는 바와 같이 시민은 권력의 주체가 아니고, 조직화의 정도가 낮아 시민 자신의 힘만으로는 소기의 성과를 거두기 어려우며, 아울러 시민요소만을 지나치게 강조하는 것은 시민참여에 관련한 문제점을 시민에게 책임 전가하는 입장을 강화시킴으로써 시민참여를 사실상 저해할 우려가 있기 때문이다. 따라서 시민의식 및 행태의 제고와 함께 참여활성화를 위한 정부의 노력 ―공직자의 인식 및 행태개선 및 참여제도의 마련 등― 이 아울러 강조되어야 하는 것이다.

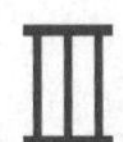

시민의식 관련개념

CITIZEN PARTICIPATION

1. 신뢰와 정부신뢰

선진화된 대의정치나 신용경제가 말해주듯이 현대사회는 상호간의 믿음에 기초한다. 신뢰야말로 사회적 관계자산(relationship assets)이다. 신뢰관계는 개인이나 조직뿐만 아니라 정부에 이르기까지 다양한 차원에서 형성된다. 특히 상충되는 이해관계를 조정하고 자원배분권을 행사하는 정부의 입장에서 국민적 신뢰 없이는 원활한 국정운영과 정책성과를 기대하기 어렵기 때문에 정부신뢰는 국정의 기반요소라 할 수 있다. 이와 관련 이하에서는 신뢰 및 정부신뢰의 개념, 신뢰의 종류, 정부불신의 문제에 대해 살펴보기로 한다.

1) 신뢰, 정부신뢰의 개념

신뢰(trust)는 사회정치 이론가인 로크(Locke)와 토크빌(Tocqueville)에서부터 최근의 푸트남(Putnam)과 시민사회 이론가들에 이르기까지 오랜 역사를 거쳐 강조되어 온 중요한 개념이다. 신뢰는 사회 내에서 통합의 힘[81]을 발휘하며 그 효과는 시민의 참여활동을 비롯한 정치 및 경제체제의 발전에 이르기까지 다방면에 걸쳐 나타나는 것으로 인식되고 있다.

81) G. Simmel (1950). *The sociology of Georg Simmel*. K. Wolff, trans and ed. The Free Press, 326; Newton (2001). 앞의글, 202에서 재인용.

신뢰는 다의적이고 이해하기 어려운 개념이다. 신뢰의 개념에 대한 학자들의 다양한 정의방식을 살펴보면 다음과 같다.

첫째, 신뢰의 구체적인 정의를 내리기보다는 신뢰의 일반적인 특징을 설명하는 유형이다. 예컨대 "신뢰는 사람과 집단의 행동과 의도에 대한 믿음 및 신용이다. 신뢰는 윤리적이고, 공평하며, 위협적이지 않은 행동이다. 신뢰는 교환관계에서 다른 사람의 권리를 고려한다"[82] 등의 설명 방식이 그것이다. 이러한 광의의 접근방법은 쿡(Cook)과 월(Walle)이 제시한 것처럼 신뢰, 믿음, 인지, 이미지 등의 용어들을 상호교환적으로 사용한다.[83]

둘째, 보다 구체적으로 신뢰의 의미를 정의하는 유형이다. 뉴튼(Newton)은 "행위자의 신념으로서 최악의 경우 타인이 자신에게 의도적으로 또는 고의적으로 해하지 않을 것이라는 신념이자, 최선의 경우 타인이 자신의 이익을 위해 활동할 것이라는 믿음"이라고 정의한다.[84] 양(Yang)은 신뢰는 많은 원칙과 관점, 분석 수준을 지닌 모호한 개념이지만 그 본질적 요소는 "미래에 대한 긍정적 기대와 위험이나 불확실성하에서 위험을 감수하려는 의사"라고 규정한다.[85] 이와 유사한 관점에서 루쏘 등(Rousseau et al.)은 "긴장이나 또는 그 밖의 행동에 대해 긍정적 기대에 기반하여 위험을 받아들일 의사가 복합된 심리적 상태"라고 정의하고,[86] 후쿠야마(Fukuyama)는 "어떤 공동체 내에서 그 공동체의 다른 구성원들이 보편적인 규범에 기초하여 규칙적이고 정직하며 협동적인 행동을 할 것이라는 기대"로 정의하였다.[87] 신뢰의 다양한 의미에 대해 하딘(Hardin)은 "내포된 이익(encapsulated interest)"이라고 한 마디

---

82) J. Cook and T. Wall (1980). "New work attitude measures of trust, organizational commitment and personal need nonfulfillment." *Journal of Occupational Psychology* 53, 39-52; J. B. Rotter (1967). "A new scale for the measurement of interpersonal trust." *Journal of Personality* 35, 651-665.

83) Steven Van de Walle (2003). "Public service performance and trust in government: The problem of causality." *International Journal of Public Administration* 26(8/9), 891-909.

84) Newton (2001). 앞의글, 202.

85) Kaifeng Yang (2005). "Public administrators' trust in citizens: A missing link in citizen involvement efforts." *Public Administration Review* 65(3), 275.

86) Denise M. Rousseau, Sim B. Sitkin, Ronald S. Burt, and Colin Camerer (1998). "Not so different after all: A cross-discipline view of trust." Academy of Management Review 23(3), 395; Yang (2005). 앞의글, 275에서 재인용.

87) Francis Fukuyama (1995). *Trust: The social virtues and the creation of prosperity*. New York: Free Press. 구승회 역 (2006). 「트러스트: 사회도덕과 번영의 창조」. 한국경제신문사, 49.

로 표현하기도 한다. 가장 일반적으로 인용되는 것으로 "신뢰는 상대방이 자신에게 중요한 행동을 할 것이라고 기대되는 상황에서 그를 감독하거나 통제할 수 있는 능력에 관계 없이 자신의 취약성을 받아들이려는 의지를 말한다"라고 제시하였다. 여기에서 취약성이란 자신에게 중요한 그 어떤 것을 잃을 수도 있음을 말한다.[88]

두 가지 개념화 방식에 있어서의 차이점은 전자와 달리 후자에서는 신뢰의 의미를 상대방에 대한 일방적인 것으로 파악하는 데 있다. 그러나 신뢰를 상대방에 대한 일방적인 것만으로 파악하는 것은 한계가 있다. 사회구성원간의 상호작용에 있어서 상대방에 대한 신뢰 못지않게 자신에 대한 신뢰도 중요한 기능을 하기 때문이다. 이러한 관점에서 본서에서는 신뢰의 개념을 전자와 맥을 같이하여 보다 넓은 의미에서 파악하여 신뢰란 '상대방과 자신의 행동과 의도에 대한 믿음과 의지'로 규정한다. 이러한 정의는 상대방에 대한 신뢰만이 아니라 자신에 대한 신뢰를 신뢰의 개념에 명시적으로 포함하는 것이다. 이와 같은 넓은 개념적 접근에 기초할 때 신뢰는 여러 가지 국면을 지닐 수 있다.

신뢰의 몇 가지 개념적 특징을 살펴보면 다음과 같다. 첫째, 신뢰는 호혜적(reciprocal)으로 이루어진다. 다시 말하면 개인들은 자신들이 경험하는 신뢰와 불신에 대응한다.[89] 둘째, 신뢰는 단일한 대상을 갖는 것이 아니고 동시에 다양한 대상에게 형성된다.[90] 모든 대상을 다 신뢰할 수도 있고, 어떤 대상은 신뢰하지만 다른 대상은 신뢰하지 않을 수도 있다.

2) 신뢰의 종류

(1) 사회적 신뢰(Social Trust)

사회적 신뢰는 사회구성원간의 상호작용에 있어서 나타나는 것으로 일반적으로 상호성, 유대, 협력, 신뢰, 공감, 관용, 동포애(fraternity), 호혜성

88) R. W. Boss (1978). "Trust and managerial problem solving revisited." *Group & Organizations Studies*. 3, 331-342; Zand, D. E. (1972). "Trust and managerial problem solving." *Administrative Science Quarterly*. 17, 229-239.

89) N. Luhman (1979). *Trust and power*. London: Wiley.

90) A. Fox (1974). *Beyond contract: Work, power, and trust relations*. London: Faber & Faber; D. Nachmias (1985). "Determinants of trust within the federal bureaucracy." in D. H. Rosenbloom (ed.), *Public personnel policy: The politics of civil service*, NY: Associated Faculty Press.

(reciprocity), 시민성 등으로 표현된다. 사회적 신뢰는 다시 인적신뢰(사적신뢰)와 제도신뢰(공적신뢰)로 나누어진다. 일반적으로 개인주의 문화를 지닌 서구 선진사회는 제도신뢰는 높지만 인적신뢰가 낮고, 집단주의 정치문화를 지닌 동아시아는 제도신뢰는 낮은 반면 인적신뢰는 높은 것으로 인식된다.[91] 그러나 반드시 그러한 것은 아니다. 예컨대, 덴마크와 같은 서구 선진사회도 인적신뢰 측면에서 일본이나 한국보다 더 높다. 신뢰가 발전해도 일차적 인간관계의 중요성이 반드시 감소하는 것은 아닌 것이다.[92] 즉 인적신뢰(사적신뢰)와 제도신뢰(공적신뢰)는 일단 양립가능한 것으로 볼 수 있다. 지적할 것은 인적신뢰는 단일 차원의 균질한 것이 아니라는 점이다. 구체적으로, 인적신뢰라도 사적신뢰인 폐쇄적 인적신뢰와 일차적 인간관계에 있지 않은 개방적 인적신뢰는 별개의 개념이다. 그러므로 인적신뢰(사적신뢰)와 제도신뢰(공적신뢰)에 대한 통합적 고려를 하더라도 사적신뢰의 구성요소간 차별적 작동방향에 대한 인식이 필요하다. 특히 일차적 인간관계에 기초한 폐쇄적 인적신뢰(사적신뢰)는 연고주의적으로 운영되는 폐해를 지니고 있다는 점을 인식해야 한다. 이 때 발전한 사회일수록 제도신뢰와 개방적 인적신뢰는 높지만, 폐쇄적 인적신뢰는 낮을 것이다. 이러한 관점에서 볼 때, 추가적인 실증분석을 요하겠으나 일단 동양의 신뢰 구조는 폐쇄적 사적신뢰가 높은 반면 제도신뢰와 개방적 사적신뢰가 낮은 것으로 평가하는 것이 타당해 보인다.

사회신뢰의 형성에 대하여는 두 가지 관점이 상충한다. 하나는 시민사회 중심적 시각이다. 토크빌(Tocqueville), 밀(J.S.Mill), 뒤르껨(Durkheim), 짐멜(Simmel), 푸트남(Putnam) 등의 사회이론가들은 신뢰가 시민사회를 구성하는 자발적 결사체와 중개조직의 포괄적이고 긴밀한 네트워크에서 기원한다고 주장한다. 그리고 이러한 사회적 신뢰는 공동체 생활에 더 많은 관여와 참여를 유발하고, 경제성장에 기여하며, 정부의 성취도에 대한 만족도를 높이고, 사회적 통합을 가져오며, 일상생활의 즐거움을 유발하는 긍정적 효과를 발휘한다. 그러나 자발적 결사체와 사회적 신뢰간의 전통적인 인과관계에 대한 논의는 다소 상충한다. 전통적 시각에서는 자발적 결사체의 수가 많을수록 사회적 신뢰가 높아질 것으로 보았으나, 최근의 연구에서는 이에 대하여 유보적이다. 예컨대 마이

91) 이재열. (1999). "민주주의, 사회적 신뢰, 사회적 자본". 「계간 사상」. 여름: 65-93.
92) 유석춘, 장미혜. (2002). "사회자본과 한국사회." 「사회발전연구」 8.

어(Mayer)는 양자간에 일반화된 인과성을 부인하며, 하트(Hart)와 데커(Dekker)는 맥락적 요인에 따라 인과관계가 형성됨을 제시한다.[93] 이같은 논의는 자발적 결사체와 사회적 신뢰의 관계는 결사체의 유형과 활동의 성과, 또는 양자간 상호작용의 결과에 따라 달리 나타날 수 있음을 제시하는 것이다.

다른 하나는 국가제도 중심적 시각으로서 사회적 신뢰의 형성에 정치제도의 민주성, 국가제도의 질, 정부정책의 성격 등이 중요하게 작동한다고 본다.[94] 초기 사회중심적 시각은 신뢰를 장기간에 형성된 역사적 산물로 간주하여 필연적으로 받아들여야 하는 대상으로 인지하는 반면, 국가제도적 시각은 사회자본이 당대의 제도적 특성, 예를 들어 민주정치제도, 법질서, 국가기관의 질, 복지국가 및 정책적 결과 등에 따라 변화하는 대상으로 인지한다. 대체적으로, 사회적 신뢰에 대하여 사회중심적 시각은 다소 수동적인 반면, 국가중심적 시각은 상대적으로 능동적이다.

(2) 정부 신뢰(Governmental Trust/Political Trust)

정부 신뢰 또는 정치적 신뢰란 정부 기관, 즉 중앙정부, 지방정부, 의회, 정당, 군대 등에 대한 시민의 신뢰를 의미한다.[95] 정부 신뢰의 특성은 다음과 같다. 첫째, 정부 신뢰의 대상은 다양하다. 전체로서 정부에 대한 신뢰, 각 부처별 신뢰, 정부의 정책에 대한 신뢰, 공직자의 능력에 대한 신뢰, 공직자의 태도에 대한 신뢰, 정부의 대응성에 대한 신뢰 등이 그것이다. 둘째, 정부 신뢰의 경우 교호적 측면보다는 정부에 대한 주민의 일방적 신뢰에 우선적 관심을 갖게 된다. 일반적으로 신뢰는 쌍방간의 관계에서 논의되지만 정부와 국민간의 관계는 다르다. 민주주의 사회에서 정부는 국민의 대리인 입장에서

---

93) Nonna Mayor (2003). "Democracy in France: Do associations matter?" in Hooghe, Marc and Dietlind Stolle, eds. *Generating social capital: Civil society and institutions in comparative perspective,* New York: Palgrave; De Hart, J and P. Dekker (2003). "Local patterns of social capital." in M. Hooghe and D. Stolle (eds). *Generating social capital*. New York: Palgrave, 153–170.

94) M. Hooghe and D. Stolle (eds). *Generating social capital*. New York: Palgrave.

95) Russell J. Dalton and Doh Chull Shin (2006). *Citizens, democracy, and markets around the Pacific Rim*. Oxford University Press, 141. 정치 신뢰와 관련되는 용어로는 공민의식(civic-mindness), 시민권(citizenship), 참여, 정치적 관용, 협상능력, 정치기관에 대한 확신 등이 있다. 관련 자료는 Newton (2001). 앞의글, 205.

맡겨진 책임을 주인인 국민이 만족할 수 있도록 얼마나 잘 수행하느냐가 양자간 관계의 핵심이다. 셋째, 공직자의 능력에 대한 신뢰는 공직자가 업무를 효율적으로 처리할 수 있는 지식・기술 등의 능력을 갖추고 있는지를 말한다. 예를 들면 공직자의 업무추진력, 정보화능력, 판단력 등에 대한 신뢰를 말한다. 넷째, 공직자의 태도에 대한 신뢰는 근면, 성실, 용기, 청렴, 정직, 봉사성 등의 태도에 대한 신뢰이다. 마지막으로 정부의 대응성에 대한 신뢰는 정부가 국민의 요구 및 사회적 문제해결에 얼마나 적극적으로 반응하는지를 평가한다.

정부 신뢰가 중요한 이유는 민주주의 정치체제가 국민이 선출한 대표자들이 신뢰성 있게 행동하는지, 정치적 성과를 보장하는 제도적 메커니즘인지에 기초하기 때문이다.

국가별 정부 신뢰 수준에 대한 대체적 비교는 후쿠야마의 분류에서 찾아볼 수 있다. 후쿠야마는 고신뢰 사회로 독일, 일본, 미국을, 저신뢰 사회로 중국, 이탈리아, 프랑스, 한국이 해당하는 것으로 구분하였다. 그러나 후쿠야마의 이러한 분류는 서구중심적 관점에서 이차집단에 대한 신뢰와 호혜성만 사회자본화하는 것으로 치부한다는 한계를 지닌다. 그러나 비서구사회에서는 가족, 친족 등 일차적 공동체가 중요하게 작용하고, 이러한 일차집단 중심의 사회문화가 타인과의 신뢰관계에 대한 희생을 반드시 전제하는 것은 아니라는 점에서 후쿠야마의 분류는 다소 주관적이다. 보다 중립적인 관점에서 국가들의 정부기관에 대한 신뢰수준 자료는 [표 8-4]에 제시되어 있다.

표에서 보는 바와 같이 전반적으로 서구 민주국가들에 비해 동아시아 국가들의 정치 신뢰가 상대적으로 더 높은 경향을 지닌다. 아시아 국가 중에서는 일본과 한국이 필리핀이나 다른 국가들에 비해 신뢰가 낮은 편이다. 특이한 점은 모든 국가에서 공무원과 군대 등 비대의적 기관의 신뢰도가 대의적 기관의 신뢰도를 능가한다는 점이다. 한국 역시 마찬가지 현상을 보이는데 이는 중앙정부 공무원, 또는 군대의 신뢰가 높은 때문이기보다는 의회, 정당 등에 대한 불신이 큰 데 따른 결과로 판단된다.

표 8-4 • 정부 기관에 대한 신뢰수준 비교 (단위: %)

국 가	중앙정부	의 회	정 당	공무원	군 대	평 균
미 국	38	38	23	55	82	47
캐나다	42	40	23	52	67	45
호 주	26	31	16	38	68	36
뉴질랜드	16	15	6	29	63	26
일 본	27	22	18	32	67	33
한국(남)	**30**	**11**	**11**	**67**	**64**	**37**
대 만	70	46	36	60	76	58
필리핀	53	61	46	71	74	61
인도네시아	52	43	33	59	74	52
중 국	97	95	93	66	97	90
베트남	98	97	92	79	97	93
평 균	50	45	36	55	75	

* 출처: Dalton et al. (2006). 앞의글, 141.

(3) 상호 신뢰(Mutual Trust)

사회적 신뢰나 정부 신뢰는 각각 시민이 다른 시민이나 사회조직 또는 정부에 대하여 갖는 일방적 방향의 신뢰측면에 관한 것이다. 그러나 신뢰는 일방적이지 않으며, 관련된 주체가 상호적·대응적으로 형성되고 발현된다. 이와 같이 상호작용하는 주체간 관계에서 접근하는 신뢰를 상호적 신뢰라고 한다.

상호적 신뢰의 관점에서 볼 때 신뢰는 네 가지 국면을 포함한다.[96] 첫째, 시민이 다른 시민들을 신뢰하는 것으로 이는 사회자본의 일반적 측면으로 논의된다. 둘째, 시민들이 정부 공직자를 비롯한 엘리트를 신뢰하는 것으로, 정부와 시민의 관계에서 정부에 대한 신뢰로 적용해 볼 수 있다. 셋째, 정치 엘리트들이 다른 엘리트들을 신뢰하는 관점으로 내부 신뢰를 형성하는 부분이다. 넷째, 정치 엘리트들이 시민들을 신뢰하는 관점이다. 신뢰에 관한 많은 연구들은 이 중 두 번째에 가장 많은 관심을 기울인 반면 마지막 관점인 공

96) Claus Offe (1999). How can we trust our fellow citizens?. In *democracy and trust*, edited by Mark E. Warren, 42-87. Cambridge: Cambridge University Press.

직자 및 정치 엘리트들의 시민에 대한 신뢰 부문의 중요성은 그간 소홀히 취급되어 왔다.

이러한 현상은 신뢰의 특성과도 관련되는데 신뢰는 전문가와 정부에 대한 심리적·자연적 대응으로서 주로 권력의 남용을 막기 위한 사회적 통제 메커니즘으로 여겨져 왔다. 이러한 관점에서 시민은 정부나 공직자에게 해를 끼칠 실질적인 권력이 없기 때문에 공직자의 시민에 대한 신뢰는 필요하지 않는 것으로 보는 경우가 많았던 것이다.[97] 그러나 시민은 공직자 및 엘리트들을 포함하여 정부를 직접 소유하고 있는 주체이고, 이들이 대표자를 직접 선택한다는 관점에서 시민들이 권력을 실제 지니지 못하는가는 다시 생각해 볼 문제이다. 아울러 권력적 차원을 초월하여 신뢰를 얻고자 할 때 가장 중요한 방법은 타인을 신뢰하는 것이라는 점에서,[98] 정부가 시민의 신뢰를 얻기 위해서는 먼저 정부가 시민을 신뢰하는 것이 필요하다. 또한 많은 경우, 시민에 대한 공직자의 부정적 태도가 시민참여에 중대한 장애가 되고 있다는 점에서도 시민에 대한 정부공직자의 신뢰는 필요하다.[99] 나아가서 정부와 시민간 호혜적 신뢰는 상호 상승작용을 통하여 신뢰의 총화를 증진시킬 수 있다는 점에서도 중시되어야 한다. 이와 같이 정부와 시민간의 관계를 시민의 일방적 시각에서만이 아니라 정부와 시민간의 상호적 차원에서 접근함으로써 우리는 자칫 간과하기 쉬운 중요한 신뢰요소의 하나를 적절히 논의할 수 있게 된다.

그러나 많은 경우 공직자의 신뢰필요성과 관련하여, 공직자는 시민을 신뢰하지 않는 경향을 보인다. 공직자의 시민에 대한 불신은 시민참여에 대해 이중적이거나 문제성 있는 것으로 인식하는 행태들로 나타나는 경우가 많다. 구조적 문제로는 시민 자체에 대해서 부정적이기보다는 행정적 과정에서 시민참여에 대해 부정적인 경우를 말한다. 예를 들어 정치 시스템 내에서의 갈등 증가, 정부 의사결정상의 어려움 증대, 사회적 형평성의 감소 등을 야기시키는 상황에 대한 부정적 태도이다. 인식적 문제는 시민 자체에 대하여 부정적 인식을 갖는 경우이다. 시민은 공공 의사결정을 내리는 데 있어 능력이 없

97) Yang (2005). 앞의글, 274.

98) Valerie Braithwaite and Margaret Levi, eds. (1998). *Trust and governance*. New York: Sage Publications, 345.

99) Yang (2005). 앞의글, 273.

다고 보거나,[100] 확정적 선호가 없으며,[101] 너무 냉담하다는 관점 등이 그것이다. 공직자와 시민간 상호적 신뢰의 형성을 위해서는 이같은 구조적·인식적 차원의 불신이 해소될 필요가 있다.

3) 정부 불신의 문제

사회문제의 해결을 위한 정부의 정책이 효과를 발휘하기 위해서는 정책의 품질도 담보되어야 하지만 정책수행의 주체인 정부에 대한 국민의 신뢰가 적정 수준에서 확보되어야 한다. 정부에 대한 국민의 불신이 강한 경우 정책은 효과적으로 집행되기 어렵고 따라서 정책목표의 달성이 어렵게 될 것이기 때문이다. 물론 정부에 대한 불신이 부정적 기능만 하는 것은 아니다. 정부에 대한 무조건적인 신뢰는 오히려 정부를 나태하고 부패하도록 유도할 우려도 있으며, 오히려 어느 정도의 정부 불신은 정부로 하여금 국민으로부터 신뢰를 얻기 위한 노력을 압박함으로써 정부의 품질을 제고시키는 긍정적 기능을 발휘할 수도 있다.[102]

정부에 대한 어느 정도의 경계심은 정부의 역할을 담보하기 위하여 필요하나 지나친 불신은 정부의 원활한 기능 수행에 장애가 될 것이므로 바람직하지 않으며, 적정한 수준에서의 정부에 대한 신뢰는 확보되어야 한다. 정부 신뢰에 대한 관심이 제기되는 이유이다. 우리나라의 낮은 정부 신뢰는 이미 확인된 바 있다. 우리나라를 비롯하여 많은 국가에서는 정부에 대한 낮은 신뢰 또는 정부 불신이 문제시되고 있다. 정부에 대한 우리 국민의 불신은 과거 권위주의적 정부에 대한 기억과 함께 특히 1997년 말 외환위기를 겪으면서 정부가 보여준 무능과 무책임으로 인하여 증대된 것으로 평가

---

100) Walter A. Rosenbaum (1978). "Public involvement as refor and ritual." In *citizen participation in America*, edited by Stuart langton. 81-96. Lexington, MA: Lexington Books.

101) Robert Dahl (1966). Further reflections on "The elitist theory of democracy." *American Political Science Review* 60(2), 296-305.

102) 실제로 정부 불신에 대하여는 상반된 관점이 존재한다. 부정적 관점에서는 정부 불신은 정부 조직목표의 효과적 달성과 직무에 대한 만족의 증대 및 동기부여가 어려워진다고 본다. 김병섭, 박홍식. (1999). "신뢰와 정부개혁." 한국행정학회 춘계학술대회 논문집, 26. 그러나 일각에서는 정부 불신이 사회의 건강성을 의미한다고도 본다. 정부 불신은 정부에 대한 국민의 냉소적 태도이기보다는 건전한 경계심의 표현일 수 있다고 보는 것이다. 심지어 정부에 대한 경계심과 회의는 민주주의 발전의 토대라고 주장하기까지 한다. 조셉 S. 나이 (2001). 박준원 역 「국민은 왜 정부를 믿지 않는가」. 서울: 굿인포메이션, 122.

된다.[103)]

정부 불신은 우리나라만의 현상은 아니다. 미국의 경우 1990년대 중반 가장 낮은 신뢰수준을 나타냈는데 국민의 1/4 정도의 수준만이 신뢰하는 것으로 나타났다.[104)] 미국만이 아니라 영국, 이탈리아, 스페인, 스웨덴 등에서도 정부에 대한 국민의 신뢰도는 보편적으로 추락하고 있고, 일본에서는 최근 정치 불신이 전통적인 신뢰대상이었던 관료층으로까지 번지는 현상을 보이고 있다.[105)]

정부 불신의 원인은 무엇인가? 이러한 질문은 정부 불신에 대한 대응책의 마련을 위하여 중요하다. 불행히도 아직까지 정부 불신을 설명하는 지배적인 모델은 없는 실정이다. 미국에서의 정부 불신을 설명하는 정치, 경제, 사회, 문화적 가설들을 종합적으로 비교평가한 조셉 나이(Joseph Nye)가 정부 불신은 어느 한 요인으로 설명될 수 없고 다양한 요소의 복합적 결과일 것으로 결론짓고 있는 것은 바로 이런 상황을 잘 말해준다. 그러나 일반적 설명모델이 없다고 해서 정부 불신의 원인에 대한 진단을 포기할 수는 없으며, 어떠한 요인들이 정부 불신 형성에 얼마나 어떻게 기여하는지를 파악하는 것은 여전히 중요하다.

지금까지 제시된 바에 의하면 대체로 정치적 요인으로는 국가의 역할 증대, 정책의 일관성 부족, 정치부패 등이, 경제적 측면에서는 경제정책의 실패가, 사회문화적으로는 개인의 기대수준 증대, 개인의 몰가치, 개인주의 팽배, 언론의 상업화 등이 정부 불신의 주요 원인으로 제기되어 왔다. 연구가 많지는 않지만 우리나라의 정부 불신에 대한 설명도 이와 크게 다르지 않다. 구체적으로 비일관성, 부정부패, 비효율성,[106)] 정치적 제약, 사회적 불평등,[107)] 권위주의, 중앙집권주의, 정당대결주의, 비밀주의, 이념갈등(보수, 진보갈등, 지역

103) 김인영. (2002).「한국 사회 신뢰와 불신의 구조: 거시적 접근」. 서울: 소화.

104) 이러한 현상에 대하여 헤클로(Heclo)는 워싱턴 정가 사람들이 요즘처럼 국민에게 관심을 가진 적이 없는데도 국민들의 불신이 지금처럼 높았던 때가 없었다는 점에서 '합법적인 역설'이라고 불렀다. Nye, et al. (2001). 역서. 앞의글.

105) Nye, et al. (2001). 역서. 앞의글, 22.

106) 각 요인의 중요성은 비일관성, 부정부패, 비효율성의 순으로 보고되었다. 이종수. (2001). "정부에 대한 신뢰와 그 결정요인."「사회과학논집」32, 67-86.

107) 박종민. (1991). "정책산출이 정부 신뢰에 주는 영향."「한국행정학보」25(1), 291-305. 박종민의 연구는 경제적 성과는 정부 불신의 중요 영향요인이 아니며 정치적 자유화나 사회적 형평에 관한 평가가 주요 요인임을 제시한다.

갈등), 공식적 규범과 비공식적 관행이 불일치하는 한국문화의 이중성, 경제 정책의 실패, 권리의식의 증대와 공동체 정신의 저하 등[108]이 우리나라의 정부 불신을 설명하는 요인으로 제시되어 왔다.

이러한 정부 불신을 완화하고 떨어진 정부의 신뢰를 제고하기 위한 정책과제는 다음과 같다. 첫째, 정부의 역량을 강화해야 한다. 여기에서 정부의 역량이란 일차적으로 정부를 구성하는 공무원의 문제해결 능력과 의지를 말한다. 여기에서 문제해결 능력이란 환경변화에 따라 발생하는 정책수요에 효과적으로 대응할 수 있는 능력을 말한다. 공무원의 의지란 공무원이 국민의 입장 또는 공익적 관점에서 책임 있게 정책을 수행하려는 태도를 말한다. 정책의 전문성, 일관성, 도덕성은 이러한 역량을 전제로 하는 정부의 덕목이다. 이러한 능력과 의지를 소유한 공무원이 많아질 때 정부 신뢰는 강화된다.

나아가서 정부의 역량은 정부정책과 제도의 민주화를 포함한다. 아무리 전문적인 정책이라도 국민의 의사와 동떨어진 정책으로는 국민의 신뢰를 얻지 못한다. 따라서 정부는 정책과정에서 국민의 의사를 수렴하는 노력을 경주해야 한다. 이러한 요청은 민주화에 따른 당연한 요청이기도 하다. 지방분권 강화, 민주적 정책과정의 구축, 행정공개 등은 이러한 역량이 요구하는 요소이다.[109]

주의할 것은 정부의 역량을 강화한다고 해서 정부의 규모를 늘리고자 하는 유혹에 빠지는 것이다. 정부로서는 국민의 불만이 높아짐에 따라 이를 완화하기 위하여 일차적으로 손쉬운 정부의 규모확대에 의존하게 될 가능성이 크다. 그러나 그러한 노력은 일방으로는 국민의 요구에 대한 대응을 강화하여 정부 신뢰를 제고시킬 가능성에도 불구하고, 다른 한편으로는 그 자체 정부의 불신을 증폭시키는 요인으로 작용할 가능성이 크다. 적정한 수준에서 정부규모를 유지하는 정부정책이 국민의 신뢰를 사게 된다는 점에 유의해야 한다.

---

108) 김인영. (2002). 앞의글, 149.

109) 이와 관련, 최근 신자유주의의 영향으로 국가가 약화되는 현상을 비판하면서 강한 국가의 필요성을 강조하는 Fukuyama는 강한 국가의 형성요소로서 조직설계 및 관리, 정치체제 설계, 합법성의 토대 및 문화적, 구조적 요소를 제시하고 있는바, 이에 더하여 여기에서 제시하는 바와 같이 인적요소의 강조가 필요할 것이다. 프랜시스 후쿠야마 (2004). 구승회 역「트러스트: 사회도덕과 번영의 창조」. 한국경제신문사.

둘째, 앞의 과제와 관련된 것이지만 정부의 업무범위와 수행방식에 대한 재고가 필요하다. 과거 개발주의 시대에는 시장과 시민사회가 취약하여 정부의 주도적 역할에 대한 기대가 정당화되는 측면이 없지 않았다. 그러나 시장과 시민사회가 어느 정도 성장한 지금 과거와 같은 정부주도 체제의 적정성은 그만큼 감소되었다 할 것이다. 이러한 상황에서 너무나 많은 분야에 정부가 관여하는 것은 그 자체가 불신의 원인이 된다. 정부가 많은 일을 하면 할수록 불신을 더욱 증폭시킬 우려가 있는 것이다. 물론 반대로 일을 하지 않는 정부는 소극성으로 인하여 불신의 대상이 될 수 있다. 따라서 정부의 역할범위 및 수행방식에 대하여 균형감각을 갖추어야 한다. 구체적으로, 정부역할범위의 조정, 공공서비스 전달방식의 합리화(정부주도, 정부협의, 민간화, 민영화, 공사협동 등 다양한 서비스 전달방식)에 대한 관심의 배가가 요구된다.

셋째, 성숙하고 건강한 시민사회 조성을 위한 정책노력이 필요하다. 앞에서도 언급하였지만 그간의 급격한 민주화 과정에서 국민의 권리의식, 이기주의가 불균형적으로 확대되면서 정부에 대한 요구와 기대수준이 역시 과도히 높아졌다. 이같이 급격히 증가한 요구와 기대수준을 한정된 자원의 제약하에 있는 정부가 쉽게 충족시킬 수는 없는 노릇이며 이는 정부불신을 악화시키는 요인으로 작용한 측면이 있다. 또한 폭증한 사회 내 갈등의 해결기제가 확립되어있지 못한 것도 정부 불신을 악화시킨 요인이 되었다 할 것이다. 이러한 문제를 완화하기 위하여는 당연히 건전한 민주시민의식의 고양을 위한 정책노력이 요구된다.

2. 사회자본

1) 사회자본의 개념

사회자본에 대한 논리는 서구의 경우, 개인주의적 성향의 문화를 어떻게 하면 공동체적 지향성으로 바꿀 수 있는가에 대한 관심에서 시작되었다.[110] 개도국의 경우는 전통적인 일차적 인간관계와 근대적인 이차적 인간관계가

---

110) Amitai Etzioni (1993). *The spirit of community: The reinvention of American society*. New York: Simon and Schuster; Robert D. Putnam (1993a). "The prosperous community: Social capital and public life". *American Prospects* 4(13), 35-42.

혼조된 사회 상황에서 경제적 논리로만 설명되지 않는 숨은 변수(hidden variable)를 찾기 위한 필요성에서 시작되었다.

사회자본이라는 용어는 프랑스 정치학자인 알렉스 토크빌(Tocqueville)이 1835년 미국사회를 분석하면서 사용하기 시작하였다. 당시 미국 사회구성원 개개인은 단체를 구성하여 서로의 필요를 충족시켜 주고, 공공의 이익을 추구하는 성향이 있다고 보았는데, 이를 토크빌은 사회자본이라고 불렀다. 현대에 와서 사회자본의 개념을 최초로 사용한 학자는 로리(Loury)[111]이지만 현재와 같이 활발한 연구대상으로 부각되게 된 계기는 부르뒤(Bourdieu)와 콜만(Coleman)이 제공하였다. 부르뒤(Bourdieu)는 사회자본을 관계의 연결망을 통해 얻을 수 있는 잠재적 자원의 총합으로 보았고,[112] 콜만(Coleman)은 사회자본을 재정자본이나 인적자본과는 달리 개인간의 관계 구조 속에서 특정 행위를 촉진시키는 요인이라고 보았다.[113] 콜만은 인적자본이 각 관계의 결절점에 존재하는 것이라면, 사회자본은 이들 결절점을 연결하는 선위에 존재하는 것으로 보았다. 그는 사회자본을 다양한 집단간 자원의 불평등한 분포를 설명하기 위한 개념으로 규정함으로써 가치중립적 관점 또는 기능적 접근 방식을 취한다. 다만 콜만의 논의는 사회자본의 직접적인 개념정의를 하지 않은 채, 사회자본의 효과를 사회자본과 동일시한다는 점에서 동어반복의 문제를 지닌다는 비판을 받는다.

사회자본에 대한 관심의 증대에도 불구하고 아직도 사회자본에 대한 개념의 정립은 미흡하여 여러 가지 논점이 존재한다.

우선 사회자본을 미시적으로 접근하는 관점은 주로 개인과 집단간 네트워크에 초점을 둔다. 예컨대, 린(Lin)은 사회자본을 행위자가 자신이 속한 집단, 즉 연결망의 자원에 접근하여 얻을 수 있는 자산으로 보았고,[114] 포르테스(Portes)는 사회적 네트워크 또는 사회구조의 구성원이 됨으로써 획득할 수

111) Glen Loury (1977). "A dynamic theory of racial income difference." in P. A. Wallace and A. LeMund (eds). *Women, minorities, and employment discrimination*. Lexington Books, 153-186.

112) P. Bourdieu (1986). "The forms of capital." in J. Richardson, ed. *Handbook of theory and research for the sociology of education.* Westport, CT: Greenwood Press.

113) James S. Coleman (1988). "Social capital in the creation of human capital." *American Journal of Sociology* (Supplement) 94: s95-s120.

114) Nan Lin (2001). *Social capital: A theory of social structure and action*. Structural Analysis in the Social Science no. 19. Cambridge: Cambridge University Press.

있는 행위자의 능력으로 보았다.[115] 버트(Burt)는 집단과 집단을 연결하는 구조적 틈(structural hole)이 위치한 곳에서 사회자본이 가장 풍부하다고 보았다.[116] 또한 그라노베터(Granovetter)는 '약한 연대의 강함(Strength of weak tie)'이라는 표현을 통하여 약한 연계로 연결된 집단이 강한 연계로 연결된 집단보다 더 큰 사회자본을 형성한다고 하였다. 미시적 관점은 부르듸(Bourdieu)나 콜만(Coleman) 등의 고전적 사회자본의 개념적 접근과 맥락을 같이하며, 이러한 접근에 의하면 사회자본은 인적신뢰 또는 사적신뢰와 통하는 개념이 된다.

사회자본을 보다 거시적으로 접근하는 관점은 사회의 문화적·조직적 특성에 주목한다. 그리하여 사회전통이 신뢰나 협동과 같은 호혜성에 기반한 가치 및 관계를 얼마나 뒷받침하는가를 연구하는 데 주력한다. 예컨대, 푸트남(Putnam)은 상호적 혜택을 위해 조정과 협력을 가능하게 하는 네트워크, 규범, 사회적 신뢰와 같은 사회적 조직의 특성을 사회자본으로 보았다.[117] 그는 실제 사례연구에서 남부 이탈리아와 북부 이탈리아 지역간 효율성의 격차를 사회자본에서 찾았다. 봐(Boix)와 포스너(Posner)는 사회자본을 다른 사회적 행위자들이 협력적 협상을 가능하게 하는 제도화된 기대라고 정의한다.[118] 거시적 사회자본은 제도 신뢰 또는 공적 신뢰로도 표현될 수 있다.

종합적으로 볼 때 사회자본의 구성요소는 규범, 일반화된 호혜성, 네트워크, 신뢰를 포함한다. 신뢰는 협의의 사회자본이다.[119] 또한 이때, 신뢰는 사회자본의 결과이자 사회자본의 촉진요소라 할 수 있는 것이다.

사회자본의 유형으로 브릭스(Briggs)는 결속적 사회자본(bonding social capital)과 교량적 사회자본(bridging social capital)으로 구분하여 내부 성원의 결속

115) Alejandro Portes (1998). "Social capital: Its origins and applications in modern sociology." *Annual Review of Sociology* 24, 1-24.

116) Ronald S. Burt (2001). "Structural holes versus network closure as social capital." in Nan Lin, K. Cook and R. S. Burt. *Social capital: Theory and research*. Sociology and Economics: Controversy and integration series. New York: Aldine de Gruyter, 92.

117) R. D. Putnam (1996). "The strange disappearance of civic America." *American Prospect*. 7(24), 67.

118) C. Boix and D. N. Posner (1998). Social capital: Explaining its origins and effects on government performance. *British Journal of Political Science* 28(4), 686.

119) 푸트남(Putnam)은 사회자본 중 신뢰가 가장 중요한 구성 요소에 해당한다고 보았고, 후쿠야마(Fukuyama)는 신뢰가 협의의 사회자본이라고 보았다.

과 관련된 사회자본과 외부 집단과의 교량적 연결과 관련된 사회자본으로 구분한다.[120] 울콕(Woolcock)은 내부 결속 측면에서 배태성(embeddedness)과 외부와의 연계 측면에서 자율성(autonomy)의 두 부문으로,[121] 유사한 맥락에서 크리슈나(Krishna)는 관계적 사회자본(relational social capital)과 제도적 사회자본(institutional social capital)을,[122] 업호프(Uphoff)는 구조적 사회자본(structural social capital)과 인지적 사회자본(cognitive social capital)으로 구분하기도 한다.[123] 또한 유석춘 외는 보다 거시적으로 사회자본을 미시적 사회자본과 거시적 사회자본으로 구분하고,[124] 미시적 사회자본을 인적 신뢰로, 거시적 사회자본을 제도신뢰로 규정한다.

2) 사회자본의 특징과 효과

(1) 특 징

사회자본은 경제자본이나 인적자본, 문화자본과 중첩되는 측면을 공유하면서도 차별성을 지니는 개념이다. 즉 모든 자본은 개인에게 불균등하게 배분되어 있기 때문에 불평등의 근원으로 작동될 수 있다는 특징을 지니지만 사회자본은 개별적으로 보유할 수 있는 자본이 아닌 행위자간 관계 속에 내재하는 사회적 자원이라는 점, 그리고 개인 입장에서는 배타적 소유가 불가능한 자원이라는 점에서 구별된다. 사회자본은 미시적으로는 상인조합의 경우처럼 이익의 배타성이 보장되는 경우도 있지만, 거시적으로는 공공재로서의 속성을 지닌다. 또한 자본의 유지 및 재생산을 위해서는 지속적인 노력이 필요하며, 제로섬 게임이 아닌 포지티브섬(positive sum)의 역학을 지닌다는 등의 특징이 있다.[125]

---

120) Xzvier de Souza Briggs (1998). "Brown kids in white suburbs: Housing mobility and the many faces of social capital." *Housing Policy Debate* 9(1), 177-221.

121) Peter G. Woolcock (1998). *Power impartiality and justice*. Brookfield USA: Ashgate.

122) Anirudh Krishna (1999). "Creating and harnessing social capital." in Serageldin, Ismail. *Social capital: A multifacedted perspective*. Washington D.C.: World Bank, 71-93. 제도적 자본의 사례는 시장, 법체계 등이며, 관계적 자본의 사례는 가족, 민족성, 종교 등이다.

123) Norman Uphoff (1999). "Understanding social capital: Learning from the analysis and experience of participation" in Serageldin, Ismail. *Social capital: A multifaceted perspective*. Washington, D.C.: World Bank, 215-253; 유석춘 외. (2002). 앞의글, 94에서 재인용.

124) 유석춘 외. (2002). 앞의글.

125) 유석춘 외. (2002). 앞의글, 97-100.

(2) 효　　과

일반적으로 사회자본은 많은 긍정적 효과를 지닌 것으로 제시된다. 예컨대 사회자본이 강한 공동체는 커뮤니케이션을 육성하고, 개인의 기회주의를 줄이며, 사익추구 동기에서 유발되는 집단행동의 딜레마를 극복하여 협력을 위한 문화적 환경을 구축할 수 있는 사회적 신뢰와 네트워크를 지닌다. 또한 시민 개인에게 정치 이슈에 대해 더 많이 알도록 하고, 공동체 이해관계에 대한 시민의 이해와 관심도를 높이며, 개인주의적 관점에서 공동체적 관점으로 전환시킴으로써 더 나은 정부가 되도록 하는 데 기여할 수 있다.[126] 그러나 사회자본의 구체적 효과에 대해서는 견해차이가 존재한다.

첫째, 민주주의 발전에 대한 사회자본의 효과이다. 이에 대하여 사회자본을 한 사회의 지배적 규범이나 가치체계, 문화적 특성으로 보는 거시적 연구관점들의 주요 결론은 긍정적이다. 예컨대, 토크빌(Tocqueville)은 사회자본의 형성으로 활성화된 시민사회는 민주주의의 필수불가결한 요소라고 보았다. 푸트남(Putnam) 역시 다양한 결사와 이들간의 교호작용은 사회공통의 문제해결을 위한 집합적 능력을 향상시키고, 이들은 민주주의의 핵심적 요소라고 본다. 즉 자발적 결사체에의 가입은 신뢰, 절제, 합의, 호혜성 등 시민적 덕목과 민주적 의사결정 능력을 함양한다는 것이다. 때문에 미국의 경우 이러한 도구로서의 자원조직이 쇠퇴하여 민주주의의 위기를 맞고 있다는 주장도 제기한 바 있다.[127]

그러나 이와 같은 긍정론은 인과관계의 방향이나 경험적인 한계에 대한 비판에 직면하게 된다. 예컨대, 홀(Hall)은 영국에서 동일한 연구를 수행한 결과 시민의 참여와 정치 관심이 쇠퇴하지 않았음을 발견하였고,[128] 팩스턴(Paxton)은 미국의 사회자본이 감소하지 않았음을 제시하였다.[129]

126) Boix and Posner (1998). 앞의글; David Haight and Clare Ginger (2000). “Trust and understanding in participatory policy analysis: The case of the Vermont Forest Resources Advisory Council.” *Policy Studies Journal* 28(4), 741에서 재인용.

127) Robert D. Putnam (1995). “Bowling alone: America’s declining social capital.” *Journal of Democracy* 6(1), 65-78.

128) P. Hall (1999). “Social capital in Britain.” *British Journal of Political Science* 29(3), 417-461.

129) Pamela Paxton (1999). “Is social capital declining in the United States? A multiple indicator

나아가서 비판론은 사회자본의 보편적 개념을 기준으로 문화적 맥락과 역사적 상황이 다른 다양한 사회를 비교 평가하는 것의 한계를 지적한다. 예컨대 푸트남(Putnam)의 연구에 대한 비판으로 호혜성이나 신뢰의 통로로 자발적 결사체(이차적 공동체)뿐만 아니라 가정이나 학교와 같은 일차적 공동체도 중요하다는 점이 지적된다. 특히 비서구사회에서는 가족이나 친족 등 일차적 공동체가 더욱 중요한데 이러한 측면을 고려하지 않은 채 자발적 조직의 성장 여부로 사회자본을 평가하게 될 경우, 후쿠야마(Fukuyama)의 연구처럼 일차적 공동체를 중요시하는 중국, 한국, 이탈리아를 저신뢰 사회로 구분하는 오류를 범하게 된다는 것이다. 기본적으로 비판론은 긍정론이 이차집단의 신뢰와 호혜성만을 사회자본화가 가능한 것으로 치부하는 대신 일차집단의 신뢰는 내부적 폐쇄성이 강하여 공동체 내부의 결속 관계를 강화하지만 개방성 부족으로 집단간 유대관계의 발전을 저해하여 사회자본화할 수 없다고 단정하는 오류를 범하는 것으로 본다.

또 다른 비판은 단순히 참여에 관한 양적 지표로 사회자본을 측정하는 것은 피상적일 뿐 정확한 측정이 될 수 없다는 것이다. 양적으로 나타나는 참여의 값은 자발성의 변수뿐만 아니라 정부의 지원이나 규제, 대중매체, 교육 등에도 영향을 받는다는 점을 감안하여 참여의 질적 측면(intensity)에 대한 고려가 보완되어야 한다고 지적되기도 한다. 아울러 푸트남(Putnam), 홀(Hall), 팩스턴(Paxton) 등의 사회자본에 대한 시계열 연구는 알몬드(Almond)와 버바(Verba)의 정치문화에 관한 경험적 비교연구를 사회자본이라는 개념으로 재포장한데 불과하다는 비판도 제기된다.

둘째, 경제발전에 대한 사회자본의 효과이다. 이에 대하여 콜만(Coleman)은 사회자본은 다른 형태의 자본과 마찬가지로 생산적이며, 사회자본이 없을 때 얻을 수 없는 성과를 가능하게 한다고 하여 사회자본이 경제발전을 가져올 수 있음을 제시하였고,[130] 푸트남(Putnam)은 사회자본이 민주제도뿐 아니라 시장경제를 강화함을 강조한다.[131] 후쿠야마(Fukuyama) 역시 국가간 경제성과 유형의 결과적 차이를 설명하는데 사회자본의 요소인 신뢰와 협력이 중

assessment." *The American Journal of Sociology* 105(88).

130) Coleman (1988). 앞의글.

131) Putnam (1993a). 앞의글, 38.

표 8-5 시민사회 활성화와 정부의 응집력에 따른 국가발전

		정부의 조직적 완전성(응집력)	
		강	약
시민사회 활성화	강	Ⅰ. 개발국가(developmental state) - 시너지 효과, 경제발전효과 - 협력, 책임성, 유연성 - 한국, 싱가폴, 일본	Ⅱ. 취약 국가(rogue or predatory state) - 약탈, 부패
	약	Ⅲ. 약한 국가(weak state) - 국가정책의 효율성이 낮음 - 구 소련, 70년대 중국, 남부 이태리, 남부 아메리카	Ⅳ. 붕괴된 국가(collapsed state) - 무정부 상태 - 소말리아

* 출처: Michael Woolcock (1998). "Social capital and economic development: Toward a theoretical synthesis and policy framework." *Theory and Society* 27(2), 177.

요한 요인이 된다고 보았다.132)

그러나 이에 대하여 사회자본과 경제발전과의 관계가 단선적 관계일 수 없다는 지적이 제기되었다. 구체적으로 울콕(Woolcock)은 정부의 조직적 응집력과 시민사회의 활성화 수준의 교차적 관계에 따라 사회자본이 경제발전에 미치는 효과가 차별화되는 것으로 제시하였다(표 8-5). [표 8-5]에서 보는 바와 같이 울콕은 정부 내부의 응집력(결속력)이 높고, 외부와의 연계성(시민사회 활성화)이 높으면 경제발전을 가져오는 반면(한국, 싱가포르 등), 정부의 응집력은 높지만 시민사회가 약한 경우는 지속적 성장을 발생시키기 곤란하게 된다고 보았다(남부 이탈리아, 남아메리카). 또한 정부 내부의 응집력이 약한 반면 외부와의 연계성이 높으면 유능하고 일관된 정부관료제의 부재로 인하여 부패의 만연, 사유재산의 파괴나 징발, 기본적 인권의 침해가 빈발하고 경제적 수준을 매우 낮게 만든다. 한편 정부의 응집력과 시민사회가 모두 약한 경우는 국가의 붕괴를 가져오게 된다고 보았다(소말리아). 이같은 울콕(Woolcock)의 개념틀은 미시적으로는 내부집단 구성원간 관계와 외부집단과의 관계, 거시적으로는 국가와 시민사회의 관계를 포괄하여 통합분석을 시도하였다는 점에

132) Fukuyama (1994). 앞의글.

서 긍정적으로 평가받고 있다.

3) 사회자본의 실태

세계은행이 분석한 국가들의 사회자본 수준은 [표 8-6]에 제시된 바와 같다. 표에서 보듯이 한국의 사회자본 수준은 26위로 선진국에 비해 많이 뒤떨어져 있는 것으로 나타나고 있다. OECD 국가의 평균 사회자본의 크기는 1인당 35만 3,339달러인데 반해, 한국은 10만 7,684달러로 30.5% 수준에 불과

표 8-6 사회자본 순위 (단위: 달러)

순 위	국 가	사회자본	순 위	국 가	사회자본
1	스위스	542,394	16	아일랜드	273,414
2	덴마크	483,212	17	이스라엘	246,570
3	스웨덴	447,143	18	캐나다	235,982
4	독일	423,323	19	스페인	217,300
5	미국	418,009	20	그리스	203,445
6	오스트리아	412,789	21	싱가포르	173,595
7	프랑스	403,874	22	포르투갈	172,837
8	벨기움 루젬버그	388,123	23	뉴질랜드	163,481
9	네덜란드	352,222	24	바르바도스	127,181
10	핀란드	346,838	25	아르헨티나	109,809
11	영국	346,347	26	한국	107,864
12	일본	341,470	27	우루과이	98,397
13	이탈리아	316,045	28	세이첼레스	96,653
14	노르웨이	299,230	29	안티구아 바르부다	91,554
15	오스트레일리아	288,686	30	브라질	70,528

* 출처: World Bank (2007). *Where is the wealth of the nations?*; 최은수. (2003). 「명품도시의 탄생」. 매일경제신문사, 147에서 재인용.

한 것이다. 선진국의 경우 사회자본의 힘으로 국부의 81%가 창출된다는 점에서,[133] 한국의 사회자본의 부재는 성장의 주요 장애물이라 할 수 있다.

3. 정치효능감

1) 정치효능감의 개념

정치효능감은 "개인의 정치적 행동이 정치과정에 미치는 영향력에 대한 개인의 감정"이다.[134] 정치효능감을 처음 규정한 캠벨 등(Campbell et al.)은 정치효능감을 단일 개념으로 정의하였지만, 이후의 연구들은 정치효능감이 초점이나 정치적 활동과의 관계에 있어서 개념적 다국면성을 지니는 것으로 본다. 구체적으로 발치(Balch)나 맥퍼슨 외(McPherson et al.)는 정치효능감을 두 가지 차원의 요소로 구별하였고, 울프스펠드(Wolfsfeld) 등은 정치효능감을 다차원적 관점으로 구분하기 시작하였다.[135] 결국 오늘날 정치효능감은 다음 요소들을 포함하는 다차원적 개념으로 이해되고 있다.

2) 내적 정치효능감과 외적 정치효능감

내적 정치효능감(internal political efficacy)이란 정치참여에 대하여 개인이 지니는 기술에 대한 인식을 대변한다.[136] 즉 정책과정에 대해 이해하고 참여할 수 있다는 자기 자신의 능력에 대한 믿음 및 자신의 정치적 행동이 정치과정에 영향력을 갖거나 혹은 가질 수 있다는 개인의 감정을 의미한다.

외적 정치효능감(external political efficacy)이란 개인의 관점에 대한 정치시스템의 대응성에 대한 인식을 의미한다. 즉 개인의 요구에 대해 정치집단이나 정부가 대응할 것이라는 믿음을 반영하는 것으로 참여를 용이하게 하

133) 최은수. (2003). 앞의글, 146.

134) Angus Campbell, Gerald Gurinm and Warren Miller (1954). *The voter decides.* Evanston, Ill.: Row, Peterson, 187; George I. Balch (1974). "Multiple indicators in survey research: The concept "sense of political efficacy." *Political Methodology* 2(1), 45에서 재인용.

135) Susan Yeich and Ralph Levine (1994). "Political efficacy: Enhancing the construct and its relationship to mobilization of people." Journal of Community Psychology 22, 259-271. 정치효능감의 다차원성에 대한 논의는 Converse (1972), Balch (1974), Coleman and Davis (1976), McPherson, Miller, Welch and Clark (1977). 등에서 찾아볼 수 있다.

136) Yeich and Levine (1994). 앞의글, 259.

표 8-7 내적 정치효능감과 외적 정치효능감의 측정지표

	측정지표
내적 정치 효능감	1. 정치와 정부는 때로는 너무 복잡해서 나같은 사람은 어떻게 진행되고 있는지 정말로 이해할 수 없다. (역지표) 2. 나같은 사람은 일반적으로 국가의 정치적 활동과 의사결정에 참여할 수 있을 만큼 충분한 자질이 있다. 3. 나는 우리 사회가 직면한 중요한 정치 문제에 대해 비교적 잘 이해하고 있다고 느낀다. 4. 오늘날의 문제는 너무 어려워서 해결할 방법에 대한 아이디어가 떠오를 만큼 충분히 알지 못한다고 느낀다. (역지표) 5. 나는 우리가 선출한 대부분의 정치인만큼 공적 업무에 대해 잘 수행할 수 있다고 느낀다.
외적 정치 효능감	1. 나는 공직자들이 나같은 사람들이 생각하는 것에 대해 관심을 갖지 않는다고 생각한다. (역지표) 2. 일반적으로 우리가 선출한 공직자들은 재빨리 우리와 같은 사람들과 접촉을 끊어버린다. (역지표) 3. 공직 후보자들은 사람들의 투표에는 관심이 있지만 유권자들의 의견에는 관심이 없다. (역지표) 4. 나같은 사람들이 정부가 할 일에 대해 말할 수 있는 방법은 많다. 5. 정치인들은 국민들의 봉사자가 되고자 하지만 그들 중 대다수는 우리의 주인이 되고자 한다. (역지표) 6. 누가 당선되던 간에 그들은 하고 싶은 대로 할 것이기 때문에 우리가 누구를 뽑던 거의 차이가 없다. (역지표) 7. 우리나라에서 일부의 사람들만이 정치적 권력을 가지고 있고, 대다수 나머지들은 할 말도 없다. (역지표) 8. 사람들이 무엇을 하건 중요하지 않다. 만약 정치인들이 듣고자 한다면 들을 것이고, 그렇지 않다면 듣지 않을 것이기 때문이다. (역지표) 9. 대부분의 공직자들은 내가 무엇을 하든 내말을 들으려 하지 않을 것이다.(역지표)

* S. Craig and M. Maggiotto (1982). "Measuring political efficacy." *Political Methodology* 8, 85-109; Yeich and Levine (1994). 앞의글, 270 Appendix A에서 재인용.

기 위한 규정과 참여과정에 대한 기대를 포괄한다. 때문에 외적 효능감은 개인의 요구에 대해 정치집단이나 정부가 응답할 것이라는 것에 대한 믿음으로 정의할 수 있다.

내적 정치효능감과 외적 정치효능감의 구체적 차이는 각 차원의 효능감에 대한 측정지표의 비교를 통하여 알 수 있다. [표 8-7]은 크레이그 등(Craig et al.)이 제시한 정치효능감의 측정지표이다.

민주정치에서 요구되는 중요한 규범이 적극적 시민참여와 정치 과정의 체제 안정성이라는 다소 모순적 요청을 포함한다고 할 때, 정치효능감이 갖는 의의는 적지 않다. 정치효능감의 규범이 내재화된 사람은 폭넓은 정치참여를 할 가능성이 높고, 정치 체제를 불신하거나 도전하는 행동을 할 가능성이 적을 것으로 기대되기 때문이다. 즉 정치효능감은 민주정치의 활성화와 안정화에 균형적으로 기여하는 요소로서 중시되는 것이다.

3) 제도적 효능감과 체제외적 효능감

전통적 관점의 정치효능감의 개념은 제도적·관습적 참여 형태를 통한 영향력의 느낌만을 측정하기 위해 설계된 것으로, 최근의 항쟁, 시민불복종, 정치적 폭력 등과 같은 직접적 활동들을 설명하는 심리적 설명에 매우 제한적이다. 기존의 정치효능감 개념은 단지 선거 참여나 관료에 대한 신뢰성 정도를 설명하는 데에 그친다.[137] 이와 같이 전통적인 정치효능감의 개념이나 측정 방식은 두 가지의 약점을 지닌다. 하나는 개인이 체제에 영향을 미칠 수 있을 것이라는 평가와 정치체제의 대응성에 대한 시민의 평가간 구분이 어렵다는 점이고, 둘째는 제도적 활동 양식에 대한 영향력의 느낌만을 다룬다는 점이다. 그러나 많은 경우 시민들 스스로 능력이 있다고 느끼는 경우에도 정치효능감이 낮을 수 있는데 이는 주로 정치체제에 대한 불신에 기인한다. 이와 같이 정치 체제의 대응성에 대한 신뢰도가 낮으면서 시민 개인의 능력에 대한 느낌이 높은 사람들은 체제 외적 방법의 정치활동을 할 가능성이 높다.[138]

이와 관련하여 울프스펠드(Wolfsfeld)는 정치효능감의 관점은 제도적인 정치활동과 비제도적인 정치활동을 모두 예측할 수 있어야 한다는 점을 강조하면서 새로운 대안적 모형을 제시한다. 즉 정치효능감과 정치활동간의 관계를 다루기 위해 제도적 효능감과 체제외적 효능감으로 구분하여 제시하

137) Balch는 기존의 보편적인 정치효능감의 개념은 애초부터 선거 참여의 차이를 설명하기 위해 개발된 것이라고 제시한다. Balch (1974). 앞의글, 1.

138) William A. Gamson (1968). *Power and discontent*. Homewood, Ⅲ: Dorsey Press,

는데 그 각각의 개념과 두 효능감의 상대적 크기에 따른 활동의 양상을 살펴보면 다음과 같다.

제도적 효능감(institutional efficacy)은 내부적 효능감(internal efficacy)으로도 불리우며, 정부의 공식적 틀 내에서 조직된 정치적 활동이 정치과정에 영향을 미칠 수 있다는 신념을 의미한다.[139] 공식적 틀이란 정부의 제도를 의미하는 것으로 정치지도자와의 개인적 접촉, 지역사회의 위원회에서 참여하여 일하는 것, 정치 정당에서 협력하는 활동 등을 포함한다.

체제외적 효능감(external efficacy)은 동원효능감(mobilization efficacy)이라고도 불리며 정부의 공식적 틀 밖에서 조직된 정치적 행동, 즉 비관습적 참여 방법이 정치 과정에 영향을 미칠 수 있다는 신념이다.[140] 비관습적 참여 양식에는 청원을 모으거나, 합법적 시위에서부터 거리시위나 정치적 폭력과 같은 양식에 이르기까지의 집약적 형태가 모두 포함된다. 이들 활동은 집단의 수요를 충족시켜 주도록 정부에 압력을 가하기 위해 비전문가들을 조직하는 외부적 힘에 의해 시작된다는 점에서 내부적 활동과는 구분된다. 또한 이러한 활동에 대한 효과성의 신념은 정치 기관이 설정한 투입 메커니즘에 대한 냉소주의를 반영한다.

[표 8-8]은 정치효능감에 따른 정치활동 방식의 차이를 설명한다. 정치과정에 영향을 미칠 방법이 없다고 믿는 시민들은 전혀 참여하지 않는 행태를 선택할 것이고, 제도적 방법과 비제도적 방법 중 어느 하나가 배타적으로 효과적이라고 믿는 사람들은 각각 순응자나 반체제주의적 활동을 하게 될 것

표 8-8 정치효능감과 정치활동간 관계의 모형

		제도적 효능감(내부적 효능감)	
		낮 음	높 음
체제외적 효능감	낮 음	비참여(Inactives)	순응(Conformists)
	높 음	반체제자(Dissidents)	실용주의(Pragmatists)

139) Gadi Wolfsfeld (1985). "Political efficacy and political action: A change in focus using data from Israel." *Social Science Quarterly* 66(3), 620.

140) Wolfsfeld (1985). 앞의글, 620.

이다. 마지막으로 두 유형의 활동 모두가 효과적이라고 믿는 사람은 상황에 따라 상대적으로 보다 효율적·효과적인 활동을 선택하게 된다는 점에서 실용주의 모형을 따르게 된다.

4) 정치효능감과 신뢰의 관계에 따른 참여 양태

일찍이 알몬드(Almond)와 버바(Verba)는 정치효능감이 높을수록 정당과 조직활동 모두가 높아진다고 하였다.[141] 이와 관련 갬슨(Gamson)은 정치효능감을 신뢰와 연결시켜 정치참여 양태를 예측하는 최초의 가설을 수립한 바 있다.[142] 구체적으로 정치효능감이 정부 신뢰와 교차작용을 함으로써 참여활동의 양식에 차별적 영향을 미친다고 제시한 것이다(표 8-9 참조).

표에서 보는 바와 같이 정치효능감과 정부에 대한 신뢰가 모두 높은 시민은 충성스러운 활동가로 제도적이고 관습적인 참여 형태를 중심으로 적극적인 활동을 하게 될 가능성이 높다. 반면 정치효능감과 정부 신뢰 모두 낮은 시민은 소외된 냉담가로 정치체제에서 소외되어 어떠한 정치적 활동도 하려고 하지 않게 될 수 있는 유형이다. 정치효능감은 높지만 정부신뢰가 낮은 시민은 소외된 활동가로 비제도적 참여활동을 동원할 가능성이 높다. 한편 정

표 8-9 정부 신뢰와 정치효능감에 따른 정치참여 양식

		정부 신뢰	
		긍정적(높음)	회의적(낮음)
정치 효능감	효능감 있음	충성스러운 활동가	소외된 활동가
	무력함	충성스러운 냉담가	소외된 냉담가

* 출처: Seligson (1980). 앞의글, 77.

141) 다만 Almond and Verba는 신뢰와 정치효능감간의 직접적인 분석을 하지 않았고, 정치참여와의 관계도 부분적이며, 제도적 참여만을 고려했다는 점에서 제한적이다. Gabriel Almond and Sidney Verba (1963). *The civic culture*. Princeton: Princeton University Press, 188-196, 252-265.

142) Gamson (1968). 앞의글, 48; Mitchell A. Seligson (1980). "Trust, efficacy, and modes of political participation: A study of Costa Rican peasants." *British Journal of Political Science* 10(1), 76에서 재인용.

치효능감은 낮지만 정부 신뢰가 높은 시민은 충성스러운 냉담가로 정치체제를 지지하지만 참여를 유도할 만큼 충분한 효능감이 없는 상태가 된다.

이와 같은 가설이 의미하는 바는 정치효능감은 정부신뢰와 함께 시민의 주관적 역량을 구성하는 주요 요소로서 시민의 정치 참여의 유무, 정도뿐 아니라 참여 양태를 결정하는 데에도 중요한 요인이 될 수 있다는 것이다.

5) 참여민주주의 관점에서의 정치효능감

참여민주주의 이론가들에게 있어서 시민참여의 주요 목적은 참여하는 시민들의 인적 개발이며, 정치효능감은 이러한 차원에서 개발되어야 할 중요한 시민적 특성으로 간주된다.[143] 참여민주론자들이 정치효능감을 중시하는 이유는 높은 정치효능감을 지닌 시민은 정치적으로 활동적이고, 지지적이며, 정보가 많고, 만족감이 높으며, 공공에 대한 관심이 높아진다고 보기 때문이다.[144] 이러한 관점은 외적 정치효능감의 관점과 유사해 보이지만 중요한 차이가 있다.[145] 첫째, 외적 정치효능감의 경우 정치효능감이 시민참여의 수준에 영향을 미친다고 보는 것이지만, 이 관점은 참여가 효능감을 가져오는 역의 관계로 인식한다. 둘째, 참여민주론자들이 고려하는 참여의 성격은 주로 개인의 삶의 기회를 결정하는 체제인 가정, 직업, 지방정부 등에 대한 것이며, 참여와 효능감이 서로를 강화한다는 상호적 관계에 있다는 것이다.

IV 사회경제적 지위

CITIZEN PARTICIPATION

1. 사회경제적 지위와 참여

기본적으로 소득, 교육, 직업 등과 같은 사회경제적 특성은 개인의 참여와 밀접한 관련이 있다는 것이 일반적인 인식이다. 즉, 사회경제적 지위가 높

143) Corole Pateman (1970). *Participation and democratic theory*. New York: Cambridge University Press, 45-46.

144) Pateman (1970). 앞의글, 45-46.

145) Balch (1974). 앞의글, 4.

은 시민은 사회경제적 지위가 낮은 시민에 비하여 참여성향이 높다는 것이다. 이와 관련하여 예컨대, 알포드(Alford)와 스코블(Scoble)은 참여수준을 나타내는 그들의 지표가 개인의 사회경제적 지위(특히 교육수준) 및 조직에의 가입정도와 밀접한 관련이 있는 것으로 나타났다고 보고한 바 있다.[146] 사회경제적 배경과 참여와의 밀접한 관계는 기본적으로 사회경제적 지위가 참여에 필요한 시간, 지식, 기술 등의 자원과 밀접한 관련이 있는 데서 비롯되는 것이다. 사회경제적 지위가 높은 개인은 그렇지 못한 개인에 비하여 참여에 필요한 자원이 상대적으로 풍부할 것이므로 "다른 조건이 같다면" 보다 높은 참여성향을 보이게 되는 것은 당연한 현상이라 하겠다. 버바(Verba)와 나이(Nie)의 연구는 이를 뒷받침한다.[147] 즉 미국의 전국 시민을 표본으로 한 그들의 연구는 투표와 같이 참여에 필요한 자원이 적게 소요되는 참여행위에 있어서는 상류층과 하류층과의 참여격차가 크지 않지만, 이익집단의 활동과 같이 참여에 자원이 많이 소요되는 참여행위에 있어서는 양 계층간에 현격한 차이가 나게 됨을 보고한 바 있는 것이다. 이러한 결과는 사회경제적 지위 그리고 이에 따른 가용자원의 크기가 개인의 참여활동에 중요한 영향을 미치게 됨을 알 수 있게 해준다.

이에 관하여 상류층의 참여비율이 하류층의 참여비율보다 높다고 해서 실제의 정책결정과정에서도 상류층이 지배적인 영향력을 행사하는 것으로 오해해서는 안된다는 지적이 있다.[148] 즉 상류층의 절대적 숫자는 하류층의 숫자보다 상대적으로 적기 때문에 상류층의 참여수준이 상대적으로 높다고 해서 실제의 정책결정과정에서 상류층이 지배적인 영향력을 행사하지는 못한다는 것이다. 오히려 하류층은 상대적인 참여수준이 낮음에도 불구하고 절대적 숫자에서 상류층을 능가하므로 오히려 하류층이 실제 정책결정과정에서 과대대표될 수 있다는 것이다. 예를 들어 어떤 지역에서 상류층이 1,000명이고 하류층이 10,000명이며, 참여성향은 각각 80%, 20%로 현격한 차이가 있는 경우

146) Robert Alford and Harry Scoble (1968). "Sources of local political involvement". *American Political Science Review* 62, 1192-1206.

147) Sidney Verba and Norman H. Nie (1972b). *Participation in America: Political democracy and social equality*. New York: Harper and Row, 132.

148) Bryan D. Jones (1983). *Governing urban America: A policy focus.* Boston: Little, Brown & Co., 103.

에도 실제 참여자는 상류층 800명, 하류층이 2,000명으로 상류층이 하류층에 의하여 압도 당하게 된다는 것이다. 즉 하류층의 부족한 참여자원은 상대적으로 유리한 규모에 의해 보상받는다는 것이다. 생각건대 이러한 지적은 일응 타당한 측면이 없지 않다 하겠으나 그럼에도 불구하고 참여과정에서의 단순한 수의 비교는 큰 의미가 없다 하겠다. 소수가 정보, 시간, 재원, 그리고 무엇보다도 영향력의 상대적 우위를 점할 경우 그렇지 아니한 다수는 소수 앞에 무기력해질 수 밖에 없을 것이기 때문이다. 더욱이 정책결정자의 상류층에 대한 대응성이 하류층에 대한 대응성보다 클 것이라는 점을 고려하면 더욱 그러하다. 요컨대 같은 조건하에서 개인의 사회경제적 지위는 참여과정에서 상류층에게 유리하게 작용하는 것으로 보는 것이 보다 현실적인 판단이라 하겠다.[149] 아울러 개인의 참여성향은 조직에의 가입여부와 밀접한 관련이 있는 것으로 보고되고 있다. 알포드와 스코블의 연구가 이를 입증하였다 함은 이미 앞에서 언급한 바 있다.

이와 같이 개인이 처한 사회경제적 지위에 따라 참여가 영향을 받게 되면 참여가 지닌 부작용 가운데 하나인 일부 집단의 과다대표(over-representation) 또는 과소대표(under-representation)로 인한 참여의 대표성 문제가 발생한다.

2. 사회경제적 지위(Socio-Economic Status: SES)의 요소

사회경제적 지위의 가장 중요한 변수는 앞에서 지적한 바와 같이 바로 소득, 교육, 직업이다.[150] 사회경제적 지위를 측정하는 방법은 객관적 측정방법과 주관적 측정방법이 있다. 우선 객관적인 측정방법은 위의 세 가지 상호 연관된 변수의 결합을 통해 사회적 계급 또는 지위의 객관적 지표를 형성하는 것이다. 전형적인 유형화 방법은 세 지표 모두에서 높은 점수가 나오면 가장 상위의 사회경제적 지위에 속하고, 두 개 요소에서는 높지만 다른 하나가 중간이거나 낮으면 다음 계급, 단지 하나의 요소에서만 높게 나오면 그 다음

149) Steven H. Haeberle (1987). "Neighborhood identity and citizen participation". *Administration & Society* 19(2), 178-196에서 Haeberle의 조사결과는 하류층의 참여진작을 위한 제도적 장치가 마련된 결과로 보아야 할 것이므로 이러한 결론에 저촉되는 것은 아님.

150) Lester W. Milbrath and M. L. Goel (1977). *Political participation- How and why do people get involved in politics?*. Chicago: Chicago Rand McNallyCollege Publishing Co., 90-91.

계급 등의 순으로 측정하게 된다.

한편 사회경제적 지위에 대한 주관적인 측정방법은 자신이 해당한다고 생각하는 지위를 선택하도록 하는 방법이다. 객관적 평가방법과는 달리 주관적인 측정 방법은 일반적으로 사람들은 자신이 소속하고자 하는 계급의 규범과 행태적 패턴에 따르는 경향이 있기 때문에 주관적인 계급 소속의식이 중요하다는 점에서 이러한 주관적 인식이 참여 행태의 경향 파악에 보다 유의미하고 중요할 수 있다고 본다.[151)]

객관적 지표이든, 주관적 지표이든 사회경제적 특성이 개인의 참여와 밀접한 관련이 있다는 것이 일반적인 인식이다. 이하에서는 개인의 사회경제적 배경을 좌우하는 주요 지표들을 중심으로 참여와의 일반적 관계에 대한 논의들을 살펴보고자 한다.

1) 소 득

경제적 여유가 상대적으로 많은 사람들은 그렇지 않은 사람에 비해 정치에 더 많이 참여한다고 논의되는 것이 주요 명제이다. 이러한 사실은 미국의 내부뿐 아니라 국가간 비교연구에서도 나타난다. 예를 들어 미국 남부의 흑인들 중 소득은 교육이나 직업 등의 지표에 비해 참여에 보다 강력한 영향을 미치는 요인으로 나타났으며, 국가간 비교에서는 자본당 소득이 높은 국가에서 상대적으로 더 높은 참여율이 나타났다.

소득은 참여유형 중에서도 특히 정당에 기부하는 것과 같이 재정적 여유를 요구하는 활동이나 지역구나 정파적 활동과 관련된 활동에 보다 강한 영향을 미치게 된다.[152)] 또한 참여유형 중에서는 소득에 비례하여 투사적(gladiator) 활동이 증가하는데, 예컨대 밀워키(Milwaukee) 서베이에서 나타난 바는 흑인 항쟁자들의 평균소득은 $6,790로 비항쟁자인 $6,300보다 높았다. 백인들 사이에서는 그 격차가 더욱 커서 백인 항쟁 참여자의 평균소득은 $8,320인 반면 항쟁에 참여하지 않은 사람들의 평균소득은 $7,310이었다.[153)]

이와 같이 소득이 중요한 영향을 미치는 이유는 여타 관련된 사회경제적

151) Milbrath et al. (1977). 앞의글 91.

152) Verba and Nie (1972). 앞의글; Milbrath et al. (1977). 앞의글, 97.

153) Peter K. Eisinger (1973). “The conditions of protest behavior in American cities.” *American Political Science Review* 67.

지위 및 태도상의 차이를 가져오기 때문이라고 할 수 있다. 즉, 보다 풍요로울수록 교육수준이 높을 가능성이 높고, 사회 정치적 집단에서 타인과 상호작용할 가능성이 높으며, 매스미디어에 노출될 가능성이 높아서 참여를 진작시키는 태도와 신념을 개발하게 된다는 것이다. 경제적으로 어려운 사람은 대부분의 시간을 생계에 전념해야 한다는 점에서 적극적인 시민권의 향유는 생존을 위해 노력하는 사람들이 누릴 수 없는 사치의 일종이라는 것이다.[154)]

2) 교 육

정치참여를 설명하기 위해 연구된 사회경제적 배경 변수 중 교육은 가장 많이 논의되고 유의미한 것으로 나타나는 변수이다. 더 높은 수준의 교육을 받은 사람들이 덜 받은 사람들에 비해 상대적으로 많은 참여를 하는 경향이 있다는 것이다. 교육은 보다 완전한 참여를 진작시키는 가장 강력한 요인 중 하나로 부각된다. 교육수준의 증대는 정치적으로 관련 기술과 자원을 증대시켜 새로운 사회활동의 규범과 경험에 노출시킴으로써 민주적 시민의식의 규범 형성에 영향을 미치는 것이다.[155)] 즉 높은 교육을 받은 사람들은 상대적으로 높은 소득을 가지게 될 가능성이 높을 뿐 아니라, 보다 많은 언론 매체에 노출되고, 높은 지위 계층을 점유하며, 정부와 정책에 대한 더 많은 정보를 소유하게 된다. 이들은 정치에서 유리한 위치를 점유하고 있음을 인지하고 상대적으로 높은 정치효능감을 지니게 되는 등 차별적인 사회적 특성과 심리적 태도 상의 차이를 지니는 것에 기인하여 적극적인 참여가 이루어지는 것이다.

3) 직 업

직업 변수는 다른 사회경제적 배경 변수에 비해 해석이 다소 어려운 부분이다. 직업적 구분이나 차이를 계량화하는 방법이 어렵고, 전통적인 직업 구분이었던 화이트칼라와 블루칼라의 분류 역시 정치참여에 그다지 명확한 근거를 제공해 주지 못한다. 다만 직업과 관련된 주요 변수는 지위에 관한 것으로 지위가 높을수록 사회 중심부에 가까운 것이기 때문에 정치에 보다 많

---

154) Milbrath et al. (1977). 앞의글, 97-98.

155) Dalton (2008a). 앞의글, 39; Milbrath and Goel (1977). 앞의글, 98-99.

이 참여한다는 것이다.[156]

직업과 관련하여 개인이 참여에 적극적일 수 있게 하는 주요 요소로는 직업적으로 시간적 여유가 있어서 정치적 활동에 참여할 기회를 주는가, 업무가 정치에 전환될 수 있는 기술을 요구하거나 개발하게 하는가, 직무가 정치적 결정에 충분히 영향을 받고 자신의 지위를 보호하거나 신장하기 위해 정치참여에 적극적인 것이 중요하다고 느끼게 되는가, 직무자가 참여한다면 정치적 공격을 받거나 비용을 지불해야 하는 직위인가의 여부와 관련된다.[157]

3. 사회경제적 지위와 참여양태의 관계

사회경제적 배경에 따라 참여의 여부와 정도가 영향을 받을 뿐만 아니라 그에 따라 주요하게 활용하는 참여유형도 영향을 받게 된다. 버바(Verba)와 나이(Nie)는 참여 유형 전반에서 사회경제적 지위가 선형의 비교적 강한 영향력을 지니는데, 특히 선거운동, 공동체 활동 등과는 상당히 높은 관련성을 지닌다는 것이다. 반면 투표나 공직자 접촉(citizen-initiated contact)은 사회경제적 지위와의 관련성이 상대적으로 적거나 표준사회경제모형으로는 설명되지 않는다고 보는 연구들이 많다.[158] 그 이유는 투표 참여의 경우는 주어진 것이기 때문에 활동을 위해 주도적일 필요가 없고, 기술이나 정보, 심리적 참여 동기 등에 의존적이지 않기 때문에 개인의 사회경제적 지위에 따라 차별적으로 나타나지 않는 것이다. 밀브레이드(Milbrath)와 고엘(Goel)의 연구 역시 개인이 처한 사회경제적 지위는 참여 활동에 영향을 미치지만 참여 유형에 따라 그 영향력의 강도는 다른 것으로 나타났다. 즉 사회경제적 지위는 투표나 개별목적의 접촉(particularized contact)에 대한 영향은 비교적 작은 반면, 시민적 기술이나 정보, 심리적 관여를 필요로 하는 의사소통 활동 등 적극적 참여 형태나 항쟁 등을 포함하는 비관습적 참여와는 양의 상관성을 갖는다고 보았

156) 그러나 이러한 측정방식 역시 사회적 특성에 따라 다른데 노르웨이와 같이 양극화된 사회에서는 수공 노동자들이 일류 직위를 점하는 사람들과 비교했을 때 동등하거나 보다 높은 참여를 할 수도 있다. 자세한 설명은 Stein Rokkan and Angus Campbell (1960). "Norway and the United States of America in Citizen participation in political life." *International Social Science Journal* 12.

157) Milbrath et al. (1977). 앞의글, 102-103.

158) Verba and Nie (1972). 앞의글.

다.[159] 달튼(Dalton)은 사회경제적 변수 중 교육변수에 주목하여 교육수준이 높을수록 투표참여, 공직자 접촉, 공동체 활동, 인터넷 참여 등 참여활동 전반이 증가하게 됨을 제시한다.[160]

이와 같이 개인이 처한 사회경제적 지위는 참여에 전반적으로 영향을 미치게 되지만 참여유형에 따라 예외적이고 논쟁적인 관계가 나타나기도 하는데 그것이 바로 투표참여와 공직자 접촉이다. 투표참여의 경우 정치적 이익이나 정보, 효능감 등의 개인적 요인과의 관련성이 적어 교육으로 개발되지 않기 때문에 사회경제적 지위와 관계가 없거나 부의 관계가 나타나는 것으로 보는 연구가 있는 반면,[161] 교육 등의 사회경제적 지위와 어느 정도라도 관련성이 있는 것으로 제시하는 연구로 대별되는 등[162] 연구결과 간에 불일치한다.

공직자 접촉(citizen-initiative contact)의 경우도 다른 참여 행위에 비해 도구적 · 국지적 성격이 강하여 다른 참여 형태와는 달리 사회경제적 지위와의 관련성에서 예외적일 수 있음이 제시된다. 특히 공직자 접촉 가운데에서도 개별목적의 접촉(particularized contact)은 정치참여의 특이형태로서 개인이나 가족을 위한 정부에 대한 지원 요구는 특정 수요를 반영하게 되고, 이 경우 무작위적 참여 형태를 나타내기 때문에 사회경제적 지위와 거의 관계가 없게 된다는 것이다. 반면 공직자 접촉도 다른 참여 유형과 마찬가지로 개인의 사회경제적 지위에 영향을 받는다는 결과를 제시하는 연구들도 여전히 상당수 존재한다.[163]

한편 공직자 접촉에 영향을 미치는 표준사회경제 모형의 수정이나 대체적 변수를 제안하는 연구들도 있다. 예를 들어 존스 등(Jones et al)은 공직자 접촉이 시민의 정책적 수요와 정부 정책에 대한 시민의 인식에 대한 함수임

159) Milbrath et al. (1977). 앞의글, 95.

160) Russell J. Dalton (2008b). *Citizen politics- Public opinions and political parties in advanced industrial democracies*. Washington, D.C.: CQ Press.

161) Milbrath et al. (1977). 앞의글; A. Vedlitz and E. P. Veblen (1980). "Voting and contacting: Two forms of political participation in a suburban community." *Urban Affairs Quarterly* 16, 37; 이승종. (2001) "지방정치에서의 참여 불평등: 현실과 과제." 「한국정치학회보」 35(1), 327-344.

162) Dalton (2008a). 앞의글; Dalton (2008b). 앞의글; Verba and Nie (1972). 앞의글.

163) Dalton (2008b); Eisinger (1972); Olson (1982); Sharp (1982); Shin and Everson (1980); Vedlitz and Veblen (1980); Verba et al. (1993).

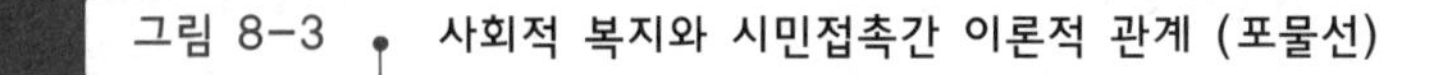
그림 8-3 사회적 복지와 시민접촉간 이론적 관계 (포물선)

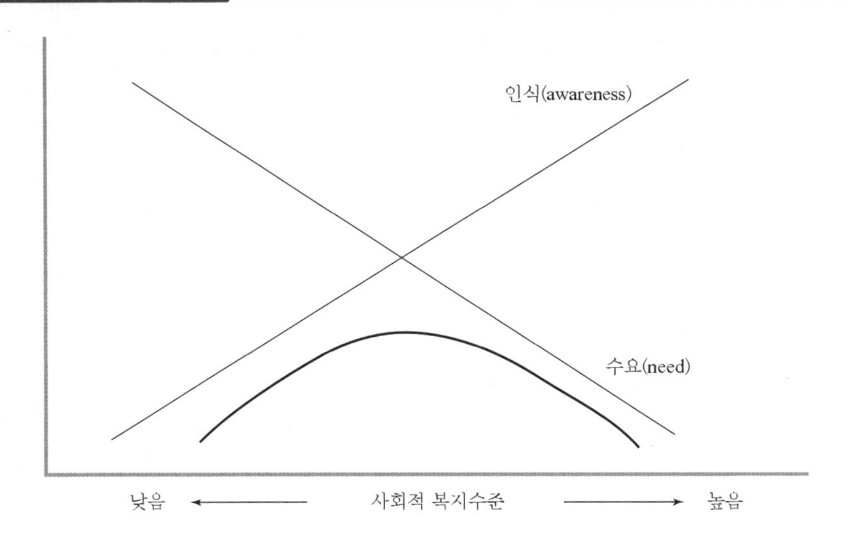

* 출처: Jones et al. (1977). 앞의글, 152.

을 제시한다.[164] 그는 디트로이트(Detroit)의 환경정책에 대해 연구하면서 시민의 수요는 사회적 지위와 부(-)의 관계에 있는 반면, 시민의 인식은 사회적 지위와 양의 관계에 있어서 시민 접촉의 성향은 적당히 부유한 지역, 즉 수요와 인식 수준이 모두 풍부한 지역에서 가장 높아진다는 포물선 모형을 제시한다. 즉 시민의 수요가 높지만 정책에 대한 인식이 낮은 경우는 낮은 사회경제적 지위를 반영하고, 수요가 낮고 정책에 대한 인식이 높은 경우는 높은 사회적 지위를 반영하는데, 이 경우 모두 접촉 성향은 줄어들게 된다. 즉 공직자 접촉은 정책에 대한 충분한 인식과 함께 비교적 높은 수준의 수요를 요구한다는 것이다.

한편 토마스(Thomas)는 존스 등(Jones et al.)의 수요-인식 모형이 수요를 객관적 관점에서만 보기 때문에 시민의 사회적 경제적 수준과 수요가 역의

164) Bryan D. Jones, Saadia R. Greenberg, Clifford Kaufman and Joseph Drew (1977). "Bureaucratic response to citizen-initiated contacts: Environmental enforcement in Detroit." *American Political Science Review* 71(1); Bryan D. Jones (1980). *Service delivery in the city*. New York: Longman.

관계에 있다고 보는 오류를 범했다고 지적하면서 주관적 수요 또는 인지된 수요(perceived need)가 정부와의 접촉에서 보다 중요하고, 이러한 주관적 수요는 개인의 사회경제적 지위와 관련이 없을 수 있음을 주장하였다.[165] 즉 공직자 접촉의 참여 활동은 문제의 맥락에 달려 있는 것으로, 만약 자기 지역에 중요한 문제가 없다고 생각하는 시민들에게 관료와의 접촉은 재량적 행위가 되며, 개인의 기대, 선호, 시민지향성, 정치적 자원 등에 따라 달려 있으므로 사회경제적 모형이 중요하게 된다.[166] 그러나 주관적 수요가 높을 때에는 문제에 직면한 시민들이 관료를 접촉하는 것은 상당히 시급한 문제가 되며, 자신의 취향이나 시민지향성 등의 중요성은 사라지게 되므로 개인이 인지한 수요가 객관적 수요보다 중요하게 되는 것이다.[167] 즉 주관적 수요가 높을 때 사회경제적 지위 변수는 접촉 행태를 예측하는 데 있어서 중요성이 약하지만, 주관적 수요가 낮을 때에는 사회경제적 지위는 접촉 행태의 중요한 예측치인 것이다.[168] 이와 같이 토마스는 신시내티(Cincinnati)의 연구를 통해 주관적 수요 접근법과 사회경제적 모형을 종합하는 연구결과를 제시한다.[169]

마지막으로 정치연대 모형(political-ties model)은 정치적 연계를 공직자 접촉을 설명하는 핵심변수로 제시한다. 예를 들어 주커만(Zuckerman)과 웨스트(West)의 연구에서는 일반적 접촉참여와 개별적 참여 모두에서 정치적 연대(네트워킹)가 중요한 것으로 도출되었다. 그 이유로 정치적 활동은 모든 정치시스템에서 정치적 문을 열어줄 연계를 형성해주고, 접촉이 사회적 문제 또는 개인적 문제를 개선하는 데 기여할 수 있다는 개인의 인식을 증가시키며, 활동의 비용을 낮추고, 정부관료 접촉에 대한 인센티브를 증가시킬 수 있기 때문으로 보았다.[170] 이에 따라 정치적 활동과 연계, 이해관계, 효능감 등의

---

165) J. C. Thomas (1982). "Citizen-initiated contacts with government agencies." *American Journal of Political Science* 24.

166) N. Nie, B. Powell, and K. Prewitt (1969). "Social structure and political participation." American Political Science Review 63.

167) Thomas (1982). 앞의글. 518.

168) Sharp (1984). 앞의글. 661 재인용.

169) Thomas (1982)의 관점은 시민의 주관적 수요가 모형의 주요 요소가 되고, 시민은 지방정부의 고객의 한 부분이 된다는 점에서 고객참여(clientele participation) 모형을 제시한다.

170) Zuckerman and West (1985). 앞의글. 125-129. 이는 사회경제적 변수보다 정치적 변수의 설명력이 보다 큰 것을 의미하는데, 예를 들어 선거운동은 전체에서 3/4의 설명력을 차지하고 있었다.

이점은 정부 관료에 대한 공직자 접촉을 활성화하며 사회경제적 지위변수보다 정치적 변수의 설명력이 보다 크게 작용하게 됨을 제시하였다. 알포드(Alford)와 스코블(Scoble) 역시 참여수준에 중요한 영향을 주는 변수는 사회경제적 지위(교육)와 함께 조직에의 가입정도(조직적 적극성)인 것으로 나타났다.[171] 브라운(Brown) 역시 개인이 가입한 집단수에 따라 접촉의 양도 증가하는 것을 발견하였다.[172]

이승종의 연구는 지방정치에서의 참여불평등 정도를 분석한 결과 투표참여와 비투표참여(공직자 접촉, 비접촉 참여) 가운데 공직자 접촉에서 사회경제적 지위의 영향력이 가장 강하게 나타났고, 비접촉 참여에서는 이보다 약하였으며, 투표에서는 그다지 유의미한 영향력을 발견하지 못하였다.[173]

김혜정의 연구는 참여유형별로 사회경제적 지위가 영향을 미치는 경로를 분석하기 위해 표준사회경제모형에 주관적 수요 및 조직참여 경험 등을 포함한 경로모형을 사용하였다.[174] 분석결과 사회경제적 지위는 투표참여에 부(-)의 영향을 미치는 것으로 나타나 사회경제적 지위가 낮은 시민들이 오히려 투표참여 방식에 집중하는 것으로 나타났고, 공직자 접촉에는 사회경제적 지위가 유의미한 영향력을 지니지는 못한 반면 지역 내 조직참여의 경험이 접촉참여를 증대시키는 것으로 나타났다. 한편 시민단체 참여와 같은 난이도가 높고 적극성을 요하는 참여 형태에 있어서는 사회경제적 지위가 유의미한 영향을 미치는 것으로 나타났고, 조직참여 경험도 관련성이 높은 것으로 나타났다. 즉 참여의 난이도가 높아질수록 개인의 사회경제적 지위는 유의미한 영향력을 지니는 것으로 도출되었고 정치연대모형의 현실성도 확인하였다.

위에서 살펴본 바와 같이 투표 참여나 공직자 접촉의 경우에는 그 정도가 덜한 것으로 보고되고 있기는 하지만, 보다 중요하게 작용하는 요건의 우

171) Robert R. Alford and Harry M. Scoble (1968). “Sources of local political involvement.” *The American Political Science Review* 62.

172) S. D. Brown (1982). “The explanation of particularized contacting.” *Urban Affairs Quarterly* 18.

173) 이승종. (2001). “지방정치에서의 참여 불평등: 현실과 과제.” 「한국정치학회보」 35(1), 327-344.

174) 김혜정. (2009). “시민참여의 표준사회경제이론 수정모형의 수립 및 분석.” 「한국정책학회보」 18(3), 283-310.

선순위가 다를 뿐 결과적으로 시민이 처해 있는 사회경제적 지위는 시민참여에 여하히 영향을 미치게 됨을 제시한다. 특히 투표활동 이상의 난이도가 높아지는 참여활동으로 갈수록 정책적 영향력이 높아짐에도 불구하고, 이들 활동에 사회경제적 지위가 유의미한 영향을 미치게 됨은 참여제도의 운영에 있어 시사하는 바가 크다. 기본적으로 사회경제적 지위가 시민참여에 영향을 미치는 한 사회경제적 불평등은 결국 정치과정에서의 불평등으로 연계될 수 있기 때문에 참여의 확대를 논함에 있어 사회경제적 측면에서의 평등에 대한 추가적인 정책적 고려가 필요하고, 이의 달성을 위한 사회구성원 공동의 노력이 요구된다 하겠다.

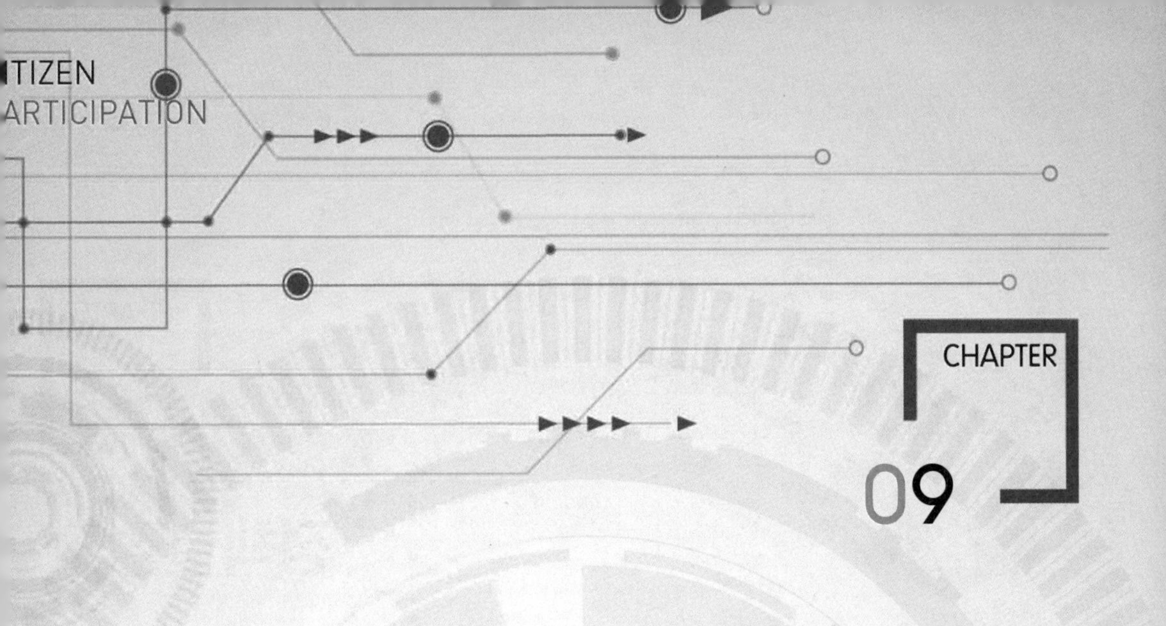

CHAPTER 09

정책결정자

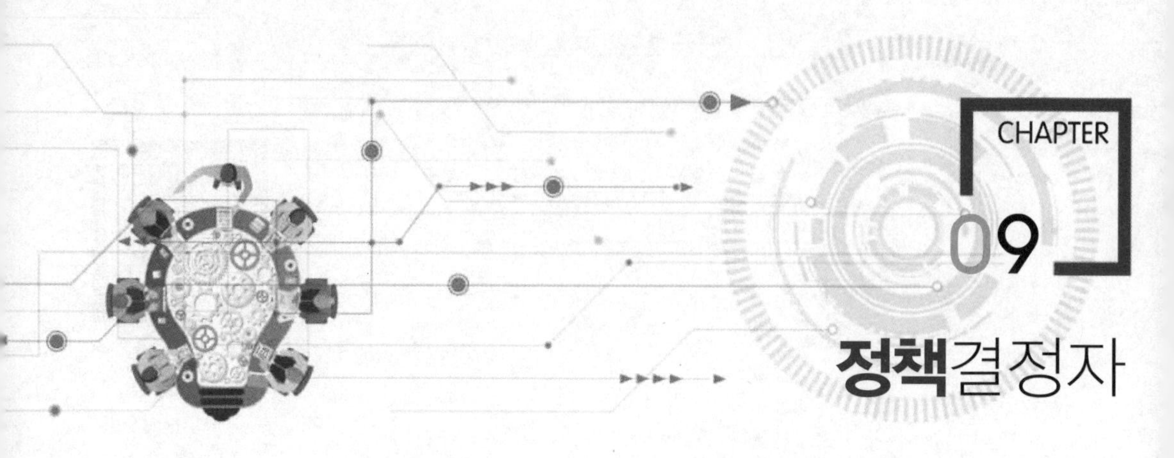

I 참여에 대한 공직자의 태도

CITIZEN PARTICIPATION

참여는 시민과 공직자의 상호작용이기 때문에 공직자(관료, 의원)의 인식 및 태도는 참여에 영향을 미치는 독립변수인 동시에 참여로부터 영향을 받는 종속변수의 성격을 갖는다. 결국 참여의 대상은 정책결정권을 갖는 공직자이기 때문이다. 단, 참여가 공직자에게 여하히 영향을 미치는가에 대한 문제 즉, 참여의 효과문제는 제14장에서 별도로 다루어질 것이며 여기에서는 참여의 독립변수로서의 공직자의 인식과 태도만을 다루고자 한다.

참여의 활성화를 위하여는 기본적으로 정책결정의 권한을 갖고 있는 공직자가 참여에 대하여 긍정적인 인식과 태도를 가질 것이 요청된다. 시민이 아무리 정책과정에 적극적으로 참여한다고 하더라도 공직자가 이에 대하여 부정적인 태도를 보인다면 그러한 참여는 소기의 성과를 거둘 수 없음은 물론이거니와 참여활동 자체가 질식되거나, 참여가 극단적인 투쟁으로 변질되어 민주사회의 정상적인 기능을 저해하게 될 우려가 있기 때문이다. 즉, 참여에 대한 정책결정자의 반응이 소극적일 경우, 시민들은 자신의 시간과 비용을 들여가면서까지 지속적으로 참여할 유인을 느끼지 못할 것이며, 아울러 참여에 대한 정책결정자의 반응이 지나치게 냉담하거나 참여에 대하여 억압적인 경우, 그와 같은 반응에 대한 잠재적 불만은 한계수위를 넘어 자칫 폭력으로 표출될 우려가 있는 것이다. 즉 공직자들이 참여에 대응하고자 하는 태도와 의사가 어떠한가에 따라 시민의 참여내용과 방식은 달라지게 된다.[1] 시민참여에 대하여 공직자(정책결정자)가 가질 수 있는 기본적 태도는 다음과 같이 다섯 가지로 구분지을 수 있을 것이다.

첫째, 소극적 내지는 부정적 태도(passive or negative theory)이다. 이러한 태도를 갖는 공직자는 시민의 의사결정과정에의 참여는 불필요한 간섭이며 정책집행의 효율을 저하시키는 것으로 인식하고 시민참여에 대하여 경쟁심리 내지는 적대감을 표명하게 된다. 이러한 태도는 시민참여에 대하여 시민을 정책결정에 대한 잠재적인 기여자로 보기보다는 단순히 정책의 소비자 내지는 평가자로 인식하는 데서 비롯되는 것이다.[2]

둘째, 유화적 태도(cooptation theory)이다. 이러한 철학하에서의 시민참여의 허용은 참여 그 자체에 의의를 두기보다는 정부정책에 대한 시민의 반대나 불만을 완화하고 시민으로부터 협조를 획득하기 위한 회유적인 것이며 참여는 부차적인 것으로 간주된다.[3]

셋째, 협의적 태도(consultation theory)이다. 이러한 입장하에서 정부는 시민의 의사를 정책과정에 반영하고자 노력하게 된다. 특히 빈곤계층의 이익과 관련되는 정책을 수행함에 있어 의견수렴 과정 없이는 제대로 자신들의 의견을 표출하기 어려운 빈곤계층의 의사를 적극적으로 수렴함으로써 정책의 형평성을 제고시키려 한다. 이러한 협의 또는 의견수렴의 과정은 일반적으로 선택가능한 정책대안들에 관한 이해관련 시민들에의 고지, 여론수렴 및 수렴된 여론의 정책에의 반영이라는 기본적 절차를 거치게 된다.

---

1) Mary Grisez Kweit and Robert W. Kweit (1981). *Implementing citizen participation in a bureaucratic society*. New York: Praeger, 106.
2) Stephen L. Percy (1984). "Citizen participation in the coproduction of urban services." *Urban Affairs Quarterly*. 19(4), 441.
3) Stanley P. Powers, F. Gerald Brown and David S. Arnold (1974). *Developing the municipal organization*. International City Management Association, 288.

넷째, 교육적 또는 계몽적 태도(education theory)이다. 이러한 입장은 전통적 민주이론가들이 강조하듯이 시민참여를 바람직한 시민성(good citizenship)의 함양을 위한 훈련장임을 강조하는 입장으로서 시민들을 해당 정책과정에 적극적으로 참여시킴으로써만이 그들로 하여금 삶의 질을 스스로 향상시킬 수 있는 능력을 갖게 할 수 있다는 가정에 근거한다.

다섯째, 수권적 태도(community power theory)이다. 이러한 태도는 정부가 보유하고 있는 권력을 시민에게 재배분한다는 점에서 앞의 세 번째 입장과 매우 대조적이다. 즉, 이러한 입장에서는 지금까지 정책과정에의 접근이 곤란했던 시민들에게 참여를 위해 필요한 통로를 개방하고 아울러 상당한 정도의 권력을 이양하고자 노력하게 된다. 민간인을 포함한 각종 위원회, 근린정부, 작은 시청 등은 그 구체적인 예이다.

이와 같이 공직자들이 시민참여에 대하여 가질 수 있는 태도는 여러 가지가 있으나, 참여의 활성화를 위하여는 공직자들이 시민참여를 정책과정에 대한 간섭이나 도전으로 생각하거나 유화 및 설득의 도구로 생각하지 말고 진정으로 시민의 의사를 정책과정에 적극적으로 반영하려는 태도를 가질 것이 요청된다. 구체적으로 시민참여의 활성화를 위하여 공직자들은 특히 다음과 같은 사항에 대하여 관심을 갖고 노력을 경주해야 한다. 첫째, 시민의 참여에 대하여 긍정적인 인식을 갖고 시민의 정책과정에 대한 접촉이 보다 용이하도록 참여제도의 확충에 노력해야 한다. 이러한 노력은 공직자의 시민에 대한 신뢰에서 시작된다. 공직자의 시민신뢰는 시민의 정부신뢰를 증대시키는 효과를 지닌다는 점에서 공직자의 긍정적 인식과 태도는 중요하고,[4] 신뢰에 기반한 공직자의 태도는 참여의 확대로도 연계될 수 있을 것이다. 둘째, 시민에게 참여에 필요한 제반 정보를 적극적으로 주어야 한다. 셋째, 여론의 동향에 관심을 갖고 적극적으로 여론을 수렴할 것이 요청된다.[5] 이 중에서도 특히 강조할 것은 공직자의 여론수렴을 위한 노력이다. 참여는 결국 정부과

4) Braithwaite (1998)는 신뢰를 가능하게 하기 위한 가장 중요한 메커니즘은 타인을 신뢰하는 것이라고 지적한다. 즉 신뢰의 시작은 상호적 신뢰(mutual trust)를 가져온다는 점에서 정부에 대한 긍정적 효과를 양산한다. Valerie Braithwaite and Margaret Levi, eds. (1998). Trust and governance. New York: Sage Publications, 345; Kaifeng Yang (2005). "Public administrators' trust in citizens: A missing link in citizen involvement efforts." *Public Administration Review* 65(3), 274에서 재인용.

5) Powers et al. (1974). 앞의글, 291; Percy (1984). 앞의글, 442.

정에 대한 여론의 투입행위라 하겠는바, 선출직이건 임명직이건 막론하고 공직자는 시민의 공복으로서 참여를 통하여 전달되는 시민들의 여론을 적극적으로 수렴할 의무를 지니고 있기 때문이다.

II 여론수렴

CITIZEN PARTICIPATION

1. 여론수렴의 필요성

시민참여란 결국 여론의 정책과정에의 전달을 위한 활동이라고 할 때, 정책결정을 담당하는 공직자(관료, 의원)는 여론을 적극 수렴함으로써 참여의 목적달성에 기여하는 동시에 참여를 진작시킬 수 있게 된다. 공직자가 여론수렴을 위한 노력을 게을리할 때, 시민은 정부에 대한 신뢰감이나 효능감을 상실하여 참여에 소극적이 되거나, 저항적인 참여활동에 진력하게 됨으로써 참여로 인한 부작용이 심각해질 우려가 있다. 그러므로 공직자는 주위로부터의 압력이나 자의적 판단에 의하여 정책을 결정하고 집행할 것이 아니라 시민에게 참여의 기회를 열어 적극적으로 여론을 수렴해야만 할 것이다.

여론수렴이란 무엇인가? 우선 여론이란 '공공문제에 대하여 갖는 공중의 의견'으로 정의할 때,[6] 여론수렴이란 시민의 여론이 정책과정에로 전이되는 현상을 정부의 입장에서 파악한 것으로 시민의 입장에서 파악한 여론투입과 대비되는 개념이라 하겠다. 이와 같은 여론수렴에 대하여는 다음의 세 가지 정의가 있을 수 있다.

먼저 최협의의 여론수렴은 가장 좁은 의미로서 "여론수집(gathering)"만을 의미한다. 이러한 개념에 따르면 단지 여론수집과정만을 중시하게 되며 수집된 여론의 질이나 수집된 여론의 정책과정에의 반영은 부차적인 문제로 취급된다.

협의의 여론수렴은 "여론수집"에 부가하여 "여론반영(reflecting)"까지를

6) 이승종. (1992).「지역주민여론의 효율적 수렴방안」. 한국지방행정연구원.

의미한다. 이는 일본에서의 광청 또는 공청과 같은 의미라 하겠다.[7] 이러한 개념정의하에서의 여론수렴은 여론수집뿐만 아니라 수집된 여론의 정책과정에의 반영이 동시에 충실할 것을 요구하지만 여론의 건전화를 위한 홍보(또는 광보, 공보)는 부차적인 문제가 될 것이다.

광의의 여론수렴은 "여론수집," "여론반영"에 부가하여 "홍보(information)" 까지를 포괄하는 의미로 쓰인다. 이는 결국 P.R.(공공관계, 여론관리 또는 광의의 홍보)과 같은 의미이다.[8] 이러한 개념정의하에서의 여론수렴은 여론수집과정, 수집된 여론의 정책과정에의 반영 및 양질의 여론조성을 위한 홍보에 같은 관심을 둘 것을 요청받는다.

본서에서는 여론수렴을 협의의 개념으로 파악함으로써 여론수렴을 "공직자(정부)가 시민의 집합적 의사를 수집하여 정책과정에 반영하는 과정" 또는 보다 간단히 "공직자가 여론을 정책과정에 받아들이는 과정"으로 정의하고자 한다. 이와 같이 협의의 개념을 채택하는 이유는 일상적인 언어감각에 맞추어 여론수렴을 여론수집과 반영을 포함하는 개념으로 쓰도록 하되 시민으로부터의 정책과정으로의 의사전달(여론수렴 또는 여론투입)과 정부로부터 시민으로의 의사전달(홍보)은 구분하여 쓰는 것이 개념상 보다 명확한 이점이 있음을 고려했기 때문이다.[9] 반면 최협의의 개념을 채택하지 않는 이유는 여론의 반영을 전제로 하지 않는 여론수집은 무의미한 것임을 고려한 때문이다. 광의의 개념을 채택하지 아니하는 이유는 (i) 홍보까지를 포괄하는 광의의 개념이 일상적인 언어감각에 부합되지 아니하며 (ii) P.R. 또는 광의의 홍보와 같은 유사개념과의 구분이 불분명하기 때문이다.

한편, 공직자라 함은 의회의원(국회의원 및 지방의회의원)과 관료(행정공무원)를 포괄하여 지칭하는 말이다. 일반적으로 임명직인 관료는 선출직인 의

---

7) 예, 岩崎忠夫. (1984). 住民參加論: 住民參加の理論と實務. 制一法規; 高寄昇三. (1980). 市民統制と 地方自治. 經革書房.

8) 예, 的石淳一. (1982). 自治體 廣報の新展開. 制一法規; 박문옥. (1982. 11). "주민참여의 방안." 「지방행정」 75; 김홍기. (1987). 「행정국가와 시민참여」. 서울: 대왕사.

9) P.R.(공중관계, 여론관리, 광의의 홍보)은 조직과 공중간의 의사소통관리 즉, 공중에게 조직을 이해시키고(홍보) 조직에게 공중을 이해시키는 활동(여론수렴)을 포함하는 개념인 바, 이에 대한 구체적 논의는 James E. Gruning and Todd Hunt (1984). *Managing public relations.* New York: Holt; 김홍기. (1987). 앞의글; 백상기. (1982). 「PR론」. 서울: 형설출판사 등을 참조할 것.

원에 비하여 전문성이 상대적으로 높으며, 현대 행정국가화 경향에 따라 관료의 권력이 사실상 의회의원의 권력을 능가하는 점 등을 고려하건대 각각의 여론수렴의 필요성 및 실제에는 약간의 차이가 있을 수 있겠다. 이를 고려하여 여론수렴의 필요성을 의원과 관료로 나누어 간단히 살펴보면 아래와 같다.

2. 의원의 여론수렴

의원활동의 정당성 및 영향력의 궁극적인 원천은 그들이 대표하는 시민에 있다. 따라서 의원은 무엇보다도 대표성에 대한 깊은 인식을 갖는 것이 중요하다. 이 때 대표성이라 함은 여론을 정책과정에 반영하는 정도를 의미하며, 단순히 선거를 통하여 의원으로 선출되었음을 의미하지 않는다. 구체적으로 대표의 의미에 대하여는 기속적 위임 또는 대리라는 설과 비기속적 위임 또는 신탁이라는 설이 상충하고 있으나 일반적으로 대표라 함은 시민의 요구를 그대로 수용하기보다는 의원 자신의 신념과 판단에 따라 의사결정을 하는 것을 의미하는 것으로 인식되고 있다.[10] 아울러 의원의 대표권은 지역구민에 대한 것이기보다는 전체 국민 또는 해당 지방자치단체의 지역주민 전체에 관한 것으로 이해되는 것이 일반적이라 하겠다. 의원은 시민의 대표로서 일반적으로 ① 고충처리자(caseworker), ② 행정감시자(watchdog or manager) 및 ③ 정책결정자(policy-maker)로서의 역할을 수행하는 것으로 인식되고 있다.[11] 의원의 역할을 대표(representative), 고충처리자(ombudsman), 관리인(manager), 정책결정자(policymaker) 및 정치인(politician)으로 나누고 있으나 그 내용은 기본적으로 베이런 등(Barron et al.)이 지적한 바와 같다. 고충처리자 역할이라 함은 지역구민의 고충처리를 도와주는 역할을, 행정감시자 역할이라 함은 행정과정에 대한 감시를 통하여 행정의 효과성, 형평성 및 반응성 등을 확보하는 역할을, 그리고 정책결정자 역할이라 함은 여론에 기초하여 정책목표의 설정

---

10) 村松岐夫와 伊藤光利. (1986). 地方議員の研究. 日本經濟新聞社, 139; Dilys M. Hill (1974b). *Democratic theory and local government*. London: George Allen & Unwin, 140; Colin Mellors and Nigel Copperthwaite (1987). *Local government in the community*. N.H.: ICSA Publishing, 213.

11) Jacqueline Barron, Gerald Crawley and Tony Wood (1991). *Councillors in crisis*. MacMillan; Mellors and Copperthwaite (1987). 앞의글, 212.

및 자원의 배분을 결정하는 역할을 담당하는 것을 의미한다. 아울러 고충처리 역할은 지역구의 대표로서의 역할 또는 대리인(trustees)으로서의 역할의 성격이 농후한 것이며, 행정감시 및 정책결정은 국민전체 또는 자치단체 주민전체의 대표로서의 역할 또는 수탁자(trustees)로서의 역할의 성격이 짙은 것이라 할 수 있다.

생각건대, 이와 같은 대표로서의 역할 그 중에서도 특히 정책결정자 역할을 충실히 수행하기 위하여 의원은 원내활동 이외에 보다 시민과 빈번하게 접촉할 필요가 있다. 첫째, 의원은 반상회, 각종 봉사단체, 협의회 등 각종 시민집단과 부단히 접촉하여 ① 시민집단의 운영방향을 지도·조언하고, ② 필요한 경우 그들의 대표로 활동함으로써 시민과의 유대를 강화하는 것이 바람직하다. 예컨대, 지방의원이 지역간의 분쟁시 시민대표로 활동할 수 있을 것이다.[12] 특히 의원의 시민집단과의 접촉확대는 그 자체로서 시민집단의 활성화를 통하여 시민참여를 활성화시키는 효과가 있으므로 바람직하다. 시민집단 중에서는 반상회와 같이 특정 계층의 대표가 아닌 보편성을 갖는 시민집단을 특히 중시해야 할 것이다.

둘째, 의원은 집단적 접촉 외에 시민과의 개별적 접촉을 통하여 시민여론을 수렴해야 한다. 여론수렴에 있어서는 어느 지역, 계층, 집단의 편성된 의견이 아닌 대표성 있는 여론의 수렴이 중요하다. 그렇지 아니할 경우 의원의 왜곡된 여론수렴 및 반영으로 인하여 빈곤계층은 추가적인 불이익을 당하게 될 것이기 때문이다. 참고로 대표성 있는 주민여론을 수렴하기 위한 영국 쉐필드시(Sheffield City)의 중앙지역계획(Central Area District Plan)을 간단히 소개하면 다음과 같다. 시의회는 일반적인 시민참여과정에서 소외되기 쉬운 소수집단에게 특별한 관심을 갖고자 하였다. 그리하여 대중매체를 통한 홍보, 전시회, 영화, 편지, 공중집회 등과 같은 전통적인 PR방법에 부가하여 9개 목표집단(여성, 소년소녀 가장, 노인, 장애인, 실업자, 저소득자, 청소년, 소수민족 – 아시안 및 남미 아프리카인)을 설정하여 자문회의를 구성하였다. 시의원은 이러한

12) 예컨대, 미국 New York시의 경우, 59개의 동(community districts)이 설치되어 있고 각 동별로 주민대표기관으로서의 동위원회(community board)가 설치되어 있는바, 동위원회는 주민대표뿐만 아니라 해당지역에 연고가 있는 시의원도 그 구성원으로 포함시킴으로써(단, 시의원은 표결권이 없음) 주민여론과 시정과의 유기적 연계를 도모하고 있음은 중요한 참고가 된다.

자문회의를 주관함으로써 소외집단으로부터의 여론을 청취하여 정책도출에 반영하였으며, 관련행정기관도 동자문위원회에 대표를 파견하였다. 이와 같은 자문회의의 운영은 참여자에게는 정책과정에 대한 효능감의 증대를, 의원에게는 소외집단으로부터의 생생한 여론확보를, 그리고 전체적으로는 주민-의원간 유대강화라는 긍정적 효과를 가져온 것으로 평가되고 있다.[13]

3. 행정관료의 여론수렴

현대사회의 복잡화·이질화 추세는 행정수요의 급격한 증대를 초래하였으며 이에 따라 중앙과 지방을 막론하고 행정기능도 질적·양적으로 확대되어 왔는바, 이와 같이 변화된 행정기능은 비전문가인 정치인보다는 일반적으로 전문적 판단능력(expertise)을 갖춘 행정관료 또는 기술관료(technocrat)가 주축이 되어 수행하도록 되었다.[14] 즉, 행정국가화 현상이 심화된 것이다.

문제는 이와 같이 전문성을 가진 행정관료(즉, 전문기술관료)가 주축이 되어 그들의 전문적 판단에 기초하여 수행되는 행정은 필연적으로 시민(또는 국민)의 의사 즉, 여론에 앞서서 우선적으로 능률성, 효과성과 같은 합리적 기준을 행정이념으로 추구하게 될 것이며,[15] 그 결과 시민다수의 의사 즉, 여론과는 무관하거나 배치되는 방향으로 수행될 우려가 있다는 점이다. 그러나 민주사회에서 여론과 괴리된 행정은 아무리 전문적 판단에 근거한 것이라 할지라도 그대로 인정하기 어렵다. 시민이 주인인 민주사회에서 공복에 의하여 수행되는 행정이 시민의 의사(輿論)와 무관하게 수행된다는 것은 모순이기 때문이다. 이 같은 지적은 민주사회에서의 행정이 적극적으로 시민의 여론을 수렴함으로써 정당성(legitimacy)을 획득해야 할 필요성을 가르쳐 준다. 임명직이면서도 위임입법 등으로 사실상 시민대표의 기능을 하는 행정관료는 시민

---

13) John Gyford (1991). *Citizens, consumers and councils: Local government and the public*. London: MacMillan Education Ltd., 75.

14) 현대의 관료들은 지식 및 기술의 발전추세에 따른 사회문제의 복잡화에 대응하기 위한 고도의 전문적 지식 및 기술을 소유하도록 요청받고 있으며 이러한 관료들을 가리켜 전문기술관료(technocrats)라 부른다: Francis E. Rourke (1984). *Bureaucracy, politics and public policy*. 3rd ed. Boston: Little, Brown Co.

15) Bryan. D. Jones (1977). "Distributional consideration in models of government service provision." *Urban Affairs Quarterly* 12, 291-312.

참여를 인정함으로써 시민으로부터 직접 정당성을 획득할 수 있다. 즉, 의원이 투표를 통하여 대표적 정당성을 부여받는 것과 마찬가지로 관료들은 시민참여에 대한 반응성의 증대를 통하여 정당성을 부여받을 수 있다는 것이다.[16)]

그럼에도 불구하고 이 같은 지적이 행정이 전적으로 여론에 의하여 지배받아야 함을 의미하지 않음은 명백하다. 전문가적 판단을 도외시한 채 시민의 여론에 의하여만 수행되는 행정은 시민여론을 무시한 채 전문가적 판단에 의해서만 수행되는 행정과 비교하여 볼 때 그 결과에 있어 크게 다를 바 없을 것이기 때문이다. 즉, 공익 또는 공공복지증진이 행정의 궁극적 목적이라는 관점에서 볼 때, 전자는 합리성을 결여함으로써 후자는 민주성을 결여함으로써 복지증진에 저해되는 행정양태를 보이게 될 것이기 때문에 다 같이 문제시된다 할 것이다. 그러므로 행정이 공익에 기여하는 것이 되기 위하여는 합리성이나 민주성 어느 한 쪽에 치우침이 없이 양자가 적절히 균형·조화를 이루도록 수행되어야 한다. 이는 이른바 기술관료의 전문가적 판단에 의한 지배(technocracy)와 시민의 여론에 의한 지배(democracy)가 조화·균형을 이루어 소위 "전문기술민주주의(technodemocracy)"가 정착될 때에 비로소 주민의 복지가 극대화될 수 있음을 의미하는 것이다.[17)]

한편, 현대 행정국가의 특성을 고려하건대, 의원을 통한 여론수렴이 활성화되기 위하여는 관료의 협조가 불가결의 요소라는 점이 강조되어야 한다. 관료가 시민-의원 경로를 통하여 전달된 여론을 적극적으로 수용할 경우, 의원의 여론수렴노력이 활성화될 수 있을 것이기 때문이다(관료가 비협조적인 경우는 그 반대이다). 예컨대, 앞서 제시한 영국 쉐필드시(Sheffield City)의 자문위원회 운영사례의 경우, 그 성공적 운영을 위하여는 무엇보다도 행정관료의 협조가 중요한 요인으로 작용한 것으로 평가받고 있다. 즉, 관료는 자문회의

16) 신원득. (1989). "지방행정에 있어서의 주민참여에 관한 요인분석." 성균관대학교 박사학위논문, 6.

17) J. DeSario and S. Longton eds. (1987). *Citizen participation in public decision making*. New York: Greenwood Press, 3-15; 이는 기본적으로 행정과정의 수행이 관료와 시민과의 파트너십에 의한 공동생산(coproduction)을 통하여 이루어져야 한다는 행정철학에 바탕을 두고 있는 것이라 하겠으며: 노화준. (1987. 4). "행정결과에 대한 주민평가제도의 도입." 지방행정; 동시에 시민참여를 수단시하는 이른바 공리주의적 입장과 시민참여를 목적시하는 계몽적 입장이 절충되는 것을 의미한다: Advisory Commission on Intergovernmental Relations (1977). *The organization of local economics*. Washington D.C., 25-30.

와 관련하여 회의진행협조, 의사기록, 제안설명, 회의장소 마련과 같은 협조와 아울러 무엇보다 중립적 자세로서 관련사안에 대한 시민의 의견이 최대한 반영되도록 촉진하는 역할을 담당함으로써 자문회의의 성공적 운영에 기여하였던 것이다.[18]

강조할 것은 이러한 관료의 협조적 태도는 관료의 여론수렴활동을 위해서도 바람직하다는 점이다. 우선, 관료는 의원을 통하여 전달되는 여론을 수용함으로써 여론수렴을 위한 추가적인 비용·노력을 경감할 수 있게 된다. 더욱이 일반적으로 시민의 관료에 대한 접촉은 문제에 대한 사후적·교정적인 경우가 상대적으로 많은 데 비하여 시민의 의원에 대한 접촉은 상대적으로 사전적·예방적인 접촉인 경우가 많다 하겠는바,[19] 관료는 의원을 통한 여론수렴기회를 적극 활용함으로써 관료 자신만에 의한 여론수렴에 따른 취약점을 보완할 수 있는 것이다. 관료의 협조제고를 위하여는 관료의 인식제고를 위한 교육, 관료의 의회참관, 의원과 관료의 정례적 회합이 지속적으로 이루어질 것이 요청된다.

행정관료가 적극적으로 여론수렴을 하도록 하기 위하여 최우선적으로 강조되어야 할 요소는 관료의 여론수렴에 대한 긍정적 인식이다. 왜냐하면 여론수렴에 대한 인식이 미흡한 상태에서는 아무리 훌륭한 여론수렴 장치의 제도화가 이루어지더라도 결국 이러한 제도적 장치는 효율적으로 운용되지 못할 것이기 때문이다. 구체적으로는 여론수렴에 대한 관료의 인식방향이 자기중심적 사고로부터 고객으로서의 시민중심적인 사고로 근본적으로 전환될 필요성이 있다.[20] 이와 같은 방향으로 관료의 인식을 강화하기 위하여는 첫째, 여론수렴 제도의 확충이 필요하다. 여론수렴 제도는 그 자체가 시민참여를 위한 통로일 뿐만 아니라 그를 통하여 관료의 인식을 강화시키는 수단이 된다. 둘째, 여론수렴에 대한 기관장의 의지가 필요하다. 행정기관은 속성상 단극체제로서의 계층제를 기본으로 하는 만큼 기관장이 여론수렴에 대하여 얼마나 열의를 보이느냐 하는 것은 소속 관료전체의 의식수준과도 밀접히 관련되어 있기 때문이다.[21] 셋째, 관료에게 여론수렴의 필요성, 여론수렴의 기

18) Gyford (1991). 앞의글, 75.

19) Mellors and Copperthwaite (1987). 앞의글, 206.

20) 오석홍. (1985). 「조직이론」, 서울: 박영사.

21) 本田弘. (1979). 現代地方自治の機能と役割. ぎょうせい.

술 및 방법 등을 지속적으로 교육시켜야 한다. 이를 위한 구체적 수단으로는 강연회, 토론회, 선진사례 시찰, 여론수렴 사례발표회 등이 있을 수 있다. 넷째, 여론수렴에 대한 심사분석 강화가 요청된다. 심사분석을 강화함으로써 관료의 여론수렴에 대한 감수성을 제고시킬 수 있을 것으로 기대되기 때문이다. 현재도 일부 여론수렴 행정에 대한 심사분석이 이루어지고 있으나 그 범위와 대상이 매우 제한적인 실정이어서 문제시된다. 다섯째, 여론수렴 의무를 법제화하는 것이 바람직하다. 물론 법규상의 명문의 규정이 없어도 관료는 당연히 여론수렴 의무를 지니게 되는 것이기는 하지만 그러한 의무를 명문 규정화함으로써 관료의 여론수렴에 대한 인식을 보다 강화시킬 수 있을 것이기 때문이다.

4. 기본적 접근방향

시민여론이 정책과정으로 전이되는 현상을 시민의 입장에서 볼 때는 여론투입(또는 참여), 정부의 입장에서 볼 때는 여론수렴으로 개념상 구분한다고 할 때, 여론의 정책과정으로의 전이에 있어서 특히 시민이 주체가 되는 여론투입(참여)에 우선하여 공직자(정부)가 주체가 되는 "여론수렴"이 강조되어야 한다. 그 이유는 여론전이의 성과여부가 시민보다는 공직자의 행태에 좌우될 것이기 때문이다. 구체적으로는 우선, 기본적으로 시민에 의한 여론투입은 정책결정자로서의 공직자의 자발적인 여론수렴이 전제되지 않고서는 그 실효성이 매우 제한적일 것이다. 즉, 정책의 객체인 시민이 주체가 되는 여론투입은 공직자의 권위주의, 시민과 공직자간의 상대적 권력의 차이, 관료의 냉담성 등에 기인하여 그 효과가 위축되기 십상이며,[22] 그렇기 때문에 여론수렴을 위한 공직자의 주체적 노력이 강조되어야 하는 것이다.[23] 예컨대, 반상회를 통하여 시민의 여론이 정책과정에 전달된다고 하더라도(즉, 여론투입) 이에 대하여 공직자가 냉담한 반응을 보일 경우 즉, 여론수렴의사가 없을

22) ACIR. (1977). 앞의글, 30-37; P. K. Eisinger (1972). "The pattern of citizen contacts with urban officials." in H. Hahn ed. *People and politics in urban society*. Beverly Hills: Sage.

23) 실제로는 시민의 의사표출 능력 즉, 여론투입 능력자체는 매우 제한적이다. 이에 대한 구체적 논의는 P. B. Dornan (1977). "Whither urban policy analysis?: A review essay." *Polity* 9; Verba and Nie (1972). 앞의글 및 Eisinger (1972). 앞의글 등을 참조할 것.

경우 그 같은 여론투입의 효과가 매우 제한적일 것이라는 사실을 이해하기는 어렵지 않다.

또 다른 이유는 공직자의 자발적인 여론수렴 노력에 대한 회의에서 비롯된다. 즉, 에드워즈(Edwards)와 샤칸스키(Sharkansky)가 지적하듯이 정책결정자의 인식과 주민여론과의 상호 부합성이 높지 않을 뿐만 아니라,[24] 공직자들은 외부로부터 유입되는 정보(시민여론)에 따라 가지고 있는 기존의 인식을 쉽게 바꾸지 않는 경향을 가지고 있으므로,[25] 결국 공직자의 자발적인 여론수렴은 미미한 수준에 그치고 말 우려가 있는바, 공직자의 여론수렴을 위한 주체적인 노력을 촉구하는 의미에서 시민에 의한 여론투입보다는 공직자에 의한 여론수렴을 강조하게 되는 것이다.

5. 여론수렴 방법의 상대적 중요성

참여는 여론의 정책과정에의 투입행위이며 여론수렴은 명시적·묵시적으로 정책과정에 투입된 여론의 수용행위인 점에서 양자는 사실상 같다 하겠으며, 따라서 여론수렴 방법은 곧 참여방법과 대동소이하다. 이를 고려하여 여론수렴 방법에 대하여는 참여의 방법에 관한 논의로 대체하기로 하고 여기에서는 공직자가 여론수렴을 할 때 어떠한 여론수렴 방법(또는 참여방법)을 상대적으로 중시해야 하는지에 대하여 간단히 언급하고자 한다.

---

24) George C. Edwards and Ira Sharkansky (1978). *The policy predicament: Making and implementing public policy*. San Francisco: Freeman and Co; 물론 이에 대비되는 주장도 있을 수 있겠으나: Robert S. Erikson, Norman R. Luttbeg, and Kent L. Tedin (1991). *American public opinion: It's origins, contact and impact*. New York: Mcmillan Publishing Co., 268-274; 여기에서와 같이 문제해결방법에 관한 정책결정자와 시민간의 인식은 상대적으로 괴리가 있다거나: William Gomley, John Hoadley, and Charles Williams (1983). "Potential responsiveness in the bureaucracy: Views of public utility regulation." *American Political Science Review* 77; 정책결정자의 성향이 상층계급의 이익을 옹호하는 방향으로 왜곡되어있다는 주장들 즉: Stone (1980). 앞의글 및 I. Katznelson (1981). *City Trenches: Urban politics and the patterning of class in the United State*. Chicago: University of Chicago를 경시하기는 어렵다.

25) Jack DeSario (1987). "Consumers and health planning: Mobilization of bias?" in Jack DeSario and Stuart Langton. *Citizen participation in public decision making*. New York: Greenwood Press; Edward P. Morgan (1987). "Technocratic versus democratic options for educational policy." in Jack DeSario and Stuart Langton. *Citizen participation in public decision making*. New York: Greenwood Press.

그림 9-1 여론수렴 방법의 유형

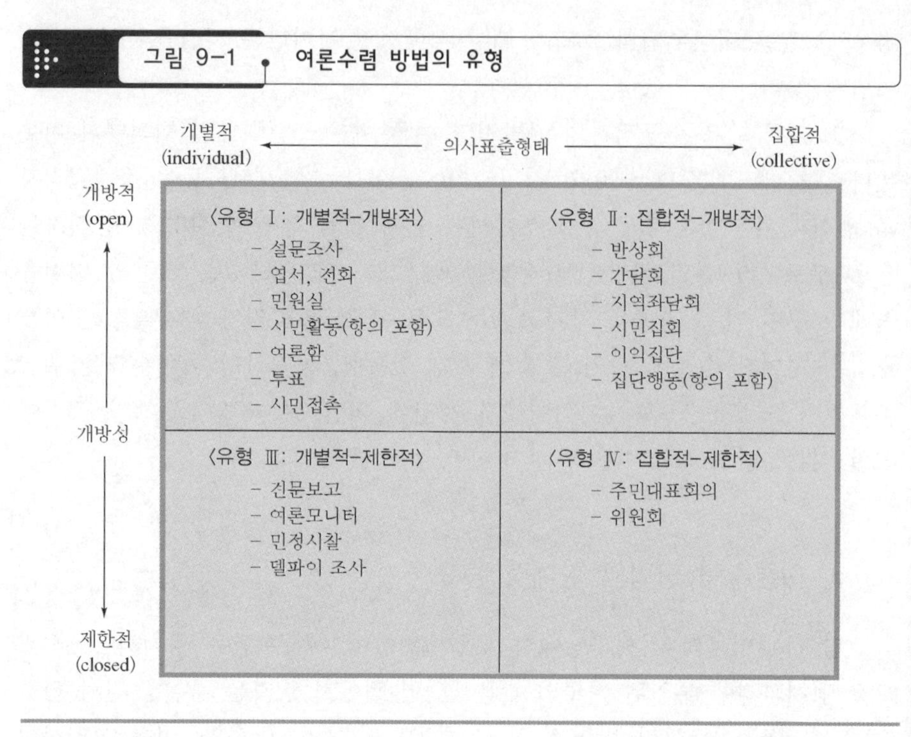

여론수렴 방법이 지향해야 할 기본목표는 대표성 있는 여론의 파악이어야 한다. 이는 참여 또는 여론수렴의 궁극적 목적이 공익의 구현에 있기 때문에 그러하다. 그런데 여론의 대표성은 (i) 여론수렴 방법의 개방성(또는 평등성)의 정도 즉, 여론수렴 방법이 일반시민에게 개방되어 있는 것인가 아니면 일부시민 또는 관료에게만 제한적으로 적용되고 있는가의 여부 및 (ii) 여론수렴 방법을 통하여 표출되는 의사(opinion) 또는 응답(response)의 형태 즉, 의견이 개인의 의견인가, 아니면 다수의 집합적 의견인가의 여부와 밀접한 함수관계에 있다. 구체적으로는 수렴되는 여론의 대표성은 여론수렴 방법이 개방적일수록, 표출되는 의사의 형태가 집합적인 것일수록 높아지며, 그 반대의 경우는 낮아질 것이다. 이 같은 논의에 입각하여 여론수렴 방법들을 각 방법의 "개방성 정도" 및 "의사표출 형태"의 두 가지 기준에 의거하여 유형화하면 [그림 9-1]과 같다.

[그림 9-1]과 같이 유형화했을 때 가장 우선적으로 활성화시켜야 할 여

론수렴 방법은 〈유형Ⅱ: 집합적-개방적〉에 속하는 방법들이며(수집된 여론의 대표성이 가장 높을 것이기 때문), 맨 마지막으로 추진해야 할 여론수렴 방법은 〈유형Ⅲ: 개별적-제한적〉에 속하는 방법들이 될 것이다(수집된 여론의 대표성이 가장 낮을 것이기 때문). 문제는 〈유형Ⅰ: 개별적-개방적〉과 〈유형Ⅳ: 집합적-제한적〉간의 우선순위가 되겠는바, 이의 결정은 여론의 대표성이 수렴방법의 개방성과 의사표출 형태 중 어느 요인에 보다 더 영향을 받는가에 대한 지식이 있어야 한다. 이에 대하여는 논자에 따라 의견이 다르겠으나 생각건대 수렴방법의 개방성이 의사표출 형태보다 상대적으로 여론의 대표성에 더 영향을 미칠 가능성이 크다 하겠다. 그 이유는 예컨대 여론수렴 방법이 일부 시민만을 대상으로 제한했을 경우 그 의사표출 형태가 아무리 집합적이더라도 제한된 소수에 의한 의견을 대표성 있는 여론으로 간주하기는 어려울 것이기 때문이다. 이상의 논의에 입각한 여론수렴 방법의 채택우선순위는 여론수렴 방법을 통하여 수집되는 여론의 대표성의 정도에 따라 〈유형Ⅱ〉, 〈유형Ⅰ〉, 〈유형Ⅳ〉, 〈유형Ⅲ〉의 순서가 될 것이다.

6. 여론수렴과 홍보와의 연계

여론수렴의 적극화만으로는 시민참여의 궁극적 목적인 공익을 증진시키기 미흡하다. 그 이유는 수렴의 대상인 여론의 질이 비합리적이거나 건전치 못하다면 아무리 효율적으로 여론이 정책과정에 수렴된다고 하더라도 여론자체의 결함으로 인하여 공공복지증진을 기대하기는 어려울 것이기 때문이다. 그런데 개념상 여론수렴은 여론의 건전화와는 무관한 것이며 따라서 여론개선을 통하여 여론수렴이 소기의 성과를 이루기 위하여는 여론수렴의 적극화에 부가하여 (i) 홍보활동의 효율적 추진 및 (ii) 여론수렴과 홍보와의 연계강화의 두 가지 추가적 조치가 수반될 것이 요청된다.

첫째, 여론수렴 활동을 통하여 공공복지가 향상되기 위하여는 건전한 여론의 육성을 위한 홍보활동이 효율적으로 추진되어야 한다. 이 때 홍보의 효과성은 정부로부터 시민에게 제공되는 정보의 "객관성" 정도에 달려 있다. 객관성에 기초하지 아니한 홍보는 결국 여론조작으로 전락하게 되며 이는 여론수렴 활동을 무의미한 것으로 만들게 될 것이다. 홍보활동이 객관적인 것이 되기 위하여는 기본적으로 시책의 잘된 점만을 알리고 잘못된 점은 합리화시키기보다는 객관적 사실을 알려 시민의 이해와 협조를 구하는 공직자의 자세가 요청된다.

둘째, 정보가 적극 공개되어야 한다. 일반적으로 정치, 행정정보의 공개는 홍보활동과는 별개의 것으로 인식되는 경향이 있으나 양자는 모두 시민에게 알리는 활동으로서 사실상 동일한 차원의 활동이라는 사실이 인식되어야 한다. 홍보활동의 일환으로서의 정보공개는 주민의 알 권리에 대한 행정기관의 알릴 의무의 실천행위로서 정보공개가 적절하게 이루어질 때 비로소 객관적 정보에 기초한 합리적인 주민여론이 형성될 수 있을 것이다.

셋째, 여론수렴 활동이 공익증진에 더욱 이바지할 수 있게 하기 위하여는 시민으로부터 듣는 활동으로서의 여론수렴과 시민에게 알리는 활동으로서의 홍보간에 "유기적 연계성"이 확보되어야 한다. 이를 통하여 양자간의 상승효과 즉, 적극적인 여론수렴을 통한 적정한 홍보방향의 제시 및 효율적 홍보를 통한 여론의 건전화 유도를 기대할 수 있을 것이다. 일본의 지방정부의 경우를 예로 들면, 1990년 현재 전 도도부현에 설치되어 있는 55개 광보(홍보) 및 광청(여론수렴) 주관과 가운데, 광청만을 주관하는 것은 7개, 광보만을 주관하는 것은 6개인 반면, 광보와 광청을 동시에 주관하는 것은 42개로 나타났는바, 우리는 여기에서 여론수렴기능과 홍보기능간의 연계성을 강조하는 추세가 일반적임을 알 수 있다.[26)]

참여대응전략

CITIZEN PARTICIPATION

시민참여가 효과적이기 위해서는 참여가 양방향적(two-way process)이어야 한다. 행정조직과 부서간, 시민과 의회 상호간의 이해가 전제되지 않으면 참여는 단지 시간과 에너지 낭비에 그칠 수 있다.[27)] 시민은 단지 정부로부터 일방향적으로 정보를 얻고 취합하는 역할에 그쳐서는 안 되며 서비스의 전

26) 渡邊克己. (1990. 4). "都道府縣 廣報廣廳 活動에 관한 調査研究의 概要." 지방자치.

27) Sue Goss (1999). *Managing working with the public*. KOGAN PAGE, 25.

달과 관리, 계획과 평가에 적극적으로 참여하여야 한다. 무엇보다 시민참여의 효과를 결정짓는 것은 시민참여에 대한 결정권을 지닌 정부의 태도 및 대응방식일 것이다. 이하에서는 이러한 차원에서 정부기관을 중심으로 시민참여가 효과적으로 이루어질 수 있도록 하기 위한 공직자들의 주요 대응 전략에 대하여 논의하고자 한다.

1. 행정 대응전략

1) 공직자들의 주요 대응 원칙

시민참여를 육성하기 위하여 정부 공직자들이 취하여야 하는 전략에 대하여 크웨이트(Kweit)와 크웨이트(Kweit)는 다음과 같은 원칙들을 제안한다.[28] 첫째, 공직자는 자신들이 하는 일에 대해 신념을 갖고, 무엇을 의미하는지를 알아야 하며, 태도는 긍정적이고 투입에는 수용적이어야 한다. 둘째, 정부 공직자는 시민으로 하여금 새로운 아이디어를 유도하고, 객관적인 정보를 조작하지 않고 포괄적으로 제공하여야 한다. 셋째, 대안을 제시할 때에는 모두 유효하고 실행가능한 것이어야 한다. 넷째, 참여자들이 사전에 관련 정보와 지식을 갖출 수 있게끔 시민들에게 적절한 정보를 충분히 제공해야 한다. 다섯째, 참여 대상집단에 영향을 미치는 이슈만 제시하여야 한다. 마지막으로, 시민참여 기회는 관련 집단에게 우선적으로 제공하고, 이슈를 공표한다.

시민의 참여와 협력 관리에 적절한 전략 또는 기법을 선택하기 위해서는 다음의 요소들을 고려하여야 한다.[29] 고려할 요소에는 (i) 참여의 이유와 목적, (ii) 참여 단계별 정보제공, 시민에 대한 청취, 비전제시, 협력적 활동, 위임된 의사결정의 지지, 의사결정의 위임 등 과정의 구체화, (iii) 시민들의 참여과정에서의 역할 구체화(개인으로 활동하는 참여자인지, 대표자인지), (iv) 청중 및 참여자들의 특성 파악, (v) 지역 공동체에서 배제되었던 부분에 도달하는 최선의 방법 모색, (vi) 지리 및 인구규모의 고려, (vii) 참여의 목적이 아이디어의 확보인지, 서비스 계획의 수립인지, 집행활동의 수행 또는 평가인지 규

28) Kweit and Kweit (1981). 앞의글, 57.
29) Sue Goss (1999). 앞의글, 41-42.

명, (viii) 참여 과정에서 이용가능한 자원과 행정가의 재량적 권한, (ix) 포괄적인 목적을 달성하기 위해 최선의 방법이 무엇인지 등을 고려해야 한다. 공직자는 이와 같은 다양한 요소들을 고려하여 가장 적절한 시민참여 프로그램 및 협력관리 전략을 도출하게 된다.

2) 정부의 참여 프로그램 설계

시민참여에 대한 공직자의 행정적 대응은 의사결정의 진행 단계에 따라 다양하며, 단계별로 다른 전략을 활용하는 것이 필요하다. 이하에서는 정부가 시민참여에 수동적으로 대응하는 것에 그치지 않고 적극적으로 참여 프로그램을 설계할 경우에 대한 각 과정의 설계 방식에 대해 다루고자 한다.[30] 행정기관 차원에서 참여 프로그램을 설계하는 과정은 크게 세 단계로 구성된다.[31] 의사결정분석(decision analysis) 단계, 과정기획(process planning) 단계, 집행계획(implementation planning) 단계가 그것이다. 이하에는 크레이튼(Creighton)의 참여 프로그램 설계 과정에 대한 논의를 요약 및 보완하여 정리하였다.[32]

(1) 의사결정분석 단계(decision analysis)

의사결정분석은 시민참여 프로그램을 기획하는 첫 단계로 의사결정의 과정을 구체화하고, 참여과정 자체가 참여의 신뢰성에 영향을 미칠 수 있는지, 시민참여가 필요한지를 분석한다. 구체적으로 참여 프로그램의 주체가 되는 조직의 구성원들이 참여의 필요성이나 참여과정에 대하여 공통된 이해를 갖는 것에서 출발하고, 참여의 필요성에 대해 공감을 얻을 경우 참여의 단계나 시점의 명확화 및 참여 인정 수준 등을 결정하게 된다. 의사결정분석은 구체적으로 여섯 가지 단계로 이루어진다.

가. 누가 참여해야 하는지 결정

의사결정분석의 첫 번째 단계에서는 참여 프로그램의 기획단계에 관여해야 할 필요성이 있는 사람이 누구인지를 고려하여 준비 단계에 참여시키는

30) 이하에서 논의할 참여 프로그램의 참여자는 시민사회의 시민이나 조직 등 외부기관에 국한된 것이 아니며, 정부 조직 내 영향을 받게 될 관련 기관이나 담당자들도 참여 대상에 포함된다.

31) James L. Creighton (2005). *The public participation handbook- Making better decisions through citizen involvement*. Jossey-Bass, 27-28.

32) Creighton (2005). 앞의글, 29-83.

것이다. 의사결정분석에 참여해야 하는 사람은 주로 해당 이슈나 결정에 기능적 책임을 지거나 관련 이슈에 대해 잘 아는 고위 관리자, 의사결정으로 영향을 받게 되는 관계자나 조직, 의사결정이 이루어지면 집행을 담당하게 될 기관이나 프로그램 주체, 참여를 지지하는 개인이나 조직단위 등이 된다.

나. 누가 의사결정자인지 명확화

의사결정자를 명확히 하지 않을 경우 다수의 주민들이 지지하는 의견에 대해 최종적으로 의사결정자가 동의할 것이라는 담보가 되지 않는다. 이러한 위험을 줄이기 위해서는 의사결정자를 명확히 규명하고, 가능한 참여 프로그램의 설계에 반드시 참여하도록 하는 게 필요하다.

다. 문제의 명확화

참여 프로그램의 기획 단계에서 참여자들을 중심으로 해결해야 할 문제를 정의하고 사업의 필요성이나 해결되어야 할 문제 등을 구체화한다. 이 과정에서 다양한 문제들이 도출되고, 하나의 문제도 다양한 관점에서 다르게 제시되는 것을 확인할 수 있는데 이 과정을 통해 적절한 대안을 추려가는 것도 가능해진다.

라. 의사결정과정의 구체화와 일정 수립

의사결정에 이르기 위해 따라야 할 기본적인 단계들을 규명하는 것이다. 의사결정과정이나 주요 참여 일정 및 방향을 완성하는 것을 목표로 한다. 구체적으로 의사결정과정은 문제의 정의, 평가지표의 수립, 대안의 규명, 대안의 평가, 최종 대안의 선택 단계로 이루어지고, 각 단계에 대한 일정표를 붙이거나 최종 일정을 제시한다. 일정의 구체화가 필요한 이유는 참여과정이 지연되어 의사결정 자체가 지연되거나 일정의 수립이 부적절하게 이루어질 경우 의사결정과정과 참여과정이 적절히 연결되지 못하게 되어 참여의 효과가 낮아지고, 참여의 신뢰성을 저해하게 될 수 있기 때문이다.

마. 참여에 대한 제도적 제약과 환경 규명

참여 프로그램의 추진가능 여부 및 참여 프로그램의 성격에 영향을 미칠 수 있는 환경 및 제도적 제약 요인을 미리 규명해 두어야 한다. 참여를 제약할 수 있는 제약 요인은 다음과 같은 경우를 들 수 있다. 첫째, 정부 기관이 이미 결정을 내린 경우이다. 이 경우 참여는 형식적 수단이자 속임수일 뿐이다. 둘째, 관련 이슈에 대한 시민의 참여에 조직 내 반대가 지나치게 강한 경우이다. 이 경우 참여과정이 진행 중간에 취소될 수도 있다. 셋째, 일정이나 자원상의 제약이다. 자원이나 시간의 부족은 참여 기법을 활용하는 데 어려움을 가하고, 참여가 효과적이지 못하도록 만든다. 넷째, 정보의 제공에 제약이 있는 경우이다. 보안에 대한 고려나 지적 재산권의 보호 필요성으로 정보를 제공하지 못할 경우가 있는데 이러한 환경하에서 참여 프로그램의 집행 시도는 부적절하게 된다.

바. 참여 필요 여부, 참여 종류 및 참여 수준 결정

참여가 필요한가의 문제에 대한 명확한 부정은 민주주의의 원리를 고려할 때 적절하지는 않지만 때로는 참여의 기회를 제공하기 어려운 경우가 있다. 예를 들어 사안의 특성상 시민의 이해관계가 너무 미미하거나, 정부기관이 특정 결과에 이미 제약되어 있어서 참여 자체가 형식적인 수단에 불과할 경우, 충분한 자원이 없을 경우, 의사결정이 가치상의 상충성을 지닌 경우 등에는 참여 프로그램의 이행이 어려울 수 있다. 그러나 이러한 경우에 해당한다고 해서 참여를 인정해서는 안 됨을 의미하지는 않는다. 다만 이러한 경우 참여 프로그램을 구축할 것인가에 대한 세심한 고려를 요한다 하겠다.

참여를 인정하기로 결정한 경우 참여의 유형을 선택하여야 한다. 이는 참여를 인정하는 진정한 목적이 무엇인가에 의해 결정되어야 한다. 가령 참여의 목적이 시민에게 좋은 정보를 제공하는 것이라면 공공정보 제공 프로그램을 활용하는 것이 좋다. 한편 관련 문제가 논쟁적 사안일 경우 시민에게 참여의 신뢰성을 주지 못할 가능성이 크기 때문에 참여 프로그램은 최소화하는 것이 나을 수 있고, 주로 시민에게 최종 결정을 하기 전에 발언의 기회를 주고자 하는 의도가 반영되는 경우가 많다. 이러한 경우 공청회 등의 절차적 요건만 만족시키는 참여 수준이 이루어지게 될 것이다. 아울러 결정에 대한 지지나 비공식적 동의를 얻고자 한다면 협력적 문제해결 접근 방식의 참여를 활용하여 시민에게 의사결정의 실질적 영향력을 부여하는 것이 낫다. 만약 정부기관이 어떠한 결정도 하지 않은 상태라면 시민들간 합의를 요구하는 참여가 필요한데 구체적으로 정의된 협상 과정, 관리가능한 수의 당사자 참여, 잘 정의된 이해관계자의 참여가 요구된다.

이 과정에서 발생할 수 있는 갈등적 요소는 조직이 고려하고 있는 수준보다 시민들이 더 높은 수준의 참여를 요구하는 것이다. 그러므로 시민과 정부기관이 어떤 수준의 참여를 추구하는가를 서로 명확히 하는 것이 중요하다.

(2) 과정기획 단계(Process Planning)

시민참여 프로그램 구성의 두 번째 단계는 과정기획 단계로 시민참여 활동을 구체화하고 의사결정과정에 어떻게 연계시킬 것인가를 모색한다. 시민들과 함께 달성하고자 하는 것을 분석하고 목적 달성을 위해 가장 좋은 기법들이 무엇인지를 규명하는 과정이다.

가. 기획팀에 배치될 담당자를 결정

이 과정에서는 이전의 의사결정분석의 단계에서 참여 기획을 담당했던 사람들 중 일부는 나가고, 일부는 새로 들어오기도 하여 결국 핵심 구성원만이 남아 있게 된다. 주로 의사결정분석에 필요했던 고위 관리자들은 과정기획 단계에서는 그 필요성이 저하되고, 주로 참여 프로그램의 집행에 전문성이 있는 사람들의 새로운 추가 유입이 요구된다. 구체적으로 의사결정의 집행에 관련되는 조직구성원, 참여프로그램을 집행해야 할 조직구성원이나 조직단위로서 법률 담당자, 언론 관계 전문가 및 신뢰성 확보를 위해 참여가 요구되는 사람 등이 참여 과정기획에서 주요 역할을 담당하게 된다.

나. 이해관계자 규명과 잠재적 이슈 및 문제 제시

의사결정과 관련하여 이해관계를 지니거나 상당한 영향을 받게 될 사람이나 조직이 누구인지를 규명하고, 의사결정과정에서 발생할 수 있는 이슈나 관점을 조명하는 과정이다. 이 과정은 연속적인 것이 아니라 병렬적으로 이루어지는 것이기 때문에 동시에 고려하여야 할 요소이다. 여기에서 이해관계란 주로 경제적 차원(의사결정 결과 받게 될 경제적 편익이나 손실), 효용(기존에 이용할 수 있었던 자원이나 시설에 대한 위협), 위임(규제기관을 가진 기관이나 지역구), 가치나 철학(자원이 관리되던 방식에 대한 강한 신념) 등에 대한 것을 의미한다. 이 때 이해관계의 형태는 직접적 영향, 간접적 영향, 영향을 받을 가능성, 일반적 영향 등으로 구분되고, 이해관계 부문은 공공부문, 민간부문, 이익집단, 개인으로 유형화되며, 지역적으로는 지방, 지역, 국가, 이웃 국가, 국제적 영향 등으로 대별된다.

그림 9-2 참여의 궤도

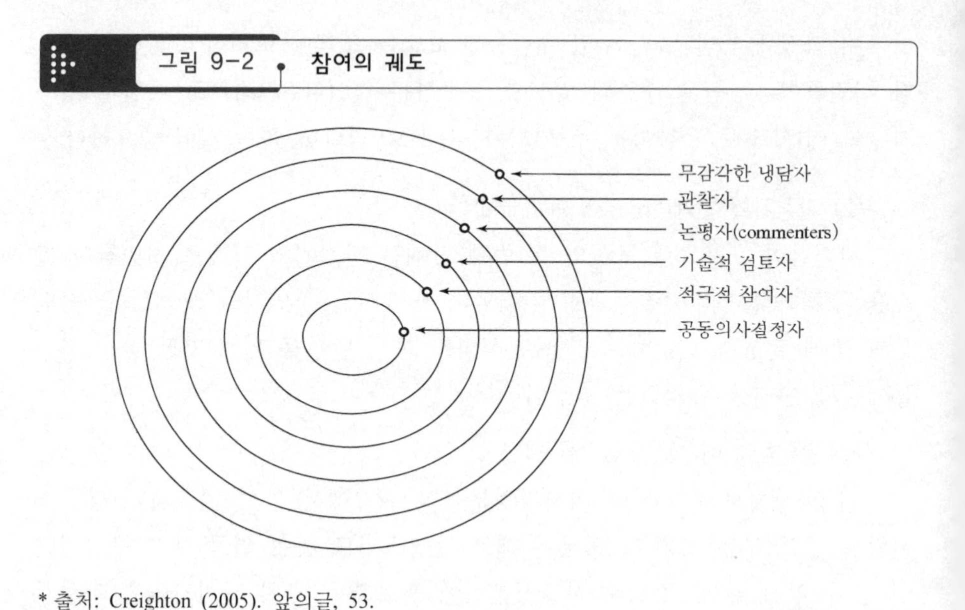

* 출처: Creighton (2005). 앞의글, 53.

이해관계자의 규명은 참여와의 관계를 분석하는 데 중요하다. [그림 9-2]는 로렌츠 아젠스(Lorenz Aggens)의 궤도 그림을 수정한 것으로 이해관계자의 유형에 따라 적절한 참여 수준, 참여 종류, 영향력 등이 다를 수 있음을 나타낸다. 그림에서 참여자의 활동 궤도가 의사결정의 핵에 근접할수록 영향력이 높아지게 된다. 반면 시간, 자원, 에너지 등의 더 많은 가격 지불이 요구된다.[33] 크레이튼은 참여의 궤도에 있는 이해관계자를 궤도 수준에 따라 냉담자, 관찰자, 논평자, 기술적 검토자, 적극적 참여자, 공동의사결정자 등 여섯 가지 유형으로 구분하였다.[34] 궤도 가장 바깥부분의 무감각한 냉담자(unsurprised apathetics)는 비참여를 선택한 사람으로 참여 프로그램이 다루는 주제에 관심이 없는 사

33) Lorenz Aggens (1983). "Identifying different levels of public interests in participation." In J. L. Creighton., J. D. Priscoli, and C. M. Dunning (eds). *Public involvement and dispute resolution*. Fort Belvoir, Va.: U. S. Army Institute for Water Resources, 193.

34) 원래의 궤도 모형에서 아젠스는 궤도에 있는 대중을 여섯 개의 궤도, 즉 의사결정자, 창조자, 자문가, 검토자, 관찰자 및 냉담자로 구성되는 것으로 묘사하였다. 크레이튼은 아젠스의 참여궤도를 수정하여 적용하였는데, 아젠스는 대중이 정부 조직 외부에 있음을 강조하고 사람들이 참여활동을 통해 바깥 궤도에서 안쪽으로 이동할 수 있음을 강조하였다면, 크레이튼은 궤도의 개념을 의사결정과정에서 상호작용하는 무수한 규제자나 다른 정부기관으로 확장하였다는 차이점을 지닌다.

람이다. 다만 이들은 무조건 냉담한 사람이 아니라 해당 이슈에 대해서만 무관심하다. 관찰자(observers)는 신문기사나 공공정보를 읽지만 참여 진행과정에 대해 관심을 가지고 있지 않아 의견을 제시하지 않는 사람들이다. 그럼에도 이들은 다른 정부 기관이나 공익 집단, 특정 이익 집단에게 논평을 하기 때문에 여론을 구성하는 데 중요한 역할을 하기도 한다. 논평자(commenters)는 해당 이슈에 대해 매우 관심이 높지만 자문 집단에 참여하여 시간을 소비하기보다는 편지를 보내거나 회의에서 발언함으로써 논평을 하는 것을 선호한다. 적극적 참여자(active participants)는 의사결정에 영향을 미치기 위해 시간과 에너지를 소비하는 사람들로 자문집단, 워크숍이나 회의, 공동체 조직에 참여하는 등 다양한 방식으로 참여한다. 정부가 적극적 참여자들의 참여과정을 회피하려고 시도할 경우 이들은 정치적 수단이나 법적 수단을 동원하여 행정과정을 중단시키는 행동을 취한다. 마지막으로 가장 핵에 근접해 있는 공동의사결정자(co-decision makers)는 최종 결정을 내리거나 조직의 결정에 거부권을 지닐 수 있는 사람이나 조직을 포함한다. 대표적인 공동의사결정자에는 규제기관, 승인권을 지닌 지방정부, 주요 고객, 공동 사업의 파트너 등이다.

다양한 이해관계자의 유형에 따라 적정한 참여 기법들은 차별화된다. 참여의 제도에 위치하는 이해관계자별 가능한 참여 기법들을 제시하면 [표 9-1]과 같다.

표 9-1 참여 궤도에 따른 적정 참여 기법

참여의 궤도	가능한 참여 메커니즘
공동의사결정자	기관 내 팀구성, 파트너 구성, 협상
적극적 참여자	상호작용 워크숍, 자문 그룹, TF
기술적 검토자	동료 검토(peer review process), 기술자문위원회
논평자	공청회, 의견 게재
관찰자	뉴스레터, 정보지, 웹 페이지
무감각한 냉담자	신문 기사, 뉴스

* 출처: Creighton (2005). 앞의글, 56.

위의 과정을 통해 이해관계자를 규명하는 것과 동시에 잠재적인 이슈들을 규명하는 작업이 필요하다. 관련 이슈나 문제를 규명하는 것이 행정적 대응으로 중요한 이유는 조직의 정책 검토, 정보 수집, 관련 연구를 사전에 할 수 있기 때문이다. 이 과정에서는 문제가 해결되기 위해 반드시 해야 할 연구, 정책적 결정, 관련 자료 등을 검토하게 된다.

다. 논쟁발생가능성 평가

논쟁의 발생가능 수준을 평가하기 위한 주요 방법은 결과의 영향력, 같은 문제에 대한 이전의 갈등 경험, 다른 중요한 문제나 권력 투쟁과의 연계성, 지역의 정치적 논쟁의 기초가 되는 토지이용이나 경제개발과 같은 지역정치 이슈와의 관련성, 이해관계자 집단이 생사를 걸고 투쟁할 만큼 중요한 것으로 인식하고 있는 이슈인지의 여부를 측정하는 것이다.

라. 참여의 목표 정의

참여 프로그램을 구성함에 있어 시민과 함께 달성하고자 하는 것이 무엇인지를 명확히 하고자 참여의 목표를 규명한다. 이 과정은 때로는 어떠한 참여수준이 요구되는지를 구체화하는 데 도움을 준다. 일반적으로 각 참여과정의 단계별 목표는 [표 9-2]에 제시된 것과 같은 경우가 많다.

마. 필요한 정보의 교환수준 분석

시민참여의 각 단계별 목표를 달성하기 위해서는 시민들에게 정보를 제

표 9-2 • 일반적인 시민참여의 단계별 목표

참여 단계	목 표
문제의 정의	이해관계자들이 문제를 어떻게 바라보는지 이해, 공공 관심 수준 규명
평가 기준의 수립	대안을 평가할 수 있는 가능한 기준들을 제시, 평가 기준에 대한 합의
대안의 규명	실행가능한 모든 대안 개발
대안의 평가	시민 관점에서 다양한 대안들의 영향에 대한 이해, 다양한 이해관계별 대안의 상대적 장점 평가
행동 경로 선택	가장 수용할만한 대안에 대한 합의와 결정

* 출처: Creighton (2005). 앞의글, 62.

공할 뿐 아니라 시민으로부터도 정보를 얻는 것이 필요하다. 즉 정보의 상호적 교환을 의미한다.

바. 참여 기법 선택에 영향을 미칠 수 있는 상황 규명

시민참여 기법의 선택에 영향을 미치거나 결정적일 수 있는 특정 상황이나 조건이 있을 수 있는데, 구체적으로 문제의 특성, 시민의 특성, 참여 프로그램 집행기관의 특성 등이 그것이다.

우선 문제의 특성에는 첫째, 의사결정과정의 소요시간이다. 시간이 오래 소요되는 문제는 시민의 관심이 오래 지속되기 어렵기 때문에 장기간 신뢰성을 유지하기 위한 노력이 요구된다. 구체적으로 기술연구가 진행되는 동안에는 의사결정이 이루어지지 않다가 단기간에 중요한 결정이 뒤따르게 되기 때문에 이 과정에서는 뉴스레터를 지속적으로 제공하여 진행과정을 잘 알리고, 감시할 자문집단을 구성하며, 중간보고서나 요약본을 지속적으로 제공하는 작업이 요구된다. 둘째, 기술적 복잡성이다. 기술적으로 복잡한 문제의 경우 참여를 위해서는 효과적인 시민정보 제공 프로그램의 구축이 필요하다. 셋째, 문제에 대한 관심 수준이다. 대중의 관심을 많이 받는 사안은 소수 핵심 관계자만 참여하는 경우와는 참여기법이나 상황이 달라지는 것은 분명하다. 이러한 경우 공지해야 할 메일, 뉴스레터나 보고서의 양이 상당히 많아지게 되고, 다양한 참여기법을 활용해야 하며, 시민의견의 분석에 상당한 추가 노력이 요구되므로 인력이나 예산 규모도 증대시켜야 한다. 넷째, 특정 집단에 따라 문제의 중요성이 다른 경우 이해관계가 큰 집단이 참여를 지배할 수 있는바, 다양한 집단들이 의견을 개진할 수 있는 포럼 등 별도의 기회를 마련해 주는 것이 제도적 참여 밖으로 벗어나지 않게 하는 방법이 된다.

시민의 특성 역시 참여의 설계 과정에 영향을 미칠 수 있다. 구체적으로 첫째, 시민이 지니는 정보 수준이다. 시민이 오랫동안 관여해 왔던 문제라면 상대적으로 많은 정보를 지니고 있겠지만 대체적으로 간헐적으로 관여해 왔던 문제라면 정보가 부족할 수 있다. 만약 다른 입장을 지닌 시민들이 정보의 부족으로 자신의 입장을 공고히 하는 원천의 자료에만 노출되고 신뢰할 경우 공직자는 언론매체를 통해 양 집단이 모두 신뢰할 수 있는 정보를 제공하거나, 정확성을 입증해 줄 제3집단이 자료를 검토하여 조정해 주는 프로그램

설계가 필요하다. 둘째, 시민이 적대적이거나 냉담한 경우이다. 만약 적대적일 경우 참여가 이루어지기 전에 이러한 분노를 표출할 수 있는 기회를 제공하여 협력적으로 일할 수 있도록 하고, 냉담한 경우 시민의 관심을 자극할 정보제공 프로그램을 설계하는 것이 필요하다. 셋째, 지역공동체의 시민이 통합되었는지, 분리되었는지에 관한 것이다. 공동체의 특성이 통합적이라면 시민참여는 상대적으로 직접적 효과를 지닐 수 있지만, 분리되어 있다면 다양한 갈등해결 포럼을 제공하거나 일정 방향 결정에 이를 때까지의 시간을 부여하는 것이 필요하다. 넷째, 지리적 분산 정도이다. 시민들의 지리적 분산 수준이 높으면 보다 포괄적인 참여 프로그램을 계획해야 한다. 다섯째, 외부의 관심 수준이다. 지역 관계자 외의 외부에서도 관심이 높은 문제라면 지역뿐 아니라 국가 수준의 다양한 집단에 대한 정보제공이 필요하게 된다.

마지막으로 참여 설계에 영향을 미칠 수 있는 조직적 특성으로는 조직의 신뢰성, 정치적 민감성, 자원, 하나의 대안에 대한 제약 등이 있다. 만약 조직의 신뢰성이 낮다면 제공하는 정보에 대해 시민으로부터 신뢰를 받지 못하게 되므로 신뢰성 있는 제 3 의 기관을 이용하여 정보에 대한 검토나 자문집단의 자문을 받도록 하여야 한다. 정치적 민감도가 높아 최고 관리자의 높은 관심을 받는 문제는 참여의 계획에 민감한 내부인도 참여시킬 필요가 있다. 자원의 제약이 있는 경우 참여는 핵심적 부분에 참여를 집중시켜야 한다. 마지막으로 법적 요구, 선출직 의원에 의한 결정 등으로 조직이 하나의 대안에 제약될 경우 참여의 전망이 없는바, 이 때에는 시민들을 속이지 않는 것이 중요한데, 이는 시민들이 그 내용을 알게 될 경우 미래의 참여 프로그램에 대한 신뢰까지 상실할 수 있기 때문이다.

사. 시민참여 기법을 선택

참여를 위한 기법을 선택하는 단계로, 이용가능한 참여 기법과 각각의 장단점은 제11장(참여제도)에서 논의하기로 하고, 이하에서는 참여방법 선택에 대해서만 제시하고자 한다. [그림 9-3]은 시간 경과에 따른 기획과정과 시기별 적합한 시민참여활동들을 제시한 것이다.

참여의 과정에 장시간이 소요되는 경우 시민들의 의심이 발생할 여지가 있으므로 과정 중에 뉴스레터 등을 통한 지속적인 정보 제공이 필요하다. 적

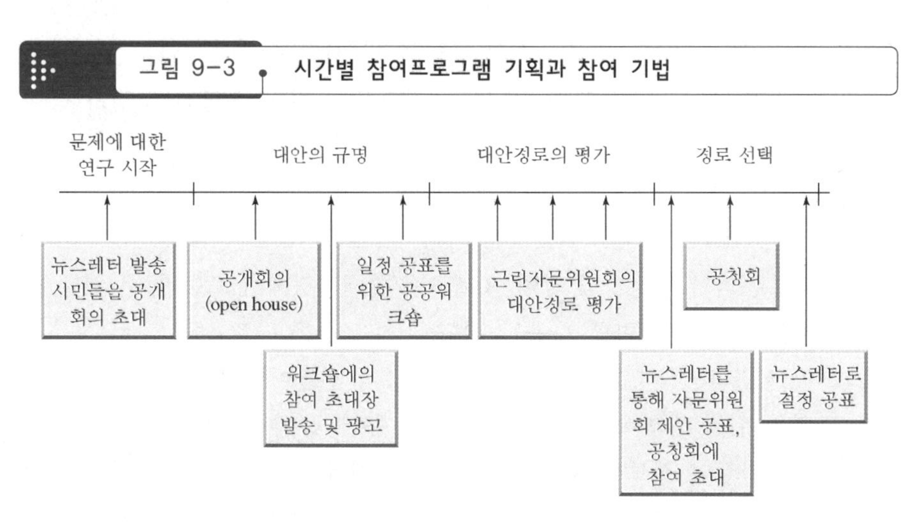

그림 9-3 시간별 참여프로그램 기획과 참여 기법

* 출처: Creighton (2005). 앞의글, 72.

극적 참여가 이루어지기 위해 가장 중요한 것은 정보제공이므로 보고서, 뉴스레터, 브리핑, 광고, 공개회의, 웹페이지 게시 등의 방법을 적극 이용하여야 한다. 참여의 주요 기법들에는 일반적으로 워크숍, 공청회, 공개회의, 우편물이나 이메일, 자문집단이나 임시조직에 의한 보고서 등 여러 기법들을 하나 이상 활용하는 경우가 많다.

(3) 집행계획 단계(Implementation Planning)

집행계획 단계는 시민참여 프로그램 구성의 세 번째 단계로 의사결정의 여러 대안을 평가하기 위한 참여활동 계획을 수립하는 것이다. 예를 들어 워크숍이나 공청회 등에 대한 준비가 그것이다. 구체적으로 회의를 어느 도시에서 몇 번 할 것인지, 어떠한 회의방식을 이용할 것인지, 회의의 아젠다는 무엇인지, 시민참여활동을 어떻게 공표할 것인지, 누가 간행물 등을 제작하고 만들 것인지, 회의를 이끌고 주재할 역할은 누구에게 맡길 것인지 등이 이 과정에서 결정된다.

시민참여 프로그램의 집행은 조직 내 다양한 부문의 구성원들이 관계되기 때문에 다양한 주체들의 역할이 중요하다. 주요 담당자는 대변인(spokesperson), 기술 전문가(technical experts), 회의 조정자(meeting facilitator), 그래픽 디자이너,

출판물 담당자(뉴스레터, 보고서, 인쇄물), 언론 및 시민 담당자, 우편 주소 리스트 및 데이터베이스 유지 관리 및 세부 사항을 챙기는 종합적 조정자 등이 있다.

3) 행정 대응전략의 종합

위에서 논의한 행정가의 참여 프로그램 설계과정에서 도출할 수 있는 행정 대응 방안들을 정리하면 다음과 같다.

첫째, 시민과 정부 양 방향으로 의사소통의 전달이 미흡할 때 중요한 수단은 토의를 위한 집회나 설명회 개최 방식 등이 될 수 있다. 설명회는 참여자들에게 객관적인 정보를 제공하거나 행정과정에 대한 구체적인 지식을 전달하는 데 도움이 된다. 둘째, 정부 사업의 내용에 대해 주민의 이해를 구하는 방법으로 설득의 기제를 활용할 수 있다. 셋째, 시민에 대한 정보 전달의 방식인 홍보(PR) 역시 객관적인 정보를 제공하는 방법으로 중요하게 활용될 수 있다. 넷째, 주민의 대표기관인 의회는 주민의 의견을 조사하고 수렴하는 주요 전략이 된다. 다섯째, 정부의 결정안에 대해 시민이 수용하지 못할 경우 설득이나 설명회 등의 방법과 함께 수정안을 제시하는 것도 주요 방법이다. 여섯째, 정부가 의사결정을 구체화하기 전에 설문조사나 여론 수렴 등의 방법을 활용하여 시민의 의사를 조사하는 방법을 잘 활용하는 것이다. 일곱째, 다양한 이해관계 집단이 대립할 경우 지방의회 의원이나 제 3 의 중립적인 유력자가 조정하여 보다 협력적인 방안을 수립하는 전략이다. 마지막으로 지역공동체의 각종 근린 위원회의 공식적 참여를 적극적으로 인정하여 제도적 투입 채널을 보다 개방적으로 구성하는 방법이다.

이와 같은 다양한 행정적 대응전략이 필요한 이유는 행정적 대응이 미흡하거나 원만하지 않을 경우 관련 사안에 대하여 적극적인 시민들은 비제도적 참여방법 등의 갖가지 방법을 동원하거나 주민운동으로 격화될 수 있기 때문이다. 따라서 행정적으로 문제의 내용과 유형에 따른 적절한 참여전략을 구가하는 것은 매우 중요하다.

4) 행정적 대응전략의 효과

이상에서 시민의 참여에 대한 행정적 대응전략을 검토하였는바, 적극적인 대응과 수용적 태도는 지역사회에 여러 가지 효과를 가져올 수 있을 것이다. 우선 지방자치가 활성화되는 이점을 기대할 수 있다. 참여의 궤도 도식화에서 나타난 것처럼(그림 9-2) 하나의 문제에 대해 다양한 관점과 이해관계를 지닌 시민들이 존재하는데 이들의 공식적이고 적극적인 참여를 유도함으로써 궤도 안쪽으로 보다 많은 주민들을 진입하도록 할 수 있다. 이를 통해 지역사회의 주요 사안을 주민이 직접 결정하고 책임지는 지방자치제도의 취지를 적극 살리고, 시민의 책임의식도 높이는 효과를 누릴 수 있다. 제도적인 참여 양태가 정착됨으로써 주민의 활동은 보다 온건화되고 정부의 사업을 잘 이해하도록 하는 데에도 기여할 것이다. 다른 한편으로는 주민의 다양한 참여 활동 및 운동 경험이 축적됨으로써 행정적 대응 방식이 성숙화되고, 보다 민주화된 행정과정이 정착되리라는 전망도 가능하다.

오늘날 인식의 변화로 공해 문제, 지역개발 문제, 혐오시설이나 재개발, 대규모 프로젝트에 관한 주민운동이 많이 나타나고 있고, 향후 이러한 이슈들은 보다 부각되리라 생각된다. 아울러 주민의 운동 양상 역시 개인의 사적 이익을 지향하는 운동에서 지역 공동체 차원의 공익 지향적인 형태, 예컨대 환경보호, 소비자보호, 사회복지, 교육 등의 부문으로 변모하고 있다. 이러한 시민의 참여 양상 변화에 맞추어 행정은 앞서 대응할 수 있는 지식과 전략의 구비가 필요한바, 무엇보다 시민참여의 다양한 유형에 대한 사전적·예방적 대응으로 사회적 운동으로 격화되는 것을 막고, 참여의 제도화를 확대하여 공식적 참여 범주를 활용할 수 있는 채널을 넓히고자 하는 노력이 필요하다. 여기에는 기존의 참여제도를 실질화하고, 확대하는 데 더하여 주민위원회의 환경평가나 종합계획 등에 대한 광범위한 참여를 인정하는 방향이 강조되어야 할 것이다.

2. NIMBY에 대한 대응전략

시민의 참여활동 중에서도 NIMBY(not in my back yard)는 기본적으로 시민과 관료의 직접적 충돌이라는 점에서 위에서 논의한 일반적 참여 내용에 대한 대응 중에서도 가장 첨예하고 특정적인 부분이다. 님비 현상은 기본적으로 관료의 패러다임과 시민의 패러다임의 충돌이자 테크노크라시와 데모크라시의 충돌을 반영한다. 기본적으로 님비는 기술적 문제가 아닌 가치의 충돌로 이해되어야 할 문제이기도 하다.[35)]

한 예로 1990년대 미네소타 주의 Red Lake County에서 유해폐기물처리시설에 대한 반대운동이 발생하였다. 이 지역의 특이점은 미네소타 주정부가 관료의 능력, 정부의 도덕성 등에서 비교적 상위를 차지하고 있었다는 것이다.[36)] 정부에 대한 주민의 신뢰는 높은 편이었고, 도덕적 정치문화가 지배적인 지역이었다. 또한 유해폐기물처리시설의 입지 예정 지역은 농촌 지역으로서 주민의 과학기술에 대한 지식이 상대적으로 약한 지역이어서 정부의 전문적 판단을 주민이 그대로 신뢰할 것이라 예측하였던 지역이었다. 그러나 예측과는 달리 시설입지에 대한 주민의 반대가 일어났고, 입지에 실패하였다. 이러한 점에서 시민의 반대는 정부의 정책에 대한 결정적인 검증사례가 됨을 보여준다. 또한 님비가 기술적 문제로만 발생하는 것이 아니라 정부와 시민 간 가치의 충돌로 인해서도 발생할 수 있음을 나타낸다.

정부와 시민간 가치의 충돌은 테크노크라시와 데모크라시의 대립이기도 하다. 관료는 정책결정에 있어 주로 기술가적 관점을 지니는 경우가 많고, 이러한 관점에서 주민의 반대를 협소한 이기주의적 동기에 의한 것으로 치부하거나, 주민은 잘 알지 못하고 편협하며 비과학적인 것으로 여기는 경우가 많다. 무엇보다 관료는 주민들이 집합적 선을 추구하지 못하는 것으로 인식한다. 이와 관련하여 스카치폴(Skocpol)은 자율적 국가는 사회문제를 사회집단의 이해관계를 넘어 해결할 수 있게 됨을 제시하고, 그 핵심에 관료의 합리적 판단을 두었다.[37)] 이러한 관점은 사회공동체의 이익이 개별 시민의 선호에 의해서가 아니라 공동체의 이익을 객관적으로 이해하는 정치지도자에 의하여 확보된다고 주장하는 크래스너(Krasner)의 관점과도 일맥상통한다.[38)] 그러나 베버(Weber)는 민주적 결정의 집행에 관료의 중립적 기여를 인정하면서도 민주제가 관료제의 원칙과 충돌한다고 함으로써 관료제적 원칙이 지상은 아님

35) Gregory E. McAvoy (1999). *Controlling technocracy: Citizen rationality and the NIMBY syndrome*. Georgetown University Press.

36) Green Index에서 상위 8위에 해당하였다.

37) Peter B. Evans, Dietrich Rueschemeyer and Theda Skocpol (1985). *Bringing the state back in*. New York: Cambridge University Press.

38) Stephen D. Krasner (1978). *Defending the national interest: Raw materials investments and U.S. foreign policy*. Princeton, N.J.: Princeton University Press.

을 천명한다.[39] 린드블롬(Lindblom) 역시 기술적 의사결정은 합리성을 추구하지만 실제로는 제한적인 지적 역량, 부적절한 정보, 대안의 탐색에 따른 비용 때문에 실패한다고 보고 그와 같은 결정방식은 환경에 대한 개방성, 미래의 불확실성에 적응하지 못한다고 주장한다.[40]

시민의 관점에서 혐오시설에 대한 반대에 영향을 미치는 요인은 여러 가지가 작용한다. 첫째, 낮은 신뢰의 문제이다. 위험폐기물과 같이 잠재적 위험이 큰 시설 입지의 경우 정부와의 신뢰 형성이 거의 어렵다. 둘째, 위험에 대한 인식적 크기이다. 이러한 시설들은 지하수 오염이나 누출, 자산가치의 저하 등이 발생할 수 있는 위험을 안고 있다는 점에서 시민이 인식하는 위험의 잠재적 인식 수준은 매우 크다. 그 밖에 시설의 입지 위치, 정책적 대안 등이 반대에 영향을 미친다.

혐오시설 입지 결정에 대하여 시민참여를 허용할 것인가에 대해서는 찬반론으로 나뉜다. 반대론자들은 시민들의 참여가 정책의 추진에 지장을 주게 된다고 본다. 시민들은 주로 이기적 관점에 근거하기 때문에 공익적 정책을 지연시킨다는 것이다. 반면 찬성론자들은 시민의 반대활동도 정책을 개선하는 데 기여한다고 본다.[41] 앞에서 제시한 미네소타 주 사례의 경우 다른 주의 기존 시설을 사용하는 것이 더 저렴한 수준이었다는 점에서 정부가 추구했던 토지매립은 경제성이 매우 낮은 사업이었다. 만약 원래 계획대로 사업을 그대로 추진했다면 환경오염은 물론이거니와 경제성 면에서 비효율성은 매우 컸을 것이다. 즉 불필요하고 비경제적인 시설 설치계획을 주민 반대로 전환할 수 있는 계기가 마련된 것이다. 관료 체제도 주민의 반대 의견을 빌미로 정책 전환의 구실을 찾을 수 있었음은 물론이다.

문제의 해결을 위해서는 사회의 일반의지(common volition)만이 아니라 사적이고 부분적 의지(private and segmental volitions)에 대해서도 귀를 기울여야 한다. 정책결정자로 하여금 다양한 집단의 이해와 입장에 대한 감수성을 높여 정책의 적실성을 높이기 때문이다. 이것은 공익에 대한 절차적 관점과 일

39) Max Weber (1946). *In from Max Weber: Essay in sociology*. Edited and translated by Gerth, Hans H. and C. Wright Mills. New York: Oxford University Press.

40) Charles E. Lindblom (1965). *The intelligence of democracy: Decision making through mutual adjustment*. New York: Free Press.

41) McAvoy (1999). 앞의글.

맥상통하는 것이다.[42] 린드블롬은 이와 관련하여 다음과 같이 주장한다.[43]

> "우리는 시민들이 정치적 문제를 정책전문가들의 관점에서 보도록 하는 홍보 시책을 우려의 눈으로 보아야 한다. 정치적 문제를 다룸에 있어서 기술적·객관적 기준을 강조하여 시민의 관점과 입장을 논의에서 배제하기보다는 오히려 동일한 비중을 두어야 한다. 시민들은 전문적 훈련을 통하여 독특한 관점으로 정치적 문제를 바라보는 정책전문가의 사고에 물들어 있지 않다. 전문가는 그들의 일정한 사고방식으로 접근하는 것이 바람직하지 않은 경우에도 그들의 사고방식과 다른 시민적 사고를 배척하는 경향이 있다. 그러므로 우리는 시민들이 정책전문가(관료)의 관점을 수용할 때, 만족하기보다는 걱정해야 할지 모른다."

이와 관련하여 맥카보이(McAvoy)는 시민참여가 정책개선에 기여하는 것은 단지 참여기회의 증진만으로 비롯되는 것은 아니고, 시민과 관료간의 토의(deliberation)에서 비롯된다고 본다. 그러므로 관료의 참여에 대한 적극적 대응양태는 매우 중요한 것이라 할 수 있다.[44]

최근에는 님비와 다소 대조되는 YIMBY(Yes, in my backyard)가 부각되고 있다. 이것은 폐기물 자체의 감량 및 폐기물 처리와 재활용을 동시에 추구하는 통합적 접근방식이다. 이러한 현상은 혐오시설의 처리비용이 증가함에 따라 폐기물 자체의 감축에 대한 관심이 증대됨에 따른 결과이다.[45] 이와 관련하여 1990년대 EPA의 정책도 폐기물 감축을 천명하였다. 점차 폐기물 안전관리에 대한 책임을 상위정부에서 하위정부로 이전하는 분권화를 추구함으로써 지역사회가 보다 적실성 있게 자신의 폐기물 관리에 대한 대안을 마련할 수 있도록 하는 것이다. 이러한 방식을 취하면 지역사회가 단독으로 처리하기보다는 인근지역과 연합 또는 연계하여 해결방안을 마련할 수 있으리라는 가정에 근거한다.[46]

---

42) Charles E. Lindblom (1990). *Inquiry and change: The troubled attempt to understand and shape society*. Yale University Press, 52.

43) Lindblom (1990). 앞의글, 134.

44) McAboy (1999). 앞의글, 135.

45) A. Szasz (1994). *EcoPopulism: Toxic waste and the movement for environmental justice*. Minneapolis: University of Minnesota Press; M. Gerrard (1994). *Whose backyard, whose risk: Fear and fairness in toxic and nuclear waste siting*. Cambridge, MA: The MIT Press.

46) 오늘날 YIMBY는 국내 차원에만 국한된 것이 아니라 국제적 관계에서도 발생한다. 예컨대

YIMBY가 폐기물 처리 및 혐오시설 입지문제 해결에 적실성을 가지게 될 것으로 추정하는 근거는 다음과 같은 요인을 들 수 있다. 첫째, 협소한 지방주의(parochialism)를 극복할 수 있다. NIMBY는 자신에게 직접적인 해가 있을 때에만 시민참여가 발생하지만 YIMBY는 보다 주체적이고 협력적인 관점에서 문제를 접근하게 된다. 둘째, 주인의식을 갖게 하여 지역사회의 장기적 고려에 기인한 결정을 가능하게 하고, 계획의 적실성을 제고한다. 예컨대 캐나다 Alberta의 Manitoba는 정확히 상향적 방식(bottom-up)은 아니지만 초기 단계의 시민참여, 적절한 폐기물 감축 프로그램, 폐기물 관리에 대한 통합적 접근, 공공 교육 등을 시행하는 등 YIMBY적 접근방식을 채용함으로써 성공적인 결과를 거둘 수 있었다. 반면 앞에서 제시한 미네소타 주는 YIMBY적 방식이 아니었으며, 실패로 귀결되었다.

요컨대 혐오시설 입지에 대한 시민참여는 민주적 거버넌스라는 규범적 요청에서 뿐만 아니라 정책개선이라는 실제적 요청에서도 인정되어야 한다.[47] 이것은 문제의 한 부분으로서 접근할 것이 아니라 복잡한 사회 문제를 관리하는 거시적 해결책의 한 부분인 것이다.

러시아는 2001년 사용후핵물질수입법을 제정하여 핵폐기물의 처리와 저장을 국책사업으로 지정하여 다른 나라의 방사능 폐기물을 받은 후 재처리, 저장하여 수익을 얻고 있고, 아프리카 가나는 2008년 서유럽과 캐나다의 산업쓰레기를 수입해서 돈을 벌고 가스를 뽑아 전기를 생산하는 계약을 체결하였다. 조선일보, 2010. 08. 26.

47) McAboy (1999). 앞의글, 142.

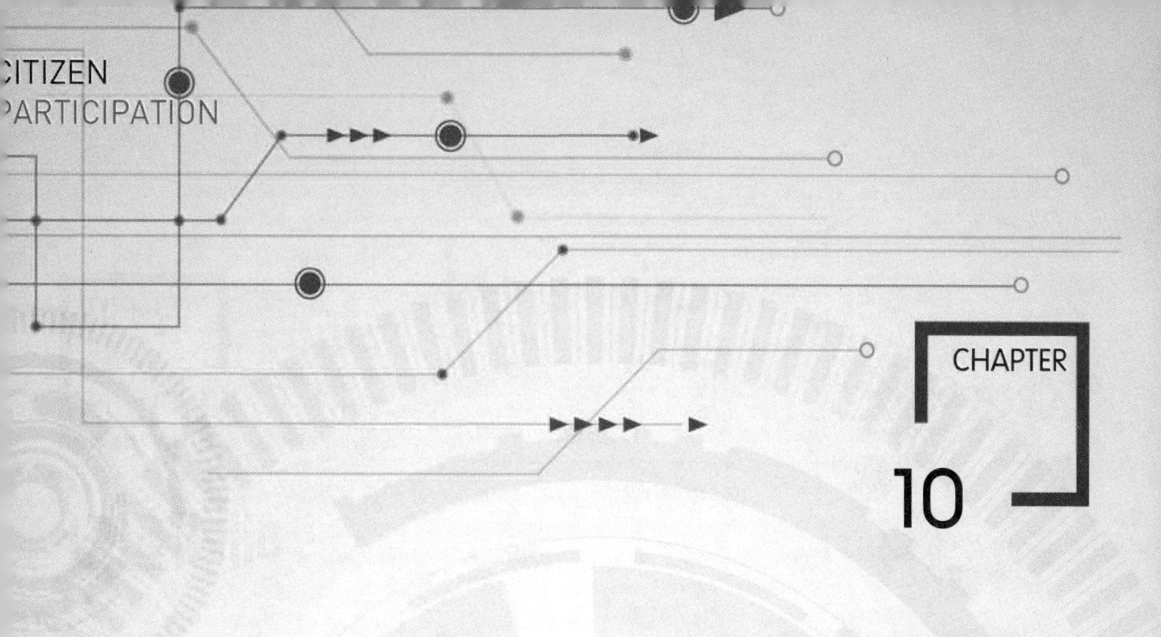

CHAPTER

10

매개집단

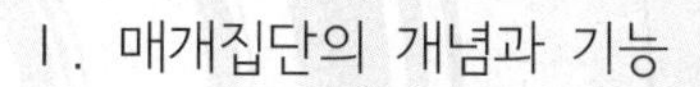

Ⅰ. 매개집단의 개념과 기능

Ⅱ. 시민사회와 시민운동단체

Ⅲ. 근린집단

Ⅳ. 새마을 운동

Ⅴ. 정당과 대중매체

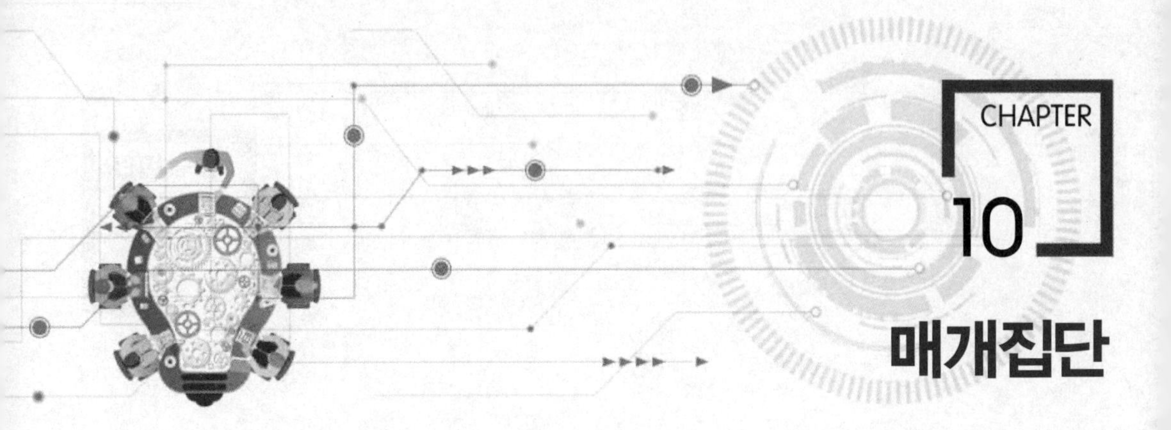

I 매개집단의 개념과 기능

CITIZEN PARTICIPATION

1. 매개집단의 개념

정치참여에 대한 논의에서 매개집단(intermediaries)은 주로 시민과 권력간의 관계에서 시민의 관점을 연계하는 기능을 하는 조직을 의미한다. 매개집단은 주로 공동체에 뿌리를 두고 시민의 관점을 매개하는데, 이와 같은 매개집단이 필요한 이유는 일반 시민들은 지식과 기술 측면에서 한계가 있어 직접 권력을 상대하고 협상하는 데 어려움이 있기 때문이다.[1] 매개집단이 수행하는 주요 활동 유형은 시민을 위한 개입이다. 즉, 시민들에게 정책에 관하여 의사소통하거나 시민을 위한 직접적인 개입활동을 중심으로 하는 것이다. 또한 정책결정 과정에서 집단의 이익을 대변하기보다는 개별 시민을 위한 활동

1) Frederick F. Ridley (1984). "Intermediaries between citizen and administration: Some British perspectives." *International Review of Administrative Science* 50(4), 362-363.

을 하며, 활동 양식은 행정심판과 같은 제도적인 절차보다는 비공식적 채널을 통한 활동을 이용한다. 매개집단의 주요 목적은 이미 만들어진 결정을 수정하는 것뿐만 아니라 시민을 위하여 정책의 결과에 영향을 미치고자 하는 활동 전반을 포함한다.[2)]

시민참여는 시민 개인에 의하여 개별적으로 이루어지기도 하고, 매개집단을 통하여 이루어지기도 하는데, 시민과 정부를 연결해 주는 매개집단으로는 이익집단, 시민집단(또는 조직), 정당, 언론매체 등이 있다.[3)] 참여를 통하여 여론이 정확하게 정책과정에 반영됨으로써 공익이 증진될 수 있기 위하여는 이들 매개집단이 자신의 입장이 아닌 객관적 입장 또는 공익의 차원에서 참여를 중개하는 일이 무엇보다 중요하다. 그러나 현실적으로는 이익집단의 경우에는 속성상 자기 입장을 지나치게 옹호하는 경향이 있고, 대중매체의 경우에는 상업주의 또는 불공정한 보도에 따른 폐단이, 정당의 경우에는 시민의 이익에 앞서 정권확보 내지는 조직의 존속에 상대적으로 관심이 많은 등, 참여의 매개집단으로서의 역할기대에 미흡한 것이 현실이다.

문제는 이와 같은 매개집단의 바람직하지 못한 행태에 대한 단기간의 처방이 존재하지 않는다는 것이다. 이는 근본적으로 오늘날 우리나라의 정치문화가 공동체적(communal)이기보다는 상호대립적(adversarial)인 성격을 띠고 있는데 기인하는바, 그럼에도 불구하고 이들 매개집단이 상호대립주의적인 행태에서 탈피하여 시민의 입장에서 시민의 이익을 대변하는 노력을 자발적으로 기울일 수 있도록 변화시키는 일은 매우 중요한 과제가 된다 할 것이다.

2. 이익집단의 매개기능

시민은 개인적으로 뿐만 아니라 매개기관으로서의 시민집단을 통하여 정책과정에 참여할 수 있다. 이러한 집단은 논점에 따라 이익집단, 압력집단 또는 정치집단으로 부른다. 이익집단은 추구하는 이익에 초점을 둔 개념인 반면, 압력집단 또는 정치집단은 해당 집단의 정치적 영향력 행사 또는 정치

---

2) Ridley (1984). 앞의글, 357-358.

3) Lester W. Milbrath and M. L. Goel (1977). *Political participation- How and why do people get involved in politics?*. Chicago: Rand McNally. 9.

적 역할에 초점을 둔 개념으로서 이들 용어를 구분할 수 있겠으나 사실상 크게 구분의 실익은 없으며 일반적으로는 포괄적인 표현으로 이익집단이라는 용어가 사용된다.[4)]

일반적으로 이익집단이란 "이익의 옹호를 위해 결속한 개인들의 자발적 결사"[5)] 또는 "공동의 목적하에 공공정책에 영향력을 행사하기 위한 개인들의 집합체"[6)] 등으로 정의된다. 이익집단은 기준에 따라 여러 가지 형태로 구분할 수 있겠으나 그 추구하는 이익의 성질에 따라 구분할 경우 크게 보아 사익집단(private interest group) 및 공익집단(public interest group)으로 나누어 볼 수 있다. 사익집단은 구성원의 사적이익(일반적으로 경제적 이익)의 증진을 위한 결사체인 반면, 공익집단은 구성원의 사적이익과는 별도로 공적문제에 관한 구성원의 신념 또는 태도에 따라 구성된 결사체인 점에서 대비된다. 전자의 예로는 상공회의소, 변호사협회 등을, 후자의 예로는 소비자 보호, 환경운동 관련 집단 등을 들 수 있다.[7)] 아울러 사익집단의 기본목표는 사적이익의 추구에 있으며 정치적 영향력 행사는 부차적인 것이라는 점에서 사익집단과 공익집단을 구분하기도 하나, 기본적으로는 양자 모두 이익추구를 위하여 정치적 영향력 행사를 수반하는 것이 보통이라는 점에서는 유사하다.

이들 이익집단은 정당과 마찬가지로 시민의 요구를 수렴하여 정책과정에 전달하는 매개체로서 기능한다. 정당과 다른 점은 정당의 매개기능이 이익집단의 그것에 비하여 보다 일반적 또는 포괄적이라는 것이다.[8)] 그러나 개별 시민의 의사가 정당의 노선과 모든 정책분야에서 일치하기란 불가능한 노릇이며 따라서 이익집단은 상대적으로 제한된 범위에서의 구체적인 정책문제와 관련하여 시민의 의사를 정책과정에 투입하는 역할을 담당함으로써 정당

4) 김영래. (1990).「한국 이익집단과 민주정치 발전」. 서울: 대왕사, 31.
5) 김운태. (1978).「정치학원론」. 서울: 박영사, 525.
6) Kenneth Janda, Jefffrey M. Berry, and Jerry Goldman (1986). *The challenge of democracy: Government in America*. Boston: Houghton Mifflin Co., 271.
7) 경우에 따라서는 사익집단만을 이익집단(interest group)이라 부르고, 공익집단은 태도집단(attitude group)이라 부르는 한편, 양자를 포괄하여 압력집단으로 부르기도 한다. Colin Mellors and Nigel Copperthwaite (1987). *Local government in the community*. N.H.: ICSA Publishing, 221: 그러나 이익의 개념이 사적이익만을 의미하는 것은 아니며 개인의 공적문제에 대한 태도 역시 추구하는 이익의 성질이 다를 뿐 결국 이익에 대한 태도라는 점에서는 사익추구와 다르지 않다고 하겠으므로 이와 같이 구분하는 것은 타당하지 않다고 본다.
8) Mellors and Copperthwaite (1987). 앞의글, 220.

의 매개기능을 보완한다. 특히 이익집단은 상대적으로 정당의 기능이 활발하지 않은 비선거기간 중에도 상시적으로 활동함으로써 정당의 시민의사와 정부와의 매개기능을 보완하는 기능을 한다. 강조할 것은 추구하는 이익이 사익이건 공익이건 간에 이와 같이 집단을 통한 참여가 개인에 의한 참여에 비하여 정책결정자에 대한 영향력이 클 것이라는 점이다.

사실 권력의 핵심에서 멀리 떨어져 있는 일반시민이 개인자격으로 정부내의 정책과정에 대하여 실질적인 영향력을 행사하기란 매우 어려운 일이다.[9] 그러나 개인이 집단을 이루어 정치적 영향력을 행사하는 경우, 현직을 성공적으로 유지하기 위하여 이해관계집단의 지지를 필요로 하는 정책결정자들은 집단의 요구에 대하여 민감할 수밖에 없다. 그리하여 일찍이 집단론자의 효시라 할 수 있는 벤틀리(Bentley)는 정책과정에서의 집단의 중요성을 강조하면서 집단에 대한 이해만 있으면 모든 정치활동을 설명할 수 있을 것이라고 단언하기까지 한 바 있다. 그리고 이와 같이 집단을 통한 시민참여 효과의 제고 가능성은 결국 집단을 통한 시민참여의 활성화에 기여하게 될 것이다.

이익집단의 정부에 대한 영향력은 집단의 규모(구성원의 수), 평판, 재정력, 조직목표의 정당성, 명확한 정책목표의 추구, 지도자의 지도력의 정도에 따라 달라진다.[10] 그런데 이와 같은 이익집단의 자원(resources)은 일반적으로 상공업 및 전문가 집단 또는 부유층의 이해증진을 추구하는 집단에 있어서 상대적으로 크다. 그러한 집단의 구성원은 기본적으로 부유하고, 사회적으로 지위가 높으며, 참여에 필요한 지식과 기술을 보유하고 있는 것이다. 이와는 반대로 빈곤층은 참여에 필요한 시간 및 지식 등의 자원이 부족하기 때문에 중상류층에 비하여 불리하다. 즉, 매일매일의 생존의 문제를 해결하는 데 급급한 그들에게 있어서 단기간 내의 혜택이 보장되지 않는 한, 장래의 가능성을 위하여 오늘을 희생하기에는 그 기회비용이 지나치게 큰 것이다. 그리하여 이익집단을 통한 시민의 정치참여 즉, 이익집단의 정치(interest group politics)에 있어서 빈곤층은 중상류층에 비하여 상대적으로 불리한 위치에 처하

9) Ira Sharkansky and Donald Van Meter (1975). *Policy and politics in American government.* New York: McGraw-Hill Book Co., 72.
10) Sharkansky and Meter (1975). 앞의글, 104.

게 되는 것이다. 집단을 통한 참여에 있어서의 이와 같은 왜곡현상은 일찍이 버바(verba)와 나이(Nie)의 연구에서도 입증된 바 있다.[11] 즉, 버바와 나이는 정치적 영향력 행사를 위한 집단에의 가입정도를 의미하는 공공활동(communal activity)의 정도가 참여자의 사회경제적 지위와 정(正)의 상관관계에 있음을 보고하였는바(r=0.33), 이는 사회경제적 지위와 선거운동과의 상관관계(r=0.30), 투표와의 관계(r=0.27) 및 공무원과 시민접촉과의 관계(r=0.07)보다 높은 것으로서 결국 집단을 통한 참여가 중상류층에게 상대적으로 유리함을 시사해주는 것이다.

물론 이익집단을 통한 참여과정에 있어서의 불평등 경향을 지나치게 과장함은 옳지 않다. 우선 버바와 나이의 연구만 하더라도 시민접촉의 경우를 제외하고는 참여정도와 사회경제적 배경과의 상관관계의 계수차이가 극히 미미한 점으로 보아 왜곡도에 있어서 다른 활동과의 차이가 크지는 않은 것으로 판단된다. 그리하여 버바와 나이는 참여에 필요한 기본태도, 기술 및 태도의 변화 없이도 단지 조직의 일원이 됨으로써 참여의 폭을 넓힐 수 있을 것이라고 생각하였다.[12] 실제로 빈곤층도 집단을 통한 참여를 통하여 실질적인 정치적 영향력을 발휘하는 경우도 적지 않다. 종종 이들 집단은 그들의 주장을 뒷받침해 줄 수 있는 기존집단들의 관심을 유도하는 전략을 통하여 자신들의 역량 이상의 정치적 영향력을 발휘하기도 한다. 예컨대, 미국의 저명한 급진적 사회운동가인 앨린스키(Alinsky)는 빈곤층의 집단적 참여의 효과성을 고양시키기 위한 전략을 제시하고 실천함으로써 많은 성과를 얻기도 하였다.[13] 우리의 경우에도 재개발지구에서의 세입자 동맹은 그 구체적인 예가 될 수 있을 것이다. 그러나 빈곤계층의 집단적 참여는 정치참여에 필요한 자원의 부족에 기인하며 항상적이지 못하고 산발적일 것이기 때문에 일반적으로는 빈곤층을 주축으로 하는 시민집단이 중상류층집단에 비하여 정치적 영향력에 있어 상대적으로 낮음은 부인하기 어렵다 할 것이다.

---

11) Sidney Verba, Norman H. Nie and Jae-on Kim (1972). *The model of democratic participation: A cross-national comparison*. Beverly Hills: Sage Comparative Politics Series, No. 01–13, 132.

12) Sidney Verba and Norman H. Nie (1972b). *Participation in America: Political democracy and social equality*. New York: Haper and Row, 435.

13) Saul Alinsky (1969). *Reveille for radicals*. New York: Vintage Books; Saul Alinsky (1971). *Rules for radicals*. New York: Random House; Robert W. Kweit and Mary G. Kweit (1990). *People and politics in urban America.* CA: Brooks/ Cole Publishing Co., 180.

이상의 논의로부터 우리는 집단정치(group politics)의 모순을 발견하게 된다. 우선 시민의 정책과정에 대한 영향력의 제고를 위하여는 개인에 의한 참여보다는 집단을 통한 참여가 보다 효과적이라 하겠는바, 이를 위하여는 시민집단의 육성이 필요하다. 문제는 시민집단의 육성이 자칫 사회의 불평등구조를 더욱 고착시킬 우려가 있다는 점이다. 즉, 참여효과의 제고를 위하여는 시민집단의 육성이 필요함에도 불구하고 사회적 평등을 위하여는 시민집단의 억제가 요구된다는 모순이 존재하는 것이다. 생각건대 시민참여와 관련하여 이러한 집단정치의 모순을 해결하기 위한 대안의 방향은 명백하다. 시민참여의 효과를 증대시키면서도(또한 이에 따라 참여를 확대시키면서도) 그로 인한 사회적 불평등의 심화현상을 막기 위하여는 공익집단을 중점적으로 육성하는 한편 사익집단은 자연상태로 방임 내지는 규율해야 하는 것이다. 이렇게 함으로써 공익집단이 추구하는 보다 보편적인 이익의 보장과 사익집단이 추구하는 사익의 보장을 적절히 균형시킬 수 있게 될 것이다. 공익집단에 대한 육성 및 지원이 필요한 이유는 (1) 공익집단은 어느 특정 이해관계집단의 이익이 아닌 보다 보편적인 이익을 추구함으로써 사회정의 실현에 기여한다는 점, (2) 공익집단의 육성은 사회적 불평등을 고착시키지 않으면서도 방임상태에서의 잠재적 참여자를 집단의 구성원화 함으로써 참여 활성화에 기여하게 될 것이라는 점 및 (3) 공익집단은 구성원에게 배타적 또는 선별적인 이익(selective incentives)을 제공하지 않기 때문에 이른바 무임승차자(free-rider)가 다수 발생하여 집단의 유지 및 활성화가 본래적으로 곤란하다는 점 등 때문이다.[14]

시민조직의 육성발전은 참여와 사회경제적 지위와의 관계에 관한 모형 중에서 공동체발전모형에 부합하는 것으로 판단된다(제14장 참조). 시민조직의 육성을 통한 공동체 발전노력이 없는 자연상태하에서는 결국 상류층이든 하류층이든 일정 부류의 구성원이 타 부류의 사람들에 비하여 참여기회를 더

14) Mancur Olson (1971). *The logic of collective action: Public goods and the theory of groups*. Cambridge, MA: Harvard University Press, 61; 공익집단의 경우는 충분한 가입자의 확보 및 기존 구성원의 계속가입에 대한 설득이 중요한 문제로 대두된다. Mellors and Copperthwaite (1987). 앞의글, 221; 사익집단의 경우는 이와는 달리 조직 구성원에게 선별적인 유인을 제공해 주기 때문에 설득의 필요 없이 자발성에 의한 회원확보가 상대적으로 용이하다. 이는 예컨대, 사익집단인 약사회의 회원확보의 가능성과 공해추방운동단체의 회원확보의 가능성을 비교해 보면 쉽게 이해가 될 사항이다.

소유함으로써 사회적 형평성이 저하된다는 문제가 있다. 아울러, 시민집단의 육성은 정책결정자에게도 여론파악통로의 단순화 내지는 명료화라는 이점을 제공해 준다.

시민집단의 육성을 위하여는 조직의 독립성과 자율성을 침해하지 않으면서 조직의 생존을 위한 최소한의 경비를 지원하는 일이 필요할 것이다. 단, 지나친 재정지원은 주민조직을 관변단체로 변질시킬 우려가 있으므로 제한되어야 할 것이다. 그러나 가장 효과적인 육성책은 시민집단을 매개로 한 여론을 수집하여 적극적으로 시책에 반영시키는 일이다. 이를 위하여는 시민집단과 정책과정을 유기적으로 연계시키는 일이 필요하며 그렇게 되면 대상 시민집단은 자연적으로 활성화될 수 있을 것이다. 이외에도 유사한 시민집단의 연합으로 시민집단의 역량 강화를 도모할 수 있을 것이다.

Ⅱ 시민사회와 시민운동단체

CITIZEN PARTICIPATION

1. 시민사회와 시민운동단체의 발달

시민사회(civil society)는 17-18세기 자유주의 사상가들에 의해 제기된 것으로 주로 국가와 관련하여 논의되었다. 대표적으로 로크(Locke)와 루쏘(Rousseau)는 시민사회를 개인이 모인 집단이 법에 의해서 지배되는 집합체로 조직화되는 것을 의미한다.[15] 헤겔(Hegel)의 시민사회 개념은 처음으로 국가와 대립되는 사적 영역을 의미하는 것으로 사용하기 시작하였는데, 여기서의 시민사회란 생산관계와 계급구성이 포함되는 시장을 의미하였다. 마르크스(Marx)도 헤겔과 마찬가지로 시민사회와 국가의 양분법적인 시각을 견지하였지만 헤겔과는 다르게 마르크스는 시민사회 밑에 국가를 포함시킨다.[16] 이들의 뒤를 이어 하버마스(Harbermas)도 국가와 시민사회를 공적영역과 사적영역으로 나누었다.

15) 이효선. (1997).「현대국가의 시민운동」. 서울: 집문당, 62.
16) 이효선. (1997). 앞의글, 64-66.

현대의 시민사회 개념정의는 대체로 유사한 방향성을 보인다. 공적영역인 국가와는 구별되고, 시민의 삶의 영역이 기본적인 바탕을 이루는 것이다. 다만 시민사회의 구체적인 개념정의 방식은 학자마다 약간의 차이를 나타낸다. 예컨대 앤하이어(Anheier)는 "사람들이 공동의 이해를 추구하기 위해 모인 가족, 국가 및 시장 사이에 위치한 제도, 조직 및 개인들의 영역"으로 정의하였고,[17] 바버(Barber)는 "정부도 사적시장도 주권력이 없는 자유로운 사회생활의 독립적인 영역"으로 규정하였다.[18] 한편 OECD는 시민사회를 국가와 개인 시민 사이에 존재하며, 시민들이 매우 다양한 속성을 가진 자치적·조직적 및 집합적 활동들을 개발할 수 있는 공공의 영역이라고 보았고,[19] 코헨(Cohen)과 아라토(Arato)는 공적인 일에 대하여 공개적으로 토론하고 정당한 이익을 방어할 수 있는 공적이고 시민적 자질을 지니는 사적 결사체로 구성된다고 보았다.[20] 킨(Keane)은 법적으로 보호되는 비정부 제도들의 복잡하고도 역동적인 결합체로,[21] 정수복은 국가, 시장으로부터 독립적인 모든 자원적 결사체(voluntary association)를 의미하는 것으로 보았다.[22]

이와 같이 시민사회의 개념에 대한 학자들의 공통적 관점은 국가와 시장으로부터 독립된 제 3 의 영역으로서 구성원들이 시민성(civility)을 갖춘 사회로 시민성을 통해 개인들간 그리고 개인과 국가간의 행태를 규제하며, 사회에 대한 개인들의 행태를 규제하고 동시에 집단들이 서로에 대해 그리고 집단과 국가간의 관계도 규제하는 영역이다.[23] 시민사회 영역은 자생적으로 설립된 구조로서 국가의 공식적인 제도적 틀 밖에 존재하면서 자율성을 갖지만 그러면서도 국가와 관계를 맺는 독자적인 영역이다. 또한 시민사회는 경제구조의 한 부분으로 귀속되지 않으면서 자신들의 고유한 권리를 보유하는 단위

---

17) H. Anheier (2004). *Civil society: Measurement, evaluation, policy*. Earthscan, 22.

18) B. Barber (1984). *Strong democracy: Participatory politics for a new age*. Berkeley CA.: University of California Press.

19) OECD. (1997). "Final draft of the ad hoc working group on participatory development and good governance." (www.oecd.org/dac/htm/pubs/p-pdgg.htm), 7.

20) Jean Cohen and Andrew Arato (1992). *Civil society and political theory*. Boston: MIT Press, 48.

21) John Keane (1998). *Civil society: Old images, new visions*. Cambridge, UK: Polity Press.

22) 정수복. (2004).「시민의식과 시민참여」. 서울: 아르케, 42.

23) E. Shils (1997). *The virtue of civility: Selected essays on liberalism, tradition, and civil society*, ed., by Steven Crosby, Indianapolis: Liberty Fund, 4.

인 것이다.[24] 다만 시민사회의 구성요소에 있어 개인으로서의 시민 하나하나도 시민사회로 볼 것인가에 대해서는 의견차이가 있는데 시민사회를 사회적 중재조직(mediating organizations)이나[25] 자원적 결사체로 보는 입장[26]과 집단이나 결사체뿐 아니라 시민도 시민사회의 중요 개념으로 보는 입장[27]으로 구분된다. 다만 통상적으로 시민사회를 비정부단체, 비영리단체 혹은 자발적 결사체 등으로 보는 견해가 팽배하다.[28] 이러한 관점에서 이하에서는 시민사회를 시민사회의 결사체로 인식하는 관점에 따라 시민사회 조직의 관점에서 다룬다. 그렇다 하더라도 시민사회 조직의 근본적인 구성요소는 시민이라는 점을 간과해서는 안 될 것이다.

시민사회의 성장은 보편적인 추세이지만 국가에 따라 발생배경은 다소 상이하다. 서구에서는 복지국가의 위기에 따른 분권화, 사유화, 외연화(externalization)의 추구로 시민사회가 성장하고 있는 반면, 개도국에서는 정부실패에 대한 대안으로 시민사회가 부각된 경향이 강하다. 시민사회가 국가와 시장의 제 3 의 대안으로 부각되면서 비정부단체 형태의 활동이 증가하고 있다. 이와 같은 비정부단체의 활동은 환경보존, 인권, 여성, 긴급구호, 아동보호, 경제정의, 부정부패, 경제개발 등 전지구적 과제를 망라하고 있다. 때문에 21세기를 시민사회의 시대, 비정부단체의 시대, 결사체의 시대 등으로 부르고 있다.

이러한 관점에서 볼 때 하나의 사회는 국가(왕), 경제(상인), 시민사회(시민)로 구성된다(그림 10-1). 국가는 정부의 권력을 대표하고 공공질서의 유지를 추구하며, 상인은 경제력을 대표하고 재화와 용역의 생산을 통하여 이윤을 추구한다. 시민은 시민권력을 나타내며 정부에 대하여는 피치자이며, 기업에 대하여는 소비자이다.[29] 시민은 정부권력의 정당성의 기반이자 기업 생산

24) Z. A. Pelczynski (1988). “Solidarity and ‘The rebirth of civil society’ in Poland, 1976~1981.” In Keane, John (ed). *Democracy and civil soceity*. London: Verso, 110.

25) Alexis de. Tocqueville (1956). *Democracy in America*. Ed. Richard Heffner. New York: Mentor Books.

26) Cohen and Arato (1992); Janoski (1998); UNDP (2000); World Bank (2000); Rosenbaum and Post (2002); Pelczynski (1988); Keane (1998); Lohmann (1992); Dalton and Shin (2006) 등이 이러한 입장에 해당한다.

27) Anheier (2004); Barber (1998); CIVICUS (2004) 등이 이러한 견해에 해당한다.

28) 김선혁. (2003). “시민사회론의 행정학적 함의.” 한국행정학회 하계학술대회발표논문, 335.

그림 10-1 국가, 시장, 시민사회

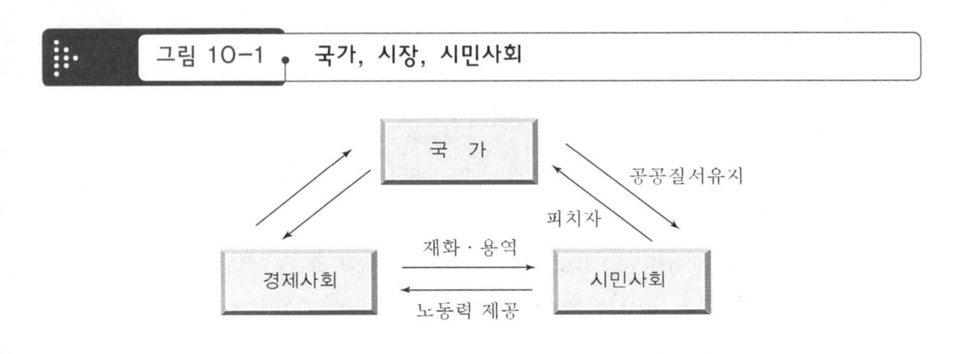

활동을 위한 노동력의 공급자이다. 이와 같은 삼분법은 코헨(Cohen)과 아라토(Arato), 그람시(Gramsci) 등에서 찾아볼 수 있다.[30] 특히 그람시(Gramsci)에 있어서 협의의 국가는 통치기구만을 의미하지만 통합국가는 협의의 국가와 시민사회를 포괄한다. 시민사회가 정치적 기능을 수행하기 때문이다. 한편 국가와 시민사회로 이분화하는 헬드(Held)와 킨(Keane)의 견해도 있다.[31]

2. 시민운동단체

1) 시민운동단체의 개념

시민사회의 성장에 따라 오늘날 시민운동단체의 활동 증가 및 이에 대한 관심이 증대되고 있다. 시민운동단체는 "공공목적을 위한 시민사회의 자발적 결사체"를 의미한다.[32] 국가와 시장의 영역에서 분리되는 제 3 의 영역에서 조직을 구성하여 활동하는 시민사회 결사체인 것이다. 국가와 시장의 대안으로 공적 이익을 추구하는 시민사회단체는 시민단체(CSO), 비정부단체(NGO), 비영리단체(NPO), 시민운동단체(CMO) 등 다양한 명칭으로 지칭된다. 이들의

29) Weiss, Thomas George and Leon Gordenker (1996). *NGOs, the UN, and global governance*. Lynne Rienner, 16.

30) Jean L. Cohen and Andrew Arato (1997). *Civil society and political theory*. Cambridge, Massachusetts and London: The MIT Press; Antonio Gramsci (1971). *Selections from the prison notebook*. edited and translated by Quintin Hoare and Goffrey Nowell Smith. London: Lawrence & Wishart.

31) Keane (1988). 앞의글.

32) Weiss et al. (1996). 앞의글.

개념에 대한 이해는 용어만큼이나 상당히 혼란스럽다. 다만 기본적으로 국가, 시장에 대응하는 제3의 영역으로 공익활동을 하는 시민사회의 단체로서 시민을 대변하는 매개집단의 기능을 한다는 점은 공통적이다.

우선 시민단체(CSO: Civil Society Organization)는 세계은행, 시비쿠스(CIVICUS), UNDP 등에서 많이 사용하는 것으로 비정부·비영리적이면서 자발적으로 형성된 조직으로 사회변화를 의도하고 있는 조직,[33] 혹은 추구하는 목표가 사회구성원 모두의 공공이익과 관련된 공공재 예컨대 환경보호, 평화운동, 경제정의, 사회개혁, 교육개혁 등을 그 활동대상으로 삼으면서 활동결과에 따른 혜택이 회원뿐 아니라 이에 참여하지 않는 사회구성원들에게도 동등하게 돌아가는 집단을 말한다.[34]

비정부단체(NGO: Non-Governmental Organization)는 본래 유럽에서 사용된 개념으로 제1차 세계대전 당시 영국에서 설립된 아동구제기금(save the children fund)과 로마 카톨릭에서 1915년에 설립한 'Caritas'라는 네트워크가 NGO의 형태로 이루어지면서 이 용어가 국제사회에 등장하기 시작하였다.[35] 제2차 세계대전시에는 전쟁희생자를 위한 구제활동으로 NGO가 더욱 알려지기 시작하였으며, 이후 1970-80년대에는 유럽을 비롯한 선진국을 중심으로 국제사회를 무대로 활동하는 단체를 지칭하는 용어로 사용되어 왔다. 주로 평화, 인권, 환경, 보건, 개발 등의 영역에서 국제활동을 전개해온 비정부단체는 1945년 국제연합(UN)이 창설되면서 공식적 용어로 처음 사용되었다. 초기에는 UN 산하 기관들과 결부된 비정부기구나 단체들을 지칭하였으나 이후 NGO는 국제연합의 경제사회위원회에 의해 UN헌장 제71조에 협의적 지위가 부여됨으로써 국제사회의 공식적인 용어가 되었다.[36] 정부나 정부간 협정에 의하여 설립되지 않은 모든 비영리 사적조직들을 포괄하는 광범한 의미로 사용되었다. 보다 구체적으로 범주적 측면에서는 비정부, 자발성, 비영리성을, 조직상으로는 공식적 조직의 보유를, 활동적 측면에서 공적 목적을 추구하는

---

33) 권해수. (1999). "시민단체의 조직화 과정과 정책변화에 대한 영향력 비교연구."「한국사회와 행정연구」10(1), 147.

34) 김영수. (2003). "시민단체의 공익적 역할에 관한 연구 — 갈등중재를 중심으로." 서울대학교 행정대학원 박사학위논문, 11.

35) 김영래, 김혁래. (2001). "한국비정부조직(NGO)의 현황과 과제." 한국정치학회 국회학술발표회, 3.

36) 김영래, 김혁래. (2001). 앞의글, 3-4.

것으로 이해된다.[37] 초기에는 봉사와 구제활동 중심의 개념으로 시작된 NGO는 그 후 각국의 역사적 배경, 정치문화적 환경, 그리고 정치체제에 따라 다양하게 정의되고 있어 NGO의 개념 및 범위에 상당한 혼란이 있다. 특히 한국에서의 NGO는 1980년대부터 학자들 사이에서 사용되었는데 다른 국가와는 달리 국내에서 이미 사용하고 있던 시민단체라는 개념과 거의 유사한 개념으로 자리잡게 되었다.[38]

NPO(Non-Profit Organization)는 비영리단체로서 주로 미국에서 사용되는 개념이다. 일반적으로 이윤을 추구하지 않는 영역에서 활동하는 준공공 및 민간조직을 포괄적으로 지칭한다. 이윤동기에 의하지 않으면서 자발성, 자율성, 이익의 비배분성, 공익목적 외에 회원의 공통이익이나 목적을 위해 수행된다는 특성을 지닌다.[39]

한편 시민운동단체(CMO: Civil Movement Organization)는 시민단체와 활동분야나 기능이 유사하나 현상유지에 대한 도전과 급진적 변화를 통한 사회경제 및 정치체제의 개혁을 강조한다는 점에서 보다 적극적이고 급진적이다. 때문에 경성(hard) 비정부단체라고도 불리는데 시민단체의 하위범주라 할 수 있다. 예컨대 경제정의실천시민연합이나 참여연대가 가장 대표적인 시민운동단체에 해당한다.

이와 같은 용어의 혼용 속에서 NGO는 정부 이외의 모든 단체(기업 포함)를 포함하는 것으로 오해될 소지가 있으며, 문자적으로 볼 때에는 NGO보다는 NPO가 더 적절한 용어일 수 있다. 그러나 NPO 역시 공익추구 여부를 따지지 않기 때문에 시민사회단체 중에서 공익단체와 사익단체(또는 공익단체)간의 구분을 곤란하게 할 뿐만 아니라 민간의 비영리단체는 물론 정부부문의 비영리단체(복지서비스기관, 규제기관 등)까지를 함께 의미하는 것으로 오해될 소지가 있다는 점이 지적되어야 한다. 이에 더하여 최근에는 이들 두 개념이 부정적인 용어로서 실체를 드러내는 용어로는 미흡한 점이 있으므로 적극적인 용어로서 시민사회단체(CSO: Civil Society Organization)라는 용어를 사용하려는 경향도 있다.

---

37) 김영래, 김혁래. (2001). 앞의글.
38) 박상필. (2002). 「NGO와 정부, 그리고 정책」. 서울: 아르케, 66-67.
39) 강상욱. (2001). "우리나라 NGO의 성장에 관한 연구-시민단체를 중심으로." 서울대학교 행정대학원 박사학위논문, 10.

생각건대 시민운동단체에 대한 관심은 기본적으로 정부, 기업으로부터 구분되는 시민사회에서 공익활동을 하는 공익시민단체로부터 출발하는 것이라는 점, 소극적 용어보다는 적극적으로 정부, 기업과 구별되는 시민사회에서 활동하는 단체라는 속성을 보다 명확히 하는 것이 바람직한 점을 고려할 때, 다른 용어보다는 CSO가 보다 적절한 용어라 생각된다. 다만 아직까지는 NGO가 가장 흔히 사용되고 있는 점을 고려하여 이하에서는 NGO(비정부단체)와 CSO(시민사회단체)를 혼용한다.[40]

2) 시민운동단체의 요건

논자에 따라 시민운동단체의 요건으로 제시하는 바는 다르다.[41] 예를 들어 스미스(Smith)는 정부로부터의 독립성, 비영리성, 자발적 의사결정구조를 제시하고,[42] 통사와트(Tongsawate)와 팁스(Tips)는 비영리, 비정부(사적) 영역, 공식적 조직, 자발성을 제시하며,[43] 그린(Green)과 마티아스(Mattias)는 시민운동집단의 주특징으로 공식적 조직, 공익목적, 독립성의 세 가지를 들며, 보조적 특징으로 자발성(unpaid), 일정 규모, 안정적 재원 등을 들고 있다.[44] 바이스(Weiss)와 고덴커(Gordenker)는 공식적 조직, 독립성, 민간부문, 비영리, 외부적 목적을,[45] 샐러몬(Salamon)과 앤하이어(Anheier)는 공식성, 비정부성, 비영리

---

40) 이와 관련하여 이경원, 김석준. (1999)은 시민단체와 민간단체를 혼용하는 것은 문제가 있다고 지적하면서 시민사회단체를 민간단체로 부르고, 공익단체를 시민단체로 부를 것을 제안한다. 그러나 엄밀한 의미에서 민간단체는 기업을 포함하는 것이며, 이익단체 역시 시민사회에 존재하는 것이므로 이를 시민사회단체에서 제외하는 것은 최소한 문자적인 의미에서 맞지 않는 점이 있다. 아울러 국가-기업-시민사회로 3분되는 분석의 틀을 적용하기 어렵게 하는 측면도 생긴다는 점을 고려할 때, 수용하기 어렵다. 이경원, 김석준. (1999). "시민단체의 현황과 역할에 관한 정책적 제안: 제주지역 시민단체를 중심으로."「한국지방자치학회보」 11(2), 171-200.

41) Andrew Green and Ann Mattias (1997). *Nongovernmental organizations and health in developing countries*. St. Martin's Press, 25.

42) David Horton Smith (1997). "The rest of the nonprofit sector: Grassroots associations and the dark matter ignored in prevailing 'flat earth' maps of the sector." *Nonprofit and Voluntary Sector Quarterly* 26(2), 114-131.

43) M. Tongsawate and Walter E. J. Tips (1988). *Coordination between governmental and non-governmental organizations in Thailand's rural Development*. Division of Human Settlements development, Asian Institute of Technology, Bangkok.

44) Green and Mattias (1997). 앞의글.

45) Weiss et al. (1996). 앞의글, 20.

분배(non-profit-distributing), 자기통치, 자발성, 비종교성, 비정치성을 제시한다.[46] 이경원·김석준은 비정부성, 비정당성, 비영리성, 비종교성, 비가족성, 자발성, 공익추구성, 공식조직 등을 들고 있다.[47]

종합하건대, 시민운동단체의 공통적·핵심적 요건은 다음의 네 가지로 요약된다.

첫째, 비정부기구(non-governmental)이다. 비정부기구는 독립성과 비정파성을 포함하는 것으로 재원, 의사결정 등에 있어서 정부로부터의 독립을 의미한다.

둘째, 비영리성(non-profit)이다. 기업과 달리 이윤추구를 목적으로 하지 않는다는 점에서 구별된다.

셋째, 비영리 자발성(voluntary)이다. 시민의 자발적인 모임으로써 정부와 기업의 구성방식과 차별화된다.

넷째, 공익(externality) 추구성이다. 시민단체는 내부의 사익이 아닌 공익을 추구하는 것이다.

이외에도 공식조직의 보유가 요건으로 제기되고 있으나 공식조직의 보유는 모든 단체의 생존에 필요한 전제조건으로서 시민운동단체에 대하여만 배타적으로 요구되는 조건이 아니라는 점, 공식조직의 보유 여부에 대한 경계가 확실하지 않다는 점에서 주요 요건으로 제시할 필요는 없다. 시민운동단체의 요건 중 처음 두 가지의 요건은 비정부단체의 정부·기업에 대한 견제 또는 대항적 성격을 고려할 때 특히 필수적이다.[48] 그러나 이에 대한 합의가 있는 것은 아니다. 예컨대 광의로 해석하는 입장에서는 공익성을 요건으로 제시하지 않는다. 이 경우 시민운동단체는 시민사회단체 또는 비영리단체와 동일한 것이 된다. 반면 이보다 협의로 해석하는 입장에서는 공익(externality) 추구성을 필수로 요구하는데 이 경우 시민운동단체는 공익단체를 의미한다.

논자에 따라 시민운동단체에 대한 광의와 협의를 선택적으로 사용하고

---

46) L. Salamon and H. Anheier (1996). *The emerging nonprofit sector: An overview.* New York: Manchester University Press.

47) 이경원 외. (1999). 앞의글.

48) Jude L. Fernand and Alan W. Heston (1997). "Introduction: NGOs between states, markets, and civil society." *The Annals of the American Academy of Political and Social Science*, 8-20.

있어 혼란이 있으나 시민운동단체에 대한 논의의 학문적·실천적 관심은 이들 단체가 수행하는 공익적 활동에 있다는 점을 고려할 때, 공익성 요건을 제외하는 것은 바람직하지 않다. 즉 협의의 의미로 해석되어야 타당할 것이다. 구체적으로 공익확보차원에서 중요한 역할을 하는 것은 시민운동집단 중에서도 공익단체라 하겠으며, 최근 시민운동집단에 대한 관심이 증가하고 있는 배경에는 시민단체가 수행하는 공익기능에 대한 관심에서 비롯되는 것임을 감안할 때, 시민운동단체는 시민사회단체 중에서도 공익단체를 가리키는 것으로 이해하여야 할 것이다.

3) 시민운동단체의 위치와 분류

시민운동단체가 무엇인가를 보다 명료하게 알기 위해서는 이들이 사회집단에서 차지하는 위치를 아는 것이 도움이 된다. 국가와 기업 및 시민사회의 단체 분류체계는 [그림 10-2]에 제시하였다. 국가, 기업, 시민사회의 구분에 대한 도식화(그림 10-2)를 보면 국가기관은 원칙적으로 공익을 추구하도록 되어 있다. 그러나 공익을 추구하는 국가의 영역에도 영리성을 추구하는 조직이 존재한다. 예컨대 공무원 노조(조직구성원의 이익을 추구), 지방자치단체협의회(국가에 대하여 조직구성원인 지방의 공동이익을 추구) 등은 다른 공적기관과는 달리 구성원의 이익을 추구한다. 그러나 이들은 민간단체와 달리 공익목적에 의하여 어느 정도 제약을 받는다는 점에서 민간부문의 영리성 추구와는 구분된다. 공공비영리조직에는 대부분의 정부기관(공익기관, 사익기관)이 해당되고, 공공영리조직에는 우편사업, 국유철도, 유료도로, 공립학교, 공립병원, 진료소 등이 있다.[49]

영리성을 추구할 것으로 여겨지는 민간부문 역시 영리위주의 부문과 비영리부문으로 구분된다. 민간부문 중 제 2 영역은 영리 위주의 부문으로 시장(기업)을 의미하며 회사나 조합 등이 여기에 속한다. 민간부문 중 제 3 영역은 전반적으로 비영리성을 추구하는 조직을 통칭한다. 광의 개념의 NGO나 NPO가 여기에 해당한다. 제 3 영역은 다시 조직 구성원의 내부이익(공동이익: 共益, internality)을 추구하는 단체와 공공의 이익을 추구하는 공익(公益) 단체로 세분된다. 전자에는 이익집단(직능집단), 노조, 동호회 및 기타 자발적 조직 등 이

49) 임승빈. (1999).「행정과 NGO간의 네트워크구축에 관한 연구」. 한국행정연구원.

그림 10-2 단체의 분류: 국가, 기업, 시민사회

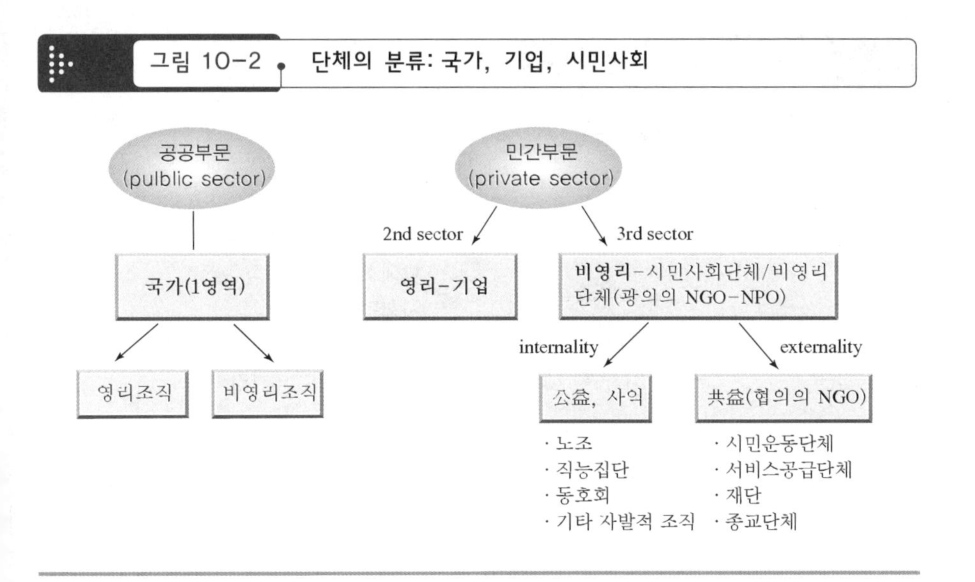

윤을 추구하지는 않지만 조직구성원의 내부이익을 추구하는 사익단체가 해당된다. 후자는 조직구성원의 선택적 또는 물질적 혜택을 추구하는 것이 아닌 공공선(common good)을 추구하는 단체로써,[50] 시민운동단체, 서비스공급단체, 재단, 종교단체 등 협의의 NGO가 여기에 해당한다. 시민운동단체는 시민들의 자발적이고 능동적인 참여로 이루어지며 자원주의(voluntarism)에 입각하여 회원의 직접적인 수혜와 관계 없이 공익추구를 목적으로 하는 민간단체의 하나이다.[51] 서비스공급단체란 의료보건단체(종합병원, 요양소), 교육 · 연구단체(각급 사립학교, 연구소), 복지시설(양로원, 고아원, 탁아소, 직업훈련소, 수련원), 예술문화단체(오케스트라, 박물관) 등이 포함되며, 재단(포드, 록펠러, 적십자)의 일부도 서비스공급단체에 해당한다. 한편 종교단체에 대하여는 공익단체로 인정하지 않는 시각도 적지 않다. 특정 종교의 선교를 목적으로 하는 한 특수이익집단으로 보아야 할 것이기 때문이다. 그러나 선교 자체가 기성 종교인을 대상으로 하기보다는 불특정 다수를 대상으로 하며, 조직의 구성이 외부에 열려 있을 뿐만 아니라 기능상 공익목적을 수행하는 경우가 많으므로 공

50) Jeffrey M. Berry (1984). *The interest group society*. Boston, Ma.: Little, Brown & Co., 29.

51) 박천오. (1999). “한국 이익집단의 정책과정상의 영향력과 활동패턴: 정부관료제와의 관계를 중심으로”. 「한국행정학보」 33(1), 239-259.

표 10-1 비정부단체의 분류

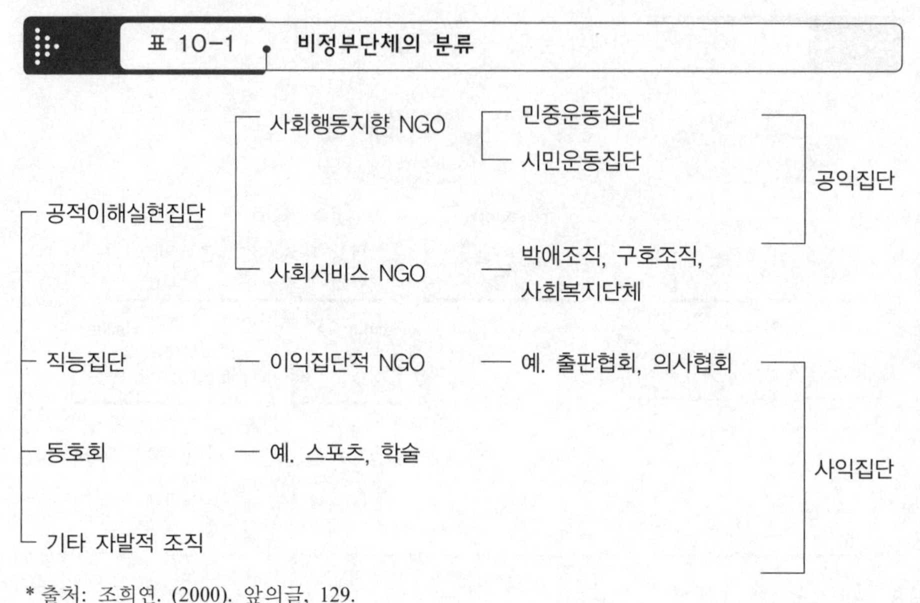

* 출처: 조희연. (2000). 앞의글, 129.

익단체에 포함한다. 다만 이러한 모든 구분이 명확한 것은 아니며 경계가 불분명한 경우가 있다. 예컨대 기업이 출연한 재단(ex. 삼성문화재단)이 공익목적의 재단인지, 아니면 기업의 이윤확장을 위한 단체인지에 대하여 명확한 판정을 하기 어렵다. 또한 선교나 종교단체의 경우도 마찬가지이다.

이와 유사한 분류로서 조희연은 [표 10-1]과 같은 분류를 하고 있다.[52] [그림 10-2]는 정부와 민간영역을 함께 다루어 공익 또는 영리성 추구 여부를 기준으로 포괄적으로 제시한 것이라면 조희연의 분류는 제 3 섹터만을 집중 조명하여 공익집단과 사익집단으로 분류하여 구체화한 것이다. 광의의 NGO에는 공익집단과 사익집단이 모두 포함되는데 공익집단에는 사회행동지향의 NGO와 사회서비스 중심의 NGO 등 공적이해를 실현하는 집단이 해당된다. 사익집단에는 직능집단이나 동호회, 기타 자발적 조직 등 조직구성원의 내부이익을 추구하는 집단이 속한다. 두 가지 분류 형태 모두 제 3 섹터인 비정부단체를 외부적 공익 또는 내적 공동이익을 추구하는지의 여부를 중심으로 구분하였다는 점에서 유사한 접근으로 볼 수 있다.

52) 조희연. (2000). “한국시민단체의 역사, 현황과 전망”. 김동춘 외. 「NGO란 무엇인가」. 서울: 아르케, 129.

그렇다면 시민사회단체에서 공익단체와 사익단체를 구분하는 것의 실익은 무엇인가? 공익단체는 공익을 추구하므로 조직구성원에게 선별적 편익(selective benefit)을 주지 않는다. 때문에 조직의 형성 및 유지에 어려움을 겪는다. 따라서 이들 단체에 대하여는 공익목적의 고려를 하여 물적·제도적 지원의 필요성이 있다. 만약 공익단체와 사익단체를 구분하지 않는 경우에는 이러한 지원의 기준이 모호해지게 된다. 일반적으로 시민사회단체에 대하여는 세금이 면제된다. 미국의 경우 면세 대상이 되는 민간단체, 자발적 단체를 PVO(Private Voluntary Organization)라고 한다. 그러나 모든 NGO가 PVO는 아니다.[53]

3. 시민운동단체의 기능 및 활성화

1) 시민운동단체의 유형

시민운동단체는 주요 기능을 중심으로 유형화할 수 있다. 신광영은 갈등형과 합의형으로 구분하는데, 갈등형은 기존의 사회질서나 국가정책을 변화시키려는 활동을 하는 조직으로 환경단체가 대표적인 예에 해당한다. 반면 합의형은 비정치적·인도주의적 활동을 하는 단체로 구호단체가 이에 해당한다.[54] 김준기는 활동분야를 기준으로 서비스제공형(service)과 주창형(advocacy)으로, 정부와의 관계를 중심으로 보완적 단체와 대체적 단체로, 정부정책에 대한 입장에 따라 연성조직과 경성조직으로 구분한다.[55]

정부와 시민운동단체간 기본적인 관계 유형은 적대적(adversarial) 관계, 협력적(cooperative) 관계, 사업적(business) 관계로 구분할 수 있다. 이와 관련하여 시민운동단체와 정부와의 관계는 시민운동단체의 자율성과 시민운동단체에 대한 정부의 인식과 태도를 중심으로 유형화할 수 있다(표 10-2).

정부와 시민운동단체간 인식과 태도는 양자간 다른 인식에 기반하는 경우가 있다. 예컨대 복지 NGO는 지방정부와 NGO의 관계유형을 갈등적 관계로 파악하는 한편 복지공무원은 동반자적 관계로 파악하고, 환경 NGO는 무

53) Green and Mattias (1997). 앞의글.

54) 신광영. (1999). "비정부조직과 국가정책: 외국의 사례를 중심으로." 「한국행정연구」 8(1), 29-43.

55) 김준기. (2000). "정부-NGO 관계의 이론적 고찰: 자원의존모형의 관점에서." 「한국정책학회보」 9(2), 5-28.

표 10-2 정부와 시민운동집단간 관계

		시민단체 활동의 자율성	
		긍정적	부정적
시민단체에 대한 정부인식과 태도	긍정적	동반자적 관계	후견인적 관계
	부정적	갈등적 관계	무관심적 관계

관심적 관계유형으로 파악하는 한편 환경공무원은 후견인적 관계유형으로 파악한다.[56] 이는 정책분야에 따라 정치가 달라진다는 로위(Lowi)의 논리와 부합한다. 박상필은 정부와 시민단체간의 관계를 자율형, 협력형, 권위주의적 억압 또는 민주적 포섭, 종속형으로 구분하고 이 가운데 협력모형과 자율모형이 바람직하다고 보았다. 정부의 정당성이 높고 민주화될수록 정부와 시민단체간의 갈등이 완화되는 경향이 있음을 제시하였다.[57]

시민운동단체는 국가와 경제에 대한 시민의 요구에 기인하여 발생 및 성장한 것으로 그 기능은 다음과 같다. 첫째, 시민이익을 매개한다. 시민의 이익을 대변해주거나, 이슈의 생산 및 서비스를 직접 공급하기도 한다. 둘째, 공익의 주창, 옹호기능을 한다. 특히 소외층의 이익 등 사회정의를 실현하기 위하여 활동한다. 셋째, 통제기능이다. 국가 및 경제와의 경쟁을 통해 견제와 통제의 기능을 담당한다. 넷째, 시민성의 개발, 고취를 추구한다. 이를 통해 시민의 자유 및 권력의 확장을 추구한다. 이와 같은 기능에 주목하여 시민운동단체에 대한 관심이 증대되어 왔다.

요컨대 시민운동단체는 시민의 자발적 의사에 따라 공익적 활동을 하는 결사체로서 기본적으로 정부와 기업의 우월적 권력과 상대적으로 열위에 있는 시민사회의 권력간 간극을 좁힘으로써 정부와 기업의 권력이 시민사회를 착취하는 권력으로 고착되지 않도록 돕는 매개권력으로 작동한다. 이러한 권

56) 김상구, 이원일. (2004). "지방정부와 NGO간의 관계유형: 부산광역시를 중심으로." 「한국사회와 행정연구」 15(1), 191-210; 김영인, 이승종, 이달곤. (2007). "정책단계와 NGO의 역할유형: 교육개혁정책과정에서 NGO의 활동을 중심으로." 「행정논총」 45(4), 23-46.

57) 박상필. (2002). 「NGO와 정부, 그리고 정책」. 서울: 아르케.

력을 기반으로 시민운동단체는 시민의 입장에서 정부와 기업에 대한 통제기능을 수행함으로써 시민의 이익(공익)을 증진시키는 역할을 담당할 것으로 기대되는 것이다.

2) 시민운동단체의 실태

한국에서의 시민사회 형성과 성장시기에 관한 견해는 구한말에서부터 시작하여 1980년대까지 다양하다.[58] 이러한 견해차이는 시민사회에 대한 학자들의 개념 이해가 상이한 까닭에 근거한다. 그러나 이러한 견해차이에도 불구하고 1960년 4·19혁명을 기점으로 시민사회가 국가로부터 분리되기 시작하였다는 점에서 이 시기를 시민사회 발생의 첫 단계로 볼 수 있다. 이 시기 이후로 시민사회의 기초가 미약하게나마 다져지기 시작하였기 때문이다. 이후 1970년대의 권위주의 정권의 붕괴와 정치적 민주화 및 이에 따른 1987년 6월 민주항쟁은 시민사회가 본격적으로 국가에 대항하는 결정적인 역할을 한 사건이었다. 사회적 분화 및 문민정부의 등장에 따라 변혁적이고 계급지향적인 민중운동이 쇠퇴하고, 탈계급적이고 세분화된 시민운동이 성장하면서 국가정책에 대한 비판 및 대안제시활동이 전개되기 시작하였다. 또한 지방자치제도의 시행에 따라 특수이익 및 지역적 이슈에 대한 관심이 증대되면서 지역문제에 대한 시민사회의 관심이 높아지게 되었다. 즉 한국의 시민사회는 국가로부터 시민사회의 분리가 가시화된 1960년대를 초기 형성단계로 하여 1987년 이후를 분기점으로 시민사회의 영역과 활동이 확대되었으며, 본질적 의미의 시민사회가 구축된 시기라 할 수 있다.

한국 시민사회의 형성과 성장의 추세는 [표 10-3]의 시민단체 시기별 설립연도에서 확인할 수 있다. 표에 제시된 바에 의하면 1980년대부터 시민단체가 급격히 증가하기 시작하여 1990년대에는 폭발적으로 증가하였음을 알 수 있다. 이러한 자료는 한국에서의 시민사회 성장이 1980년대에 본격적으로 이루어지기 시작하였다는 주장을 뒷받침한다.

1990년대 이후 급격히 팽창한 시민운동단체는 한국의 민주주의 발전 및 사회복지 서비스의 발전에 크게 기여하였다. 그러나 이와 같은 비약적인 성

58) 신명순. (1995). “한국에서의 시민사회 형성과 민주화과정에서의 역할.” 안병준 외. 「국가, 시민사회, 정치민주화」. 한울아카데미, 84.

표 10-3 설립연도별 시민단체 비율 (단위: %)

설립연도	시민사회	지역자치/빈민	사회서비스	환경	문화	교육/학술	종교	노동	경제	국제	전체
1940-1949	2.02	0	1.83	0.56	0.77	8	2.5	2.43	0	0	1.75
1950-1959	1.79	0	13.3	0	2.81	0.8	0	3.64	0	5.13	5.59
1960-1969	4.26	0.48	7.42	0.56	7.93	4.8	12.5	8.5	16.7	10.3	5.73
1970-1979	6.61	0.48	4.83	2.53	5.88	3.2	16.3	12.2	0	15.4	5.73
1980-1989	15.1	7.69	22.1	5.62	18.16	25.6	25	21.5	0	20.5	**17.5**
1990-1999	53	69.7	43.7	66	51.15	47.2	37.5	40.9	66.7	43.6	**49.4**
2000	7.06	8.65	5.83	11.8	4.86	1.6	2.5	3.24	0	2.56	6.35

* 출처: 김선혁, 문명재. 고려대학교 산학협력단. (2006). 「시민사회단체의 운영실태분석과 지원방안에 대한 연구」. 한국행정연구원; 임승빈. (2009). 「정부와 NGO」. 서울: 대영문화사, 39에서 재인용.

장에도 불구하고 자율성이나 책무성과 같은 기본 가치를 확보하지 못하고 있다는 평가를 받는 경우가 많다. 이와 같은 활동상의 제약은 시민단체의 재원부족에 기인하는 바도 크다. 우리나라는 시민참여나 기부의 문화가 선진국에 비하여 약한 데에 더하여 정부의 시민단체 지원도 매우 낮은 편에 속한다. 예컨대 네덜란드는 GNP 대비 시민운동단체에 정부가 지원하는 규모는 0.8%, 독일은 0.27%이며, 영국은 정부예산 대비 0.7%를 차지하는 데 비하여 한국의 지원 규모는 정부예산 대비 0.05% 내외에 불과한 것으로 나타나고 있다.[59] 이와 관련하여 각국의 시민사회단체에 대한 정부재정지원의 비율은 [표 10-4]에 구체적으로 제시하였다.

[표 10-4]에서 나타난 바와 같이 정부의 재정지원 수준은 22개국 평균이 40% 정도인데 반하여 한국은 26.2%에 불과하다. 이러한 수치는 샐러몬(Salamon)과 소코로브스키(Sokolowski)의 연구에서 선진국과 개도국을 비교한 결과를 통해 보다 확연히 구분된다. 시민운동단체의 운영예산 가운데 정부지원이 차지하는 비중은 선진국에서는 45% 정도를 차지하는 데 비하여 개도국

59) 국무총리 산하 시민사회발전위원회 자료.

표 10-4 각국 정부의 시민사회단체 재원 중 정부지원 비율 (단위: %)

	전체분야	사회서비스	환경운동	권익주창
미 국	30.5	37.0	-	5.1
영 국	47.0	40.0	27.0	60.0
프랑스	57.8	58.3	32.1	44.9
독 일	32.3	65.5	22.3	57.6
벨기에	76.5	65.8	93.6	84.0
네덜란드	32.1	48.6	30.0	30.0
핀란드	57.9	57.4	11.0	41.8
아일랜드	57.9	50.3	94.4	66.3
스페인	74.5	48.6	30.0	30.0
호 주	31.1	51.2	38.1	25.1
일 본	45.2	71.6	26.5	27.2
이스라엘	63.9	32.8	31.5	24.8
한 국	**26.2**	-	-	-
22개국 평균	40.0	45.0	34.0	38.0

* 출처: Salamon et al. (1999); 주성수. (2003). 「공공정책 가버넌스」. 한양대학교 출판부에서 재인용; 한국자료는 정상호. (2008). "한국 시민단체(NGO)의 재정 위기의 현황과 해소방안." 「동서연구」 20(2), 256의 자료를 삽입함.

은 22%에 불과하다.[60] 이러한 점에서 우리나라는 개도국이나 이행국가와 유사한 모형으로서 회비중심형 국가에 해당한다고 할 수 있다.

한편 시민단체의 활동분야와 시민의 참여 내용을 분석하기 위하여 국가별 시민운동단체의 활동분야 및 조직가입수준을 제시하면 [표 10-5]와 같다. [표 10-5]에 제시된 시민단체는 시민집단과 사회조직을 모두 포함한 것으로 여기에는 스포츠클럽에서부터 여성집단, 노동집단이나 전문인 연합 등의 경

60) Lester M. Salamon and S. Sokolowski (2004). *Global civil society: Dimensions of the nonprofit sector*. Kumarian Press, 20.

제연합에 이르기까지 다양하게 포괄한다. 이러한 관점에서 조직화된 시민사회집단들이 활동하는 분야를 14개 분야로 구분하여 국가별 시민들의 참여수준을 제시한 것이다. 이와 같은 분석이 의미를 지니는 이유는 과거 시민사회에 대한 많은 연구들이 국가 내 설립된 조직체나 집단의 수, 그들의 활동 등을 기술하는 데 주로 초점을 맞추었던 경향을 탈피했다는 점이다. 물론 국가 내 시민단체의 집단수나 양적 규모가 중요한 의미를 지닌다는 점은 부인할 수 없고, 특히 시민사회가 늦게 탄생한 동아시아 국가에서는 더욱 그러하다. 그럼에도 불구하고 만약 이들 조직에 시민들의 유의미한 참여나 활동이 없다면 시민사회는 텅 빈 개념이 될 수 있다.[61] 예를 들어 일본이나 중국, 기타 아시아 국가에서 조직화된 사회집단은 급격하게 증가하였지만 이들 조직들이 유의미하게 많은 수의 시민들을 참여시켰는지는 불명확하다는 점이 이

표 10-5 국가별 시민단체 활동분야

활동 분야	미 국	캐나다	일 본	한 국	필리핀	싱가폴	중 국	베트남
사회복지 서비스	16.8	13.2	9.4	9.4	8.0	7.1	2.9	26.1
종교 조직	57.1	29.5	10.6	**42.1**	30.8	19.8	3.6	10.5
교육 또는 문화	37.3	21.4	11.0	19.1	5.4	14.0	2.2	17.4
노동 조합	13.6	14.4	6.5	5.6	4.0	4.3	6.9	11.4
정치 집단	19.2	6.3	3.5	2.7	4.1	0.4	8.3	28.6
지역 공동체 활동	12.9	8.0	1.2	6.9	6.7	2.4	1.5	26.3
제3세계/인권	5.5	5.1	1.7	2.3	4.8	0.5	0.4	1.5
환경 보호	15.6	9.1	3.2	6.2	8.0	1.0	1.2	7.6
전문직업 연합	28.0	17.9	4.8	8.8	4.0	4.4	1.2	13.4
청소년 활동	26.3	11.2	2.1	4.3	7.5	8.3	1.1	15.5
스포츠/레크레이션	36.0	27.5	14.1	**24.7**	12.3	15.1	3.2	18.8
여성 집단	14.3	8.1	3.8	3.7	10.3	1.2	3.3	28.5
평화 운동	4.5	2.1	2.0	1.9	11.3	0.9	0.9	9.2
보건 조직	16.7	11.1	3.1	9.8	9.3	3.6	2.7	14.9
기타	21.8	11.2	6.9	4.3	1.6	3.6	-	3.7
조직 가입 평균	**3.26**	1.96	0.84	**1.43**	1.31	0.86	0.39	2.33

* 출처: Dalton and Shin (2006). 앞의글, 119.

61) Dalton and Shin (2006). 앞의글, 118.

를 반영한다. 이러한 점에서 [표 10-5]의 자료는 조직 내의 참여와 활동 수준을 실질적으로 제시해 준다는 점에서 보다 실질적인 의미의 참여 수준을 나타낸다 하겠다.

표에 나타난 바에 따르면 분석 국가 가운데 미국의 시민사회 조직활동이 가장 활발한 것으로 나타났다. 한국은 중국이나 일본 수준에 비하여 상대적으로 조직가입수준이 높은 편이지만 서구에 비해서는 여전히 낮은 수준이다. 더욱이 그 활동의 내용이 종교조직 분야와 스포츠/레크레이션 부문으로 편향되어 있다는 점도 시민의 시민단체 활동에 미흡한 부분이 여전히 많음을 보여준다. 이러한 측면에서 볼 때 한국 시민운동단체의 활동은 앞으로도 성장·발전시켜야 할 측면이 많은 것으로 판단된다.

3) 시민운동단체의 활성화

시민운동단체가 1980년대 이후 세계적 조류로 나타난 배경은 다음의 네 가지 위기와 두 가지 혁명에 기인한다.[62] 네 가지 위기란 선진복지국가의 위기, 개도국에서의 개발의 위기, 지구차원에서의 환경의 위기, 구사회주의 국가에서의 사회주의의 위기 등을 말한다. 두 가지 혁명은 통신기술의 발달에 따른 커뮤니케이션의 혁명과 경제성장과 도시중산층의 출현에 따른 제 3 세계 각국의 부르주아 혁명 등이다.

이와 같은 시민운동단체의 활동 증가는 정부로서는 독점적 권력을 시민사회에 배분해야 한다는 점에서 도전이지만, 참여의 요구분출을 감당해야 하는 정부에게 다양한 해결책과 정당성을 부여한다는 점에서는 기회이기도 하다.[63] 시민사회의 발전으로 시민운동단체가 급격히 팽창되어 왔기는 하지만 여전히 특정 분야에 편중되어 있고, 재정적 어려움을 겪고 있으며 시민의 참여 역시 미진한 편이라 하겠다. 이러한 점에서 시민운동단체의 활성화를 통한 시민사회의 성숙이 요구된다.

---

62) Lester. M. Salamon (1995). *Partners in public service: Government-nonprofit relations in the modern welfare state. Baltimore and London*: The Johns Hopkins University Press, 255.

63) 유재원. (2002). 「한국지방정치론-이론과 실제」. 서울: 박영사.

4. 시민운동단체의 한계 및 발전과제

권위주의 정권과 파행적 자본주의의 폐해를 절실하게 경험한 우리 사회는 시민운동단체에 대한 역할기대가 이례적으로 컸다. 실제로 민주화 과정에서 급성장한 시민단체는 이 같은 기대에 상당히 부응하여 왔다. 즉 사회 각 분야에서 정부와 기업의 파행을 통제하고, 대안을 제시하였으며, 시민사회를 동력화하는 등 적극적인 활동으로 우리 사회가 발전하는 데 많은 기여를 한 것이다. 그리고 이에 힘입어 시민단체에 대한 국민적 신뢰는 다른 어느 집단에 대한 신뢰에 비견하기 어려울 정도로 높은 수준을 지켜왔다. 그러나 최근 들어 시민단체에 대한 신뢰는 현격하게 저하된 것으로 판단된다. 이처럼 시민단체에 대한 신뢰가 최근 저하된 이유는 무엇인가?

이에 대하여는 민주화의 진전에 따라 시민단체의 기여 여지가 원천적으로 축소된 것, 지난 정권하에서 시민단체의 활동가들이 다수 제도권에 흡수 또는 친화되어 정부통제와 기업통제라는 본연의 역할에서 다소 멀어진 것, 성장한 일부 시민단체의 권력화 현상, 일부 시민단체의 비타협적 · 권위적 태도, 시민의사와 유리된 행동정향, 조직구조의 관료화, 일부 명망가에 의존하는 운동 역량, 관료화된 조직구조 등 다양한 요인들이 제시될 수 있을 것이다. 이렇듯 다양한 요인으로 인하여 시민단체는 시민들의 역할기대에서 멀어졌고 이에 따라 신뢰를 잃어 온 것이다. 역할기대에 부응하는 정도를 책임성이라고 표현할 때 이 같은 신뢰저하는 곧 책임성 저하의 문제에 다름 아니다.

[표 10-6]은 2006년 12월 서울대학교 행정대학원이 갤럽에 의뢰하여 1,200명의 시민들을 대상으로 시행한 [공공분야에 대한 시민인식도] 설문조사 결과에 의하여 시민단체에 대한 신뢰도를 조사한 결과이다. 표에 나타난 바와 같이 시민단체에 대한 신뢰는 일반적 인간관계에 대한 신뢰를 제외할 때 의료기관, TV 방송, 민간기업에 대한 신뢰에 이어 5위로 나타났다. 이 같은 결과는 비교대상 20개 집단 중에서는 비교적 상위의 수준에 해당하는 것이기는 하지만 과거에 시민단체가 받았던 신뢰수준과 비교할 때는 문제시되는 수준이 아닐 수 없다. 특히 민간기업의 신뢰수준에도 못 미치는 것은 의외이기까지 하다. 물론 위의 조사결과만으로 현재 시민단체에 대한 신

표 10-6 시민단체의 상대적 신뢰도 (N= 1,200)

문) 귀하께서는 다음 사회 기관이나 사회지도층에 대해 신뢰하고 계십니까? 혹은 신뢰하지 않으십니까?

구 분	평균 (표준편차)	신뢰도순위
대통령	2.61(1.523)	16
행정부	2.82(1.357)	15
입법부	2.27(1.211)	20
사법부	3.05(1.358)	14
교육기관	3.27(1.332)	12
시/군/구청	3.83(1.368)	7
지방의회	3.06(1.309)	13
정당	2.32(1.235)	19
민간기업	3.86(1.279)	4
시민단체	**3.84(1.368)**	**5**
노동조합	3.44(1.361)	11
신문사	3.78(1.401)	9
TV방송사	3.95(1.366)	3
인터넷매체	3.84(1.362)	6
의료기관	4.09(1.326)	2
종교기관	3.83(1.528)	8
정치인	2.05(1.212)	21
정부기관장	2.58(1.340)	17
고위관료	2.44(1.313)	18
기업지도자	3.69(1.354)	10
일반적 인간관계	4.50(1.311)	1

* 자료의 평균값은 7점 척도(1: 전혀 불신~7: 전적 신뢰)에 의한 응답치를 평균한 값임.

뢰도가 과거에 비하여 저하된 것임을 입증하지는 못한다. 위 조사결과는 2006년 말 시점에서 집단간 신뢰도 비교자료만을 제공할 뿐, 과거의 시민단체에 대한 신뢰도와 2006년 말의 신뢰도를 비교할 자료는 제공하지 않기 때문이다. 다만 위 조사가 제시한 시민단체의 신뢰수준이 시민단체에 대한 신뢰가 높았던 그 이전시기에 비하여 낮은 것이라는 추정을 제시할 뿐이다.

그림 10-3 기관 단체에 대한 신뢰도 추이

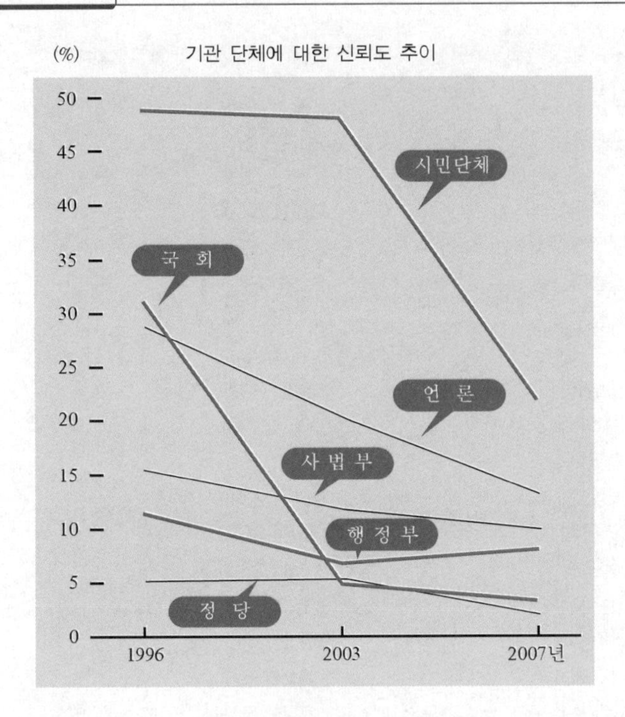

[그림 10-3]은 기관 단체에 대한 신뢰도 추이를 비교하고 있는 것인데 시민단체에 대한 신뢰도는 2003년 이후 급격하게 저하되고 있음에서 위의 판단을 지지해 준다. 언론, 사법부, 정당, 국회의 신뢰도 역시 저하되고 있으나 그 정도에 있어서 시민단체의 현저한 신뢰저하와 비견할 바가 아니다. 이러한 시민단체의 신뢰저하 추세는 같은 기간 동안 신뢰도가 개선추세로 반전된 행정부나 신뢰도 저하추세가 지속되기는 하지만 그 정도가 개선된 국회와 비교할 때 더욱 심각한 상황이다. 그럼에도 불구하고 다행인 것은 정당, 국회, 행정부, 사법부, 언론에 비해서는 양호한 수준을 유지하고 있다는 점이다.[64]

시민운동단체의 신뢰 하락은 영향력 수준의 하락으로도 이어질 수 있다.

64) [그림 10-3]에서는 언론을 신문과 방송으로 구분하지 않아 확실하지는 않지만 신문과 방송을 구분하고 있는 [표 10-6]에 나타난 조사결과를 함께 고려할 때 [그림 10-3]에 나타난 시민단체의 언론에 대한 신뢰도 우위는 상당 부분 방송의 신뢰도에 영향을 받은 것으로 해석되어야 할 것이다.

한 조사에 따르면 우리나라 시민운동단체의 영향력 수준은 정치권이나 언론계, 경제계의 어떠한 집단에 비교하여도 상대적으로 미약한 것으로 나타나고 있다.[65] 시민운동단체의 양적 증대에도 불구하고 여전히 신뢰수준이나 사회적 영향력이 상대적으로 높지 않음은 자기 검증을 통한 역할 수정이 필요함을 나타낸다. 특히 시민단체의 투명성과 독립성, 조직의 민주성 확립과 자율성 및 전문성 측면뿐 아니라 시민단체의 활동 양식과 지향점에 대한 재점검이 필요함을 시사한다.

이와 함께 시민운동단체의 또 다른 한계점은 시민의 참여가 매우 저조하다는 점이다. 시민들은 시민운동집단을 통한 직접참여보다 정기적으로 회비와 후원금을 보내주는 정도의 간접참여에 머물러 있다.[66] 이러한 현상은 물론 미국과 유럽의 NGO들의 경우도 예외는 아닌데 이는 전문가와 직업운동가 중심의 권익주창형 NGO로 정착되는 과정에서 발생한 현상이다. 시민운동집단의 전문성은 제고되지만 그 과정에서 '시민없는 시민단체'로 전락할 위험성이 커진다. 결국 이러한 엘리트 중심의 운영체제는 시민참여를 더욱 저해하는 결과를 가져오고, 이러한 구조하에서 시민운동단체의 의견과 시민의 의견이 충돌될 경우 매개집단으로서의 시민운동단체의 위상과 정당성은 더욱 문제가 된다.

종합하건대, 시민단체에 대한 신뢰도는 과거에 비하여 최근까지 급격하게 저하되어 왔음을 확인하였다. 물론 여전히 시민단체에 대한 시민신뢰는 다른 주요 단체와 기관에 비하여 상대적으로 높은 수준이기는 하지만, 그럼에도 불구하고 급격한 신뢰저하 현상은 이에 대한 원인을 파악하여 적절한 대응을 해야 할 필요가 있음을 가르쳐 준다. 이 같은 신뢰 저하 추세가 멈추어지지 않는다면 시민단체는 본연의 역할기대에 부응하는 데 상당한 어려움을 겪게 될 것이고 이는 결국 사회발전에 적지 않은 부담요인으로 남게 될 것이다.

이러한 차원에서 한국 시민운동단체의 발전과제는 정부, 시민, 시민운동

---

65) 2007. 10월 시사저널 조사.

66) W. Maloney (1999). "Contracting out the participation function." In Van Deth, J., Maraffi, M. Newton, K. and P. Whiteley eds., *Social capital and European democracy*. London: Routledge, 108-119; 주성수. (2003). "참여시대의 시민, 정부 그리고 NGO." 「시민사회와 NGO」, 14 재인용.

단체의 관계 측면에서 도출해 볼 수 있다. 우선 시민운동단체는 공익의 충실한 대변자가 되기 위해 대표성과 신뢰성을 확보해야 한다. 이를 위해서는 조직과 재정의 민주화와 전문성을 갖추고 정보사회에 대응할 수 있는 역량을 구축해야 한다. 또한 조직이 발전하는 분기점에서 전문성에 치중한 활동 양식은 전문 엘리트 위주의 비민주적 조직구조를 양산하여 시민과의 활동적 괴리를 가져올 수 있다는 점에서 전문성과 시민적 기반성을 적절히 조화시킬 방안에 대한 모색도 필요할 것이다. 무엇보다 시민단체는 신뢰저하의 원인인 책임성을 향상시켜 신뢰를 회복해야 하는데 이를 위해서는 다음의 과제들을 제언한다.

첫째, 의사소통체계의 민주화를 지향해야 한다. 관료제적 위계제 요소를 완화하고 업무를 중심으로 한 수평적 조직체계를 지향하는 것이 바람직하다. 상근운동가, 비상근전문가, 회원간 수평적 협력에 기반한 거버넌스가 이루어지도록 해야 하고, 시민단체간 협력네트워크의 활성화도 필요하다. 이를 위해서는 시민단체 활동 분야가 보다 전문화되는 것이 바람직하다. 둘째, 시민단체 구성원의 자기혁신이 요청된다. 이를 위해서는 시민단체 구성원에 대한 시민교육이 필요하다. 시민단체의 상근활동가는 명시적이든 암묵적이든 상근활동가가 시민운동의 주체이며 견인차라는 생각을 버려야 하고, 시민단체의 통제대상인 정부와 기업과의 민주적 대화에도 적극적이어야 한다. 셋째, 시민단체간 자동검증체계의 구축이 필요하다. 공익적 입장에서 상호간 견제와 검증이 필요하며, 무책임한 단체에 대한 제재분위기가 정착되는 것이 바람직하다. 넷째, 시민과의 접촉을 강화해야 한다. 시민적 이해와 지지의 확보, 그리고 시민의사의 충실한 반영을 위해 시민과의 접촉기회를 강화하고, 여론 수렴에 힘써야 한다. 다섯째, 과도한 언론의존도를 축소해야 한다. 모든 단체의 활동에 언론의 도움이 동일하게 필요한 것도 아니고,[67] 과도한 언론 의존도는 시민단체의 책임성 확보차원에서 보더라도 바람직하지 않다. 여섯째, 조직 및 인력관리의 혁신이 필요하다.

시민은 참여를 통해 단체의 시민기반성을 확대함으로써 시민운동단체의

67) 주창형 운동의 경우 여론의 환기 및 지지의 확보를 위해 언론매체의 도움이 절실하지만, 서비스형 운동의 경우에는 언론매체에 대한 요구가 상대적으로 적을 것이다. 또한 작은 지역 사회단위의 운동에 있어서는 언론의 도움 없이도 단체의 네트워크와 활동의 확산을 통해 언론매체의 매개효과에 버금가는 효과를 거둘 수 있다.

정당성과 시민기반성을 확보하는 데 기여하여야 한다. 특히 매개집단으로서의 시민운동단체가 시민의견을 종합적으로 반영할 수 있게 하기 위해서는 시민참여가 핵심임을 인지하여야 한다.

한편 정부는 재정, 정보, 법률, 대응적 차원에서 지원과 협조를 확대하여 시민운동단체와 협력적이고 발전적 관계를 구축하기 위한 대응적인 노력을 해야 할 것이다. 특히 사업공모제보다는 일정 기준에 의하여 책임있는 시민단체에 대하여 최소한의 인건비를 지원해야 한다. 시민단체의 기부금 모금도 적극화될 수 있도록 법제를 정비해야 한다.

근린집단

CITIZEN PARTICIPATION

1. 근린집단

대표성 있는 여론을 정책과정에 전달하기 위하여는 특정한 이익을 중심으로 조직화되는 사익집단 또는 일정한 사회계층을 중심으로 운영되는 공익집단과 달리 지역을 단위로 한 참여의 매개체로서의 근린집단의 강화가 바람직하다. 근린집단(neighborhood groups)은 지역에서의 시민참여를 위하여 매우 중요한 역할을 하며 특히 미국의 경우 1960년대에 시행된 각종 사회입법을 통하여 근린집단이 활성화되는 계기가 된 이래 오늘날까지도 근린집단은 시민참여를 위한 중요한 매개체로서 기능하고 있다.[68)]

근린집단은 시민집단의 한 유형이면서도 다른 시민집단과 약간의 차이를 보이는 집단이다. 즉, 근린집단은 기본적으로 지역을 단위로 지역의 이익을 중심으로 결속된 시민집단으로서 사익집단과 공익집단의 성격을 공유한다. 근린집단은 보편적 이익에 우선하여 지역 내 시민의 이익을 우선적으로 주장하려 한다는 점에서 사익집단과 유사하지만, 반면 지역 내 일부 시민의 특수이익을 옹호하기보다는 지역 내 ‘모든’ 시민의 공공이익 증진을 위한 집

68) John C. Bollens and Henry J. Schmandt (1982). *The metropolis: Its people, politics, & economic life*. 4th ed. New York: Harper & Row, 134.

단이라는 점에서는 공익집단과 유사하다. 이와 같은 근린집단은 논리적으로 지역공동체(community)가 공동의 이익을 가진 균질적인 실체(homogeneous entity)라는 가정에 기초하며, 1970년대 및 1980년대 구미에서는 근린조직이 시민참여를 위한 주요한 연계통로로서 기능하게 되었다.[69]

우리나라는 기초정부를 중심으로 한 근린집단의 필요성이 특히 대두된다. 우리나라 기초자치단체인 시·군·구의 평균 인구는 20만명 정도로 선진국 기초정부의 인구규모가 5-6천명선인 것과 비교할 때 우리의 기초정부 규모는 비교적 큰 편이다. 행정계층으로서 최하위인 읍·면·동의 경우도 평균 인구가 13,000명으로 주민의 입장에서 볼 때 중앙정부보다는 가깝지만, 여전히 기초자치단체나 읍·면·동의 단위는 주민에게서 먼 정부인 것이 사실이다.[70] 이러한 점에서 과거 읍·면자치의 전통을 고려하여 읍·면을 단위로 한 자치적·공동체적 전통을 살릴 필요성, 대도시의 경우는 동을 중심으로 한 자치의 강화가 특히 요구된다.

근린집단의 예로는 반상회, 지역별 협의회, 주민자치위원회, 새마을지회 등과 같이 행정기관 또는 공공단체의 주도하에 조직된 공식적 조직과 지역을 단위로 한 각종 친목단체, 교회, 봉사단체 등과 같이 비공식적 또는 자생적 조직을 들 수 있다.[71] 이들 근린집단은 참여와 관련하여 다음과 같은 기능을 행하게 된다. ① 시민으로 하여금 이웃과의 교호작용을 통하여 사회적 또는 다른 분야의 능력을 습득케 한다. ② 지역 및 지역시민에 대한 서비스가 향상되도록 정부와 사적 기관에 압력을 행사한다. ③ 직접 시민에게 서비스를 제공한다. ④ 정치적 지지를 위한 지역기반을 형성한다. ⑤ 지역민의 참여를 진작시킨다. ⑥ 지역민의 자부심과 정체의식을 제고시킨다 등이다.[72]

이와 같은 정부와 시민과의 연계통로로서의 근린집단의 육성은 기본적

---

69) Lawrence J., R. Herson and John M. Bolland (1990). *The urban web: Politics, policy, and theory*. Chicago: Nelson-Hall Publishers, 160.

70) 2010년 10월 현재 읍 214개, 면 1,202개, 동 2,058개가 있고, 통 55,402개, 리 36,463개, 반 475,754개가 있다. 행정안전부. (2010d). 「2010년 행정안전부 통계연보」, 266-267.

71) 시민집단의 경우를 공식적, 준공식적(예: 조합, 협회 등), 비공식적 집단으로 유형화하는 경우도 있다: 김기재. (1986). "지방자치와 주민참여의 활성화 방안." 한국지방행정연구원 지방자치의 발전전략 세미나 주제발표논문집, 363-393.

72) Anthony Downs (1981). *Neighborhoods and urban development*. Washington D.C.: Brookings; Richard C. Rich (1979). "The roles of neighborhood organizations in urban service delivery." *Urban Affairs Papers* 1, 2-20.

으로 참여활성화에 기여함은 물론 일반시민집단(특히 사익집단)들이 자칫 대립적인 이해(adversarial interests)로 참여과정에서 갈등을 일으키는 것이 일반적인 것과는 달리 공동의 이해(communal interests)를 추구할 수 있는 하나의 장을 제공해 준다는 데서 중요하다. 나아가서 근린집단의 확충은 특히 참여를 위한 자원이 상대적으로 결핍된 하류층에게 있어 중요한 의미를 갖는다. 일반적으로 근린집단은 사회계층이 아닌 지역을 단위로 구성되며 따라서 다른 시민집단에 비하여 참여에 필요한 자원 및 기술이 상대적으로 덜 필요하다 하겠는바, 그러한 제도적 장치의 마련은 그렇지 않았을 경우 참여가 어려웠을 빈곤층으로 하여금 정책과정에 보다 활발히 참여할 수 있는 여건의 조성을 의미하는 것이기 때문이다. 더욱이 사회경제적인 상대적 박탈을 참여를 통하여 해소하려는 성향이 빈곤층에게 있어 상대적으로 더 높다는 점을 감안한다면, 이와 같은 제도적 참여통로의 마련은 참여의 형평성 제고를 위하여 매우 중요한 의의를 갖는다. 예컨대, 1970년대 미국 대도시에서 흑인시장의 잇단 당선은 흑인지역 근린집단의 역할이 크게 기여한 것으로 평가되고 있는바, 이는 근린집단이 빈곤층의 참여에 대하여 실질적인 효과가 있음을 단적으로 입증해 주는 것이라 하겠다.[73]

이와 관련하여, 해벌(Haeberle)은 버밍햄(Birmingham)의 근린집단을 통한 참여연구에서 근린집단이 지역의 부유계층 참여에 유리하도록 설치・운용되었음에도 불구하고 실제로는 빈곤계층이 보다 활발히 참여하였다는 사실을 보고한 바 있어 주목된다. 그의 조사결과에 의하면 "참여는 가계소득이 시 전체의 평균 가계소득 이하인 지역, 빈곤층 비율이 시의 평균 이하인 지역, 교육수준이 낮고 단순노동자 비율이 높은 지역, 흑인 비율이 높은 지역, 노인인구 비율이 높은 지역에서 가장 활발"한 것으로 나타났는바,[74] 이러한 결과는 근린집단, 나아가서는 참여제도의 참여활성화 효과가 상류층에 비하여 하류층에게 있어서 상대적으로 크다는 점을 단적으로 시사해 주는 것이라 하겠다. 다만, 그와 같은 긍정적 측면에도 불구하고 일반적으로 근린집단은 사실상 조직의 규모가 작고, 재정적으로도 빈궁할 뿐 아니라, 조직활동도 일부 활

73) Los Angeles시의 Tom Bradley (1973). Chicago에서의 Harold Washington (1983). New York에서의 David Dinkins (1990)의 등장이 그 예이다.

74) Steven H. Haeberle (1989). *Planting the grassroots: Structuring citizen participation*. New York: Praeger, 52.

동가에 의해 주도되고 있다는 데서 현실적 어려움이 적지 않은 것으로 지적되고 있다.[75)]

2. 한국의 근린조직

근린집단에는 공식적 조직과 자생적 조직이 있음은 앞에서 지적하였다. 비공식적 또는 자생적 조직은 친목단체, 교회, 봉사단체 등 지역마다 자생적으로 발생한다는 점에서 일반적으로 설명하기 어려운바, 공식조직만을 다루기로 한다. 이하에서는 우리나라의 근린조직 가운데 주민자치회관과 주민자치위원회를 소개한다.

1) 주민자치회관

주민자치회관은 주민편의 및 복리증진을 도모하는 주민자치기능을 강화하여 지역공동체 형성에 기여하도록 하기 위해 읍·면·동 사무소에 설치된 각종 문화·복지·편익시설과 프로그램을 총칭하는 개념이다. 즉 주민자치기능의 구심체로 주민참여에 의하여 주민자치사업을 추진하고 민원서비스를 제공하는 지역사회의 조직이다. 원래의 명칭은 주민자치센터였으나 동사무소가 2007년 '동주민센터'로 변경됨에 따라 주민자치센터와 명칭이 유사하게 되어 주민에게 혼란을 빚게 되자 주민자치센터의 명칭을 자치단체의 조례개정을 통해 지역특성에 맞게 자율적으로 변경하도록 하였다. 서울시는 자치회관, 부산시는 주민자치회로 변경하였다.

주민자치회관은 구체적으로 동(읍·면)사무소의 사무조정 및 인력축소로 인한 여유 공간을 어떻게 활용할 것인가의 관점에서 논의되었으며, 이 공간을 지역주민을 위한 주민자치의 실현과 문화복지 공간으로 이용하도록 하였다. 주민자치회관은 지역사회의 각종 문화, 복지, 생활정보 등의 구심체 역할을 한다. 특히 지역주민들의 자기개발과 함께 지역사회 공동의 관심사를 해결해 나감으로써 삶의 질을 높일 수 있는 반면, 지역에 대한 애향심과 긍지를 고취시키는 기능을 한다.

주민자치회관의 구체적인 기능을 정리하면 크게 여섯 가지로 분류할 수 있

---

75) Herson and Bolland (1990). 앞의글, 164.

다.[76] 첫째, 주민자치기능이다. 주민자치회관은 주민참여를 바탕으로 지역문제의 토론, 마을환경 가꾸기, 자율방재활동 등 자치활동의 장이자 지역공동체의 구심점 역할을 한다. 둘째, 지역사회 진흥기능이다. 주민자치위원을 중심으로 지역운동을 펼치거나 지역 복구활동에 적극 참여하고, 지역의 불우이웃을 돕는 서비스를 제공하는 등 지역사회의 안정과 발전에 기여한다. 셋째, 지역복지기능이다. 지역 내 사회적 약자의 보호, 재난구호 등을 위한 활동에 주민들의 참여를 조직화하여 문제를 해결해가는 복지향상 기능을 수행한다. 넷째, 문화여가기능이다. 주민들의 욕구에 맞는 다양한 문화, 취미생활 관련 프로그램을 제공하고, 그를 위한 장소와 기회를 부여하는 등 주민들의 풍요로운 문화적 삶의 기회를 높인다. 다섯째, 주민편익기능이다. 주민자치회관은 주민들이 이용할 수 있는 회의실, 교육장, 행사장 등의 공간으로 활용되고, 생활과 지역 관련 정보를 제공한다. 여섯째, 시민교육기능이다. 학교교육 이외 삶의 터전인 지역사회에서 민주시민교육, 외국어교육, 정보화교육, 취업관련 기술교육 및 문화교육 등 교육프로그램을 개발 및 제공한다.

주민자치회관은 주민자치위원회의 참여로 이루어진다. 그리고 동주민센터(과거 동사무소)는 주민자치위원회의 지원조직으로 기능한다.

2) 주민자치위원회

(1) 주민자치위원회의 의의와 역할

주민자치위원회는 주민자치회관의 효과적이고 원활한 운영과 주민의 적극적인 참여를 위하여 주민의 대표로 구성되는 주민자치회관 운영위원회이다. 주민자치위원은 각계각층의 주민대표 10-25명 내외로 구성되고,[77] 위원들은 주민자치회관의 운영에 주민들을 위한 봉사자로서의 역할을 수행하게 된다. 주민자치위원은 동장(읍, 면장)이 당해 관할구역에 거주하거나 사업장에 종사하는 자 또는 단체의 대표로서 구역에 소재하는 각급 학교, 통·리장 대

---

76) 행정자치부. (2002). 「주민자치센터설치운영조례준칙중개정준칙」. 행정자치부; 열린사회시민연합. (2001). 「주민자치센터운영 길라잡이」. 열린사회시민연합, 8-11; 조석주. (2004). "주민자치위원회의 인식분석과 시사점 — 군포시 주민자치위원을 중심으로." 「지방행정연구」 18(3), 87-88에서 재인용.

77) 현행 주민자치위원회는 읍·면·동별로 구성되고, 대부분의 자치구 조례는 주민자치위원수를 위원장, 부위원장 각 1인을 포함하여 25인 이내로 하고 있으며, 다소 유동적으로 위원 수를 구성하고 있다.

표, 주민자치위원회 및 교육·언론·문화·예술 기타 시민·사회단체에서 추천하거나 공개모집 방법에 의하여 선출된 후보자 중 봉사정신이 투철하거나 주민자치회관 운영에 필요한 전문지식을 갖춘 자를 위촉한다. 이 때 동장은 위원을 위촉함에 있어 각계각층이 균형있게 참여할 수 있도록 위촉하되, 어느 한 계층에 소속된 위원이 전체 위원의 1/3을 초과해서는 안되며, 특히 여성위원의 참여를 적극 장려하여 전체 위원의 1/3 이상이 되도록 노력하여야 한다. 위원장과 부위원장은 위원 중에서 호선하되 위원장은 정치적 이용 목적을 배제하기 위해 공무원이 아닌 자 중에서 선출하여야 한다.

주민자치위원회의 위원이 하는 역할은 다음과 같다. 첫째, 주민자치위원회 회의의 준비와 심의·의결기능을 한다. 주민자치위원들은 주민자치위원회에 주기적으로 참석하고, 회의의 심의와 결정 이전에 자세한 정보와 내용을 토론하고 검토하며, 주민자치회관의 운영에 관한 사안을 결정한다. 또한 소수의 위원들을 중심으로 특정 주제의 문제를 상시적으로 협의함으로써 위원들의 전문성을 제고하고, 주민자치위원회 회의에서 보다 정확한 결정을 내릴 수 있게 한다. 이러한 점에서 주민자치위원회는 회의의 효율성을 높이고 지역 사안에 대하여 위원들의 전문성을 높이는 기능을 한다.

둘째, 지역주민에 대한 봉사기능을 한다.[78] 주민자치위원회는 자율적 봉사조직으로서 주민자치회관이 교육의 장으로 기능할 수 있도록 전반적인 관리를 담당하여 주민들이 원하는 취미, 문화, 여가 등 주민요구에 맞는 프로그램 운영을 통하여 지역사회의 발전을 이끄는 봉사자 역할을 한다. 또한 분과위원회 구성을 통해 효율적인 주민자치회관의 운영과 지역사회 발전을 위한 논의를 진행하고, 각종 지역활동에 참여한다.

셋째, 주민자치회관의 재정관리를 담당한다. 주민자치위원회는 동장과 협의하여 주민자치회관의 예산관리 및 집행을 담당한다. 동장과 협의하여 위원회에서 수강료를 정하고, 주민의 프로그램 이용에 따라 주민자치위원회에서 징수하며, 징수한 수강료에 대해서는 위원회가 동장과 협의하여 주민자치회관의 운영에 필요한 경비로 사용하게 된다.

이와 같이 주민자치위원회는 주민대표로 구성된 위원을 통해 지역 주민들의 요구를 파악하여 그에 걸맞는 프로그램의 기획과 실행을 담당할 뿐 아

78) 조석주. (2004). 앞의글, 89.

니라 지역사회에서 주민들이 느끼는 문제점을 파악하여 개선하는 역할을 한다. 요컨대 주민자치회관과 주민자치위원회는 주민을 위한 문화·복지·편의시설과 프로그램 운영을 통해 궁극적으로 주민의 삶의 질을 높이고, 지역주민의 참여를 통해 주민 자치의식과 공동체 의식을 향상시키는 구심체 역할을 수행한다.

(2) 주민자치위원회의 운영상의 문제점

우리나라의 주민자치회관과 주민자치위원회는 지역의 공식적인 근린조직으로서 자치기능의 활성화가 기대되지만 현실적으로는 운영상 여러 한계를 지니고 있다. 서울시의 동에서 운영하는 주민자치위원회에 대한 이승종 외의 연구를 중심으로 문제점을 정리하면 다음과 같다.[79]

첫째, 주민자치위원의 구성에 주민대표성이 미흡하다. 현행 주민자치위원을 구성하는 구의 조례에서는 주민자치위원의 구성에 각계각층의 균형적 참여를 규정하고 있으나, 대부분의 위원회는 직능단체 관련자 위주로 운영되고 있다. 특정집단의 과도한 편중 현상으로 인해 주민대표성을 확보하기 어렵고, 위원회 운영에 있어서도 다양한 주민의사를 반영하는 데 어려움이 있다. 특히 직능단체, 자영업 직업군 내에서 위원이 세습되는 경향이 나타난다. 또한 성비에 있어서도 불균형이 나타난다. 대다수 구의 조례는 위원의 1/3이상을 여성으로 위촉하도록 하고 있으나 대부분이 남성 위주로 운영되고 있다.[80] 연령별로는 위원의 다수가 50-60세의 연령대이며, 40대 이하는 거의 없는 편이다.

둘째, 주민자치위원회가 활성화되지 않은 상태에서 주민자치위원은 지역 내 토호 내지 유지의 의미로 받아들여지는 문제점이 있다. 더욱이 위원의 임기를 조례로 한정하고 있으나, 실제 위원회 운영과정에서는 위원의 장기간 재위촉으로 인해 새로운 인사의 영입이 어려운 실정이다.[81]

셋째, 위원들의 전문성 부족 문제가 나타난다. 주민들을 위한 다양하고

79) 이승종 외. (2008). 「서울형 동주민센터 모델 연구」. 서울특별시 보고서, 189-190.

80) 예를 들어 영등포구의 여성위원은 22.7%이다.

81) 예컨대 홍제 3동의 주민자치위원은 총 21명으로 재위촉 15명, 직위변경 5명, 신규위촉이 4명에 불과하고, 신사2동의 경우는 총 24명으로 2005년 위촉한 위원들 중 재위촉이 21명이고, 신규는 1명, 고문은 2명에 불과하다. 이승종 외. (2008). 앞의글, 189.

수준 높은 프로그램을 운영하기 위해서는 위원회의 전문성 확보가 필수적이나, 현실에서는 직업별 구성에서 전문가의 비율은 매우 낮은 편이다. 또한 분과위를 구성하는 경우에도 해당 분야의 전문가를 활용하기 어려운 실정이다.

넷째, 주민자치위원들의 활동이 미흡하다. 주민자치위원들의 적극성이 부족하여 정례적인 회의의 참석율이 저조하고 그 활동량도 매우 적은 편이다. 때문에 주민편의 및 복리를 증진하고, 주민자치 기능을 강화하여 지역공동체의 형성에 기여한다는 주민자치위원회의 본연의 기능을 수행하기가 매우 어려운 현실이다. 때문에 주민자치센터의 운영은 대다수 동주민센터가 담당하는 실정이다.

마지막으로 주민자치위원에 대한 교육프로그램이 부족하다. 이들에 대한 적극적인 전문교육의 미비로 위원의 역할과 임무수행에 대한 올바른 지식이 부족한 상황이다. 결과적으로 위원간 친목도모 위주의 워크숍, 신년회 등의 형식적인 프로그램만 운영되고 있고, 일괄적이고 통합적인 교육프로그램을 통한 실질적인 전문교육이 시행되지 못하고 있다.

(3) 주민자치위원회의 효율화 방안

앞에서 지적한 주민자치위원회의 대표성, 전문성, 적극성 등의 한계를 극복하기 위한 방안으로 다음의 사항을 모색해 볼 수 있다.

첫째, 주민대표 체계를 재구조화하는 것이다. 주민자치위원을 당연직과 임의직으로 구성하여 당연직은 반장 중에서 호선하여 통장을 선출하고, 통장이 당연직 주민자치위원이 되도록 하는 것이다. 임의직으로 위촉직(1)은 지역 내 단체대표 중에서 동장이 위촉하되 당연직 위원의 20% 이내로 하고, 위촉직(2)은 지역 내 주민 중에서 공개모집하여 동장이 위촉하되 당연직 위원의 20% 이내로 하는 것이다. 그리고 지역 내 지방의원은 참관인 자격으로 참여하도록 한다. 그리고 위원장은 당연직 위원 중에서 호선하는 것이다.

둘째, 주민자치위원회의 전문성과 적극성을 강화하기 위하여 두 가지 안을 고려해 볼 수 있다. 하나는 상임위원회-분과위원회를 구성하여, 개별 분과위원회를 중심으로 운영하되 필요시 전체 본회의를 운영하도록 하는 것이다. 그리고 상임위원회는 분과위원회 위원장으로 구성한다. 다른 하나는 당연직의 임기를 구분하여 순환적으로 임기를 제한하고 적정 규모의 위원회를 운

그림 10-4 읍 · 면 · 동 주민자치회 실시 모델

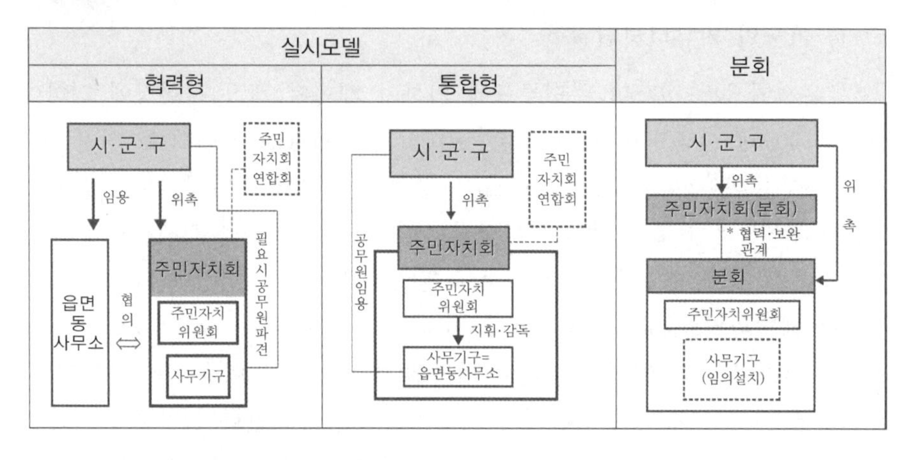

출처: 지방자치발전위원회 백서(2017: 238)

영하는 것이다. 두 가지 대안에 있어서 첫 번째 상임위원회-분과위원회를 구성하는 안은 다양한 주민의사를 반영할 수 있다는 장점이 있는 데 반하여 분과위 제도의 활성화가 필요하다는 한계를 동시에 지닌다. 당연직의 임기를 구분하는 안은 위원회 운영의 경제성을 확보한다는 장점을 지니는 반면 위원 임기가 축소된다는 한계가 있는바, 지역에 부합하는 적정 운영안을 선택하여야 할 것이다.

(4) 읍·면·동 주민자치회 도입 추진

근린조직의 활성화와 관련하여 제19대 국회에서는 2013년 5월 특별법 제정을 통해 읍·면·동 주민자치회의 신설 및 시범적 도입을 규정하였다(지방분권 및 지방행정체제 개편에 관한 특별법 제18조제4호). 동 특별법에 의거 설치된 대통령소속 지방자치발전위원회가 마련한 시범 실시안의 모형은 [그림 10-4]과 같다. 그러나 관계부처 협의를 거치면서 실제 시범실시된 모형은 '협력형' 모델에 국한되었다. 다만, 동 위원회는 향후 주민자치회에 관한 법률이 제정될 때 통합형도 확대실시를 예정하였다.

3. 외국의 근린조직

1) 미국의 커뮤니티위원회

뉴욕시에서는 1975년 주민투표에 의하여 채택된 개정 시헌장에 의하여 주민수 100,000-250,000명에 이르는 59개의 동(community district)이 설치된바, 각 동별로 동위원회(community boards)가 설치되어 있어 주민의 예산 및 서비스 배분과정에의 제도적 참여가 보장되고 있다. 주민의사의 정책결정에 투입을 촉진하기 위한 제도적 장치로서 동위원회의 전신은 시헌장에 의거하여 설치된 동 계획위원회(community planning boards)로서 당시에는 구장(borough presidents)에 의하여 도합 62명의 위원이 임명된 바 있다. 그 이후 1969년의 시헌장 개정에 따라 명칭이 동위원회로 개칭되었으며 동위원회의 기능과 권한은 1975년 개정 시헌장에 의거 오늘날과 같은 형태로 진화하게 되었다.

동위원회의 구성은 구장이 임명하는 50명 이내의 위원(위원의 1/2은 해당 동 지역에 연고가 있는 시의원이 추천한 자 중에서 임명해야 함) 및 해당지역에 연고가 있는 시의원으로 구성하도록 되어 있다(단, 시의원은 표결권이 없음. §2800). 임명직 위원의 임기는 2년이며, 정원의 1/2씩 교체임명하도록 되어 있다.[82)]

동위원회의 기능은 지역수요의 파악, 관할지역 및 주민의 복지와 관련한 문제에 대한 행정기관과의 협의, 자문, 지원 및 공청회 개최, 동장(district manager)의 임명, 지역주민에 대한 행정홍보, 지역발전을 위한 종합적 · 구체적 사업계획의 준비, 시의 예산, 사업계획, 투자우선순위 등에 대한 검토, 자문, 협의, 권고, 지역에 제공된 서비스의 양 · 질에 대한 평가, 시의 서비스 및 사업에 관한 정보의 전파 및 지역주민의 고충, 요구, 질의의 처리 등 주민복지와 관련된 다양한 기능을 수행하도록 되어 있다. 다만 이러한 권한의 행정기관에 대한 효력은 기본적으로 강제적인 것은 아니며 권고적(advisory)인 것이라는 점에서 한계가 있기는 하다.

동위원회의 원활한 활동을 위하여 각 행정기관은 위원회가 요청하는 정보 및 지원을 신속히 제공할 의무를 지니고 있다. 아울러 각 행정기관은 각

---

82) 뉴욕시의 동위원회의 구성방식은 기본적으로 하향식(임명제)인 데 비하여, 본서가 제시하는 주민협의회는 상향식(반상회 → 반장회의 → 통장회의)으로서 후자가 보다 주민 대표성이 높다는 점에서 바람직하다고 본다.

동별 서비스 사업 및 운용상황을 위원회에 정기적으로 보고할 의무를 지닌다(§ 2800 e). 이러한 의무의 일환으로 뉴욕시의 각 행정기관은 예산의 세부내역 및 서비스에 대한 정보를 수록한 동별자원명세(district resource statement)를 매년 위원회에 제출하고 있다. 이 밖에도 위원회는 그 기능의 원활한 수행을 위하여 예산범위 내에서 목적달성을 위한 보조원을 둘 수 있고(§2800 g), 소위원회를 설치·운용할 수 있으며 아울러 구장은 회의개최장소의 제공의무를 지니도록 되어 있다.

이와 같은 위원회에 대하여 대표성, 고충처리, 행정과정에의 투입효과가 제한적이라는 비판이 제기되고는 있으나, 그럼에도 불구하고 일반적으로는 정책과정에의 주민참여를 위한 중요한 제도적 장치로 정착되었다는 평가를 받고 있다. 특히 뉴욕시의 행정기관이 위원회가 예산 및 서비스의 우선순위와 관련하여 제시한 요구에 대하여 수용하지 못할 경우, 그 이유 및 대책 등을 서면으로 통보하고 있음은 이를 입증해 주는 하나의 증거로 예시될 수 있다.

뉴욕시와 유사하게 알라바마(Alabama) 주의 버밍햄(Birmingham)에서는 1974년 시의회가 주창하여 채택한 시민참여계획(Citizen Participation Plan)에 의거하여 역시 시를 93개 구역으로 나눈 다음 각 구역별로 근린협의회(Neighborhood Associations)를 설치함으로써 시민참여를 위한 중추적 제도로 정착시켰다. 이러한 시민조직에 대한 담당부서로서 지역개발국(The Office of Community Development)이 설치되었으며 시청과 시민조직과의 연계를 위하여 지역자원담당관(Community Resource Officers)을 두었다. 아울러 각 구역은 시의 계획부서와 기능적으로 연계되도록 하였다.[83]

뉴욕시와 버밍햄시의 예에서 보듯이 근린조직과 시의 기구와 공식적 연계체제를 갖추도록 한 것은 특히 주목할 만하다.

2) 일본의 지역자치구

우리나라의 주민자치회관과 유사한 일본의 근린조직에는 사회교육기관인 공민관과 주민자치조직인 자치회가 있다.[84] 공민관은 시·정·촌에서 관장하는

83) Steven H. Haeberle (1987). "Neighborhood identity & citizen participation." *Administration & society* 19, 178-196; Steven H. Haeberle (1989). 앞의글.

84) 최근열. (2006). "주민자치센터의 평가와 정책과제-울산광역시를 사례로-."「한국거버넌스학회보」13(3), 343-344.

종합적인 사회교육시설로서 주로 시민교육, 체육 및 레크레이션, 전시회 및 강연회 개최 등의 기능을 한다.[85] 공민관은 주민의 대표로 이루어진 운영심의회를 통해 운영되며, 운영심의회는 주민들이 직접 선출한 10명 이내의 위원으로 구성된다. 자치회는 시·정·촌 지역 내의 일정 지역을 구역으로 하는 주민자치조직으로 지역의 공공적 기능 및 행정의 보완적 기능을 수행하는 주민조직이다. 흔히 정내회, 정회, 부락회, 구회 등으로 지칭된다. 이러한 자치회는 주민자치조직이면서 임의단체의 성격을 지니다가 1991년 3월 지방자치법의 개정으로 기초지방자치단체장의 인가를 받아 법인격을 지닌 단체로 등록할 수 있게 되었다. 자치회의 회장은 주민의 직접 선거로 선출하고, 나머지 임원들은 자원봉사자 성격으로 무보수·명예직으로 활동한다. 주로 주민복지증진, 친목도모, 지역현안 사업 등 주민자치조직으로서의 기능과 행정보조기능을 한다.

일본의 기초지방자치단체인 시·정·촌은 1950년대부터 시정촌 합병작업을 전개하여 왔는데, 최근 1999년 3,229개에서 2007년에는 1,804개로 통폐합되었다. 그리고 합병특례법(2004)으로 합병에 의해 없어지는 정·촌을 중심으로 지역협의회, 지역자치구, 합병특례구를 설치하도록 허용하였다. 이러한 조치에 따라 시정촌 내부에는 지역협의회나 지역자치구 및 합병특례구 중 하나가 생겨나기 시작했다. 지역협의회는 지역자치구나 특례구가 아니면서 지역협의회만 두는 경우로 216개 단체에서 780개가 조직화되어 있다. 지역협의회의 구성은 15-20명 정도로 임기 2년으로 구성된다. 지역자치구는 15개 단체에 91개가, 합병특례구는 38개 단체에서 101개가 설치되어 있다.

이들 협의회가 지니는 성격은 합병특례구의 경우는 법인격을 갖는 반면, 지역자치구는 법인격이 없다. 그러나 합병특례구와 지역자치구를 막론하고 그 활동의 중심은 '지역협의회(합병특례구협의회)'이다. 지역협의회의 위원은 시정촌장이 선임하도록 되어 있다. 지역협의회는 시정촌장의 자문에 응하고, 의견을 진술할 수 있으며, 주민, 정내회, 주민단체와 긴밀한 파트너십을 유지한다. 시정촌건설계획의 집행 및 변경에 관한 사항, 시정촌의 기본구성, 보조금, 마을 가꾸기 사업 등의 심사를 담당한다. 행정기관은 구역의 사무소(우리의 동사무소)로 이곳에서 지역협의회(우리나라의 주민자치위원회)를 지원한다.

---

85) 공민관은 최근에 공민관 대신 시민관, 구민관, 시민센터, 평생학습관 등의 명칭을 사용하기도 하며, 주로 시민의 사회교육 프로그램을 운영한다. 최근열. (2006). 앞의글, 343.

일본의 노지 쵸나이카이(Noji Association; 野路町內會)

쵸나이카이(町內會)는 지역 주민의 자치조직을 말하며 주요 임무는 방재, 방범, 위생에 관한 것이다. 노지쵸(町: 지방행정의 작은 단위=마을)는 일본 시가현 쿠사추시에 위치하며 지방행정의 하부조직으로 노지 쵸나이카이를 운영하고 있다. 노지 쵸나이카이에서 주로 추진하는 것은 방재를 목적으로 한 순찰, 범죄 예방 등이다.

재해 발생시 통신망 및 도로의 차단으로 방재기관의 활동이 일시적으로 중단될 가능성이 있을 때 자주적으로 피난하기 어려운 자(고령자, 장애인 등)가 스스로 피난할 수 있게 이웃들의 협력을 구하며, 지역적으로 연계해서 지원하는 협조 네트워크를 적극적으로 구성하고 있다.

2008년 2월 현재 등록가구수는 537세대로 전 주민의 71.9%이고, 지원자수도 136명에 이른다.

3) 독일의 구역의회와 근린센터

독일은 구서독 당시 3개의 도시주를 제외한 8개의 일반주에서 1968년에서 1978년 사이에 자치단체의 재편성, 특히 구역개혁을 대대적으로 실시하였다. 규모가 작은 게마인데(Gemeinde) 및 크라이스(Kreis)의 행정서비스 제공능력을 강화하고 규모의 격차를 해소하기 위한 것이었다. 크라이스 소속 게마인데에 대해서는 대개 합병·편입 등의 방법에 의해 규모가 큰 그로스게마인데(Grossgemeinde)로 통합하고, 규모가 작은 게마인데는 규모가 큰 새로운 단일 게마인데와 합병하거나 사정에 따라 연합을 구성하였다. 크라이스는 구역을 확대하여 그로스랜드크라이스(Grosslandkreis)로 재편성하였다.[86] 지속적인 구역개편의 결과 1967년 24,347개였던 기초자치단체가 1979년에는 10,391개, 1997년에는 8,513개로 통합되었다.

통폐합 과정에서 기초자치단체로서의 법적 지위를 상실한 지역의 주민들이 자치적으로 사무를 처리할 수 있는 조직으로 공회당이 있다. 공회당은 공회당 대표와 지역의원이 중심이 되어 행정과 민원관련 서비스(지역 주민의 민원해결, 지역숙원사업 지원요청, 지역박물관 및 도서관 운영, 탁아소 및 노인정 운

86) 행정자치부. (2000).「선진외국의 지방자치제도(Ⅰ)」. 행정자치부, 321-322.

영, 지역안내도, 관광명소 소개 등), 시민대학기능(교양강좌, 취미 및 직업교육 등 평생교육기능), 지역 내 스포츠단체, 취미단체 등 지역단체가 중심이 되는 각종 문화행사기능, 재활용센터, 쓰레기처리, 근린공원관리, 녹색지대관리 등 주민자치기능을 수행한다.[87] 공회당은 지역주민의 직선으로 선출된 대표자와 그 지역 출신 의원을 중심으로 한 자원봉사자들에 의하여 운영된다.

이와 함께 준자치공동체인 구역의회는 우리나라의 주민자치위원회와 유사한 성격을 지닌다.[88] 구역의회는 주민의 직선이나 의회의 간선으로 선임하여 주민대표성을 지닌다. 구역의회는 학교, 공공시설(운동장, 양로원, 묘지, 도서관 등 사회문화 시설)의 관리, 설비 및 문화재의 보호 및 지방의회가 위임한 사항에 대한 의결 등의 업무를 수행한다. 한편 행정기관인 구역행정사무소는 구역의회를 지원하여 행정업무를 수행한다. 일반행정, 주택보조금, 호적사무, 연금, 증명, 영업신고, 여권, 복지사무 등이 그것이다.

독일의 근린센터는 1970년대 Nachbarschaftsheim Schoneberg E.V. 이슈의 사회변화운동을 기반으로 한 자발적 제기와 시민의 자발적 결합을 통해 지역문제를 해결하기 위한 목적으로 등장하였다. 사회복지서비스를 시민에게 제공하는 민간기업으로 1970년대 이후 새로운 행정모델로 등장하였다. 그러므로 조직의 특성은 공공기관의 성격을 띤 민간조직이라 할 수 있다. 근린센터의 특징은 경쟁체제와 주민참여적 요소를 함께 지닌다는 점이다. 경쟁체제를 담고 있다는 것은 예컨대 탁아소의 경우 해당구(Berzirk)의 다른 탁아소들과 경쟁하고 있고, 국가와 2-3년에 한번씩 행정서비스의 계약을 체결하고, 불충분할 경우 계약해지를 할 수 있는 체제를 구축하고 있다는 점을 의미한다. 또한 주민서비스의 만족을 위해 지속적으로 주민의 참여와 접촉을 제고하는데, 지역주민, 대표, 학부모, 정치인, 직원들과의 의사소통을 중요시한다. 근린센터의 이사회는 지역민의 자원에 의하여 7인으로 구성된다(판사 1, 치료사 2, 언론인 2, 의학전문가 1, 전 구의원 1). 구체적으로 탁아소 사업, 종일 육아서비스, 아동 및 청소년 대상 서비스, 교육, 상담, 문화, 자기발전 그리고 능력발전 서

87) 한국지방행정연구원. (1999). 「읍 · 면 · 동 기능전환에 따른 주민자치센터 도입방안 연구」, 44-45; 최근열. (2006). 앞의글, 345에서 재인용.

88) 독일의 구역의회는 우리나라의 주민자치위원회와 유사성을 지니지만 선임방식이나 의결권의 부여 여부 등에서 구별된다. 우리나라의 주민자치위원회에는 의결권이 부여되지 않는다.

비스, 전체 위원회에 대안 제시, 간호, 부양, 동행, 상담서비스, 법률 자문 등을 수행한다.

4) 영국의 패리쉬(parish)

영국의 패리쉬는 교회교구로서 15세기 경부터 주민구호서비스, 즉 지역의 법질서 유지, 쾌적재 공급, 약자보호 등을 제공하는 기능을 수행하여 왔다. 1894년 지방정부법은 모든 패리쉬는 최소한 패리쉬회합(parish meeting)을, 일정한 인구 이상의 패리쉬는 parish council(도시지역은 town council)을 갖도록 법제화하였다. 1974년 이전에는 농촌지역에만 있었으나, 1972년 지방정부법에 의하여 도시지역에도 패리쉬를 설치하는 것이 가능하게 되었다. 1990년대 지방정부 통합에 즈음하여 패리쉬 강화조치가 있었는데, 청소년, 탁아소, 지역사회 교육, 학교관리, 가로등 관리, 주차장 관리, 여가, 소음통제, 도서관 등의 서비스를 수행하게 하려는 움직임이 그것이다. 그러나 기초자치단체인 디스트릭트(district)가 소극적으로 대응하여 많은 진전은 이루어지지 못하였다.

현재 패리쉬는 10,000개가 있고, 이중 2,000개 정도는 패리쉬회합(parish meeting)의 형태로 운영하고 있으며, 나머지 8,000개는 집행부를 갖고 있다(parish council). 패리쉬의 80%는 인구 2,500명 이하이고, 50%는 500명 이하로서 우리나라의 면, 리 단위 수준의 기관이라 할 수 있다. 패리쉬는 모든 기초정부에 있는 것이 아니라 주민의 청원, 기초단체의 권고안, 지방정부경계위원회, 중앙부처장관의 단계를 거쳐 설치된다. 패리쉬들의 연합은 NALC(National Association of Local Councils)라 한다.

패리쉬는 기초자치단체인 디스트릭트의 산하기관적 성격을 지니나, 그 기능수행에 있어서는 자치단체와 협약을 맺어 수행한다는 점, 의원이 직선된다는 점에서 준자치단체적 성격도 가진다. 모든 패리쉬는 최소한 패리쉬회합을 하고, 일정 인구 이상의 패리쉬는 parish council(도시는 town council)이 있으며, 패리쉬 회합은 1년에 2회 주민회합을 갖는다.[89] 패리쉬의 기능은 놀이터, 커뮤니티홀, 버스대기소 등의 권한 행사 및 상급기관인 기초자치단체(district)와 기관간 협약을 맺어 기능을 수행하는데, 이는 우리나라 읍・면・동이 획일적인 기능을 수행하는 것과 구별된다 하겠다.

89) 수당은 의장에게만 지급된다.

패리쉬의 행정기관은 직원의 1/3은 자원봉사에 의존하고, 나머지 2/3 중에서도 전임직은 7% 정도에 그친다. 즉 기능이 제한적이고 자발성이 강한데 이는 과거 빈민구호를 위한 교구의 전통으로부터 영향을 받은 것에 기인한다.

5) 프랑스 파리의 동자치구역

프랑스 파리의 동자치구역은 인구 8만명 이상의 기초자치단체는 의무적으로 설치하도록 하고 있고, 2만에서 8만명 이하의 기초자치단체에서는 자유선택 사항이다. 현재 파리의 각 자치구별로 4개의 동구역이 지정되어 있어, 총 121개의 동자치구역이 존재한다. 각 자치구청과 구의회와는 별도로 파리시청에는 동자치위원회, 청소년위원회, 학생생활위원회, 비유럽연합국위원회 등의 조직이 존재한다. 학생층이 많은 파리에서 이들 위원회는 학생들의 권익을 보호하고, 참여정치의 장으로 활용되고 있으며, 주택, 고용, 보건, 도시계획, 치안 등의 시정 전반에 대해 참여하여 의견을 낼 수 있는 자문기구이다. [그림 10-5]는 파리의 동자치구역 내에 위치하는 각 주민자치위원회를

그림 10-5 파리의 동자치구역-청소년 위원회

청소년위원회

- 2003년부터 설치되어 13-25세의 20개구 청소년위원의 대표(108명)로 구성
- 주택, 고용, 보건, 도시계획, 치안 등 시정의 전반에 대해 참여하여 의견을 낼 수 있는 자문기구임
- 학생층이 많은 파리시내에서 학생들의 권익을 보호하고, 참여정치의 장으로 활용하고 있음
- 연 2회 파리시장(혹은 대리인)에 의해 소집되는 총의회와 5개 전문위원회별 모임이 있음
- 청소년위원회와 별도로 학생들의 생활을 개선하기 위한 기구인 학생생활위원회가 있음

* 출처: 이승종 외. (2008). 앞의글, 55.

제시하는 것으로 청소년위원회 외에 동자치위원회, 학생생활위원회, 비유럽 연합국인위원회 등이 있음을 보여 준다.

한편, 파리시청에는 시간국(Bureau des temps)이 설치되어 시민들이 사적인 시간, 가족생활, 직업생활에 소요되는 시간을 이상적으로 배분할 수 있도록 도움을 주고 있다. 예컨대 출근 전 아침 일찍 아이들을 맡길 수 있는 탁아시설을 이용하고, 퇴근 후 스포츠를 즐길 수 있도록 도와주는 기관으로 각 구역에 있는 일선사무조직은 시민, 시청과 대화를 통해 이러한 시간 배분의 문제를 해결하고 있다.

2년 임기의 동자치위원회의 위원이 되기 위한 자격요건은 국적을 불문하고 만 16세 이상이면서 동구역에서 거주하거나, 구역 내에서 활동을 하는 자면 충분하다. 자격요건을 갖춘 경우 문서로 위원이 되고자 구청에 신청하고 승인을 받아야 한다. 동자치위원회는 구청장을 의장으로 단체그룹대표가 1/3을, 거주자 및 활동자 대표가 2/3를 구성한다. 최소 연 3회 이상 회의를 소집해야 하며, 회의소집 15일 전에는 각 의원에게 고지해야 한다. 동자치위원회는 참여형 근린자치 조직이므로 행정으로부터의 지원은 최소화하고 있으며, 예산은 크게 운영예산과 시설투자비로 구성되어 있다.

4. 주민운동

최근에는 지역의 공동 사안을 중심으로 주민운동이 활발해지고 있다. 주로 비공식적 참여형태로서 항의(요구형도 있음)의 형태로 생활과 관련되거나 또는 지역 문제의 해결과 관련하여 정부에 대한 명시적 요구를 수반하는 활동과 관련된다. 예를 들어 쓰레기분뇨하수처리장 설치반대(ex. 전남 승주군(1994), 김포군(1994), 군포(1995)), 공해시설 설치반대(ex. 안면도, 울진), 구획정리사업 반대(ex. 1998. 4. 도화동 세입자철거민농성), 복지시책요구(ex. 사북, 고한사태, 태백지역(1995)), 고층건물 건설반대(ex. 조망권, 남산과 단대부지(1995)), 도로확장 반대(특히 외국의 경우), 학구 변경, 학교통합반대(ex. 1995년 경기도 두밀분교), 재해대책 요구 등 관련 지역사안은 상당히 많다.

주민운동이 발생하게 된 원인은 주민, 행정에 의해서이기도 하고, 쌍방간의 의사소통 및 신뢰 부재에 의해서이기도 하다. 주민에 의해 발생한 주민운동은 소수자의 권리 침해 방지나 환경 운동과 같이 공익을 실현시키기 위한 형태로 정당한 요구의 하나일 수 있다. 한편 주민은 때로는 지역이기주의(NIMBY)나 사안에 대한 몰이해, 일방적인 요구형태의 이기주의 등 주민의 부적절한 요구에 의해서도 발생할 수 있다. 한편 행정의 대응성 부재에 기인하여 주민운동이 발생할 수도 있는데 제도적 모순이나 행정의 불비, 정보제공의 미흡 등은 주민운동의 원인으로 작용할 수 있다. 그러나 주민운동은 이 중 어느 한쪽에 의한 일방적 원인이라기보다는 위의 사안들이 혼재되어 발생하는 경우가 많다.

주민운동은 민주화 추세에 따라 1983년에 1,812건, 1992년에 8,337건 등 한동안 증가하는 추세를 보이다가 지방의회의 출범 후 감소 추세가 관찰된다고 보고된 바 있다.[90] 주요 운동 형태는 청원이나 진정, 데모나 직접교섭 등의 실력행사, 의원이나 유력자를 통한 운동, 매스컴의 이용을 통한 여론 환기의 형태를 띤다. 대개의 경우 온건한 경우가 많지만 사안의 성격과 행정적 대응에 따라 과격화될 가능성이 있고, 일반적으로는 빈곤계층의 운동의 경우는 더욱이 다른 돌파구가 없어 과격화되는 경향을 보인다.

주민운동의 주요 특징은 도시화가 진행되고 주민의식의 변화가 진행되는 지역에서 많이 발생하는 과도기적 형태를 보이고, 정책결정에 영향을 미치고자 하며, 주로 이주대책이나 보상과 같이 개별적이고 구체적인 요구를 하며, 지역이기주의적인 성격을 지닌 경우가 많다. 또한 기존체제하에서 이익반영이 곤란했던 소수집단을 중심으로 발생하고, 선거기간 도중과 같이 사회변혁기에 빈발하며, 대부분 온건하지만 격렬한 경우도 있으며 따라서 비제도적이고 저항적 형태가 많다.

주민운동을 이끌어가는 조직화 형태는 주로 기존의 지역집단, 예컨대 일본의 정내회(町內會), 자치회(自治會)와 같은 조직을 중심으로 발생하거나, 사안에 따라서는 새로운 집단이 결성되기도 한다.[91] 주민운동의 주체는 지역주민이라는 점에서 지역사안에 직접 영향을 받게 되는 주민들이 공동의 이익을 수호하기 위해 새로운 집단을 결성하거나 기존의 지역 집단을 활용하는

90) 총무처. (1993). 「총무처연보」.

91) 새로운 집단이 결성되는 사례로 1995년 2월 27일 사북고한사태에 대하여 형성된 사북고한지역살리기공추위가 대표적인 예이다.

형태를 띠게 된다. 때문에 주민운동은 근린집단의 형성과 밀접한 관계를 지니게 된다.

5. 주민운동 및 근린집단의 향후 전망

향후 지방자치의 활성화에 따른 참여 기회의 확대와 운동 경험의 축적으로 주민운동은 보다 온건화하는 방향으로 나아갈 것으로 예측된다. 다만 공해, 개발, 혐오시설, 재개발, 대규모 건설 프로젝트 등과 관련한 사안에 대한 주민운동은 여전히 많을 것으로 예상된다. 더욱이 개별적 이익지향형 형태의 운동은 환경이나 소비자보호, 사회복지, 교육 등 공익지향형 운동으로 전이되고, 지방행정(예산, 개발계획)에 대한 관심의 증대로 새로운 사회운동의 양상을 띠게 될 것이다.

이와 같은 변화에 대한 행정적 대응의 성숙화가 요청되는바, 무엇보다 공식적이고 보편화된 형태의 시민협의체를 형성하여 제도화된 주민참여의 채널을 형성하는 것이 필요하다. 또한 비제도적이고 과격한 주민운동은 주로 시민의 의사전달을 위한 제도가 불비한 경우 또는 제도를 통한 참여에 회의적인 경우에 발생하게 될 가능성이 높음을 고려할 때,[92] 충동적이거나 과격한 운동으로 발전하지 않는 한, 대개의 경우 공해문제, 사회기강문제, 경제정의문제 등 주로 공공문제의 해결을 추구하는 성격을 띠는 것이 일반적이므로 그러한 활동을 지지하고 장려할 수 있는 제도의 마련이 필요하다. 다만, 그러한 제도는 시민의 주도적 노력을 저해하는 것이 되어서는 아니될 것이며 정부는 시민운동에 필요한 장소, 기금 및 정보의 지원에 인색하지 않아야 할 것이다. 이를 위하여 시민협의체 외에 정부가 출연하여 '시민운동 지원센터' 같은 것을 설립하는 방안이 모색될 수 있다. 다만 기금의 출연은 정부가 하더라도 그 운영은 민간에 맡겨 자율적으로 운영되도록 하는 것이 시민운동의 건전한 발전을 위하여 바람직할 것이다.

92) 박문옥. (1982. 11). "주민참여의 방안." 「지방행정」.

근린집단(주민집단)의 활동 사례

1. 한강조망권 관련 주요 판결 및 결정

날 짜	재판부	소송내용	결 과
1997년 7월	대법원 1부	서울 삼성동 봉은사 앞 건축물 공사금지 가처분 신청	16~19층 공사금지 결정
2003년 12월	서울고법 민사23부	서울 고척동 주택 주민들이 인근 대우아파트 건설사 (주)대우 상대 소송	- 1억 6400여만원 배상판결 - 대법원서 파기
2004년 4월	서울중앙지법 민사50부	서울 도곡동 진달래아파트 조망권 침해	주변 주민들과 108억원에 조정
2004년 9월	서울고법 민사23부	서울 이촌동 리버뷰아파트 조망권 침해	- 4억3000여만원 배상판결 - 대법원서 파기

- 그 후 2007년 7월 대법원은 한강조망권 재산가치불인정 판결을 내림

2. 2003년 부안 위도 방폐장 건립 반대

2003년 7월 11일 김종규 부안군수는 지방의회와 사회단체들의 반대에도 불구하고 핵폐기물처리장 유치신청서를 산업자원부에 제출하였는데, 이 사건이 부안사태를 촉발하였다. 이 과정에서 부안군의 종교계와 사회단체들은 '핵폐기장·핵발전소추방 범부안대책위원회'를 구성하여 조직적으로 방폐장 유치를 반대하기 시작하였다. 이후 지역주민들은 촛불시위, 해상시위, 서해안 고속도로 점거농성, 등교거부, 의회 의원들의 등원거부 등의 사태를 맞이하였으며, 종국에는 부안군수가 폭행을 당하기까지 하였다.

부안 방폐장 입지선정의 갈등과정에서 다양한 참여자들의 입장 차이가 관찰된다. 우선 방폐장 건설을 지지하는 입장을 보인 주체에는 산업자원부, 과학기술부, 행정자치부 등 중앙정부의 부처, 그리고 전라북도, 부안군 등의 지방자치단체, 그리고 한국수력원자력(주), 위도발전협의회 등을 들 수 있다. 반면 방폐장 건설을 반대하는 입장을 견지한 참여자들은 반핵국민운동, 환경운동연합, 전국 핵발전소 추방운동본부, 녹색연합, 범부안국민대책위, 위도향후회대책위, 위도지킴이 등을 들 수 있다.

* 출처: 김성배, 이은정. (2008). "정보의 연쇄파급현상이 사회적 갈등에 미친 영향 분석-방폐장 부지선정 사례의 경우." 한국지방자치학회 하계학술대회 발표논문. 569-570.

Ⅳ 새마을운동

CITIZEN PARTICIPATION

1. 개관[93)]

새마을운동은 1970년대 한국에서 추진된 성공적 지역사회개발운동으로서 평가받고 있다. 새마을운동에 대한 평가가 어느 정도인지는 2008년 건국 60주년을 맞아 시행된 한 여론조사(한국갤럽)에서 새마을운동이 한국이 이룩한 10대 업적 중 제1위로 평가되었다는 사실에서 쉽게 가늠할 수 있다. 실제로 새마을운동은 경제적으로는 도동간 발전격차의 완화, 국민소득의 증대, 환경적으로는 생활여건의 개선, 정신적으로는 국민의식의 계몽 등 여러 가지 면에서 주목할 만한 기여를 하였다. 이중에서도 도농격차의 해소에 대한 기여는 주목할만 하다. 즉, 운동출발 원년인 1970년 도시가구소득대비 농가소득의 비율은 67%였으나 불과 4년 후인 1974년에는 그 비율이 104%로 역전되는 역동적인 변화를 보인 것이다. 물론 이같은 성과가 전적으로 새마을운동에 기인한 것은 아니다. 그러나 새마을운동은 이같은 성과에 유형, 무형으로 상당 부분 연관된 것으로 판단된다. 이같은 판단은 특히 같은 기간 추진된 경제개발5개년 계획이 도시지역에 상대적으로 유리한 불균형성장정책이었다는 점에서 기본적으로 타당하다.

새마을운동에 대한 평가가 일관되게 긍정적인 것은 아니다. 새마을운동의 공과를 균형적 입장에서 평가하는 입장에 더하여[94)] 권위주의정권의 통치수단의 일환으로 강력하게 추진되었다거나, 획일적 운동으로 자생적 지방발전을 저해하였다는 등의 비판적 시각이 없지 않다. 예컨대, 김영미는 새마을운동을 통하여 정부의 물질적 지원과 평가와 포상이 마을단위로 이루어짐으

93) 본 절의 내용은 기본적으로 Lee, S. J. & Kim, Y.(2017). "Achieving Community Well-Being Through Community Participatory Governance: The Case of Saemaul Undong." In Handbook of Community Well-Being Research. Springer Netherlands, 115-128과 이승종(2009). "글로벌 시대의 새마을운동추진모형; 지역사회참여거버넌스." 새마을국제학술대회 기조발표논문에 기반한 것임.

94) 보다 균형적 입장에서 새마을운동의 공과를 보다 생산적으로 통합하는 방향으로 접근해야 한다고 제시하기도 한다. 엄석진. (2011). 동원과 참여사이에서: 1970년대 농촌 새마을운동 과정에서 지방공무원의 역할. 한국행정학보, 45(3): 97-122.

로써 마을공동체의 자치력과 마을간 경쟁심을 최대한 동원할 수 있었고, 거주환경의 개선이 이루어졌다고 평가하면서도, 운동의 추진과정에서 마을공동체의 주도권을 둘러싼 신구세력간 권력 갈등, 파시즘적 대중동원, 잘못된 농정시책에 따른 농민피해의 발생, 이농현상의 가속화 등이 생겼다고 지적하면서, 새마을운동은 농촌개발이 아니라 농촌 피폐화의 시작이었다고 규정한다.[95] 그러나 일각의 비판적 시각에도 불구하고 전체적으로는 긍정적 평가가 부정적 평가를 능가한다.[96] 특히 최근에는 권위주의정권의 통치와 민관협력 노력으로서의 새마을운동을 지나치게 연계 내지는 동일시하는 시각에 대한 재고 내지는 새마을운동의 성과에 대한 객관적 평가요구가 높아지고 있다.

논란이 없지 않은 국내와는 달리 새마을운동에 대한 국제사회의 평가는 매우 우호적이다. 무엇보다 일찌기 새마을운동을 저개발국에 유용한 발전모형으로 추천한 유엔의 입장은 새마을운동에 대한 국제사회의 평가를 단적으로 보여준다. 브리태니커사전에는 새마을운동이 고유명사로 등재되어있다. 개별국가의 관심도 높다. 아시아, 아프리카 여러 나라에서 새마을운동을 시행하고 있고, 중국에서도 새마을운동을 중국 신농촌정책에 접목하는 방안이 논의되기도 했으며, 인도네시아·태국·라오스·볼리비아·슬로베니아 등 40여 개국이 새마을운동의 전수를 요청하고 있다고 한다. 새마을운동은 저개발국가의 발전모델로 선정되어 지금까지 아시아, 아프리카 등 147개국 6만여 명이 교육을 받았으며,[97] 새마을운동중앙연수원에 의하면 2017년의 경우, 50개 이상 국가 465명을 대상으로 교육을 진행하고 있다, 최근에는 11월 13일 제19차 한·아세안 정상회의에서 일부 국가 정상이 문재인 대통령에게 한국의 새마을운동 지원에 대해 감사를 표하기도 했다(매일경제, 2017.11.16.).

이러한 국내외의 관심을 반영하여 최근 새마을운동의 재평가와 확산을 위한 움직임이 가시화되고 있다. 한국새마을학회의 창립(2008), 각국 지역사회개발 전문가와 실천가와의 네트워크로서의 글로벌새마을포럼의 창설(2008), KOICA, UN Governance Center 등 국제협력기관의 새마을운동에 대한 관심증대 등은 그 예이다.

---

95) 김영미. (2009). 그들의 새마을운동. 푸른역사.

96) 예, 소진광,(2007). 지역사회거버넌스와 한국의 새마을운동. 한국지방자치학회보, 19/3: 93-112.

97) 한국경제신문, 2017.11.16.일자.

새마을운동이 성공적 지역사회개발모형이라고 전제했을 때, 새마을운동에 대한 국내외의 높은 관심은 당연한 것이며, 향후 지구촌의 공생발전을 위해서 한국의 새마을운동의 확산과 공유가 바람직하다. 이와는 달리 오늘날 세계는 공생발전을 위한 협력보다는 치열한 경쟁이 심화되고 있다. 개념적으로는 지구촌을 외치고 있지만 실제로는 국가간 발전격차가 커져서 이른바 20:80의 불평등이 고착되어가고 있는 것이 현실이다. 글로벌화가 진행될수록 그 수혜의 큰 몫은 선진국의 몫이며 후진국의 몫은 그야말로 누추하다. 뿐만 아니라 국가 내에서의 지역발전격차 역시 20:80의 원칙 아닌 원칙에서 크게 벗어나지 못하고 있다. 이렇듯 지구촌의 미래는 과거나 현재보다 어두워 보인다. 이러한 진단은 후진국에게는 절망적인 소식이 아닐 수 없다. 이와는 달리 선진국에게는 이러한 진단이 희망적인 것으로 들릴 수 있다. 그러나 선진국의 발전이 후진국과 무관하게 유지될 수 없는 것이라면 이러한 진단은 선진국에게도 역시 좋은 소식이 아니다. 이같은 판단은 지구촌차원에서 저발전, 불균형의 문제를 해소하기 위한 공동의 노력이 매우 중요한 시대적 과제라는 점을 가르쳐준다. 이와 관련, 우리는 한국의 새마을운동이 오늘날 국제사회가 요구하는 시대적 과제에 크게 기여할 발전모델로서 주목할 필요가 있다고 판단한다. 이같은 판단은 과거 저발전과 지역불균형의 한국이 오늘날 OECD국가수준으로 발전되고 보다 균형된 국가로 발돋움하는데 새마을운동이 크게 기여하였다는 사실에 근거한다. 과연 1970년대초까지 세계 최빈국의 하나였던 국가가 단기간에 OECD국가의 일원으로 성장하는데 중요한 동인의 하나가 새마을운동이었다면 이의 확산과 공유노력은 당연하기까지 하다.

불행히도 새마을운동에 대해서는 그 성공과 한계에 대한 기술과 일화적 담론은 풍부하지만 그 실체를 객관화할 수 있는 틀로서의 분석적 모형은 발견하기 어렵다. 이러한 상황에서 새마을운동의 확산과 공유를 위한 논의는 자칫 주관적인 주장이나 선전이 될 우려가 크며, 그렇게 될 경우 새마을운동의 확산이나 공유는 허망한 담론에 그치게 될 우려가 크다. 이러한 인식에 기초하여 여기에서는 새마을운동의 추진체계에 대하여 집중논의한다.

새마을운동의 추진체계에 주목하는 이유는 두가지이다. 첫째는 새마을운동의 성공요인 중에 추진체계가 중요한 요소였다는 판단 때문이다. 물론 새마을운동의 성공요인으로서는 효과적 추진체계 외에도 지도자의 신념, 동기부여, 적정한 목표, 자원동원의 효율성 등 다양한 요인이 제시되고 있다. 물론 여러 요소들이 중요하겠지만 기본적으로 효과적 추진체계없이는 다른 요소가 제대로 작동할 수 없으리라는 판단에서 추진체계에 일차적 관심을 둔다. 둘째, 글로벌 시대에 즈음하여 새마을운동의 확산과 공유를 염두에 두기 때문이다. 새마을운동이 현 시대에, 또는 다른 나라에 확산 및 공유되기 위해서는 무엇보다 운동을 추진하는 방법으로서의 추진체계의 파악이 필요할 것이다.

그렇다면 새마을운동의 추진체계는 무엇이었는가? 결론부터 제시한다면 새마을운동은 기본적으로 '지역사회 참여거버넌스'의 방식으로 추진됨으로써 소기의 성과를 보다 효과적으로 달성할 수 있었다고 본다. 이러한 판단을 전제로 하여 이하에서는 지역사회참여거버넌스로서의 새마을운동 추진모형의 특성을 살펴보고, 글로벌차원의 확산가능성에 대하여 논의한다.

2. 지역사회 참여거버넌스

지역사회참여거버넌스(CPG: community participatory governance)란 무엇인가? 지역사회참여거버넌스란 지역사회차원에서 일어나는 민관협력노력으로서 주민이 행정객체로 소외되지 않고 거버넌스의 핵심요소로 포함되는 통치체제를 말하며, 세가지 요소를 포함한다. 첫째, '거버넌스'이다. 거버넌스라 함은 정부 단독의 통치작용이 아니라 정부와 시민간 협력체제를 의미한다. 시민은 행정객체가 아니라 행정참여자로서 주체적 지위를 갖는다. 이와 같은 거버넌스는 이상적 사회의 구축과 관련해서 중요한 의미를 갖는다. 이상사회는 행정전문가에 의한 테크노크라씨도, 시민의 선호에만 의존하는 데모크라씨도 아니며, 전문적 판단과 인민의 선호가 조화를 이루는, 그리하여 능률과 민주가 균형되는 이른바 기술민주주의사회(technodemocracy)라 할 때, 거버넌스는 바로 그러한 이상적 사회를 구축하는 수단으로서 중요하다.

둘째, '참여'거버넌스이다. 거버넌스의 유형화는 다양하게 이루어질 수 있지만, 정부, 시장, 시민사회의 3영역 구분을 전제로 하는 정부중심거버넌스, 시민중심 거버넌스, 및 시장중심거버넌스로 나누는 것이 간편하다. 이와 유사하게 시민의 참여활동을 포함하는 새마을운동거버넌스를 논함에 있어서는 권력의 주체인 정부와 권력의 객체인 시민간의 관계유형에 따라 구분하는 것이 유

표 10-7 정부와 시민간 관계에 기초한 거버넌스 유형

		정부의 적극성 activism	
		active	inactive
시민의 적극성 activism	active	③ 참여(협력)거버넌스	② 시민주도 거버넌스
	inactive	① 정부주도거버넌스	④ 비거버넌스 (non-governance)

용하다. 정부와 시민간 관계에서 파악할 때, 거버넌스는 ① 정부주도 거버넌스, ② 시민주도 거버넌스, ③참여(협력)거버넌스그리고 ④비거버넌스(non-governance)로 나눌 수 있다. 이러한 개념화는 일반적으로 시민권력의 크기에 따라 시민통제(citizen control), 시민참여(citizen participation), 및 시민포함(citizen involvement)으로 개념구분하는 것에 대응하는 것이다. <표 1>에서 보듯이 참여거버넌스에서는 정부와 시민이 다같이 공공문제에 대한 적극적 참여자 역할을 한다. 참여거버넌스 하에서 시민은 완전한 통제권을 갖지는 않지만 상당한 비중으로 정부와 협력적 관계를 형성한다. 이러한 거버넌스하에서 시민은 주권적 시민도, 고객도 아니며 공동생산자의 지위를 갖는다. 그러므로 참여거버넌스는 또한 협력거버넌스이기도 하다.

참여거버넌스가 정당화되는 것은 민주사회라면 당연히 시민의 선호를 중시해야만 하기 때문이다. 시민의 선호만을 중시한다면 참여거버넌스보다는 시민중심거버넌스가 우월하다. 그러나 민주성과 효율성이 조화되는 기술민주주의(technodemocracy)가 이상적 민주사회라 할 때, 시민선호를 중시하면서도 정부의 전문적 기여를 인정하는 참여거버넌스가 보다 균형적이고 바람직하다.

거버넌스에 관한 한, 최근까지 서구 국가를 중심으로 나타나고 있는 대체적 합의는 ①정부의 축소, ②시민사회의 확장, 및 ③시장의 확대이다. 문제는 이같은 사회적 합의는 기본적으로 사회엘리트의 하향적 결정을 강화하는 것이라는 점이다. 이같은 추세하에서 일반시민을 옹호할 정부는 위축되고, 기업위주의 시장은 확대되는 반면, 시민단체의 참여가 확대되는 배후에서 일반시민의 참여는 위축되게 된다.[98] 이와 관련, 시민단체가 일반시민의 선호를

공공의사과정에 효과적으로 반영하리라는 기대는 과장되서는 곤란하다. 시민단체가 시민사회의 구성요소라는 것을 제외한다면 시민단체의 활동과 일반시민의 선호간 연계가 불확실하기 때문이다. 요컨대, 거버넌스로의 외면적 이행에도 불구하고 시장이 확대되고, 정부가 위축되며, 시민참여가 엘리트시민의 참여로 대치되는 거버넌스 상황에서 일반 시민의 선호를 어떻게 공공정책과정에 반영할 수 있을 것인가하는 문제는 여전히 중요한 시대적 과제로 남아있다. 이같은 요청에 대하여 정부와 시민을 공동의 협력주체로 하는 참여거버넌스는 필수적 대응방향이다. 이러한 관점은 만연되어있는 정부에 대한 불신이나 시민에 대한 불신을 배격하는 대신 양자의 협력적 노력을 중시하는 것이다. 물론 양자간 협력의 양태나 비중은 시대와 여건에 따라서 차이를 보이겠지만, 이는 기본적으로 민주성과 효율성의 조화를 이상으로 하는 기술민주주의의 이상에 부합하는 것이다.

셋째, '지역사회'차원의 거버넌스이다. 시민은 거버넌스를 원한다. 그것도 참여거버넌스를 원한다. 시민은 정부에 의존하면서도 스스로의 적극적 참여를 원하는 것이다. 그런데 이같은 시민적 열망은 지역사회차원에서 실현가능성이 가장 높다. 지역사회차원의 참여거버넌스를 중시하는 이유이다. 또한 주민의 생활수요를 충족하기 위한 대부분의 서비스는 지역사회에서 구체화된다는 측면에서도 지역사회차원의 참여거버넌스는 의미가 크다. 지역사회가 매개되지 않고는 참여가 구체화되기 어렵고 따라서 거버넌스도 구체화되기 어렵다. 최근 원심적 확산현상으로서의 세계화가 진행되고 있는 추세와 동반하여, 역설적으로 구심적 수렴현상으로서의 지역사회활동에 대한 관심도 증대하고 있는 바, 새마을운동은 바로 지역사회차원의 참여거버넌스의 전형 중의 하나로 판단된다.

3. 지역사회참여거버넌스로서의 새마을운동

1) 새마을운동의 개관

새마을운동은 1970년 4월 22일 한해대책 지방장관회의에서 박정희 대통

98) Knight, Barry, Hope Chigudu & Rajesh Tandon, (2002), Reviving democracy: Citizens at the heart of governance. Earthscan. London.

령이 새마을가꾸기운동라는 이름으로 제창함으로써 시작되었다.[99] 새마을운동은 크게 보아 세단계로 구분된다. 정갑진은 운동의 목표를 기준으로 제1기는 1970년대의 지역사회개발운동기, 제2기는 1980년대로 국민정신운동기, 제3기는 1990년 이후의 자원봉사운동기로 나누고 있다.[100] 한국새마을학회는 주체적 행위자와 운동성격을 기준으로 제1기를 1970년대의 관주도, 생활개선운동기로, 제2기를 1980년대의 관변주도, 정신개조운동기로, 제3기를 1990년대의 민간주도 운동기로 특성화하여 구분한다.[101] 전반적으로 1970년대의 새마을운동의 성과가 가장 성공적인 것으로 평가된다는 점을 고려하여 1970년대 지역사회개발운동기의 새마을운동 추진체계에 논의를 집중한다.

① 1970년대 새마을운동

1970년대의 새마을운동은 새마을운동이 정립되고 가장 활성화된 기간으로서 중요하다. 새마을운동중앙연수원은 1970년대의 운동단계를 점화단계(1970-71), 기반조성단계(1972-73), 자조발전단계(1974-76), 및 심화단계(1977-79)로 구분한다.[102] 먼저 점화단계와 기반조성단계에서는 주로 농촌마을의 환경개선사업에 주력함과 동시에 '하면 된다'라는 정신계발운동에 집중하였다. 이를 위해 정부에서는 예산의 약 1%(소요비용 41억 원)를 들여 농촌의 33,267개의 마을에 시멘트 335포대씩을 무상 지급하여 마을 환경개선사업을 전개하였다. 마을을 기초-자립-자조마을로 등급화하고 승급기준을 제시하였으며, 마을의 실적에 따라 국가지원을 차별화하였다. 자조발전단계에서는 소득증대사

99) 당일 박 대통령의 연설내용은 다음과 같다. "...마을주민들의 자발적인 의욕이 우러나지 않는 마을은 5천년이 가도 일어나지 못할 것입니다. 마을주민들이 해보겠다는 의욕을 갖고 나서면 정부에서 조금만 도와줘도 2-3년이면 일어날 수 있습니다. 일선의 행정책임자들이 그러한 분위기를 만들어주어야 합니다. 즉, 그 마을의 지도급에 속하는 사람들을 모아서 지도하고 권장해서 그 사람들이 눈을 뜨고 자기들 스스로가 모여 앉아서 계획을 짜내고 연구를 해야 합니다. 그리하여 마을사람들이 해야 할 일과 정부로부터 도움을 받을 일을 구분해서 일해 나가도록 분위기를 만들어 주는 것은 우리 공무원들이 해야 할 일이라고 생각합니다. ....금년에는 주민들의 힘으로 길을 닦고 다리를 놓아야 하겠습니다. 주민들의 힘으로 할 수 없는 것은 군이나 도에다 지원을 요청하고, 나머지는 주민의 힘으로 해보자는 것입니다. 이 운동을 새마을 가꾸기 운동이라고 해도 좋고, 알뜰한 마을 만들기 운동이라고 해도 좋을 것입니다..." (거버넌스 관점에서 바라본 새마을운동 연구. 2008. 한국새마을학회, 70-71.)

100) 정갑진, 2008, 한국의 새마을운동: 새마을운동의 재평가와 활용. 도서출판 케이빌더.

101) 한국새마을학회. (2008), 거버넌스관점에서 바라본 새마을운동연구. 행정안전부 정책과제.

102) 새마을운동중앙연수원, 2007

업이 중점적으로 시행되었고, 이때 새마을운동은 농촌에서 도시로까지 확산되기 시작하였다.

1970년대의 새마을운동의 지원방식은 물적 지원과 심리적 보상지원으로 대표된다. 물적 지원은 마을단위의 차별적 보상원칙을 적용하여 마을간 경쟁을 유발하고자 하였다. 심리적 보상지원책으로서 국가는 승급심사, 표창행사, 성공사례의 발표와 전파, 경제동향보고, 새마을지도자대회 등을 실시하였다. 특히 경제기획원이 주관한 월간 경제동향보고는 새마을지도자들이 대통령의 지대한 관심을 받고 있다는 것을 체감하게 한 정례행사였다.[103)]

② 1980년대 새마을운동

1980년대의 새마을운동은 1970년대의 민관협력구조에서 민간주도체제로 이양되는 단계적 전이과정의 시기이다.[104)] 1980년 새마을운동조직육성법이 제정되었고, 새마을운동중앙본부가 민간차원에서 설립되었다. 그러나 방대한 새마을운동본부의 조직체계의 운영을 위해서는 정부지원에 의존할 수 밖에 없었고, 그 과정에서 여러 가지 폐단이 나타나면서 1987년 새마을운동중앙본부는 새마을운동중앙협의회로 대체 및 축소되었다. 아울러 1988년 중앙 및 지방행정부의 새마을과가 폐지된다. 이렇듯 새마을운동이 민간중심 운동으로 이행하는 과정에서 운동의 내용 또한 국민정신운동, 생활운동, 환경보호운동 등의 형태로 변화하였다. 민간중심의 외형체제에도 불구하고 새마을운동중앙본부에 대한 직접적 지원이 지속되었다.

③ 1990년대 이후의 새마을운동

1990년대의 새마을운동은 주로 국민정신운동의 일환으로 추진되었다. 이 시기는 새마을운동이 가장 침체된 시기로 평가되기도 하지만, 1990년대 후반 외환위기에 즈음하여 경제살리기운동에 동참하는 한편, 1991년 한국국제협력단(KOICA)의 설립과 함께 새마을운동을 국제개발협력사업의 일환으로 새로운 발전을 모색한 시기이기도 하다. 2000년대 이후의 새마을운동은 새마을운동중앙회, 지방자치단체, 정부기관, KOICA 등으로 추진주체가 다양화되면서

---

103) 윤충로. (2014). “새마을지도자 ‘만들기’와 ‘되기’ 사이에서.” 「박정희시대의 새마을운동」. 한울, 225.

104) 이정주·이정락. (2016). 앞의글, 150. 윤충로. (2016). “새마을운동 이후의 새마을운동-1980년대를 중심으로.” 「사회와 역사」.109, 219.

기관간 연계노력이 추진된 특징을 보였다.[105] 아울러 새마을운동에 대한 국제적 수요증가에 따라 관련 학회의 설치, 글로벌새마을포럼 개최, 새마을운동과 ODA연계 등 새마을운동의 국제화노력이 본격적으로 전개되었다.

2) 거버넌스관점에서 본 새마을운동의 진화

앞에서 제시한 새마을운동의 단계는 운동의 주도세력이나 성격을 개괄적으로 판단하여 운동단계를 구분한 것이다. 그러나 이러한 분류가 새마을운동의 추진체계의 특성을 잘 보여주지는 못한다. 보다 분석적 기준을 설정함으로써 새마을운동 추진체계의 비교가 가능하다. <표 10-8>는 새마을운동 추진체계의 기간별 유형을 한편으로는 서비스의 공급과 생산을, 다른 한편으로는 행위자의 적극성을 결합하여 분석의 틀로 삼아 새마을운동의 기간별 추진체계를 비교한 것이다.[106]

표 10-8 새마을운동 참여자의 기간별 특성

		1기(1970년대)			2기(1980년대)			3기(1990년대)		
		정부	시민(주민)	민간단체	정부	시민(주민)	민간단체	정부	시민	민간단체
공급 provision	planning	○	△				○			○
	resources	△	△		○			△		△
	monitoring	○			△		△			○
생산 production	production	△	○			△	○			○

○ 적극적 참여, △ 보통수준의 참여

105) 이정주·이정락. (2016). 앞의글, 153-155.

106) 서비스의 공급은 계획(planning), 자원(resources), 통제(monitoring)을, 생산은 실제 생산행위(production)으로 나눌 수 있다. Stein, Robert M., (1990). Urban alternatives: Public and private markets in the provision of local services. University of Pittsburgh Press.

(1) 제1기(1970년대)

1기 새마을운동은 지역사회 참여거버넌스의 전형을 보인다. 전 장에서 지역사회참여거버넌스를 거버넌스적 요소, 참여적 요소, 지역사회운동적 요소의 세가지로 규정하였거니와, 1기 새마을운동은 대체로 이 세가지 요소에 부합하는 것이었다.

첫째, 거버넌스(민관협력)적 성격을 가진 운동이었다. <표 2>에서 보듯이 정부와 시민은 협력자였으며 양자의 활동은 상호보완적이었다. 구체적으로 정부는 공급자, 시민은 생산자였다. 정부는 물적지원을 최소화하는 가운데 기획 및 환류(monitor) 활동에 역량을 집중하였다. 새마을운동에 소요되는 모든 자원을 정부가 부담하기 보다는 소요재원의 일부를 부담하고, 지역사회간 경쟁유발을 위해 전략적으로 사용하였다. 예컨대, 정부는 마을환경개선을 위한 자원인 시멘트를 지원함에 있어서 기초마을, 자립마을, 자조마을로 차등화하여 지원하여 경쟁을 유발시켰다. 거시적으로 기반조성, 자조발전, 자립완성과 같은 단계별 발전목표를 제시하였다. 새마을지도자를 육성하여 변화의 역군으로 활동하도록 하였다. 효과적 지원을 위하여 공무원의 책임감, 사명감 고취를 위한 활동을 강화하였다. 전형적인 공급자 역할이었다.

4H등 농촌단체가 있기는 했지만 생산활동은 기본적으로 일반시민의 몫이었다. 시민은 정부의 지원과 장려하에 스스로 지역사회 활동에 공동으로 참여하였다. 정부가 지원하는 자원 외에 필요한 자원은 상당 부분 시민 스스로 부담하였다. 전형적인 생산자 역할이었다. 따라서 생산측면에 집중된 것이기는 하지만 일반시민의 활동이 구체화된 이 시기를 관주도로 규정하는 것은 한계가 있다. 나아가서 정부와 시민의 활동이 별개로 이루어진 것이 아니며 양자간 빈번한 교호작용이 있었다는 점이다. 이러한 교호작용은 지역사회단위에서 해당 지방자치단체의 공무원과 지역주민간에 빈번하게 그리고 유효하게 이루어졌다.

전체적으로 볼 때, 정부는 공급에서, 시민은 생산에서 각각 적극적 활동을 보였다. 그러면서도 양자의 활동은 상호연계를 바탕으로 이루어졌다. 결국 모든 것을 정부가 할 수도, 시민이 할 수도 없는 상황에서 적절하게 협력적 역할분담을 한 거버넌스였던 것으로 평가된다. 돌이켜 보건대, 한국 역사상

정부공직자와 시민이 가장 빈번하게 교류한 시기였다.

둘째, 참여적 운동이었다. 물론 시민의 참여경험이 약한 가운데 시민의 순수한 자발적 참여가 활발하게 이루어졌다고 보기는 어렵다. 상당 부분 생산활동조차도 정부의 유인정책에 따라 참여가 유도된 측면이 있다. 그렇다고 해서 시민의 참여가 정부의 의도에 따라 수동적으로 이루어진 것만은 아니다. 오히려 정부의 자극/시민의 자발적 참여가 순환적으로 이루어졌다. 더욱이 시민의 참여활동이 정부의 의도대로 피동적으로 이루어진 것은 아니다. 시민들은 지역사회문제에 대하여 일정 부분 스스로 숙의하고 결정하였던 것이다. 즉, 시민은 수동적 객체로 참여한 것이 아니라 상당한 적극성을 갖고 참여하였다. 물론 그러한 참여가 시민통제(citizen control)의 단계에 이른 것은 아니었다해도 최소한 수동적 참여는 아니었다. 시민성을 시민권력의 수준에 따라 시민(citizen), 소비자(customer), 고객(client), 또는 수혜자(recipient)로 구분할 때, 새마을운동에 참여한 평균적 시민은 최소한 수동적 고객이나 일방적 수혜자는 아니었다. 시민참여에 대한 정부의 장려가 이루어지는 가운데 시민통제(citizen control)의 수준은 아니라도 최소한 시민참여는 이루어졌다고 본다.

셋째, 지역사회운동이었다. 새마을운동은 국지적으로 시행된 운동이 아니라 전국적으로 시행된 국민운동이다. 그러나 공급측면에서 통합성이 강조되는 가운데, 실제 생산과정은 지방자치단체의 몫이었으며, 더욱이 그 추진단위는 실제적 주민참여가 가능한 작은 단위로서의 마을이었다. 새마을운동이 전국적 차원에서 추진되었다면 주로 계획과 자원, 그리고 통제 등 공급차원의 것이었으며, 실제 운동의 대부분은 지역사회차원에서 이루어졌다. 최소한 생산측면에 관한 한 새마을운동은 철저하게 지역사회 차원의 운동이었다.

전반적으로 볼 때, 새마을운동(특히 1기)의 특성에 대한 정당한 자리매김이 필요하다. 새마을운동을 순수 주민운동으로 규정하는 것은 과장된 것이다. 그것은 생산활동에서 두드러진 시민참여를 운동전체로 확장하여 과장하는 것이다. 그렇다고 해서 새마을운동을 거버넌스(governance)가 아닌 정부통치(government)로 규정하는 것도 과장된 것이다. 그것은 공급측면에서 두드러진 정부의 활동을 과장하는 것이다. 전체적으로 정부는 공급자로서, 시민은 생산자로서 기능분담이 이루어지는 가운데 새마을운동은 지역사회를 단위로 한 거버넌스(민관협력), 그 중에서도 참여거버넌스였다. 그리고 이러한 추진체계가 같은 시기 새마을운동의 중요한 성공기반이 된 것이다. 오늘날 새마을운동에 대한 높은 평가는 기본적으로 1기의 새마을운동의 추진모형과 성과에 대한 것이라 해도 과언이 아니라 하겠다.

(2) 제2기(1980년대)

2기 새마을운동은 관변단체 중심으로 운동이 공급되고 생산되었다. 구체적으로, 새마을운동 중앙본부라는 민간단체가 등장하면서 시민의 역할은 주변화되었다. 새마을운동의 시민참여적 성격이 시민단체의 운동적 성격으로 변화되었다. 표면적으로는 정부의 역할이 수면하에 잠수하였지만, 관변단체의 리더십 및 물적자원 공급을 정부가 적극 담당함으로써 정부의 실질적 역할은 상당 부분 유지되었다. 따라서 2기 새마을운동도 기본적으로는 거버넌스의 성격을 유지한다. 다만, 운동의 주역이 일반 시민에서 관변단체로 전환됨으로써 운동의 성격이 변질한다. 참여적 거버넌스는 실제적으로는 정부주도형거버넌스로, 형식적으로는 시민주도형(엄밀히는 시민단체주도형) 거버넌스로 전이되었다.

(3) 제3기(1990년대 이후)

제2기에 이르러 새마을운동은 민간단체 주도의 자원봉사활동으로 이행한다. 이같은 이행은 기본적으로 민간단체의 활력화에 기인하기는 것이기보다는 새마을운동에 대한 정부의 관심이 희석되는데서 파생된 것이다. 정부의 역할은 민간단체에 대한 재정지원에 그치고, 계획과 통제기능도 축소된다. 노무현 정부에 와서는 재정지원의 적극성도 위축된다. 결국 새마을운동에 대한 정부의 공급자 역할이 상당 수준 위축되었다. 그렇다고 해서 민간단체의 새마을운동역량이 정부의 물러선 자리를 메울 수 있을만큼 강화되어있지도 않다. 오랜 동안 정부의 후원이라는 온실 속에서 민간단체의 공급자 역량이 확보되어있지 못한 때문이다. 민간단체의 공급자 역할의 축소는 생산자 역할에도 영향을 미친다. 당연히 전반적인 새마을운동성이 저하되었다. 결국 정부의 후퇴, 민간역량의 미흡으로 제3기의 새마을운동은 침체되고, 정부와 민간의 협력체제 즉 거버넌스체제가 해체되게 된다. 그리고 거버넌스체제의 해체는 운동의 후퇴로 귀결되고 있다.

이상의 논의를 요약하면 <표 10-9>과 같다.

표 10-9 새마을운동 거버넌스유형의 기간별 변화

		정부의 적극성activism (중앙/지방)	
		active	inactive
시민의 적극성activism	active	1기 새마을(70-79): 참여(협력)거버넌스	시민주도형
	inactive	2기 새마을(1980년대): 정부주도(신민형)거버넌스	3기 새마을(1990이후): 비거버넌스

4. 새마을운동의 확산과 추진전략

1) 새마을운동모형의 확산 가능성

지금까지 성공적인 시기의 새마을운동 추진체계가 지역사회참여거버넌스라는 점을 제시하였는 바, 이와 같이 새마을운동이 갖는 거버넌스적 속성은 새마을운동의 확산과 공유에 대한 기대를 높여준다. 특히 오늘날 세계적으로 거버넌스가 바람직한 통치모형으로 강조되고 수용되고 있는 상황에서 성공적 지역사회운동인 새마을운동의 추진체계가 지역사회참여거버넌스라는 점은 이 운동의 지구촌차원의 확산과 공유라는 차원에서 긍정적 기대를 높이는 요소가 되기에 충분하다. 기본적으로 새마을운동에 대한 기대는 낙후된 지역사회를 개발하려는 정부부문에서 클 것이다. 문제는 정부의 자원과 의지만으로 지역사회개발수요를 충분히 감당하기 어렵다는 점이다. 이 점에서 정부와 민간간 역량의 결합을 통한 시너지효과를 기하는 추진체계로서 거버넌스는 보편적 유용성을 갖게 된다.

이렇듯 새마을운동의 거버넌스적 속성은 지구촌 국가 전체에 대한 보편적 확산가능성을 열어주는 것이지만, 새마을운동이 저개발상태에서 전개된 지역사회개발운동이라는 점에서 특히 유사한 상황에 있는 발전도상국가의 지역사회개발에 우선적 적용이 가능한 모형이라 판단된다. 새마을운동이 개시된 1970년대 한국적 상황은 어떠했는가? 낮은 국민소득, 심각한 도농격차, 시민사회 역량 부족, 권위주의 정부 등 문제만이 가득해보였다. 그러나 이러한 시대적 여건은 문제인 동시에 자산이었다. 지역사회개발에 관한 한, 저발전과 강력한 정부는 그 자체가 문제요소였음에도 불구하고 국민소득이 향상되고, 도농격차가 완화되면서, 참여의 기회가 확장되고, 행정추진력이 구체화되면서 발전의지와 역량으로 변모하였던 것이다. 그러므로 특히 저발전 요소가 다분한 국가로서는 과거 한국의 저발전 탈피의 원동력의 하나였던 새마을운동으로부터 희망의 씨앗을 발견해야 할 충분한 유인이 있는 것이다.

그렇다면 선진국의 발전에 대하여 새마을운동이 갖는 차별적 효용성은 무엇인가? 첫째, 정부역할의 중요성에 대한 재인식이다. 최근까지 개발국가일수록 정부의 역할에 대한 과소평가, 그리고 시장에 대한 과대평가 풍조가 팽배하였다. 최근 세계적 경제위기에 따라 시장신뢰는 현저하게 퇴조하였으나 정부역할에 대한 과소평가현상은 여전히 퇴조하지 않고 있다. 그러나 시민참여가 효과를 얻기 위해서라도 최소한 정부의 대응적 역할이 중요하다. 새마을운동은 정부의 활동이 시민의 활동과 어떻게 연관되어 성과제고에 기여하는가에 대한 가능성을 보여주었다.

둘째, 선진국은 개도국에 비하여 시민사회의 역량이 높을 것이다. 이럴 경우, 운동성과의 제고를 위해서는 정부와 시민간의 역할범위와 강도를 개도국과는 다른 수준에서 조정하는 것이 필요해진다. 지역사회참여거버넌스의 동학은 정부와 시민간의 협력을 전제하는 한, 정부와 시민간의 위상변화에 따라 대응을 달리하는 것을 배제하지 않는다.

셋째, 참여거버넌스의 활동목적의 조정이 필요할 것이다. 사회에 따라 해결해야할 공공문제의 내용이 달라 질 것이기 때문이다. 개도국에게 있어서 일차적 발전문제는 과거 한국이 그랬던 것처럼 기본생활욕구, 도농격차의 해소 등일 것이다. 그러나 이미 발전이 진전된 선진국에서는 지역사회참여거버넌스를 통해서 이루어낼 발전의 내용과 우선순위가 달라질 것이다. 저발전의 국가와는 달리 기본생활욕구의 충족보다는 발전격차의 조정 등에 더 큰 우선순위를 두게 될 것이다.

이렇듯 선진국과 개도국간 운동의 필요성, 정부와 시민의 역할범위와 강도, 활동목적의 내용 등에 있어서 분명한 차이가 존재할 것이다. 그러나 지역사회개발을 추진함에 있어서 기본적으로 지역사회차원의 정부와 시민의 협력적 활동이 필요하다는 점에서는 차이가 없으며, 이러한 점에서 새마을운동추진체계의 일반적 적용가능성이 높아진다. 또한, 선후진국을 막론하고 새마을운동이 채택했던 참여거버넌스가 제대로 작동하기 위해서는 지역사회차원의 거버넌스 체계구축이 중요함은 물론이다.

2) 참여거버넌스의 추진전략

새마을운동의 추진모형은 시대적 변화를 거쳐왔다. 가장 현저한 운동성과를 보인 시기는 1기이며 따라서 1기의 운동추진모형으로서 참여거버넌스에 주목할 필요가 있다. 이와 관련하여 참여거버넌스의 속성이 위축된 2기 이후에서 새마을운동성과가 현저하게 위축되었던 점에도 주목해야 한다. 참여거버넌스 모형의 논의에 있어서 두가지 점이 강조되어야 한다.

첫째, 참여거버넌스가 운동의 기조로 유지되는 것이 중요하다는 것이다. 참여거버넌스가 구축되지 않는 한, 운동성과에 대한 기대는 낮아질 것이기 때문이다. 새마을운동이 2기로 이행하면서 참여거버넌스적 성격이 약화되었을 때 운동성과가 현저하게 낮아졌다는 경험을 인식해야한다. 물론 시민사회의 역량이 강화됨에 따라 정부의 역할은 그만큼 축소될 수 있을 것이다. 그렇다고 해서 정부의 역할을 전면 부정하는 것은 바람직하지 않다. 보다 민주적인 정부의 적극적 역할은 운동의 성과제고를 위해서 필요해보인다. 3기는 말할 것도 없고, 2기에 들어서면서 정부의 전면적 역할이 위축되었을 때 새마을운동이 위축되기 시작하였다는 점은 참고가 된다.

둘째, 서비스의 공급과 생산을 구분하여 참여주체간 분담을 이루는 전략적 접근이 바람직하다는 것이다. 새마을운동의 참여거버넌스는 정부의 공급자 역할과 시민의 생산자 역할간 분담이 이루어진 전략적 추진모형이었다. 강조할 것은 참여거버넌스에서 정부의 위축은 공급측면의 운동성과 저하, 그리고 시민참여의 위축은 생산측면의 운동성과저하로 이어질 것이다. 후자는 국가의 가용자원이 취약한 상황에서 특히 문제시된다. 나아가서 참여 주체중 어느 일방의 적극적 역할위축은 공급 또는 생산측면의 성과저하에 그치지 않는다. 양자간 활동의 시너지효과의 위축으로 전체 운동성과의 저하로 이어질 것이다. 그러므로 공급은 정부가 하되, 생산은 시민이 참여하는 거버넌스의 전략적 적용에 대해서 주목할 필요가 있다.

셋째, 사회상황에 따라 운동의 자발성에 대한 평가가 달라져야 한다. 규범적 차원에서 보면 운동은 시민의 자발성이 중요하지만, 성과측면에서 자발적 운동은 한계를 보일 수 있다. 시민사회가 미성숙하여 참여경험이 약하거나, 이해관계의 대립이 첨예할 경우, 자발적 운동에 의한 성과는 담보되기 어려울 것이다. 선진화된 사회, 다원화된 사회에서는 순수 민간운동이 더 효과적이고 바람직할 수 있다. 그러나 개발도상의 사회, 덜 다원화된 사회에서는 순수민간운동보다는 민관협력체계가 더 효과적이고, 바람직할 수 있다. 그것은 운동성과를 넘어 시민사회의 계발 및 운동역량의 증대를 의미하는 것이기 때문이다.

넷째, 상황과 여건에 맞는 다양한 모델개발이 필요하다. 1970년대 후진적 상황에서 추진된 새마을운동이 현재의 모든 국가의 모든 상황에 동일하게 적용가능한 것은 아니며, 시대적 상황과 지역실정에 맞는 적절한 변용이 필요함은 당연하다. 일차적으로 가장 적절한 확산적용의 대상은 후발개도국이다. 과거 한국 상황과 유사할수록 새마을운동모형의 접목효과가 가장 기대된다. 한국에서 2기 또는 3기의 새마을운동은 사회변화에 대한 대응이었지만, 운동성과 측면에 있어 현저하게 저하된 모습을 보였다. 대체로 1기의 모형은 저개발국가의 경우에 적용 가능성이 높을 것으로 기대된다. 그러나 2기에서와 같이 반관반민형태의 민간단체 주도는 정부가 전면으로 나설 때 또는 순수민간이 전면으로 나섰을 때 보다 큰 성과를 기대하기 어려울 것으로 본다. 실제로 2기 새마을운동에 대해서는 냉소적 시각이 더 크다.

끝으로, 거버넌스는 정부와 시민간에만 아니라, 중앙과 지방간에도 공히 적용되는 것이라는 점에 대한 인식이 필요하다. 지역에서 지역사회개발운동이 성공적으로 정착하기 위해서는 기본적으로 지방의 자율적 역할이 중요하지만, 단일 지역의 역량으로 해결하기 위한 범위의 운동역량 확보를 위해서 또는 운동의 전국적 확산을 위해서 일정 정도 중앙정부의 역할도 필요하다. 다만, 중앙의 역할을 지방의 자율적 역할 수행을 전제로 하여, 보조적, 지원적인 것에 한하는 것이 좋다고 본다.

3) 참여거버넌스의 성공요건

보다 성공적인 새마을모델의 확산과 발전을 위해서는 지역사회차원의 참여거버넌스의 정착이 필요하며, 이를 위해서는 공직혁신과 시민혁신이 동시에 요구된다.

(1) 공직혁신

지역사회참여거버넌스가 성공적이기 위해서는 기본적으로 정부의 구성원인 공직자의 역량강화가 필요하다. 거버넌스에 따라 정부의 개입강도는 축소되더라도 정부의 역할범위가 달라지는 것은 아니며, 개입방식이 달라지는 것이며,[107] 이같은 정부개입의 질적변화에 따라 오히려 더욱 고양된 공직역량이 요구되기 때문이다. 지역사회참여거버넌스가 요구하는 공직역량으로는 행정전문성 뿐 아니라 지역사회에 대한 애착, 참여에 대한 긍정적 및 협력적 태도가 요구된다. 이러한 요구는 기존의 전문적 자질에 더하여 집권적 시각보다 분권적 시각, 권위적 행정보다 민주적 행정을 강조하는 것에 다름 아니다.

일반적으로 지방공직자의 역량은 중앙공직자의 역량에 비해서 취약한 것으로 인식된다. 사실 여부에 대해서는 객관적 입증이 필요한 사항이긴 하나 그렇다 하더라도 그것은 주로 전문성의 기준에서 그렇다. 반면, 지역사회에 대한 애착이나 참여에 대한 민주적 태도에 대해서는 오히려 반대일 수 있다. 그러므로 지방공직자의 역량을 이유로 지역사회참여거버넌스의 정착에 소극적 인식을 가져서는 곤란하다.

(2) 시민혁신

어떤 형태의 거버넌스를 막론하고 거버넌스의 성과 고양을 위해서는 시민의 생산적 참여가 요구된다. 시민의 생산적 참여를 위해서는 참여의지와 함께 시민적 덕성이 함께 요구된다. 다행한 것은 참여경험을 통하여 참여의지와 시민적 교양이 동시에 상승될 수 있다는 것이다. 따라서 시민혁신을 위해서라도 참여의 기회를 제공하기 위한 정부의 역할이 중요하다. 시민참여는 진공의 상태에서 이루어지지 않는다. 참여를 위한 일감이 필요하며, 참여를 위한 자원의 지원이 필요하다. 이와 관련, 새마을운동은 지역사회의 활력화라

107) 거버넌스체제하에서 정부는 생산자에서 공급자로, 규제자에서 촉진자로, 집행자에서 중재자로; 또는 노젓기(rowing)에서 같이 노젓기(co-rowing)로, 방향잡기(steering)에서 같이 방향잡기(co-steering)로, 촉진자(enabling)에서 협력자(cooperation)로 역할수행방식을 달리해야 한다고 제기되고 있다. Denhardt, Janet V. & Robert B. Denhardt (2015) The New Public Service: Serving, Not Steering. 4th ed. Routledge.

는 구체적 일감을 시민에게 제공하였다. 제한적이나마 정책적 지원, 인적 및 물적 지원을 위한 노력이 있었다. 그리고 이러한 참여경험을 통하여 '하면 된다'라는 소중한 시민성을 획득할 수 있었다. 한 국가의 발전수준은 그 나라의 국민수준을 넘을 수 없다고 한다. 그러므로 국가발전을 위해서라도 시민의 혁신은 중요한 발전과제가 된다. 시민사회가 취약한 국가일수록 새마을운동 모형에 관심을 가져야할 이유이다.

아울러 시민역량의 강화를 위해서는 정부의 지원 외에 시민사회를 작동화시킬 수 있는 지도자 내지는 변화역군이 필요하다. 특히 운동역량이 취약한 시민사회일수록 한정된 시민사회의 운동역량과 자원을 동원하기 위한 지도자 내지는 변화역군이 필요하다. 새마을운동은 운동의 전개에 있어서 지도자를 육성시킴으로써 운동성과를 높이는데 많은 도움을 받았다.

5. 결론

새마을운동의 성공에 대해서는 지도자의 신념, 동기부여, 적정한 목표, 자원동원의 효율성 등 다양한 요인이 제기되고 있지만, 성공적 운동경험의 공유와 확산을 위해서는 추진체계모형의 정립이 선결되어야 한다. 추진체계는 운동을 시행하는 방법이자 그릇이기 때문이다. 방법이나 그릇없이 운동을 추진할 수는 없는 노릇이다. 새마을운동(특히 1970년대의)의 추진체계는 지역사회참여거버넌스의 전형을 보였다. 거버넌스가 강조되고 있는 현 시대상황에서 새마을운동은 그 추진체계가 거버넌스체제였던 점에서 기본적으로 선후진국을 막론하고 많은 사회에 적용가능성이 높은 모형이다. 정부 또는 시민의 독점적 활동에 의존하는 일방적 모형이 아니라, 양자를 포괄하는 협력운동모형인 점에서 수용범위도 넓은 모형이다.

이 글은 새마을운동과 같은 지역사회 운동을 성공을 위해서는 정부주도형 또는 시민주도형 거버넌스보다는 참여형 거버넌스가; 중앙차원의 거버넌스보다는 지역사회차원의 거버넌스가 우월할 것이라는 점을 제시하였다. 물론 어느 정도로 참여형이어야 하는가, 어느 정도로 지역사회차원의 운동이어야 하는가는 시대적 여건과 지역실정에 따라 달라질 것이다. 특히 새마을운동이 후진국에서 시행된 운동인 때문에 개발국에 그대로 적용되는데는 많은 한계가 있을 것이다. 그러나 기본적으로 지역사회개발을 위한 운동의 성과를 담보하기 위해서는 지역사회참여거버넌스의 형태로부터 추진모형을 모색하는 것이 바람직할 것으로 보인다.

지금까지 새마을운동을 중심으로 지역사회개발운동의 추진체계모형을 논의했지만, 새마을운동만이 유일한 지역사회개발운동도, 유일하게 성공적인 지역사회개발모형도 아니다. 덴마크의 포크하이스쿨(Volk Highschool)운동, 중국의 신사구운동, 캐나다의 안티고니쉬(Antigonish)운동, 인도의 바기다리 운동 등 세계적으로 다양한 지역사회운동이 성공적으로 전개되어왔고 또 전개되고 있다. 물론 새마을운동은 지역사회참여거버넌스의 전형을 보이는 한편, 전국적으로 확산된 국민운동이었으며, 주목할만한 성과를 보였던 점에서 대부분의 운동들과 차별화된다. 그러나 향후 지구촌의 공생발전을 위하여 보다 바람직한 모델의 정립을 위하여 새마을운동과 다양한 운동의 추진체계를 비교연구하는 것은 여전히 유용한 과제가 될 것이다. 특히 서구선진사회의 주류모델과 개도국의 모델과의 비교연구는 후진지역의 개발에 많은 함의를 제공하게 될 것이다.

V 정당과 대중매체

CITIZEN PARTICIPATION

1. 정 당

1) 정당의 의의와 기능

정당은 시민참여의 매개체로서 정부로 하여금 여론에 대응하게 만드는 정치적 결사체인바, 시민들은 정당원으로서 또는 정당의 지지자로서 정치과정에 참여하게 되므로 참여를 위하여 정당의 역할은 매우 중요한 의의를 갖는다.[108] 구체적으로 정당은 정치에 전문적 지식이 없는 일반 시민으로 하여금 정당이 제시하는 정책을 통하여 공공문제에 대한 선택을 용이하게 하는

108) G. Bingham Powell Jr. (1982). *Contemporary democracies: Participation, stability, and violence*. Cambridge, MA: Harvard University Press, 74.

한편, 그들을 대신하여 정치를 수행해 나갈 입후보자를 천거함으로써 시민의 올바른 선택을 돕는 기능을 한다. 또한 시민들은 정당을 통하여 공직자를 통제하고 정책에 영향을 미칠 수 있게 된다. 그리하여 "정당은 민주주의를 창출하였고 정당 없이 현대민주주의를 논할 수 없다"고 강변한 학자도 있는 실정이다.[109)]

이와 같이 시민과 정부(공직자)를 연결하는 기능을 담당하는 조직체로서의 정당의 속성은 일반적으로 세 가지 측면에서 파악된다.[110)] 첫째는 통치조직의 일부로서의 정당(party-in-government)이고, 둘째는 조직체로서의 정당(party-as-organization)이며, 셋째는 유권자(시민) 속의 정당(party-in-the-electorate)이다. 첫 번째 측면에서 볼 때는 대정부관계가 중요하고, 두 번째 측면에서는 대내 조직관계가 중시되며, 세 번째 측면에서는 대민관계가 중시될 것이다. 시민참여와 관련하여 첫 번째 측면은 여론의 정책과정에 대한 반영의 기능을, 두 번째 측면은 정당이라는 조직체를 통하여 참여활동가와 정부와의 만남의 장을 제공하는 기능을, 세 번째 측면은 시민의 의사를 결집하는 기능을 수행함으로써 정당이 시민참여에 기여할 수 있음을 알 수 있다. 이 중에서도 특히 세 번째 측면 즉, 시민의사의 결집기능은 참여와 관련하여 가장 기본적인 정당의 기능이라 하겠다.

한편, 논리적으로 볼 때 중앙정부차원에서와는 달리 지방정부차원에서의 시민참여에 관한 정당의 역할은 상대적으로 덜 현저할 것으로 생각된다. 왜냐하면 지방의 문제는 중앙의 문제와 비교하여 볼 때 상대적으로 국지적 · 지엽적인 문제일 경우가 많으며 이념적으로 대립되는 문제는 상대적으로 적을 것이기 때문이다. "도로를 포장하는 일에 공화당식의 방법과 민주당식의 방법이 따로 있을 수 없다"는 말은 이를 잘 나타내 준다. 그리하여 정당제가 인정되는 경우에도 지방정부 차원에서는 비정당제적인 성격으로 지방정치가 운용되는 경우가 많으며 그러한 점에 있어서 정당을 통한 시민참여도 대립적이기 보다는 공동체적 요소가 많은 경향이 있다.

그러나 실제로는 지방정부 차원에서의 정당의 역할 정도는 나라마다 편차를 보인다. 영국의 경우에는 지방정부 차원에서의 정당의 역할이 대폭 증

---

109) Schattschneider, E. E. (1942). *Party government*. New York: Holt, Rinehart & Winston Inc., 1.

110) Key, V. O. (1964). *Politics, parties, and pressure groups*. 5th ed. New York: Cromwell.

대되어가는 경향을 보인다. 즉, 1972년 자치제도 개편 직전에 59%의 도의회(county councils)만이 정당제를 채택하였으나 1980년대 중반에 이르러서는 이 비율이 92%로 증가하였음은 이를 입증하여 주는 것이다.[111] 반면, 미국의 경우에 지방차원에서의 정당의 역할은 상대적으로 위축되어 대조를 보인다. 즉, 1980년대에 이르러 지방선거에서 정당참여를 인정하는 지방정부의 수는 약 30%인데 비하여 정당의 참여를 배제하거나 정당표시를 금지한 지방정부의 수는 약 70%에 달하고 있는 것이다. 우리나라의 경우에는 한동안 광역지방정부 단위에 대하여는 정당의 참여를 인정하면서도 기초지방정부 단위에서는 인정하지 않는 매우 모호한 입장을 취하고 있다가 2005년 공직선거법 개정으로 기초자치단체장은 물론 기초의원 후보들에게도 정당공천제가 도입되어 지방차원의 정당 개입이 인정되었다.

이와 같이 중앙과 지방차원에서 정당의 역할 정도는 국가에 따라 차이를 보이게 되지만, 그럼에도 불구하고 시민의 의사를 결집시켜 정책과정에 전달하는 기본기능의 측면에서 보면 정당의 역할은 중앙에서나 지방에서나 차이가 없다 하겠다.

2) 정당에 대한 관점

참여와 관련하여 정당의 기능에 대하여는 긍정적인 관점과 부정적인 관점이 교차한다.[112] 우선, 긍정론자들은 정당의 활성화는 일반적으로 참여를 촉진시킴으로써 공익증진에 기여한다는 점을 강조한다. 구체적으로 정당은 포괄적, 구조적, 안정적인 정책대안을 명백하게 제시함으로써 시민의 선택을 돕는다. 만일 정당의 이러한 기능이 원활하지 못할 경우, 분산되어 있는 이해집단 또는 정부기관간의 갈등 및 일관성 없는 정책으로 공익이 저해될 우려가 있다고 한다.

반면, 부정론자들은 다음과 같은 정당의 역기능적 측면을 제시한다. 우선, 정당은 후보자를 냄으로써 일반시민 중에서 잠재적인 후보자의 등장을 막게 된다. 지방자치와 관련하여 중앙당의 지구당에 대한 영향력의 행사는 결국 지방의 이익을 침해할 수 있다. 또한 정당간의 이념 및 정책대립은 정당

111) Mellors and Copperthwaite (1987). 앞의글, 216.
112) Mellors and Copperthwaite (1987). 앞의글, 218.

원 및 지지자들간의 갈등·대립을 초래하여 결국 사회안정을 해치고 공익을 저해할 수 있다. 물론 이와 같은 정당간 대립은 참여수준을 확대시킬 것이다.[113] 그러나 대립·갈등으로 인하여 공익보다는 일부계층의 이익이 추구될 염려가 크다.

생각건대, 양 관점의 주장은 모두 일응 타당한 측면이 있다 하겠으나 부정적 측면을 지나치게 강조하는 것은 시민참여와 관련하여 바람직하지 않다. 참여와 관련하여 강조할 것은 정당이라는 매개집단을 통하여 시민의 여론이 정부에 효과적으로 전달될 수 있다는 사실이다. 또한 정당의 역기능적인 측면은 정당체제의 적절한 운영을 통하여 어느 정도 극복될 수 있는 성질의 것이라는 점 또한 인식되어야 한다. 다만, 그러한 경우에도 정당은 기본적으로 집단정치의 도구로서 정당을 통하여 대표되지 않은 소외계층의 이익은 상대적으로 잘 반영되지 못하리라는 우려는 계속 남는다. 그리고 그러한 점에 있어서 시민 개개인의 직접참여를 위한 통로의 마련이 함께 중시되어야 한다.

3) 정당의 역할정립

시민과 정부와의 매개기능을 정상적으로 수행하기 위한 이상적인 정당은 강한 정당(strong party)이어야 한다는 데 대하여는 이견이 별로 없다. 이는 시민과 정당과의 유대가 강해야 함을 의미하는 것이다. 반면, 정당에 대한 지지도가 불안정한(volatile) 경우에 정당은 약한 정당이 되어 시민여론의 매개기능을 하기에 미흡하게 된다. 정당이 안정적인 경우에만 시민의 요구에 관심을 가질 여유가 있을 것이기 때문이다.

강한 정당이 무엇이냐에 대하여는 의견이 갈라진다. 일부에서는 정당은 양당제하의 정당과 같이 사회의 넓은 계층·집단을 포괄하여 안정적 지지기반을 갖는 정당이 강한 정당이라고 한다. 다른 한편에서는 강한 정당이란 안정적인 지지기반에 앞서 사회의 다양한 집단의 이익을 대변할 수 있는 다당제하의 정당이라고 함으로써 정당과 사회집단과의 연계를 강조한다.[114]

이와 관련하여 파월(Powell)은 [표 10-7]에서 보는 바와 같이 정당체제와

---

113) M. M. Conway (1985). *Political participation in the United States*. Washington D.C.: Congressional Quarterly Press, 63.

114) Powell Jr. (1982). 앞의글, 769-778.

시민참여의 수준을 연계시킴으로써 강한 정당의 판단기준을 제시하고 있어 주목된다.

표 10-7 정당체제의 특성과 참여의 수준

정당체제의 특성	참여수준	정부의 안정성
다당제	높음/보통	보통(갈등)
양당제	중 간	안 정
사회집단과 정당간의 유대	높 음	보통(갈등)
극단적 정당에 대한 강한 지지	보 통	불안정
정당에 대한 지지도의 불안정	낮 음	불안정

* 출처: Powell. (1982). 앞의글, 79, Table 5-1에 양당제에 관한 사항을 추가한 것임. 여기에서 다당제는 정당과 사회집단간의 강한 유대관계의 존재를 전제한 것임.

[표 10-7]은 참여의 수준만을 고려한다면 다당제가 바람직하다 하겠으나 정부의 안정성을 함께 고려할 때는 반드시 그러한 결론이 타당하지 않다는 점을 시사해 주는 것이다. 요컨대 어느 쪽 의견이 보다 타당한지는 판단하기 어렵다 하겠는바, 이는 기본적으로 민주주의가 복합적인 개념인 데서 비롯되는 일이다.

이와 같이 강한 정당이 무엇이냐에 대하여는 일치하는 의견이 없지만 그럼에도 불구하고 민주주의를 위하여는 정당이 적대주의, 과격주의 또는 극단적 이념을 지향해서는 안된다는 점, 정당간 경쟁은 법적 테두리 안에서 이루어져야 하고 경쟁의 정도 역시 정당한 수준에 있어야 한다는 점 및 정당에 대한 지지기반의 지속성이 필요하다는 점 등에 대하여는 어느 정도 합의가 이루어져 있는 실정이며 이를 통해 참여와 관련한 정당의 바람직한 지향을 시사받을 수 있다.[115]

이상적인 정당 즉, 강한 정당이 지향해야 할 기본원리와 관련하여 다음

115) Powell Jr. (1982). 앞의글, 769-778.

과 같은 책임정당정치의 네 가지 원칙에 주목할 필요가 있다.[116] 첫째, 정당은 유권자에게 명백하고 합리적인 정책을 제시해야 한다. 둘째, 유권자들은 입후보자를 선택함에 있어서 정당의 정책을 기준으로 하여야 한다. 셋째, 선거에서 승리한 정당은 정권을 인계받는 즉시 정당의 정책을 수행해야 한다. 넷째, 유권자들은 차기 선거에서 집권당이 그의 정책을 책임있게 수행했는가를 물어야만 한다.

그러나 현실적으로 이러한 원칙들은 잘 지켜지지 않는다. 특히, 우리의 경우 정당정치가 반드시 정책을 중심으로 움직이고 있다고보기는 어려우며, 유권자 역시 정책을 기준으로 하여 정당에 참여하고 평가하는 것 같지도 않다. 오히려 정당은 시민과 정부의 매개조직으로서 기능하기보다는 정당자체의 이익 즉, 선거에서의 승리만을 위해 집착하는 경향이 있는 것이다.

문제는 정당의 이러한 파행적 움직임이 시민참여에 대하여 부정적인 영향을 미친다는 점이다. 정당이 본연의 기능을 제대로 수행하는 경우, 시민참여는 정당을 통하여 더욱 강화될 것이나 그렇지 않을 경우 시민들은 정치에 냉담해지고 따라서 참여의 의욕도 식게 될 것임은 자명한 일이라 하겠다.

2. 대중매체

1) 의의 및 기능

시민참여는 정부에 대한 시민의 태도에 크게 영향받는바, 텔레비젼, 신문, 잡지 등 대중매체는 시민의 태도에 긍정적이든 부정적이든 상당한 영향을 미침으로써 시민참여에 영향을 미치게 된다. 즉, 대중매체는 여론을 정책과정에 전달하는 연계고리의 역할을 하는 동시에 정치적 의제를 주체적으로 설정하고 공공문제에 대한 이해의 준거틀을 제공하는 한편, 정보의 제공 및 분석을 통하여 여론을 형성함으로써 시민참여에 영향을 주는 기능을 담당한다.[117]

---

116) APSA. (1950). "Toward a more responsible two-party system." *American Political Science Review* 44(special issue); Gerald M. Pomper (1971). "Toward a more responsible party system? What, again?" *Journal of Politics* 33, 916-940.

117) 대중매체의 기능은 참여에 제한하지 않는 경우, 일반적으로 ① 기업이윤의 추구, ② 정보제공 및 ③ 정책 또는 이론에의 영향이라는 세 가지로 요약될 수 있다: Kweit and Kweit

예컨대, 영국에서의 시민참여에 관한 기념비적 조사의 하나인 스케핑턴(Skeffington) 보고서는 참여촉진을 위하여 대중매체를 통하여 필요한 정보를 제공해야 할 필요성을 강조한 바 있다.[118)]

2) 대중매체에 대한 관점

대중매체는 일반적으로 시민들의 정치적 관심, 인식, 투표행태 등에 영향을 미치는 것으로 제시된다. 특히 정치적 태도가 확정되어 있지 않거나, 투표에 대한 정보가 적은 개인일수록 태도의 변화를 포함한 매체의 영향력은 큰 것으로 나타난다.[119)] 특히 대중매체가 시민의 태도에 미치는 영향력은 변화보다는 강화의 방향임이 제시된다.[120)] 대중매체에 대한 시민의 노출은 정치적 참여, 정보, 정치적 관심, 시민적 효능감, 변화에 대한 태도 등에 영향을 미치게 된다.[121)]

대중매체가 시민참여에 미치는 효과의 방향에 대하여는 긍정론과 회의론이 교차한다.[122)] 먼저 회의론을 살펴본다. 우선 대중매체는 기존의 지배체제와 관련하여 권력의 유지를 위한 도구로 쓰인다는 지적이 있다. 즉, 대중매체는 정치체제에 대한 정당성에 대하여 정치사회화 기능을 하고, 시민으로 하여금 사회의 지배적인 가치관을 체화하도록 하며, 국가의 정책에 대한 지지를 획득하게 함으로써 정치과정에서 능동적이고 의미있는 시민참여를 제어하는 효과를 갖는다는 것이다.[123)] 한편, 대중매체가 선거참여 외의 일반 공공문제에 관한 참여에 대하여는 실질적인 영향을 미치지 못할 것이라는 지적도 있다. 그러한 회의론은 기본적으로 대중매체가 집중적으로 다루는 문제들이 일반적으로 시민의 일상생활과 거리가 먼 중앙정부기관 내에서 일어나는 일

(1990). 앞의글, 215-216.

118) Skeffington Committee on Public Participation in Planning (1969). *People and planning*, 2.

119) J. C. Strouse (1975). *The mass media, public opinion, and public policy analysis*. Columbus. OH Charles E. Merrill.

120) Schramm, W. (1973). *Men, message and media*. New York: Harper & Row.

121) D. R. Matthews and J. W. Prothro (1966). *Negroes and the new southern politics*. New York: Harcourt, Brace, Jovanovich; Arthur ST. George and Sandra Robinson-Weber (1983). The mass media, political attitudes, and behavior. *Communication Research* 10(4), 488에서 재인용.

122) Conway (1985). 앞의글, 71-75.

123) David L. Pallentz and Robert M. Entman (1981). *Media, power, politics*. New York: Free Press, 149.

이거나 해외의 일인 경우가 많아 사실상 시민의 영향권하에 있지 않다는 지적에 기초한다. 예컨대, 정작 중요한 보도는 사후적으로 이루어지는 경우가 많고 때로는 공개되지 않으며, 문제가 복잡할 경우에 주요 행위자가 누구인지 사실상 알기도 어려운 사정에서 대중매체의 간헐적·사후적·피상적 보도만으로 시민참여가 실질적인 영향을 받기는 어렵다는 것이다.

긍정론은 대중매체는 사건, 논점 및 조직문제 등에 관하여 시민에게 정보를 제공함으로써 시민으로 하여금 정치과정에 개인적 또는 집단에의 가입을 통하여 다양한 정치활동에 참여하게 한다고 본다. 대중매체의 참여에 대한 효과는 특히 선거의 투표율에 있어 현저한 것으로 인식되고 있다. 이러한 효과는 대중매체가 ① 입후보자, 정당 및 공공정책문제에 대한 인식을 구조화 시키고, ② 입후보자, 정당 및 공공문제에 대한 시민들의 기존의 인식과 태도를 보다 강화 내지는 구체화 시키며, ③ 입후보자 또는 정당의 선거운동과 시민과의 의사소통 통로의 역할을 함으로써 시민의 인식을 동작화 시키는 데서 비롯되는 것으로 생각된다.

생각건대, 회의론에서 지적하는 대중매체의 정치사회화기능이 반드시 바람직하지 않은 것이냐에 대하여는 이견이 있으며, 아울러 대중매체가 참여를 제어하는 효과가 참여를 진작시키는 효과보다 상대적으로 큰가에 대하여도 확증하기 어려우므로 회의론을 전적으로 수용하기는 어렵다. 강조할 것은 그와 같은 회의론도 결국 대중매체가 시민참여에 영향을 줄 수 있다는 가능성 자체를 부인하는 것은 아니며, 현실적으로 대중매체의 운용여건상 그 효과가 제한적일 수밖에 없다는 지적이라 하겠는바, 오히려 우리는 이러한 지적으로부터 참여와 관련하여 대중매체가 지향해야 할 방향을 시사받게 된다.

그러나 대중매체의 참여에 관한 역할에는 한계가 있다는 점 역시 간과할 수 없다. 첫째, 대중매체의 상업화 및 오락문화 경향으로 공공문제가 차지하는 비중이 상대적으로 크지 않다. 둘째, 시민이 가지고 있는 기존의 인식 및 태도가 대중매체의 영향으로 변화되는 데는 한계가 있다. 다만 대중매체는 종래에 관심 밖에 있던 사안에 대한 여론을 형성하거나 기존의 인식·태도를 고착시킴으로써 인식의 동작화를 촉발시키는 점에 있어서는 참여에 영향을 미친다고 하겠다.[124]

124) Sharkansky and Meter (1975). 앞의글, 79.

3) 대중매체의 역할정립

대중매체가 시민참여에 긍정적 기능을 하게 하기 위하여는 첫째, 대중매체의 보도내용이 개선되어야 한다. 우선 대중매체가 정치에 관한 문제를 보다 객관적·심층적으로 광범하게 다루어야 한다. 이를 위하여 외국의 경우와 같이 TV나 방송이 국회나 지방의회의 의사과정을 중계해 주는 것은 바람직한 일이다. 예컨대, 영국의 경우 대처(Thatcher) 수상에 의해 제출된 회의공개법은 일반시민과 언론이 국회의 본회의뿐만 아니라 교육위원회 및 기타 위원회에도 참석할 수 있도록 한 바 있다.[125] 또한 대중매체는 공공문제를 가급적 사전에 상당 기간 동안 보도해 주어야 한다. 특히, 공공문제가 일반시민의 이해에 대하여 중요한 것일 경우에 지속적인 보도는 시민참여에 상당한 영향을 미치게 될 것이기 때문이다. 다만, 제한된 시간 및 지면관계로 모든 중요한 문제가 그와 같이 지속적인 보도의 대상이 되기는 어렵다는 한계가 있다. 아울러 어떻게 시민이 참여할 수 있고 접촉의 대상은 누구이며, 어디에서 필요한 정보를 얻을 수 있는지에 대한 보도를 통하여 시민참여에 긍정적인 영향을 줄 수 있을 것이다. 강조할 것은 어느 경우에나 언론의 객관성의 유지는 기본적인 사항이라는 것이다. 최근 우리나라에서 언론의 책임성에 대한 심각한 우려가 일각에서 제기되고 있는 것은 시민참여와 관련하여 매우 우려되는 사항이다. 대중매체가 제공하는 자의적인 정보에 의한 시민참여는 결국 공익을 저해하여 참여의 목적을 침해하게 될 것이기 때문이다.

둘째, 대중매체를 시민교육의 도구로 적극 활용하여야 한다.[126] 특히, 공영방송의 시민교육 프로그램 확충은 이러한 노력의 일환으로 바람직하다. 예컨대, 의정활동의 중개, 공공문제의 심층분석, 토론 및 좌담 프로그램 및 선진참여사례의 소개 등이 포함될 수 있을 것이다.

셋째, 지역단위의 대중매체—신문, cable TV, TV—를 활성화시킴으로써 지역단위로부터의 참여를 조장하는 노력이 필요하다. 지역단위의 대중매체의 활성화는 중앙단위의 대중매체에 비하여 참여에 미치는 효과가 보다 직접적

125) Mellors and Copperthwaite (1987). 앞의글, 227.

126) Richard L. McDowell, (1984). "Sources and consequences of citizen attitudes toward government." *Public Administration Review* 44, 152-155.

일 것으로 기대되기 때문이다. 이를 위하여는 지역매체가 지역의 공공문제를 좀 더 광범위하고 심층적으로 다루는 한편, 객관적이고 공정한 입장에서 즉, 공익차원에서 다루어 줄 것이 요청된다. 그러나 지역의 대중매체는 이러한 기능을 수행하기에는 ① 인적·재정적 자원이 부족한 형편이므로 이를 육성하기 위한 인센티브의 부여가 필요할 것이다. ② 공공기관이 지역매체에게 필요한 정보제공에 인색하지 않아야 하고 나아가서 공공기관의 홍보기능과 언론매체의 보도기능이 자동적인 연계장치하에 있는 것이 바람직하다. 단, 이러한 연계장치의 필요성에 대한 논의가 보도내용이 홍보의 의도를 반영해야 한다는 뜻은 아니며 어디까지나 취재에 필요한 비용의 감소를 위한 최소한의 장치 마련의 필요성을 지칭하는 것이라는 점을 부언해 둔다. 사실 홍보의 개념은 일방적인 내용을 알리는 활동에 그치지 않고 객관적인 사실을 알리고 듣는 활동을 가리킨다는 점을 생각하면 이해가 쉽다.

CHAPTER 11

참여제도

Ⅰ. 참여제도화의 의의와 방향

Ⅱ. 참여제도의 유형과 현황

Ⅲ. 효과적인 회의방식의 적용

Ⅳ. 참여제도의 운영방향

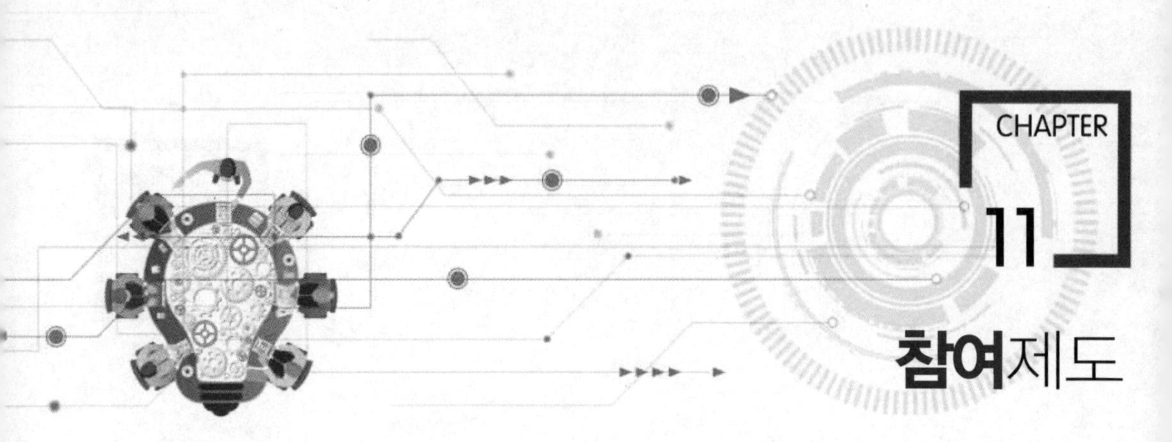

참여제도화의 의의와 방향

CITIZEN PARTICIPATION

1. 참여제도화의 의의

시민참여와 관련하여 참여의 제도화는 기본적으로 시민참여를 활성화시키는 기능을 한다. 시민은 제도화된 방법뿐만 아니라 비제도화된 방법을 통하여도 정치과정에 참여할 수 있다. 그런데 제도적·비제도적 참여를 막론하고 참여에는 시간, 노력, 재원 등 비용이 든다. 그러나 비용측면에 있어 제도적 방법을 통한 참여가 비제도적 방법을 통한 참여에 비하여 휠씬 더 유리하다.[1] 그렇기 때문에 참여제도의 확충은 참여에 필요한 비용을 줄임으로써 시민의 참여를 촉진시키는 중요한 기능을 하게 되는 것이다.

1) Mary G. Kweit and Robert W. Kweit (1984). "The politics of policy analysis: The role of citizen participation in analytic decisionmaking." *Policy Studies Review* 3(2), 234-245; 이는 제도적 방법은 정부의 주도하에 정부의 비용으로 확충되며, 비제도적 방법은 시민자신의 비용과 노력으로 발의되는 것이 일반적임을 생각하면 쉽게 이해된다.

이 외에도 참여제도의 확충은 다음과 같은 긍정적인 측면이 있다. 첫째, 참여제도의 확충은 시민들로 하여금 보다 접근이 가능한 제도적 참여방법을 택하게 함으로써 비제도적 참여를 대체하는 효과를 갖는다. 위에서 논의한 바와 같이 일반적으로 비제도적 참여(예, 데모, 폭동)는 참여에 필요한 비용이 많이 소요될 뿐만 아니라 사회의 안정을 해쳐 공익신장에의 저해요인으로 작용할 우려가 없지 않다. 이와는 달리 제도를 통한 참여는 안정적이고, 지속적이며, 참여방향의 예측이 가능하다. 그리하여 참여의 제도화를 통한 비제도적 참여의 대체효과는 사회의 안정을 저해하지 않으면서 공익증진으로 연결되는 바람직한 측면이 있다.

둘째, 참여제도가 확충되지 않은 상황하에서 참여에 필요한 자원이 결핍되어 있는 빈곤계층은 참여과정에서 소외되기 십상이라 하겠는바, 참여제도의 확충은 이와 같이 참여과정에서 상대적으로 소외되기 쉬운 빈곤계층의 참여를 촉진시킴으로써 참여의 대표성을 제고하게 된다. 제도적 참여의 통로가 제한되어 있는 경우, 빈곤층의 참여는 일반적으로 사회안정을 해치는 집단행동으로 쉽게 이행되는 경향이 있음은 1960-70년대 서구의 경험을 통하여 이미 입증되었고, 참여제도의 확충은 이와 같은 우려를 예방함으로써 사회안정을 통한 공익증진에의 기여라는 긍정적 결과를 가져올 수 있는 것이다.

셋째, 참여에 대한 공직자의 수용성은 비제도적 참여보다는 제도적 참여에 대하여 상대적으로 높다할 것인바, 참여제도의 확충은 상대적으로 참여로 인한 공직자와의 마찰·갈등을 줄임으로써 참여효과를 제고시키는 긍정적 측면이 있다. 물론 공직자의 비제도적 참여에 대한 거부감과는 별도로, 폭력·집단항의와 같은 비제도적 참여가 매우 유효한 결과를 가져오는 경우도 종종 있는 것으로 보고되고 있다. 예컨대, 웰치(Welch)는 미국의 인구 5만 이상의 도시에 대한 조사에서 폭동주도집단과 관련한 시정부예산 항목의 실질적인 증가가 있었음을 보고함으로써 비제도적 참여의 정책효과를 입증한 바 있다.[2] 그러나 일반적으로 비제도적 참여의 효과는 지속적이기보다는 산발적일 뿐만 아니라, 공직자의 반응 역시 일회적 또는 대증요법적인 경우가 많아 제

2) Susan Welch (1975). “The impact of urban riots on urban expenditures.” *American Journal of Political Science* 19(4), 741-760.

도적 참여의 경우에 비하여 그 효과가 제한적이라 하겠다.

이상의 이유로 참여는 주로 제도화를 통하여 확대되는 것이 바람직하다. 지적할 것은 참여제도의 확충은 이와 같이 바람직한 측면에도 불구하고 제도적 참여과정에서 비전문가인 일반시민은 상대적으로 정보와 전문성을 소유한 공직자에 의하여 압도당하기 십상이며 따라서 제도를 통한 참여는 역동성을 잃고 정부의 조작의 대상이 될 우려가 없지 않다는 점이다.[3] 그리하여 예컨대, 미국의 사회이론가이자 실천가인 알린스키(Alinsky)와 그의 추종자들은 참여의 제도화에 대하여 회의적이다. 그들은 제도(establishment)가 권리를 보장하는 것은 아니며 시민들은 권리를 쟁취하지 않는 한 얻을 수 없을 것으로 본다.[4] 그리고 그러한 판단에 기초하여 그들은 시민집단을 정책결정자에 대한 투쟁의 도구로 하여 소외계층의 권리를 쟁취하기 위하여 노력하였다. 그러나 실제로 그들이 제도의 필요성 자체를 부인한 것은 아니며 제도의 운용상의 한계를 공격한 것이라 하겠다. 이외에도 제도적 참여에 대한 공직자의 반발 등이 문제점으로 제시되기도 하나 제도적 참여에 대한 공직자의 거부감은 비제도적 참여에 대한 거부감보다는 작을 것이므로 크게 문제시되지 않으리라 본다.

한편, 참여의 제도화에 따른 부작용을 최소화하기 위하여는 첫째, 제도를 통한 참여에 있어서 시민의 자율성(initiative)을 충분히 보장하는 한편, 제도가 경직되지 않도록 상황변화에 맞추어 제도의 운용상의 융통성을 확보해야 한다. 둘째, 제도적 참여를 시민참여의 기본적 수단으로 하되, 보완적 수단으로서 비제도적 참여도 인정되어야 한다.[5] 즉, 참여의 외연을 제약하면 안 된다는 것이다. 왜냐하면 ① 상황의 변화에 따라 제도적 참여와 비제도적 참여의 구분은 변화할 것이고, ② 정해진 절차와 규칙이 지배하는 제도적 참여만으로는 시민의 창의적인 참여의지를 위축시킬 우려가 있으며, ③ 무엇보다도 비제도적 참여의 존재야말로 제도적 참여의 유효화 또는 참여제도의 확충을

3) 신원득. (1989). "지방행정에 있어서의 주민참여에 관한 요인분석." 성균관대학교 박사학위논문, 21; 예, 형식적인 공청회.

4) John C. Bollens and Henry J. Schmandt (1982). *The metropolis: Its people, politics, & economic life*. 4th ed. New York: Harper & Row, 135.

5) 윤주명. (1991). "일선관료제와 시민간의 공적상호작용에 관한 연구: 시민의 관료제 대응을 중심으로." 연세대학교 박사학위논문, 59.

위한 실질적인 압력(pressure)으로 작용할 것이기 때문이다.[6]

2. 참여제도화의 기본방향

앞에서 참여제도는 기본적으로 참여과정에서 소외되기 쉬운 빈곤계층을 포함하여 참여의 대표성을 높일 수 있도록 확충되어야 할 것임을 천명한 바 있다. 참여제도가 참여의 대표성 확보요청에 부응하기 위하여는 참여제도가 기본적으로 다음과 같은 사항을 지향하여 추진되어야 할 것이다.

첫째, 참여제도는 누구에게나 평등하게 참여의 기회를 제공하는 것이어야 한다. 즉, 사회계층 및 집단에 영향을 받지 않는 공개된 제도이어야 한다.[7] 이는 대표성 확보의 요청에서 당연히 비롯되는 것이라 하겠다. 그러나 실제로 참여의 대표성 확보를 위하여는 앞서 지적한 바와 같이 빈곤계층의 참여기회 확대를 위한 우선적 고려가 있어야만 한다. 이와 같이 참여제도의 공개성 제고를 위하여는 구체적으로 참여대상의 폭을 넓히고, 참여에 필요한 시간, 기술 및 절차를 간소화하고 참여비용을 최소화시키는 노력이 요청된다.

둘째, 다양한 참여제도가 마련되어야 한다.[8] 아무리 참여제도의 공개성을 높이더라도 어떤 특정한 참여제도는 필연적으로 참여의 대상·절차 등에서 제한적인 요소를 포함하게 될 것이며, 따라서 한두 가지 참여제도만으로는 다양한 계층 또는 집단의 고른 참여를 보장하기 어렵다. 그러므로 다양한 계층·집단의 참여가 골고루 이루어지기 위하여는 다양한 참여제도가 마련될 것이 요청된다.

셋째, 참여제도는 일반적으로 정부의 주도하에 마련되는 경향이 있다고 하겠는바, 정부는 시민으로부터의 협조 획득을 위한 형식적 참여의 수단으로

---

6) Kathleen Jones, John Brown, and Jonathan Bradshaw (1978). *Issues in social policy*. London: Routledge & Kegan Paul, 110; 실제로 비제도적 참여는 기존제도에 대한 시민의 저항권과도 관련 있다. 단, 정부는 비제도적 참여가 비민주적, 폭력적 활동으로 발화하지 않도록 시민의 불만의 여지를 미리 없애려는 노력을 기울여야 할 것이다. 그러한 노력이 민의에 기초한 정치임은 재론의 여지가 없다할 것이다.

7) Lester W. Milbrath and M. L. Goel (1977). *Political participation: How and why do people get involved in politics?*. Chicago: Rand McNally College Publishing Co., 151.

8) Jack DeSario (1987). "Consumers and Health Planning: Mobilization of Bias?" in Jack DeSario and Stuart Langton. *Citizen participation in public decision making*. New York: Greenwood Press, 135.

서 참여제도를 이용하지 않아야 한다. 그러한 참여제도는 당장에는 유용한 것 같지만 장기적으로 볼 때 시민의 진정한 의사가 정책과정에 전달되지 못하게 되므로 공공의사결정의 효과성을 떨어뜨리게 되어 문제시된다.

넷째, 잠재적인 비제도적 참여를 흡수할 수 있도록 참여제도는 사회변화 및 시민의 여론을 고려하여 융통성 있게 제도화되어야 하며, 필요한 경우 발전적 개편을 게을리하지 말아야 한다. 그렇지 않을 경우, 제도적 참여에 대한 불신이 팽배하게 되고 결국 비제도적 참여의 대두에 따라 사회안정이 저해되게 될 것이다.

II 참여제도의 유형과 현황

CITIZEN PARTICIPATION

참여제도는 참여에 영향을 미치는 중요한 요인이다. 문제는 어느 범위까지를 참여제도로 다루어야 하느냐는 것인바, 논자에 따라서 개념정의와는 별도로 참여제도는 다양한 범위에서 다루어지고 있다. 가장 넓게 참여제도를 다루고 있는 예는 ACIR(1979)로서 조직적 참여형태(주민집단, 이익집단, 주민위원회, 고객집단), 개인적 참여형태(투표, 사업수혜자격 획득, 공공사업 참여, 선거운동, 로비, 청원, 소송), 정보전파형(정보공개, 회합, 회의, 출판, 대중매체, 전시, 편지, 광고, 고지, 직통전화, 안내소, 구전), 정보수집형(공청회, 워크샵, 상담, 정부기록, 사적기록, 관찰, 서베이) 등 정부와 주민간에 관계되는 거의 모든 형태의 행위를 참여제도로서 다루고 있다. 참여민주주의의 신봉자인 바버(Barber) 역시 강한 민주주의적 담화를 위한 참여제도(근린주민회합, 원격통신을 통한 참여, 주민교육과 균등한 정보의 접근기회 등), 강한 민주주의적 의사결정을 위한 참여제도(주민발의, 주민투표, 전자통신을 이용한 투표, 추첨식 선거, 보증제도와 공공선택을 위한 시장적 접근 등), 강한 민주주의적 활동을 위한 제도(공공활동, 작업장에서의 민주주의, 마을만들기 등) 등 참여제도를 폭넓게 제시하고 있다.[9] 이보다 조금 좁게 샤프(Sharp)는 정부개방제도(공청회, 회의공개법 등), 정보수집제도(서베이, 고충처

9) Benjamin Barber (1983). *Strong democracy: Participatory politics for a new age*. Berkeley: University of California Press.

리), 지역사회조직활동, 공사협동 등을 참여의 제도로서 다루고 있다.[10] 가장 좁게 참여제도를 논하고 있는 예로는 개인적 참여(투표, 주민의 공직자 접촉), 집단적 참여(정당, 이익집단, 주민집단 등)에 한정하여 참여제도를 논하고 있는 허슨(Herson)과 볼랜드(Bolland)를 들 수 있다.[11] 생각건대, 참여제도를 어느 범위까지 다루어야 하느냐는 기본적으로 참여의 개념화에 부합되도록 해야 할 사안이라 하겠는바, 본고에서는 주민참여의 요체가 정부에 영향력을 미치기 위한 주민의 행위에 있다는 데 근거하여 정부로부터의 주민에로의 정보제공 측면을 제외한 나머지 분야를 대상으로 논의하고자 한다.[12]

참여는 다양한 유형화가 가능함을 앞에서(제 6 장) 이미 확인한 바 있으나, 공식적 제도를 대상으로 한 정부와 시민의 영향력 관계에 따른 분류는 다음의 [그림 11-1]과 같이 세 가지의 유형화가 가능하다. 즉 시민과 정부간 관계에서 정부가 주도권을 가지는 수동적(reactive) 참여제도, 정부와 시민간의 상호작용이 이루어지는 교호적(interactive) 참여제도, 시민이 주도권을 확보하게 되는 적극적(controlling) 참여제도로 분류하는 것이다. 민원실에의 민원제기, 정보공개, 정부기관의 시민대상 서베이나 설문조사, 옴부즈만, 행정모니터 등이 수동적 참여제도에 해당한다고 할 수 있다. 교호적 참여에는 선거, 반상회, 공청회, 간담회, 자문위원회 등이 해당된다. 적극적 참여에는 심의위원회, 지역수권, 직접민주제도 및 토의민주제의 형태가 해당된다. 이를 도식화한 것이 [그림 11-1]이다.

세 가지 참여제도의 분류가 적극적 참여제도로의 일방향적 확충을 강조하는 것은 아니다. 참여 대상과 환경에 따라 유용한 참여 제도는 각기 다를 뿐 아니라 시민들이 참여할 수 있는 방식을 다양화하는 것도 참여확충에 도움이 될 수 있기 때문이다. 따라서 세 가지 유형의 참여제도 전반의 개선과 확충이 모두 중요하다. 다만 적극적 참여제도는 민주정치의 이상에 가장 가

10) Elaine B. Sharp (1990). *Urban politics and administration*. New York: Longman. 참여의 유형화에 있어 이와 같이 정보관련활동(information)과 실제활동(activity)으로 구분하는 것은 논리적으로 타당하지 못하다. 그것은 기본적으로 참여활동은 정부에 대한 주민의사 즉, 정보의 전달을 위한 행위로서 양자간에는 불가분의 관계에 있는 것이기 때문이다.

11) Lawrence J. R. Herson and John M. Bolland (1990). *The urban web: Politics, policy, and theory*. Chicago: Nelson-Hall Publishers.

12) 정보의 주민으로의 흐름에 관련된 제도(예, 정보공표, 홍보 등)는 참여관련제도 또는 환경적 요건으로서 참여와 관련지어 다룰 수 있을 것이다.

그림 11-1 참여제도의 유형

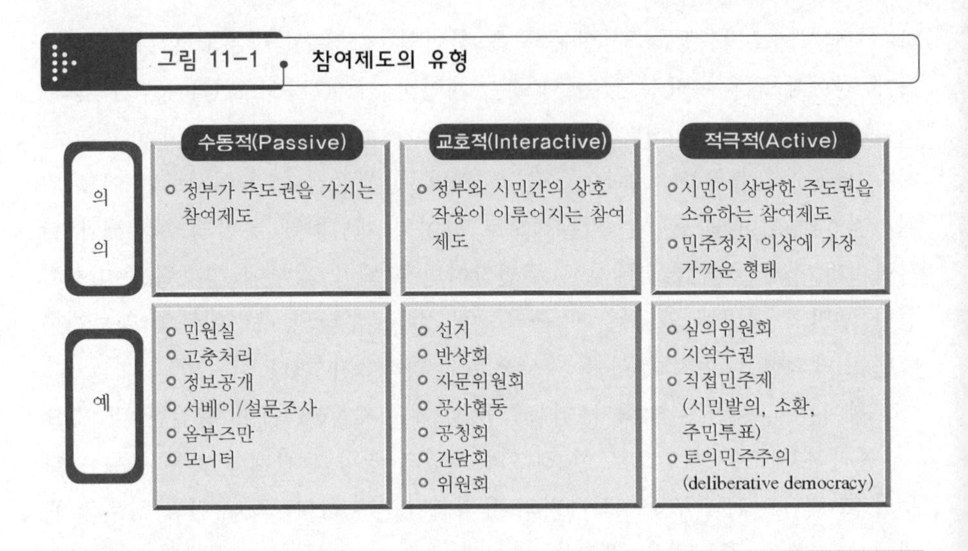

까운 제도로서 향후 참여제도의 확충에 있어 이상적으로 지향해야 할 방향이라는 점에서 직접 참여제도를 중심으로 한 참여제도의 개선이 필요하다고 할 수 있다. 특히 중앙정부보다 지방정부에서의 선거 참여율이 저조하여 민의투입기능이 상대적으로 더 약하므로,[13] 지방정책에 대한 민의의 투입을 증대시킨다는 점에서 직접참여의 제도화가 더욱 강조된다.

이러한 관점에서 이하에서는 우리나라에서 채택하고 있는 공식적 참여제도를 중심으로 세 가지 유형, 즉 수동적 참여, 교호적 참여, 적극적 참여로 구분하여 각각의 참여제도의 실태와 개선방향에 대하여 논의하고자 한다.

1. 수동적 참여제도의 현황 및 개선방안

1) 현 황

수동적 참여제도는 정부와 시민과의 관계에서 정부가 주도권을 가지고 참여제도를 이끌어가는 유형이다. 정부가 주체가 되어 시민의 민원이나 고충처리를 받는 것 외에 설문조사(서베이), 옴부즈만제도, 행정모니터제도 등이

13) Arnold Fleischmann and Carol Pierannunzi (2007). *Politics in Georgia.* the University of Georgia Press.

여기에 속한다.

정부가 시민들의 일반 사항 또는 특정시책에 관한 여론의 파악수단으로 활용하는 설문조사(서베이)는 시민들로 하여금 응답이라는 수단을 통하여 정책과정에 참여하게 하는 수동적 시민참여제도이다. 최근 들어 설문조사에 대한 관심이 높아지면서 우리나라에서도 중앙과 지방에서 현저하게 설문조사가 증가하고 있는 추세에 있다.

시민고충처리인, 시민보호자, 시민대리인, 민원감찰관, 호민관 등으로도 불리우는 옴부즈만은 시민의 입장에서 정부와의 접촉을 통하여 시민의 이익을 구제하기 위한 제도인바, 시민은 이를 통하여 간접적으로 정부의 결정에 참여하게 되며, 이에 따라 정부는 보다 시민요구에 부합하는 정책을 수행할 수 있게 된다.[14] 이와 같은 대리참여 내지는 시민근접행정의 도구로서의 옴부즈만제도는 1809년 스웨덴에서 시발되었고 현재는 핀란드(1919), 노르웨이(1952), 덴마크(1953), 독일(1956), 뉴질랜드(1962), 캐나다(1962), 미국(1967), 프랑스(1973) 등 선진국을 비롯하여 세계 70여개 이상의 국가에서 보편적으로 채택되어 있는 참여제도로서 우리나라에서도 그 도입이 요망되어 왔다. 우리나라는 행정쇄신위원회의 제안에 따라 행정규제및민원사무기본법에 의하여 1994년 4월 9일 국민고충처리위원회라는 일종의 민원처리 옴부즈만제도가 발족되어 국민의 고충을 처리하고 있고, 이후 몇 개의 지방자치단체가 이를 도입하여 시행하고 있다. 이후 국민고충처리위원회는 '국가옴부즈만'으로 개편하여 독립성과 전문성을 강화하고, 일부 지방자치단체에서 도입하여 운영 중인 '시민옴부즈만'제도에 대한 법적 근거를 마련한 바 있다. 지방정부의 시민옴부즈만 제도로는 서울시의 시민감사관제도와 청렴계약옴부즈만제도, 대구시 수성구의 민원배심제, 부천시의 시민옴부즈만제도, 정읍시의 시민고충처리관제, 서울시 강동구의 구민고충조사위원회, 서울시 양천구의 구민고충민원처리위원회, 경기도 안양시의 시민고충처리위원회, 충북 청주시의 청주시민고충처리위원회 등으로 각 명칭은 달리하지만 추구하는 기능은 시민옴부즈만제도의 범주에 들어간다. 시민옴부즈만 제도의 운영 현황은 [표 11-1]에 제시된 바와 같다.

14) Robert Atkins (1992). "Making use of complaints: Braintree district council." *Local Government Studies* 18(3), 164-171.

표 11-1 기초지방자치단체의 각종 시민옴부즈만제도 (2004. 7. 현재)

지방자치단체	운영(근거)	위원수	명칭	비고
부천시	'97. 5. (조례)	1(비상임)	부천시 시민옴부즈만	독임제
익산시	'08. 9. (조례)	5(비상임)	익산시 시민고충처리위원회	독임제
목포시	'08. 4. (조례)	5(비상임)	목포시 시민고충처리위원회	독임제
안양시	'09. 2. (조례)	1(비상임)	안양시 민원옴부즈만	독임제
정읍시	'09. 4. (조례)	7(비상임)	정읍시 시민고충처리위원회	합의제
원주시	'09. 7. (조례)	7(상임1, 비상임6)	원주시 시민고충처리위원회	합의제
서울시	'00. 5. (조례)	5(비상임)	서울시 시민감사옴부즈만	합의제
서울 강동구	'10. 9 (조례)	3(비상임)	강동구 구민옴부즈만	독임제(분야지정)
제천시	'11. 1. (조례)	10(비상임)	제천시 시민고충처리위원회	합의제
서울 구로구	'11. 4. (조례)	3(비상임)	구로구 구민감사옴부즈맨	합의제
서울 서대문구	'11. 5. (조례)	5(비상임)	서대문구 시민감사옴부즈만	합의제
경기도 교육청	'07. 6 (훈령)	8(비상임)	경기도교육청 민원옴부즈만	합의제
부산시 교육청	**'09. 10. (훈령)**	**8(비상임)**	**부산시교육청 고충민원옴부즈만**	**합의제**

* 출처 : 국민권익위원회, 2012년 12월 현재.
** 최유진, 최순영, 홍재환. (2013). "옴부즈만 제도 활성화 방안 연구: AHP 분석방법을 활용한 정책대안 우선순위의 도출". 「행정논총」 51(2): 95-119. p. 102에서 재인용.

표에서 제시된 바와 같이 우리나라 지방자치단체 중 총 13개의 자치단체에서 시민고충처리위원회 혹은 옴부즈만제도의 형태로 제도화하여 운영하고 있다. 그러나 실질적으로는 옴부즈만의 명칭만 사용하고 있는 경우가 많고, 실제 옴부즈만의 기능과는 다른 경우가 대부분이다.[15] 예컨대 해당기관의 민원창구 역할을 하거나 또는 민원서비스의 감시기능을 수행하는 것을 옴부즈만으로 해석하여 사용하는 경우가 많은 것이다. 그럼에도 불구하고 지역 단

15) 김혜정. (2006). 앞의글, 59.

위에서 활동하는 옴부즈만이 가장 효율적일 수 있기 때문에 지방 단위의 옴부즈만제도의 기능상의 실질화가 요구된다.[16] 예컨대, 옴부즈만제도를 수용하지 않았던 일본이 일차로 지방단위에서 이 제도를 도입하여 시행하고 있음은 우리에게 참고가 된다.[17]

행정모니터제도는 중앙 및 지방행정에 관한 여론을 수집하기 위한 제도로서 중앙정부와 지방정부가 공히 시행하고 있는 제도이다. 시민은 자신과 주변 사람의 여론을 수집하여 행정기관에 전달함으로써 정책과정에 참여하게 된다. 현재 중앙행정에 관하여는 한국갤럽조사연구소가 공보처의 위탁을 받아 550명을 공개모집하여 국정에 관한 여론을 수집하고 있다. 지방에서는 행정기관장(도지사, 시장, 군수)이 지방행정에 협조하며 건전하고 능력있는 인사를 지역별로 일정기간 위촉하여 여론수집을 하고 있다.[18]

2) 개선방안

위에서 제시한 수동적 참여제도의 실질화를 위한 개선방안을 제도별로 제시하면 다음과 같다.

설문조사는 대표성 있는 여론수렴을 위하여 가장 잠재력이 큰 방법이다. 단, 비용, 시간 등의 제약으로 자주 실시할 수는 없으므로 시민여론의 변화추세 파악 또는 장기시책의 방향정립에 유용한 자료로 사용할 수 있기 위하여는 가급적 정기적으로 실시하는 것이 바람직하다. 예컨대 미국에서 시행하고 있는 전국 선거조사(National Election Study)나 각종 사회조사가 유사한 항목으로 정기적으로 시행되고 있음은 참고가 된다.

지방정부의 옴부즈만제도는 앞에서 제시한 바와 같이 제도적으로는 다양한 형태로 나타나지만 기능면에서 실질적인 옴부즈만의 기능을 하는 경우는 매우 드물다. 그 이유는 지방정부간에 제도를 모방해 가는 과정에서 제도의 취지를 이해하지 않은 채 형식적인 제도구비에만 치중한 결과라 할 수 있

16) 실질적으로 옴부즈만의 기능과 형태를 갖추고 조례나 훈령, 지침 등의 근거를 마련하여 도입하고 있는 지방정부는 광역시의 경우 서울시의 청렴계약옴부즈만, 대전광역시의 시민옴부즈만, 제주도의 주민옴부즈만 등 3개, 기초자치단체의 경우는 10개 기관 정도로 추릴 수 있다. 국민고충처리위원회. (2005). 내부자료.

17) 심익섭. (1993). "지방자치와 옴부즈만제도." 「자치통신」 제22호, 한국지방자치학회, 18-22.

18) 예컨대, 전라남도의 경우, 도단위에서는 시군당 5-7명, 시군단위에서는 자치단체별로 30-50명을 위촉하고 있음.

다. 지방정부 차원의 옴부즈만제도가 취지를 살리기에 가장 적합한 단위라 할 수 있는바, 지역 단위에서 옴부즈만제도의 실질적 기능을 강화하고 활성화하는 것이 필요하다.

여론모니터제도의 운용에 있어서 핵심적인 사항은 모니터 선정에 있어서의 객관성 및 공정성을 확보하는 일이다. 이는 모니터를 통하여 정부에 전달되는 여론의 객관성 및 대표성을 확보하기 위하여 필요하다. 구체적으로는 정부에 협조적인 시민이 과다대표되지 않도록 무작위 추출방법에 의하여 모니터를 선정해야 한다. 특히 현재 국정 모니터의 경우, 공개모집을 통한 지정방식은 지양되어야 한다. 보다 많은 시민이 참여할 수 있도록 모니터 인원을 확대지정하는 것도 필요하다. 아울러 접수된 여론처리 결과는 신속히 모니터에게 홍보함으로써 모니터의 책임감·사명감을 고취하는 것도 제도를 활성화시키는 요인이 될 것이다. 끝으로 모니터의 임기는 1년으로 한정하여 모니터의 고정관념 형성에 따른 여론의 왜곡 전달우려를 극소화시킬 것도 요청된다.

2. 교호적 참여제도의 현황 및 개선방안

1) 현　황

교호적 참여는 정부와 시민간 상호작용이 이루어지는 제도를 의미하며, 현재 우리나라에서 활용하고 있는 교호적 참여 형태에는 선거, 반상회, 공청회, 간담회, 자문위원회, 공사협동, 위원회 등이 있다.[19]

선거는 국가선거와 지방선거로 구성된다. 전자는 국가의 기관구성을 위한 선거로서 대통령, 국회의원의 선출과 관련한 선거를 의미하고, 후자는 지방정부의 기관구성을 위한 선거로서 지방의회 구성을 위한 의원선거와 지방정부의 대표 또는 집행부를 구성하는 자치단체장 선출 선거가 있다. 일반적으로 선거는 다양한 공직의 대표자를 선출하는 것이지만 보다 넓은 의미로 선거는 대표선출, 선택대안의 제공, 정부구성의 통로, 정부에 대한 정통성 부여, 정치교육, 그리고 정당구조의 정비 등 정치적 기능을 수행한다. 그 외에

19) 이러한 제도는 참여의 관점에서 파악하면 참여제도라 하겠으나, 시민과 정부간의 여론전달의 측면에서 파악할 경우에는 여론수렴 또는 여론투입제도라 볼 수 있다.

표 11-2 최근 선거의 투표율 변화 (단위: %)

대통령선거		국회의원 선거		지방선거	
연도	투표율	연도	투표율	연도	투표율
1997년	80.7	2000년	5702	1998년	52.7
2002년	70.8	2004년	60.6	2002년	48.8
2007년	63.0	2008년	46.1	2006년	51.6
2012년	75.8	2012년	54.2	2010년	54.5
2017년	77.2	2016년	58.0	2014년	56.8

* 출처 : 중앙선거관리위원회 홈페이지.(http://info.nec.go.kr/)

도 선거는 국민의 정치참여 기회의 확대, 책임정치의 실현, 평화적 정권교체, 정의사회의 구현 등 정치적 기능 외 사회통합의 기능을 수행한다.[20] 선거는 시민 개인에게 평등하게 부여된 제도적 참여활동으로 다른 참여행위에 비하여 비교적 많은 시민들이 참여한다. 그러나 투표행위만으로는 시민의 정책과정에 대한 영향력이 제한적이라 하겠으며, 그리하여 투표가 상징적 확인행위에 불과하다는 지적이 제기되기도 하였다.[21]

이와 함께 선거는 모든 시민들에게 평등하게 부여되는 참여방식이긴 하나 그 참여율이 점차 하락하고 있다는 점에서 문제가 된다. 투표율의 하락현상은 [표 11-2]에서 확인할 수 있다. 즉 대통령선거, 국회의원선거, 지방선거 모두 전반적으로 투표율이 하락하는 경향이 나타난다. 물론 2010년 이후에는 투표율의 반등이 나타나고 있지만 이러한 현상은 정치적 이슈에 영향을 받았던 것으로 향후에도 이러한 양상이 지속될지는 의문이다. 더욱이 국가 선거에 비하여 지방선거는 투표율 자체가 낮으며, 그나마 점차 하락하고 있음은 투표를 통한 시민의 의견 반영 및 대표성 확보에 문제가 될 수 있음을 나타낸다.

이와 같은 투표율의 저조는 비단 우리나라만의 현실이 아니다. 미국의 대통령 선거투표율을 시간의 경과에 따라 확인하면 [표 11-3]과 같다. 표에

20) 임승빈. (2006). 「지방자치론」. 파주: 법문사, 245.

21) William A. Shultze (1985). *Urban politics: A political economy approach*. Englewood Cliff: Prentice-Hall.

서 확인할 수 있는 바와 같이 1960년에서 1988년 기간 동안 미국에서도 점진적인 투표율의 하락이 지속되었고, 1996년에는 49%로 절반 이하의 투표율을 나타낸 적도 있다.

반상회는 일제시대 도나리구미(隣組)가 그 기원으로 조선총독부가 주민통제를 위해 설치한 지역조직으로 반일성향의 주민을 감시하기 위한 목적으로 운영되었다. 그 후 1976년 5월 박정희 정권은 정부시책의 홍보와 주민 동원 및 여론수렴을 목적으로 매월 25일에 정례적으로 개최하도록 하는 반단위의 주민총회 성격의 모임으로 변화시켰다. 반상회 모임은 구성원 세대주 또는 주부로 구성되어 있으며 비교적 높은 참석율을 보이는 가장 보편화된 시민참여제도라 할 수 있다. 일본의 도나리구미는 소멸되고 대신 1987년에 고향창생캠페인의 일환으로 마치즈쿠리(町作)라는 마을만들기 협의회가 생성되어 중앙정부가 3,300개 마을에 10억원씩의 교부금을 교부하였고, 주민들의 자발적인 창의적 마을만들기 운동에 크게 기여한 바 있다. 그러나 한국의 경우 도시화의 가속화와 함께 참여율이 낮아지면서 쇠퇴기에 접어들고 있다.

표 11-3 미국의 대통령 선거 투표율 (1936-1996) (단위 : %)

연 도	투 표 율
1936	56.0
1940	58.9
1944	56.0
1948	51.1
1952	60.6
1956	59.3
1960	62.8
1964	61.9
1968	60.9
1972	55.2
1976	53.5
1980	52.6
1984	53.1

1988	50.1
1992	55.2
1996	49.0
2000	51.3
2004	55.3
2008	62.2
2012	58.6
2016	56.9

* 출처: Craig A. Rimmerman (1997). *The new citizenship- Unconventional politics, activism, and service. WestviewPress*, 33에서 1996년까지의 자료, 2000년도 투표율은 Dalton. (2008b) 2004~2016년 자료는 연합뉴스 2016/11/11 자료

또한 그 형식적 운영이 문제로 제기되기는 하나, 법령, 조례 등에 의거하여 행정기관에 설치되어 있는 각종 위원회는 시민의 여론을 수렴하고 시민으로부터 시책에 대한 자문협조를 받기 위한 참여제도이다.

여러 가지 유형의 시민과의 간담회 역시 교호적 시민참여제도의 하나이다. 예컨대, 기관장과의 대화, 행정에 관한 설명회, 각종 초청대화 등은 이에 해당된다. 이외에도 각종 시책에 대한 공청회, 청원 등은 시민들이 참석 또는 발언할 수 있는 교호적 참여제도로서 활용될 수 있는 제도이다.

2) 개선방안

현행 교호적 참여제도가 보다 참여제도서의 실질적인 기능을 발휘하기 위하여는 다음과 같이 개선되는 것이 바람직하다.

(1) 선거제도

일부 나라에서는 투표율을 높이기 위한 방안으로 투표참여를 시민의 당연한 의무로 전제하여 투표불참자에 대한 제재조치의 부과 등이 제안되거나 실행되고 있는 경우도 있다.[22] 그러나 참여의 강제는 개인의 자유를 구속하는 것일 뿐만 아니라 강요된 참여가 얼마나 공익의 증진에 이바지할 것이냐에 대한 우려를 고려할 때, 이와 같은 조치는 바람직하지 않다고 본다. 북한에서의 높은 투표율이 역설적으로 정치문화의 후진성을 극명히 나타내는 증

22) G. Bingham Powell, Jr. (1982). *Contemporary democracies: Participation, stability, and violence*. Cambridge, MA: Harvard University Press, 111-116.

거가 아닐 수 없다는 사실은 이를 뒷받침해 주는 것이라 할 것이다. 생각건대, 우리나라의 투표율은 하락하고는 있으나 외국의 경우와 비교하면 반드시 문제되는 수준에 있는 것은 아니다. [표 11-4]는 이를 뒷받침한다.

[표 11-4]는 2000년대 외국의 투표율을 비교한 것이다. 강제투표제를 도입하고 있는 호주와 벨기에를 제외하고는 대체로 50%대의 투표율을 보인다. 이러한 점을 감안할 때 한국은 기타 민주화된 국가와 비교하여 상대적으로 투표 참여가 낮은 편은 아니라고 볼 수 있다. 따라서 투표율의 제고에 주력하기보다는 오히려 선거관련법 등의 개정을 통하여 선거행태의 선진화를 기하는 것이 더욱 절실한 과제라 하겠다.

표 11-4 2000년대 외국의 투표참여율 비교 (단위: %)

국 가	투표율
호 주*	81
벨기에*	85
캐나다	55
프랑스	52
서 독	70
영 국	58
일 본	65
스위스	37
미 국	53

* 출처: Russell J. Dalton (2008b). *Citizen politics- Public opinion and political parties in advanced industrial democracies*. Washington D.C.: CQ Press, 37에서 일부 발췌; 나라명 뒤의 *표는 강제투표제를 실시하고 있는 국가를 의미.

(2) 반상회제도의 개선방안

반상회는 참여제도로서 가장 중시되어야 할 방법 중의 하나로서 이를 지속적으로 유지·발전시켜 나갈 필요가 있다. 반상회는 바버(Barber)가 민주주의적 담화(democratic deliberation)의 제도화 방법으로 중시하는 근린회합(neighborhood assembly)의 성격을 갖는다. 그에 의하면 근린회합은 정책결정체로서의 의미보다는 공공문제에 관한 시민의 담화를 활성화시킴으로써 시민의 능력을 개발시키는 데 더 큰 목적이 있다고 한다.[23] 이러한 근린회합은 크게는 스위스의 꼬뮨(Commune)이나 영국의 패리쉬(Parish) 또는 미국 북동부의 타운(Town)에서와 같은 주민총회형 지방정부로부터 마을단위의 근린위원회(community boards) 그리고 작게는 우리나라의 반상회와 같은 소규모 회합을 포함한다. 이러한 회합의 활성화는 전국을 포괄하여 평등한 참여를 보장하게 된다는 긍정적인 측면이 있는 것으로 생각된다.

반상회는 현재와 같이 시책홍보 위주로 운영하지 말고 정책과정에 대한 여론의 투입(주민으로부터의 여론수렴) 또는 시민간의 담화(deliberation)를 위한 장으로 정착시킬 것이 요청된다. 이러한 기능은 민주적 의사결정의 훈련경험이 일천한 우리나라의 정치문화를 고려할 때 매우 중요한 것으로 생각된다. 또한 시민의 자율적 참여를 진작시키기 위하여 반상회 개최일자, 부의 안건, 참석, 회의진행방법, 결의사항 실천 등 모두를 시민의 자율적 판단에 맡기는 것이 바람직하다. 반상회에서의 건의사항은 일차적으로 앞서 제시한 반장회의로 부의되는 것이 원칙이나 사안에 따라서는 직접 정부기관에 전달되는 경우도 있으므로 이에 대한 정부기관의 성의 있는 처리가 이루어져야 한다. 건의사항의 성실한 처리는 시민의 반상회를 통한 참여제고에 기여하게 될 것이다. 끝으로 반상회를 지역뿐 아니라 직장, 학교, 기숙사 등의 직능별 단위로 운영함으로써 보다 시민의 참여범위를 확대할 수 있을 것이다.

(3) 위원회제도의 개선방안

위원회가 실질적인 참여의 장이 될 수 있도록 형식적인 위원회의 운영을 지양하고 위원회에 부의된 안건에 대하여 위원들이 실질적인 영향력을 발휘할 수 있도록 해야 한다. 바람직한 방법은 부의 안건도 위원이 자율적으로 제출할 수 있도록 해야 할 것이다. 예컨대 행정쇄신위원회가 자율적으로 의제를 선정하고 논의하는 것은 하나의 모범이 된다. 또한 위원의 구성에 있어서 지도급 인사로만 위원을 위촉하지 말고 사회 저변층을 비롯하여 가급적 다양한 계층의 여론이 균형 있게 대표되도록 위원회를 구성할 것이 요청된다. 단, 전문적 지식이 필요한 위원회의 경우는 필요한 전문인력으로 구성하되 시책방향에 대하여 중립적 및 반대적 의견의 소지자도 반드시 위원회에 포함되도

23) Barber (1983). 앞의글, 390.

록 하여야 할 것이다.

(4) 간담회제도의 개선방안

기본적으로 간담회에 참여하는 대상시민을 선정함에 있어서 작위성을 배제할 것이 요청된다. 즉, 간담회는 참여대상에 원칙적으로 제한을 두지 말고 "나도 한마디 형식"으로 운영함으로써 다수 시민에게 의견개진의 기회를 제공하는 제도로 정착시켜야 한다는 것이다. 다만, 예외적으로 간담회의 능률적 진행을 위하여 불가피한 경우에는 사전에 희망자 등록을 받아 참석발언대상을 선정하되 사전에 지정한 시민의 발언이 끝난 후에는 반드시 미등록된 시민에게도 발언의 기회를 주어야 할 것이다. 그렇지 않은 경우 일부를 제외한 다수의 참여의지를 위축시키게 될 우려가 있다. 또한 간담회는 시책홍보보다는 시민참여 기회의 부여 또는 여론수렴을 목적으로 하여 개최되어야 한다. 이를 위하여는 간담회의 개최일시 및 장소에 대한 공고를 사전에 충분히 할 것이 요청된다. 끝으로 간담회는 여러 장소에서 다양한 시민을 대상으로 실시하여 개최회수를 늘리는 것이 바람직하다.

(5) 공청회제도의 개선방안

공청회는 이미 결정된 시책의 합리화를 위한 형식적 개최를 지양하고 시책과 관련하여 시민의 다양한 의견개진의 기회로 활용할 것이 요청된다. 또한 공청회에서 제시된 의견은 적극적으로 시책에 반영함으로써 시민의 참여의지를 고양시켜야 한다. 아울러 공청회를 통하여 다수 시민의 객관적인 여론을 수렴하기 위하여 공개성을 제고하려는 노력이 필요하다. 구체적으로는 공청회를 관심있는 시민 모두에게 개방할 것, 지정토론자의 수를 지나치게 많게 하여 준비된 발언만으로 공청회가 종료되지 않도록 할 것, 일반 청중에게 자격제한 없이 발언기회를 충분히 부여할 것, 시책방향에 호의적이거나 협조적인 인사위주의 토론자 지정관습을 지양할 것, 충분한 공시기간의 부여, 사전 사업설명, 공청회 일정 등 자료의 사전배포 및 홍보로 다수 시민의 참여를 유도할 것 등이 요청된다 하겠다.

3. 적극적 참여제도의 현황 및 개선방안

1) 제도의 내용과 현황

적극적 참여제도는 시민이 상당한 주도권을 가지는 참여제도로서 민주정치의 이상에 가장 가까운 형태이다. 이와 같은 적극적 참여제도의 형태는 주로 시민의 직접적 청구형태로 나타나는 경우가 많다. 직접청구제는 연혁적으로 스위스와 미국의 주에서 시작된 참여제도로서 일정한 수의 시민이 연서에 의해 국가 또는 지방의 공공문제에 관한 결정을 청구하는 제도를 말한다. 이에는 시민발의, 주민투표, 주민소환, 청원, 감사청구, 소송청구 등이 포함된다.[24]

2) 시민발의제(initiative)- 조례제정개폐청구제도

(1) 시민발의제의 내용

시민발의(initiative)는 유권자들이 하나나 그 이상의 제안들을 주민투표에 붙이기 위하여 청원하는 과정[25], 또는 일정한 서명을 통하여 확인된 청원에 의하여 유권자들이 법안을 제안하는 것[26]이다. 즉 시민발의제도는 선거권자인 주민들이 직접 주체가 되어 지방자치행정과 관련된 공공문제를 해결하기 위하여 서명을 통하여 집합적 의사를 모아서 조례 등 의안을 청구하고, 캠페인을 거쳐 투표로서 그 효과를 확정짓는 정치적 절차라고 규정할 수 있는 것이다[27].

시민발의의 유형은 직접적 시민발의(direct initiative)와 간접적 시민발의(indirect initiative)로 나눌 수 있다[28]. 직접적 시민발의는 일정 수 이상의 시민들이 법 제정과 개정을 제안할 수 있는 권리로 그 결정은 직접적인 주민투표를 통해 결정되는 것을 의미하고, 간접적 시민발의는 발의사항을 입법기관에

24) 적극적 참여제도의 개념과 한계 및 개선점에 관한 내용은 김혜정(2016a; 2016b)에서 발췌하였음.

25) Zimmerman, Joseph F. (1999). *The Initiative: Citizen Law-Making*. Westport, Connecticut, U.S.A., Praeger Publishers, 1.

26) Cronin, Thomas E. (1999). D*irect Democracy: The Politics of Initiative, Referendum, and Recall*. Camnridge, Massachusetts, USA, Harvard University Press, 2.

27) 김영기. (2008). "미국과 스위스, 한국의 주민발의제도 비교연구- 직접참여의 최적단계와 핵심요소를 중심으로". 「지방행정연구」 22(2), 120.

28) Kaufmann, Bruno., Buchi, Rolf., and Braun, Nadia (2008). *Guidebook to Direct Democracy in Switzerland and Beyond, Switzerland, The Initiative & Referendum Institute Europe, 194.*

회부하여 의회 스스로 결정하고 주민투표를 시행하지 않는 것을 말한다.

시민발의를 우리나라의 형태로 구체화한 것이 조례제정개폐청구제도이다. 우리나라의 조례제정개폐청구제도는 지방의회가 주민의 의사를 충분히 반영하지 못하였을 경우나 주민이 직접 조례안을 발의하거나 청구하고자 하는 경우 이를 허용하는 제도이다. 이 제도는 기본적으로 지방의회와 정부가 의제형성과정에서 간과하기 쉬운 주민들의 의사를 공식적인 절차에 의해 반영하기 위한 것이다[29]. 단체장 통제를 위한 수단으로서의 의의를 가질 뿐만 아니라 의회의 민의대변능력에 대한 보완장치로서의 성격을 갖는다.

미국이나 스위스의 시민발의를 원형으로 하는 제도로써, 선출직 지방공직자들이 제때에 필요한 정책을 결정하지 않거나 누락시켰을 때 유권자인 주민들이 정책을 직접 발의하여 투표로 결정하는 장치이다. 본래 주민발의는 주민이 직접적으로 제안을 마련한 뒤 이에 대한 결정권까지 수행하는 것을 의미하지만 우리나라는 주민조례제정 및 개폐청구권의 형태로 1999년 도입하였고, 내용적으로는 의사발의의 과정까지만 규정하고 있다.

조례제정개폐청구제도는 지방자치법 제15조 1항에 명시되어 있고 그 내용은 다음과 같다.

표 11-5 지방자치법 15조 1항의 조례제정개폐청구 내용

제 15조 ① 19세 이상의 주민으로서 다음 각 호의 어느 하나에 해당하는 사람(「공직선거법」 제18조에 따른 선거권이 없는 자는 제외한다. 이하 이 조 및 제16조에서 "19세 이상의 주민"이라 한다)은 시 · 도와 제175조에 따른 인구 50만 이상 대도시에서는 19세 이상 주민 총수의 100분의 1 이상 70분의 1 이하, 시 · 군 및 자치구에서는 19세 이상 주민 총수의 50분의 1 이상 20분의 1 이하의 범위에서 지방자치단체의 조례로 정하는 19세 이상의 주민 수 이상의 연서(連署)로 해당 지방자치단체의 장에게 조례를 제정하거나 개정하거나 폐지할 것을 청구할 수 있다. 〈개정 2009.4.1.〉

29) 박현희. (2010). "주민발의 제도의 운영현황과 특성: 참여주체, 이슈, 효과를 중심으로". 한국행정학회 하계학술대회 발표논문, 6.

(2) 우리나라 조례제정개폐청구제도의 현황 및 의의

우리나라에서 제도가 도입된 후 2015년 12월 31일까지 조례제정과 개폐가 청구된 현황은 <표 11-6>와 같다. 주민조례제정개폐청구는 법이 제정된 1999년을 기준으로 2000년부터 시행되어 2015년 현재까지 총 219건이 청구되었다. 청구된 안건 가운데 원안의결이나 수정의결 등 가결이 된 안건은 총 114건으로 52%를 차지하고, 부결은 27건으로 12.3%, 각하, 철회, 폐기는 72건 32.8%를 차지하고 있다. 청구건수가 급증한 2003-2005년은 학교급식지원조례가 각각 38, 19, 32건이며, 2010년 총 15건 중 학교무상급식 조례가 9건을 차지하고 있다. 청구건수는 2006년부터 급감하여 지역 현안 등을 중심으로 청구되는 추세이다(행정자치부 홈페이지).

표 11-6 주민조례제정·개폐 청구 현황(2000-2015)

연도별	계	청구결과						
		원안의결	수정의결	부결	각하(반려)	철회	폐기	진행중
2015년	6	1	1					
2014년	6	1	2	1				4
2013년	7	2	2		1		2	2
2012년	5		2	1	1		1	
2011년	6	1	3		2			
2010년	15	5	5	1	3		1	
2009년	9	2	2	1			4	
2008년	4	1	1	1			1	
2007년	11	1	6	2		2		
2006년	7	3	3	1				
2005년	47	6	10	6	4	2	19	
2004년	30	8	10	6	1	1	4	
2003년	48	8	25	4	4	1	6	

2002년	2				1		1	
2001년	12	2	1	2	3	2	2	
2000년	4			1	2	-	1	
계	219	41	73	27	22	8	42	6

* 자료: 행정자치부 홈페이지.

우리나라의 조례제정개폐청구는 학교급식지원 조례를 중심으로 활성화된 측면을 하나의 특징으로 볼 수 있다. 특히 2003년 전라남도의 학교급식재료 사용 및 지원에 관한 조례제정은 조례제정개폐청구제도에 대한 관심과 주민참여를 증가시키는 기폭제로 작용하였다(길종백 · 하정봉, 2005: 181). 조례제정개폐청구의 내용별 구성은 <그림 11-2>에 제시한 바와 같다.

그림 11-2 조례제정개폐청구 내용별 현황

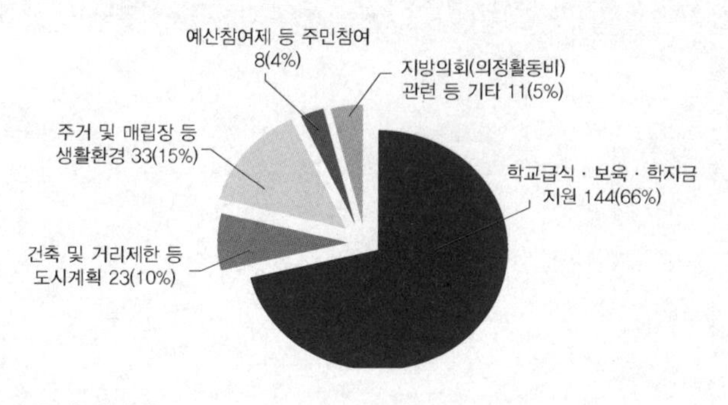

* 자료: 행정자치부 홈페이지.

조례제정개폐청구제도가 지니는 의의를 간략히 제시하면 다음과 같다. 첫째, 과거에 청원에 국한되었던 주민의 권리가 조례의 제·개정 주체로서의 권리를 부여받았다는 것이다. 둘째, 상당수 주민들이 적극 찬성하여 서명한 조례를 부결시키는 것은 지방의회에게는 상당한 정치적 부담이기에 그에 따른 책임을 물을 수 있는 장치가 된다는 것이다. 셋째, 주민참여를 근간으로 하는 제도이기에 광범위한 주민참여를 이끌어 낼 수 있는 방법이 될 수 있다.

실제로 여러 지역에서 주민발의 운동을 근간으로 지역의 의제나 새로운 주체를 발굴하는데 기여한 측면이 나타난다[30].

(3) 조례제정개폐청구제도의 문제점 및 개선방안

주민발의제도로서 조례제정개폐청구제도는 도입된 역사가 일천한 가운데 초기에는 청구사례가 점차 늘었다가 다시 줄고 있는 등 활용이 미비한 것으로 나타나고 있다. 이처럼 조례제정개폐청구 건수가 줄어들고 있고, 청구하였다고 하더라도 의결까지 가는 경우가 적은 이유는 청구요건과 절차가 다른 주민참여제도에 비하여 까다롭고, 주민의 의견이 반영될 가능성이 낮기 때문이다. 따라서 이 제도의 활성화를 위하여는 무엇보다 청구요건과 절차를 완화하는 노력이 필요할 것으로 보인다. 물론 조례제정개폐청구의 청구요건을 완화하고자 하는 노력은 지속적으로 이루어져 왔다. 한 예로 청구요건에 있어서는 2009년 4월에 개정된 지방자치법에 20세 이상의 주민을 19세 이상의 주민으로 확대하여 대상 주민을 확대하는 노력이 포함되었다. 또한 청구인이 서명을 받아야 할 서명자수를 대통령령으로 정하게 되어 있던 것을 지방자치단체 조례로 정하도록 함으로써 지방자치단체의 자율성에 맡긴 것도 크게 개선된 점에 해당한다. 그러나 조례제정개폐청구가 활발히 이루어질 수 있도록 다양한 측면의 개선이 이루어지는 것이 주민 참여의 확대를 위해 필요하다.

(1) 제도의 본질적 취지상의 한계

우리나라의 조례제정개폐청구제도는 의제상정 이상의 권한이 시민에게 주어져 있지 않다. 때문에 본 제도가 주민발의의 원형에 근접할 수 있도록 제도를 확대하는 방안에 대한 검토가 요구된다. 즉 온전한 주민발의로 이어질 수 있도록 의사발의에 더하여 결정의 권한까지 부여하는 제도적 개선을 하는 방안이다.

(2) 제도의 청구요건(지방자치법 제15조)

조례제정개폐 청구 서명자 요건에 대한 것으로, 현재 시・도, 50만 이상 대도시는 19세 이상 주민총수의 1/100~1/70 이내에서 조례로 정하도록 되어 있고, 시・군・구는 19세 이상 주민총수의 1/50~1/20 이내에서 조례로 정하도

30) 김현. (2006). “주민발의제도의 이해와 활용방안”. 「도시와 빈곤」 81권, 6.

록 되어 있다. 그러나 현재의 청구 요건은 간접적 주민발의로 활용되기에는 지나치게 엄격한 기준이라고 평가된다. 이러한 점에서 두 기준 모두의 제도적 완화가 필요하다. 특히 시·군·구의 경우 그 요건의 완화가 더욱 요구되므로 이를 통해 발의가 손쉽게 이루어질 수 있도록 하는 접근성 증대가 필요하다.

서명인수의 완화와 더불어 서명의 검증은 철저하게 검증해야 하지만, 서명을 확보하는 방법에 있어서 다양한 정치주체에게 개방하고, 주민단체 및 다양한 이슈집단의 활동을 다양화하도록 하는 방안도 검토해야 한다[31].

(3) 발의된 조례안의 자동폐기 제도 개선 (지방자치법 제67조)

발의된 안건이 의원임기의 만료로 폐기되는 문제에 대한 것이다(지방자치법 제67조). 의원임기의 만료와 함께 회기 중에 의결되지 못한 안건은 자동폐기되지만 주민이 발의한 안건이 지니는 중요성을 감안할 때, 그리고 지방의회가 주민의 의견을 간과하지 못하도록 하기 위해서 주민이 발의한 안건에 대해 특별한 의미를 부여하는 방안이 필요하다. 즉 주민발의된 안건 가운데 심의하지 못한 안에 대하여는 차기 의회로 넘길 수 있는 특별 조치 방안을 모색하는 것이 필요하다. 간접적 주민발의의 형태에서 그나마 주민이 발의한 안건에 중요성과 그 의미를 부여하는 방안으로서 주민청구 조례안에 대한 심사특례제도의 도입을 모색할 필요가 있다.

(4) 주민발의를 위한 제도적 지원

주민발의를 위한 제도적 지원이 필요하다. 지역 주민들이 발의하고자 하는 사항을 개인적 차원에서 접근하는 것은 주민이 지닌 자원과 기술을 감안할 때 매우 어려운 일이다. 이러한 현실적 제약 때문에 조례제정개폐청구는 주로 개인 보다는 시민단체를 중심으로 발의될 수밖에 없게 된다. 지역 주민들의 요구를 기반으로 지방자치단체에서 발의안 마련을 위한 지원을 받을 수 있는 체제나 시스템의 구축이 필요하다.

---

31) 김영기 (2008). 앞의글, 140.

3) 주민투표제(referendum)

(1) 주민투표제도의 의의

주민투표는 지방의 중요한 공공문제에 대하여 시민이 직접 투표로써 최종적인 결정을 내리도록 하는 제도이다. 주민투표제는 지방자치행정에 주민의 참여와 책임의식을 제고하고, 지방의회의 대의제 기능을 보완하는 의미를 지닌다. 아울러 단체장의 전횡이나 단체장과 의회간의 담합 행위 등을 견제하고, 정책에 대한 주민간의 갈등을 스스로 조정·통합할 수 있게 하는 등 지방자치제의 도입취지를 반영하는 것이다.[32)]

주민투표의 종류에는 법률에 규정되어 있는 강제적·의무적 시민투표(compulsory or obligatory referendum)와 정부 또는 시민발의에 의한 임의적 투표가 있다. 후자에는 의회가 발의하는 임의적 또는 자문적 시민투표(optional or advisory referendum) 및 의회가 가결한 법률·조례의 효력을 시민발의에 의하여 다루는 항의적 또는 청원적 시민투표(protest or petition referendum)가 있다.[33)]

주민투표제는 지방자치행정에 주민의 참여와 책임의식을 제고하고, 지방의회의 대의제 기능을 보완하는 의미를 지닌다. 아울러 단체장의 전횡이나 단체장과 의회간의 담합 행위 등을 견제하고, 정책에 대한 주민간의 갈등을 스스로 조정·통합할 수 있게 하는 등 지방자치제의 도입취지를 반영하는 것이다[34)].

우리나라의 주민투표제는 1994년 지방자치법(제13조의 2)에 근거조항을 두었으나, 주민투표법의 제정지연으로 시행되지 않다가 2004년 1월 29일 주민투표법 제정으로 2004년 7월부터 본격 시행되었다. 주민투표법의 주요 제도적 내용은 <표 11-7>과 같다.

---

32) 김성호. (2004). “주민투표제도의 운용과 과제: 주민투표제도와 단체장과 의회의 대응.” 「지방행정」 53권 610호, 32.

33) 참고적으로 Butler and Ranney는 시민발안을 시민투표의 한 유형으로 제시하고 있다: David Butler and Austin Ranney (1978b). “Theory.” in David Butler and Austin Ranney (1978a). *Referendums: A comparative study of practice and theory*. Washington D.C.: American Enterprise Institute for Public Policy Research, 23-24; 시민투표에 대한 자세한 논의는 Butler and Ranney (1978a). 앞의글 및 Benjamin Barber (1984). *Strong democracy: Participatory politics for a new age*. Berkeley: University of California Press, Ch.10을 참고할 것.

34) 김성호. (2004). “주민투표제도의 운용과 과제: 주민투표제도와 단체장과 의회의 대응”. 「지방행정」 53권 610호, 32.

주민투표의 대상은 20세 이상의 주민과 20 세 이상의 거주 외국인에게 부여되었다가 2009년 개정된 주민투표법에서는 19세 이상 주민으로 확대하였다. 구체적으로 주민투표법 제 9 조 제 2 항은 "19세 이상 주민 중 주민투표청구권자 총수의 20분의 1 이상 5분의 1 이하의 범위안에서 지방자치단체의 조례로 정하는 수 이상의 서명으로 그 지방자치단체의 장에게 주민투표의 실시를 청구할 수 있다"고 제시하고 있다.

주민투표의 실시요건으로는 ① 지방자치단체의 장은 주민 또는 지방의회의 청구에 의하거나 직권에 의하여 실시할 수 있도록 되어있고, ② 주민투표청구권자 총수의 20분의 1 이상 5분의 1 이하의 범위 안에서 조례로 정하는 수 이상의 서명으로 그 지방자치단체의 장에게 주민투표의 실시를 청구할 수 있으며, ③ 지방의회는 재적의원 과반수의 출석과 출석의원 3분의 2 이상의 찬성으로 자치단체장에게 주민투표의 실시를 청구할 수 있으며, ④ 지방자치단체장은 직권에 의하여 주민투표 실시가 가능하나, 단 지방의회 재적의원 과반수의 출석과 출석의원 과반수의 동의를 얻도록 되어 있다(주민투표법 제 9 조).

표 11-7 주민투표법 관련 규정

구분	관련 규정 내용
주민투표 대상	제 7조 ① **주민에게 과도한 부담을 주거나 중대한 영향을 미치는 지방자치단체의 주요결정사항**으로서 그 지방자치단체의 조례로 정하는 사항은 주민투표에 부칠 수 있다. ② 제1항의 규정에 불구하고 다음 각호의 사항은 이를 주민투표에 부칠 수 없다. 1. 법령에 위반되거나 재판중인 사항 2. 국가 또는 다른 지방자치단체의 권한 또는 사무에 속하는 사항 3. 지방자치단체의 예산 · 회계 · 계약 및 재산관리에 관한 사항과 지방세 · 사용료 · 수수료 · 분담금 등 각종 공과금의 부과 또는 감면에 관한 사항 4. 행정기구의 설치 · 변경에 관한 사항과 공무원의 인사 · 정원 등 신분과 보수에 관한 사항 5. 다른 법률에 의하여 주민대표가 직접 의사결정주체로서 참여할 수 있는 공공시설의 설치에 관한 사항. 다만, 제9조제5항의 규정에 의하여 지방의회가 주민투표의 실시를 청구하는 경우에는 그러하지 아니하다. 6. 동일한 사항(그 사항과 취지가 동일한 경우를 포함한다)에 대하여 주민투

	표가 실시된 후 2년이 경과되지 아니한 사항
국가정책에 관한 주민투표	제 8 조 ① 중앙행정기관의 장은 지방자치단체의 폐치(廢置) · 분합(分合) 또는 구역변경, 주요시설의 설치 등 국가정책의 수립에 관하여 주민의 의견을 듣기 위하여 필요하다고 인정하는 때에는 주민투표의 실시구역을 정하여 관계 지방자치단체의 장에게 주민투표의 실시를 요구할 수 있다. 이 경우 중앙행정기관의 장은 미리 행정자치부장관과 협의하여야 한다.
주민투표 요건	제9조 ① 지방자치단체의 장은 주민 또는 지방의회의 청구에 의하거나 직권에 의하여 주민투표를 실시할 수 있다. ② 19세 이상 주민 중 제5조제1항 각 호의 어느 하나에 해당하는 사람(같은 항 각 호 외의 부분 단서에 따라 주민투표권이 없는 자는 제외한다. 이하 "주민투표청구권자"라 한다)는 **주민투표청구권자 총수의 20분의 1 이상 5분의 1 이하의 범위**안에서 지방자치단체의 조례로 정하는 수 이상의 서명으로 그 지방자치단체의 장에게 주민투표의 실시를 청구할 수 있다. 〈개정 2009.2.12.〉 ⑤ 지방의회는 재적의원 과반수의 출석과 출석의원 3분의 2 이상의 찬성으로 그 지방자치단체의 장에게 주민투표의 실시를 청구할 수 있다. ⑥ 지방자치단체의 장은 직권에 의하여 주민투표를 실시하고자 하는 때에는 그 지방의회 재적의원 과반수의 출석과 출석의원 과반수의 동의를 얻어야 한다.
주민투표의 형식	제15조 주민투표는 특정한 사항에 대하여 찬성 또는 반대의 의사표시를 하거나 두 가지 사항중 하나를 선택하는 형식으로 실시하여야 한다.
주민투표의 투표일 제한	제14조 ② 지방자치단체의 관할구역의 전부 또는 일부에 대하여 공직선거 및 선거부정방지법의 규정에 의한 선거가 실시되는 때에는 그 선거의 선거일전 60일부터 선거일까지의 기간은 투표일로 정할 수 없다.
주민투표 결과의 확정	제24조 ① 주민투표에 부쳐진 사항은 주민투표권자 총수의 3분의 1 이상의 투표와 유효투표수 과반수의 득표로 확정된다. ② 전체 투표수가 주민투표권자 총수의 3분의 1에 미달되는 때에는 개표를 하지 아니한다.

* 자료: 김혜정(2016a), "주민직접참여제도의 제도분석-개선과 활성화 방안을 중심으로". p.7.

(2) 주민투표제도의 운영 현황

우리나라 최초의 주민투표의 시행은 2005년 7월 28일 제주도 특별자치법 시행 주민투표이며, 이후 2005년 9월 청주시와 청원군의 주민투표, 2005년 11월 2일 방폐장 부지선정에 관한 주민투표가 있었다. 방사성폐기물 처리장 건립을 위한 부지선정은 19년간 논란을 거듭해 오던 사안으로 2005년 11월 경주, 군산, 포항, 영덕 등 네 개 지역이 방폐장 유치를 위한 주민투표를 실시해 경주시가 가장 높은 찬성률을 보이면서 갈등과제를 합리적으로 해결하였다는 성과를 얻었다. 제주도 행정구조 개편, 청주·청원 통합 문제 역시 주민투표로 결정되었다. 2015년 8월 현재까지 총 8회의 주민투표가 실시되었다(표 1).

그러나 10년 이상의 경험을 거치는 과정에서 제도적 한계를 비롯한 여러 문제점들을 노정하고 있다. 특히 2011년 8월 서울특별시 무상급식관련 주민투표와 2011년 11월 경기도 과천시장에 대한 주민소환 투표 모두가 투표율 미달로 개표도 하지 못하고 부결된 바 있다. 주민투표의 사례는 <표 11-8>에 제시된 바와 같다.

표 11-8 주민투표 운영 현황

<table>
<tr><th></th><th>투표안건</th><th>실시지역</th><th>투표율</th><th colspan="2">개표결과</th><th>투표결과</th><th>청구권자</th></tr>
<tr><td rowspan="2">1</td><td rowspan="2">제주도
행정구조 개편
('05.7.27)</td><td rowspan="2">제주도</td><td rowspan="2">36.7</td><td>단일
광역자치안</td><td>57.0%</td><td rowspan="2">단일
광역자치안
채택</td><td rowspan="2">행정자치부
장관</td></tr>
<tr><td>현행유지안</td><td>43.0%</td></tr>
<tr><td rowspan="4">2</td><td rowspan="4">청주·청원
통합
('05.9.29)</td><td rowspan="2">충북
청주시</td><td rowspan="2">35.5</td><td>찬성</td><td>91.3%</td><td rowspan="4">통합무산</td><td rowspan="4">행정자치부
장관</td></tr>
<tr><td>반대</td><td>8.7%</td></tr>
<tr><td rowspan="2">충북
청원군</td><td rowspan="2">42.2</td><td>찬성</td><td>46.5%</td></tr>
<tr><td>반대</td><td>53.5%</td></tr>
<tr><td rowspan="8">3</td><td rowspan="8">중·저준위
방사성폐기물
처분시설 유치
('05.11.2)</td><td rowspan="2">전북
군산시</td><td rowspan="2">70.2</td><td>찬성</td><td>84.4</td><td rowspan="8">경주시 선정</td><td rowspan="8">산업자원부
장관</td></tr>
<tr><td>반대</td><td>15.6</td></tr>
<tr><td rowspan="2">경북
포항시</td><td rowspan="2">47.7</td><td>찬성</td><td>67.5</td></tr>
<tr><td>반대</td><td>32.5</td></tr>
<tr><td rowspan="2">경북
영주시</td><td rowspan="2">70.8</td><td>찬성</td><td>89.5</td></tr>
<tr><td>반대</td><td>10.5</td></tr>
<tr><td rowspan="2">경북
영덕군</td><td rowspan="2">80.2</td><td>찬성</td><td>79.3</td></tr>
<tr><td>반대</td><td>20.7</td></tr>
<tr><td rowspan="2">4</td><td rowspan="2">서울시
무상급식지원
범위
('11.8.24)</td><td rowspan="2">서울시</td><td rowspan="2">25.7</td><td colspan="2">소득하위 50% 학생
대상으로 2014년까지
단계적으로 실시</td><td rowspan="2">투표권자
1/3미만
투표로 미개표</td><td rowspan="2">서울시민(1/20
이상, 5%)</td></tr>
<tr><td colspan="2">모든 학생 대상
초등학교는 '11년부터,
중학교는 ' 12년부터
전면적으로 실시</td></tr>
<tr><td>5</td><td>영주시
면사무소
이전관련
('11.12.7)</td><td>경북
영주시
평은면</td><td>39.2</td><td>평은면 평은리
산78번지
강동리
산19번지 일대</td><td>91.7</td><td>평은리 일대
선정</td><td>영주시민(1/9
이상, 11%)</td></tr>
</table>

				평은면 오운리 산59번지, 산57-16번지	8.3		
6	청원 · 청주 통합 ('12.6.27)	충북 청원군	36.8	찬성	79.0	통합찬성 확인	행정안전부 장관
				반대	21.0		
7	남해 화력발전소 유치동의서 제출 ('12.10.17)	경남 남해군	53.2	찬성	48.9	유치반대	남해군수
				반대	51.1		
8	완주 · 전주 통합 ('13.6.26)	전북 완주군	53.2	찬성	44.7	통합반대 확인	안전행정부 장관
				반대	55.3		

* 자료: 행정자치부 홈페이지.

(3) 주민투표제도의 제도적 내용 및 운영상의 한계

가. 하향적 주민투표 발의(주민투표법 제8조)

주민투표법 제8조에는 지방자치단체의 폐치, 분합 또는 구역변경, 주요 시설의 설치 등 국가정책의 수립에 관하여 주민의 의견을 듣기 위하여 필요하다고 인정하는 때에는 주민투표의 실시구역을 정하여 관계 지방자치단체의 장에게 주민투표의 실시를 요구할 수 있도록 규정하고 있다. 중앙정부 장관이 임의로 주민투표의 실시를 요구하는 것은 지역주민들이 지역의 문제를 결정하도록 하기 위한 주민투표의 본질적 취지에는 부합하지 않는다. 국가정책에 관한 주민투표로 방폐장 주민투표의 경우는 찬반 중심의 주민투표의 본래 방식과는 달리 산업자원부 장관이 4개 지방자치단체에 동시에 주민투표를 실시하면서 찬성률이 1%라도 높은 쪽으로 부지선정을 하겠다고 언론에 브리핑하여 유치경쟁을 부추기는 등 주민들간 갈등과 분열을 유발하는 수단이 될 수도 있다.

실제 주민투표 제도가 시행되고 2015년 12월 현재에 이르기까지 총 8건의 주민투표가 이루어 왔으나 그 중 많은 수가 행정기관의 장으로부터 요구받아 실시하였다. 주민이나 지방의회의 청구 또는 지방자치단체 장의 직권으로 실시된 것은 비교적 최근(2011이후) 들어서의 일이다. 지방자치단체를 근간으로 한 주민투표의 발생은 긍정적인 현상으로 해석할 수는 있으나 그럼에도 여전히 지역사회에 근간한 주민투표로 자리 잡았다고 평가하기에는 이르다고 할 수 있다.

나. 주민투표의 대상(주민투표법 제7조)

주민투표법의 제7조 규정은 "주민에게 과도한 부담을 주거나 중대한 영향을 미칠 수 있는 지방자치단체의 주요 결정사항"이라고 일반적으로만 규정하고 있는 반면, 대상이 될 수 없는 사안을 열거하는 방식을 채택하고 있다. "과도한 부담"이나 "중대한 영향을 미칠 수 있는 주요 결정 사항"은 상당히 불확정적인 개념에 해당하고, 해석이나 적용에 매우 어려움을 줄 여지가 있다[35]. 더욱이 해석이나 적용에서도 지방자치단체장의 판단여지를 부여하게 되고, 주민투표의 제안에 상당한 장애물로 기능하게 된다. 더욱이 2항의 규정에서 주민투표를 할 수 없는 사항들을 광범위하게 나열하고 있는데 예외조항이 매우 광범위하여 주민투표의 운영에 지나친 제약을 줄 소지가 있다. 구체적으로 지방자치단체의 예산, 회계, 계약 및 재산관리에 관한 사항을 예외조항으로 두고 있는데 지방자치단체의 많은 정책이나 행정 등 중요사안들이 이들 사항에 속할 수 있기 때문에 주민투표를 무력화하는 조항으로 작용할 여지가 있다[36].

다. 주민투표 실시에의 제한(주민투표법 제14조)

주민투표의 시행 규정과 관련하여 주민투표 투표일에 대한 제한이 과도한 편이다. 주민투표법은 제14조에 근거하여 공직선거일 60일 전부터 선거일까지 주민투표를 위한 서명요청, 주민투표 발의, 투표를 할 수 없도록 정하고 있다. 그러나 우리나라의 경우 지방자치단체장, 의원, 국회의원, 대통령선거를 비롯하여 재보선 선거 등이 빈번하게 이루어지기 때문에 주민투표의 실시에 많은 제한과 제약을 가하는 조항일 수 있다.

라. 주민투표 시행 요건(주민투표법 제9조)

주민투표법은 주민들이 주민투표의 실시를 청구하기 위해서는 주민투표청구권자 총수의 1/20~1/5이하의 범위에서 조례로 정하는 수 이상의 서명이 필요하다. 그러나 유권자 1~5%의 서명을 요구하는 미국의 예나 10%의 서명을 요구하되 인구 규모에 따라 일정한 절대숫자(상한선은 48,000명)를 채우면

35) 홍정선. (2009). 「新지방자치법」. 박영사.

36) 금창호. (2003). "외국의 주민투표제도". 「지방자치」 통권 175호. 현대사회연구소.

주민투표 청구가 가능하도록 하고 있는 독일의 Nordrhein-Westfalen주의 사례를 참고할 때[37] 우리나라 서명 청구 요건은 지나치게 까다로운 것으로 평가된다.

마. 주민투표 개표요건(주민투표법 제24조)

전체 투표수가 1/3에 미달할 경우 개표를 하지 않도록 되어 있다. 주민투표 참여자의 대표성 문제와 상충될 수는 있지만 이미 서울시의 사례나 주민소환 투표의 실제 사례에서 개표하지 못한 사례들이 나타나고 있기에 투표 개표요건에 대한 재검토가 필요하다. 주민투표를 시행하기까지 주민들의 많은 활동과 투표 비용이 발생함을 감안할 때 시행하고도 결과를 확인하지 못하게 되는 상황은 문제라고 할 수 있다.

바. 종합

주민투표제도는 대의민주정치제도에 직접민주정치의 요소를 가미하는 요소로서 지방자치단체장과 지방의회의 두 주민대표기관이 대의제 원리에 입각하여 조화로운 의사결정을 하기 어려운 상황에서 최종적인 주민의견을 수렴하기 위한 제도라는 점을 감안하면 빈번한 주민투표의 발생이 바람직하다고는 볼 수 없다. 더욱이 주민투표에 회부되는 내용 자체가 첨예하고 갈등적인 사안이 많기 때문에 주민투표를 수행하는 과정을 거치면서 주민의견의 분열이나 단절, 소외 및 인근지역의 피해 등이 유발되는 경우도 많다. 투표운동 과정에서 유치찬성집단과 반대집단이 치열하게 대립하고, 그 결과에 대해 양 집단간에 심각한 갈등이 발생됨으로써 주민사회에 화합보다는 갈등을, 문제해결보다는 새로운 문제를 촉발시킨 경우도 상당히 있기 때문이다[38].

이러한 문제를 개선하기 위해 투표운동의 과열 및 외부세력의 관여를 방지할 수 있는 제도적 장치의 마련이 필요하다. 과열된 투표운동을 규제하고, 투표권이 없는 외부로부터 들어온 특정 집단이 투표운동을 하거나 공무원의 투표운동 등에 대한 처벌규정을 둘 것이 제안된다.[39] 또한 주민이나 지방의

37) 금창호 (2003) 앞의글.

38) 성병훈, 성도경. (2012). "주민투표제도의 개선 방안에 관한 연구". 「한국균형발전연구」. 3(3), 127.

39) 최봉기. (2006). "중앙정부에 의한 지역간 경쟁적 주민투표제도의 개선과제". 「한국지방자치학회보」 18(2), 24.

회의 주도에 의한 주민투표가 활성화될 수 있도록 주민참여의 확대 및 의정 활동의 활성화 등도 요구된다.

(4) 주민투표제도의 개선방안

주민투표제도의 제도적·운영적 문제점에 대한 보완 및 개선방안을 모색하면 다음과 같다.

첫째, 중앙행정기관장의 요구에 의한 주민투표 시행가능 요건을 재검토해야 한다. 주민투표의 본래 취지에 맞도록 지역 주민들이 지역의 문제를 결정하는 경우로 한정하여 주민투표 시행을 규정하는 방안을 검토해 볼 필요가 있다.

둘째, 주민투표의 대상에 대한 법 규정의 내용을 명확히 할 필요가 있다. 주민투표를 할 수 있는 사항에 대한 구체적인 열거, 또는 적어도 주요 내용에 대한 예시적 제시를 통해 점진적으로 개선하는 방안이다. 아울러 주민투표를 할 수 없는 사항에 대한 광범위한 열거방식을 줄이거나 개선하고, 예산이나 세금 등 재정에 관하여도 주민투표를 인정하는 방안을 모색해야 한다.

셋째, 주민투표 시행 기간의 제한에 대한 완화가 필요하다. 공직선거일 60일 전부터 선거일까지 주민투표 활동을 할 수 없도록 제약하고 있는데 이를 완화하는 개정이 필요하다.

넷째, 주민투표 청구 요건의 대폭적인 완화가 필요하다. 스위스 캔톤의 경우 주민투표 청구 서명자 수는 수천명에서 많을 경우 1만 2천명이고[40], 미국의 경우도 1~5%의 서명을 요구하는 것을 고려할 때 전반적인 서명인 요건의 완화를 모색해야 한다.

다섯째, 개표요건에 관한 것으로 실제 개표를 하지 못하는 사례가 등장함을 고려할 때 개표요건을 삭제하거나 투표의 개표 요건을 현재보다 완화하는 방안을 검토해야 한다. 아울러 주민투표 참여율을 제고하기 위한 방안의 모색도 필요하다. 왜냐하면 개표요건이 제약이 된다고는 하지만 지나치게 낮은 투표율은 도리어 주민참여의 대표성 문제를 야기할 우려도 있기 때문이다. 주민투표 선거운동의 활성화나 지원, 주민투표 참여에 따른 인센티브 제

---

40) 안성호. (2005). "주민투표의 직접민주적 개방성: 스위스의 교훈". 「한국지방자치학회보」 17(3).

공의 고려 및 해당 지역의 근무지에서 참여 여건에 대한 배려 등의 방안을 고려해 볼 수 있다.

표 11-9 미국의 시민투표 및 시민발의 사례

시민투표 또는 시민발의의 성공사례로 꼽히고 있는 미국 캘리포니아 주에서의 제안 13호(proposition 13)에 대하여 간략히 소개하자면 이 제안은 납세자 연맹(United Organization of Tax-payers)과 주민옹호단체(People's Advocate)가 주도한 과세제도에 관한 주민발의로서 1977년 12월, 120만 명이 넘는 서명을 얻어 주민투표에 부쳐지는 자격을 획득하고, 1978년 6월 6일의 예비선거에 즈음해서 행해진 주민투표에서 419만 명의 압도적 지지를 얻어 성립되었다. 제안자들은 "캘리포니아 주 내의 도시재정에는 낭비가 너무 많고, 시의 임직원도 너무 많다. 이들을 절약하고 감축한다면 3할까지 세출액을 삭감하고도 시민에 대한 서비스의 양은 줄어들지 않는다"라고 소를 제기함으로써 재산세 부담이 매년 증가하는 경향에 부담감을 느껴 온 대도시 근교의 중산계급들로부터 강한 지지를 받았다고 한다.

제안 13호의 성공에 따라 주민의 감세투쟁, 이른바 '납세자의 반란(tax revolt)'은 전미로 확대되고 일정 한도를 넘는 세 부담에 대한 주민의 반대의사가 적극적이고 명확하게 제시되어 지방자치행정의 개혁에 커다란 자극제가 되었음은 우리에게 참고가 된다.

4) 주민소환제(recall)

(1) 주민소환제도의 의의

주민소환제는 고대 그리스 오스트라시즘(도편추방)에서 유래한 것으로 선거에 의해 공직에 취임한 자를 임기만료 전에 해직할 수 있도록 주민이 결정할 수 있는 제도이며, 해직 또는 해산청구라고 부르기도 한다. Zimmerman은 주민소환을 공직의 정해진 임기가 끝나기 전에 공직자를 유권자의 고발이나 청원, 투표로써 그 공직으로부터 해임하는 절차라고 정의하였다[41]. 주민소환제는 직접민주주의의 일환으로 1890년 스위스에서 도입한 제도이다. 선거기제의 불완전성을 보완하여 공직자가 민의를 보다 충실히 수행하도록 하기 위한 보완장치로 비가시적 권력의 작용으로 심리적 강제를 통해 책임성을 강화할 수 있다는 점에서 그 의의를 찾을 수 있다.

미국에서는 로스엔젤레스시가 1903년 최초로 채택하여 지방정부 차원의 소환 사례가 많이 나타나고 있다. 그러나 일반적으로 성공한 경우는 적은 편

41) Zimmerman (1999), 앞의글, 1.

이다.[42] 주지사를 대상으로 한 주민소환은 1921년 노스다코다 주 프레이저 주지사와 2003년 캘리포니아 주 다비스 주지사 2건이며, 주로 배임, 부정, 정책 차이에 의해 소환되고 있으나 남용되는 것으로 평가되고 있지는 않다.

일본은 1947년 지방자치법 실시 이후 시행되었으며, 1947-1995년간 단체장 565명, 의원 242명에 대한 해직청구가 있었다. 그러나 1960년대 이후 조례제정개폐청구를 하는 것이 현실적이라는 인식하에 소환청구는 줄고 있다. 주로 시정촌 합병, 원자력 발전소 건설문제와 같은 지역현안과 관련하여 단체장 해직청구가 있었다.

우리나라는 2004년 광주광역시가 최초의 주민소환조례를 제정하여 공포하였고, 2006년 5월 24일 '주민소환에 관한 법률'이 국회를 통과하여 2007년 7월 1일부터 본격적으로 시행되었다. 주민소환 제도가 가장 마지막으로 도입됨으로써 직접민주제의 세 가지 방편(주민투표, 주민발의, 주민소환)이 다 갖추어진 셈이다.

청구요건은 시도지사는 10/100이상, 시장, 군수, 구청장은 주민의 15/100 이상, 지방의원은 20/100 이상의 요건을 갖추어야 하고, 청구사유에 대한 법적 제한은 없다. 주민소환투표안이 공고되면 그 때부터 투표결과의 공표시까지 주민소환대상자의 권한은 정지된다(20-30일). 소환투표의 결정은 투표총수의 1/3 이상 투표와 과반수 이상의 찬성으로 결정된다.

주민소환제도가 가지는 제도적 의의는 다음과 같다. 첫째, 주민소환제도는 선출직 공직자의 임기제 단점을 보완할 수 있다[43]. 일반적으로 임기제는 주민의 대표자나 집행기관이 여론에 좌우되지 않고 소신을 가지고 의사결정을 할 수 있다는 장점을 가지지만 임기 중에 주민의 의사와는 전혀 다른 방향으로 정책을 결정하고 추진하여 주민의 입장을 제대로 반영하지 못할 우려도 있다. 따라서 임기가 보장되어 있다고 해도 지방공직자의 활동에 대해 통제할 수단이 필요하다. 아울러 선출직 지방공직자의 권한남용 가능성을 제어하고 통제할 수 있는 주민의 권력통제의 보충적 수단으로 기능할 수 있다. 둘째, 정책결정과 집행과정에서 양 기관의 폐쇄적인 의사결정으로 인해 생길

42) 1970년에서 1979년간 17개 주에서 1,155회의 소환청구가 있었다.

43) 신봉기. (2004). "지방자치에 있어서 직접민주제 방식의 도입: 특히 주민소환제와 관련하여. 「공법연구」 33(1): 181-211; 조경련, 김영기. (2008). "우리나라 주민소환제 운용에 관한 연구". 「지방정부연구」 12(1): 197-220.

수 있는 주민소외를 완화하여 주고, 주민의 참여의식을 높이는데 기여할 수 있다. 즉 주민소환제는 제도의 존재 자체만으로도 지방행정기관이나 지방의회의 탈법적 행정을 방지하고 주민의 의사에 따르는 책임행정을 수행하도록 강제하는 효과를 지닌 것이다[44]. 즉 주민소환제도는 일방향적인 선출직 공직자들에 대한 시민의 통제역할을 일정부분 증대시키고, 시민에 대한 공직자의 대응성을 높일 수 있다는 점에서 그 의의를 찾을 수 있다. 또한 지역사회의 시민운동단체와 시민 개인들의 참여활동도 적극화되는 계기가 되어 왔다. 셋째, 시민에 대한 공직자의 대응성을 높인다.

주민소환제도의 법제도적 규정 내용은 다음의 <표 11-10>과 같다.

표 11-10 주민소환에 관한 법률(2011년)

구분	내용
주민소환투표 대상(제7조)	① 전년도 12월 31일 현재 주민등록표 및 외국인등록표에 등록된 제3조제1항 제1호 및 제2호에 해당하는 자(이하 "주민소환투표청구권자"라 한다)는 해당 지방자치단체의 장 및 지방의회의원(비례대표선거구시 · 도의회의원 및 비례대표선거구자치구 · 시 · 군의회의원은 제외하며, 이하 "선출직 지방공직자"라 한다)에 대하여 다음 각 호에 해당하는 주민의 서명으로 그 소환사유를 서면에 구체적으로 명시하여 관할선거관리위원회에 주민소환투표의 실시를 청구할 수 있다.
주민소환 투표청구 서명인수 (제7조)	1. 시 · 도지사 : 해당 시 · 군 · 자치구별 주민소환투표청구권자 총수의 100분의 10 이상 2. 시장 · 군수 · 구청장 : 해당 읍 · 면 · 동별 주민소환투표청구권자 총수의 100분의 15 이상 3. 지방의회의원 : 해당 선거구 안의 읍 · 면 · 동별 주민소환투표청구권자 총수의 100분의 20 이상
권한행사의 정지(제21조)	① 주민소환투표대상자는 관할선거관리위원회가 제12조제2항의 규정에 의하여 주민소환투표안을 공고한 때부터 제22조제3항의 규정에 의하여 주민소환투표결과를 공표할 때까지 그 권한행사가 정지된다.
주민소환 투표결과의	① 주민소환은 제3조의 규정에 의한 주민소환투표권자(이하 "주민소환투표권자"라 한다) 총수의 3분의 1이상의 투표와 유효투표 총수 과반수의 찬성으로

44) 심상복. (2009). “현행 주민소환제의 문제점 고찰”. 「법학연구」 49(2): 155-187.

확정(제22조)	확정된다. ②전체 주민소환투표자의 수가 주민소환투표권자 총수의 3분의 1에 미달하는 때에는 개표를 하지 아니한다.

* 자료 : 김혜정(2016a). 앞의글, p. 16.

(2) 주민소환제도의 운영 현황

주민소환제도의 시행으로 광역화장장 유치와 관련하여 경기 하남시장이, 재개발아파트에 대한 행정처리 미흡으로 서울 강북구청장이, 해군기지 건설을 일방적으로 추진한다는 이유로 제주도지사가 소환청구되었다. <표 11-11>은 주민소환제도를 통해 투표를 실시한 사례이고, <표 11-12>는 투표로 이어지지 못하고 종결하게 된 사례들이다. 2016년 현재까지 주민소환은 총 59건이 있었지만 이 가운데 주민투표로 이어진 경우는 총 8회에 불과하다. 실제 주민소환으로 이어진 경우는 경기 하남시의 시의원에 대한 두 건에 불과하다. 주민소환을 청구하고자 했던 사례들은 상당수 있었으나, 현실에서 투표로까지 이어져 주민의 의견을 묻게 되는 경우는 매우 드문 것을 확인할 수 있다.

표 11-11 • 주민소환 투표실시 사례 현황

	일시	지역	소환대상	추진사유	추진상황
1	'11.12.1	전남 구례	군수	법정구속으로 인한 군정공백 유발	투표실시('13.12.4) (투표율 8.3%, 소환무산)
2	'12.6.26	강원 삼척	시장	원자력발전소 건립 강행 등	투표실시(10.31) (투표율 25.9%, 소환무산)
3	'11.7.19	경기 과천	시장	보금자리지구 지정수용 등	투표실시(11.16) (투표율 17.8%, 소환 무산)
4	'09.5.13	제주 특별 자치도	도지사	제주해군기지 건설관련 주민의견 수렴부족 등	투표실시(12.12) (투표율 11%, 소환 무산)

5	'07.9.21	경기 하남	시장	화장장 건립 추진 관련 갈등	투표실시(12.12) (투표율 31.1%, 소환 무산)
6	'07.9.21	"	시의원	"	투표실시(12.12) (투표율 23.8%, 소환 무산)
7	'07.9.21	"	시의원	"	투표실시(12.12) (투표율 37.6%, 소환)
8	'07.9.21	"	시의원	"	투표실시(12.12) (투표율 37.6%, 소환)

* 자료 : 김혜정(2016a). 앞의글, p. 16.

표 11-12 주민소환 미투표 종결 사례 현황(총 56명)

	청구 연도	지역	소환대상	추진사유	추진상황
1	2013	서울 마포	구청장	당인리 발전소 지하화 관련 건설인가 등	대표자증명신청취하 (13.5.31)
2		전북 전주	시장	직무유기와 무능 (공동주택관리 소홀) *청구인의 4번째 소환청구 ('09년2회, '07년 1회)	서명부 미제출 ('13.6.15)
3		부산 연제구	구의원	공용시설보호지구(공원) 지정추진	대표자증명신청취하 ('13.5.2)
			구의원	〃	〃
4		충북 보은	군수	LNG복합화력발전소 유치관련 주민의견 무시	소환사유해소로 종결 ('13.1.29)
			군의원	LNG복합화력발전소 유치관련 보은시장 독선 방관	소환사유해소로 종결 ('13.1.29)
			군의원	〃	〃
			군의원	〃	〃
5		대전	교육감	초등학교 학군 조정 갈등	소환사유해소로 종결

					('13.2.25)
6	2012	대구	시의원	친환경 의무급식 지원조례안(주민청구) 수정 및 날치기 통과	서명부 미제출 ('13.2.15)
7		강원 태백	시장	오투리조트 문제대책 미흡	대표자증명신청취하 ('12.12.28)
8		부산	시의원	에코델타시티 사업부지 주민보상요구 묵살	대표자증명신청취하 ('13.1.17)
9		경기 동두천	시장	LNG 화력발전소 건립중지 등	서명부 미제출 ('12.9.14)
10		경북 청송	군수	민간자본 유치 공약 미이행 등	대표자증명신청취하 ('12.4.18)
11		서울 노원	시의원	방사능 폐아스콘 반대투쟁에 비협조적	서명부 미제출 ('12.5.7)
12	2011	부산 영도	구청장	고가도로 건설 찬성 및 절영산책로 유실로 인한 주민피해	대표자증명신청취하 (8.31) 서명부 미제출(12.1)
13		경기 남양주	시장	민자도로 통행료 검증 미비로 재정부담 가중 등	대표자증명신청취하 (9.28)
14		경기 시흥	시의원	지역주민의견 무시 및 독선 등	서명부 미제출
15		서울	시장	서민 혈세낭비 및 시의회 출석거부, 주민투표 강행 등	소환대상자 사퇴 (8.29) 종료
16		경기 과천	시의원	보금자리 주택사업 반대로 사업지연	서명부 미제출
			시의원	〃	〃
17	2009	강원 춘천	시의원	동료의원 폭행 등	청구제한기간도래로 종료
18		전북 전주	시장	시의원 비서채용의 부적절성 등	〃
19		경북 경주	시장	경주읍성 복원계획에 따른 재산권 침해 등	〃
20		충북 충주	시의원	관광성 해외연수 등	서명부 미제출

21		인천 연수	구청장	수인선 연수역사 위치조정의 문제해결 기피 등	〃
22		전북 전주	시장	자질부족, 오만과 무지 등	〃
23		강원 인제	군수	공약 미이행, 방만한 군정운영 등	〃
24	2008	충북 충주	시의원	관광성 해외연수	서명부 미제출
25		경남 밀양	시장	공약사업 미추진 등	〃
26		서울 광진	시의원	뇌물수수로 구속 수감	소환대상자 사퇴(11.10) 종료
27		경기 시흥	시장	장기간 직무정지에 따른 시정공백	청구 후 각하(서명인수 미충족)
28		전북 임실	군수	군부대 이전 반대	서명부 미제출
29		전남 곡성	군의원	의정비 과다인상, 복지예산 삭감 등	〃
30		서울 동대문	구의원	지역 재개발사업 이권개입 등	〃
31		〃	시의원	명문고 설립반대 및 지역발전저해	대표자증명신청 취하(1.23)
32		전남 장성	군의원	농업, 복지예산 부당 삭감 등	서명부 미제출
33		〃	군의원	〃	〃
34		〃	군의원	〃	〃
35		〃	군의원	〃	〃
36		서울 구로	구의원	의정비 과다인상 등	대표자증명신청 취하(1.11)
37		〃	구의원	〃	〃
38	2007	서울	시장	공무원의 무분별 퇴출 등	대표자증명신청 취하(1.22)
39		전북	시장	공동주택관리 감독 소홀	서명부 미제출

		전주			
40		경남 함양	군수	골프장 등 유치 관련 갈등	〃
41		서울 노원	시의원	납골당 설치 관련 갈등(공약사항 불이행, 지역현안 무관심 등)	대표자 사퇴, 서명부 등 반환(9.10)
42		〃	구의원	〃	〃
43		〃	구의원	〃	〃
44		〃	구의원	〃	〃
45		충남 부여	군의원	부당한 예산심의 및 국유지 무단 점유	서명부 미제출
46		〃	군의원	〃	〃
47		〃	군의원	부당한 예산심의 및 업무추진비 남용	〃
48		대전 서구	구의원	부당한 압력행사 등	대표자 증명신청 취하(7.30)
49		〃	구의원	〃	〃
50		서울 강북	구청장	재개발 관리, 감독 소홀	서명부 미제출
51		광주 광산	구청장	노점상 단속 부당	대표자증명신청 취하(7.11)

* 자료: 김혜정(2016). 앞의글, p.17-19.

(3) 주민소환제도의 제도적·운영적 문제점 및 개선방안

가. 주민소환 대상자의 제한(주민소환에 관한 법률 제7조 1항)

주민소환제도는 법률 규정상 지방 선출직 지방공직자, 자치단체장과 지역구 지방의회의원만을 주민소환의 대상으로 하고 있다. 반면 비례대표 시도의원과 비례대표 자치구, 시군의원은 제외한다(7조). 선출방식에만 차이가 있을 뿐 비례대표 지방의원도 지역구 지방의원과 차별할 이유가 분명하지 않다[45]. 비례대표 지방의원들을 주민소환 대상에 포함시키는 방안을 고려할 필요가 있다. 뿐만 아니라 국회의원에게도 적용 대상을 확대해야 한다는 논의도 있다.

나. 청구요건의 제약(주민소환에 관한 법률 제7조)

현재 주민소환법에서 특별시장 및 광역자치단체장의 주민소환 청구는 주민소환 청구권자 총수의 10/100이상, 기초자치단체장은 15/100이상, 지방의회 지역구 의원은 20/100 이상의 서명을 요건으로 하고 있다. 이러한 기준은 매우 높은 것으로 예컨대 광역시 기준으로 적용하면 10만에서 20만명 정도의 유권자 서명을 받아야 주민소환 청구가 가능한 셈이다. 기초자치단체의 경우는 그 기준이 더 높아서 지역에 따라 차이가 크겠지만 구의 경우는 5만명 이상의 서명이 필요한 것이고, 지방의원의 경우는 20%로서 그 수준이 더욱 높다.

지방자치단체장에 비하여 지방의회 의원의 경우 그 기준이 더 높을 이유가 있는지에 대한 고려도 필요하다. 우리나라의 소환청구 요건은 다른 나라에 비하여 상대적으로 엄격한 편이다. 우리의 지방자치단체의 규모가 외국의 것보다 상대적으로 큰 편임을 고려할 때 이러한 서명요건에 대한 조정이 필요하다[46]. 물론 주민소환제가 남용되지 않는 차원에서의 조정이라는 전제가 고려되어야 하겠으나, 제도가 있음에도 실행가능성이 낮음은 문제라 하겠다. 실제로 사례별로 내용과 사정에 따라 다르긴 하지만 청구요건을 충족하지 못한 사례들이 많이 나타난다는 점에서도 이에 대한 개선이 필요하다. 그리고 지역의 크기를 감안하여 큰 지역에서의 서명자 숫자나 비율을 낮추는 작업이 요구된다.

다. 주민소환대상자의 권한정지 측면 (주민소환에 관한 법률 제21조)

현행 주민소환법 제 21조는 주민소환투표안을 공고한 때부터 주민소환투표결과를 공표할 때까지 그 권한행사가 정지됨을 규정하고 있다. 그러나 주민소환 투표 결과가 결정되기도 전에 투표에 붙이는 것만으로 권한행사가 중단되면 미결상태에서 지방행정의 연속성·안정성을 해치고 행정공백을 가져오게 된다. 그리고 이러한 문제는 주민소환의 남용 가능성으로 이어질 수 있다[47]. 민주적 절차를 거쳐 선거로 선출된 공직자가 주민소환 운동의 발의

45) 이기우. (2008). “중앙과 지방의 관계재설정과 주민참여: 주민소환제도의 개선과제”. 한국지방자치학회 학술대회 논문집: 921-936.

46) 정연정. (2012). “주민소환제와 주민참여”. 「선거연구」 2(1), 52.

및 공고만으로 임기를 정지시키는 것은 공무담임권의 침해라고도 볼 수 있다. 주민소환대상자의 권한정지 조항을 삭제하여 행정공백을 막고, 민주적 원리를 지켜가는 것이 필요하다.

라. 투표율 요건(주민소환에 관한 법률 제22조)

주민투표제도에서도 논의한 바와 같이 3분의 1이상의 투표율 규정이 과도하게 높은 것이 아닌가의 문제에 대해서도 고려해 보아야 한다. 주민의 선거참여율이 높지 않음을 감안할 때 소환 투표율에 관한 규정을 어느 정도는 낮추는 방안을 모색할 필요가 있다.

마. 주민소환제의 남발과 그에 따른 비용 부담의 우려

주민소환제의 남발과 관련한 우려가 제기되기도 한다. 남발될 경우 막대한 비용이 소요될 수 있다는 점에서 지방에 부담을 가져올 수 있다. 때문에 이러한 남발을 막기 위해 경비에 대하여 주민소환투표가 무효 또는 부결될 경우 비용의 일부라도 부담시켜야 한다는 주장이 제기되기도 한다.

광역지역을 대상으로 한 주민소환의 추진 사유는 [표 11-13]에 제시되었다.

표 11-13 광역권역의 소환대상자별 소환추진사유

	소환대상자	계	정책추진		직무행태		예산낭비		불법비리		기 타	
		건수	건수	%	건수	%	건수	%	건수	%	건수	%
계	100	147	30	20.4	56	38.1	41	27.9	8	5.4	12	8.2
단체장	31	47	20	42.5	14	29.8	6	12.8	6	12.8	1	2.1
의 원	69	100	10	10.0	42	42.0	35	35.0	2	2.0	11	11.0

* 출처: 조경련, 김영기. (2008). 앞의글. 206. 표4 재구성.
** 여기서 논의하는 주민소환 사례는 소환 추진의사를 표명한 광역단체의 모든 사례를 포함한 것임.

표에서 나타난 바와 같이 주요 소환추진 사유는 직무행태에 관한 것이 가장 많고, 예산낭비, 정책추진, 기타, 불법비리와 관련된 순으로 나타났다. 이와 관련하여 청구사유를 제한해야 한다는 주장이 있으나 기본적으로 소환

47) 이기우 (2008). 앞의글.

제 자체가 정치행위로서 사전적으로 청구사유를 제한하는 것은 바람직하지 않다. 외국의 경우 독일과 일본은 제한 규정이 없고, 미국은 '직권 남용, 의무 불이행, 공약위반과 불이행, 임무수행의 오류와 태만, 도덕적 해이' 등을 규정하고 있으나 역시 이에 대한 해석상의 불일치가 나타난다.

주민소환청구사유가 구체적으로 제시되는 것이 불가능한 이상 소환청구사유에 대한 보다 합리적이고 객관적인 내용이 구성될 수 있도록 사전심의기구 등을 구성하여 청구사유에 대한 적합성을 종합적으로 판단하고 투표결과에 대한 책임여부 등도 제시해야 한다는 제안도 검토해 볼 만하다.[48] 무엇보다 지속적으로 운영상의 개선과 함께 시민의식의 발휘와 민주적인 지방정치의 달성이 필요하다.

바. 정치적 악용 우려

향후 후보예정자뿐 아니라 과거 선거 때 경쟁후보였던 자의 정치적 보복이나 견제의 수단으로 악용될 수 있고, 공직자의 단기적인 인기에 영합하는 정책을 펼 가능성도 배제할 수 없다. 이를 예방하기 위해 선거 후 1년간 주민소환투표 청구를 할 수 없도록 했고, 입후보 예정자의 서명활동 및 소환투표 운동도 제한했다.

5) 주민감사청구제

(1) 주민감사청구제의 의의

민선 지방자치 3기에 이르는 과정에서 지방자치단체의 집행부가 자치권력의 남용이나 공익을 저해하는 행정비리를 저지르더라도 이를 통제 또는 제재할 수 있는 유효적절한 수단이 결여되어 있다는 사실이 드러났다. 집행부에 대한 지방의회의 감시 및 견제기능이 제대로 확보되지 못했고, 지방의회에서 집행부의 오직·일탈 등을 규명하더라도 공허한 정치적 논쟁으로 시간만 소비하고 말거나, 감사원이 시장이나 군수의 비리를 적발하여도 민선단체장을 징계하는 등 책임을 추궁할 수 없어 결국 애꿎은 실무자들만 처벌하는데 그치는 일들이 빈번했던 것이다.[49] 우리나라는 그간 주민소환제 등의 주

48) 김동욱, 한영조. (2010). "제주특별도지사 주민소환사례를 통한 주민소환제 문제점 고찰 및 개선방안". 「한국지방자치학회보」 22(1), 87.

49) 홍준형. (1998). "주민직접청구제도의 도입." 「자치의정」. 15-16.

민직접참정의 수단을 도입하고 있지 못하였기 때문에 시민참여를 통하여 지방자치단체의 위법·부당한 행정행위를 감시·견제하고 시민에 대한 행정책임성을 높이며 시민들의 권리를 신장시키기 위하여 일부 지방자치단체에서 시민감사청구제를 실시하여 왔다. 시민감사청구제는 서울시가 1996년 1월 전국 최초로 도입하였고, 총 4개 광역자치단체와 27개 기초자치단체가 시민감사청구제를 도입하였다.

그러나 모든 지방자치단체에는 적용되지 못하고 있다가 김대중 정부에 들어서 100대 과제 중 하나로 구상되었고, 이후 당정협의를 통해 1998년 7월 27일에 지방자치단체 주민감사제도를 신설하기로 합의하였다. 동년 8월에 행정자치부에 의해 지방자치법 개정안이 마련됨에 따라 9월 정기국회에 상정되어 통과되었다. 이로써 1999년 주민감사청구제도가 제도화되었다. 이에 따라 전국의 기초 및 광역자치단체들이 주민감사청구제의 실시를 위한 관련 조례를 제정하여 제도를 도입하였다. 1999년 2월 전국 처음으로 전남 해남군에서 지방의원의 발의로 「해남군 주민감사 청구절차 및 운영 등에 관한 조례」가 제정되었다.

주민감사청구제는 지방자치단체와 그 장의 권한에 속하는 사무의 처리가 법령에 위반되거나 공익을 현저히 해한다고 인정되는 경우 시·도에 있어서는 주무부장관에게, 시·군 및 자치구에 있어서는 시·도지사에게 당해 주민들이 감사를 청구할 수 있도록 한 제도이다(지방자치법 제 16조 1항). 이와 같은 내용을 지닌 주민감사청구제는 시민감사청구제의 근본취지를 전국적으로 확대하였다는 점에서 긍정적인 평가를 할 수 있다.

표 11-14 주민감사청구제도 규정(지방자치법)

구분	내 용
주민감사청구 대상과 청구요건	제 16조 ① 지방자치단체의 19세 이상의 주민은 시·도는 500명, 제175조에 따른 인구 50만 이상 대도시는 300명, 그 밖의 시·군 및 자치구는 200명을 넘지 아니하는 범위에서 그 지방자치단체의 조례로 정하는 19세 이상의 주민 수 이상의 연서(連署)로, 시·도에서는 주무부장관에게, 시·군 및 자치구에서는 시·도지사에게 그 지방자치단체와 그 장의 권한에 속하는 사무의 처리가 법령에 위반되거나 공익을 현저히 해친다고 인정되면 감사를 청구할 수 있다. 다만, 다음 각

	호의 어느 하나에 해당하는 사항은 감사청구의 대상에서 제외한다. 1. 수사나 재판에 관여하게 되는 사항 2. 개인의 사생활을 침해할 우려가 있는 사항 3. 다른 기관에서 감사하였거나 감사 중인 사항. 다만, 다른 기관에서 감사한 사항이라도 새로운 사항이 발견되거나 중요 사항이 감사에서 누락된 경우와 제17조제1항에 따라 주민소송의 대상이 되는 경우에는 그러하지 아니하다. 4. 동일한 사항에 대하여 제17조제2항 각 호의 어느 하나에 해당하는 소송이 진행 중이거나 그 판결이 확정된 사항
주민감사청구 기간	제16조 ② 제1항에 따른 청구는 사무처리가 있었던 날이나 끝난 날부터 2년이 지나면 제기할 수 없다.

* 자료 : 김혜정(2016a), 앞의글, p. 21.

(2) 주민감사청구제도 운영 현황

주민감사청구의 현황은 2011년 6월말까지를 기준으로 하여 다음 [표 11-15]와 같다. 제도가 도입된 후 부터 2014년까지 15년간의 주민감사청구 실적은 연 평균 19.8건 정도의 수준이었다. 제도가 도입되기 이전 시민감사청구제도를 활용할 당시 31개 자치단체에서 약 3년간 총 128건, 연평균 42.6건의 시민감사청구가 이루어졌음을 감안할 때 법개정이 실질적인 효과를 가져왔는지에 대한 평가가 필요하다.

표 11-15 연도별 주민감사 청구 건수

연도	'00	'01	'02	'03	'04	'05	'06	'07	'08	'09	'10	'11	'12	'13	'14
건수	5	12	20	9	7	12	30	24	29	35	26	25	34	18	12

* 자료 : 행정자치부. (2011). 행정안전백서, p. 413.; 2012~2014년 자료는 정정화 외. (2015).「주민참여제도 현황 및 활성화 방안 연구」, p.60.

(3) 주민감사청구제도의 제도적 한계 및 개선방안

현행 주민감사청구제도는 시행한지 16년 이상이 지나고 있지만 과거에 활용하였던 시민감사청구제에 비하여 법적으로 제도화된 것을 제외하고는 지방자치단체와 단체장을 감시·견제하기 위한 효율적인 제도로 자리매김하고 있다고 보기는 어렵다. 이하에서는 이러한 측면에서의 제도적 문제점들과 그에 따른 대안들을 모색한 것이다.

가. 감사청구기관

주민감사청구제도는 시민감사청구제와는 달리 시·도의 사무는 주무부장관에게, 시·군 및 자치구의 사무는 시·도지사에게 감사를 청구할 수 있고(지방자치법 제16조 ①), 청구내용이 둘 이상의 부처와 관련되거나 주무부장관이 불분명한 경우에는 행정자치부장관에게 감사를 청구할 수 있으며, 이 경우 관계부처와 협의를 거쳐 처리주무부처를 지정하도록 하고 있다(시행령 제19조 ①). 이러한 점에서 주민감사청구제는 자치적인 문제해결이 아니라 상급자치단체 혹은 국가의 해당부처에서 결정권을 행사한다는 점에서 집권적인 경향을 반영한다. 아울러 이들 감사기관이 독립된 감사기관이 아니라는 점에서 독립성을 충분히 갖추었다고 평가하기 어렵다. 이러한 체계는 주민의 자치정부에 대한 접근성을 낮출 뿐 아니라 주민의 의사가 반영되지 않는 소극적인 감사로 전락하게 될 우려가 높다.

이러한 점에서 주민감사청구를 총괄적으로 조정할 수 있는 독립적인 전담부처의 설치를 고려해 보아야 한다. 중앙정부로부터 완전히 독립되어 있는 주민 감사기구를 설치하는 안[50]이나, 보다 온건한 방법으로 행정자치부 내에 주민감사청구 전담부서를 국이나 담당관 혹은 정책관 단위로 확대 개편하는 안[51]등의 대안들을 모색해 볼 수 있다.

나. 청구기간의 제한

현행 주민감사청구제도는 사무처리가 있었던 날이나 끝난 날부터 2년이 지나면 제기할 수 없도록 청구기간을 제한하는 규정을 두고 있다. 이러한 규정을 둔 이유는 주민감사청구가 주민소송의 필수적 전치절차가 됨에 따라 청구기간을 제한하지 않을 경우 주민소송의 제소기간이 제한되지 않게 되고 이에 따라 행정상 법률관계가 불확정한 상태로 방치될 염려 때문이다.

그러나 현실적으로는 지방자치단체의 사무가 광범위하여 2년의 제소기간은 주민소송의 제기에 상당한 제약으로 작용할 수 있다[52]. 특히 주민소송

50) 고헌환. (2014). "행정법상 주민감사청구제도에 관한 비교 연구". 「국제법무」 6(1), 24.

51) 김상호. (2013). "비교적 관점에서 현행 주민감사청구제도의 문제점과 개선방안" 「지방정부연구」 17(2), 220.

52) 고헌환. (2014). 앞의글, 23.

의 대상이 되는 재무회계사무의 경우 2년의 청구기간 내 위법 또는 현저하게 공익에 반하는 행위가 밝혀지지 않을 경우에는 주민감사청구가 불가능하며, 주민소송의 제기도 자동적으로 불가능하게 되는 것이다.

이러한 점에서 감사청구의 기간은 주민들이 지자체의 위법행위를 충분히 인지하고 문제제기를 할 수 있을 만큼의 시간적 여유를 부여하여야 한다. 구체적으로 현재 2년에서 지방자치단체의 손해배상 청구권이나 부당이득반환 청구권과 같은 시효인 5년으로 확대하는 안을 고려해 볼 수 있다.

다. 주민감사청구대상 사무의 범위

주민감사청구대상으로 지방자치법에서 제시하는 것은 자치단체와 그 장의 권한에 속하는 사무처리가 법령에 위반되거나 공익을 현저히 해친다고 인정될 때와, 다른 기관에서 감사한 사항이라도 새로운 사항이 발견되거나 중요 사항이 감사에서 누락된 경우 등이다. 즉 지방자치단체의 자치사무, 단체위임사무, 기관위임사무 모두가 감사청구의 대상이 되는 셈인데 그러함에도 구체적으로 어떠한 사무가 감사청구 대상이 되는지가 지나치게 추상적이고 협소하며 구체적으로 명시되어 있지 않고 있다. 지방자치법 제16조 제1항의 단서에는 감사청구대상에서 제외되는 내용들이 규정되고 있는데 이러한 단서조항에서 수사나, 재판에 관여하게 된다는 의미가 무엇인지 불명확하고, 개인의 사생활을 침해할 우려가 있는 사항을 절대적 제외사항으로 한 것이 맞는 것인지[53]에 대한 추가적인 판단이 필요하다. 이러한 이유로 주민 입장에서 주민감사의 청구대상 사무인지 아닌지 여부를 판단하기는 매우 어려운 일이다. 그러다 보니 청구심의과정에서도 각하되는 사례가 많고, 또 청구수리가 되어 실제 감사가 실시되어도 감사결과 처분내용이 나오지 않는 사례도 많다[54]. 구체적으로 제도시행 이후 2011년 6월말까지 청구된 총 226건 가운데 38건이 '감사 부적합'으로 각하되었고, 시·도지사에게 감사를 청구한 총 200건 가운데 감사실시는 이루어졌지만 '처분내용 없음'으로 공표된 것도 14건이다[55].

이러한 점에서 주민감사 청구대상으로 "~법령에 위반되거나 공익을 현

53) 고헌환. (2014). 앞의글, 23.
54) 김상호. (2013). 앞의글, 221.
55) 김상호. (2013). 앞의글, 221.

저히 해한다고 인정되는 경우에"의 포괄적이고 모호한 규정을 보다 명확화할 필요가 있다. 특히 청구대상 사무범위에 있어서 구체적으로 열거하는 방식을 채택하여 감사대상을 넓히고, 주민의 판단 여지가 쉽고 접근가능하도록 장애요인을 제거할 필요가 있다. 더욱이 주민감사청구는 주민소송의 전치가 된다는 점에서 감사청구를 용이하게 할 수 있도록 청구 전제요건을 대폭 완화해야 한다.

라. 감사청구의 요건

현행 지방자치법은 과거의 청구요건을 완화하여, 과거에 선거권자의 1/50 범위 안에서 지방자치단체의 조례로 정하도록 하는 비율제를 개정을 통하여 인원수 기준으로 청구인 수의 기준을 정하도록 하고 있다. 시·도는 500명, 50만 이상 대도시는 300명, 그 밖의 시·군·자치구는 200명을 넘지 않는 범위에서 지방자치단체의 조례로 정하는 19세 이상 주민수 이상의 연서요건을 규정하고 있는 것이다.

그러나 법의 개정에도 불구하고 여전히 청구인 수 기준이 큰 편이어서 주민들이 쉽게 이용하기 어려운 것이 사실이다. 또한 자치단체별로 기준이 상이하여 지역 간에 형평성 문제가 대두된다[56][57]. 전체 국민을 대상으로 하는 감사원의 국민감사청구제도와 공익감사청구제도의 기준이 각각 300명임을 감안할 때, 일정 지역 주민을 대상으로 하는 주민감사청구제도가 그 기준을 200명 내지 500명으로 규정하는 것은 과도한 것이라고 평가할 수 있다. 청구 기준이 지나치게 높으면 주민 차원에서의 감사청구는 매우 어려워지고, 시민단체 등 조직력을 활용하게 되는 경우가 많다. 이러한 현상은 과거의 시민감사제도 활용 당시에 비하여 주민감사제도의 활용이 위축된 경향을 설명하는 하나의 요인이 될 수 있다.

이러한 점에서 주민연서 요건의 대폭적인 완화 또는 감사청구권자를 지역주민에 한정하지 않고 시민단체나 법인의 참여까지 가능하도록 하는 방법도 생각해 볼 수 있다.[58] 또한 감사청구의 대상을 확대하여 주민의 접근과

56) 김상호. (2013). 앞의글, 218.

57) 예컨대 인구가 20만~50만 사이에 있는 대전광역시의 5개 기초자치단체가 모두 100명을 기준으로 하고 있는데 비해, 인근의 인구 4만이 조금 넘는 계룡시도 동일하게 100명을 요건으로 하는 것이다(김상호, 2013: 219).

58) 남기헌. (2006). "주민감사청구 및 주민소송제도의 운영". 「지방행정」 55(634), 44.

활용도를 높임으로써 구체적인 행정통제장치고 기능할 수 있도록 하여야 한다. 이와 함께 청구방법에 있어 전자민원청구 등 청구방법을 다양화하여 참여방법을 용이하게 할 필요도 있다.

6) 주민소송제도

(1) 주민소송제도의 의의

주민소송제도는 지방자치단체 또는 그 직원이 지방자치단체의 재정에 손해를 입히는 위법한 행위를 한 경우 그 행위로 인한 지방자치단체의 예산낭비를 방지하거나 시정하기 위해 주민감사청구를 했던 주민 중 그 감사결과에 불복하는 주민은 누구나 그 위법행위의 중지·취소, 위법확인 및 책임자에 대한 손해배상청구 등을 해당 지방자치단체의 사무소 소재지를 관할하는 행정법원(행정법원이 설치되지 아니한 지역에서는 행정법원의 권한에 속하는 사건을 관할하는 지방법원본원)에 제소할 수 있도록 하는 제도이다[59]. 우리나라에서는 주민소송을 수행하기 위해서 필수적으로 주민감사청구를 실시할 것을 전제로 한 주민감사청구 전치주의를 채택하고 있다. 즉 주민이 지방자치단체 또는 직원의 위법부당한 행위에 관하여 감사위원에 대하여 감사를 청구하여 그 방지·시정 및 손해의 전보를 구하는데 필요한 조치를 취할 것을 청구하고(주민감사청구), 다음에 주민감사청구를 한 주민이 감사의 결과 또는 조치에 관하여 불복이 있는 때에 재판소에 대하여 당해행위의 금지, 취소 또는 손해의 배상 등을 청구할 수 있도록 한 것(주민소송)으로 주민감사청구와 주민소송은 일련의 절차로 행하여지는 것이다.

우리나라의 주민소송제도는 해당 지역에 거주하는 주민들이 지방자치단체의 위법한 재무회계행위로 인한 이익의 침해를 받거나 부정적인 영향을 받았는가의 여부에 관계없이 소송의 청구가 가능하다는 측면에서 객관소송의 성격을 가지고 있고, 당해 지역에 거주하는 주민이라면 누구나 소를 청구할 수 있다는 점에서 민중소송이자 당해 지자체의 위법한 재무회계행위를 시정하고자 하는 공익목적을 가지고 제기되는 공익소송이라는 성격을 지닌다[60].

---

59) 박효근. (2012). “주민소송제도의 현황 및 향후 과제”. 「한양법학」 40, 115.

60) 김병국, 문동진. (2014). “주민직접참정제도의 청구요건 완화방안”. 「GRI연구논총」 16(3), 438; 박효근. (2012). 앞의글, 115.

우리나라의 주민소송제도는 2005년 1월 27일 지방자치법의 개정으로 2006년 1월 1일부터 시행되었다. 이 제도는 일본에서 지방자치법을 개정함에 있어서 미국의 각 주에서 널리 행해지고 있는 납세자소송(taxpayers' suit)[61]을 모범으로 하는 것으로, 그 기원은 미국의 연방부정청구법(FCA)[62], 납세자소송, 일본의 주민소송제도, 독일의 단체소송, 프랑스의 월권소송 등과 유사한 성격을 갖는 객관소송이다. 제도의 도입취지는 민선자치 실시 이후 각종 이권을 둘러싼 지역 토착세력과의 민관유착으로 자치단체장 등 지방공직자의 뇌물수수, 업무상 횡령 등 부패와 비리가 발생하고, 한편으로는 지방자치단체장의 선심성이나 행사성 사업추진 및 중복투자 등에 기인한 방만한 재정운영으로 지방재정의 어려움이 높아지는 것을 방지하기 위한 것이다[63]. 이와 함께 주민소송제도는 효과적인 주민통제체제를 구축하여 지방재정운영 과정에서 부정부패를 사전에 차단하기 위한 심리적 예방효과로 작용할 것을 목적으로 하는 제도라고 할 수 있다. 법제도적 내용은 <표 11-16>과 같다.

우리나라의 주민소송제는 '위법한 재무회계행위'에 대해 지역주민이 자신의 개인적 권리·이익의 침해와 관계없이 그 위법한 행위의 시정을 법원에 청구할 수 있도록 한 제도이다. 따라서 소송의 대상은 지방자치단체의 위법한 재무회계 행위, 자치단체가 행하는 공금의 지출, 재산의 취득·관리·처분, 자치단체를 당사자로 하는 매매·임차·도급 그 밖의 계약의 체결·이행이 위법한 경우이거나, 지방세·사용료·수수료 등 공금의 부과·징수를 위법하게 해태한 경우가 대상이다(지방자치법 제 17조 1항).

주민감사청구 결과에 불복이 있는 경우에 감사청구에 연서한 주민은 누구나(1인이라도) 주민소송을 제기할 수 있는데 그 소송의 유형은 다음과 같다. 1유형은 당해 행위의 전부 또는 일부의 중지를 구하는 소송이고, 2유형은 당해 행위의 취소 또는 변경을 구하거나 효력의 유무 또는 존재여부의 확인을

---

61) 미국의 납세자소송은 영국에서 전래된 것으로 1847년 뉴욕시장을 피고로 한 소송에서 처음 인정되었다. 같은 해 메사츄세츠주는 지방자치단체의 예산남용에 대한 납세자소송을 성문법으로 제정하였다. 현재는 뉴멕시코주를 제외한 모든 주에서 주차원의 납세자소송을 인정하여 주정부의 예산부정이나 낭비를 막는데 큰 역할을 하고 있다(김춘환, 문현철, 2003: 468).

62) 연방부정청구법(The Federal False Claims Act)은 1863년 남북전쟁 당시 만연하고 있던 정부보급품 구매과정에서의 부정행위를 막기 위해 제정되었다(이용우, 2003: 120).

63) 박효근. (2012). 앞의글, 115.

구하는 소송이고, 3유형은 당해 해태사실의 위법확인을 구하는 소송, 4유형은 책임있는 당사자에게 손해배상청구 또는 부당이득반환 청구를 할 것을 요구하는 소송이다(지방자치법 제 17조 2항). 주민소송은 주민감사청구에 대한 불복사유가 발생한 날로부터 90일 이내에 제기해야 한다.

표 11-16 주민소송 관련 지방자치법 조문 내용

구분	내 용
주민소송 대상	제 17조 ① 제16조제1항에 따라 공금의 지출에 관한 사항, 재산의 취득 · 관리 · 처분에 관한 사항, 해당 지방자치단체를 당사자로 하는 매매 · 임차 · 도급 계약이나 그 밖의 계약의 체결 · 이행에 관한 사항 또는 지방세 · 사용료 · 수수료 · 과태료 등 공금의 부과 · 징수를 게을리한 사항을 감사청구한 주민은 다음 각 호의 어느 하나에 해당하는 경우에 그 감사청구한 사항과 관련이 있는 위법한 행위나 업무를 게을리 한 사실에 대하여 해당 지방자치단체의 장(해당 사항의 사무처리에 관한 권한을 소속 기관의 장에게 위임한 경우에는 그 소속 기관의 장을 말한다. 이하 이 조에서 같다)을 상대방으로 하여 소송을 제기할 수 있다. 1. 주무부장관이나 시 · 도지사가 감사청구를 수리한 날부터 60일(제16조제3항 단서에 따라 감사기간이 연장된 경우에는 연장기간이 끝난 날을 말한다)이 지나도 감사를 끝내지 아니한 경우 2. 제16조제3항 및 제4항에 따른 감사결과 또는 제16조제6항에 따른 조치요구에 불복하는 경우 3. 제16조제6항에 따른 주무부장관이나 시 · 도지사의 조치요구를 지방자치단체의 장이 이행하지 아니한 경우 4. 제16조제6항에 따른 지방자치단체의 장의 이행 조치에 불복하는 경우
주민소송 유형	제 17조 ② 제1항에 따라 주민이 제기할 수 있는 소송은 다음 각 호와 같다. 1. 해당 행위를 계속하면 회복하기 곤란한 손해를 발생시킬 우려가 있는 경우에는 그 행위의 전부나 일부를 중지할 것을 요구하는 소송 2. 행정처분인 해당 행위의 취소 또는 변경을 요구하거나 그 행위의 효력 유무 또는 존재 여부의 확인을 요구하는 소송 3. 게을리한 사실의 위법 확인을 요구하는 소송 4. 해당 지방자치단체의 장 및 직원, 지방의회의원, 해당 행위와 관련이 있는 상대방에게 손해배상청구 또는 부당이득반환청구를 할 것을 요구하는 소송. 다만, 그 지방자치단체의 직원이 「지방재정법」 제94조나 「회계관계직원 등의 책임에 관한 법률」 제4조에 따른 변상책임을 져야 하는 경우에는 변상명령을 할 것을 요구하는 소송을 말한다.

	④ 제2항에 따른 소송은 다음 각 호의 어느 하나에 해당하는 날부터 90일 이내에 제기하여야 한다.

* 자료 : 김혜정. (2016a), 앞의글, p. 26.

(2) 주민소송제도의 운영 현황

우리나라의 주민소송제도는 2006년 시행된 이후 2015년 말 현재까지 총 29건이 청구되었다. 이 가운데 26건이 종결되었고, 종결된 모든 건에서 주민이 패소하였다. 그 중 경기 광명지역의 사례는 1심 중 소를 취하하였다. 나머지 3건 가운데 두 건은 1심에 계류 중이고, 한 건은 3심 계류 중이다. 주민소송의 사례는 잇따르고 있으나 실제 주민의 승소율은 높지 않은 편이다. 현재까지 주민이 승소한 건은 거의 없다. 더욱이 최근 들어서는 주민보다는 특정 정당이 주로 활용하는 현상도 발생하고 있다. 구체적인 운영 현황은 <표 11-17>에 제시하였다.

표 11-17 주민소송 운영 현황 총 29건('15.8.31 기준)

	구분	추진 지역	소송 제기일	소송 요지	진행상황 및 결과
1	진행중 (3건)	충북 음성	'15.2.17	용산산업단지 해제 관련 손해배상청구	1심 계류
2		경기 용인	'13.10.10	잘못된 수요예측으로 무리한 공사강행, 주민세금 낭비	1심 계류
3		서울 서초	'12.8.29	공공도로 점용 및 건축허가 무효 확인	3심 계류
4	종결(26건)	서울 강서	'10.8.10	불법 의정비 인상분 환수 요구	종결(주민패소, '14.11.29)
5		서울 강동	'10.8.10	불법 의정비 인상분 환수 요구	종결(주민패소, '14.5.16)
6		서울 용산	'10.5.20	불법 의정비 인상분 환수 요구	종결(주민패소, '14.3.13)
7		서울 성북	'10.3.23	불법 의정비 인상분 환수 요구	종결(주민패소, '14.2.27)

8		서울 강북	'10.2.22	불법 의정비 인상분 환수 요구	종결(주민패소, '14.8.28)
9		서울 은평	'10.2.22	불법 의정비 인상분 환수 요구	종결(주민패소, '14.8.27)
10		서울 동작	'10.2.22	불법 의정비 인상분 환수 요구	종결(주민패소, '14.5.21)
11		서울 관악	'09.10.20	예산을 부적절하게 집행한 전 구청장에게 손해배상 청구 요구	종결(주민패소,'11.2.22)
12		서울 동대문	'09.8.7	불법 의정비 인상분 환수요구	종결(주민패소, '10.1.27)
13		서울 구로	'09.8.7	불법 의정비 인상분 환수 요구	종결(주민패소, '10.1.27)
14		전남 여수	'09.7.14	여수2청사-여수지방해양수산청 청사교환시 절차상 위법성	종결(주민패소, '11.8.24)
15		서울 서대문	'09.4.28	불법 의정비 인상분 환수 요구	종결(주민패소, '13.4.4)
16		서울 성동	'08.12.24	불법 의정비 인상분 환수 요구	종결(주민패소, '14.2.27)
17		서울 양천	'08.11.25	불법 의정비 인상분 환수 요구	종결(주민패소, '14.5.21)
18		서울 금천	'08.11.20	불법 의정비 인상분 환수 요구	종결(주민패소, '14.5.16)
19		서울 도봉	'08.5.28	불법 의정비 인상분 환수 요구	종결(주민패소, '14.5.16)
20		경기 의정부	'08.1.8	상계·장암도시개발사업 지구 보상금 과다지급으로 의정부시 예산낭비	종결(주민패소, '12.8.17)
21		경기 수원	'07.9.3	수원시 공무원에 대한 초과 근무수당 불법지급	종결(주민패소, '09.6.17)
22		강원 원주	'07.8.1	물이용부담금 활용한 소공원조성 해태에 관한 부작위 위법확인소송	종결(주민패소, '09.2.12)
23		충남 청양	'07.4.23	군수 업무추진비 위법지출 및 불법공사	종결(주민패소, '09.3.12)

				추진으로 예산낭비	
24		인천 부평	'06.12.11	구청장 업무추진비 위법지출	종결(주민패소, '08.1.31)
25		인천 부평	'06.10.10	구의회 업무추진비 위법지출	종결(주민패소, '07.11.29)
26		서울 성북	'06.9.13	구의회 업무추진비 위법지출	종결(주민패소, '08.11.27)
27		충남 서천	'06.8.31	군수 업무추진비 위법지출	종결(주민패소, '08.1.9)
28		경기 광명	'06.7.24	신설 음식물쓰레기 처리시설이 가동되지 않아 예산낭비	종결(1심중 소취하, '08.9.25)
29		경기 성남	'06.5.25	확장된 탄천변도로 일부구간을 사용할 수 없게 되어(비행안전구역) 예산낭비	종결(주민패소, '11.12.22)

* 자료: 행정자치부 홈페이지.

(3) 주민소송제도의 문제점 및 개선방안

가. 주민소송 접근성의 문제

주민소송을 하기 위해서 현재의 제도하에서는 주민감사의 청구가 필수적이다. 그러나 주민감사의 청구과정과 대상이 되는 사안들이 매우 복잡하다는 점에서 주민들의 접근과 실행가능성 등에서 접근성의 문제가 존재한다. 이로 인해 주민들은 사안의 문제점을 인지한다 하더라도 감사의 청구를 실시하지 않거나 소극적으로 반응할 우려가 있고[64], 이러한 점은 주민감사 청구 자체가 활성화되지 않는 문제로 나타날 수 있다.

이러한 점에서 주민소송제도에 대한 접근의 턱을 낮추는 방안에 대한 모색이 필요하다. 주민감사제도의 개선과도 연계된다.

나. 주민소송 대상의 제약

주민감사청구는 지방자치단체 행정 전반에 대해 신청할 수 있고, 반드시 위법일 것을 요하지 않는 것에 반하여, 주민소송의 대상은 주민감사를 청구한 사항 중 '위법한 재무회계행위', 즉 공금의 지출, 재산의 취득·관리·처분

64) 김병국, 문동진. (2014). 앞의글, 451.

에 관한 사항, 당해 지방자치단체를 당사자로 하는 매매·임차·도급 그 밖의 계약의 체결·이행에 관한 사항, 또는 지방세·사용료·수수료·과태료 등 공금의 부과·징수에 관한 사항에 한정되어 있다. 즉 비재무회계행위에 대해서는 주민소송을 제기할 수 없는 것이다.

그러나 주민들은 지방자치단체의 재무회계사항에 대한 광범위한 비공개대상정보 때문에 충분한 정보를 얻는데 한계가 있음을 고려할 때[65], 주민소송의 대상을 지나치게 협소화하는 것은 아닌지를 고민해 볼 필요가 있다. 장기적으로는 위법한 재무회계행위 외에 직권남용이나 직무유기 등의 사안을 포함하여 지방자치단체의 주요 사무 영역 부문으로 확대하는 방안을 검토할 필요가 있다.

다. 주민소송 청구 요건 문제

주민감사청구의 청구인 자격을 일정수 이상의 주민일 것을 요구하여 주민 1인이 주민소송을 제기하는 것이 불가능한 상황이다. 주민감사청구의 최소청구인 수가 많음과 더불어 감사청구 주민 이외에 다른 주민들이 소송 주체로 참여하지 못함에 따라 주민감사청구 과정에서 문제인식을 하지 못한 주민 가운데 소송 과정에 참여하고자 하여도 그 기회가 주어지지 않음은 문제이다.

따라서 감사청구 주민 이외의 전문성 있는 해당 지역주민들도 소송주체로 참여할 수 있도록 해야 한다.

라. 주민소송에 대한 지원방안 마련

주민소송을 수행하는 주민들은 당해 지방자치단체의 재무회계상의 행위의 내용에 관하여 세부적으로 잘 알기는 어렵기 때문에 그 행위의 위법성을 입증하는 것은 매우 어려운 일이다. 정해진 주민소송청구기간 안에 행정정보를 습득하기 곤란한 경우가 많고, 당해 지방자치단체도 정보공개에 대해 지극히 소극적으로 대응하는 경우가 많은 상황에서 일반 시민들이 그 전문적 영역을 깊게 들어가 소송까지 이어가는 것은 매우 어려운 일이다. 그리고 이러한 현상은 실제 대부분의 주민소송에서 패소하고 있음에서 드러난다. 이러한 점에서 주민소송을 진행함에 있어 법적 지원을 할 수 있는 시스템의 마련

65) 박효근. (2012). 앞의글, 126.

이 필요하다.

더불어 주민소송과 관련하여 발생하는 비용 측면에 있어서도 많은 어려움이 존재한다. 현재 지방자치법 제17조에 승소할 경우에 대한 실비보상청구가 가능하도록 하고는 있지만 이것만으로 소송제도를 지원하는데에는 큰 무리가 있다. 더욱이 실비보상도 승소한 주민이 객관적으로 인정되는 금액에 대해서만 지급한다는 점에서 주민소송제도를 위축시키는 요인이 될 수 있다. 주민소송이 갖는 공익적 의미를 감안할 때 패소원고인 주민의 소송비용을 일부 분담하는 방안이나, 주민승소로 재정적 손실을 막았을 때에 대한 일정부분의 인센티브 지급 방안 등을 고려해야 한다.

7) 주민참여예산제

(1) 주민참여예산제의 의의

주민참여예산제는 예산편성과정에 주민이 직접 참여함으로써 주민들의 의견이 지방자치단체의 예산편성, 특히 사업의 필요성 판단이나 예산배분의 우선순위 결정 등에 반영될 수 있도록 하는 제도이다. 이 제도는 지방재정 운영에 대한 직접 참여제도인 동시에 단체장과 지방의회의 예산낭비나 방만한 편성 등을 방지하기 위한 시민의 사전적 통제장치의 역할도 수행한다. 따라서 주민참여예산제도는 지방재정에 대한 시민적 통제를 통해 지방예산의 책임성을 확보하는 데 목적이 있다.

이 제도는 브라질 포르투 알레그레(Porto Alegre)시에서 1989년 노동자당(PT)의 집권 후 참여예산제를 세계 최초로 개발하여 1991년부터 성공적으로 운영하기 시작하였다. 그 후 1996년 UN에 의해 세계 40대 훌륭한 시민제도로 선정된 바 있는데, 이 제도를 통해 예산운영의 투명성과 대응성, 분배의 형평성이라는 성과를 야기할 수 있다는 점 때문이다.

우리나라는 2003년 광주시 북구가 전국 최초로 주민참여예산운영조례를 제정하여 실시한 이후, 2005년 지방재정법을 통하여 주민참여예산제도의 법적 근거를 마련하였고, 2006년과 2010년에는 '주민참여예산제 표준조례안'과 '주민참여예산제 조례모델(안)'이 각각 마련되어 지방정부에 권고하였다. 그리고 2011년 지방재정법을 개정하여 주민참여예산제도를 의무사항으로 규정함으로써 전국적으로 주민참여예산이 제도화되었다. 광역자치단체 중에서는

2007년 대전광역시가 전국 최초로 도입하였다. 주요 운영 방법은 주민위원회 위원을 위촉 선정하여 주민예산학교를 실시하고, 분과위원회별 예산안을 심의·의결하는 형태이다. 광주시 북구의 2004년 운영보고서에 따르면 25건을 접수하여 20건이 반영되었고, 그 반영 예산액만도 2,500,626,000원에 이른다.[66]

주민참여예산 관련 법으로 「지방재정법」 제 39조 1항은 "지방자치단체의 장은 대통령령이 정하는 바에 따라 지방예산편성과정에 주민이 참여할 수 있는 절차를 마련하여 시행하여야 한다"고 규정하고 있고, 제 2 항에서는 "지방자치단체의 장은 제1항에 따라 예산편성과정에 참여한 주민의 의견을 수렴하여 그 의견서를 지방의회에 제출하는 예산안에 첨부하여야 한다"고 규정하고 있다. 이와 함께 「지방재정법시행령」 제 46조 1항에서는 지방예산 편성과정에 주민이 참여할 수 있는 방법을 규정하고 있고, 주민참여 예산의 범위·주민의견수렴에 관한 절차·운영방법 등 구체적인 사항은 지방자치단체의 조례로 정한다고 규정하고 있다. 구체적인 사항을 조례로 위임하였기에 광주시 북구에서 제도가 도입된 이후 전국적으로 확산되는 과정에서 지방정부별로 다양한 형태로 운영되었다.

표 11-18 주민참여예산제도 관련 법규 내용

구분		내 용
지방재정법	주민참여예산제 내용	제39조 ① 지방자치단체의 장은 대통령령으로 정하는 바에 따라 지방예산 편성 과정에 주민이 참여할 수 있는 절차(이하 이 조에서 "주민참여예산제도"라 한다)를 마련하여 시행하여야 한다. 〈개정 2015.5.13.〉 ② 지방자치단체의 장은 제1항에 따라 예산 편성 과정에 참여한 주민의 의견을 수렴하여 그 **의견서를 지방의회에 제출하는 예산안에 첨부하여야 한다.** 〈개정 2014.5.28.〉 ③ 행정안전부장관은 대통령령으로 정하는 바에 따라 지방자치단체별 주민참여예산제도의 운영에 대한 평가를 실시할 수 있다. 〈신설 2015.5.13., 2017.7.26.〉
지방재정법시행령	주민이 참여 방법	제46조 ① 법 제39조의 규정에 의한 지방예산 편성과정에 주민이 참여할 수 있는 방법은 다음 각 호와 같다. 1. 주요사업에 대한 공청회 또는 간담회

66) 반영 사례는 전통공예학교 기화기 설치나 일곡도서관 옥상 휴게실 설치 등이다.

2. 주요사업에 대한 서면 또는 인터넷 설문조사 3. 사업공모 4. 그 밖에 주민의견 수렴에 적합하다고 인정하여 조례로 정하는 방법 ② 지방자치단체의 장은 제1항의 규정에 의하여 수렴된 주민의견을 검토하고 그 결과를 예산편성시 반영할 수 있다. ③ 그 밖에 주민참여 예산의 범위 · 주민의견수렴에 관한 절차 · 운영방법 등 구체적인 사항은 지방자치단체의 **조례**로 정한다.

* 자료 : 김혜정. (2016a), 앞의글, p. 26.

주민참여예산의 제도화는 3 단계로 구분할 수 있다.[67] 첫째는 제도형성기(제1세대)로 2003년-2005년의 시기에 시민사회의 예산참여운동의 영향 및 정치권의 활동으로 결과를 맺은 시기이다. 2003년 광주시 북구의 최초 도입과 2005년까지 울산시 동구, 대전시 대덕구 등 총 5개의 지방정부가 주민참여예산제도를 운영하면서 제도도입의 기틀이 마련되었다. 이 시기는 법적 근거 없이 자율적으로 소수의 지방정부에서 도입하여 운영하였다.

두 번째 시기는 제도확산기(2006년-2010년)로 2005년에 개정되어 2006년에 시행된 「지방재정법」 제 39조에 의하여 지방자치단체의 장이 예산편성과정에 주민이 참여할 수 있는 절차를 마련하여 시행할 수 있는 임의적 규정의 법적 근거가 정비된 시기이다. 이 시기에 지방정부들이 주민참여예산제도를 도입하게 되는데 기틀이 마련되었다. 2006년 행정자치부가 '주민참여예산제 표준조례안'을 작성하여 지방정부에 권고하고, 2007년 지방재정분석의 30개 평가지표 중 하나로 주민참여예산제도가 채택되었다. 2010년에는 행정안전무에서 주민참여예산제도의 확산을 위해 세 가지의 모델을 수립하여 '주민참여예산제운용조례모델(안)'을 만들었다. 그 결과 주민참여예산제도가 많은 지방정부에 확산되는 계기가 되었다(총 101개 자치단체 도입).

세 번째 시기는 제도안정기(2011년-현재)로 2011년 「지방재정법」을 개정하여 지방정부의 예산편성에 있어서의 주민참여를 의무사항으로 규정하면서 「지방재정법시행령」에 의하여 규체적인 사항은 조례로 정하도록 한 시기이다. 이에 따라 2011년도에 129개의 지방정부가 추가로 주민참여예산제도 운영조례를 제정하여 사실상 전국적으로 시행되었다. 또한 2014년 「지방재정

67) 주민참여예산제도의 제도화 구분은 윤성일, 성시경, 임동완. (2014). "주민참여예산제도의 분화: 제도화 과정의 분석과 시사점". 「사회과학연구」 25(13): 389.

법」 개정으로 기존에 임의사항이었던 지방의회에 제출하는 예산안에 주민참여에 관련한 의견서 첨부도 의무사항으로 전환되었다.

표 11-19 주민참여예산제도의 시기별 확산

	형성기	확산기	안정기
시기	2003년-2005년	2006년-2010년	2011년 이후
자치단체수	5개	101개	136개

* 자료: 윤성일, 성시경, 임동완. (2014). “주민참여예산제도의 분화: 제도화 과정의 분석과 시사점”. 「사회과학연구」 25(3): 390의 표 재구성.

표 11-20 주민참여예산제 운영조례 제정현황

항목	조례제정현황			조례제정유형		
유형	광역	기초	계	1유형	2유형	3유형
수	17	225	242	128	61	53

* 자료: 행정안전부 자료(2013.3.31.) ; 이정만. (2014). “주민참여예산제의 운영 실태와 정책 과제에 관한 연구: 충청남도의 사례를 중심으로”. 「한국지방자치학회보」 26(2): 324에서 재인용.
** 조례제정 유형으로 1유형은 주민참여예산위원회 설치 자율, 2유형은 주민참여예산위원회 설치 의무, 3유형은 주민참여예산위원회 및 분과위원회 설치가 의무화되어 있음.

(2) 주민참여예산제의 문제점 및 개선방안

주민참여예산제도의 한계는 예산순기에 따른 예산편성 작업을 하는 과정에서 주민의견의 수렴과 반영과정에 할애할 수 있는 시간이 매우 제한적이라는 측면과 계획적인 예산운영이 저해될 수도 있다는 측면이다. 더욱 문제가 되는 것은 제도가 마련되어 있음에도 불구하고 참여가 전반적으로 과소할 뿐만 아니라 산발적으로 이루어지는 참여마저 참여에 필요한 자원을 소유한 일부 계층의 독점물로 전락하게 되는 이중적인 문제가 발생할 수 있다는 점이다.[68] 또한 일부 계층의 예산결정참여로 지방정부의 예산이 편중된 방향으

68) 이승종. (1997). “미국 지방정부 정책과정에서의 주민참여기제-뉴욕시의 지역위원회를 중심으로.” 「한국정치학회보」 31(4), 250.

로 가게 됨으로써 참여자 불평등과 함께 예산결과상의 불평등이 발생할 가능성이다. 이러한 현상들은 전반적으로 주민참여 수준이 미흡한 과정에서 참여예산제도 운영을 위한 예산위원회 구성 자체가 관주도적으로 이루어지는 경향이 있기 때문이다. 이와 더불어 주민참여예산제에 대한 공무원들의 인식과 적극성이 미흡한 점도 지적되고 있다. 제도 시행 초기 단계에서는 공무원들의 선도적 역할이 클 수 밖에 없는데 주민참여예산제도의 필요성이나 실효성에 대한 공무언들의 인식 수준이 아직 기대에 미치지 못하는 것으로 평가되는 것이다.[69)]

이러한 점에서 주민참여예산제의 활성화를 위하여는 다음과 같은 개선방안을 고려해 볼 수 있다. 첫째, 주민참여가 효과적으로 조직화되고 참여의지가 높을 것이 우선적으로 요구된다. 특히 가장 중심적인 역할을 담당하게 될 '예산참여주민위원회'의 구성 및 운영상의 활성화가 요구되며, 시민단체의 매개적 역할도 중요하다.

둘째, 주민참여의 활성화를 뒷받침해 줄 제도적 여건으로서 재정정보가 투명하게 공개 및 제공되어야 한다. 이를 위해 재정운영의 투명성을 강화하여 공개수준을 높이고, 복식부기제도를 완전하게 실시해야 하며, 중앙정부로부터 자율적인 예산편성과 집행의 권한이 부여되어야 한다.

셋째, 주민의 예산 감시 역할을 향상시키기 위한 역량강화 교육이 요구된다. 주민의 자율적 참여를 확대하고 예산에 대한 이해를 돕기 위한 교육과정의 마련이 이에 해당한다.

넷째, 정부기관의 행태 차원으로 자치단체장과 공직자들의 참여제도에 대한 긍정적 수용과 적극적 태도 및 의지 등이 구비되어 있어야 주민참여예산제의 효과가 담보될 수 있으리라 생각된다.

8) 토의민주제

오늘날 대의민주제의 한계가 노정되고 있는 상황에서 최근 직접민주제와 간접민주제의 장점을 포괄하는 대안적 민주형태로서 토의민주주의(deliberative democracy: 숙의민주주의 또는 심의민주주의라고도 함)에 대한 관심이

---

69) 이정만. (2014). "주민참여예산제의 운영 실태와 정책 과제에 관한 연구: 충청남도의 사례를 중심으로". 「한국지방자치학회보」 26(2): 336.

높아지고 있다. 토의민주제는 기본적으로 직접민주제의 장점인 광범한 참여와 간접민주제의 장점인 소수대표간의 토의(deliberation)를 결합한 형태의 민주주의를 말한다. 즉 시민의 자유로운 참여를 장려하되 이들간에 공공문제에 대한 심도 있는 토론이 이루어지게 함으로써 참여와 토의를 동시에 추구하고자 하는 민주주의의 시도인 것이다. 이러한 제안은 종래 정부 중심의 정치에 대비하여 시민중심의 정치에 대한 관심이 높아지고 있는 최근의 경향과 맞물려 주목할 가치가 있다.

토의민주주의에서 제시하는 토의(deliberation)는 토론(discussion)과는 다른 개념이다. 토론은 단순히 의견 또는 주장의 전달행위를 말한다. 물론 상호 의사전달과정에서 의견교환이 이루어지기는 한다. 그러나 토론에서는 기본적으로 의견의 교환과 집합적 지혜의 도출보다는 의견의 개진과 주장의 관철이 우선한다. 그러나 토의는 대등한 입장에서 상호 의견을 교환함으로써 집합적 지혜를 도출하는 것을 개인적 의견의 개진이나 주장의 관철에 우선한다. 토론이 개인의 이익확보에 우선한다면, 토의는 공동체의 이익확보에 우선한다. 토론이 대립적이라면 토의는 통합적이다. 토론이 의견개진에 주안점을 두는 것이라면 토의는 의견취합을 통한 의사결정에 주안점을 둔다. 즉 토의는 토론과 숙의를 포함하는 것이라는 점에서 토론보다 큰 개념이라 하겠다.

9) 종합

위에서 논의한 바와 같이 투표이외에도 비교적 다양한 참여제도가 인정되고 있으나 이들만으로는 시민참여가 충분히 이루어 질 수 없는 형편이다. 더욱이 현행 제도는 운영상의 문제점으로 인하여 효과적인 참여제도로서 제대로 기능하지는 못하고 있어 개선이 요망되는 실정이다. 이들 제도의 운영상 문제점과 개선방안을 정리하면 [표 11-21]과 같다.

표 11-21 현행 참여제도의 운영상 문제점

참여제도		문 제 점	개선방안
수동적 참여	설문조사	○ 대상자 선정의 획일성 ○ 비전문가인 공무원에 의해 수행되므로 대표성 · 신뢰성 있는 조사결과 도출 곤란 ○ 조사결과의 체계적 처리를 위한 전문성 부족	- 가급적 정기적으로 실시 - 시민여론의 변화추세 파악, 장기 시책의 방향정립에 활용
	옴부즈만	○ 옴부즈만 기능의 형식화	- 지방정부 차원에서 실질적 기능 강화
	여론모니터	○ 모니터선정의 대표성 · 공정성의 문제: 행정부에 협조적인 시민이 과다 대표되는 경향이 있음. 국정모니터의 경우 공개모집을 통한 모니터 선정은 수집되는 여론의 대표성을 저해하며 참여의 대표성 확보에 위배됨 ○ 모니터가 제보하는 여론의 객관성 미흡(모니터 선정의 공정성)	- 공개모집 지정방식은 지양 - 모니터 인원 확대 지정 - 여론처리 결과를 모니터에게 홍보 - 모니터의 임기 한정
	청원	○ 사익 위주의 청원	- 시민의식 제고, 교육
교호적 참여	투표	○ Semi-sovereign: 시민의 정책과정에 대한 영향력이 제한적 ○ 낮은 투표율	- 투표율 증진을 위한 시민교육 - 투표 행태의 선진화
	반상회	○ 참여통로로서보다는 정보의 홍보창구로 이용 ○ 관주도로 획일적으로 운용함으로써 시민의 창의성 잠식 ○ 반장의 자질문제: 대부분 저학력, 고령자 위주로 활력넘치는 반상회 운영 저해 ○ 일부계층만의 반상회: 주부 위주의 반상회로 전락(지식층, 부유층, 영세민, 무주택자 참여 극히 저조)함으로써 중류층의 여론이 과대 대표되는 폐단 초래 ○ 건의사항이 건설적인 제안보다는 행정기관에 대한 일방적 해결요구 위주 경향	- 정책과정에 대한 여론 투입, 시민간의 담화의 장으로 정착 - 시민의 자율적 참여 진작을 위해 개최일자, 부의 안건, 참석, 회의진행방법, 결의사항 등을 시민의 자율에 맡김 - 반상회 건의사항에 대한 정부의 성실한 처리
	각종 위원회	○ 위원구성의 공정성 미흡: 행정기관이 일방적으로 선임, 행정기관에 협조적 인사로 구성하는 경향 ○ 운영의 형식화: 정책결정에의 참여기능보다는 이미 결정된 정책에 대한 형식적 심의 또는 자문에 그침; 유명무실하여 잘 실시되지 않는 경우 많음(수년에 1회) ○ 위원의 대표성 저하; 사회지도층 인사가 대부분; 사회저변층 여론수렴 미흡	- 형식적인 위원회 운영을 지양 - 위원의 안건 부의 역할 부여 - 위원 구성을 다양화
	간담회	○ 개최횟수 저조	- 개최회수 늘림

		○ 참여대상자 선정의 작위성: 협조적 인사, 유력인사로 대상자 선정 경향 ○ 다수 주민 참여 곤란 ○ 형식적인 운영: 정부의 일방적 홍보가능성	- 시민선정에 작위성 배제 - 다수 시민의 의견개진 기회 제공 - 시책홍보가 아닌 시민참여 기회 부여 - 여론 수렴을 목적화 - 개최일과 장소를 사전에 공고
	공청회	○ 참여대상자 선정의 공정성 문제: 협조적 인사위주의 초청 경향 ○ 홍보 부족으로 참여율 저조 경향 ○ 다수참여가 불가능 ○ 형식적인 여론수렴: 기 시책의 정당성 확보수단으로 이용 ○ 발언기회제한으로 다수가 참여하기 곤란	- 시민의 다양한 의견개진 기회로 활용 - 제시된 의견을 시책에 적극 반영 - 시민 모두를 공청회에 개방 - 시민의 발언기회 확대 - 사전에 일정이나 안건 공지
적극적 참여	조례제정 개폐청구제	○ 청구사례가 다시 감소하는 등 주민의 활용이 미비 ○ 청구요건과 절차가 까다로움	- 청구요건과 절차를 완화하여 주민의 참여 유발
	주민투표제	○ 지방자치단체 내 소지역간 분열 조장 가능성 ○ 남발시 행정혼란과 의회기능의 약화 ○ 책임회피의 수단으로 전락, 악용 소지	- 투표운동의 과열 규제: 투표권이 없는 외부인의 투표운동 금지 - 주민참여의 확대 및 의정활동 활성화
	주민소환제	○ 남발의 가능성 ○ 정치적 보복이나 견제수단으로의 악용가능성 ○ 막대한 비용 소요 ○ 행정공백 발생 우려	- 소환청구사유에 대한 적정한 심의를 위한 사전심의기구 구성 - 주민소환투표의 운동에 대한 제한적 규정 완화
	주민감사청구	○ 청구대상이 협소 ○ 주민활동이 미약	- 청구방법을 다양화, 용이하게 함 - 감사청구권자의 확대 - 감사청구의 대상 확대
	주민소송제	○ 주민감사전치제도로 주민소송 제약 ○ 소송의 대상을 재무행위로 제한	- 주민감사 전치주의의 완화 - 주민소송의 대상사무 확대
	주민참여 예산제	○ 주민의견 수렴, 반영할 시간이 제한 ○ 참여가 과소하고, 일부에게 독점될 가능성 ○ 편중된 예산으로 불평등 발생 가능성	- 예산참여주민위원회의 역할 - 재정정보의 투명화 및 공개수준 확대 - 시민단체의 역할 제고 - 주민의 이해를 돕기 위한 예산교육 - 정부기관의 행태와 인식의 변화

* Brexit 국민투표

1. 브렉시트 국민투표

2016년 6월 23일 영국에서는 영국과 유럽뿐만 아니라 전 세계가 주목받는 국민투표가 실시되었다. 국민투표의 내용은 영국의 유럽연합(EU)의 탈퇴여부에 대한 찬성여부에 대한 것으로 브렉시트라고 부른다. 브렉시트(Brexit)는 영국(Britain)과 탈퇴(Exit)의 결합어로 영국이 유럽연합(EU)을 탈퇴할 수 있다는 데에서 나온 말이다. 유럽연합 탈퇴를 반대하는 진영에서는 브리메인(Bremain), 즉 영국(Britain)과 잔류(Remain)의 결합어를 사용하기도 한다.

국민투표 결과에 전 세계가 집중하였는데, 개표 결과 유럽연합 탈퇴 찬성이 51.9%, 반대가 48.1%로 약 200만표의 차이로 유럽연합 탈퇴(브렉시트)로 결정되었다. 이 결과로 영국은 지난 1973년 EU의 전신인 EC에 가입한 이후 43년만에 유럽공동체에서 떠나는 결정을 한 것이다. 영국은 1975년에도 EEC 잔류여부를 묻는 국민투표를 추진한 바 있고, 당시에는 영국 국민의 67%가 잔류를 지지하였다.

2. 브렉시트 논의의 촉발배경

브렉시트 논의는 유럽의 재정위기를 계기로 촉발되었다. EU의 재정악화가 심화되자 영국이 내야할 EU 분담금 부담이 커졌고, 여기에 취업목적의 이민자 및 시리아 등으로부터의 난민유입이 계속 증가되자 고용경쟁 및 여러 사회적 문제가 발생하였다. 영국의 EU 탈퇴 움직임이 가속화되자 EU는 2016년 2월 EU 회원국 정상회에서 영국이 EU 잔류를 위해 제시했던 요구조건, 즉 이민자 복지혜택 제한, 영국의회의 자주권 강화, EU규제에 대한 영국의 선택권 부여, 비유로존 국가의 유로존 시장접근 보장 등을 대부분 수용하였다.

그러나 앙겔라 메르켈 독일 총리를 중심으로 한 EU 지도부는 영국의 탈퇴를 감수할지언정 EU내 이동의 자유 제한만큼은 절대 받아들일 수 없다는 입장을 보여 사실상 협상은 평행선을 걷고 있었다. 2015년 영국 총선에서 보수당이 단독으로 과반을 형성함에 따라 캐머런 총리의 공약이던 유럽연합 탈퇴 국민투표가 2017년까지 이루어질 것이 전망되었고, 2016년 6월 23일 드디어 전 영국 국민을 대상으로 한 브렉시트 국민투표가 실시되었다. 캐머런 총리는 브렉시트 찬반 국민투표 실시를 공식 발표하면서 '영국의 미래를 위해 EU 잔류에 투표해 줄 것'을 국민들에게 호소한 바 있다.

결국 국민들이 브렉시트를 선택하자 캐머런 총리는 투표 결과를 수용하겠다며 사임하겠다는 뜻을 밝혔다.

EU 탈퇴	EU 잔류	투표율
17,410,742표(51.9%)	16,141,241표 (48.1%)	72.2%

3. 투표의 지역, 계층별 분석

투표의 지역별 성향을 살펴보면 런던, 스코틀랜드, 북아일랜드, 지브롤터 등은 EU 잔류를 지지하는 층이 더 많았으나, 잉글랜드와 웨일스 지역에서는 EU 탈퇴가 보다 더 많은 비중을 나타냈었다.

이와 더불어 투표 성향은 연령별로 젊은 층으로 갈수록 잔류에 표를, 노년층으로 갈수록 탈퇴에 힘을 실은 것으로 평가되었다. 가디언지의 최종 투표분석결과에 따르면 이번 투표는 다분히 계급/계층적 요소가 강하다고 지적하였다. 교육수준, 공인자격증의 수, 임금, 사회계층 등이 낮은 지역일수록 탈퇴에 더 많은 표를 던졌으며, 이 중 교육수준이 가장 큰 상관관계를 가지는 것으로 나타났다.

이러한 점은 EU 내 이민자의 증가에 따른 노동시장에서 경제적 영향을 받는 사회적 계층의 의사와도 상관된다고 할 수 있다.

지역별 개표 결과	투표율	EU탈퇴
런던	69.7%	1,513,232표(40.0%)
잉글랜드[2]	73.0%	1,5187583표(53.4%)
웨일스	71.7%	854,572표(52.5%)
스코틀랜드	67.2%	1,018,322표(38.0%)
북아일랜드	62.7%	349,442표(44.2%)
지브롤터	83.5%	823표(4.1%)

* 출처 : 위키백과, https://ko.wikipedia.org/wiki

4. 브렉시트 이후의 상황

브렉시트는 회원국 탈퇴 관련 내용을 규정하고 있는 EU조약(리스본 조약) 50조에 따라 진행된다. 이 조항은 EU를 탈퇴하려는 회원국이 EU 이사회에 탈퇴 의사를 정식으로 통보하면 이 시점으로부터 2년간 회원국과 EU가 맺어온 무역 등을 새로 협상하도록 규정하고 있다. 따라서 영국과 EU는 상품·서비스·자본·노동 이동의 자유 및 정치·국방·치안·국경 문제 등 EU 제반 규정을 놓고 추후 향방을 설정할 예정이다. 다만 협상이 타결되지 않아도 2년이면 자동 탈퇴 처리된다. 그러나 공식적으로 탈퇴 국민투표 이후 리스본조약 50조를 이행해야 하는 시한은 정해져 있지 않다.

브렉시트 국민투표를 통해 국민들은 찬성, 반대가 혼전을 겪기는 하였지만, 최종적으로 브렉시트를 선택하였다. 국가의 중대사에 대한 결정문제를 국민에게 직접 맡김으로써 EU에 대한 영국의 선택에 보다 강력한 힘을 실어주게 된 점을 보여준 사례이다.

Ⅱ 효과적인 회의방식의 적용

CITIZEN PARTICIPATION

1. 토의민주제의 회의방식

토의민주제의 개념은 앞에서 간단히 논의하였다.[70] 토의민주주의의 회의방식은 토의의 정도가 낮은 형태의 단순한 포커스그룹, 워크숍에서부터 점차 토의의 수준이 높아지는 공론조사, 이슈포럼 및 시민배심원제 등으로 구분할 수 있다. 이 제도들의 공통점은 정도의 차이는 있지만 기본적으로 참여에 차별이 없고, 시민이라면 누구나 공공의사결정 과정에 참여할 기회가 부여되며, 일단 참여대상이 되면 상호 자유롭고 심도 깊은 토론이 이루어지게 된다는 것이다. 어떠한 형태가 되었든지 토의민주주의의 취지가 실질적으로 달성되기 위해서는 참여자간에 심도 깊은 토의가 이루어지도록 하기 위한 환경조성과 함께 토의 의무의 부여가 필요하다. 토의민주주의는 일반 시민들 중심의 참여와 토의가 중심이 되지만, 토의를 원활하게 하기 위해서는 전문가가 중립적 입장을 갖고 토의를 보조하는 것이 바람직한 것으로 평가된다. 토의민주제의 구체적인 회의방식은 다음과 같다.

1) 포커스그룹(focus group)

포커스그룹은 8명에서 10명 가량의 작은 집단을 중심으로 훈련된 조정자가 회의를 구조화시키거나 또는 특정 주제에 대하여 개방적인 토의를 수행하는 방식이다. 그러나 논의되는 주제가 복잡한 것이거나 또는 시간적으로

70) 토의민주제에 대한 자세한 설명은 본서 2장을 참고.

제약이 있어 여론 조사 수준으로 이루어질 경우에는 이 방식을 활용하는 데 한계가 있을 수 있다. 토의민주제의 다양한 회의방식 가운데 가장 낮은 수준의 토의가 이루어지는 형태이다.

2) 시민공동체 워크숍(community workshop)

일반적으로 공동체 워크숍은 12-20명의 사람들로 구성되고 1-2일 정도의 짧은 기간 동안 회의를 진행하는 방식이다.[71] 단시간 내에 동질적인 집단이 구성되어야 하므로 주로 유사한 사회경제적 특성, 생활방식을 중심으로 집단을 구성하여 합의 영역을 도출하는 것이 중요하다.

3) 시민공동체 이슈그룹(community issue group)

이슈그룹은 주로 특정 이슈를 중심으로 회의를 더해가면서 정책적 이슈를 보다 심도 깊게 논의하여 다양한 제안을 도출하는 방식이다. 주로 집단의 규모를 작게 하고 여러 주에 걸쳐 회의를 지속시켜 토의의 깊이를 더해나가는 방식이다. 일반 위원회 참여와 다른 점은 위원회는 일반 서비스 분야 전체에 대한 안건을 다루는 반면 이슈그룹은 특정 이슈를 논의하도록 설계되어 있다는 점이다.

4) 합의컨퍼런스(consensus conference)

합의컨퍼런스는 복잡한 기술이 관련된 과학적 이슈에 대한 의사결정에 시민의 견해와 가치를 포함시키기 위해 설계된 기법이다. 이 기법의 유래에 대해서는 논의가 엇갈리는데, 미국의 시민배심원제에서 기원한다고 보는 견해가 있고, 유럽에서는 덴마크의 'Danish Board of Technology'가 그 기원이라고 보기도 한다.[72] 시민 10-20명이 패널로 참여하여 전문가와의 대화와 질문을 하는 과정에서 시민에 대한 교육적 효과를 얻을 수 있고, 시민에게 공개하고 토의한다는 시민 토의(deliberation)의 측면도 동시에 지닌다.

---

71) Sue Goss (1999). *Managing working with the public*. KOGAN PAGE, 82.

72) Goss (1999)는 합의컨퍼런스를 덴마크에서 유래된 것으로 보고 있으나, Creighton (2005)은 미국의 시민배심원제와 덴마크의 유래를 모두 제시하고 있다. Creighton (2005). 앞의글, 109-110 참조; Goss (1999). 앞의글, 52.

5) 공론조사(deliberative polls)

공론여론조사는 제임스 피쉬킨(James Fishkin) 교수에 의해 시작된 것으로 250명에서 600명 정도 규모로 표본을 추출하고, 이들이 모여 수일에 걸쳐 의견을 조정하는 과정을 거친다. 초기 공론조사에서는 집단의 기본선(base-line) 여론을 수립하고, 참여자들은 관련자와 질의응답을 주고 받으며, 그 과정에서 견해가 바뀌었는지, 그리고 어떻게 바뀌었는지 등을 조사하는 것이다.

이 방식은 참여자들의 토의(deliberation)를 논의 과정에 도입한다는 점에서 의미가 있으나 가장 큰 약점은 며칠 동안 많은 수의 사람들이 모이도록 하는 데 따르는 비용이 매우 크다는 점이다.[73)]

6) 시민배심원제(citizen's jury)

지난 10년간 외국의 지방정부에서 새롭게 등장한 시민참여 형태 중 하나가 바로 시민배심원제이다. 예컨대 영국에서는 1996년에 처음 사용되었다.[74)] 시민배심원제는 소규모 집단의 사람들을 토의 과정에 참여시켜 지방정부나 정책적 이슈에 대한 결론을 내는 방법으로 배심원들은 주로 12-16명 선이고, 4-5일 정도의 회의기간을 거친다. 여기에는 재판과정을 유연하게 이끌도록 돕는 독립적인 조정자도 존재한다. 가장 중요한 단계는 배심원의 선정 방법인데, 주로 나이, 성, 사회계층, 인종, 주택 보유기간, 지리적 분포 등을 고려하여 지역민의 대표가 아닌 지역 인구의 축소판에 잘 부합하도록 하는 것을 원칙으로 한다.

우리나라는 2007년 4월 30일 일부 중범죄 사건에 한해 일반 국민을 배심원으로 재판에 참여시키는 것을 골자로 한 '국민의 형사재판 참여에 관한 법률 제정안'을 통과시켰다. 이 법안은 2008년 1월 1일부터 시행되며 5년간 시범운영 기간을 거친 뒤 2013년에 확대실시 여부가 결정된다.

[그림 11-3]는 시민토의 기법들을 도식화한 것으로 토의의 깊이 관점에 따라 연속선상에 나열할 수 있다. 포커스 그룹을 통한 시민 판단의 투입은 지역공동체 워크숍, 지역공동체 이슈그룹, 토의적 여론조사(공론조사), 시민배심

73) Goss (1999). 앞의글, 50.

74) Sue Goss (1999). 앞의글, 73.

그림 11-3 시민 토의 모형

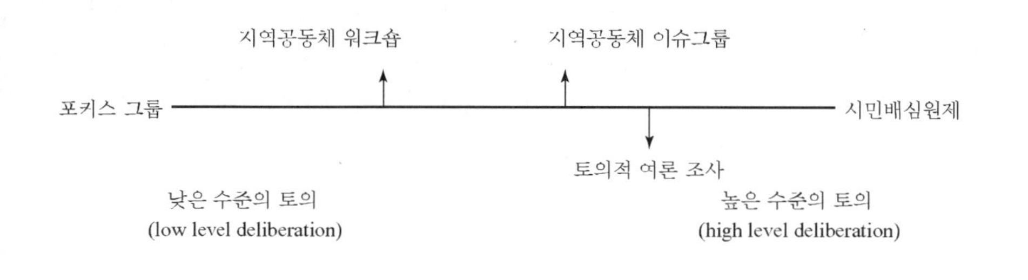

* 출처: Goss (1999). 앞의글, 77.

원제로 갈수록 높은 수준의 토의이자 정교함과 관련된다.

7) 전자토의제

전자토의제는 전자민주주의의 한 유형으로 전자매체를 이용하여 토의를 하는 방법이다. 예컨대 전자주민회의(electronic town meeting)는 1992년 미국 대통령 선거에서 로스 페로 후보가 공론화한 것으로 지역주민들이 컴퓨터 화상 네트워크를 통해 각자의 집에서 화면을 통해 회의를 갖는 방식이다. 의사결정은 온라인 투표를 통해 이루어지게 된다. 궁극적으로 다수 대 다수의 정치 커뮤니케이션을 활성화하기 위한 방법이다. 주요 운영방법은 공중파나 케이블 TV 스튜디오에서 적당한 수의 시민과 패널이 모여 쟁점이 되는 주제를 토론하고, 시청자들은 전화나 컴퓨터 통신을 통해 이 토의에 참여하게 된다. 사전에 이 주제에 관하여 제작된 프로그램을 방영한다는 전제조건이 있으며, 지역별로 주민회의를 조직하여 위성을 통해 연결한다. 각 지역에서 도달한 토론의 결과 또는 투표를 통해 내린 결정을 주 스튜디오에 전달하고, TV 방송국은 뉴스시간에 토론결과를 방송하게 된다.[75] 이 방법은 1992년 미국의 클린턴 대통령이 사용한 바 있고, 2000년 2월에는 보다 진전된 방식으로 인터넷 주민회의를 개최하였다. 이 회의는 클린턴 대통령이 백악관 출입 기자와 인터뷰하는 내용을 네티즌들이 지켜보다가 의견이 있으면 메일을 보내는

75) 유광수, 배득종 외. (2000). 「정보화 시대의 민주주의」. 나노미디어, 223.

식으로 진행되었다.[76)]

우리나라에서는 2000년 9월 문자채팅 방식으로 처음 시도되었고, 2001년 4월 대덕구에서 컴퓨터 모니터를 통한 사이버 화상반상회를 발전시켰다. 이 방법은 12개동 주민이 동시에 TV 화면을 보며 영상으로 사이버 반상회를 개최하는 것이다. 또한 영상회의 시스템을 구축해 TV 화면을 보면서 실시간으로 주민들과 대화를 할 수 있는 통로를 구축한 바 있다.

2. 기타 회의방식

1) 샤렐(Charrette) 방식

어떤 시책과 관련하여 상당히 진지한 장기간의 모임 또는 일련의 모임에 주요 관련 시민(또는 시민대표)이 모두 참여하게 하는 문제해결 과정으로 전반적인 계획에 대한 상호 동의를 얻도록 도모하는 참여방법이다.[77)] 이 제도의 효율적 운영을 위하여는 이해관계가 있는 모든 시민(또는 시민대표)이 참석하여야 하고, 모든 참여자는 진지한 상호작용을 통하여 의견차이를 해결하기 위해 노력해야 하며, 대상 사업의 모든 단계 동안 의사절차의 광범한 공개가 이루어져 참여자 이외의 시민도 동의에 도달하도록 기할 것이 요청된다.

이러한 제도는 갈등집단이나 이익집단간의 합의를 도출하기 위해 효과적인 수단으로서, 다양한 집단의 시각이나 입장의 차이에 대한 상호 이해를 얻게 함으로써 시민들의 편향된 기존의 관념을 보다 보편적인 것으로 유도하며, 정부는 참여시민간의 합의된 결론에 접하게 되므로 보다 효과적인 정책의 결정 및 집행이 가능해 진다는 장점이 있다. 물론, 참여자간 합의 도출에 실패할 우려, 합의도출에 장기간이 소요될 우려, 계속적인 참여에도 참여에 대한 기대가 충족되지 않는 경우 냉소주의나 분노를 유발할 우려가 없지 않

76) 유광수 외. (2000). 앞의글, 223.

77) 샤렐은 프랑스 말에서 기원하는 것으로 Ecole des Beaux-Arts의 시험감독관이 건축학 학생들의 스케치와 프로젝트를 카트에 실어 옮기는 것을 샤렐(charrette)이라 불렀다. 때로는 학생들이 카트에 싣고 난 후에도 따라 움직이며 마지막 터치를 하기 위해 노력했는데 그 용어가 시간이 지나면서 발전하여 워크숍의 한 유형을 의미하게 되었다. 즉 한정된 시간 동안 문제를 해결하거나 며칠을 집중적으로 노력하는 강경한 노력이다. 샤렐에 대한 자세한 설명은 James L. Creighton (2005). *The public participation handbook*. John Wiley & Sons., 105 참조.

으나 이는 제도의 운용과정에서 주의를 기울여 상당 부분 해소될 수 있는 성질의 것이라 하겠다.

2) 사모아 원형(Samoan Circles)

사모아 원형은 원래는 아주 소수의 집단에서 상호작용이 원활히 이루어질 수 있도록 설계된 방식이지만 오늘날은 주로 대규모 집단에 활용되는 토론 방식이다. 회의장 가운데에 5-6개의 의자를 두고, 나머지 의자들은 바깥쪽에 원형으로 둔 후 가운데로 통하는 복도를 설치하여 처음에는 모든 사람이 바깥쪽 원에 앉아 있다가 주제가 발표되면 의견을 개진하기 위해 사람들이 안쪽으로 올 수 있게 하는 방식이다. 발언을 원하는 사람은 반드시 내부원안으로 이동하여야 하고, 발언이 끝나면 원래 자리로 돌아와야 하는 회의규칙을 지닌다.

모든 사람들에게 발언의 기회를 허용할 뿐만 아니라 다른 사람의 발언도 듣게 하는 장점을 지닌다. 물론 주제가 충분히 관심 있는 것이 아닐 경우는 아무도 자리에서 일어나 내부로 참여하려 하지 않을 수 있다는 점에서 주제에 대한 관심도가 참여의 전제조건이 된다.

3) 컴퓨터 보조협상(computer-aided negotiation)

컴퓨터 보조협상은 전자매체를 활용한 회의 방식으로 별도의 장(12장)에서 상술하겠지만 여기에서는 한 예를 든다. 주로 수자원(Water resources) 관리 분야에서 컴퓨터 모델을 통한 참여 방법을 의미한다. 예컨대 U.S. Army Corps of Engineers Institute for Water Resources는 STELLA라고 부르는 소프트웨어 패키지를 개발하여 회의에 사용한다. 만약 수자원의 분배에 대하여 논란이나 갈등이 발생하면 이 컴퓨터 모델은 참여자들로 하여금 모든 사람들의 수요를 가장 잘 충족시킬 수 있는 대안을 찾아 빠르게 정보를 제공한다.

구체적으로 첫 번째 과정은 민간 컨설턴트들이 의사결정자와 함께 수문학 시스템의 모델들을 구축한다. 일단 모델이 개발되면 강이 시민들의 수요를 얼마나 충족시키는지, 그리고 충족되지 않는 수요량은 어느 정도인지에 대한 즉각적인 환류가 제공된다. 이에 대한 협상은 연속적으로 이루어지고, 참여자들은 모든 사용자들의 수요를 가장 잘 충족시키는 부분을 찾기 위해 협력한다. 이 과정에서 의사결정자들은 경합적인 수요를 충족시키기 위한 방법들에 대해 학습하게 되고, 서로의 목표에 대해 협상하는 것에 대해서도 배울 수 있게 된다. 마지막 단계에서 의사결정자는 모든 당사자들의 혜택을 적정화시키는 대안을 조정한다.

도쿄도 미타카시의 참여제도 사례

도쿄도 미타카시는 무작위로 추출한 시민과의 대화를 통하여 지역만들기의 방향성을 정해가는 새로운 주민참여 방법을 도입하였다. 미타카시는 이전에도 공모에 의한 시민참여, 인터넷을 통한 시정 제안 등을 추진하여 왔으나 관심이 높은 일부 시민만의 참여에 그치는 경향이 있었다. 새로운 참여제도를 통해 무작위로 시민을 추출함으로써 참가층을 확대하고 정확한 민의를 파악하는 것이 가능하게 되었다.

이를 위한 첫 번째 시도로서 2006년 8월에 '미타카 청년 회의소'와 공동으로 「미타카 지역만들기 토론회 2006」을 개최하였다. 토요일과 일요일 이틀에 걸쳐서 '지역의 안전과 안심'을 테마로 논의하는데, 구체적인 방법을 정리하여 미타카시에 제언하게 되며, 그뿐만 아니라 제언의 내용을 일반 시민에게도 공개하게 된다.

주민등록대장에서 무작위로 추출한 18세 이상의 시민에게 우편으로 참가를 의뢰하고, 참가결정은 시민 의사에 따르지만 미타카시는 50명 정도를 확보할 생각을 가지고 있다. 구체적인 수당은 미정이지만, 참가자에게는 이틀분의 일당을 지불한다.

일본 經濟新聞 2006. 3. 14

미국의 국가이슈포럼(National Issue Forum: NIF)

1. NIF의 개요

National Issue Forum(NIF)은 국가적 차원의 네트워크로서 지역포럼과 지역포럼을 포괄하는 전국포럼으로 구성되어 있다. 각 포럼은 중요한 사회이슈에 대하여 토의하며, 그 내용과 운영은 비당파적이다. 포럼에서의 토의는 단순한 토론과는 달리 이슈의 장단점, 비용편익 등을 분석하여 참여자 공통의 합의 내지는 결정에 이르는 것을 목적으로 이루어진다. 원활한 토의를 위하여 사회자(moderator) 내지는 전문가의 지원이 포함되기도 한다. 이러한 포럼을 통하여 참여자는 토의기술을 체득하게 되며,

토의기술이 축적됨에 따라 토의가 더욱 활성화되고 심도가 깊어지게 된다.

2. NIF의 목적

NIF는 주요 사회이슈에 대하여 시민들의 다양한 의견을 통합적 의견으로 조율해 내는 데 그 목적이 있다. 이러한 토의과정을 거쳐 도출된 의견은 소수 전문가의 전문적 판단이나 다수 시민의 파편화된 의견과는 다르고, 다수 시민의 단순 집합의사와도 다르다. 토의민주주의에서 지향하는 의견은 다양한 시민들간의 심도 깊은 토론을 통하여 얻어지는 융합된 의견이다. 이러한 의견은 이른바 집합의지보다는 일반의지에 보다 근접한 것일 수 있다.

3. 운영기구 - PPIs

운영기구로서 Public Policy Institutes(PPIs)를 설치하고 있다. 그 기능은 ① 포럼의 운영에 관한 안내, ② 포럼의 조직과 진행을 위한 전략과 기술의 지원, ③ 비당파적 내용의 NIF issue book 제공, ④ 사회자 양성, ⑤ 이해관계자와 양당사자간의 대화의 장을 마련하는 것 등을 포함한다. 현재 미국 전역 25개 주에 29개의 PPIs가 있으며, 이들에 대하여 주민조직, 자선기관, 지역대학, 전국조직 등이 지원기관으로 기능하고 있다.

4. 포럼결과의 활용 및 효과

포럼결과는 지역지도자, 국가정책결정자에게 투입된다. 이때 포럼은 의견을 전달하는 데 그치지 않는다. 포럼 참여자들이 스스로 결집하여 행동화하기도 한다. 전체적으로 볼 때 포럼은 시민의식에 긍정적인 효과를 가져오지만, 그 효과는 포럼에 따라 적지 않은 차이가 있는 것으로 평가된다.

Ⅳ 참여제도의 운영방향

CITIZEN PARTICIPATION

앞에서 제시한 제도가 가능한 참여제도를 모두 망라한 것은 물론 아니다. 이외에도 논자에 따라 다양한 참여제도가 제시되고 있다. 예컨대 참여민주주의의 신봉자인 바버(Barber)는 참여제도를 세 가지로 분류하면서 강한 민주주의적 담화(strong democratic talk)를 위한 참여제도로서는 근린주민회합

(neighborhood assemblies), 원격통신을 통한 참여(teledemocracy), 시민교육과 균등한 정보의 접근기회(equal access to information) 등을, 강한 민주주의적 의사결정을 위한 참여제도로서는 시민발의(initiative)와 시민투표(referendum), 전자통신을 이용한 투표(electronic balloting), 추첨식 선거(election by lot), 보증제도(voucher system)와 공공선택(public choice)을 위한 시장적 접근 등을, 강한 민주주의적 활동을 위한 제도로서는 국가적 시민정신과 공공활동(common action), 이웃정신과 공공활동, 작업장에서의 민주주의, 공공장소로서의 마을만들기 등을 제시하고 있어 참고가 된다.[78)]

이들 중 일부는 우리나라에서 이미 적용하고 있고, 일부는 실현을 위해 도입을 모색하고 있으며, 일부는 채택하지 못한 것들도 있다. 이에 상황에 맞게 도입하는 것이 필요하다. 생각건대, 정보화 사회에 즈음하여 TV, 컴퓨터, 팩시밀리 등 전자통신 기기를 이용한 시민참여방안을 모색하는 것은 흥미있는 과제가 될 것이다.

어떻든 정부는 참여제도를 충분히 갖출 뿐만 아니라 제대로 운영해야만 한다. 참여제도의 운영에 있어서 정부는 최소한 다음 사항을 염두에 두어야 한다.

첫째, 정책제언형 참여이다. 현재 이루어지고 있는 시민참여는 주로 개별적인 고충처리 및 시민의 요구파악에 그치고 있어 참여를 통하여 제시된 여론의 시책반영은 사실상 대단히 미흡한 실정이다. 그러나 참여의 목적 즉, 공익 또는 복지증진이라는 참여의 목적을 고려하건대 참여가 정책제언형 참여활동으로 방향전환이 이루어지도록 유도하려는 노력이 필요하다.[79)] 이를 위하여는 후술하는 바와 같은 정책에 대한 정보공개와 함께, 여론의 정책반영 결과의 홍보 등이 필요하다.

둘째, 사전적 참여이다. 참여의 효과와 관련하여 참여기회가 언제 시민에게 주어지느냐 하는 문제는 대단히 중요한 문제이다. 시민의 참여기회는 의사결정 이전 단계에 주어질 수도 있고, 의사결정 이후 단계에 주어질 수도 있다. 그런데 일반적으로 시민의 참여는 사후적으로 이루어지는 경향이 있다. 예컨대, 시민의 공직자에 대한 접촉은 기존의 어떠한 구체적 결정이 불합리

---

78) Barber (1983). 앞의글, ch.10.

79) 高寄昇三. (1980). 市民統制と 地方自治. 經革書房.

하다고 판단될 경우에 사후적·교정적으로 이루어지는 것이 일반적인 것이다.[80] 그러나 의사결정의 시정가능성 및 시정에 따른 수혜의 범위 등을 고려할 때 참여의 기회는 사전적·예방적으로 부여되는 것이 바람직하다.

강조할 것은 참여가 발생한 문제의 사후수습 위주로 이루어지는 것은 시민과 정부(공직자) 모두에게 부정적인 영향을 미치게 된다는 점이다. 우선, 시민은 정부가 사전에 잠재적 문제를 파악하여 해결해 주지 않기 때문에 지속적으로 문제를 제기함으로써 결국 문제의 확대를 초래하게 될 것이며, 또한 정부는 시민이 제기해 오는 문제의 증대에 따라 시민요구에 대한 거부반응 내지는 무사안일주의 경향을 갖기 쉽게 될 것이다. 그리하여 시민은 정부에 대하여 보다 공격적이 되고 정부는 보다 방어적이 되어 양자간의 관계는 상호이해적(communal) 관계가 아니라 갈등(adversarial) 관계로 전락하게 될 것이다.

셋째, 안정적 참여이다. 참여가 소기의 성과를 거두기 위하여는 임의적 또는 간헐적으로 이루어지기보다는 지속적·안정적으로 이루어지는 것이 바람직하다. 그래야만 공직자가 정책을 결정하고 집행함에 있어 시민참여를 당연한 것으로 생각하고 적극적으로 수용하게 될 것이기 때문이다. 그렇지 않은 경우 간헐적인 참여에 대하여 공직자는 상대적으로 더욱 귀찮게 생각하거나 거부감을 느끼게 될 우려가 있기 때문이다. 시민의 안정적·지속적 참여를 위하여는 참여의 법적 인정, 참여를 통한 제언에 대한 심사분석, 기관장의 지속적인 관심 등이 요청된다고 하겠다.

---

80) Colin Mellors and Nigel Copperthwaite (1987). *Local government in the community*. N. H.: ICSA Publishing, 205. 단, 상대적으로 볼 때 주민-의원간 접촉은 주민-관료간 접촉에 비하여 상대적으로 사전적·예방적인 경향이 있을 것으로 생각된다.

CHAPTER 12

전자민주주의

Ⅰ. 전자민주주의의 의의

Ⅱ. 전자민주주의의 효과

Ⅲ. 전자민주주의의 한계와 개선방안

I 전자민주주의의 의의

CITIZEN PARTICIPATION

1. 전자민주주의의 개념

커뮤니케이션 기술의 발달에 따라 민주적 대표에 의한 중재 역할은 약화되고 점차 시민과 공직자간의 직접적인 상호작용이 보다 빈번해지고 긴밀해지는 현상이 나타나고 있다. 커뮤니케이션의 주요 매체는 Cable TV, 위성방송, VCR, 컴퓨터 통신(이메일, chat rooms, 메신져), 웹사이트 등으로[1] 이러한 매체를 통한 시민과 대표자간 새로운 접촉 형태가 대두된 것이다.[2] 특히 1990년대부터 급속히 확산되기 시작한 컴퓨터 네트워크는 과거 폐쇄적인 정치세계를 일반국민에게 공개하고, 일반국민의 적극적인 정치참여를 촉진시키

1) P. DiMaggio, E. Hargittai, W. Neuman, and J. Robinson (2001). "Social implications of the internet". *Annual Review of Sociology* 27, 307–336.

2) Karen Mossberger, Caroline J. Tolbert, and Ramona S. McNeal (2008). *Digital citizenship-The internet, society, and participation*. Cambridge: The Mit Press, 3.

는 새로운 정치공간을 마련하였다.

이와 같은 컴퓨터 네트워크 기술의 발달은 대의민주주의와는 구별되는 직접민주주의의 실현을 가능하게 한다. 발달된 컴퓨터 네트워크의 기술적 하부구조 위에서 시민들은 정치나 행정에 관련된 정보에 보다 용이하게 접근할 수 있고, 전자통신망을 통한 시민 상호간의 여론 형성은 물론, 정치적 의사결정과정에 수렴된 여론을 보다 효과적으로 투입할 수 있게 한다. 나아가 정치과정의 핵심 요소 가운데 하나인 선거과정에도 원격투표(televoting)의 도입이 가능할 것으로 보고 있다.[3)]

이와 같이 전자민주주의(electronic democracy)는 시민과 지도자 사이에 정치정보 및 의견교환을 활성화하기 위해서 인터넷 기술을 이용하는 것을 의미한다.[4)] 전자민주주의는 두 가지의 국면을 동시에 지닌다. 하나는 전자정보 및 커뮤니케이션 기술(ICTs: digital information and communications technologies)이 민주정치를 증진시키기 위한 방법으로 설계 및 배치되는 측면과, 다른 하나는 민주주의의 새로운 단계로서 전자 ICTs의 확대로 지방, 중앙정부뿐 아니라 전 세계 민주주의의 생명력과 정통성을 심화시키는 국면이다.[5)] 전자민주주의는 새로운 매체를 활용한 직접민주주의 참여적 요소와 간접민주주의의 토의적 요소가 결합된 토의민주주의(deliberative democracy)의 일종이다. 전자민주주의가 가능해진 까닭은 쌍방향적 커뮤니케이션의 발달로 정보제공이 증대되고, 참여제도의 확충으로 참여 비용이 축소되는 등 직접민주제적 요소의 활용가능성이 증대된 것과 함께 정보매체를 통해 토론의 장이 마련됨으로써 토론이 증대되는 간접민주주의적 요소의 강화에 기인한다.

전자민주주의의 주요 실천방법은 일반적으로 온라인을 통해 시민과 시민간, 시민과 정치대표자들간 정치에 대한 의견교환을 하는 것이다.[6)] 주로

---

3) 강상현. (1996). 「뉴미디어 패러독스: 정보통신혁명과 한국사회」. 서울: 한나래; 임석준, 이승종. (2005). "전자민주주의와 지방자치 역량: 기초자치단체의 홈페이지 분석." 「대한정치학회보」 13(1), 78 재인용.

4) Christopher F. Arterton (1987). *Teledemocracy: Can technology protect democracy?*. Newbury Park, CA: Sage Publications, 14.

5) Peter M. Shane (2004). *Democracy online-The prospects for political renewal through the internet*. New York, N. Y.: Routledge.

6) John D. Nugent (2001). "If E-democracy is the answer, What's the question?". *National Civic Review* 90(3), 224.

온라인상의 정치 정보의 접근과 교환, 다른 시민이나 집단과 함께 정치와 정부부문과의 의사소통, 선출직 공직자 및 공무원과의 의사소통, 온라인상의 정부 서비스 제공 등의 형태를 포함한다.

전자민주주의는 컴퓨터 네트워크가 정보를 전달하는 속성에 기인하는 것으로 기존의 커뮤니케이션 채널과는 구조적 측면에서 근본적으로 다른 특성을 지닌다. 때문에 정보를 전달하는 측면에서 보다 긍정적인 효과를 가져오리라는 기대를 받는다.[7] 즉 기존의 매스미디어 채널과는 다르게 컴퓨터 네트워크는 아주 저렴한 비용으로 시민들에게 풍부한 정보를 신속하게 전달할 수 있으며, 정부와 시민 또는 시민과 시민 사이에 다수 대 다수의 쌍방향성 커뮤니케이션을 활성화시킬 수 있는 새로운 구조를 창출하기 때문이다. 이러한 관점에서 본체크(Bonchek)는 기존의 매스미디어가 중심이 되는 브로드캐스트(broadcast)를 새롭게 구축되는 정치커뮤니케이션 구조인 넷캐스트(netcast)와 구별하여 차이점을 제시하였다(그림 12-1).[8]

[그림 12-1]은 브로드캐스트와 넷캐스트 구조에서 정치주체들간 커뮤니케이션이 이루어지는 방식의 차이를 보여준다. 주요 정치주체를 시민, 정부, 정치조직, 그리고 언론으로 구분했을 때, 브로드캐스트 구조에서는 이 주체들이 사안적 네트워크(issue network)와 사회적 네트워크(social network)의 서로 분리된 영역에서 존재하며 이 두 영역을 매스미디어가 중계하는 형태이다.[9] 브로드캐스트 구조에서 정치에 관한 정보는 매스미디어를 통해 시민에게 전달된다. 매스미디어는 정보의 중개자 역할 혹은 문지기(gatekeeper) 역할을 담당

---

7) 여기서 전자민주주의의 긍정적 효과라는 의미는 물론 최근의 인터넷 유저들이 주도하는 담론의 장이 과연 민주적인가에 대한 의문을 제기하지 않을 수 없기에 기술적 측면에서 오프라인 민주주의를 보강한다는 의미에서의 긍정적 측면을 지칭하는 것에 한정한다.

8) 본체크, 마크세스. 원성묵 역 (1997). 「브로드캐스트에서 넷캐스트로: 인터넷과 정치정보의 흐름」. 서울: 커뮤니케이션북스.

9) 본체크(Bonchek)는 사안적 네트워크를 "특정한 쟁점영역에 대한 공통된 신념과 전문지식을 매개로 연결된 정부 내외의 정치적 활동가들의 망"으로 정의하고 있다(본체크, 1997: 49). 여기서 언급하는 정치 활동가는 정부, 의회, 기업, 비영리 단체 등 다양한 정책결정자와 이익집단을 의미한다. 이들은 정부와 (비)공식적 관계를 형성하며 특정한 정치 사안에 대해 활발한 커뮤니케이션을 한다. 한편, 사회적 네트워크는 사안적 네트워크와 분리되어 존재하는 시민간의 네트워크이다. 구성원은 매우 다양하여 가족, 이웃, 그룹, 조직 등의 사회적 집단 내부의 인간관계를 매개로 한 망으로 볼 수 있다. 일반 시민은 전문적인 지식과 활동공간의 차이에 의해 사안적 네트워크에서 배제되어 있음을 알 수 있다. 임석준, 이승종. (2005). 앞의글, 79 재인용.

그림 12-1 브로드캐스트와 넷캐스트 커뮤니케이션 구조

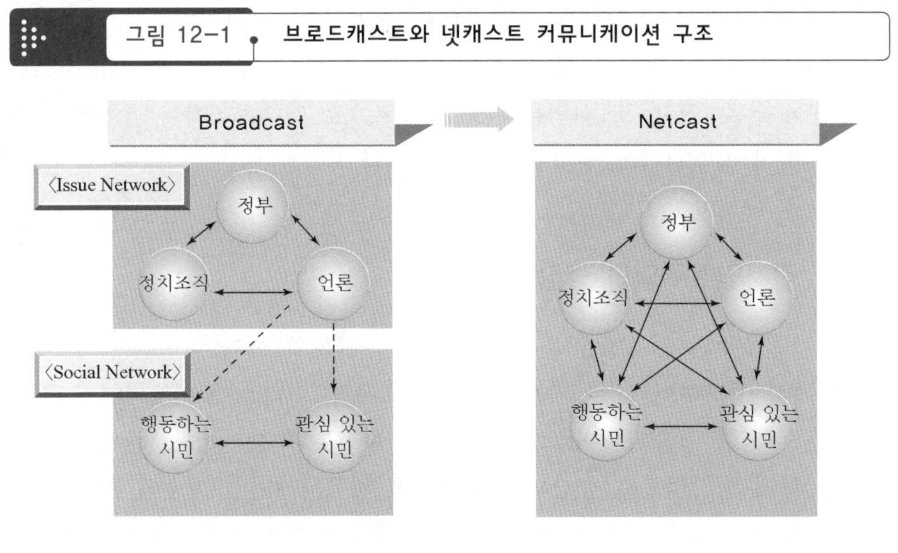

* 출처: 본체크 외. (1997). 앞의글.

하고 있는 것이다.[10] 이러한 사안적 네트워크 → 매스미디어 → 시민으로 흐르는 정보전달과정에는 여러 정치 주체간의 직접적이고 쌍방향적인 커뮤니케이션의 성립이 불가능하여 서로 단절된 양상을 보인다. 또한 정치정보를 유통시키는 매스미디어는 소수의 지배적인 권력과 결탁하는 경향이 있으며, 그들에 의해 생산되는 메시지가 일방적으로 다수의 사회구성원에게 강제되는 비민주적인 커뮤니케이션 환경을 만들어 낸다.

반면 컴퓨터의 인터넷 네트워크로 인해 새롭게 형성된 커뮤니케이션 구조인 넷캐스트(netcast)는 모든 정치 주체가 상호 연결되는 개방적 시스템이다. 넷캐스트 구조에서는 브로드캐스트 구조에서 분리되어 있는 사안적 네트워크와 사회적 네트워크의 행위주체들이 서로 직접 연결되므로 매스미디어가 수행하던 정보의 중계 및 문지기 역할이 상대적으로 약해지고 정치적 행위주체간의 매개되지 않은 커뮤니케이션(unmediated communication)이 가능해진다. 또한 컴퓨터 네트워크는 쌍방향성의 실현에 있어서도 대인 커뮤니케이션 채널이나 매스미디어 채널과는 달리 아주 저렴한 비용으로 시간과 물리적 거리의

10) 물론 선거 때와 같이 정치조직이 정보를 직접 전달하는 경우도 있지만, 직접적인 전달은 비용이 높기 때문에 일상적인 정치과정에서는 사용되지 않는다.

제약을 극복함으로써 정보의 거래비용을 절감시킨다. 이러한 체제하에서는 정부가 의지만 있다면 시민들이 정치적 사안을 판단하는 데 필요한 정보를 직접 공개할 수 있고, 또 시민은 저렴한 비용으로 정부공직자나 정치인과 직접 접촉하여 정책결정에 영향을 미칠 수 있다.[11]

2. 전자민주주의의 등장배경

전자민주주의의 등장은 두 개의 강력한 변화의 힘에 기인한다. 하나는 인터넷에서 시작하여 소리, 자료, 오디오, 그래픽, 비디오에 이르기까지 경계선 없는 디지털 기술의 결합으로 확장되어 광섬유와 전선 없는 글로벌 네트워크를 통해 즉각적으로 송신되는 쌍방향적 커뮤니케이션 기술의 빠른 등장에 기인한다. 새로운 디지털 커뮤니케이션 기술은 시민과 공직자간의 직접적 의사소통과 정보교류가 가능해지도록 하였고, 이러한 새로운 기술은 단지 민주주의적 요소를 강화하는 것에 그치지 않고 그 형태를 변화시키게 되며, 특히 제도로서의 정부 그 자체에 가장 큰 영향을 미치게 된다.[12]

다른 하나는 전자화에 비해 다소 미묘하고 덜 가시적이지만 전자민주주의에 보다 깊은 영향을 미친 요인으로 서구식 대표민주주의에서 새로운 혼합형 직접민주주의로의 변화와 관련된다. 대표민주주의제도에 대한 국민의 실망과 좌절은 직접참여제도에 대한 국민의 욕망을 증대시켰다. 이러한 변화를 나타내는 제도적 변화들은 곳곳에서 살펴볼 수 있다. 역사적으로 미국 건국자들의 초기 민주주의 형태는 대통령을 간선하는 것이었으나 오늘날의 민주주의는 대통령을 직접 선출하는 형태로 변화해 왔다. 부통령은 원래 선거인단 가운데 두 번째 최다득표자로 간접 선출되었으나 오늘날은 대통령이 부통령을 선정하고 시민은 대통령의 선택에 직접 표를 던질 수 있도록 제도적으로 변화되었다. 상원의원의 선출은 유권자들이 직접 선출할 수 있는 형태로 변화하였고, 여성과 소수자들에게도 투표권이 확대되었으며, 투표 연령은 18세로 낮아졌다. 또한 과거에는 대통령과 의원에 대한 임기제한이 없었으나,

---

11) 임석준, 이승종. (2005). 앞의글에서 본체크의 브로드캐스트와 넷캐스트 구조에 대한 설명을 재인용함, 79-80.

12) Tracy Western (2000). “E-democracy: Ready or not, here it comes.” *National Civic Review* 89(3), 218-219.

오늘날은 두 번의 임기로 제한되고, 의회 의원에 대한 임기제한도 오늘날 점차 시도되고 있다는 점 등은 초기의 순수 대표민주제의 내용이 점차 변화하고 있음을 입증한다. 이와 같은 변화의 흐름에는 국민들의 대표민주제에 대한 좌절과 실망에 기인한다고 할 수 있다. 이러한 변화는 지속되어 직접민주제의 요소로서 주민발안제도를 채택하게 되었고, 주민발안건수도 급증하고 있다.[13] 정책적 영향력을 미치기 위한 시민의 선거 기부가 늘어나고 있는 것, 공공 여론조사가 확대되고 시민의 정책적 영향력이 증대되면서 새로운 정부통제의 근원이 증대되고 있는 것, 임기제한의 움직임 강화, 중재자의 역할 축소(정당을 경유하지 않은 후보자 증대) 등의 현상도 이러한 변화의 맥락으로 볼 수 있다.

이와 같은 두 가지 흐름, 즉 쌍방향적 디지털 커뮤니케이션의 폭발적 증가와 정부의 무능에 따른 시민의 좌절 현상의 수렴은 민주제의 운영 형태를 변화시키고 있다.[14] 특히 직접민주제적 요소로서 참여의 증대와 함께 정보매체를 통한 토론의 장이 마련됨으로써 토의민주주의의 형태로 변화해 가고 있는 것이다.

3. 전자민주주의의 유형

전자민주주의의 형태는 커뮤니케이션 기술, 정치참여 형태 및 민주주의 형태에 따라 세 가지 유형으로 구분할 수 있다. 빔버(Bimber)와 하겐(Hagen)이 제시한 전자민주주의 유형을 정리하면 [표 12-1]에 제시한 바와 같다.

---

13) 1900년대 이래로 24개 주와 콜롬비아 지역이 주민발안제도를 채택하였고, 뉴저지, 펜실베니아, 텍사스, 로드 아일랜드 등 4개 주는 최근 그 도입을 고려하고 있다. 또한 주민발안이 주민투표로 이어지는 경우가 최근에 급격히 증대하고 있는데, 캘리포니아에서 발안이 투표로 연계되는 비중은 지난 30년간 600% 증가한 것으로 나타나고 있다. Western (2000). 앞의글, 221-222.

14) Western (2000). 앞의글, 217.

표 12-1 전자민주주의의 유형

	Teledemocracy (원격민주주의)	Cyberdemocracy (사이버민주주의)	Electronic Democrarization (전자민주주의)
커뮤니케이션 기술	다채널 TV, 인터넷	인터넷	인터넷
정치참여 형태	정보, 토론, 선거	정보, 토론, 정치행동	정보, 토론, 정치행동
민주주의 형태	개인지향 대중영합주의 (Individual-direct populism)	지역사회 지향 커뮤니케이션 (Community-direct communitarianism)	대표-가속화 다원주의 (Representative-accelerated pluralism)

* 출처: B. Bimber (1999). "The internet and citizen communication with government: Does the medium matter?" *Political Communication* 16(4), 409-428; Martin Hagen (1997). "A typology of electronic democracy." (http://www.uni-giessen.de/fb03/vinci/labore/netz/hag_en.htm).

먼저 원격민주주의(teledemocracy)는 다채널 TV에서부터 인터넷에 이르기까지 다양한 커뮤니케이션 기술을 활용하여 시민들이 정보를 얻고, 그에 대한 토의를 수행할 뿐만 아니라 참여 활동으로서 전자선거를 주로 활용하는 형태로 나타난다. 이러한 측면에서 원격민주주의는 개인에 기반한 정치참여의 민주주의가 주된 부문이다.

사이버민주주의(cyberdemocracy)는 커뮤니케이션의 기술로써 주로 인터넷에 기반한 상호작용 형태를 활용하는 것이다. 정보의 교류와 인터넷상의 토의뿐 아니라 온라인상의 공동체를 기반으로 한 정치행동으로 연계되는 경우가 많다.

전자민주주의는 커뮤니케이션의 주요 도구로 인터넷에 의존한다는 점에서 사이버민주주의와 공통적이다. 주요 활동 역시 인터넷을 활용한 정치정보의 교류, 토의 및 정치행동으로 연계되는 점 역시 사이버민주주의와 유사하다. 하지만 원격민주주의가 개인지향의 대중영합주의라면 사이버민주주의는 공동체지향적 민주주의의 특성을 띠고, 전자민주주의는 대표가 중심체적 역할을 하여 정보의 흐름을 가속화시킨다는 점에서 대표 강화 다원주의의 민주주의 형태를 지닌다. 단 여기에서는 이 세 가지를 엄격히 구분하지 않고 이 모두를 통칭하여 전자민주주의로 부르기로 한다.

II 전자민주주의의 효과

CITIZEN PARTICIPATION

인터넷의 등장과 확산이 정치커뮤니케이션의 변화를 초래하게 된다는 것은 앞에서 지적하였다. 그리고 커뮤니케이션 양식의 변화는 정치과정에 있어서 새로운 역학과 행태를 생성해 낼 것이다. 다음에서는 전자민주주의의 발생으로 나타나게 되는 정치적 변화 및 참여에 미치는 효과를 살펴보고자 한다.

1. 정보사회와 대의민주제의 변화

토플러(Toffler)를 비롯한 미래학자들은 산업혁명이 농업사회를 산업사회로 대체하였듯이 정보혁명은 산업사회와는 완전히 구분되는 정보사회의 도래를 초래할 것이라고 주장하였다. 그에 따르면 정보사회에서는 다수결에 기반을 둔 대중민주주의가 아닌 소수세력의 다양성이 존중되는 '모자이크 민주주의(mosaic democracy)'가 등장하며, 국가의 중요한 결정을 대표자에 의존하던 대의민주주의 대신 국민 스스로가 대표자가 되고 중요 정책결정에 직접 참여하는 반(半)직접민주주의가 등장할 것이라고 지적하였다.[15] 나이스빗(Naisbitt) 역시 새로운 정보통신기술이 확산됨으로써 과거 시간과 공간의 한계로 인해 대규모 정치체제하에서는 불가능하였던 직접민주주의가 가능해질 것이라고 주장하였다.[16]

한편 정보통신기술을 이용한 직접민주주의 실현을 주장하는 관점에 대한 반론도 제기된다. 예를 들어 아터튼(Arterton)은 전자민주주의가 민주주의

15) Alvin Toffler and Heidi Toffler (1995). *Creating a new civilization: The politics of the third wave*. Atlanta: Turner Publishing Inc.; 김용철, 윤성이. (2005). 「전자민주주의-새로운 정치패러다임의 모색」. 서울: 오름, 22에서 재인용.

16) Naisbitt, John (1986). *Megatrends: Ten new directions transforming our lives*. Warner Books; 김용철 외. (2005). 앞의글, 22에서 재인용.

그림 12-2 정보통신기술의 발달과 정치과정의 변화

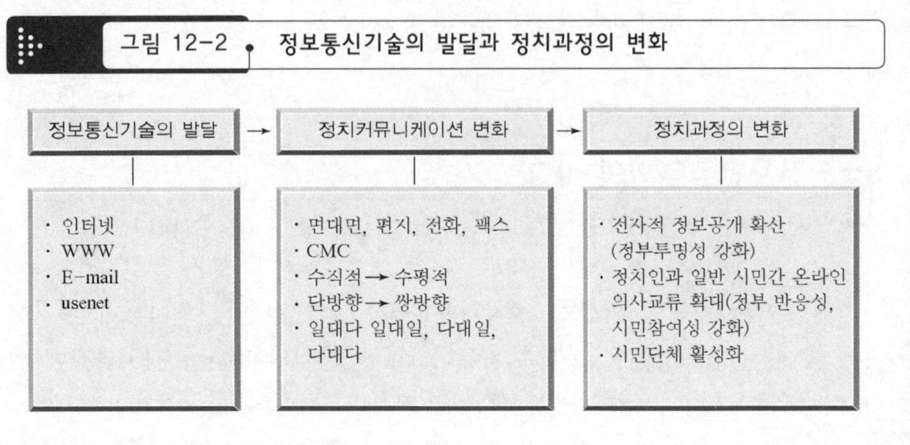

* 출처: 김용철 외. (2005). 앞의글, 24.

를 개선할 수는 있으나 근본적으로 변혁시킬 수는 없으며, 이상적으로 완성할 수도 없다고 주장하였다. 전자민주주의는 국민과 정치지도자 사이의 정보와 의사교환의 흐름을 촉진시키는 역할을 할 것은 분명하나, 대의민주주의를 직접민주제로 대체하는 것은 아니라는 것이다. 즉 정보통신기술의 발달이 시민들의 정치참여 수준에 근본적인 변화를 가져올 것이라는 주장에 대해서는 회의적인 입장을 취한다.17)

정보통신기술의 발달에 따른 정치과정의 변화 과정은 [그림 12-2]와 같이 도식화할 수 있다. 그림에서 제시하는 바와 같이 정보통신기술의 발달은 정치커뮤니케이션의 형태를 일대다에서 일대일과 다대일, 다대다 등 다양한 형태로 변화 및 활성화시킨다. 이와 같은 정치커뮤니케이션의 변화는 정치과정에 있어서 전자적 정보공개 및 정보공유의 확산, 사이버공간을 이용한 정치인과 시민 및 시민과 시민간의 의사 교환의 확대, 시민운동단체의 활성화 등을 야기할 것이다. 이를 통해 궁극적으로 정부의 투명성, 책임성 및 반응성을 강화시키고, 일반 국민의 정치참여를 향상시킬 것으로 기대할 수 있다. 물론 이와 같은 변화로 대의민주주의가 직접민주제를 대체할 수는 없겠으나 보완하는 효과는 분명 있을 것이다.

17) Arterton (1987). 앞의글.

2. 전자민주주의의 정치참여 효과

정보통신기술의 발달에 따른 정치적 측면의 효과를 정리하면 다음과 같다.

첫째, 정보접근이 확대된다. 과거의 면대면 접촉, 종이문서, 전화, 팩스 등을 이용한 정보유통은 전달할 수 있는 정보의 양과 속도에 한계가 있었으며 대체로 단방향의 의사소통이 주를 이룰 수 밖에 없었다. 반면 정보화 시대에는 컴퓨터매개커뮤니케이션(CMC: computer-mediated-communication)을 통해 정보생산자와 수요자의 위치에 상관 없이 필요한 정보를 필요한 수요자에게 빠른 시간에 적은 비용으로 전달할 수 있게 되었다.[18] 이로 인하여 과거에 주요 정보생산자인 정부가 독점하였던 정보를 많은 국민들이 공유할 수 있게 되었고, 시민은 보다 쉽게 정보에 접근할 수 있게 되었다. 정보의 공개는 시민들의 참여 확대를 위한 가장 기본적인 조건이라는 점에서 국가 정책에 대한 정확하고 다양한 정보의 제공은 시민들에게 정치에 대한 관심 제고와 참여에 대한 동기를 부여할 것이다. 또한 충분한 정보를 확보할 수 있게 됨으로써 시민들은 보다 올바른(informed) 정치적 판단을 내릴 수 있게 된다.

둘째, 정치참여가 증대된다. 정보통신기술의 발달은 시민들의 정치참여를 촉진하여 민주주의의 질적 향상에 기여할 것이다. 무엇보다 인터넷을 통한 참여 기회의 확대는 참여의 동기를 부여함과 동시에 참여의 역량을 제공한다는 데에 그 의미가 있다.[19] 그러나 전자적 시민참여의 구체적 형태에 대해서는 견해가 나뉜다. 하나는 전자투표를 통한 직접민주주의 실현이고, 다른 하나는 사이버 공간을 이용한 토론기회 및 정보제공의 확대라는 두 가지의 엇갈린 주장이다.[20] 즉 전자적 시민참여의 형태 중 어떠한 논의에 초점을 맞추는가에 따라 전자민주주의의 효과에 대한 관점은 달라진다.

예컨대 베커(Becker)는 정보통신기술의 발달로 전자포럼이나 전자공청회를 통한 활발한 정보의 교환도 물론이지만, 시민 개개인의 의사표시가 최대한 반영될 수 있는 투표가 전자적으로 가능해졌다는 데 주목한다. 정치적 현

18) 김용철 외. (2005). 앞의글, 28.
19) Mossberger et al. (2008). 앞의글, 47.
20) 김용철 외. (2005). 앞의글, 29.

안에 관해 시민들이 직접 결정할 수 있는 투표권이 민주주의의 핵심이라는 점에서 전자민주주의는 직접민주주의를 구현하는 데 기여할 것으로 보았다.[21] 쉐인(Shane) 역시 인터넷 매체의 발달은 비록 시민의 삶에 사회적 분절화를 증가시키기는 하나 대의민주주의에 대중 참여의 양을 증진시킬 뿐 아니라 무엇보다 참여의 질을 높이게 됨을 지적하였다.[22] 이외에도 정보통신기술의 발달이 민주주의의 발전에 긍정적 영향을 미칠 것으로 제시하는 입장을 취하는 학자에는 토플러(Toffler)와 같은 미래학자나 맥레언(Mclean), 에찌오니(Etzioni), 로단(Laudan) 등이 있다.

반면 아터튼(Arterton)은 정책결정을 둘러싼 이슈와 대안에 대해 토의할 수 있는 다양한 정보와 토론의 기회를 제공하는 것이 전자민주주의의 핵심이라고 보기 때문에 정보통신기술의 발달이 시민참여의 증가를 가져온다는 주장에 대해 동의하지 않는다. 또한 시민참여가 활성화된다 하더라도 직접민주제가 대의제를 대체하는 것이 아니라 사이버공간을 이용하여 대의과정이 활성화될 뿐이라고 주장한다. 더 나아가 엘룰(Ellul), 마르쿠제(Marcuse), 오웰(Orwell) 등은 인간의 자유가 말살된 전체주의적 기술사회가 도래할 가능성을 예고하기도 하였다. 즉 기술사회에서는 기술발전으로 인해 인간의 자유가 상실될 것이라는 것이다.[23]

그러나 전자적 시민참여의 형태를 어떠한 형태로 규정하든 정보통신기술의 발전이 참여를 진작시키는 데 긍정적인 역할을 한다고 보는 견해들도 많다. 전자민주주의하에서 교육, 소득 등의 사회경제적 요인에 의하여 불평등한 참여를 야기할 것이라는 우려에 대하여 모스버거 외(Mossberger et al)나[24] 토마스 등(Thomas et al.)[25]의 학자들은 빈곤하고 덜 교육 받은 사람들이 온라인 정치참여를 덜 이용하는 것은 사실이지만, 그들은 투표나 기타 참여 전반에서 원래부터 덜 참여하는 자들이라는 점[26]을 강조하여 전자민주주의의

21) Ted Becker (1993). "Teledemocracy- Gathering momentum in state and local government." *Spectrum* (Spring); 김용철 외. (2005). 앞의글, 30에서 재인용.

22) Shane (2004). 앞의글, 3.

23) 김비환. (2008).「데모크라토피아를 향하여」. 교보문고, 169-170.

24) K. Mossberger, C. Tolbert and M. Stansbury (2003). *Virtual inequality: Beyond the digital divide*. Washington, D.C.: Georgetown University Press.

25) J. Thomas and G. Streib (2003). "*The new face of government: Citizen-initiated contacts in the era of e-government.*" *Journal of Public Administration Research and Theory* 13(1), 83-102.

역효과에 대한 논란을 불식하고자 한다. 즉 기존의 참여 격차가 사이버 공간상에서 그대로 단순히 반복되는 것 뿐이라는 것이다. 더욱이 모스버거 외는 더 나아가 오히려 인터넷 등을 빈번하게 활용하게 될수록 더 많은 소득과 부를 얻을 수 있게 되는 외부성이 나타나게 됨을 실증적으로 분석하기도 하였다.[27]

구체적으로 모스버거 외는 인터넷이 정치참여에 미치는 영향에 대하여 정치적 지식, 관심, 토론뿐만 아니라 투표참여도 증진시킴을 실증적으로 발견하였다.[28] 이러한 관점에서 인터넷 등의 정보기술이 정치참여를 증진시키는 경로는 세 가지 정도로 설명할 수 있다. 하나는 인터넷이 개인으로 하여금 서로 만나게 하고 대화공간(chat rooms)을 통해 담론에 참여할 기회를 줌으로써 참여를 높인다는 것이다. 둘째, 인터넷은 정당이나 이익집단의 동원화 노력을 통해 참여를 증진시키기도 한다. 마지막으로 정보비용(information costs)의 관점에서 시민들은 정보를 취득하는 데 드는 비용을 줄이기 위해 언론에 보다 의존하게 되는데 인터넷은 거의 즉각적이고도 쉽게 정보를 얻을 수 있고 더 나아가 거의 무한히 다양한 종류의 정보를 얻을 수 있기 때문에 정치참여 방식에 대해 숙지하는 데 들어가는 비용을 낮춤으로써 인터넷은 시민들의 정치참여를 독려하게 된다는 것이다.[29] 이와 함께 비관론자들이 주장하는 것은 기술결정론적 시각에 입각한 것으로 지나치게 인간의 의지를 과소평가하여 기술을 통제할 수 있는 인간의 가능성을 전적으로 부인한다는 한계를 지적한다.

셋째, 대의민주주의의 질 역시 향상된다는 점이다. 정보통신기술의 발달로 인한 시민참여의 확대는 직접민주주의의 실현보다는 기왕에 정치에 관심을 갖고 있는 시민들의 정보접근의 확대와 토론의 활성화 형태로 나타날 것인바, 전자민주주의의 구축으로 인하여 참여의 질이 높아질 것을 기대할 수 있다.

생각건대 정보통신기술의 발달은 정치적 이슈에 대해 본래적으로 관심

26) S. Verba, K. Schlozman, and H. Brady (1995). *Voice and equality: Civic voluntarism in American politics*. Cambridge, MA: Harvard University Press.; Campbell, A., P. E. Converse, W. E. Miller, and D. E. Stokes (1960). *The American voter*. Chicago: University of Chicage Press.

27) Mossberger et al. (2008). 앞의글, 45.

28) Mossberger et al. (2008). 앞의글, 87.

29) Mossberger et al. (2008). 앞의글, 88.

을 갖고 있거나 참여하고자 하였던 시민들로 하여금 정보에 대한 접근성을 높여 정치에 대한 토의의 수준을 높임으로써 참여의 양과 질을 개선할 것임을 기대할 수 있다. 다만 정보에 대한 접근성이 높아졌다고 하여도 정보통신 기술을 이용할 수 있어야 하고, 본질적으로 어느 정도 이상의 정치적 관심은 가지고 있어야 하는 등 여전히 참여를 위해서는 시간, 기술, 자원적 측면의 여유가 요구되는 이상 참여의 양적 증가에 대한 기대보다는 토의의 증대에 따른 참여의 질이 높아질 것을 기대할 수 있는 여지가 크다. 다만 사이버공간 상의 토의를 통한 정치체제의 투입은 이전보다 훨씬 많아질 것이라는 점에서 결과적으로 국가권력에 대한 시민권력의 강화를 가져올 것을 기대할 수 있다. 다만 이러한 긍정적 효과는 사이버 공간상에서 생산적 토론이 이루어질 수 있음을 전제하는 것이다. 또한 생산적 토론의 가능성은 건전한 사이버 토론문화와 수준 높은 정치문화에 의해서 가능할 것임은 분명하다.

Ⅲ 전자민주주의의 한계와 개선방안

CITIZEN PARTICIPATION

1. 전자민주주의의 한계

전자민주주주의는 다양한 수준에서 시민들의 의사소통 가능성을 확대해 주었다는 점에서 전자민주주의가 민주주의적 요소를 향상시키게 될 것임을 제시하는 낙관적 입장이 많음은 앞에서 지적하였다.[30] 예컨대 온라인 뉴스를 제공함으로써 잠재적인 정치참여를 증대시키고,[31] 정부 웹사이트를 이용했던 시민들은 정부에 대해 보다 긍정적인 태도를 갖고 되었으며, 심지어 신뢰수

---

30) Friedland and Boyte나 Mossberger et al. (2008) 등은 민주주의에 대한 기술의 영향에 대해 낙관적인 입장을 취하고 있다. Friedland, L., and H. Boyte. "The new information commons: Community information partnerships and civic charge." *Center for Democracy and Citizenship*. Hurbert A. Humphrey Institute of Public Affairs, University of Minnesota (www. publicwork. org).

31) Bimber (2003); Krueger (2002); (2003); Tolbert and McNeal (2003); Shah, Kwak, and Holbert (2001); Graf and Darr (2004)의 연구들은 온라인 뉴스가 정치참여를 증대시킨다는 연구결과를 제시하였다. Mossberger et als. (2008). 앞의글, 7에서 재인용.

준도 높아지는 현상이 나타나는 것으로 제시되었다.[32] 그러나 정보통신기술의 발전이 정치적으로 가져다 줄 것으로 기대했던 이상적 기대가 높았던 만큼 시간이 경과할수록 여러 가지 부작용과 운영상에서 실천적으로 나타나는 문제점에 대한 우려도 상당히 제기되고 있다. 전자민주주의가 가져올 수 있는 한계들은 다음과 같다.

첫째, 전자매체를 통하여 시민 전체의 입장이 공공의 관점으로 정확히 전달・연계될 것인가에 대한 회의적인 관점이 존재한다. 일면 조작의 위험성이 있고, 다른 한편으로는 일부의 열정적인 네티즌에 의해 편파적인 방향으로 흘러갈 우려도 있으며, 무엇보다 전자매체로 수합되는 견해가 시민 전체의 관점을 반영한 것인지에 대해서도 의문이 제기된다.[33] 법학 교수인 썬스타인(Cass Sunstein)은 자신의 저서인 「Republic.com」에서 참여자들은 자신들이 동의하지 않는 견해로부터 자신들을 고립시키고, 상반된 아이디어에 대한 자유롭고 공개적인 토론을 무력화시키고자 한다고 지적하였다.[34] 이와 같은 "cyberbalkanization"(사이버상의 발칸화: 온라인상의 분열)[35]은 개인이 고의적으로 자신의 신념을 공유하는 사람과만 의사소통하고 그들의 견해에 도전하는 정보들을 배척하는 경우에 나타난다.[36] 현실의 세계에서 마주하는 인쇄물이나 방송매체들은 다양성과 상호작용에 직면하게 되지만, 가상의 세계는 보다 동질적일 것을 강요하고, 토론과 토의를 억누르는 경향이 강하다.[37]

둘째, 참여의 민주적 훈련 효과에 관한 것이다. 갤스톤(Galston)은 온라인 집단은 전통적인 결사체가 수행했던 민주적 훈련의 기능을 하지 못하며, 면대면

---

32) Tolbert and Mossberger (2006); Welch, Hinnant, and Moon (2005)의 연구들은 정부 웹사이트를 이용했던 시민들은 정부에 대한 긍정적인 태도를 갖게 되었고, 나아가 일부 경우는 정부에 대한 신뢰도가 높아지는 경우가 나타났다. Mossberger et als. (2008). 앞의글, 7에서 재인용.

33) Nugent (2001). 앞의글, 227.

34) Sunstein, C. (2001). *Republic.com*. Princeton: Princeton University Press; Nugent (2001). 앞의글, 227에서 재인용.

35) 발칸화(balkanization)란 특정 국가나 지역이 서로 적대적이거나 비협조적인 여러 개의 국가나 지역으로 쪼개지는 현상을 일컫는 지정학적 용어이다. 발칸반도에서 일어난 여러 분쟁에서 유래된 용어로 사이버상의 발칸화는 인터넷상에 고립된 여러 개의 섬처럼 분산적으로 존재하는 현상을 의미한다.

36) Robert Putnam (2000). *Bowling alone: The collapse and revival of American community*. New York: Simon and Schuster, 178.

37) Sunstein (2001). 앞의글.

표 12-2 일반국민과 취약계층간 정보격차지수(점)

연도	장애인	저소득층	농어민	장노년층	평균
2004년	42.5	44.4	66.2	59.1	55.0
2006년	26.1	27.0	50.2	41.6	38.0
2008년	21.2	21.9	42.1	35.8	32.0
2010년	18.7	19.5	38.2	32.5	28.9
2011년	17.8	18.6	36.4	30.8	27.6
2012년	16.6	17.8	35.2	28.8	26.0
2013년	16.2	16.8	32.2	27.4	24.8
2014년	14.7	14.7	30.6	25.7	23.4

* 출처: 최완식, 홍경순, 최정아. (2015). 「정보격차지수 및 실태조사 2014」. 미래창조과학부; 한국정보화진흥원, 41 표를 재편집.

** 정보격차지수 = 전체국민 정보화수준(100으로 가정) - 전체국민 대비 소외계층 정보화수준 (정보격차지수는 0~100점 범위의 값을 가지며, 100점에 가까울수록 격차가 큰 것을 의미함.

(face-to-face) 의사소통의 장점을 해체시킨다고 비판한다.[38] 전자매체 이용의 활성화는 면대면 대화가 지닌 깊이 있는 담화, 토의 등의 가치나 공동체에서의 친밀감과 고립타파 등의 부분에서 상당한 한계를 지닌 것으로 나타나고 있다.[39]

셋째, 정보격차에 따른 참여의 불평등 문제이다. 전자매체를 통한 참여가 사회경제적 지위에 따른 정치적 격차 문제를 더욱 악화시킬 수 있다는 것이다. 지역사회에서 기술적으로 열악하고 전통적으로 가장 소외되어 있는 노인이나 장애인, 집에 정착하지 못한 사람 등 사회경제적 지위가 낮은 사람들은 새로운 커뮤니케이션 기술을 이용하는 데 장벽이 많고, 결과적으로 사회에서 소외될 것이다.[40] 이러한 정보격차(digital divide)[41]는 종국적으로 정보화에서

38) William Galston (1999). "Fall 1999 Report." *Institute for Philosophy and Public Policy* 19(4), pp. 5, 7.(www.puaf.umd.edu/ippp).

39) Sue Goss (1999). *Managing working with the public*. KOGAN PAGE, 178.

40) Goss (1999). 앞의글, 178-179.

41) 정보격차(digital divide)는 1990년대 중반에 널리 사용되기 시작한 개념으로 초기에는 개인이 컴퓨터를 소유하고 있는지의 여부와 가정에서 인터넷에 접속하는지의 여부로 정의하였으나 최근에는 인터넷 이용인구에서 보다 복잡한 개념으로 변화하여 접근뿐만 아니라 이용 기술의 수준까지도 포괄하는 개념으로 사용된다. 그 이유는 전자민주주의는 단순히 인터넷을 집에서 접속하는가의 여부보다는 일상적인 이용으로서 이용 빈도와 온라인에서의 정보 이용능력이 더 중요하기 때문이다. Mossberger et als. (2008). 앞의글, 9-10.

표 12-3 학력, 소득, 지역, 성, 연령, 직업별 전체국민 대비 정보화 수준

구분		전체국민 대비 수준
학력별	중졸 이하	73.5
	고졸	104.1
	대졸 이상	**124.7**
월가구 소득별	기초생활수급층	85.2
	200~299만원	101.3
	300~399만원	111.0
	400만원 이상	**117.6**
지역 규모별	**도시지역**	**102.2**
	군 지역	83.6
성별	**남성**	**103.6**
	여성	96.4
연령별	19세 이하	120.6
	20대	**128.3**
	30대	123.0
	40대	108.9
	50대 이상	74.3
직업별	농/임/어업	69.4
	서비스/판매직	99.5
	생산관련직	83.8
	전문관리/사무직	**126.1**
	주부	77.0
	학생	122.9
	무직/기타	61.0

* 출처 : 최완식, 홍경순, 최정아. (2015). 「정보격차지수 및 실태조사 2014」. 미래창조과학부; 한국정보화진흥원, 88 표를 재편집.

** 전체 국민의 종합 정보화수준을 100으로 할 때 계층별 종합 정보화 수준을 의미

소외된 자의 견해와 입장이 정치적으로 더욱 반영되기 어려운 상황에 직면하도록 만들고, 결과적으로 소득, 부, 권력 상의 불평등을 확대시키게 된다.[42]

42) John W. Cavanaugh (2000). "E-democracy: Thinking about the impact of technology on civic life." *National Civic Review* 89(3), 232-233; Charles Ferguson (2002). *The United States broadband problem: Analysis and policy recommendations*. Working Paper May 31.

일반국민과 취약계층간의 정보격차지수는 [표 12-2]에 제시하였다. [표 12-2]에서 나타내는 것은 일반국민을 100으로 보았을 때 취약계층과의 정보격차지수이다. 전반적으로 시간이 지날수록 그 격차의 수준이 꾸준히 감소하는 것으로 나타나 정보격차가 완화되고 있는 것을 보여 준다. 그럼에도 불구하고 일반국민과 취약계층과의 정보격차는 여전히 상당부분 존재하고, 그 격차 수준도 비교적 큰 편이라는 점에서 정보격차 문제가 해결되었다고 보기는 어렵다. 가장 격차가 크게 나타난 부문은 농어민과 장노년층이다. 뿐만 아니라 저소득층과 장애인 부문에서도 일반국민과의 정보격차가 상당부분 남아 있어 사회경제적 지위에 따른 정책 참여의 소외 현상은 현실적으로 나타나고 있다고 볼 수 있다. 특히 고령자나 농어민, 저소득층과 같은 이른바 정보화 취약계층과 비취약 계층간의 격차는 선진국과 비교할 때 다소 높은 편이다.

사회경제적 지위에 따른 정보화 격차는 [표 12-3]에서 나타나는 바와 같다. 학력·소득·지역규모·성별·연령별·직업별 등 모든 사회경제적 특성에 따라 정보화 수준은 격차를 보이는 것으로 나타났다.

한국의 경우 연령별 인터넷이용률은 6-19세의 10대 이하가 94.8%로 가장 높았고, 이어 20대 94.5%, 30대 80.7%, 40대 51.6%, 50대가 22.8% 순으로 노년층의 인터넷 이용률이 극도로 낮아지는 경향을 보인다. 물론 미국의 조사에서도(대표본의 CPS와 소표본의 Pew 서베이 모두) 인터넷 이용 빈도가 높은 사람들은 높은 임금·소득과 관련되는 것으로 나타나고 있다. 저소득 임금자나 교육수준이 낮은 노동자, 흑인계 미국인들은 상대적으로 인터넷 이용이 한계 수준에 해당하였고,[43] 더 나아가 이들이 온라인상에서 전자정부 및 정치정보를 이용하게 될 가능성은 훨씬 줄어든다. 사회경제적 수준에 따른 정치참여상의 격차는 사이버 공간상에서도 그대로 재현되고 있는 것이다.[44] 더욱이 우리나라의 정보격차는 선진국과 비교할 때 더욱 현격하다는 점은 분명하다. 이러한 격차는 인터넷 기술의 이용가능성만으로 해결될 수 있는 문제가 아니다. 정치에 대한 관심과 정보에 대한 이용능력 역시도 정보에 대한 접

Washington, D.C.: Brookings Institution.

43) Mossberger et als. (2008). 앞의글, 44-45.

44) Mossberger et als. (2008). 앞의글, 50.

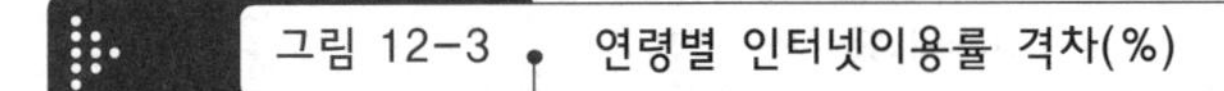

그림 12-3 연령별 인터넷이용률 격차(%)

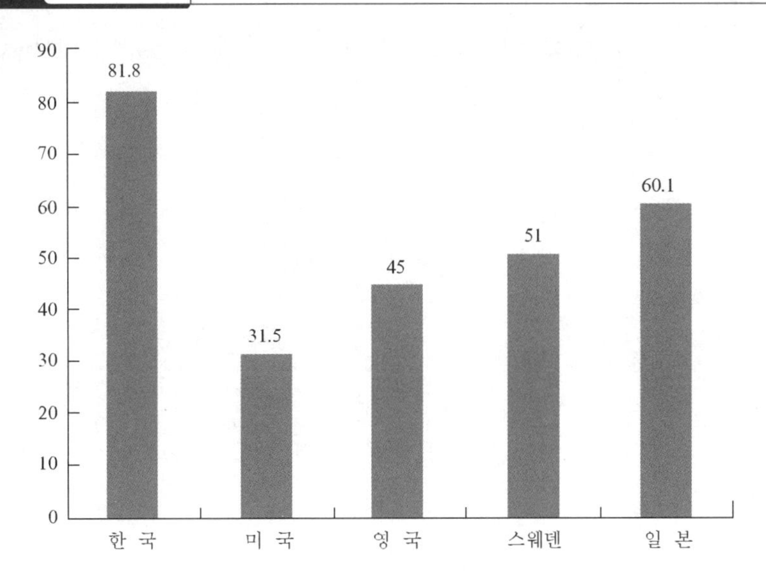

* 출처: 정보통신부 자료.

근성을 차별화하는 효과를 유발하기 때문이다. 정치적 관심이 없거나 정보를 제대로 확보 · 이용하지 못하는 사람들은 여전히 인터넷에서 제공하는 다양한 정치정보를 간과하는 것으로 나타난다.[45]

디지털 정보격차의 특성은 국가마다 다소 상이하게 나타난다. 정보통신 정책연구원의 보고서에 따르면 사회경제적 지위와 배경에 따른 디지털 정보격차의 형태는 상이한데 한국의 경우는 사회경제적 지위, 나이에 따른 격차가 존재하는 것으로 나타나고 있다(표 12-3 참조). 표에서 나타나는 바는 미국은 사회경제적 배경에 따른 정보격차가 전반적으로 줄어들고 있는 반면, 독일의 경우 사회경제적 지위와 성에 따른 정보격차가 존재하고, 한국의 경우

45) Nugent (2001). 앞의글, 225; Margolis and Resnick (2000) 역시 인터넷이 보다 정보력을 갖춘 시민을 창출함으로써 민주주의의 질을 개선할 것인지의 여부를 예측하는 것은 가장 어려운 일 중 하나라고 지적한다. 이들은 활동적이고 공공업무에 관심이 있는 사람들은 그 자체로 관심을 유지하겠지만 그렇지 않은 사람들을 인터넷의 구축 자체로 대중을 관심있는 시민으로 만들게 수 있음을 확신할 수 없다고 결론내렸다. Margolis, M. and D. Resnick (2000). *Politics as usual: The cyberspace "Revolution."* Thousand Oaks, CA: Sage, 212.

표 12-4 디지털 정보격차의 국가별 경향

국 가	사회경제적 지위	성	나 이	도시-지방
미 국	↓	↓	↓	↓
영 국	↑	↓	↓	↓
독 일	↑	↑	↓	↓
일 본	↓	↓(모바일인터넷의 경우는 여성이 높음)	→	↓
한 국	↑	→	↑	↓
중 국	↓	↓	?	↓

* 출처: 유지연. (2003). "디지털 정보격차의 재정의와 주요국 현황." 정보통신정책연구원, 62의 표를 재구성.
** ↑: 디지털 정보격차 증가, ↓: 디지털 정보격차 감소, →: 디지털 정보격차 여전.

는 사회경제적 지위, 나이 및 성별 정보격차가 존재함을 보여 준다.

넷째, 시민의 관점을 다시 소비자로 후퇴시킬 수 있다. 즉 상당한 준비와 세심한 고려 없이 새로운 커뮤니케이션 기술을 무작정 도입하는 것은 시민을 단지 고객, 소비자, 서비스 구매자 등으로 과대단순화하는 시각을 형성할 수 있다는 점이다.[46] 전자매체를 활용한 참여는 즉각성과 편리성의 장점을 가지지만 주민발안과 같은 직접참여제도와는 달리 주로 타인에 의해 정의된 이슈와 대안에만 대응하도록 만들 가능성이 높다.[47] 특히 의제가 소수에게 독점되고, 안건에 대한 논의가 제한적 토론에 그치게 되어 또 다른 민주주의의 제약 요인으로 작용할 여지가 있다.

다섯째, 이용과 접근의 편리성은 역으로 정보의 홍수를 가져올 수 있다. 정보의 과부하 문제는 시민과 정부 양측 모두에게 문제가 될 수 있다. 2001년 5월 미국 의회의 한 보고서에 따르면 시민들로부터 의원들이 받는 이메일은 대략 8천만통이고, 그 수가 매달 100만개씩 증가하고 있는 것으로 나타났다. 이메일의 편리성으로 많은 시민들은 쉽게 의회에 다양한 요구들을 보낼

46) Cavanaugh (2000). 앞의글, 232.

47) Mary Grisez Kweit and Robert W. Kweit (1981). *Implementing citizen participation in a bureaucratic society*. New York: Praeger, 55.

수 있게 되었지만 결과적으로 과다한 정보는 선출직 대표자들의 대응성 결여를 가져와 시민과 의회 의원 모두에게 좌절을 가져온다. 모순적이게도 손으로 쓰는 편지나 옛날 방식의 우편이 도리어 대표자들의 관심을 끌기에 가장 빠른 최선의 방법이 되고 있는 것이다.[48] 시민들 역시 정부 기관에서 제공하는 수많은 정보의 홍수 속에서 적절하고 유용한 정보를 얻는 데 어려움을 겪는다. 이러한 쌍방향적인 정보의 과부하는 또다른 접근의 장벽을 가져올 수 있고, 주요 정책 이슈를 다루기 어렵게 하는 요소로 기능한다.

여섯째, 정보화의 진전은 도리어 참여의 저조를 가져올 수 있다. 인터넷 이용은 실제로 개인을 더 큰 사회에 편입시킴으로써 사회적 연계성을 낮추는 결과를 가져온다는 것이다. 예컨대 푸트남(Putnam)의 저서 'Bowling Alone'에 따르면 주로 인터넷을 통해 뉴스를 본다고 응답한 사람들은 다른 평균적인 시민들에 비해 친구와 시간을 보내거나 자원 봉사하거나 타인을 신뢰하는 정도가 낮은 것으로 나타난다고 한다.[49] 이러한 점에서 그는 온라인 커뮤니케이션이 참여를 육성한다는 견해에 대해 회의적이고 오히려 악화된 결과를 가져올 것이라고 보고 있다. 이와 같이 전자매체에 대한 의존의 증가는 사회적 접촉을 줄여 개인의 고립을 통해 사회적 통합을 약화시킬 뿐만 아니라 기타 여러 가지 요인들이 복합적으로 작용함으로써 참여가능성이 오히려 저하될 수 있다. 또한 사회경제적 요인, 정보의 홍수, 의제의 독점 등의 현상 역시 참여의 저조로 이어지게 할 요인이 되기도 한다.

일곱째, 전자민주주의에 대한 오해로서 전자민주주의가 간접민주주의를 배척하고 직접 참여수단으로서의 시민참여 확장만 강조할 것이라는 인식이다. 그러나 전자민주주의의 진정한 의미는 시민참여의 확대에 있는 것이 아니라 토의(deliberation)가 중요시된다는 점을 강조할 필요가 있다.

마지막으로, 시민의 역량에 관한 문제이다. 전자시민의식(digital citizenship)은 온라인 사회에 참여하는 데 요구되는 시민적 역량을 의미한다.[50] 즉 시민은 정기적으로 인터넷을 활용할 뿐 아니라 효과적으로 이용할 수 있는 역량을 가지고 있음을 전제하는 것이다. 구체적으로 전자시민의식은 시민의

48) Nugent (2001). 앞의글, 228.
49) Putnam (2000). 앞의글, 479.
50) Mossberger et als. (2008). 앞의글, 1.

의무를 충족시키기 위하여 정치적 정보를 얻기 위해 전자기술을 빈번하게 이용한다는 것이다. 이와 같은 시민의식을 갖춘 시민들에 의하여 구축되는 전자민주주의에서의 시민적 행태는 사회적 표준을 따르고 사회적 유산을 지켜나가게 될 것이다. 또한 시민을 사회에 편입시켜 종국적으로 사회적 편익을 증대시켜 가게 된다고 본다. 그러나 현실에서는 소수에 의한 정보의 장악과 조작의 가능성, 잘못된 정보의 유포와 무책임한 사이버토론의 가능성 등이 전자민주주의의 의의를 훼손할 가능성이 충분히 존재한다.

이와 함께 세부적인 기술 문제로 개인정보 보호와 관련된 문제가 있을 수 있다. 오늘날 흔히 사용하는 인터넷 뱅킹은 개인의 재정기록 등을 누출시키고, 뿐만 아니라 온라인을 통한 정치참여과정에서 드러날 수 있는 사생활정보 노출의 문제는 생각보다 심각할 수 있다. 오늘날 새롭게 부각되는 중요한 문제 중 하나는 인터넷상에 바이러스를 퍼뜨리거나 주요 정보를 빼내는 소수의 해커집단으로부터 정부 및 개인이 위협받을 수 있다는 문제이다. 무엇보다 이것이 어려운 딜레마로 작용하는 까닭은 공공영역에 대하여 증가하는 수요와 컴퓨터의 보안 이슈를 어떻게 조율할 것인가의 문제이다.

요컨대 시민과 정부간의 상호작용의 효율성을 높이기 위해 다양한 첨단기술을 활용하는 전자민주주의의 확대는 상호작용의 증대를 통해 정부의 투명성과 대응성을 높이는 등의 참여 효과를 증대시키는 긍정적 결과를 야기할 수 있다. 그러나 그에 못지않게 다양한 문제들이 발생할 수 있음을 간과해서는 안 된다. 그리고 그러한 문제점들은 새로운 정보매체를 사용하기 이전보다 더욱 참여의 환경을 악화시킬 수도 있다. 그러나 그러한 부작용의 폐해에 대한 우려 때문에 전자매체를 활용한 투표나 상호작용 및 접촉, 정보교류 확대 등의 노력을 그만두어야 한다고 주장할 수는 없다. 기존의 민주제에 대한 시민권 사상을 확대시킨다면 현대의 다양한 정보매체를 활용한 기술들이 민주주의를 증진시킬 수 있는 방안을 형성하는 데 도움을 줄 수 있음은 분명하다. 다만 인터넷을 비롯한 정보매체의 장이 시민의 요구와 주장을 육성하도록 하는 데 걸맞는 역량과 체제를 갖출 것이 전제된다.[51] 그리고 이러한 새로운 혁신으로 가기 위해서는 상당한 시간과 고통이 수반될 수밖에 없음은 분명하다.

---

51) Cavanaugh (2000). 앞의글, 233.

2. 전자민주주의의 개선방향

위에서 지적한 바와 같이 전자민주주의는 다양한 실천적 한계를 지닌다. 그러나 위의 문제점들은 어디까지나 부작용이 발생할 여지와 가능성에 대한 것임을 감안하여야 한다. 이러한 관점에서 부작용의 발생가능성을 전자민주주의의 미래상을 발전시키는 데 활용한다면 더 나은 전자민주주의 체제를 구성하는 데 도움이 될 것이다. 즉 전자민주주의가 발생시킬 수 있는 한계점들이 잘만 수용된다면 논의의 깊이와 폭을 강화시키고 제도의 이용을 발전시킬 수 있다는 점에서 전자민주주의의 긍정적인 활용을 가능하게 할 것이다. 무엇보다 토의(deliberation)를 통해 대화의 깊이와 폭을 확대하고자 하는 노력을 게을리하지 않아야 하고, 무엇이 잘 되고 잘못되어 가는지를 이해하며, 실수가 반복되지 않도록 확인하며, 통찰력을 확산·공유하며 분석하는 시도가 있어야 한다.[52] 이러한 논의들을 종합하여 전자민주주의가 직면한 여러 가지 장애와 한계를 극복하고 보다 바람직한 토의의 장이 이루어지기 위한 제도적 개선방향을 도출해 보면 다음과 같다.

첫째, 개인의 정치참여보다 정치시스템 전체의 안정과 효율을 중시하는 제도의 정립이다. 둘째, 논의와 협의, 나아가 토의적 질서를 만들어 내는 실천적 참여의 방향을 수립하는 것이다. 구체적으로 토의는 소그룹(small group)에서 시작하여 계층적으로 네트워크(network)화 하는 방법으로 소그룹에서 만장일치제 형식으로 운영하는 방법도 모색해 볼 수 있다. 셋째, 지나치게 다양한 방식은 혼란과 모호함을 가져오므로 참여에 있어 일관된 형식을 도입하고 제도화하는 방향성이 필요하다. 영상반상회도 하나의 대안이 될 수 있다. 넷째, 이슈 분야별로 운용하는 방식으로 대표자의 선출, 정책입안, 정책의 집행, 정책의 평가 등 부문별로 범주화하여 가시성을 높이는 방법이다. 다섯째, 현재의 제도적 수준을 고려할 때 전자민주주의를 대의제에 보완적으로 운용하는 방법으로 점진화시킬 필요가 있다. 물론 이러한 형태는 공동체 수준에서는 직접적 시민참여의 형태로, 제도적 수준에서 대의제의 형식을 의미한다.

제도적 개선방향과 더불어 제도의 개선을 뒷받침할 행태적 개선방향을 제시하면 다음과 같다. 첫째, 정보화를 확산시켜 정보매체에 대한 접근과 이

52) Goss (1999). 앞의글, 179.

용을 용이하게 함으로써 정보격차가 발생하지 않도록 함으로써 참여상의 불평등 요소를 줄여가야 한다. 둘째, 엘리트 민주주의의 극단적 형태를 제어해야 한다. 셋째, 동원적 참여, 즉 정당의 사회적·대중적 지지기반을 강화하는 것이다. 인터넷을 통한 정치참여는 시민의 직접적인 실천적 활동에 의한 정치적 참여와 자발적 동원, 혹은 동원적 참여로 구성된다는 점에서 두 가지의 조화적 활동이 필요하다.

이러한 개선방향에서 보건대 시민참여에서 가장 중요한 과정은 적극적인 학습과 관련된 것으로 무엇이 잘 되고 잘못되어 가는지를 이해하고, 그 문제점이 반복되지 않도록 확인하고 통찰력을 확산하고 공유하며 분석하는 노력이 필요할 것이다.[53]

보다 바람직한 토의의 장이 구조화될 수 있도록 사이버 공간의 구체적인 설계 방안 및 전제조건들을 쉐인(Shane)의 논의에 따라 구체적으로 살펴보면 다음과 같다.[54]

1) 접근성(Accessibility)

토의가 원활히 이루어지기 위해서는 공동체의 모든 구성원들이 토의에 쉽게 접근할 수 있어야 한다. 그러므로 토의의 장은 오프라인이건 온라인의 공간이건 간에 가능한 많은 참여자들이 이용할 수 있어야 한다. 접근이 제한적이지 않기 위해서는 토의의 전자적 공간이 기술적으로 중립적(technology-neutral)이어서 특정 운영시스템에 제한되지 않아야 한다.

2) 검열 금지(No Censorship)

토의가 활성화되기 위해서는 논의의 내용 제시에 있어 검열로부터 자유로워야 한다. 그러므로 논의의 공간은 생각과 표현의 자유를 보장받아야 한다. 검열은 물리적 위협뿐 아니라 주장의 독립성을 저해하는 왜곡이나 발언의 제약 등을 포함한다.

53) Goss (1999). 앞의글, 179.

54) 바람직한 토의를 위한 사이버 공간의 설계방안에 대한 내용은 Shane (2004). 앞의글, 22-24에 근거함.

3) 자율성(Autonomy)

토의에 참여하는 사람들은 소비자(consumers)가 아니라 자율적인 시민이어야 한다. 그러므로 참여자는 정보에 대한 수동적인 수용자가 아니라 공공의 과정에 대한 적극적인 참여자로 취급해야 한다. 그러므로 시민은 표현의 자유를 가질 뿐만 아니라 토의의 과정에서 통제적 역할도 할 수 있다.

4) 책무성(Accountability)

토의는 공동체에서 서로 책임의식을 지니고 합리적인 공공의 담화로 이루어질 수 있어야 한다. 이를 위해서는 익명성을 배제해야 한다. 물론 온라인과 오프라인 모두에서 익명의 주장을 할 권리를 지니기는 하지만 생산적인 집단간 협력과 정치・문화・교육・기업의 삶을 결정하는 문제에 있어서는 책임성있고 개인간 약속을 이행할 수 있도록 하는 환경의 구비가 요구된다.

5) 투명성(Transparency)

투명성이란 시민들이 누가 그 공간을 점유하고 있는지, 감독은 이루어지고 있는지, 정보의 왜곡이 토론에 영향을 미칠 수 있는지의 여부에 대해 알 수 있도록 하기 위해 토의 공간의 구조와 규칙이 공론화되는 것을 의미한다. 투명성을 확보하여 토의의 참여자들은 서로에 대해 가시적으로 알고 있어야 하고 설정된 의제에 대해서도 정확히 알 수 있어야 한다.

6) 형평성(Equality)

토의민주주의는 구성원들간 형평성을 요구한다. 구성된 공간에서 모든 참여자들은 동등한 접근과 목소리를 낼 수 있는 기회를 부여하여 모두 동등한 경기자가 될 수 있어야 한다. 이를 위해서는 특정 집단에 대하여 특권을 부여하지 않도록 구조화하여야 한다.

7) 다원성(Pluralism)

가능한 모든 가치 있는 논점들을 수용하기 위해서는 다양한 범주의 관점들이 명확하게 표현될 수 있도록 해야 한다. 여러 다수의 목소리를 듣기 위해서는 토의공간에서의 규칙을 통해 규제함으로써 일부의 과도한 목소리를 침묵시킬 필요가 있을 때도 있다.[55]

8) 포괄성(Inclusiveness)

많은 철학자들은 이상적인 민주주의의 단위로 소규모 집단을 제시한다. 토의와 공공의 포럼에서 참여자들은 서로를 볼 수 있어야 하고 그들의 이해관계와 정체성이 제시되어야 하기 때문이다. 그러나 동시에 토의는 포괄적이면서 관련된 공동체의 모든 구성원에게 열려 있어야 한다. 수많은 목소리와 관점을 포착하지 않고서는 진정한 의미의 여론을 획득하는 것은 불가능하기 때문이다. 그러므로 토의의 집단은 소규모인 동시에 포괄적이어야 한다. 이 두 가지 목적을 달성하는 방법은 소규모 집단들끼리 연계(linkage)를 구축함으로써 가능하다.

9) 정보의 숙지(Staying Informed)

성공적인 토의가 이루어지려면 참여자들이 합리적인 정보에 근거한 판단을 내릴 수 있어야 하는데 이를 위해서는 정보를 충분히 숙지할 시간이 주어져야 한다. 토의는 적절한 수준의 정보 없이는 불가능하기 때문에 효과적이고 지적인 결정을 내리기 위해서는 다양한 관점들에 대한 정보에 충분히 접근할 수 있어야 한다.[56]

10) 공공성(Publicness)

대화는 공개되고, 접근가능하여야 하고, 특정 이익집단이나 개인보다는 집단 전체의 이익에 부합하는 방향성을 지녀야 한다. 시민으로서 그리고 공동체의 구성원으로서 명확한 사고를 통해 참여자들은 그들 자신만을 위해서만이 아니라 보다 넓은 공동체 전체의 이익을 인지하여야 한다.

11) 조정(Facilitation)

마지막으로 토의가 구조화되기 위한 전제조건으로 필요한 것은 효과적

55) Owen M. Fiss (1996). *The irony of free speech*. Cambridge, MA: Harvard University Press, 4.
56) James S. Fishkin (1991). *Democracy and deliberation: New directions for democratic reform*. New Haven: Yale University Press.

인 조정이다. 여러 경합적인 참여자들의 주장을 관리하기 위해서는 그들간의 중재가 필요하다.

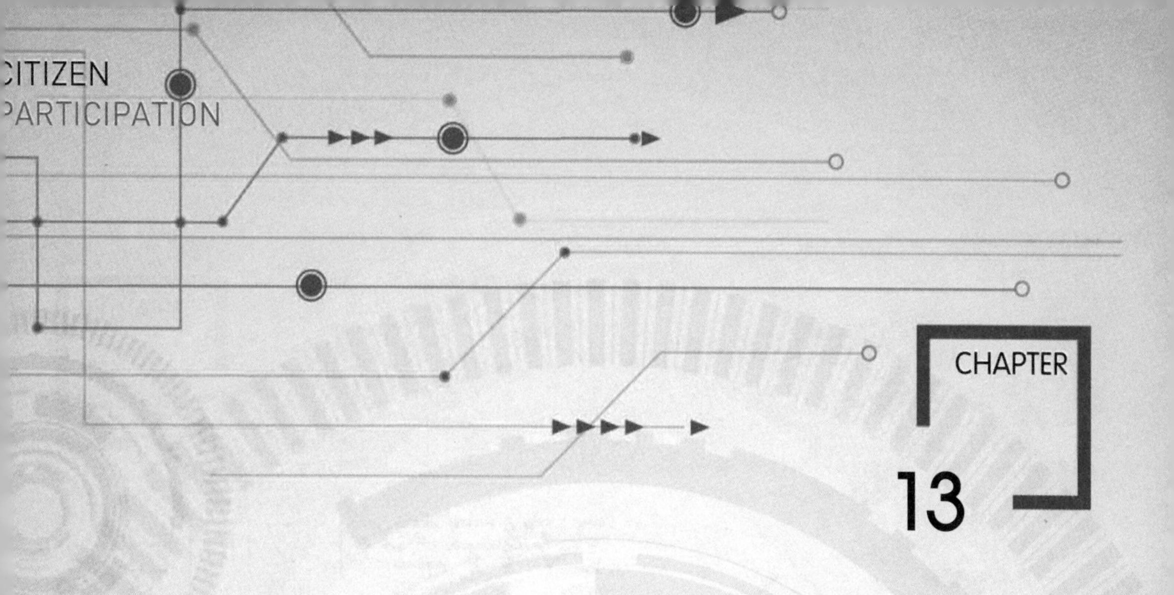

CHAPTER

13

권력구조와 거버넌스

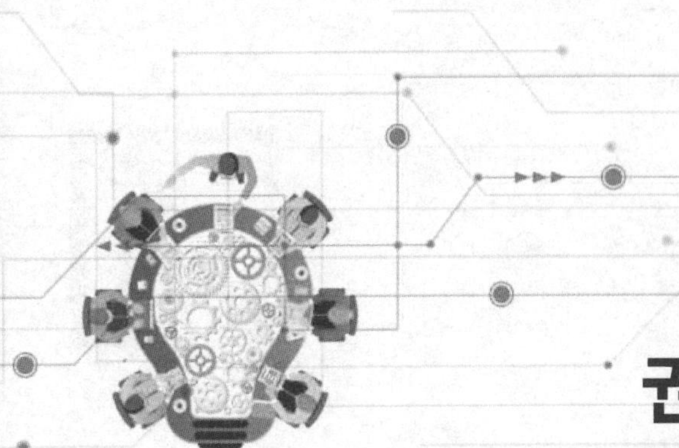

CHAPTER 13

권력구조와 거버넌스

I 권력구조와 시민참여

CITIZEN PARTICIPATION

1. 시민참여와 권력구조의 의의

지금까지 시민참여의 활성화를 위한 여러 가지 정책방향에 대하여 논의하였다. 그러나 시민참여의 활성화와 참여의 효과와는 별개의 문제이다. 즉, 아무리 참여가 활성화되더라도 그러한 참여가 정책결정에 대하여 소기의 효과를 반드시 가져오는 것은 아니라는 것이다. 그것은 시민참여의 정책에 대한 효과는 참여의 수준에 비례할 뿐만 아니라 정책결정에 대한 공식적 권한을 가진 공직자(정부)의 참여에 대한 반응에 따라 다를 것이기 때문이다. 그러나 기존의 시민참여에 관한 문헌을 살펴보면 대부분 시민참여의 확대는 시민의 의사를 효과적으로 정책과정에 투입시킴으로써 당연히 공직자들이 참여를 통하여 제기된 바를 수용하는 것으로 전제하는 듯이 보인다. 예컨대, 김학로 교수는 행정과정에의 시민참여에 관하여 언급함에 있어 "시민참여는 행정체제의 정당성 확보는 물론 시민의 요구투입과 직접적인 의사교환의 길을 열음으로써 관료제의 역기능을 통제하고 행정과정을 민주화시킬 수 있을 것"이라고 주장한다.[1] 그러나 시민참여가 자동적으로 소기의 정책효과를 가져오는 것은 아니라는 점을 간과해서는 아니 된다. 물론 참여가 활성화될수록 참여의 효과는 그렇지 않은 경우에 비하여 증대할 것이다. 그러나 문제는 아무리 시민의 참여가 확대되고 제도화되는 경우라 하더라도 정작 권력의 소유자가 이에 대하여 소극적이거나 부정적인 태도를 취한다면 참여자의 기대와는 달리 그 효과는 제한적일 수밖에 없을 것이고, 더구나 우리나라와 같이 정부의 권위주의가 문제시되는 경우에는 더욱 그러할 것이 예상된다.

요컨대, 시민참여가 공식적인 정책결정과정에 영향을 미치려 하는 행위의 성격을 가지는 한, 참여의 효과는 정책결정에 대한 공식적 권한을 가진 공직자의 참여에 대한 반응성(responsiveness)에 제약 받지 않을 수 없다는 것이다. 즉, 참여의 활성화 정도와는 별도로, 공직자의 시민참여에 대한 반응성이 높을 경우 참여효과는 커질 것이나, 그렇지 않을 경우에 그 효과는 저하되는 것이다. 그런데 공직자의 참여에 대한 반응성은 기본적으로 권력구조에 영향받는다. 만일 공직자가 권력을 독점하여 시민과 공직자간의 권력의 격차가 크다면 공직자의 참여에 대한 반응성은 필연적으로 저하될 것이고 따라서 참여효과 역시 제한적일 것이다. 그러나 권력이 사회 내에 분산되어 시민에 대한 공직자의 상대적 권력이 크지 않을 경우, 참여에 대한 공직자의 반응성은 제고될 것이며 따라서 참여의 효과 역시 제고될 수 있을 것이다. 아울러, 사회의 권력구조는 시민참여 자체에 대하여도 영향을 미친다. 즉, 시민과 정부와의 상대적 권력의 차가 클 경우에는 시민참여는 위축될 것이며 그 반대의 경우는 참여가 신장될 수 있을 것이다.

이상의 논의를 통하여 우리는 결국 참여의 효과는 근본적으로 권력구조에 의하여 조율 받음을 알 수 있으며, 이에 대하여는 이미 제 7 장에서 사회의 권력구조가 참여의 효과에 영향을 미치는 매개변수로 작용한다고 제시한 바와 같다. 이러한 결론은 참여가 기본적으로 영향력 행사를 위한 권력행위이며 이와 같은 권력행위에 대한 반응 역시 기본적으로 권력의 문제로 보아

1) 김학로. (1988). 「도시화시대의 지방행정론」. 서울: 박영사.

야 한다는 데서 쉽게 수긍이 간다.[2)]

이하에서는 시민참여의 효과에 대한 논의와 관련하여 권력구조의 문제에 대하여 간단히 언급하고자 한다. 구체적으로는 먼저 권력구조에 대한 관점에 대하여 살펴 본 다음, 권력구조가 참여에 대하여 갖는 효과 및 참여효과 제고를 위한 시민의 대응방향에 대하여 언급하고자 한다. 부언할 것은 본 절이 권력구조에 관한 구체적인 논의를 목적으로 하는 것은 아닐 뿐만 아니라 지면의 제약을 고려하여 이하의 권력구조에 관한 논의는 시민참여와 관련하여 필요한 최소한의 범위에 한정할 것이며 보다 상세한 언급은 이에 대한 전문적인 문헌에 미룬다.[3)]

2. 권력구조에 대한 관점

사회의 '권력구조'(power structure)란 사회 내의 권력의 배분양태를 가리키는 말이다. 권력구조가 일회적인 권력행사(exercise of power)와 다른 것은 그것이 조직화(regularized)되어 있어 오랜 시간에 걸쳐 되풀이하여 발생될 뿐 아니라, 규칙적으로 상호관계를 갖는 일군의 행위자(a set of actors)를 포함하고 있다는 점이다.[4)]

권력구조와 관련된 논쟁은 크게 세 가지로 누가 사회를 지배하는가(Who governs) 하는 권력구조의 형태와 관련된 연구가 주종을 이루고 있으며, 그 밖에 특정한 권력구조는 왜(Why) 발생하는가 하는 권력구조의 원인 및 특정 권력구조로부터는 어떤 결과가 유발되는가 하는 권력구조의 효과에 관한 연구는 비교적 최근에 시작되어 매우 드문 편이다. 참여와 관련하여는 첫째와 셋째의 문제가 중요하다고 하겠다.

---

2) 가장 기본적인 권력의 개념은 "A가 B로 하여금 B의 의사에 반하여 무엇인가를 하도록 하는 영향력"으로 이해된다. Robert A. Dahl (1957). "The concept of power." *Behavioral Science* 2, 202.

3) 권력구조론에 관한 보다 구체적인 논의는 Robert Alford and Roger Friedland (1985). *Powers of theory: Capitalism, the state, and democracy*. Cambridge University Press; Peter Saunders (1979). *Urban politics: A sociological interpretation*. London: Hutchinson; Steven Pinch (1985). *Citizens and services: The geography of collective consumption*. London: Routledge & Kegan Paul 등이 도움이 된다.

4) Bryan D. Jones (1983). *Governing urban America*. Boston: Little, Brown and Co., 176.

사회 내 권력구조의 형태에 관한 관점은 논자에 따라 다양하게 제시되고 있다. 예를 들면 알포드(Alford)와 후리드랜드(Friedland)는 국가이론과 연결하여 권력구조에 관한 관점을 다원론적 관점, 관리론적 관점 및 계급론적 관점의 세 가지로 나누어 제시한다.[5] 쏜더스(Saunders)는 권력구조에 관한 관점을 이보다 세분하여 대의제적 관점(다원론적 관점), 도구주의적 관점(엘리트론적 관점과 도구주의적 맑시스트적 관점 포함), 관리론적 관점 및 구조주의적 관점으로 나누어 제시한다.[6] 핀치(Pinch)는 공공서비스의 공급과 관련하여 권력구조에 관한 관점을 공공선택론적 관점(전통적 공공선택론과 다원주의적 관점을 포함), 베버적 관점(Neo-Weberian perspective) 및 맑시스트적 관점으로 나누어 제시한다.[7] 라인베리(Lineberry)와 샤칸스키(Sharkansky)는 다원론적 관점, 관료제적 관점(베버적 관점) 및 엘리트론적 관점으로 제시한다.[8]

이와 같이 권력구조에 관한 관점은 논자에 따라 차이를 보이나 구체적으로 어느 집단 또는 계층이 권력을 소유하는가에 집착하지 않고 보다 거시적으로 사회의 권력구조의 윤곽에 초점을 맞출 경우, 권력구조에 대한 관점은 사회의 권력구조에 대하여 단일체적(monolithic)이자 권력집중적(centralized)으로 형성되어 있다고 보는 소위 "엘리트론(Elitism)"과, 사회의 권력구조는 다원적(pluralistic)이고 권력분산적(decentralized)인 형태로 되어 있다고 보는 소위 "다원론(pluralism)"으로 대별할 수 있다. 이와 같은 구분은 물론 1960년대를 전후로 하여 활발하였던 이른바 사회권력구조(community power structure)에 관한 핵심적 쟁점을 따른 것으로서 가장 기본적인 구분이라 하겠으나 권력의 집중도 또는 분산도를 기준으로 권력구조의 전체적 모습을 간편하게 조망해 볼 수 있는 장점이 있다.[9]

---

5) Alford and Friedland (1985). 앞의글 참조.

6) Saunders (1979). 앞의글, 150-189; 전 삼자는 행위자 개인(집합)에 초점을 맞춘 관점인 데 비하여, 후자는 행위자가 아닌 계층(class)을 분석단위로 하고 있는 데서 구별된다.

7) Pinch (1985). 앞의글, 32-36, ch. 3-5.

8) Robert L. Lineberry and I. Sharkansky (1974). *Urban politics and public policy*. New York: Harper & Row, 174-181.

9) 권력구조에 관한 다양한 관점에 대하여 심도깊은 논의를 위하여는 보다 세분화된 논의가 유용할 수 있다. 다만 세분하여 논의할 경우에는 여기에서와 같이 권력이 집중되어 있느냐 아니면 분산되어 있느냐 즉, how의 문제보다는 누가 권력을 소유하고 있느냐 즉, who의 문제에 강조점을 맞추게 된다는 차이점이 있다.

1) 엘리트론

넓은 의미로 엘리트란 정치(특히 관료), 경제, 군사엘리트를 포괄하는 의미로서 엘리트론은 사회의 권력이 이들 엘리트 집단에 집중되어 있다고 본다는 점에서 집중형 관점이다.[10] 엘리트론은 실제권력을 공식적 정책결정자인 공직자 대신 엘리트, 특히 경제엘리트(또는 구조주의적 관점의 표현을 빌면 상층계급)가 장악하고 있다고 보는 점에서 맑시스트적 입장과도 통하는 것이다.[11] 이와 같이 엘리트론은 그 포괄범위가 큰 것이지만 여기에서는 이해를 쉽게 하기 위하여 미국의 지역사회 권력구조의 논쟁을 통하여 제시된 바를 중심으로 설명한다.

1953년 헌터(Hunter)는 미국 조지아주의 애틀랜타(Atlanta)시의 권력구조를 분석한 후, 시의 모든 결정들은 계층적 권력(hierarchical power)의 정상에 위치한 소수의 엘리트에 의해 이루어지고 있다고 결론지었다. 즉, 소수의 기업가들로 이루어진 엘리트가 사회의 정책결정에 막강한 영향력을 행사하고 있다는 것이다.[12] 엘리트론자들은 사회의 실제 권력구조는 민주이론과는 상당한 차이를 나타내고 있는바, 선출된 공직자들에 의해 정책결정이 이루어지는 것이 아니라, 선거구민의 통제를 받지 않으며 또한 시민들에게 상대적으로 비가시적인 엘리트, 특히 경제엘리트들에 의해 권력이 행사되고 있다고 보고 있다. 즉, 정치권력은 시민들간에 폭넓게 배분되고 있는 것이 아니라 극히 소수의 상류계층에 의해 장악되어 있다는 것이다.[13]

엘리트론의 요체는 첫째, 단일한 권력엘리트가 사회를 지배하고 있다는 것, 둘째, 상류계층이 사회를 좌우한다는 것, 셋째, 정치지도자나 시민지도자들은 상류계층에 종속되어 있다는 것, 넷째, 상류계층의 권력엘리트는 자신들의 사익을 위해 행동한다는 것, 다섯째, 상류계층과 하류계층간에는 사회적 갈등이 발생한다는 것 등이다.[14]

---

10) 후진사회일수록 엘리트간의 분화의 정도가 낮다.

11) 맑시스트 입장은 다시 도구주의적(instrumentalist) 관점과 구조주의적(structuralist) 관점으로 나누어 볼 수 있다. 이에 대하여는 Saunders (1979). 앞의글, ch. 4 참조.

12) Floyd Hunter (1953). *Community power structure*. Chapel Hill: University of North Carolina Press.

13) Lineberry and Sharkansky (1974). 앞의글, 143.

14) Jones (1983). 앞의글, 177.

엘리트론자들의 주요 주장들을 자세히 살펴보면 다음과 같다.[15)]

① 사회의 통치구조는 엘리트, 특히 경제엘리트로서의 기업인들에 의해 지배되는 폐쇄체제를 이루고 있다. 이들 기업인 엘리트들은 정치적 의사결정에 있어 막강한 영향력을 행사하는바, 그것은 이들이 경제적 자원을 장악하고 있기 때문이다. 정치권력은 곧 경제력(자원)으로부터 흘러나오게 되어 있다.

② 권력관계는 시간의 경과에도 불구하고 지속된다. 엘리트는 항상 권력이 막강할 뿐 아니라, 다른 집단과 결코 권력을 공유하지 않는다. 상황과 조건이 변할지라도 엘리트들의 권력 장악력은 계속 유지되는 경향이 있으며, 한 세대로부터 다음 세대로 아무런 지장 없이 권력은 승계되기 쉽다.

③ 엘리트들은 주요 쟁점이나 가치문제에 관해 합의를 이루고 있다. 이들은 일종의 연합전선(united front)을 이루고 있으며, 때때로 의견일치가 이루어지지 않더라도 자신들의 계속되는 지배에 위협을 가하는 그런 쟁점에 관하여는 언제나 일치단결한다. 이 같은 합의야말로 이들이 갖고 있는 권력의 원천으로서, 현상을 계속 유지하는 데 기여하고 있다.

④ 선출직 공직자들은 단순한 심부름꾼에 불과하다. 엘리트들은 주요한 정치적 결정을 행한 뒤, 단지 집행을 위해 이를 선출직 공직자에게 넘겨준다. 공직자들은 독립적인 권력주체를 형성하지 못한다. 즉, 선출직 공직자들은 형식적인 결정주체일 뿐이다.

⑤ 일반시민들은 중요한 의사결정에 대해서는 미미한 영향력을 행사할 뿐이다. 시민들은 무지하고, 냉담하며, 정보가 주어지지 않을 뿐 아니라 개의치도 않는다. 시민들은 정치과정에 참여하기보다는 삶을 영위하거나 레져활동을 즐기는 데 더 관심이 있다. 그 결과로서, 엘리트들은 시민여론을 무시해도 아무런 위험부담을 지지 않는다. 선거는 현상유지에 아무런 영향을 미치지 못한다. 설사 시민들이 참여하려 해도 이들은 권력의 원천으로서의 경제적 자원을 보유하고 있지 않기 때문에 권력행사로부터 배제될 수밖에 없다.

2) 다원론(Pluralism): 분산형 관점

엘리트론이 주로 경제엘리트를 중심으로 논의를 전개한 것과 마찬가지

15) Kim Quaile Hill and K. R. Mladenka (1992). *Democratic governance in American States and cities*. Pacific Gorve, California: Brooks and Cole, 336-337.

로 다원론의 엘리트에 대한 비판 역시 경제엘리트들이 과연 실제적인 권력을 행사하느냐에 대한 비판을 중심으로 이루어지고 있다. 1961년, 다알(Dahl)은 미국 코네티컷 주의 뉴해븐(New Haven)시의 권력구조를 분석한 후, 시의 권력구조는 분산되어 있으며, 서로 다른 집단들이 다양한 쟁점분야에서 지배적 권력을 행사하고 있다고 결론지었다. 즉, 사회 내의 주요문제에 대한 영향력은 다양한 역할을 수행하는 다수의 사람들에 의해 행사되는바, 각자는 단지 제한된 범주 안에서 특정한 문제에 관해서만 영향력이 있다는 것이다.[16)]

다원론자들은 한 가지 쟁점분야에서 영향력을 행사하는 지도자가 다른 분야에서도 그럴 수는 없으며, 다양한 쟁점분야에서의 지도자들은 사회 내의 단일한 동질적 계층으로부터 배출되는 것이 아니라는 것이다. 응집력 있는 엘리트란 존재하지 않으며, 사회의 권력구조는 다수의 권력중심을 갖고 있다는 것이다. 즉, 엘리트들은 정부의 결정에 직접적인 영향을 미치지 못하며, 공직자들은 주요한 권력의 중개자 역할을 수행할 뿐 아니라, 정책결정에는 상당한 정도의 시민으로부터의 통제가 가해진다는 것이다.[17)]

다원론의 요체는 첫째, 사회적 갈등은 집단 위주로 조직화되며, 집단 가운데 오직 일부만이 계층(class)에 토대를 두고 있다는 것, 둘째, 권력은 권력자원(power resources)과 구별되어야 하며, 모든 자원이 다 공공정책에 영향을 미치는 데 사용되는 것은 아니라는 것, 셋째, 권력자원은 불평등하게 배분되어 있어 어떤 집단은 다른 집단보다 많은 자원을 보유하고 있다는 것, 넷째, 그럼에도 불구하고, 모든 집단은 특정자원에 대한 접근이 가능하다는 것, 다섯째, 선출직 공직자들은 독립적 행위자들로서 정책결정에 영향을 미칠 수 있는 권력자원을 보유하고 있다는 것, 여섯째, 시민들은 선거를 통해 정치가들로 하여금 그들에게 주목하게 만듦으로써 간접적으로나마 정책에 영향력을

16) Robert Dahl (1961). *Who governs?* New Haven: Yale University Press; 한편, 이익집단의 영향력이 상당한 것으로 제시한 다알의 연구와는 달리 뉴해븐에 대한 또 다른 학자 Wolfinger의 연구에서는 시장이 이익집단을 활성화시키거나 조정하면서 정책결정에 있어서 선도적 역할을 수행하고 있음을 보고하여 대조가 된다. 그런데 뒤의 연구가 정책과정에 대하여 보다 더 상세하고, 정확하고, 세밀한 연구로 평가받고 있다는 점을 고려한다면, 결국 다원주의 모형은 정치적 모형으로 표현되어도 무방하다 하겠다. R. E. Wolfinger (1974). *The politics of progress*. Englewood Cliffs, New Jersey: Prence-Hall; P. Peterson (1981). *City limit*. Chicago: University of Chicago Press, 118.

17) Lineberry and Sharkansky (1974). 앞의글, 144.

행사할 수 있다는 것이다.[18)]

다원론자들의 주요 주장을 보다 자세히 살펴보면 다음과 같다.[19)] ① 사회의 통치구조에 있어 엘리트는 다수의 권력집단 가운데 단지 하나일 뿐이다. 예컨대, 경제엘리트들은 선출직 공직자, 노동조합, 시민단체 및 관료집단 등과 다양한 정책분야에서 투쟁해야만 한다. 정치란 집단간의 갈등(group conflict)으로서, 집단들끼리는 서로 경쟁, 타협, 협상, 수용하게 되며 어떤 집단도 완전하게 승리할 수는 없다. 어떤 집단이 특정쟁점분야에서 승리하면, 다른 집단은 다른 분야에서 성공하게 되어 있다. 권력은 공유될 뿐 아니라 이동한다.

② 권력관계는 항상 변화한다. 권력관계는 특정한 쟁점에 관해 형성되고 발전하게 되며, 일단 분쟁이 해소되면 권력관계도 소멸한다. 새로운 쟁점이 다시 제기되면 또 다른 일군의 행위자들에 의한 새로운 권력관계가 형성된다. 권력관계는 불안정한 유동상태(state of flux)에 있는 것이다. 특정 엘리트가 어떤 상황하에서도 항상 모든 쟁점에 관해 정책결정을 좌우한다고 믿는 것은 순진할 뿐 아니라 부정확한 것이다.

③ 엘리트들은 주요 쟁점에 관해 빈번히 합의를 이루지 못한다. 이들은 다양하게 구성되어 있으며 때로는 상충된 목표를 추구하기도 하는바, 합의와 통일이 이룩될 수가 없다.

④ 선출된 공직자들은 독립적인 정치권력의 원천이다. 이들은 다양한 쟁점들에 관해 가장 강력한 의사결정자 역할을 수행한다. 공직자들은 특정 엘리트의 하인이 아니며, 정책결정에 있어 이들의 역할을 과소평가하는 것은 정치과정을 근본적으로 잘못 이해하고 있는 것이다.

⑤ 일반시민들은 중요한 의사결정에 대해 영향력을 행사한다. 선거와 여론은 의사결정자들이 넘을 수 없는 한계를 설정하며, 특히 선거는 공직을 담당하고 그에 따른 권력을 행사할 인물을 결정한다. 비록 시민들은 정책결정에 직접적으로 참여하지 않더라도 상당한 영향력을 미칠 수 있다. 아울러, 정치과정의 주요 행위자들은 여론과 시민의 선호에 민감하다.

---

18) Jones (1983). 앞의글, 178.

19) Hill and Mladenka (1992). 앞의글, 337-340.

3) 비판과 수정: 엘리트론과 다원론

엘리트론과 다원론은 사회의 권력구조의 형태에 관해 매우 상반된 시각과 결론을 제시하고 있으나, 사회의 권력구조가 실제로 어떻게 형성되어 있는지에 관해 만족할 만한 해답을 제시하고 있지 못하다. 물론 헌터(Hunter)와 다알(Dahl)의 연구 이후에도 많은 후속 연구가 행해져 왔으나, 아직까지도 일반화된 이론은 정립되어 있지 못하고 있는 실정이다.[20]

더욱이 이상에서 제시한 권력구조에 관한 상반된 관점은 각각의 기초가 된 연구들이 공히 권력의 개념규정의 오류, 연구방법의 한계, 자기실현적 예언(self-fulfilling prophecy)의 문제, 사례연구가 갖는 일반화의 제약, 시계열적 분석의 결여, 사회 권력구조에 대한 외부제약요인의 분석결핍 등의 문제를 포함하고 있는 것으로 지적되고 있다.[21]

특히 바크락(Bachrach)과 바라츠(Baratz)는 권력에는 두 가지 측면(two faces)이 있다고 하면서, 엘리트론자들은 양쪽을 다 보지 못하고 있는 반면에 다원론자들은 오직 한 면만을 보고 있다고 비판하고 있어 주목된다. 즉, 엘리트론자들이 채택한 평판적 접근방법은 잠재권력을 실재권력과 혼동하고 있으나, 다원론자들에 의한 결정적 접근방법은 권력이란 것이 의사결정의 범위를 상대적으로 안전한(safe) 쟁점에만 국한시킴으로써 행사되기도 한다는 사실을 전혀 고려치 않고 있다는 것이다. 이들은 이 같은 현상을 비의사결정(nondecisions)의 문제로 보고 있는바, 다원론자들은 관찰가능한 의사결정에만 주목함으로써 비의사결정(결정하지 않기로 결정하는 것)을 간과하고 있다. 정책안건(policy agenda)에 대한 통제를 통한 이 같은 비의사결정은 실은 매우 강력한 형태의 권력으로서, 이는 정책결정이 실제로 행해지기 이전에 행사된다. 아울러, 엘리트론자들이 주장하는 권력엘리트가 만약 있다면 이들은 바로 비의사결정과정의 통제를 통하여 권력을 행사할 것이라는 것이다.[22]

---

20) Willam A. Schultze (1985). *Urban politics*. N.J.: Prentice-Hall, 188–196.

21) Hill and Mladenka (1992). 앞의글, 340–341; Lineberry and Sharkansky (1974). 앞의글, 143; John Walton (1966). "Discipline, method and community power." *American Sociological Review* 31, 688.

22) Peter Bachrach and M. Baratz (1962). "Two faces of power." *American Political Science Review* 61, 441–447.

아울러 스톤(Stone)은 권력구조 논의에는 소위 체제적 권력(systemic power)의 개념이 빠져 있어 설명이 불완전하다고 주장하고 있다. 즉, '체제적 권력'이란 권력의 또 다른 한 차원으로서, 사회의 정치·경제·사회적인 체제상의 지속적 특징들이 공직자들로 하여금 다른 집단의 희생하에 특정집단에게 혜택이 가도록 만드는 성향을 말한다. 공직자들이 장기적으로 볼 때, 하류계층의 이해보다는 상류계층의 이해에 더 호의를 보이는 이유는 체제적 권력개념에 의해서만 설명이 가능하다는 것이다. 엘리트론에 의하면, 예컨대, 경제엘리트들이 특정한 쟁점(예, 도시재개발)에 있어서의 영향력이 강하나 다른 쟁점에 있어서는 그렇지 못한 이유가 설명되지 않으나, 체제적 권력의 개념에 따를 경우 사회의 근본적인 사회·경제적 조건들이 엘리트들의 이해를 뒷받침하도록 만들기 때문에 특정쟁점분야에 있어 이들의 영향력이 강해진다는 것이다.[23]

4) 구조주의

엘리트론과 다원주의론 두 관점은 모두 가시적인 정책결정에 초점을 둔 행태주의적 관점에 입각해 있다. 구조주의는 이러한 행태주의적 가정에 비판적인 입장을 취한다. 즉 권력을 개인능력의 관점에서 분석할 경우 비가시적인 정치·사회적인 제도의 권력, 즉 체제적 권력 등이 권력행사의 분석에서 간과될 수밖에 없음을 지적한다. 이러한 관점에서 구조주의는 자본이라는 객관적 요소가 국가에 부과하는 구조적 제약에 주목한다. 구조론은 맑스의 입장을 계승한 신맑스주의(neo-Marxism)에서 찾아볼 수 있다. 맑스주의는 경제를 지배하고 있는 자본가계급이 자신들의 이익을 위하여 국가를 장악한다고 보고, 따라서 실질적인 정책결정은 자본가계급에 의하여 이루어지고 있다고 본다.

맑스주의의 계급모형은 기본적으로 도구주의적 입장과 구조주의적 입장으로 구분해 볼 수 있다. 도구주의적 관점의 맑스주의는 경제엘리트의 힘을 강조하고, 구조주의적 입장의 맑스주의는 계급을 강조한다. 밀리밴드(Miliband)

---

23) Clarence N. Stone (1980). "Systemic power in community decision making." *American Political Science Review* 74, 984; 이러한 논의는 구조적 영향력에 관련된 것으로서 이에 대한 추가적인 논의는 Saunders (1979). 앞의글, 180-189 참조.

와 같은 도구주의 관점의 이론가는 자본가 계급과 국가관료의 사회적 배경이 유사하기 때문에 국가관료는 중립적이지 않을 것이고, 결국 자본가의 이익을 위하여 봉사할 것이며, 따라서 자본가 계급이 경제력과 국가권력을 독점한다고 가정함으로써 국가의 정책적 자율성을 인정할 만한 여지를 남겨놓지 않았다. 반면 구조주의 이론은 지배계급의 이익과 지배계급 내부에 존재하는 권력소유집단의 이익이 반드시 일치하지 않을 수도 있음을 강조함으로써 국가의 상대적 자율성을 도출하고자 하였다. 이 때 상대적 자율성은 국가가 자본주의 체제를 유지하고 계속적인 자본축적을 위한 목적하에서 자본가 계급의 직접적 이해관계로부터 구조적으로 자율성의 여지가 있음을 의미한다.[24] 다만 그것은 어디까지나 자본주의적 생산양식의 유지라는 차원에서만 가능하다는 점에서 상대적 자율성인 것이다. 즉 마르크스 이론 내에서도 도구주의 이론과 구조주의 이론은 국가의 경제개입이 종국적으로 자본주의 계급의 정치적 이익을 지향한다는 점에서 공통적이다. 그러나 도구주의 이론이 국가를 지배계급에 대한 도구로서의 성격을 강조하는 데 비하여 구조론은 국가를 자율적인 행위자로 파악한다는 데에서 차이점을 지닌다. 이러한 관점에서 네오맑시즘은 더욱 첨예해진 엘리트론의 계열로 보기도 한다.

5) 관리주의

합리성을 근거로 수립된 관료제를 중심으로 국가를 이해하는 베버(Weber)적 전통의 관리주의(neo-Weberianism)는 관료집단이 정책결정집단 중에서 독자적인 영향력을 지니는 것으로 강조하는 입장이다. 엘리트론이나 다원주의론은 암묵적으로 정치인이나 경제인이 결정하고 명령을 내리면 이에 대하여 관료가 순응하는 것으로 가정하였다면 관리주의는 관료가 정치인이나 경제인으로부터 상대적인 자율성을 지니고 있음을 제시한다. 이 견해에 따르면 현대 행정국가에서는 중앙과 지방을 막론하고 복잡하고 다양한 공공문제를 해결하기 위하여는 전문적 지식과 능력이 요구되며 이에 따라 행정전문가로서의 관료집단이 정책결정과정에서 독자적인 권력을 행사하게 된다. 관료가 상대적인 자율성을 가지게 되는 원천은 법규, 조직, 집단의 힘 등 여러 가지가 있지만 그 중에 가장 중요한 것은 전문성에서 비롯된다.[25] 행정 관료집단은 자신

---

24) Nicos Poulantzas (1973). *Political power and social classes*. London: New Left Books.

들의 전문적 지식에 기초하여 세운 결정기준에 의거하여 중립적이고 객관적인 입장에서 정책을 결정한다고 한다. 이러한 관료의 권력은 정치인의 권력이나 사적 권력으로부터 자율적인 것이며, 행정관료가 독자적인 입장에서 공적 부문과 사적 집단간의 매개권력으로 기능하는 것으로 제시된다. 이 관점에 의하면 국가는 자율성을 지니고 스스로 결정하는 힘을 지닌 실체가 된다. 이와 관련하여 폴(Pahl), 믈라덴카(Mladenka) 및 존스 등(Jones et al.) 은 지방정부의 공공서비스 배분이 정치인이나 사회경제적 엘리트의 선호보다는 중립적인 관료의 전문성에 기초하여 이루어짐을 제시한 바 있다.[26]

조합주의는 민간부문의 집단들에 대하여 국가가 가지는 자율성 및 주도권을 설명한다는 점에서 관리주의의 맥락에 포함된다. 경제문제에 있어서 국가의 역할과 직접적인 개입을 강조한다. 국가는 기업이나 노조엘리트와 협력하지만 그들에 의하여 통제되는 것은 아니며, 오히려 독립적이고 지배적인 역할을 하는 데 이러한 점에서 베버의 주장과 일맥상통한다고 할 수 있다. 여기에서 노조나 기업은 통치체계에 편입된 것이다. 이들은 지도자의 선출, 지지와 요구의 표출에 대하여 국가의 통제를 허용하는 것을 대가로 관련 범주를 대표할 수 있는 독점권을 부여받게 된다. 조합주의를 이론적으로 발전시킨 슈미터(Schmitter)는 다원주의에 대한 대안적 형태로 보기도 하였다.[27] 조합주의는 다시 국가조합주의와 사회조합주의로 나누어 볼 수 있는데 국가조합주의는 전통적으로 파시스트나 나치와 같이 권위적이고 억압적으로 조합의 구성과 제도적 장치를 강압적으로 부과하는 것인 반면, 사회조합주의는 사회경제체제의 변화에 순응하기 위해 이익집단이 자발적으로 시도하여 생성된 것이라는 차이를 지닌다.

이상에서 제시한 관점들을 비교 · 요약하면 [표 13-1]과 같다.

---

25) Francis E. Rourke (1984). *Bureaucracy, politics, and public policy*. 3rd ed. Boston: Little Brown Co.

26) R. Pahl (1977). "Managers, technical experts and the state." in *Captive cities*. Edited by M. Harloe. London: John Wiley; Kenneth R. Mladenka (1980). "The urban bureaucracy and the Chicago political machine: Who gets what and the limits to political control." *American Political Science Review* 74, 991–998; Bryan D. Jones, S. Greenberg, C. Kaufman, and J. Drew (1977). "Bureaucratic response to citizen-initiative contacts: Environmental enforcement in Detroit." *American Political Science Review* 71, 148–165.

27) Philippe C. Schmitter and Gerhard Lemnruch (eds). (1979). *Trends toward corporatist intermediation*. Beverly Hills: Sage Publication.

표 13-1 권력구조에 대한 관점별 비교

	엘리트론	다 원 론	구 조 론	관리주의
권력구조	단일체적, 권력집중적, 계층제	다원적, 권력분산적, 다중심체제	단일체적, 권력집중적	단일체적, 계층제
권력 소유자	소수의 엘리트(정치, 경제, 관료, 군사)	다수의 집단	소수(자본가 계급, 국가)	소수의 엘리트(정부관료), 다수집단(조합주의)
권력체제	폐쇄체제	개방체제	폐쇄체제	개방과 폐쇄
권력원천	경제적 자원, 독점권력, 전문성 등	복수요소(경제력, 개인특성, 지도력, 전문성, 조직 등)	경제적 자원, 독점권력	전문성
권력관계	항상상태, 독점	유동상태, 공유	독 점	독 점
기업 엘리트	합의, 연합	의견불일치, 분열	연합, 자율성	연합, 협상
선출직 공직자	심부름꾼	독자적 의사결정자	독자적 의사결정자	독자적 의사결정자
일반주민	미미한 영향력	간접적 영향력	미미한 영향력	미미한 영향력
선 거	권력구조의 현상유지	권력구조의 개편	자본주의체제 유지수단	
공직자의 반응성	약 함	높 음	낮 음	낮 음
분석단위	개인, 집단(행위자)	개인, 집단(행위자)	사회적 관계(구조)	조직(행위자)

이와 같은 다양한 권력구조 이론이 의미하는 것은 정치권력은 정치적 행위의 관점뿐만 아니라 구조적인 관점에서도 분석되어야 한다는 것이다. 권력의 행사에서 정치적 행위가 권력의 원천을 이루고 있음은 분명하나, 또한 소리없는 힘의 구조적 토대를 무시할 수 없기 때문이다.[28]

그러나 우리의 관심은 권력구조에 대한 상반된 관점의 상대적 우위에 관

28) 구영록 외. (1995).「정치학개론」. 서울: 박영사, 62.

한 것이기보다는 과연 권력구조가 참여와 여하한 연관을 가지면서 참여효과를 제어하느냐 하는 것이다. 이러한 점에서 이하에서는 권력구조가 참여의 효과를 제고하도록 구조화되기 위한 과제에 대하여 다루고자 한다.

3. 권력구조와 참여의 과제

권력구조와 참여수준의 제고문제와 함께 권력구조와 참여에 대한 공직자의 대응성 제고문제로 나누어 논의한다.

1) 참여활성화의 문제

앞에서 논의한 바와 같이 일반적으로 보다 다원적이고 분권적인 권력구조일수록 시민참여를 제고시키게 된다고 인식되고 있다. 예컨대, 사회의 권력구조가 시민참여에 미치는 영향에 관해 라인베리(Lineberry)와 샤칸스키(Sharkansky)는 보다 다원적인 권력구조에서 상이한 집단들간의 경쟁은 보다 광범위한 시민참여를 위한 일종의 필요조건이라고 보고 있다.[29] 또한 아이켄(Aiken)과 알포드(Alford)는 보다 분권화된 권력구조를 지닌 지역사회일수록 주민참여가 제고된다고 주장하고 있다. 권력중심들간의 상호관계의 증가는 정책들에 대한 수요와 동원을 증대시키게 되며, 이는 다시 보다 높은 수준의 참여를 유발시키게 된다는 것이다.[30] 때문에 권력구조의 분산화 지향이 요구된다.

그렇다면 다원적인 권력구조는 자동적으로 시민참여를 증대시키고 이에 따라 참여효과도 진작되는가? 반드시 그렇지는 않다. 이와 관련, 먼저 다원적 권력구조에 내재된 문제점을 살펴보는 것이 유용하다. 다원적 권력구조에 내재된 문제점은 여러 가지가 있겠으나 여기에서는 다음 네 가지로 요약하여 제시한다. 세 가지는 다원주의가 충분히 민주적이지 않다는 것이고, 나머지 한 가지는 다원주의가 지나치게 민주적이라는 것이다.[31]

첫째는, 시민의 수동성을 들 수 있다. 다원주의는 일반인들로 하여금 극

29) Lineberry and Sharkansky (1974). 앞의글, 151.

30) Aiken M. and R. Alford (1970). "Community structure and innovation." *American Sociological Review* 35, 650-665.

31) Jones (1983). 앞의글, 189-192.

히 수동적인 역할 밖에는 할 수 없도록 지위를 약화시켰다는 것이다. 선거라든가 이익집단 또는 전문적 정치인들의 기능을 강조함으로써, 다원주의는 개개 시민에게는 선거 때 투표권이나 행사하는 것으로 그치고 마는 역할 밖에는 부여하지 않고 있다.

둘째는, 선거의 왜곡가능성이다. 다원주의하에서 선거란 시민의 이해를 표출하는 도구가 아니라, 정책쟁점보다는 이미지를 이용한 후보자들간의 일종의 인기시험이 되고 있다는 것이다.

셋째는, 조직의 편향성의 문제이다. 시민의 이해가 정책과정에 반영되기 위해서는 조직을 구성해야 하나, 이 같은 조직화에는 내재된 편향성(built-in-bias)이 존재하고 있다. 즉, 조직의 시민의 정책적 선호에 대한 의미부여는 선호의 정도와 조직구성자들의 계층적 배경(class background)에 따라 이뤄지는 바, 조직구성 기술은 중류 및 상류계층이 불균형하게 소유하고 있어 이들의 선호가 강하게 반영되기 마련이라는 것이다.

넷째는, 과도한 다원주의화의 문제이다. 다양한 집단들이 지방정부에 대해 요구를 하는 경우 지방정부는 서로 상충하는 요구들을 수용할 능력도 거부할 수단도 갖지 못하게 되는 초다원주의(hyperpluralism) 내지 시가전 다원주의(street fighting pluralism)의 병폐를 겪게 될 뿐 아니라, 정책결정이 분열되고 불안정해지며 나아가 변동적인 성향을 나타낼 수도 있다는 것이다.

이상의 지적은 시민참여의 전략과 관련하여 여러 가지 중요한 시사점을 제공해 준다. 첫 번째 문제(시민의 수동성)는 시민이 적극적인 참여의식을 가져야 한다는 것이다. 이에 대하여는 이미 앞에서 논의한 바와 같다.

두 번째 문제(선거의 왜곡가능성)는 참여를 통한 정책결정에의 효과를 제고시키기 위하여는 시민들이 선거 이외의 방법을 통한 참여에 깊은 관심을 가질 필요가 있다는 점을 제시하여 준다. 물론 선거는 정책결정을 담당할 공직자를 선출하는 행위로서 정책의 질을 높이기 위한 가장 기본적인 수단으로서 중시되어야 마땅하다. 그럼에도 불구하고 구체적 사안에 대한 정책결정에 관하여는 선거 이외의 참여활동이 상당한 영향을 미칠 수 있을 것이라는 점 또한 인식되어야 한다. 이와 관련하여 쿠클린스키(Kuklinski)와 스탱가(Stanga)의 연구는 참고가 된다.[32] 즉, 이들은 미국 캘리포니아 주 대법원의 법관들의

32) James H. Kuklinski and John E. Stanga (1979). “Political participation and government re-

판결경향에 관한 연구를 통하여 이들 법관들이 대부분 임명직으로서 재선을 염려하지 않을 입장에 있었음에도 불구하고 다수 시민들의 명시적인 의견에 부합하는 판결경향을 나타내었음을 보여줌으로써 비선거적 참여의 정책결정에 대한 효과가 상당함을 입증한 바 있다.

세 번째 문제(조직의 편향성)가 시사하는 바는 두 가지이다. 하나는 다른 문제가 없다면 시민참여는 개인보다는 집단에 의한 참여가 효과적이라는 것이다. 만일 많은 시민이 그들 요구에 대한 정부의 대응성을 높이기 위한 시도에서 무력감과 좌절감을 느끼는 것을 알았다면 우리는 시민의 영향력 행사를 위한 장을 마련해야 하며, 시민집단에 대하여 보다 큰 힘을 부여하기 위한 노력이 필요할 것이다.[33] 시민집단의 육성방향에 대하여는 앞에서 제시한 바와 같다. 셋째 문제가 시사하는 다른 한 가지는 시민조직을 육성하되 사익집단에 우선하여 특히 빈곤계층의 이익을 대변하는 공익집단을 육성하는 것이 우선되어야 한다는 것이며 이미 앞에서 논의한 바와 같다. 문제는 이 두 가지가 일부 상충하는 측면이 있다는 것이다. 즉, 효과의 측면만을 고려한다면 집단의 성격을 고려함이 없이 집단을 통한 참여가 강조되어야 하겠으나 조직의 편향성을 고려할 때는 무조건 그리할 수 없게 되는 문제가 생기는 것이다. 생각건대 참여의 대표성 및 평등성을 고려할 때 양자 중에서 후자가 보다 중시되어야 할 것으로 판단된다.

네 번째 문제(과도한 다원주의화)가 시사하는 바는 시민참여는 가급적 제도적 참여활동을 중심으로 이루어져야 한다는 것이다. 제도적 참여는 공직자가 이미 인정하고 있는 것이므로 이에 대한 공직자의 반응도가 비제도적 참여의 그것에 비하여 상대적으로 높을 것으로 기대된다. 더욱이 제도적 참여는 앞에서 논의한 바와 같이 민주사회의 안정적 운영과 조화되는 측면이 많으므로 바람직하다.

즉, 사회의 권력구조가 다원화되더라도 시민의 정책결정에의 참여에는 여전히 많은 문제와 제약이 있다. 볼렌스(Bollens)와 슈만트(Schmandt)는 다원

---

sponsiveness: The behavior of California Superior Courts." *American Political Science Review* 73, 1090-1099; 아울러 이들은 참여를 "시민 선호의 공직자에 대한 전달"로서 정의하고 있다.

33) Lewis Lipsitz (1972). in George H. Frederickson ed. *Politics, public aministration and neighborhood control*. San Francisco: Chandler. recited from Strange, 470.

화된 대도시(metropolis)의 정책결정구조를 분석한 후, 실제로 시민들 가운데 오직 극소수만이 능동적인 참여자였을 뿐이며, 시민참여의 관점에서 본다면 엘리트론이란 권력의 독점(monopoly)인 데 반해, 다원론이란 단지 권력의 과점(oligopoly)일 뿐이라고 주장하고 있다.34)

이와 관련하여 다원주의 권력구조하에서 시민참여가 보다 활성화되기 위한 조건으로서 워렌 등(Warren et als.)은 능동적 시민권(operational citizenship)과 다부문 정체(multisectoral polity)의 확립을 요청하고 있어 참고가 된다. 먼저, 이들은 단지 주민(residents)을 시민(citizens)으로 바꿔 부르는 것으로는 시민의 역할을 올바르게 규정하지 못하는 바, 수동적인 법적지위를 뜻하는 전통적인 시민성(citizenship)의 개념을 보다 능동적이고 적극적인 의미로 전환할 필요가 있다고 한다. 예컨대, 선거과정이 왜곡되고 정부는 정보를 차단하며 소수만이 정책결정에 접근할 수 있는 상황하에서 단지 법적인 투표권만 보유할 뿐인 수동적인 시민의 참여란 무의미하다는 것이다. 따라서 보다 완전한 의미의 민주주의는 모든 시민들이 능동적 시민으로서 참여함으로서만 이룩될 수 있는 바, 이 같은 능동적 시민의식 또는 시민성의 확보를 위해서는 모든 시민이 계층이나 인종 및 성별에 관계 없이 정책결정에 참여할 수 있는 시간, 정보 및 자원을 보유하고 있어야 하며, 동시에 공직에 봉사할 수 있는 가능성과 사회내의 조직이나 사회운동에 관여할 수 있는 권리 및 공식적 의사전달 통로에 대한 접근가능성이 부여되어야 한다고 제시한다.35)

다원주의 권력구조하에서 시민참여가 활성화되기 위하여는 사회 내의 다부문간에 상호연계가 형성되어야 한다. 사회에는 정부의 공식적 기관들뿐만 아니라 시민사회로서의 다양한 조직과 활동들이 혼재되어 있는 바, 이를 공공부문(제 1 섹타), 사부문(제 2 섹타) 및 자발부문(제 3 섹타)으로 나눠볼 수 있다. 특히, 사부문과 자발부문에 속하는 조직과 활동들은 매우 다양하여 근린조직, 시민단체, 사기업, 박애단체, 종교조직, 사회운동 및 더 나아가 실험적 활동 등이 포함된다. 주목할 것은 이들 조직이나 활동들은 정부의 공식기관 밖에서 능동적 시민들이 그들의 집합적 요구를 충족시키기 위해 형성하고 발

34) John C. Bollens and H. J. Schmandt (1970). *The metropolis*. New York: Happer & Row, 133.
35) Robert Warren, M. S. Resentraub and L. F. Wehschler (1992). "Building urbangovernance." *Journal of Urban Affairs*. 14, 399-422.

전시키는 일종의 자유공간(free space)이자,[36] 시민의 사적생활과 대규모 기관 사이에 공동생활을 위한 거대한 중간지대(middle ground)로서, 일반시민들이 그들이 누구인가를 발견하고 그들 자신의 방식으로 민주적인 이니셔티브를 취할 수 있도록 기회를 제공해 주는 것이라는 사실이다.[37]

여기에서 한 사회에 있어 사부문과 자발부문의 밀도(density)와 공공부문과의 상호연계성은 기능적 시민의 육성을 통해 보다 활발한 시민참여를 위한 토대(base)를 형성하게 된다. 특히, 자발부문에 속하는 활동들은 일종의 자극제(stimuli)로서, 시민들로 하여금 그들이 속한 사회의 정치과정에 보다 적극적으로 참여하도록 유도할 뿐 아니라, 공공정책과 쟁점에 관해 시민들의 관심과 이해를 동원하는 고도로 분권화된 네트워크를 형성·제공해 주게 된다. 이들은 또한 시민 개개인의 정치적 활동에 있어 정박점(anchoring points) 역할을 수행함으로써 다양한 쟁점에 관한 시민의 충성도 확보할 수 있게 하여 주는 장점이 있다.[38]

2) 공직자의 반응성 제고의 문제

다원적 권력구조 사회하에서는 참여가 확대되는 경향이 있을 뿐 아니라 공직자의 참여에 대한 반응성이 높아 참여효과를 제고시키는 효과를 갖는 것으로 기대된다. 그러나 공직자의 반응성이 높다는 것은 어디까지나 상대적이다. 아무리 권력구조가 다원화되어도 역시 일반시민은 권력에 있어서 공직자의 그것에는 미치지 못할 것이기 때문이다. 그리고 그러한 점에 있어서 참여에 대한 공직자의 대응은 자동적으로 이루어지지 않는다. 그러므로 시민의 입장에서 볼 때 보다 높은 참여효과를 얻기 위한 인위적 노력 및 제도적 뒷받침이 필요한 것이다.

어떻게 생각하면 그와 같은 전략적 참여의 필요성은 크지 않을 수도 있다. 왜냐하면 공직자는 명시적인 시민참여 없이도 시민의 요구와 선호에 부응하려 노력할 것으로 기대되기 때문이다. 이를 이른바 예측반응(anticipated reaction) 현상이라 한다.[39] 이러한 공직자의 반응은 특히 그들이 시민의 요구

---

36) A. Melucci (1988). "Social movement and the democratization of everyday life." in J. Keene ed. *Civil society and the state*. London: Verso, 259 재인용.

37) S. M. Evans and H. C. Boyte (1986). *Free spaces*. New York: Harper & Row, 202 재인용.

38) Bollens and Schmandt (1970). 앞의글, 150.

와 기대를 무시했을 경우에 발생할 시민으로부터의 비난을 회피하고자 하는 동기에서 비롯되는 것이다.[40] 이와는 달리 잠재적 비난의 우려 없이도 공직자들은 시민과의 이념적 일치에 기인하여 참여에 반응할 것으로 기대되기도 한다.[41] 그러나 이러한 반응에 전적으로 맡기기에는 여전히 시민의 상대적 권력의 열세가 장애요소로 남는다. 더욱이 최소의 비용으로 최대의 효과를 얻는 것은 참여가 비용을 수반하는 활동이라는 점에서 바람직한 일이다. 요컨대, 시민은 참여를 함에 있어서 적절한 전략구사를 통하여 권력구조에 따른 제약을 극복하고 보다 높은 참여효과를 얻도록 노력해야 하는 것이다.

한편, 참여의 전략에 관한 문제로서 시민참여의 대상(즉, 접촉의 대상)을 의원(정치인)으로 하는 것과 행정관료로 하는 것과 어느 쪽이 효과적이냐 하는 문제가 있다. 이 문제는 환언하면 시민들이 의원과 관료 중 누구에게 그들의 의사(여론)를 전달하는 것이 보다 효과적이냐 하는 것이다. 생각건대, 대의민주제 아래에서 시민이 정책과정에 대하여 자신의 의견을 반영하기 위한 접촉대상으로는 관료보다는 의원이 효과적일 것으로 판단된다. 이는 본래적으로 의원은 선출직이며 관료는 임명직이기 때문에 그러하다. 즉, 시민의 투표로 선출되는 의원은 현직의 유지 또는 재선을 위하여 시민의 요구에 민감하지만, 선거에 의하지 않고 임명으로 충원되는 관료는 시민보다는 상급자의 지시 또는 법령을 더욱 중시하는 경향이 있을 것이기 때문이다. 즉, 시민의 상대적 권력은 관료보다는 의원에 대하여 큰 것이며 이에 따라 정책에 대한 참여효과 역시 의원을 통하는 경우가 보다 효과적일 것으로 판단된다.[42] 물론 관료에 대한 접촉을 통하여도 시민의사는 정책과정에 반영될 수 있다. 그

---

39) Carl J. Friedrich (1950). *Constitutional government and democracy*. Boston: Ginn, 29.

40) R. Kent Weaver (1988). *Automatic government*. Washington D.C.: Brookings Institution, 19.

41) Mary Grisez Kweit and Robert W. Kweit (1990). *People and politics in urban America*. California: Brooks/Cole Publishing Company, 188.

42) 이에 대하여는 Chicago에서 시민들의 요구가 행정관청에 대하여 직접 이루어졌을 경우보다는 지역의 정치인(정당)을 통하여 이루어진 경우에 보다 효과적이었음을 보고한 연구가 참고가 된다. Bryan D. Jones (1981) “Party and bureaucracy: The influence of intermediary groups on urban public service delivery.” *American Political Science Review* 75, 688–700. 이 외에도 의원을 통한 참여의 효과성에 대하여는 W. G. Skogan (1975), “Groups in the policy process: The police and urban crime.” in R. L. Lineberry and L. H. Masotti eds. *Urban problems and public policy*. Laxington, MA: D.C. Health and Co., 51–57; Jones (1981). 앞의글 또는 D. Yates (1977). *The ungovernable city*. Cambridge: MIT Press, 7 등이 참고가 된다.

러나 일반적으로 관료집단은 능률성·효과성과 같은 합리성에는 민감하지만 시민여론에 대하여는 상대적으로 민감하지 못한 점을 고려할 때 그 효과는 제한적일 것으로 생각된다. 강조할 것은 대의제하에서 시민대표로서의 의원을 통한 시민여론의 반영은 그 자체가 대의제의 활착을 위한 기본요소로서 중시되어야 한다.

3) 권력구조 분산화의 문제

참여에 대한 권력구조의 효과는 두 가지 경로를 통하여 이루어질 수 있다. 한편으로는 참여의 수준에 영향을 미침으로써 참여의 효과에 영향을 미치며, 다른 한편으로는 참여에 대한 공직자의 반응성에 영향을 미침으로써 참여의 효과에 영향을 미친다. 다만, 실제로 양자는 동시에 이루어진다. 권력구조는 일정시기에 있어서는 하나의 주어진 환경이며 변수는 아니기 때문이다.

시민참여에 대한 효과와 관련하여 우리의 관심은 어떠한 유형의 권력구조가 시민참여 효과에 도움이 되겠느냐 하는 것이다. 분명한 것은 앞에서 설명하였듯이 사회의 권력구조가 집중화되어 있으면 참여가 활발하지 못할 뿐 아니라 참여에 대한 공직자의 반응성 역시 저조하며 그에 따라 참여의 정책에 대한 효과 역시 제한적일 것이라는 점이다.[43] 반면, 분산형 권력구조하에서는 참여가 활발하며, 이에 대한 공직자의 반응 역시 활발하여 결국 참여의 효과도 제고될 것으로 기대된다. 시민참여와 관련하여 이러한 논의가 제시하는 바는 명백하다. 그것은 집권의 모습을 띄고 있는 우리 사회가 보다 분산형 권력구조로 변화되어가는 것이 바람직하다는 것이다.

그리고 이러한 의미에서 볼 때 사실, 다원론은 “사회의 권력구조가 어떠한가?”에 관한 경험적 이론(empirical theory)이자 “사회 권력구조는 어떠해야 한다”는 규범적 요청이기도 함을 알 수 있다.[44]

한편 이와 같이 일반적으로 분산형 또는 다원적 권력구조가 참여의 활성화와 이에 대한 공직자의 반응성을 진작시킴으로써 참여의 정책에 대한 효과

43) 강조할 것은 이 경우에도 정책결정 즉, 참여에 대한 반응은 공식적인 정책결정자인 공직자가 담당한다는 점이다.

44) Jones (1983). 앞의글, 188.

를 가져오는 것으로 인식되고 있기는 하지만 이러한 효과가 자동적으로 발생하는 것은 아니며 이를 위하여는 적절한 노력이 필요하다고 본다.

끝으로 지적할 것은 지금까지 권력구조는 주어진 조건으로서 가정하고 논의를 전개하여 왔다는 점이다. 그러나 실제로 권력구조는 최소한 단기간에 있어서는 주어진 조건으로서의 환경적인 성격이 강하지만 장기적으로 볼 때 불변적인 것은 아니다. 권력구조 역시 지속적인 시민참여를 통하여 보다 분권적인 구조로 변화시켜 나갈 수 있을 것이라는 점을 첨언해 둔다. 권력의 분권구조화와 관련하여 최근 통치논의를 지배하고 있는 거버넌스에 대한 논의가 필요하다. 거버넌스란 정부주도의 독점 내지는 권력행사를 민간과 분점하는 것을 의미하는바, 이는 권력의 분산과 다를바 없기 때문이다. 이에 대한 구조적 논의는 다음 절에서 한다.

II 거버넌스와 시민참여

CITIZEN PARTICIPATION

1. 거버넌스의 개념

1990년대 이르러 한편으로는 정부의 실패에 대한 반성과 비판, 다른 한편으로는 시장과 시민사회의 성장에 따라 정부독점의 통치에 대한 비판이 고조됨에 따라 공공문제 해결을 위한 정책결정에 있어 상향적 내지는 수평적 결정방식으로서의 거버넌스(governance)에 대한 논의와 요구가 확산되어 왔다.[45] 이 같은 거버넌스의 확산은 정부 이외에 시장과 시민사회의 역할이 증대되는 것을 의미한다. 이렇듯 시민사회의 참여를 포함하는 거버넌스 체제하에서는 과거에 비하여 민주적 요소, 즉 관계 집단의 참여와 합의가 강조된다.

거버넌스란 무엇인가? 거버넌스의 개념은 협치, 공치(함께 다스림), 국정관리, 국정운영, 지배구조 등 다양한 용어로 번역되고 있는 것 이상으로 다양하게 규정되어 있으나 아직 명확한 개념이 정립된 것은 아니다. 예컨대 피터

45) 거버넌스와 참여에 대한 내용은 이승종. (2006). "거버넌스와 시민참여." 「국정관리연구」 1(1): 64-82를 중심으로 서술하였음.

스(Peters)와 피에르(Pierre)는 거버넌스를 정부가 아닌 네트워크, 직접 통제가 아닌 영향력 행사, 공사협동, 대안적 정책방식의 활용 등을 요소로 하는 통치방식으로 보았고,[46] 로즈(Rhodes)는 교호성, 자원교환, 게임의 규칙, 국가로부터의 자율성으로 특징지어지는 자발적인 조직간 네트워크로 거버넌스를 규정한다.[47] 국내 학자들도 거버넌스에 대하여 다양한 정의를 내리고 있다. 예컨대 "행위자의 자율성, 네트워크적 관리, 체제의 목표지향성의 특성을 포괄하는 새로운 통치운영의 방식"으로 정의하거나,[48] "국가를 비롯한 다양한 행위자들이 자율적이고 상호의존적인 과정 속에서 토론 및 협상과정을 통해 공통의 문제를 조정 및 해결하는 정치과정",[49] "다수의 참여자가 공유한 목적을 향해 함께 다스려나가는 과정"이나[50] "정부, 시장, 시민사회간 협력기제",[51] "공통의 문제를 해결하기 위한 사회적 조정기제"로서[52] 거버넌스를 정의하기도 한다.

이러한 개념적 논의에서 혼동이 심한 것은 뉴거버넌스와의 혼용이다. 이와 관련하여 피에르(Pierre)는 정부와 시민사회간의 파트너십 및 네트워크가 주도적인 역할을 하는 거버넌스를 정부가 주도적인 역할을 하는 구거버넌스와 구분하여 뉴거버넌스로 제시하기도 한다.[53] 또는 뉴거버넌스를 협의의 거버넌스 개념으로서 네트워크에 기초하는 새로운 거버넌스 체제를 지칭하는 것으로 보기도 한다.[54] 그러나 거버넌스가 뉴거버넌스를 의미하는 것으로 보는 학자들도 많다.[55] 엄밀한 의미에서는 두 개념을 구분하는 것이 옳으

---

46) B. Guy Peters and John Pierre (1998). "Governance without government? Rethinking public administration." *Journal of Public Administration Research and Theory* 2, 223-243.

47) R. A. W. Rhodes (1997). *Understanding governance: Policy networks, governance, reflexivity and accountability*. Open University Press, 15.

48) 이종원. (2002). "정부형성과 거버넌스: 이론적 연결고리의 탐색 및 지방 거버넌스에서의 적용." 「정부학연구」 8(1), 69-91.

49) 김명숙. (2005). "로컬거버넌스와 주민의 정치참여." 「한국사회와 행정연구」 16(3), 325-347.

50) 최병대. (2002). "거버넌스와 시민참여." 김석준 외. 「거버넌스의 이해」 서울: 대영문화사, 8장.

51) 김석준 외. (2002). 「거버넌스의 이해」. 서울: 대영문화사.

52) 이명석. (2002). "거버넌스의 개념화: 사회적 조정으로서의 거버넌스." 「한국행정학보」 36(4), 321-338.

53) J. Pierre (2000). *Debating governance*. Oxford University Press.

54) 이명석. (2002). 앞의글.

55) J. Rosenau (1992). "Governance, order, and changes in world politics." In Rosenau, J. and E. Czempiel. *Governance without government: Order and change in world politics,* 1-29; B.

나 본서에서는 논의의 편의를 위하여 거버넌스의 용어로 통일하여 사용하고자 한다.

거버넌스에 대한 다양한 개념정의에서 공통적인 것은 대부분의 거버넌스 개념이 공동문제의 해결을 위한 정부와 민간(시장, 시민사회)의 협력적 노력을 핵심요소로 포함하고 있다는 점이다.[56] 즉 정부가 독점하던 정책과정에 다른 비정부행위자(기업, 시민사회)의 참여가 증가되는 현상이며, 구조적으로는 네트워킹을 강조하는 것으로 정부중심의 정책과정이 비정부행위자에 의해 공유되는 현상을 말하는 것이다. 주요 영역은 정부, 기업, 시민사회간의 상호작용(interaction)과 협력관계(partnership)를 강조하는 것으로 전통적인 정부의 개념보다 훨씬 확장된 개념이다. 특히 다부문간의 관계와 상호작용을 포함한다. 정부는 서비스의 직접 공급보다는 필요조건의 색출, 우선순위의 선정, 요구조건의 충족을 위한 최선의 공급방식 발견에 치중하게 되는 것으로 특히 선진국(영국, 미국, 네덜란드)에서 보편화되고 있다.

거버넌스의 특징은 다음의 몇 가지로 정리할 수 있다. 첫째, 네트워크의 중요성이 부각된다. 정책결정에 있어 정부를 포함한 공사집합체의 중요성이 대두되는 것으로 정부에 의한 권위적 결정이 참여자의 집합적 결정으로 변화되는 것을 의미한다. 물론 과거에도 사적 참여자의 공식적 영향력이 어느 정도 인정되었으나 거버넌스하에서는 그 영향력이 지배력의 상태까지 확장될 수 있게 변화된 것이다. 이를 통해 정부의 공식적 정책결정 지위가 사적기관과 공유되는 것이다.

둘째, 파트너십이다. 정부의 사적기관에 대한 관계로서 정부는 네트워크의 구성요소이며, 정부와 사적기관과의 관계는 일방향적이 아니라 상호의존적이다. 정부의 사적 참여자에 대한 영향력이 직접적 통제력으로부터 리더십을 중심으로 한 간접적이고 상호의존적인 영향력으로 변화하는 것이다. 즉 지배력이 영향력으로 변화하는 것을 의미한다.

Jessop (1997). “The governance of complexity and the complexity of governance: Preliminary remarks on some problems and limits of economic guidance.” in Amin, Ash and Jerzy Hausner. *Beyond market and hierarchy: Interactive governance and social complexity*, 95-128. Lyme, U. S.: Edward Elgar.; G. Stroker (2000). “Urban political science and the challenge of urban governance.” in J. Pierre. *Debating governance*. Oxford University; 이명석. (2002). 앞의글, 325에서 재인용.

56) 그 예로는 김석준 외. (2002); 이명석. (2002); 전영평, 이곤수. (2005) 등의 연구가 그러하다.

셋째, 시장을 중시한다. 이것은 공적자원과 사적자원의 혼합으로서 공사 협동이나 quangos(공기업, 합작기업, 제 3 섹터) 등의 활성화를 의미한다. 정부의 정책수단은 지도나 인센티브 등의 비권위적 수단으로 이행되고 투입에 대한 통제에서 산출물이나 결과에 대한 통제로 변화하게 된다.

거버넌스는 결과적으로 정부역할을 감축시키고 사회기능의 중요성이 증대되게 되며, 그에 따른 선출직 공무원의 역할 변화를 가져오게 된다. 거버넌스가 가져오는 변화의 양상을 비교하면 [표 13-2]와 같다.

표 13-2 연혁별 변화

연 혁	1960-70년	1980년대 이후
통치방식	government	governance
국민에 대한 관점	시민(citizen)	고객(customer)
중요 영역	정치의 중시	시장의 중시

1970년대 이전의 통치는 정부관료제를 중심으로 한 통제 위주의 관리였다면 1980년대 이후의 통치는 뉴거버넌스에서 논의하는 시장과 시민사회가 협력하는 거버넌스로 전환되는 시기이다. 정부 중심의 통치하에서는 정치영역이 중시되었다면, 거버넌스 체제하에서는 사적영역인 시장 중심으로 재편성되는 변화가 발생한다. 정치영역에서 국민은 시민으로 간주되었던 반면 시장중심의 거버넌스 체제하에서 국민은 고객으로서 고객의 선호와 수요를 만족시키는 것에 주력하는 관리방향으로 변화한 것이다.

거버넌스의 확대는 다양한 사회 세력들의 참여를 증대시킴으로써 정부의 전횡을 방지한다는 점에서 민주화에 기여하고, 시장영역의 확대를 통해 생산성이 증대될 수 있다는 점에서 긍정적 평가를 받는다. 그러나 선출을 통하여 구성되지 않는 외부기관에 의하여 민주적 정부가 통제받는다는 점에서 민주주의의 이념에 위배되고 선거기제에 의한 민주적 통제가 곤란해지며, 대표성이 저하된다는 점 등에 대해서는 그 문제점이 지적되고 있다. 또한 선거기제를 통한 민주적 통제의 저하는 책임성 및 반응성의 저하를 야기하고, 의회의 주변화 및 관료화를 유발할 수 있다. 과거의 정치가 '국민에 의한(by the people)' 이념을 강조하는 것이라면 거버넌스는 서비스 제공에 있어 사적기관에 의존하고 대신 고객만족에 치중한다는 점에서 '국민을 위한(for the people)' 이념을 강조하는 것이라고 볼 수 있다.

거버넌스는 다양한 행위자들의 참여를 증진시킨다는 점에서 민주적 의사결정에 기여하는 것과 동시에 선거에 의한 대표성을 확보하지 않은 세력에 의해 통제를 받을 수 있다는 점에서 민주주의 이념과 다소의 충돌적 요소를 지니기도 한다. 그러나 이러한 측면들에 기인하여 거버넌스로 나아가는 추세 자체를 막기보다는 민주성 회복을 위한 다양한 방안들을 함께 마련하는 것이 필요할 것으로 보여진다. 구체적으로 첫째, 직접민주제의 강화를 통해 대표성과 민주적 통제의 요소를 강화하여야 한다. 둘째, 대표자의 사회적 대표성을 강화하여야 한다. 의원의 경험과 이해관계에 따라 정책결정이 영향을 받기 때문에 의회구성에 있어서의 사회적 대표성 확보가 중요하다. 셋째, 대의제를 강화하는 것으로 대표권에 대한 통제와 독립적 판단 또는 재량의 인정(대표성 강조) 사이에서 적절한 균형을 찾아야 할 것이다.

2. 거버넌스와 시민참여의 관계

거버넌스는 시민참여와 어떻게 연관되는가? 우선 거버넌스는 참여활성화에 긍정적 기여를 할 것으로 기대된다. 거버넌스는 개념상 정부독점의 정책결정을 지양하고 기업과 시민사회와의 협력적 정책수행을 추구하는 것이기 때문이다. 실제로 여러 조사들은 거버넌스가 시민참여에 긍정적 영향을 미치는 것으로 보고하고 있다.[57] 반대로 시민참여가 거버넌스 형성에 기여하는지는 분명하지 않다.

시민참여는 거버넌스에 어떠한 영향을 미치는가? 시민참여는 시민정신

57) 박희봉과 김명환은 서초구와 포천군 주민들에 대한 조사결과에 의거하여 지역사회 거버넌스가 지역사회의 문제해결능력에 긍정적 영향을 미치는 것으로 보고하였고, 김명숙도 Box (1998)가 제시한 네가지 차원(규모, 민주성, 합리성, 책임성)으로 측정한 로컬거버넌스가 시민참여(지역문제해결활동, 공직자 접촉, 항의)에 긍정적 효과를 가져온 것으로 분석한 바 있다. 박희봉, 김명환. (2000). "지역사회 사회자본과 거버넌스 능력: 서울 서초구와 경기 포천군 주민의 의식을 중심으로." 「한국행정학보」 34(4), 175-196; 김명숙. (2005). 앞의글; Richard C. Box (1998). *Citizen governance: Leading American communities into the 21st century*. London: Sage.

을 고양시키고, 수평적 협력을 연습시킴으로써 거버넌스 형성에 긍정적으로 기능할 것으로 기대할 수 있다.[58] 다른 한편, 참여문화가 성숙하지 않은 경우 참여는 오히려 사회갈등을 증폭시키고 이에 따라 거버넌스의 효과성이 저하될 우려가 있으며,[59] 잘못된 시민참여에 따라 거버넌스의 실패가 초래될 가능성도 존재한다.[60] 관련 연구들도 시민참여가 거버넌스에 긍정적 영향을 미친다는 입장[61]과 그렇지 않다는 입장[62]으로 나뉜다.

생각건대 푸트남(Putnam)이 지적하듯이 시민의 능동적 참여 없이는 거버넌스가 형성되기 어려울 것이며,[63] 그러한 점에서 시민참여가 거버넌스의 긍정적 형성요인이 될 가능성은 충분하다. 그러나 가능성이 반드시 실제적 효과로 나타나는 것은 아니며 부정적 효과를 가져올 가능성도 있다. 참여가 거버넌스에 미치는 효과는 획일적이지 않고 참여의 형태나 여건에 따라 차별적으로 나타날 것이기 때문이다. 이와 관련하여 파르넬(Parnell)과 크랜달(Crandall)의 연구는 참고할 만하다.[64] 이들은 기업에 대한 관련 연구의 종합분석을 통하여 조직원의 의사결정참여가 조직성과에 미치는 영향은 조직문화와 여건에 따라 방향과 크기에 있어서 차별적으로 나타남을 보고하였다. 이러한 결과는 시민참여와 거버넌스의 관계에 대하여도 유용한 함의를 준다. 왜냐하면 거버넌스의 목적은 권력의 우위확보(power over)에 있기보다는 기업조직과 유사하게 공동체의 성과확보(power to)에 있기 때문이다. 즉 기업조직에서 참여가 조직성과에 미치는 영향이 조직환경에 따라 차별화되는 것처럼, 시민참여가 거버넌스의 성과에 미치는 효과 역시 참여환경에 따라 차별화될 것으로

58) Gary L. Wamsley and Larkin Dudley S. (1995). *From reorganizing to reinventing: Sixty years and we still don't get it*. Mimeo. 1-42. (박희봉. (2006). "시민참여와 로컬거버넌스." 「한국정책과학학회보」 10(2)에서 재인용).

59) 성도경, 박희봉, 장철영. (2004). "사회자본과 거버넌스 증진을 위한 정부와 시민사회의 역할." 「대한정치학회보」 12(1), 419-437.

60) 김석준 외. (2002). 앞의글, 40.

61) Veenstra and Lomas (1999); Berman (1997); Booth and Ricahrd (1998); Almond and Verba (1963)

62) 박희봉. (2006). 앞의글에서 발췌 인용.

63) Robert D. Putnam (1993). *Making democracy work: Civic traditions in modern Italy*. Princeton University.

64) John A. Parnell and William R. Crandall (2001). "Rethinking participative decision making: A refinement of the propensity for participative decision making scale." *Personnel Review* 30(5), 523-535.

유추하게 되는 것이다. 이러한 가능성을 직접적으로 제시한 연구도 있다. 예컨대 웜슬리(Wamsley)와 더들리(Dudley)는 참여규범, 신뢰, 네트워크가 성숙한 사회에서 효과적인 거버넌스가 가능하다고 함으로써 참여가 거버넌스에 미치는 효과에 있어서 참여의 여건이 중요한 매개요인임을 언급하였다.[65] 한편, 박희봉은 시민참여가 시민사회를 건설하고, 지역사회 거버넌스를 용이하게 할 것이라는 가설에 대한 실증분석을 통하여 참여가 거버넌스에 미치는 효과가 참여형태에 따라 달라짐을 보여주고 있다.[66] 이렇듯 참여가 거버넌스의 형성에 미치는 효과는 시민참여의 여건과 형태에 따라 달라질 것으로 보이며 따라서 긍정적 효과의 도출을 위한 적절한 환경의 구비가 요구된다 하겠다.

3. 거버넌스에서의 시민참여

거버넌스는 통치과정에서 정부 외에 기업과 시민을 주체적 행위자로 포함한다. 문제는 시민의 과소참여 상태에서 거버넌스가 자칫 전통적 통치 내지는 정부 중심의 거버넌스, 또는 시장형 거버넌스로 전락하기 쉽다는 것이다. 그러므로 정부, 시장, 시민사회가 균형적으로 협력하여 공동의 결정을 추구하는 이상적 거버넌스의 형성을 위해서는 참여의 신장이 요구된다. 시민참여는 시민이 정부의 구성과 정책에 대하여 영향력을 행사하는 활동으로서 통치체제하에서의 참여는 투표를, 거버넌스에서의 참여는 직접참여를 의미하는 바,[67] 전통적 통치(government)하에서의 참여와 거버넌스(governance)하에서의 참여는 달라져야 한다. 이와 관련한 논의는 [표 13-3]에 비교하였다.

통치체제에서 정부는 기본적으로 시민에 대하여 폐쇄적 · 권위적이며, 시민은 통치의 객체이자 서비스의 고객이다. 실질적으로 정부와 시민간의 관계는 수직적 관계이다. 이러한 관계하에서 시민은 통치에 대하여 외부자적 입장에서 요구, 비판, 항의를 할 수 있을 뿐이다. 이러한 시민의 역할은 비판자

65) Wamsley and Dudley (1995). 앞의글.

66) 구체적으로 정치적 참여보다는 비정치적 참여활동이 거버넌스 형성과 유의미한 관계를 보인 가운데, 공공목적의 단합활동은 거버넌스에 대하여 긍정적 효과를, 인터넷 참여는 부정적 효과를 보였다. 박희봉. (2006). 앞의글.

67) 이승종. (1995). 「민주정치와 시민참여」. 삼영.

표 13-3 Government와 Governance에서의 참여의 비교

	Government에서의 참여	Governance에서의 참여
시민권력 속성	저항권력(defensive power)	공존을 담보하는 권력(power with), 존재권력(power of being)
정부태도	폐쇄적, 권위적	개방적, 비권위적
시민위상	통치의 객체, 서비스 고객	통치의 주체, 서비스 공동생산자
양자간 관계	수직적 통제	수평적 협력
참여기능	견제, 비판	협력, 공동생산
참여성격	정부, 기업에 대한 통제	정부, 기업과의 협력
참여요소	참여의 양 중시	참여강도와 지식의 균형
참여관점	도구적 관점	교호적 관점
참여양태	일방적 참여	생산적 참여

내지는 견제자로 특징지어진다. 이 때 시민이 참여를 통하여 행사하는 권력은 정부의 착취권력(exploitive power)에 대하여 저항하는 권력(defensive power)일 뿐이다.[68)]

거버넌스 체제에서 정부는 시민에 대하여 개방적 · 비권위적이며, 시민은 통치의 주체, 서비스의 (공동)생산자이다. 정부와 시민 양자간의 관계는 원칙적으로 수평적 관계이다. 이러한 관계에서 시민은 통치에 대하여 내부자의 입장에서 계획, 협의, 결정을 하게 된다. 시민은 정부의 중심성을 사실상 인정하더라도 객체적 지위에 있지 않고 공동생산자 내지는 주권적 시민으로의 역할을 보유하게 된다.[69)] 이 때 시민이 참여를 통하여 행사하는 권력은 정부

68) Mott (1993)는 권력을 착취권력, 저항권력, 및 매개권력(intervening power)으로 구분한다. 착취권력과 저항권력은 수직적 불평등 관계에서 권력자와 피권력자간에 행사되는 권력이다. 일반적으로 권력자가 피권력자에게 행사하는 권력은 피권력자의 저항권력을 능가하여 착취적이 된다. 피권력자는 자신의 이익보호를 위하여 저항권력을 행사하게 된다. 매개권력은 피권력자의 저항권력을 보충하여 피권력자의 이익을 보호하기 위하여 제 3 자(예, 시민집단)에 의하여 행사되는 권력이다. 이와는 달리 수평적 평등관계에서는 착취와 저항이 아닌 공존을 목적으로 존재권력(power of being)이 발휘될 수 있다. 매개권력도 일종의 존재권력으로 볼 수 있다.

69) Hindy L. Schachter (1997). *Reinventing government or reinventing ourselves: The role of citizen owners in making a better government*. SUNY Press.

의 착취권력에 대한 저항권력이 아니라 공존을 담보하는 권력(power with)[70] 또는 존재권력(power of being)이다.[71]

이와 같이 거버넌스에서의 시민의 위상은 통치에서의 시민의 위상과 큰 차이를 보인다. 그리고 달라진 위상에 따라 시민참여에 대한 요구도 달라진다. 무엇보다 거버넌스는 시민참여의 기능이 정부와 기업에 대한 통제를 넘어 거버넌스의 성과제고를 위한 적극적 협력기능으로 변화할 것을 요구한다. 이에 대응하여 시민은 적극적으로 참여할 뿐만 아니라 공공문제에 대하여 적절한 관심과 이해를 소유하는 교양시민(informed citizen)으로 진화할 것을 요구받는다. 즉, 거버넌스하에서는 참여의 양적 확대만이 아니라 질적 제고가 요구되는 것이며, 참여의 권리와 함께 참여의 책임까지 동시에 요구받게 되는 것이다.

이러한 요구에 따라 참여에 대한 관점의 변화도 요청된다. 즉, 참여를 이익보호의 수단으로 보는 도구적 관점(instrumental participation)을 탈피하여 참여자간 대화와 협력을 보장하는 교호적 관점(interactive participation)으로 보는 것이 필요하다.[72] 환언하면 참여를 정부 또는 기업에 대한 시민의 저항행동으로 볼 것이 아니라, 상호성에 기초한 시민의 협력행동으로 보도록 참여의 관점이 변화되어야 한다는 것이다. 이러한 상호성 위에서만 정부, 기업, 시민간 협력에 의한 거버넌스가 정착될 수 있을 것이기 때문이다. 물론 통치하에서도 참여의 수준만이 아니라 참여의 질도 바람직한 참여의 요건으로서 요구되지 않는 것은 아니다. 다만, 그 강조점에 있어서 통치체제는 정부에 대한 견제의 효과성 확보를 위하여 참여의 양이 우선적으로 요구되었다. 그러나 통치의 성과제고를 위하여 갈등보다는 협력이 강조되는 거버넌스에서는 참여의 질에 대한 관심이 상대적으로 더 강조되는 것이다.

이상의 논의를 요약하건대, 거버넌스에서 요구하는 참여는 일방적 참여의 확대가 아니라 정부, 기업과 대등한 입장에서 협력하여 사회적 성과제고

---

70) John C. Thomas (1995). *Public participation in public decisions: New skills and strategies for public managers*. Jossey-Bass, 24.

71) Stephen Charles Mott (1993). A christian perspectives on political thought. New York: Oxford University Press.

72) Lawrence Scaff (1975). "Two concepts of political participation." *The Western Political Quarterly* 28, 447-462.

에 기여하는 생산적인 참여라 하겠다. 이때 생산적 참여가 되기 위하여는 참여의 양적요소와 질적요소가 균형되는 참여가 되어야 한다는 것이다.

이 같은 균형적 참여는 기본적으로 이상적 민주사회의 요구에도 부합하는 것으로서 정당화된다. 이상적 민주사회는 어떠한 사회인가? 이상적 민주사회는 공공의사결정과정에서 민의만을 중시하는 순진한 민주정치(democracy)도, 전문관료(technocrats)의 전문적 판단만을 중시하는 전문가 통치(technocracy)도 아니다. 순진한 민주정치는 민주성 확장에 유리하고, 전문가 통치는 능률성 확보에 유리하지만, 전자는 능률성을, 후자는 민주성을 충분히 담보하지 못하는 치명적 약점이 있기 때문이다. 오히려 이상적 민주정치는 민주정치와 전문가 통치의 협력기제로서의 균형민주주의(technodemocracy)[73] 또는 협력민주주의(cooperative democracy)[74]이다. 이러한 민주사회라야 시민의 요구에 의한 민주성과 전문관료의 전문적 판단에 의한 능률성이 조화되어 결과적으로 시민복지가 극대화될 수 있을 것이기 때문이다. 문제는 이 같이 정부와 시민의 협력에 기반한 이상적 민주사회를 어떻게 이룰 수 있는가 하는 것이다. 그 대답의 출발은 간단하다. 시민과 정부가 평등하고 개방적인 관계 속에서 의사소통을 활발히 함으로써 민주성과 전문성이 조화되도록 하는 것이다.

정부와 민간과의 협력에 기반하는 거버넌스가 지향하는 사회도 이와 같은 균형민주사회라 할 때, 시민과 정부간 의사소통은 거버넌스에 있어서도 중요한 과제가 된다. 그러한 의사소통은 일방적 주장과 압력이 아니라 상대방의 입장에 대한 이해를 수반하는 의사소통이며, 이러한 관점에 입각한 '생산적'(또는 '균형적') 시민참여가 담보되었을 때 비로소 거버넌스의 형성이 가능하게 될 것이다.[75]

---

73) Jack De Sario and Stuart Langtoneds. (1987). *Citizen participation in public decision making.* Greenwood Press, 13.

74) 이승종. (1995). 앞의글, 305.

75) 생산적 참여에 대한 요구는 민주사회의 딜레마와 연관해서도 설명된다. 민주사회의 딜레마는 자유와 질서간의 전통적 딜레마, 자유와 평등간의 현대적 딜레마로 나누어지는 바(Janda, 1986), 생산적 참여는 질서 또는 능률에 대한 고려를 포함하는 것이다.

4. 거버넌스 유형과 시민참여

거버넌스는 정부, 시장, 시민사회의 속성과 관계에 따라 다양한 유형이 있을 수 있으며 이에 따라 시민참여에 대한 요구 또한 달라질 것이다. 여기에서는 거버넌스의 유형에 따라 시민참여에 대한 요구가 어떻게 달라지는지 논의한다.

거버넌스의 유형은 논자에 따라 다양하게 제시되고 있다. 최소국가, 법인 거버넌스, 신공공관리, 좋은 거버넌스, 사회적 사이버네틱스체제, 및 자기조직화네트워크[76]; 시장 모형, 참여 모형, 신축 모형 그리고 탈규제 모형[77]; 계층제 모형, 합리적체제 모형, 개방체제 유형, 자치 모형[78]; 시장, 네트워크, 계층제, 감시, 결사[79]; 정부중심형, 시장중심형, 시민사회중심형[80] 등이 그 예이다. 대개의 유형론이 거버넌스의 영역과 거버넌스 참여주체간 연계 형태를 혼합하여 유형화하고 있는 반면, 김석준 외의 모형은 거버넌스 참여영역을 단일 기준으로 하여 유형화함으로써 참여자 중심의 논의 전개를 돕는 장점이 있다.[81] 따라서 본 연구는 기본적으로 이들의 모형을 채용하여 정부(중심)형, 시장(중심)형, 및 참여형 거버넌스로 구분한다. 여기에서 정부형 거버넌스(government-centered governance)란 정부가 시장과 시민사회를 주도적으로 관리하는 유형으로서 시장경쟁원리와 관리주의가 정부운영원리이고, 시장형 거버넌스(market-centered governance)는 시장의 자율적 작동범위를 확장하려는 유형으로서 경쟁원리와 고객주의를 근간으로 하는 시장주의를 운영원리로 하며, 참여형 거버넌스(participatory governance)는 대의제의 한계를 보완하기 위하여 공공문제의 처리과정에서 시민(시민집단)의 적극적 참여를 강조하는 유형으로서 참여민주주의를 운영원리로 한다.[82]

---

76) Rhodes (1996). 앞의글.

77) Peters (1996). 앞의글.

78) J. Newman (2001). *Modernising governance: New labour, policy and society*. London: Sage.

79) Campbell, J. R. Hollingsworth and L. Lindberg (1991). *Governance of the American economy*. Cambridge University Press. 이명석. (2002). 앞의글에서 재인용.

80) 김석준 외. (2002). 앞의글.

81) 김석준 외. (2002). 앞의글.

82) 다만, 어느 거버넌스의 유형을 막론하고 현실적으로나 규범적으로나 정부의 중심성을 부정하기는 어렵다고 본다(조성한, 2005). 정부는 공공문제 해결에 필요한 자원의 최대보유

이러한 거버넌스의 유형은 시민참여에 대하여 어떠한 의미를 갖는가? 첫째, 거버넌스 유형은 시민참여의 중요성에 대하여 차별적인 의미를 부여한다. 우선 정부형 거버넌스는 정부내부의 효율성을 우선적으로 추구함으로써 효율성의 저해요인이 되기 쉬운 시민참여에 적극적이지 않을 가능성이 있다. 따라서 정부형 거버넌스에서는 정부와 시민사회간 권력균형을 위한 시민참여가 강조되어야 한다. 시장형 거버넌스 역시 효율성을 우선적으로 추구함으로써 시민참여에 적극적이지 않을 가능성이 크므로 거버넌스 참여자간 권력균형을 위하여 시민참여가 강조될 필요가 있다. 물론 시장형 거버넌스는 시장에 대한 개방의 정도만큼 정부를 위축시킴으로써 그 자체로서 정부와 시민간의 권력불균형을 어느 정도 교정하는 효과를 갖게 되고 이에 따라 시민참여가 확장될 가능성이 없지 않다. 그러나 시장형 거버넌스에서는 정부의 위축에 따라 자본과 노동 사이에서 일어나는 불평등 교정장치로서의 정부역할 역시 위축되면서 시장과 시민간 권력불균형이 확대되어 결과적으로 시민참여를 위축시킬 가능성이 있다. 즉, 시장형 거버넌스는 정부형 거버넌스와 마찬가지로 시민참여를 저해하는 거버넌스 형태이며 따라서 보완적으로 시민참여의 확대노력이 요청되는 것이다.[83] 이와는 달리 시민참여의 확대를 추구하는 참여형 거버넌스에서는 참여의 확대노력에 대한 요구가 다른 거버넌스 유형에 비하여 상대적으로 적게 될 것이다.

둘째, 거버넌스 유형에 따라 참여의 질과 양에 대한 상대적 요구가 차별화된다. 먼저 정부형 거버넌스에서는 정부정책에 대한 시민사회의 투입강화를 위하여 참여의 양과 질의 확보가 공히 필요하지만 일차적으로는 정부와 시민사회와의 권력균형을 위하여 참여의 양이 강조되어야 한다. 시장형 거버넌스는 정부형 거버넌스에 비하여 외부에 대한 개방성이 더 큰 만큼 참여의

자이며, 정부의 조정자 역할은 사회유지를 위하여 반드시 필요하기 때문이다. 그러므로 거버넌스 유형론은 상대적인 의미에서 파악되는 것이 타당하다. 김석준 외. (2000). 「뉴 거버넌스 연구」. 서울: 대영문화사; Frank Fisher (2006). "Participatory governance as deliberative empowerment: The cultural politics of discursive space." *American Review of Public Administration* 36(1), 19-40.

83) 이러한 논의와 관련하여 거버넌스는 무조건 좋은 것이라는 인식이 무분별하게 보편화되어 있다는 비판과 함께, 정부, 시장, 시민사회간 균형을 맞추기 위해서 취약한 주체의 활성화가 요구된다는 지적은 의미가 크다(최성욱. (2004). "거버넌스개념에 대한 비판적 고찰: 한국행정학계의 거버넌스 연구경향 분석." 「정부학연구」 8(1), 239-261).

양에 대한 요구가 상대적으로 작은 반면, 그만큼 참여의 질에 대한 요구는 더 클 것이다. 이와는 달리 시민참여가 중시되는 참여형 거버넌스에서는 참여의 양은 확보되기 쉬우므로 상대적으로 참여의 질을 가장 강조하게 된다.

지금까지 거버넌스 유형에 따라 참여의 중요성 및 참여의 양과 질에 대한 상대적 요구가 차별화되어야 함을 지적하였다. 이러한 논의는 한 사회가 처해 있는 거버넌스 유형의 진단에 따라 시민참여의 방향과 전략이 차별화되어야 함을 제시해 주는 것으로서 의미가 있다. 또한 그렇기 때문에 거버넌스를 논함에 있어서 거버넌스 유형에 대한 논의가 중요하게 되는 것이다.

그렇다면 우리 사회는 어떠한 형태의 거버넌스를 취하고 있는가? 우리나라는 1990년대 이래 영미의 시장주의 내지는 신공공관리 추세를 무분별하게 추종하여 왔다. 이 같은 경향은 참여정부에 들어와서 수정되어 상대적으로 참여주의에 대한 관심이 확장되었다. 이는 참여정부가 지속적으로 분권과 참여를 정책기조로 천명해 왔다는 데서 확인된다. 그러나 실제로 참여형 거버넌스로의 이행노력은 권위적 계층제의 관성 또는 정책의지의 미흡 등의 이유로 괄목할 만한 진전을 보지 못하고 있는 실정으로서 아직까지 전통적 통치의 색채가 짙은 정부형 거버넌스가 지배하고 있다고 진단해도 무리가 없을 것이다. 요컨대, 참여형 거버넌스의 지향에도 불구하고 실제적 성과는 미흡하다는 것이다. 이러한 한국 거버넌스의 진단이 시민참여에 대하여 주는 시사점은 명확하다. 앞에서 거버넌스 유형에 따라 참여의 중요성, 양과 질에 대한 요구가 달라진다고 하였거니와, 현재 한국적 상황에 대한 진단은 시민참여의 확장에 대한 지속적 관심의 증대와 함께 참여의 양적 확장과 질적 제고(특히 후자) 측면에 대한 균형적 고려 즉, 생산적 참여(또는 균형적 참여)가 필요함을 제시해주는 것이다. 이는 곧 참여형 거버넌스를 지향하는 것이다.

5. 참여형 거버넌스의 형성을 위한 정책과제

한국 거버넌스는 생산적 시민참여에 기반한 참여형 거버넌스를 지향해야 한다고 제시하였는바, 이하에서는 참여형 거버넌스의 형성을 위한 주요 정책과제에 대하여 논의한다.

1) 참여기회의 확장

참여형 거버넌스의 형성을 위해서는 시민참여가 확장되어야 한다. 이를 위하여 첫째, 투표율의 강화가 요구된다. 투표율 제고는 기본적으로 유권자에 대한 대표의 감수성 증대를 통한 책임정치의 확보를 위해 중요하다. 이에 더하여 사회경제적 지위가 상대적으로 높은 유권자의 투표율이 높은 상황에서 낮은 투표율은 결과적으로 상대적 열위층의 이익반영을 저하시켜 결과적으로 사회적 불평등을 악화시키는 기제로 작동한다는 점에서 바람직하지 않다.[84]

둘째, 직접참여가 강화되어야 한다. 이때 직접참여의 필요성은 선거기제가 미약한 만큼 더 커진다. 어떤 의미로는 거버넌스가 선거를 통해 구성된 정부와 민간행위자와의 공공문제해결을 위한 협력이라고 할 때, 거버넌스하에서 협력행위로서의 직접참여는 정부구성 행위로서의 투표보다 더 큰 의미를 가진다고 볼 수도 있다. 직접참여의 진작을 위해서는 특히 참여제도화가 강조되어야 한다. 투표에 비하여 직접참여에 소요되는 비용이 크고 따라서 직접참여의 확장이 자칫 자원이 부족한 소외층의 참여를 위축시킬 수 있기 때문이다.

최근에 이르러 지방차원을 중심으로 참여제도화에 있어서 진전이 이루어졌다. 주민투표제, 주민발의제, 주민소환제, 주민감사청구제, 주민소송청구제 등의 도입 등이 그것이다. 그러나 이러한 진전에도 불구하고 지방차원에 국한된 제도화, 참여의 실질적 확산에 필요한 일상적 참여의 제도화가 미흡한 점, 사회적 형평성에 대한 고려가 미흡한 제도화 등은 여전히 풀어야 할 과제로 남아 있다.

2) 시민역량의 강화와 시민교육

거버넌스가 정부, 시장 및 시민사회의 협력기제라 했을 때 협력기제의 효과적 작동을 위해서는 각 영역 행위자의 역량이 담보되어야만 한다. 이 같은 전제조건이 충족되지 않았을 때 거버넌스는 작동하지 않거나 일부 영역의 독점적 통치에 의하여 파행적 통치형태로 전락하고 말 것이다. 이때 시민사

84) Arend Lijphart (1997). "Unequal participation: Democracy's unresolved dilemma." *American Political Science Review* 91(1), 1-14.

회의 구성원인 시민에 대하여 거버넌스가 요구하는 핵심역량요소는 바로 참여역량이다.

어떠한 참여역량이 요구되는가? 시민은 거버넌스의 주체적 참여자로 기능하는 데 필요한 민주적 역량을 가져야 한다. 구체적으로 민주역량은 참여의식과 공공의식을 포함한다.[85] 앞에서 참여형 거버넌스는 생산적 참여를 요구하며, 이는 참여의 양적 확대를 넘어 참여의 질적 제고가 요구된다고 하였는바, 참여의식은 전자에, 공공의식은 후자와 관련된 것이라 하겠다. 이 때 이러한 의식을 가진 교양시민(informed citizen)의 참여는 요구만을 앞세우기보다는 사회문제의 공동해결을 지향함으로써 거버넌스의 형성에 기여한다. 그러나 참여의식이나 공공의식이 낮은 시민의 참여는 부분적 이익에 기반한 요구만을 앞세워 사회의 혼란만 가중시킴으로써 거버넌스의 형성을 방해할 수 있다. 이와 같이 정부와 시장의 실패만큼이나 시민사회 역시 실패할 수 있으며,[86] 따라서 시민참여를 무조건 옳다고 간주하는 것은 옳지 않다.[87] 아울러 시민참여의 기회확장을 위한 참여의 제도화 노력에 있어서 시민역량에 대한 고려가 동시에 이루어질 필요가 있다.

시민의 참여역량을 제고하기 위해서는 시민교육이 강화되어야 한다. 시민교육은 학교, 지역사회, 직장 등에서 다양한 방법에 의하여 이루어질 수 있으나, 최고의 시민교육수단은 참여 자체라는 인식에 기반하여 참여기회의 확대에 대한 관심증대가 요구된다. 이 때 참여를 통한 시민교육의 방식으로서 토의민주제(deliberative democracy)에 주목할 필요가 있다. 일반적으로 토의민주제는 간접민주제와 직접민주제의 장점을 조화시킨 유효한 민주정치제도로서 논의되고 있으나,[88] 동시에 토의에 참가한 시민에게는 참여의지와 공공문제에 대한 식견을 높이고, 공직자에게는 참여에 대한 수용성을 높이는 유용한 교육기제로 작용할 것으로 기대된다.[89] 특히 토의과정에서 시민과 정책결정

85) 이승종. (1995). 앞의글, 144.

86) 김석준 외. (2002). 앞의글, 15.

87) 이와 관련, 대표적 참여론자의 하나인 Barber (2006)도 시민사회의 공적담론이 야만적이 될 가능성이 있음을 지적함으로써 이 같은 우려에 동참하고 있다. Benjamin R. Barber (2006). *A place for us: How to make society civil and democracy strong*, New York: Hill and Wang, 21.

88) David Mathews (1999). *Politics for people: Finding a responsible public voice*, 2nd ed. Univ. of Illinois Press.

89) Lyn Carson and Janette Hartz-Karp (2005). Adapting and combining deliberative designs: Juries,

자를 접촉시킴으로써 시민교육의 효과성을 높임은 물론, 참여 거버넌스의 효과성까지 높일 수 있을 것으로 기대된다.[90]

3) 공직자 혁신

거버넌스하에서 정부는 더 이상 독점적 정책결정자의 지위에 있지 않으며 민간과의 협력적 정책수행방식에 적응해 나가야 한다. 이를 위해서는 기본적으로 시민참여에 대한 개방적·협력적 자세가 요구된다. 이러한 요구는 의회와 집행부 모두에게 공히 적용되지만 집행부에 대한 요구가 클 것이다. 거버넌스하에서 참여의 증대 요구는 입법과정보다는 주로 정책집행과정에서 나타날 것이기 때문이다.[91]

이 때 시민참여의 활성화가 이루어진다 하더라도 관료의 수용성이 낮으면 참여에 대한 실망과 불만이 커지고 결국에는 정부와 민간의 협력기제로서의 거버넌스가 형성될 수 없게 될 것이므로 정부를 구성하는 행정관료의 참여에 대한 긍정적 태도의 형성이 중요한 과제가 된다. 이와 관련, 행정관료는 전문가 시민(professional citizen) 또는 시민관료(citizen-administrators)로서의 인식 즉, 시민을 위하여 일하는 수탁자이며, 다른 시민의 의견을 경청하는 것이 중요한 의무라는 인식이 필요하다.[92] 그러나 실제로 우리의 행정 관료가 이러한 의식을 갖고 있는지는 의문이다. 여전히 시민의 정책참여는 형식적 단계(tokenism)에 머무르는 수준으로 보아야 할 것이다. 향후 행정관료를 포함한 공직자의 의식혁신을 위한 제도적 장치 예컨대, 공무원 교육체제의 혁신, 의정연수의 제도화를 위한 노력이 요구된다.

---

polls, and forums, in John Gastil and Peter Lenine eds. *The deliberative democracy handbook: Strategies for effective civic engagement in the 21st century*. Jossey-Bass.; Thomas (1995). 앞의 글, 31.

90) 이러한 관민 연결은 자연스럽게 정책분석의 타당성 제고로 연결될 수 있다. 이른바 참여형 정책분석(De Leon (1990); 채원호. (2002)은 이 같은 장점에 주목한 정책분석방식이라 하겠다. P. DeLeon (1990). "Participatory policy analysis: Prescriptions and precautions". *Asian Journal of Public Administration* 12; 채원호. (2002). "거버넌스와 참여형 정책분석". 김석준 외. (2002). 앞의글, 10장.

91) Thomas (1995). 앞의글, 3.

92) T. Cooper (1984). "Citizenship and professionalism in public administration." *Public Administration Review* 44, 143-149; Thomas (1995). 앞의글, 7에서 재인용.

4) 시민에 대한 정부의 신뢰

앞에서 거버넌스는 참여활성화를 필요로 하며, 참여활성화를 위해서는 참여기회의 확장이 필요조건이 된다고 하였다. 그런데 참여기회는 시민자신의 노력과 요구에 의하여 창출되기도 하지만, 기본적으로는 정부에 의하여 조성되어야 한다. 문제는 시민에 대한 불신으로 정부가 참여기회의 실질적 확장에 적극적이지 않다는 것이다. 동시에 정부에 대한 시민의 신뢰 역시 약하여 시민은 참여에 냉소적이 되거나 파행적 참여행태를 보이게 된다.[93] 결국 양자간 불신으로 참여기회의 확장이나 참여의 실질적 확대도 잘 이루어지지 않게 되는 것이다. 이 같은 악순환은 시민에 대한 정부의 신뢰증진을 기반으로 전환될 가능성이 있다. 시민에 대한 정부의 신뢰는 시민참여에 대한 정부의 수용성을 높이고 이에 따라 시민참여가 확장될 가능성이 있기 때문이다.[94] 물론 시민에 대한 정부 신뢰만이 아니라 정부에 대한 시민 신뢰의 증진도 참여에 대한 정부의 수용성을 높여 선순환 효과를 기대할 수 있을 것이다. 그러나 가능성 면에서 볼 때 분산되어 존재하는 시민보다는 통합된 집단인 정부의 신뢰확보가 더 용이할 것이므로 정부의 신뢰를 우선적으로 강조하게 된다.

5) 시민단체의 역할정립

참여형 거버넌스의 형성을 위하여 시민참여의 확장이 필요하다고 하였으나 실제로 시민참여에 대하여 참여의 가능성이나 참여의 영향 등에 대하여 회의적인 시각 또한 만만치 않다. 이러한 상황에서 시민단체의 역할은 매우 중요하다. 시민단체는 공익적 관점에서 한편으로는 시민을 동작화(mobilization)

---

93) 우리 국민의 정부에 대한 신뢰는 특히 1997년 말 외환위기를 겪으면서 정부가 보여준 무능과 무책임을 보면서 극대화된 것으로 평가된다(김인영. (2002). 「한국 사회 신뢰와 불신의 구조: 거시적 접근」. 소화, 127). 2004년 현대사회연구소가 시행한 국민여론조사 결과에 따르면 정부를 신뢰한다는 의견은 24.4%에 불과한 것으로 나타났다. 오늘날 정부불신은 세계적으로 보편화되고 있는 것으로 보인다. 이에 대한 자세한 논의는 Joseph S. Nye, et al. eds (1998). *Why people don't trust government*. Harvard University Press. 박준원 역 (2001). 「국민은 왜 정부를 믿지 않는가」. 서울: 굿인포메이션을 볼 것.

94) Kaifeng Yang (2005). "Public administrators' trust in citizens: A missing link in citizen involvement efforts." *Public Administration Review* 65(3), 273-285.

시키고, 다른 한편으로는 정부와 시장에 대한 견제기능을 담당함으로써 시민사회의 확장에 기여할 수 있기 때문이다.

우리의 경우, 시민단체의 성장은 시민사회 전체의 성장을 능가하며, 일각에서는 시민사회의 권력화마저 논하는 상황이 되었다. 실제로 상당수 시민단체는 관련 정부위원회에 참여하거나, 정부정책을 중재하거나, 또는 정부와 대등한 협상을 하는 수준에 이르렀다. 이 같은 현상은 정부가 권위주의로부터 민주화를 지향하면서 시민단체를 압제대상이 아니라 협력대상으로 치부한 데 힘입은 바 크다. 문제는 시민단체의 정책참여가 강화되면서 일부 시민단체의 권력화 현상, 중립성 훼손 우려 등이 지적되고 있다는 점이다. 과거에는 시민단체가 도덕성, 중립성의 표상이었으나 지금에는 정치권과 함께 냉소적 시각의 대상이 되기도 한다. 또한 현 정부에 들어와서 정부가 주요 개혁이슈를 선점함에 따라 시민단체의 운동역량이 제약 받고 있는 가운데, 많은 시민단체는 재정과 인적자원의 부족으로 어려움을 겪고 있는 등 시민단체는 위기 아닌 위기를 맞고 있다. 그러나 여러 가지 한계에도 불구하고 거시적으로 볼 때 시민단체는 정부에 대하여 열위에 있는 시민의 저항권력을 보완하는 매개권력(intervening power)으로서 중요하다. 다만, 이러한 역할을 수행하기 위하여 시민단체의 자기성찰적 노력이 필요함은 물론이다.

나아가서 거버넌스의 형성과 관련하여 시민단체는 교양시민을 육성하기 위한 시민교육에 주목할 필요가 있다. 통치체제하에서는 시민단체에게 정부와 기업에 대한 통제기능이 강조되었으나 거버넌스체제하에서는 시민참여의 질 담보를 위한 시민교육의 역할이 강조되어야 하기 때문이다. 시민참여가 시민교육을 위한 유효한 매체라 했을 때 참여의 매개체인 시민단체는 이 같은 기능을 수행하기에 적당한 주체일 수 있다. 이러한 역할을 성공적으로 수행하는 과정에서 시민단체는 도덕성·중립성의 회복은 물론, 인적 및 재정자원의 확충이라는 이중적 효과를 얻을 수 있다.

6) 지역사회에 대한 관심제고

참여형 거버넌스의 형성과 관련하여 지방의 잠재성에 주목할 필요가 있다. 첫째, 참여형 거버넌스는 시민참여를 핵심요소로 포함하는바, 참여는 중앙차원보다는 지방차원에서 더 가능하고 또 효과적이다. 이는 기본적으로 규모가 작은 지방에서는 참여에 필요한 자원의 크기가 작고, 정부와의 거리가 가깝기 때문에 그러하다. 이때 지방단위에서 참여의 기회가 높다면 참여를 통한 시민교육의 가능성도 높다는 의미가 된다.

둘째, 중앙에 비하여 이해관계자의 범위가 좁고 균질적인 지방단위에서는 시민사회 내 이익갈등의 크기가 작고 따라서 참여에 따른 시민의 요구가 보다 균질적이며 이에 따라 시민과 정부간 협력의 문제가 훨씬 용이할 것이다. 반면, 상대적으로 이질적인 중앙차원에서는 상충하는 이익간 갈등의 가능성이 크고 따라서 참여에 따른 시민의 요구가 다기하며 이에 따라 시민과 정부간 협력의 문제가 보다 곤란할 것이다.

이러한 이유에서 참여형 거버넌스의 형성은 중앙보다 지방단위에서 상대적으로 용이하다고 보는 것이다. 그런데 우리나라는 지방자치단체의 관할구역이 외국에 비하여 크며 따라서 지방단위에서 참여형 거버넌스의 형성가능성에 있어서 상대적으로 불리한 입장이다. 이를 보완하기 위하여 향후 지방단위의 참여활성화에 관심을 가져야 한다. 특히 지방단위의 하부구역인 지역사회(community, neighborhood)에서의 참여기제에 대한 관심증대가 요구된다. 근린 거주지역에서의 풀뿌리민주주의를 강조한 제퍼슨(Jefferson)의 주장이나, 지역의 선거구를 공공영역(참여의 장)으로 강조한 밀(Mills)의 주장은 바로 지역사회의 중요성을 강조한 것으로 참고가 된다. 그러나 현재 지역사회는 선거구, 일선행정보조단위로 활용되는 외에는 시민성의 계발이나 참여의 기본단위로 활용되지 못하고 거의 방치상태에 있다. 그러므로 향후 지역수권(community empowerment)을 통하여 지역사회가 참여형 지방거버넌스의 토대가 되도록 할 것이 요구된다. 구체적으로 주민자치위원회, 반상회 등을 참여기제로 적극 육성하는 것이 효과적 방안이 될 것이다.

6. 결　론

이론적으로나 실천적으로 거버넌스의 핵심구성요소인 시민참여 없이 거버넌스의 형성은 불가능하다. 다만, 통치하에서 요구되는 시민참여와 거버넌스하에서 요구되는 시민참여의 내용은 다르다. 거버넌스하에서 요구되는 참여는 일방적 참여의 양적 확대가 아니라 정부, 기업과 대등한 입장에서 협력하여 사회적 성과제고에 기여하는 생산적인 참여이다. 이 때 생산적 참여란 참여의 양적 요소와 질적 요소가 균형되는 참여를 의미하며 이 같은 참여에 기반하여야만 참여형 거버넌스가 형성될 수 있다.

이와 관련, 현 정부는 분권과 참여의 기치를 들고 참여형 거버넌스를 지향했으나 실천의지와 역량의 부족 및 효과적 전략의 부재 등으로 성과가 미흡하여 거버넌스 형성에 기여하기보다는 오히려 참여형 거버넌스에 대한 냉소주의마저 초래함으로써 결과적으로 한국 민주정치의 진전에 부정적 영향을 끼칠 우려마저 있는 실정이다.

지금까지 거버넌스와 시민참여를 논의함에 있어서 참여형 거버넌스를 중심으로 하여 논의하였거니와 이는 거버넌스 자체가 민주화의 성격을 가진 것을 고려한 것이다. 다양한 개념정의에도 불구하고 정부의 관점에서 바라볼 때, 거버넌스는 정부과정의 외연확장이며 따라서 그 자체로서 민주화의 일환이라 할 수 있다. 본서가 거버넌스에 시민참여를 연관시켜 논의하는 것도 결국은 민주화를 지향하는 거버넌스 논의의 지향과 상응하는 것이라 하겠다. 거버넌스하에서 정부외연의 확장은 두 가지 방향에서 모색된다. 하나는 시장중심의 외연확장이며, 다른 하나는 참여중심의 외연확장이다. 이 때 거버넌스는 시장주의와 참여주의의 상대적 비중에 따라 민주화에 차별적 효과를 가져오게 된다. 거버넌스가 참여중심의 경향을 가질 때(즉, 참여형 거버넌스) 참여신장이 이루어지고 이에 따라 민주화가 신장될 것이다. 그러나 거버넌스가 시장중심의 거버넌스 경향을 가질 때(즉, 시장형 거버넌스) 시민의 참여가 위축되고 이에 따라 민주화가 위축될 것이다. 물론 시장형 거버넌스에 따른 정부의 후퇴는 시장만이 아니라 시민이 참여할 수 있는 공간을 확장시킴으로써 일정 정도 민주화에 긍정적 효과를 가져올 가능성이 없지 않다. 그러나 실제로 그 공간은 시민참여의 확장공간으로 활용되기보다는 시장의 진출공간으로 활용될 가능성이 더 크다. 왜냐하면, 자본과 노동 사이에서 일어나는 불평등의 교정장치로서의 정부역할이 위축되면서 자본의 지배력에 기반한 시장의 진출이 상대적으로 자원이 취약한 시민사회의 진출을 압도할 가능성이 크기 때문이다. 즉, 민주화에 기여하는 거버넌스는 모든 형태의 거버넌스가 아니라 참여형 거버넌스인 것이다. 문제는 시민참여가 명시적으로 지지되지 않는 한, 시장과 시민사회의 상대적 권력차이 때문에 거버넌스는 참여형보다는 시장형화 할 가능성이 크다는 점이다. 그러므로 거버넌스가 본래의 취지와 같이 민주화에 기여하도록 하기 위해서는 참여형 거버넌스가 형성되도록 참여활성화를 위한 정책노력을 경주해야만 한다. 시민참여는 시장지배력의 확산과 같이 자연적으로 이루어지기보다는 다분히 일정 정도의 정책노력을 통하여 담보되는 것이기 때문이다.

첨언할 것은 아직까지 정부, 시장, 기업의 '평등한' 협력체계로서의 거버넌스 시대가 한국에 도래한 것은 아니며, 거버넌스가 이루어지고 있다면 그것은 기껏해야 정부형 거버넌스일 것이라는 점이다.[95] 따라서 우리에게 있어 거버넌스에 대한 논의는 현실에 대한 진단이기보다는 다분히 미래지향점에 대한 처방적 논의를 위한 개념틀의 성격이 크다고 본다. 이러한 점을 감안할 때 (균형적) 시민참여는 바람직한 형태의 거버넌스 형성을 위한 전제조건으로서 지속적인 주목을 받아야 한다.

95) 조성한. (2005). "거버넌스개념의 재정립." 한국행정학회 동계학술대회발표논문.

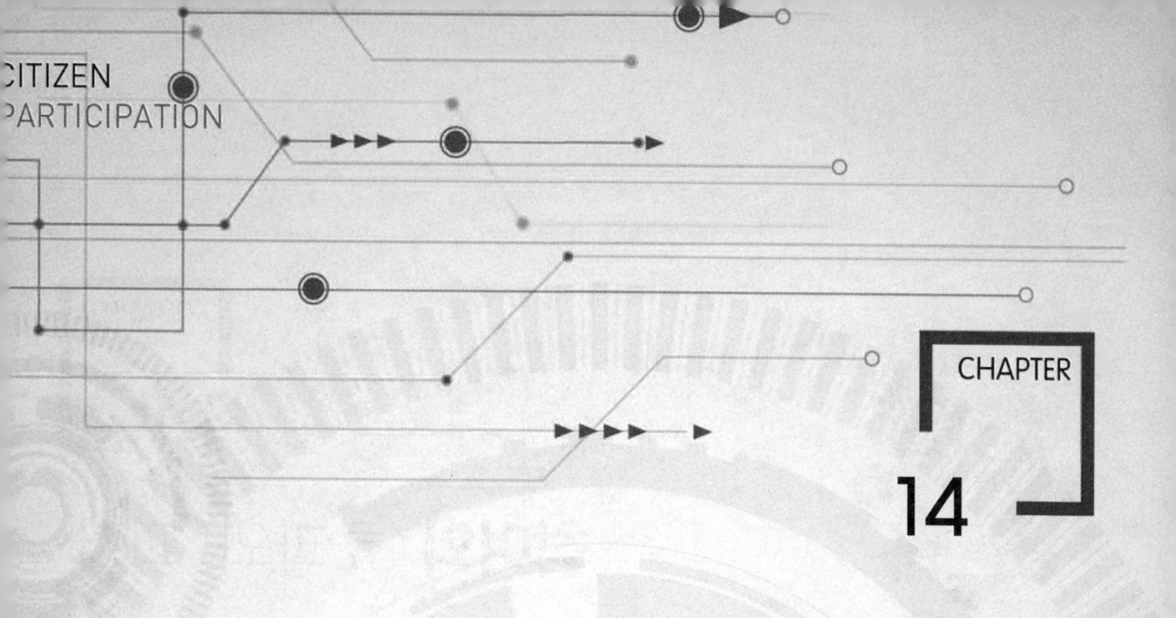

CHAPTER 14

참여의 효과와 과제

Ⅰ. 참여의 효과

Ⅱ. 참여에 대한 비판

Ⅲ. 참여와 평등의 딜레마

Ⅳ. 참여의 과제

참여의 효과와 과제

앞의 1, 2장에서는 민주이론의 관점에 입각하여 시민참여의 중요성에 대한 인식의 차이를 살펴본바, 양 입장의 극단에 치우치기보다는 시민을 중간적 또는 변화적 시민으로 보는 것이 필요함을 제시하였다. 본 장은 시민참여의 기능과 효과 및 참여에 대한 비판논의를 살펴보고, 참여의 한계를 극복하기 위한 과제를 검토하고자 한다. 참여의 개념에는 두 가지 측면을 지닌다. 하나는 공공선(public good)을 증진시키기 위해 공동의 삶에서의 공유사상과 상호성에 입각한 행동을 강조하는 것이고, 다른 하나는 사적 편익을 실현할 가능성을 높이기 위해 권력을 얻고자 하는 수단적 의미에서 교환적 활동이 그것이다.[1] 이러한 차원에서 시민참여의 긍정적 효과 및 그에 수반될 수 있는 한계점을 살펴보고, 이와 함께 참여와 평등이 지닐 수 있는 딜레마 문제를 다루어 참여상의 과제를 도출해 보고자 한다.

1) Lawrence A. Scaff (1975). "Two concept of political participation." *The Western Political Quarterly* 28, 449.

Ⅰ 참여의 효과

CITIZEN PARTICIPATION

1. 참여의 기능 및 장점

참여는 참여하는 과정 그 자체로 사회에 다양한 긍정적 기능을 하는 것으로 알려져 있다. 정책과정에 시민의 관점을 투입하고, 타인과의 협력이나 합의를 형성하는 참여과정은 긍정적인 사회·환경적 변화를 가져온다는 것이다. 이러한 점에서 이하에서는 참여의 효과를 실천적 기능 측면의 효과와 개인에게 유발하는 편익의 관점으로 구분하여 살펴보기로 한다. 특히 후자의 관점은 참여의 활동이 반드시 개인의 희생이나 의무감에 기반하여야 하는 비합리적 활동인 것만은 아님을 제시한다는 점에서 합리적 선택론자들의 관점에 대한 반론의 논거로도 볼 수 있다.

먼저 참여의 기능적 측면에 역점을 둔 실천적 효과를 살펴보면 다음과 같다. 첫째, 참여는 사회적 형평성을 증대시키는 효과를 지닌다. 실천적으로 참여의 확대는 소외계층의 참여를 증대시킴으로써 사회적으로는 이들의 이익이 반영된 형평적인 정책적 산물이 도출될 가능성이 높아진다.

둘째, 참여는 의사결정의 질을 개선하고 그에 따라 정치·행정적 효과성을 증대시킨다. 시민의 수요와 선호를 정확하게 파악하고 정책의 목표를 분명하게 하는 데 도움을 주며, 시민들의 아이디어를 통해 문제 해결을 위한 새로운 대안을 창출하게 될 가능성도 있다. 또한 참여과정에서 다양한 논의를 하게 됨으로써 미래의 집행 과정에 존재할 수 있는 규명하지 못했던 가정 등을 재확인할 수도 있고, 다양한 상황이나 집행방법에 대한 결정적인 정보와 지식을 얻을 수도 있다. 이에 따라 궁극적으로 정치 사회적 문제의 해결 역량을 높이게 된다.[2] 더욱이 참여 과정에서 견고하고 장기적인 형태의 합의(consensus building)를 구축할 수 있는데 이는 당사자간 이해관계를 수립하고 정치적 논쟁을 줄이며, 정부의 결정에 정당성을 제공해 주는 역할을 하게 되므로 정치 행정적 효과성은 그만큼 증대된다.

셋째, 집행의 실현가능성 및 용이성을 높인다. 시민은 의사결정에 참여함

2) James L. Creighton (2005). *The public participation handbook*. John Wiley & Sons, 18.

으로써 결정된 정책에 주인의식과 책임감을 갖게 된다. 그러므로 참여를 통해 결정이 이루어지면 시민은 그 의사결정이 효과적으로 작동되도록 협조하게 될 것이다.

넷째, 대의정치를 보완한다. 시민의 이익은 개별적이고 이질적이어서 하나의 선호로 귀결되기 어려워 의회의 조정이 필요하기 때문에 현실적으로 대의제를 사용하는바, 대의정치의 한계를 참여를 통해 보완할 수 있다. 시민은 주로 문제제기의 역할을 하고, 의회가 해결책을 찾는 과정에서 시민들의 협의는 바람직한 안을 선택하는 데 협조적이고 보완적인 기능을 한다.

다섯째, 비용의 절약이다. 시민참여는 물론 시간이 소요되는 과정이긴 하지만 일방적인 결정은 시간적으로는 신속할 수 있을지 모르나 정책집행과정에서 저항이나 장애물에 직면하게 되었을 때 결과적으로는 오히려 더 많은 시간과 비용이 들어가게 됨을 고려할 때 효율적일 수 있다는 것이다. 이러한 점에서 참여는 정책결정과정까지의 시간적 지체는 있을 수 있으나 집행에서는 좀 더 신속하고 원만하다는 점에서 효율적인 집행을 가능하게 한다.[3]

여섯째, 행정책임성을 높여 행정의 민주화를 토착화하도록 돕는다. 정부와 시민 모두의 책임의식을 증대시켜, 시민의 특수 이익에 대한 편향 및 정부의 일방적 의도의 관철 등을 막는다는 점에서 사회적 민주성을 높인다.

일곱째, 최악의 갈등 상황을 회피할 수 있다는 점이다. 일단 이슈에 대한 논쟁이 거세지고 적대적으로 되면 그 이슈는 해결하기가 더욱 어려워지는데 시민참여는 당사자에게 적대적 감정 없이 수요와 관심을 사전에 표현할 기회를 제공하므로 정책과정에서 고통스러운 갈등에 직면하게 될 가능성을 줄여준다.[4] 갈등 축소는 시민과 정부의 모든 관계에 적용된다. 우선 민-관의 거리감을 줄여 행정협조, 타협, 조정을 가능하게 하고, 민-민간 상호적 이해관계의 대립과 갈등이 참여과정에서 상호적 이해로 전환될 가능성을 높이며, 집행기관과 의결기관간의 관-관 대립 역시 시민참여의 메커니즘을 통해 중재될 수 있다.

여덟째, 시민의 신뢰를 높이고 합법성을 유지한다. 논쟁적 사안에 대한

---

3) Creighton (2005). 앞의글, 18.

4) 물론 시민참여가 만병통치약이 아닌 만큼 갈등 수준을 줄여줄 뿐 완전히 제거하지는 못한다(Creighton (2005). 앞의글, 19).

의사결정이 이루어져야 하는 상황에서 참여는 합법성을 달성하고 유지하는 과정을 시민들이 직접 경험하게 함으로써 결정과정을 신뢰하게 한다. 또한 시민들이 정책결정의 배경에 대해 더 많이 알게 되므로 이해도 제고와 함께 공공에 대한 신뢰를 높인다.[5]

아홉째, 시민참여는 시민의 교육효과를 발생시킨다. 참여자는 특정 주제에 대해 배울 뿐 아니라 정부가 어떻게 의사결정을 하는지, 왜 하는지에 대해 알게 된다. 이 과정에서 미래의 지도자를 양성 또는 훈련시킬 수 있고, 타인과의 연합을 형성하는 과정도 배우게 된다.[6] 예컨대 존스튜어트 밀(John Stuart Mill)은 "자유 정부의 가장 큰 혜택 중 하나는 가장 낮은 지위의 사람들이 국가의 가장 큰 문제에 영향을 미치기 위한 활동에 참여할 때 지적·감정적 교육이 된다는 것"이라고 지적하였다. 참여를 통해 시민들은 책임성을 갖추게 되고, 개인의 창조적 역량을 개발시킬 수 있을 뿐만 아니라 정치과정에 대해 더 많은 정보를 얻게 됨으로써 이로운 학습과정을 형성하게 된다.[7]

그 외에도 공직자들은 시민과 함께 논의하는 과정에서 시민의 관심과 수요, 정부에 대한 시각에 보다 민감해지게 되어 시민 대응성이 높아지는 등의 기능적 효과를 지닌다. 이와 유사한 관점으로 베이얼(Beierle)과 캐이포드(Cayford)도 지난 30년간 239개 시민참여의 사례를 분석하여 참여가 다섯 가지 사회적 목표를 달성함을 지적한 바 있다.[8] 즉 시민의 가치를 의사결정 속에 포함할 수 있고, 의사결정의 실질적 질(quality)을 개선하며, 경쟁적 이해관계간 갈등을 해결하고, 기관 내 신뢰를 구축하며, 시민들을 교육하고 정보를 제공하는 기능 등이 그것으로 앞에서 논의한 장점들과 유사한 관점들을 실증적으로 제시하였다.

지금까지 시민참여가 가져오는 실천적 효용에 대한 논의에 초점을 맞추

---

5) Richard L. Cole (1974). *Citizen participation and the urban policy process*. Lexington, Mass., 113.

6) Creighton (2005). 앞의글, 19.

7) Craig A. Rimmerman (1997). *The new citizenship- Unconventional politics, activism, and service*. Westview Press, 22; Benjamin R. Barber (1984). *Strong democracy: Participatory politics for a new age*. Berkeley: University of California Press; Cole Pateman (1970). *Participation and democratic theory*. Cambridge: Cambridge University Press.

8) T. Beierle and J. Cayford (2002). *Democracy in practice: Public participation in environmental decisions*. Washington, D.C.: Resources for the Future.

었지만 시민참여과정에서 시민 개인이 사적으로 얻을 수 있는 여러 가지 편익들도 간과할 수 없다. 숄츠만 등(Sholzman et al.)은 합리적 선택 이론가들이 시민참여를 모순(paradox)으로 설명[9]하는 논리에 대해 반박하면서 시민참여 과정에서는 참여하지 않는 사람들(free-riders)에게도 편익이 돌아가는 집합적 편익뿐 아니라 참여하는 시민들만이 얻을 수 있는 여러 종류의 선별적(selective) 또는 배타적 편익이 있음을 실증적으로 검토하였다.[10] 물론 시민참여의 방식과 유형에 따라 시민이 얻을 수 있는 주요한 편익이 다소 차별성을 지니게 되지만 주요 편익의 유형은 크게 유형적 편익(tangible benefit)과 무형적 편익(intangible benefit)으로 구분할 수 있다.

유형적 편익은 참여자만이 배타적으로 얻을 수 있는 물질적 보상을 의미하는 것이다. 참여를 통해 직장을 얻거나 경력[11]을 쌓는 것, 개인이나 가족의 문제를 해결하는 것, 교회나 조직 구성원에게 제공하는 직접적 서비스를 얻는 것 등 각종 물리적 혜택을 의미한다. 이 형태는 시장에서 사적재를 거래하는 것과 같은 방식으로 거래를 통해 보상을 받게 되며 주로 개인적 참여 활동을 통해 얻게 된다. 주요 참여 유형으로는 선거 운동, 특정 목적 달성을 위한 공무원 접촉, 교회 및 이익단체에의 가입 등이 그것이다.

무형적 편익에는 사회적 만족감과 시민적 만족감으로 분류된다. 사회적 만족감은 참여 활동을 통해 다양한 사람들을 만나고 그들과 사회적 유대감을 형성하거나 즐거움을 누릴 수 있는 기회를 의미한다. 참여과정에서 중요하고 영향력 있는 사람들을 만날 기회를 얻거나 자신을 알릴 기회가 생기며 타인

---

9) Anthony Downs (1957)와 Mancur Olson (1965)은 행정학적 관점에서 공공선택론을 분석하는데, 그 중 참여에 대하여 시민이 냉담함을 합리적 선택의 관점에서 설명한다. 시민들이 냉담하게 된 원인에 대해 Downs는 자신의 투표가 선거 결과에 미치는 영향이 미미할 경우 투표행위는 합리적이지 않으며, Olson도 이에 더하여 개인의 목표가 아닌 집단 전체의 공유된 목표에 시간, 돈, 노력을 쏟아붓는 것은 비합리적이므로 합리적인 시민이라면 무임승차하려 한다는 것이다. 따라서 시민은 참여하는 것보다 냉담과 무관심의 입장에서 무임승차하는 것이 합리적인 판단이라는 것이다. 그러나 그럼에도 수 많은 사람들이 투표에 참여하고 자발적 참여 활동을 하는 것에 대해 합리적 선택이론은 모순(paradox)으로 밖에 설명하지 못하는 이론적 한계를 지닌다. 이와 관련한 설명은 본서의 제 8 장 참여자 동기 부분에 자세히 설명되어 있다.

10) Schlozman, Kay Lehman, Sidney Verba and Henry E. Brady (1995). "Participation's not a paradox: The view from American activists." *British Journal of Political Science* 25(1), 1-36.

11) 여기서의 경력이란 향후 공직에 출마하거나 정부 부문에 진출하기 위한 발판뿐 아니라 일반적인 경력 증진을 포함한다.

표 14-1 참여를 통한 시민과 정부의 의사결정과정과 결과상의 이점

참여의 효과	시민의 편익	정부의 편익
의사결정 과정상의 효과	- 교육(정부로부터 배우고 정보를 얻음) - 정부를 설득하고 계몽 - 활동가적 시민으로서의 기술을 습득 - 경력, 직장 등 물리적 혜택 - 심리적 만족감(사회적 만족, 시민적 만족)	- 교육(시민으로부터 배우고 정보 획득) - 시민을 설득, 신뢰를 구축하며 근심과 적대심을 완화 - 전략적 동맹을 구축 - 의사결정의 정통성 획득
의사결정 결과상의 효과	- 지연을 방지하고 결과를 달성 - 정책 과정에 대한 통제력 획득 - 더 나은 정책과 집행에 대한 결정	- 지연을 방지하고 결과를 달성 - 소송비용 회피 가능 - 보다 우수한 정책과 집행 방식 결정

* 출처: Irvin and Stansbury (2004). 앞의글, 56 재구성.

과의 교호작용을 통해 인지수준이 높아지거나 정치에 대한 흥미도 가질 수 있는 것이다. 한편 시민적 만족감은 시민으로서 자신의 몫을 다한다는 의무감을 충족시키고 공동체나 국가를 더 살기 좋은 곳으로 만들 기회를 제공하는 것에 기쁨을 느끼는 등의 심리적 편익을 의미한다.

시민참여가 가져올 수 있는 긍정적 기능을 시민과 정부로 나누어 의사결정과정, 의사결정 결과의 차원으로 나누어 분석하면 [표 14-1]과 같이 정리할 수 있다.[12)]

이와 같이 시민참여는 시민과 정부 양측 모두가 다양한 긍정적 편익을 누릴 수 있다. 참여과정에서 정보를 얻고 의사결정과정을 체험하는 과정에서 시민은 전문가가 되어 기술적으로 어려운 상황을 이해하고 지역 전체의 차원에 기반한 해결책을 구성하는 방법을 배우게 된다.[13)] 정부 역시 정규적인 시민들과의 접촉을 통해서 행정 수요를 파악하고 격렬한 갈등이 발생하는 정책분야를 파악할 수 있게 되며, 정책실패를 피하는 법에 대해서도 알 수 있게 된다. 아울러 정치적 설득과 의사결정에 대한 정통성 획득의 차원에서 의사

12) Revee A. Irvin and John Stansbury (2004). "Citizen participation in decision making: Is it worth the effort?". *Public Administration Review* 64(1), 56-57.

13) Pateman (1970), Sabatier (1988), Blackburn and Bruce (1995) 모두 시민참여의 교육적 편익을 강조하고 있다.

결정과정상의 긍정적 편익을 얻을 수 있다. 종국적으로 정부는 의사결정상의 지연과 정체를 방지하고 결과의 실행가능성을 높이며 보다 우수한 정책과 집행 방식을 결정하며, 갈등 및 소송비용을 회피하는 등의 효용을 얻을 수 있으며, 시민은 더 나은 결과를 얻고, 정책과정에 대한 통제력을 획득하는 등의 이점을 취할 수 있다.

2. 참여의 효과

시민참여는 정부의 정책결정과정에 영향을 미치기 위한 일반 시민의 행위임은 참여의 개념정의에서 이미 제시한 바 있다. 시민들이 공공문제에 관하여 참여하는 이유는 영향력 행사를 통해 궁극적으로 복지를 증진시키고자 하는 것인바, 참여의 효과는 크웨이트(Kweit)와 크웨이트(Kweit)의 논의에 기반하여 다음과 같은 국면으로 나누어 볼 수 있다.[14)]

첫째, 시민참여를 통해 정책의 민주적 발전에 기여할 수 있다. 참여는 정부에 의사소통을 전달하는 채널이라는 점에서 이러한 역할을 수행할 수 있다. 참여를 통한 통제장치가 없는 상황이라면 정부는 필연적으로 거대화되고 이에 관성이 붙어 추가적인 통제가 더욱 어려워질 것이다. 이 때 시민의 참여는 권력의 절대화를 막고 민주성을 회복시키는 효과를 지닌다.

둘째, 시민참여를 통해 사회의 급진적 개혁을 달성할 수 있다. 물론 사회의 급진적 변화는 매우 오랜 시간에 걸쳐서 나타날 영향(impact)이라는 점에서 경험적으로 검증하기는 쉽지 않다. 이러한 이유로 일반적으로 참여의 목적을 권력의 재분배를 통해 저소득층의 정치참여 배제를 제거하는 것으로 보는 경우가 많다.[15)] 권력재분배의 목적은 지배자와 피지배자간의 구분을 없애고자 하는 것이 아니라 모든 피지배자들이 지배자와의 상호작용에서 균등한 권력 자원을 소유하도록 보장하고자 하는 것이다. 참여의 본질적 목적은 사회의 자유와 형평성을 증진시키는 것이지만 지배자가 존재하는 한 누군가가 타인보다 더 평등할 것이라는 조지 오웰(George Orwell)의 말을 떠올려 볼 때

14) Mary Grisez Kweit and Robert W. Kweit (1981). *Implementing citizen participation in a bureaucratic society*. Praeger, 33-36.

15) David Greenstone and Paul E. Peterson (1973). *Race and authority in urban politics: Community participation and the war on poverty*. New York: Russell Sage Foundation, 154.

참여는 보다 균등한 방향으로의 변화를 추구한다 하겠다.[16] 특히 소외된 자에 대한 공평성 확보는 롤스(Rawls)의 정의(justice)의 기준으로서 "사회적 이익의 배분은 가장 소외된 자의 이익에 부합되도록 이루어져야 한다"는 것이나 아리스토텔레스(Aristotles)의 배분적 정의 관점에 부합하는 것으로 이들의 사회적 참여는 소외된 자의 배려를 통한 공평성 증진에 기여할 것이다.

셋째, 시민의 참여는 대다수 일반 주민의 이익을 증진시킨다. 참여는 진정으로 시민의 복지에 이바지하도록 의견을 투입하고 감시기능을 하는 데 그 의의가 있는바 개별화 된 편익보다는 시민 다수의 복지에 기여하게 되는 것이다.

넷째, 시민 개인의 행태적 변화를 유발하는 것으로 인간으로서의 자아성취감(fulfillment)을 얻게 한다. 이러한 사상은 아리스토텔레스의 정치적 인간상에서 유래한 것으로 정치적 인간은 정치에 적극적으로 참여함으로써 인간으로서의 자아를 성취하여 완성하게 된다는 것이다. 소그룹 개인 행태 실험에서도 인간은 민주적으로 운영되는 집단에서 더 만족한다고 한다. 또한 참여는 정치체제나 사회로부터의 시민의 소외 정도를 줄여주며, 정치시스템에 대해 더 밝아지도록 하는 교육적 효과가 있다. 나아가 정부의 활동, 문제 및 갈등에 대한 이해와 정보를 갖게 해주고, 시민이 정부 정책결정에 필요한 타협에 대한 이해를 갖도록 해준다. 이러한 과정을 거쳐 시민은 정부에 대해 보다 관용적인 태도를 갖게 되고, 정부 결정을 수용 및 신뢰하게 된다. 또한 시민은 참여를 통해 정부를 가깝게 느끼고, 정부가 어떻게 기능하는지를 이해함으로써 자신이 정부의 결정에 영향을 미치는 능력을 갖고 있다고 인식하게 되는 정치효능감(efficacy) 제고 역할을 한다. 즉 참여는 정부로부터의 소외감을 줄이고 나아가 다른 시민이나 지역사회와의 일체감을 갖게 한다. 시민참여에 의해 발생하는 이러한 개인의 변화는 비행, 약물 중독 등의 병리적 행동의 발생을 줄여주고 확고한 목적의식과 자부심, 공동체 의식을 갖게 하는 효과를 지닌다.[17]

이와 같은 참여의 효과는 참여의 활성화로 증대시킬 수 있다. 물론 참여

---

16) Kweit and Kweit (1981). 앞의글, 33-34.

17) Kweit and Kweit (1981). 앞의글, 35-36. 여기서의 변화의 중요 초점은 개인수준에서 논의되었지만 이러한 변화는 사회변화에도 유의미성을 지니게 된다.

의 활성화가 무조건적인 참여의 극대화를 의미하는 것은 아니며, 참여의 활성화란 참여의 수준과 내용에서의 적정화를 의미하는 것으로 이해되어야 한다.[18] 이를 위해 참여 제도의 개선과 확충을 통해 참여 효과의 극대화를 꾀할 수 있다(참여제도의 확충은 본서 11장에서 별도로 논의).

참여의 효과는 참여의 조직화를 통해 증대시킬 수 있다. 물론 때로는 개인 한 명의 참여도 활동의 적극성 여하에 따라 영향이 매우 커질 수도 있다.[19] 그러나 일반적으로는 조직화된 참여의 효과가 큰 것이 일반적이다.[20] 참여의 효과를 높이는 방법에는 조직화 외에도 언론이나 유력자의 지원 역시 참여의 효과를 증폭시키는 장치가 될 수 있다. 예컨대 U.S. Reduction Co's 알루미늄 재활용 공장의 폐수 방출에 대하여 주민이 회사 본부 로비에 우유를 뿌리는 저항 행동을 하고, 이에 대하여 언론매체가 보도를 하자 그 효과가 증폭된 사례가 그것이며, 기타 언론 보도를 통해 사회적 이슈로 점증되는 경우는 오늘날 매우 많다 하겠다.

반면 참여의 효과를 저하시키는 요인에는 집권화 된 정치 시스템으로 인한 하향적 참여 시스템 등 권력구조의 제약이 있다. 사회적 장애 요인에는 의존적 문화나 지역 엘리트의 지배적 특성, 성적 불평등을 들 수 있다.

---

18) 참여는 순기능만 있는 것이 아니라 부작용도 수반할 수 있기 때문이다. 이하 참여에 대한 비판 부분에서 논의하겠으나 참여과정에서 기득권의 이익이 더 많이 반영될 우려, 정책과정의 능률성 저해 우려, 정치불안의 초래 우려, 조작적 참여의 우려 등이 그것이다. 그러나 이러한 부정적 측면을 무시할 수는 없으되 지나치게 강조하는 것은 바람직하지 않다. 그것은 특히 우리나라의 경우 참여로 인한 부정적 요소를 강조하기에는 참여가 매우 저조할 뿐만 아니라 정책결정자의 참여에 대한 인식 역시 저조한 상태이므로 최소한 당분간은 참여의 활성화는 참여의 확대를 의미하는 것으로 보아도 무방하다 할 것이다. 뿐만 아니라 참여의 부정적 측면으로 제기되는 사항들 대부분은 적절한 정책적 노력을 통하여 완화 가능한 것이거나 우려 자체가 타당하지 않은 경우가 있기 때문에 더욱 그러하다.

19) Candy Wrightner라는 13세 소녀를 교통사고로 잃은 어머니가 음주운전에 반대하는 어머니 모임을 만들어 사회적 반향을 일으킨 일이나, 남아프리카의 빈민운동을 다룬 소설 *The power of one*에서 백인인 주인공 소년 Peekay가 흑인사회를 변화시키는 것 등은 조직화 없이 적극적 참여만으로 사회적 변화를 가져온 사례로 들 수 있다. Time (1985). 17; Bryce Courtnay (1999). *The power of one*. Bt Bound.

20) Alford and Scoble (1968)은 조직적 적극성이 참여의 효과에 영향을 미치는 것을 제시하였고, Peterson (1988)이나 Brown (1982) 및 Zuckerman and West (1985) 등은 집단 가입이 참여활동을 활성화하여 효과로 연계됨을 제시한다.

II 참여에 대한 비판

CITIZEN PARTICIPATION

시민참여는 앞에서 제시한 바와 같이 다양한 기능적 편익과 효과를 지니지만 동시에 그 한계에 대한 지적도 제기된다. 이러한 지적에 근거하여 시민참여에 대한 소극적·부정적 견해가 나타나기도 한다. 이하에서는 시민참여가 직면하고 있는 여러 가지 비판적 사항들에 대하여 기술하고자 한다. 참여에 대한 비판은 다시 참여의 곤란성에 대한 비판과 참여 자체에 대한 비판으로 구분하여 살펴볼 수 있다.

1. 참여의 곤란성에 대한 비판

참여의 곤란성은 참여과정에 대한 접근성이나 절차상의 문제 및 참여 성립상의 어려움에 기인하여 발생하는 문제에 대한 지적으로 주로 논의되는 사항은 다음과 같다.

1) 시민의 역량 문제

시민참여의 현실성과 관련하여 행정 실무가 및 공직자들이 가장 많이 제기하는 부분이 바로 시민의 전문성 등 시민의 역량과 자질에 관한 문제이다. 역량문제는 시민의 행정에 대한 지식이나 전문성 부족에 관한 차원과 시민의식 및 참여의식의 저조로 인한 참여저조의 문제로 나누어 볼 수 있다. 우선 일반 시민의 참여가 의미있는 것이 되기 위해서는 시민이 충분한 지식과 경험, 시간, 정보, 기술을 지니고 있어야 하는데 일반적으로 전문적 지식과 경험을 지니지 못하는 경우가 많다. 일반 시민에게 복잡한 행정업무를 이해하고 개개의 행정상의 결정에 대하여 합리적인 판단을 내릴 정도의 능력을 기대하는 것은 무리일 것이다. 엘리트주의의 입장에 선 민주주의의 현대 이념가들은 기본적으로 이러한 견해를 취하고 있다.

시민의 전문성 문제에 더하여 시민의식과 시민의 주요 관점에 관한 문제 역시 제기된다. 시민의 참여를 주장하는 기본 논리 속에 암묵적으로 깔려 있는 전제는 참여 활동을 하는 시민의 의식 기저에는 시민들이 지역사회 발전을 위해 자신의 사적 이익을 초월할 수 있다는 것이다. 그러나 시민은 자칫하면 무책임한 권리주장을 하기 쉽고, 지역 이기주의나 개인의 사익에 편향될 수 있다. 시민이 공익추구적 행동을 할 것이라는 가정은 인간 본성에 대한 유토피아적이고 이상적인 개념이라는 것이다.[21] 실제 주민들이 제기하는 의견에는 진정·고충과 관련된 것이 압도적으로 많고, 시민의견은 행정에 대한 일방적인 요구에 치우치며, 행정에 대한 의존의식이 강한 것이 많다.[22] 게다가 일반 시민은 자신에게 영향을 미치고 직접 이해관계가 있는 문제가 발생하지 않는 한 행정에 대한 관심이 부족하고, 참여의식이 부족하여 자칫 참여저조라는 결과를 발생시킬 수 있다. 더욱이 참여에 대한 책임소재가 불명확하다는 점 등도 문제점으로 제기된다. 참여가 책임을 수반한다고 할지라도 법적 효과를 수반하는 것이 아닌 한 결국 도의적인 책임에 그치는 것으로 주민에게 책임의식이 따르지 않는다면 그 공익적 효과를 기대하는 것이 어렵다는 것이다.

그러나 시민의 전문성 부족이나 정보 확보에 필요한 자원 부족의 문제는 오늘날 많은 양의 행정정보를 시민에게 지속적으로 공개 및 제공하는 것이 정부 부문의 새로운 역할로 강조되고 있다는 점에서 어느 정도 해결이 가능하다는 반론이 있다. 정부의 적극적인 정보제공과 참여기회의 제공은 시민의 자원 관점의 역량 부족 문제를 충분히 해소할 여지를 마련한다는 것이다. 또한 시민성에 대한 관점은 앞서 4장에서 논의한 고전적 민주이론(시민성에 대한 신뢰)과 수정적 민주이론(시민성에 대한 불신)에 대한 양 극단의 관점과 연계되는 것으로 두 입장이 모두 지나치게 극단적이고 이상주의적이긴 하나 오늘날의 시민들은 수정론자들이 지적하는 정도로 참여에 대하여 무관심하고, 무지하며, 비참여적이지만은 않음을 제시한 바 있다. 특히 최근에는 교육 및 소득의 증가 등으로 시민의 정치적 역량이 과거에 비하여 크게 증가되었고, 그에 따라 시민을 변화적 시민 또는 중간적 시민으로 파악할 경우 시민은 기본적으로 참여할 역량을 지니고 있고, 따라서 참여를 활성화하는 것이 바람직

21) Daniel C. Kramer (1972). *Participatory democracy: Developing ideals of the political left*. Cambridge: Schenkman, 128.

22) 이승종, 유희숙. (1994).「지방화시대의 주민참여」. 한국지방행정연구원, 43.

하다고 볼 수 있다.

2) 참여비용의 문제

참여의 곤란성에 있어서 가장 큰 한계로 빈번하게 제시되는 부분이 바로 비용 문제이다.[23] 시민참여를 위한 대주민 정보제공이나 공청회의 개최 또는 주민투표의 실시 등에는 추가적인 비용이 소요되기 마련이다. 주민 중심의 의사결정에는 높은 비용이 소요되고, 시간적으로 빠르지도, 쉽지도 않은 방법이며 참여에 접근하는 데에도 많은 비용이 소요된다는 점에서 행정적 능률성을 저하시킨다는 것이다. 참여에 필요한 비용의 문제는 참여하고자 하는 개인의 자원상의 불평등한 배분과도 관계되어 참여의 불공평성으로도 연계될 수 있는 문제이다.

그러나 참여과정에서 우려하였던 비능률과 비용증대의 문제는 단기적인 관점에 따른 평가라는 반론이 제기된다. 참여의 혜택이 발생하기까지는 비교적 오랜 시간이 소요된다. 왜냐하면 사회의 재구조화나 정치적 정향의 변동은 누적적이지만 즉각적으로 실현되지는 않기 때문이다. 반면 비용은 즉각적·가시적으로 발생하기 때문에 참여에 따른 비용-편익의 관점은 참여에 대한 부정적 관점으로 편도되게 만드는 것이다. 시민활동의 행정적 활용과 결정 수용의 촉진효과 등을 감안한다면 중장기적으로는 능률제고와 비용 감축에 공헌이 매우 클 것이다. 더 나아가 참여에 소요되는 비용은 건강한 정치시스템을 달성하기 위해 지불해야 하는 작은 가격에 불과한 것이다.[24] 참여를 인정하지 않음으로써 종국적으로 발생할 수 있는 갈등의 심화나 그에 따른 조정비용 등을 고려할 때 참여에 소요되는 행정비용은 상대적으로 작은 비용일 수 있는 것이다. 더욱이 참여의 비용 문제는 참여의 적정화로 해소 가능하다. 한편 능률성이 어느 정도 저하된다 하더라도 참여의 확대를 통해 소외계층의 이익을 더 많이 반영하면 형평성을 증진시킬 수 있는바, 어느 정도의 능률성에 대한 희생은 형평성과 민주성의 증대로 보완할 수 있는 것으로

23) 여기서의 비용은 금전적 비용뿐만 아니라 시간과 노력 등 비금전적인 것 모두를 포함한다. 공무원 접촉이나 회의 참석에는 통제할 수 없는 시간이 소요되고, 참여 이전에 정보를 얻기 위한 시간의 투자가 있으며, 정보비용은 또한 노력과 관련된다. Kweit and Kweit (1981). 앞의글, 39-40.

24) Joseph F. Zimmerman (1986). *Participatory democracy.* Praeger, 4.

평가된다.

3) 참여의 실현가능성 문제

참여의 실현가능성 문제도 제기될 수 있다. 국가의 규모가 매우 클 때 참여는 비용이 커지고, 번거로운 절차가 될 뿐만 아니라 참여의 실현 가능성 여부에도 영향을 미칠 수 있다. 림머맨(Rimmerman)은 대규모 국가에서는 참여 환경이 형성되기 어려움을 지적한 바 있다.[25]

그러나 시민참여가 직접민주제의 형태를 주장하는 것은 아닌바, 참여의 실현가능성 문제는 참여제도의 형태와 통로의 다양화를 통해 충분히 해결가능하다는 반론도 고려할 만하다. 또한 참여의 실현가능성 문제는 참여의 역기능이나 회의론이라기보다는 사회의 여러 가지 현실적 장애요인으로 인하여 참여가 어려워짐을 제시하는 논의인 바 참여의 활성화로 해결할 과제이기도 하다.

2. 참여 자체의 부작용

참여 자체의 부작용에 관한 논의는 주로 시민참여제도를 운영하는 과정이나 결과상의 부작용에 관한 것으로 다음과 같은 한계점들이 제기된다.

1) 참여의 대표성 · 정당성 및 불평등 문제

시민참여를 적극적으로 활용하고 있는 시민은 대다수의 시민을 대표하기보다는 특별 이익을 대표하는 주민 엘리트인 경우가 많다. 이 경우 참여하는 시민은 일반 시민 전체를 대표하는 것이 아니며, 단지 특정의 이익이나 관심을 대표하고 있는 데 불과하다. 시민참여는 권력의 재분배를 통해 형평성을 진작시키고자 하는 것이지만 버바(Verba)와 나이(Nie)의 연구가 제시하는 것처럼 참여는 높은 사회경제적 지위의 사람들이 주도하기 때문에 시민참여에 의한 요구 사항은 일반 시민의 보편적 요구보다는 중상류층의 이익을 대변하게 된다.[26] 결국 참여자는 전체 인구 구성을 대표하지 않는 형태가 되는

25) Rimmerman (1997). 앞의글, 25.

26) Sidney Verba and Norman H. Nie (1972b). *Participation in America: Political democracy and social equality*. New York: Haper and Row.

데, 이러한 문제의 원인은 자원과 기술의 편중된 배분 때문이다. 자원이 부족한 사람들은 참여에서 효과적으로 경쟁할 수 없다. 이에 따라 특정 가치에 편향된 당파적 참여자들이 참여과정을 지배하게 되는 참여의 불공평이 발생할 수 있다.[27] 또한 참여자가 선출된 대표에 의하지 않기 때문에 시민 전체에 대해 어떠한 책임도 지지 않고, 특별한 전문적인 지식, 경험, 식견을 지니고 있지 않은 무자격의 개인에게 정치, 행정과정에 대한 영향력을 부당하게 많이 부여하게 됨에 따른 정치적 정당성의 한계 문제가 제기된다. 더 나아가 대표성 차원에서 대의기관(지방의회)과의 충돌시 시민참여 절차가 주민을 위해 대표적으로 활동하는 대의제도를 손상시킬 우려도 지적된다.[28]

반면 이러한 지적에 대하여 참여의 대표성이나 불공평성 문제는 참여의 역기능이라기보다는 참여의 저조로 인한 한계로 보아야 한다는 반론도 있다.[29] 즉 참여 자체가 발생시키는 문제점이라기보다는 참여가 저조함으로써 일부 편향된 시민들의 참여와 과도한 권력집중이 발생하는바, 이러한 측면은 참여를 확대하는 것으로 해결하는 것이 보다 적합하다 할 것이다.

2) 참여로 인한 갈등과 위험의 증대

시민참여로 정치체제 차원의 갈등이 증가할 수 있다. 이는 시민 대 정부간 갈등과 시민 대 시민간의 갈등을 포함한다. 우선 선출직 공직자의 경우 시

---

27) Curry (2001)는 시민참여과정에서 특수이익이 의사결정을 지배하게 됨을 비판한다. 많은 참여자 집단은 대표 역량을 발휘하기보다는 기득권을 추구한다는 것이다. Weber (2000)는 몬타나의 환경 운동을 실증적으로 조사한 결과 시민참여위원회가 상위 사회경제 집단으로 과대표 됨을 제시한다. 그러므로 공동체에의 참여는 소수 엘리트에 의해 지배되기 쉽다는 것이다(Kinsley et al., 1997): Nigel Curry (2001). "Community participation and rural policy: Representativeness in the development of milenium greens." *Journal of Environmental Planning and Management* 44(4), 573-574; Edwand P. Weber (2000). "A new vanguard for the environment: Gross-roots ecosystem managmant as a new environmental movement." *Society and Natural Resources* 13(3), 240; T. G. Kingsley, J. B. McNeely, and J. O. Gibson (1997). *Community building coming of age*. Weshinton, D.C.: The Development Training Institute. The Urban Institiute, 40.

28) 이승종, 유희숙. (1994). 앞의글, 47.

29) Rosenstone and Hansen(1993)은 정치적 활동에 참여하는 참여자가 적을수록 참여에서의 불평등이 더욱 커지게 된다고 지적하고 있다(Lijphart (1997)에서 재인용). Steven J. Rosenstone and John Mark Hansen. (1993). *Mobilization, participation, and democracy in America*. New York: Macmillan.; Arendt Lijphart (1997). "Unequal participation: Democracy's unresolved dilemma." *American Political Science Review* 91(1), 1.

민에 대해 법적 권한을 침해받는 것에 대해 경계하고, 그에 따라 시민과 권한을 공유하는 것을 혐오하는 입장을 취하게 됨에 따라 양자의 관점 차이에 기인한 갈등이 발생할 수 있다. 임명직 공직자의 경우 시민들은 전문성이 부족하기 때문에 시민의 영향력이 최소화되어야 한다고 생각하는 반면, 시민들은 자신들의 삶에 영향을 미치는 것에 대해 접근과 결정권한을 요구하게 되면서 갈등을 빚게 된다. 때로는 시민간의 갈등도 발생할 수 있는데 정부의 정책혜택을 두고 서로 경쟁하며 적자생존의 게임이 일어날 수 있다. 이와 같은 정치체제 내 갈등의 증대는 결국 정치체제에 대한 요구의 증대로 나타나며, 이는 정책결정을 더욱 어렵게 만든다. 나이(Nie)는 총체적 구조가 없는 상태에서의 참여는 체제 내 소음만 증가시킬 뿐이고 정책결정자는 시민 대응에 보다 어려워질 것이라고 주장한다. 이와 같이 증대된 소음은 공직자들이 듣고 결정에 이르는 데 필요한 시간을 증대시키게 되는데 이는 참여가 건설적 목적보다는 문제해결 자체에 투입되어 허비한다는 점에서 비생산적인 것으로 지적되기도 한다.[30]

현대 민주주의 이념에 대한 엘리트주의의 관점은 참여보다는 정치체제의 안정, 그리고 그러한 안정을 보장하기 위해 필요한 조건에 관심을 갖는다. 현재의 비참여자에 대한 정치 참여의 확대는 민주적 제도의 안정을 위태롭게 할 수도 있고, 고도의 참여는 사회의 효율, 안정 및 권위에 대한 위협이 될 수 있다고 한다.[31] 특히 정책에 대한 충분한 정보를 갖고 있지 못하거나, 그에 관한 지식을 얻는 것이 불가능한 사람들에 의한 참여는 의사결정기구를 과열시키며, 공공정책결정의 질을 하락시킬 수 있음을 엘리트주의자들은 염려한다. 이는 민주주의의 전통적 딜레마로 참여와 안정간의 갈등 논의를 대표한다. 요컨대 너무 많은 참여는 사회 및 경제시스템의 불안정성을 야기할 수 있다는 것이다.

반면 이에 대하여 참여가 오히려 최악의 갈등 상황을 회피할 뿐만 아니라 갈등을 완화하는 기능을 한다는 반론도 제기된다. 시민을 배제한 의사결정으로 발생한 갈등은 상당히 격화되고 해결하기가 매우 어려운 반면 시민참여는 사전에 상대방에 대한 적대적 감정 없이 수요와 관심을 사전에 표현할

---

30) Kweit and Kweit (1981). 앞의글, 96-98.

31) Rimmerman (1997). 앞의글, 26.

기회를 제공하므로 고통스러운 갈등에 직면할 가능성을 오히려 줄여 준다는 것이다.[32] 그리고 시민들의 협의에 의해 이루어진 결정은 상호간의 이해와 타협의 부산물이기 때문에 어느 정도의 희생과 손실에 대해 감수할 시민적 책임성과 이해를 지니게 해준다. 더욱이 참여는 민주주의 이론의 심장으로서 민주주의 이론 실현의 원리이며, 참여를 통해서 대중의 수요와 욕망에 부합하고 편익의 분배를 극대화하는 방식으로 사회의 목표를 설정할 수 있다는 점에서 오히려 사회의 안정을 유발하는 장치이자 수단이 된다.

3) 행정 지체와 질 저하

시민참여는 시민의 이질적 의견을 수합하는 과정이 포함되므로 당연히 결정시간이 증대되어 결정이 신속하지 못하다. 오히려 참여 절차 그 자체에서 충돌과 갈등이 발생하고, 반대운동과 분쟁이 강화되며, 행정수행을 어렵게 하는 등의 행정 지체를 초래하는 하나의 원인이 될 수도 있다는 지적을 받는다. 또한 의사결정에 이질적인 참여자가 많아짐으로써 정책결정에 필요한 합의 도출이 어려워지고 결과적으로 중우정치가 발생한다는 것이다. 이와 관련하여 윌슨(Wilson)은 "효과적인 지역사회를 기획하기 위해서는 많은 수의 참여가 아닌 소수의 참여가 요구된다"고 주장하기도 하였다.[33]

참여를 통한 합의 형성의 과정은 정부 중심의 의사결정과정에 비해 비용이 많이 소요되고 행정적으로 지연될 수 있음은 분명하다. 그러나 행정적 지체를 통해 다양한 시민의 수요가 투입되어 사회적 합의에 가까운 방향으로 나아갈 수 있다면 비용 대비 효과는 더 크게 발생할 수 있다. 때문에 여기에 소요되는 시간적 지연은 작은 비용으로 볼 수 있다는 반론을 눈여겨볼 필요가 있다. 아울러 엘리트 중심의 정치체제는 기득권층의 이익을 중점적으로 반영하게 될 가능성이 큰바, 참여를 통해 다양한 소외계층의 이익을 반영하는 복잡한 과정은 종국적으로는 더 나은 정책적 내용을 결과할 수 있음을 간과해서는 안 될 것이다.

---

32) Creighton (2005). 앞의글, 18-19.

33) James Q. Wilson (1966). "The war on cities." *The Public Interest* 3, 29.

4) 형식적 참여, 시책의 정당화 수단으로 활용하는 문제

시민참여는 간혹 공직자들이 자신들의 결정을 정당화하기 위한 방편으로 악용될 수 있다. 주로 형식적 공청회나 전문가의 의견을 명목상으로 제시하여 시민의 형식적 참여를 통해 합의를 유도하는 경우이다. 이 경우 참여의 긍정적 효과는 달성하지 못한다는 점에서 참여는 실패하게 되고 시민의 불만족은 오히려 증가하게 될 수 있다.[34] 모셔(Mosher)는 "참여는 우월한 자가 이미 결정한 것을 설득하는 도구일 뿐이고, 관리적 결정이 집행되는 수단을 고려하는 경우로만 제약된다. 사실 이러한 참여적 결정의 유형이 가장 빈번하게 나타난다"고 지적한다.[35] 시민참여는 단지 현재의 정치 경제적 질서를 안정시키고 정당화하는 의식(ritual)에 불과하다는 것이다.[36]

그러나 이러한 논의는 참여의 부작용이라기보다는 참여의 내용이 실질화되지 못한 형식적 참여로 인하여 발생하는 문제이다. 형식적 참여의 문제를 해결하는 방법은 참여를 실질화시키는 형태로 진전하는 것이지 참여 자체를 인정하지 않는 것이 적절한 해결책은 아닐 것이다.

5) 종 합

참여의 한계에 관한 논의를 종합하건대 참여의 부작용에 대한 지적은 일응 타당하다 하겠다. 참여는 사회적·개인적으로 많은 효용을 지니고 있는 한편, 참여를 실질화시키는 과정에서 여러 가지 한계와 비용 등이 수반될 수 있는 것이다. 이러한 점에서 참여는 사회적 변동을 위한 유일한 해법도 아니고 만병통치약도 아니다.[37] 그러나 이러한 지적들이 반드시 옳은 것은 아니라는 점에서 참여가 지닌 무한한 잠재성과 장점을 과소평가해서는 안 된다. 위에서 논의한 시민참여의 한계는 다양한 시민참여 프로그램들이 직면하고

---

34) Jean A. King (1998). "Making sense of participatory evaluation practice." in *Understanding and practicing participatory evaluation*. New Directions for Evaluation. No. 80. edited by Elizabeth Whitmore, 57−67. San Francisco, CA: Jossey-Bass, 57.

35) Frederick C. Mosher, ed. (1967). *Governmental reorganizations: Cases and commentary*. Indianapolis: Bobbs-Merrill, 519.

36) Michael Peter Smith (1979). *The city and social theory*. New York: St. Martin's Press, 263.

37) Henry Sanoff (2000). *Community participation methods in design and planning*. John Wiley & Sons, Inc., x.

있는 것이지만 건강한 정치시스템의 편익을 달성하기 위하여 지불해야 할 작은 가격이자 비용인 것이다. 뿐만 아니라 위에서 지적되는 부작용들은 향후 시민참여제도를 운영하는 과정에서 유의하여야 할 점들을 지적해주는 지침돌이 되는 것이다.

생각건대 시민참여에서 발생하는 역기능의 문제는 참여의 적정화로 해소가능할 것이다. 참여의 역기능에 지나치게 편중되어 참여를 인정하지 않게 되면 엘리트 중심의 정치체제는 시민의 다양한 가치를 반영하지 못하고 기득권층의 이익에 편중되어 민주성을 약화시킬 우려가 있다. 때문에 참여를 늘려 소외계층의 이익을 더 많이 반영하는 참여의 활성화가 필요하다. 다만 참여의 증대 방향은 다양한 시민들을 포함하는 형평성 증대를 위한 보장이 필요함은 물론이다. 이러한 점에서 이하에서는 참여에서 중요한 평등 문제를 논하기로 한다.

참여와 평등의 딜레마

CITIZEN PARTICIPATION

1. 참여와 평등

정치적 참여와 정치적 평등은 둘 다 기본적인 민주적 이상이지만 두 원리가 항상 양립가능한 것은 아니다. 참여에 기저하는 민주성은 다수를 보호하고자 하는 원리임에 반하여 형평성은 소수를 보호하고자 하는 것이다. 양자가 양립가능하기 위해서는 소수가 다수일 때 가능하다. 즉 소수를 보호하는 것이 다수 약자를 위하는 것인 동시에, 소수를 보호하는 것이 사회안정을 가져와 다수의 이익을 보장하는 것일 때를 의미한다. 그러나 다수가 기득권층은 아니며, 소수이익 보호가 반드시 사회 안정을 가져오는지에 대하여는 불분명한 측면이 있다. 때문에 다수를 위한 민주성, 소수를 위한 평등은 필연적으로 긴장관계에 있게 되는 것이다. 그러므로 민주성이 형평성을 포함하는 데에는 한계가 있으며, 민주성이 형평을 포함하는 것으로 보기 위해서는 민주성이 실질적 민주성을 의미해야 한다.

참여의 한계는 (앞에서 논의한 바와 같이) 참여의 저조, 대표성의 부족, 부분이익을 반영한다는 점이다. 특히 지역사회의 환경이 점차 이질화되어 가는 상황에서 참여가 능사라고만은 할 수 없다. 참여가 형평성을 악화시킬 수 있기 때문이다. 다음의 사례는 이와 같은 상황을 반영한다.

> 1990년대 초 영국 Stepney의 근린지역 포럼에서 발언되는 의견은 지역의 다수인(상위계층)의 의견이었고, 아시아인과 흑인 대표는 대부분 결장하였거나, 발언을 하지 못하였다. 2명의 방글라데시인은 시종 침묵을 지켰다.[38)]
>
> 또한 미국 LA의 부유지역인 San Ferdinando Valley의 서쪽지역의 주택소유자연맹은 동 지역의 명칭을 고친 지방의원을 주민들이 밤낮으로 가두는 사태가 발생하였다.[39)]

2. 참여의 불평등 실태

참여의 불평등은 참여에 소요되는 시간, 지식, 노력, 금전 등의 비용부담 능력이 사회계층별로 차이가 나고 이에 따라 참여도에 있어서의 계층격차가 발생하는 것을 의미한다. 구체적으로 비용부담 능력이 상대적으로 큰 상위층의 참여도가 높고, 그렇지 않은 하위층의 참여도가 낮게 나타나는 경향을 의미한다. 많은 연구에서 참여상의 사회경제적 요인의 중요성이 강조되어 왔다.[40)] 다만 참여의 불평등 현상은 모든 참여활동에 동일하게 적용되는 것은 아니다. 그 이유는 기본적으로 참여활동에 내재되어 있는 참여비용의 크기가 참여활동 유형에 따라 차이가 있기 때문이다. 구체적으로 참여에 요구되는 비용의 크기가 큰 참여 유형의 경우에는 참여비용부담 능력이 참여의 중요한 영향요인이 될 것이며, 따라서 다른 참여 유형에 비하여 사회경제적 지위에 따른 참여 불평등 문제가 부각되게 될 것이다. 반면 참여에 요구되는 비용의

---

38) Danny Burns, Robin Hambleton and Paul Hoogett (1994). *The politics of decentralization*. Macmillan, 228-235.

39) Danny Burns, et al. (1994). 앞의글, 226.

40) Sidney Verba and Kay L. Schlozman and Henry E. Brady (1995). *Voice and equality: Civic voluntarism in American politics*. Harvard University Press; Geraint Parry, Goerge Moyser, and Neil Day (1992). *Political participation and democracy in Britain*. Cambridge: Cambridge University Press; M. Margaret Conway (1985). *Political participation in the United States*. Congressional Quarterly Inc. 등 다수의 연구가 사회경제적 배경과 참여간의 관계에 대하여 논의한다.

표 14-3 성별, 연령별 및 교육, 직업, 소득수준별 참여수준

구분		성별		연령별			교육수준				직업별				소득별		
		남성	여성	20-30대	40-50대	60대 이상	초등학교	중학교	고등학교	대학교 이상	하위직업	상위직업	주부	학생	하위소득	중위소득	상위소득
투표활동	1998년 지방선거 참여	0.78	0.71	0.65	0.82	**0.85**	**0.81**	0.79	0.78	0.70	0.76	**0.84**	0.74	0.47	0.73	0.73	**0.79**
	2002년 지방선거 참여	0.78	0.73	0.67	0.83	**0.87**	**0.86**	0.84	0.76	0.73	0.75	**0.84**	0.79	0.61	0.75	0.75	**0.80**
선거운동	지방선거시 투표권유	0.96	0.79	0.73	1.03	**1.21**	0.71	**1.05**	0.93	0.82	0.93	**1.18**	0.85	0.56	0.85	0.84	**1.01**
	지방선거시 정치집회 참석	0.57	0.40	0.32	0.63	**1.03**	0.42	**0.68**	0.55	0.42	0.55	**0.68**	0.48	0.18	0.49	0.50	0.46
단체활동	비공식조직 통한 지역사회활동	0.50	0.27	0.28	**0.50**	**0.57**	0.18	**0.44**	0.39	0.39	0.47	**0.74**	0.28	0.18	0.37	0.37	**0.47**
	공식조직 통한 지역사회활동	0.38	0.18	0.19	**0.39**	0.37	0.12	**0.31**	0.29	0.28	0.35	**0.56**	0.18	0.13	0.26	0.26	**0.36**
접촉활동	지방의회 또는 의원 방문	0.28	0.13	0.12	0.29	**0.39**	0.03	**0.30**	0.23	0.19	0.26	**0.34**	0.13	0.08	0.23	0.18	**0.25**
	지방집행기관 또는 관청방문	0.28	0.13	0.14	0.25	**0.43**	0.07	**0.30**	0.23	0.18	0.25	**0.39**	0.12	0.11	0.24	0.18	**0.24**
집단행동	지방정부 반대 서명 참여	0.89	0.67	0.83	0.77	0.37	0.28	0.58	0.71	**0.90**	0.83	**1.16**	0.54	0.86	0.67	0.81	**0.88**
	지방정부 항의 집단 시위 참여	0.28	0.14	0.19	0.24	0.16	0.04	0.20	0.21	**0.22**	0.25	**0.41**	0.13	0.14	0.21	0.20	**0.23**

* 출처: 박대식 외. (2005). 앞의글, 285-286, 288-292의 자료 재구성.

크기가 작은 경우에는 참여비용부담 능력이 참여의 중요한 결정요인이 되지 않을 것이며, 따라서 다른 참여 유형의 경우에 비하여 사회경제적 지위에 따른 참여 불평등이 덜 문제시될 수 있는 것이다.[41] 참여와 사회경제적 배경과의 관계에 대한 논의는 이 책의 제 8 장(사회경제적 배경)에서 이론적으로 보다 상세히 논의하기로 하고, 본 장에서는 국내 지방정치의 참여 불평등 실태에 대해서 살펴보기로 한다.

41) 이승종. (2001). "지방정치에서의 참여 불평등: 현실과 과제." 「한국정치학회보」 35(1), 327-344.

먼저 참여에 있어 시민의 성별이나 연령 및 사회경제적 배경에 따른 지역의 정치참여 수준을 비교해 보면 성별로는 남성의 정치활동이 여성에 비하여 모든 부분에서 보다 높은 것으로 나타나고 있다. 특히 남녀의 격차가 20% 이상 나타나는 참여부문은 단체활동과 집단행동으로 비공식 조직 및 공식 조직을 통한 지역사회활동이나 지방정부 반대 서명 및 항의 집단시위 등에의 참여는 여성들의 참여가 남성에 비해 상대적으로 저조한 것으로 나타났다. 요컨대 한국 지역시민들의 정치참여 측면에서 남녀 성별을 고려할 때 여성보다는 남성의 참여 수준이 월등히 높았다. 즉 지방의 정치참여 성향은 남성들이 주류를 이루고 있고, 무엇보다 적극적인 활동과 노력을 요하거나 집단을 이루는 활동에서 남성이 중심이 되고 있음을 발견할 수 있다. 성별에 따른 참여의 격차에 대하여 슐츠만 등(Schlozman et als.)은 남성과 비교하여 여성은 정치활동을 활성화하는 자원에서 불이익을 받기 때문이라는 주장에 대하여 생각할 여지를 남긴다.[42)]

이와 함께 정치참여 수준에서 연령별로도 고유한 특징이 나타남을 확인할 수 있다. 대부분의 참여활동에 있어서 20-30대의 젊은 지방유권자들에 비하여 40-50대 및 60대 이상 연령대가 높아질수록 참여의 평균적인 수준이 높아지는 것으로 나타났다. 특히 40-50대 및 60대 이상의 참여활동간에서는 격차가 그다지 크지 않은 데 비해, 20-30대 젊은 층과 중장년층과는 참여활동의 차이가 비교적 크게 나타난다. 요컨대 젊은 층과 중장년층의 연령대간 참여활동의 양상이 뚜렷하게 다르고, 특히 중년층 이상에서 상대적으로 많은 참여활동을 하는 것이다. 연령별로 참여활동이 비례적으로 높아지는 현상은 아마도 유권자의 연령이 높아질수록 정치관심이 증가하고, 그에 따라 선거유세나 공청회 등 선거운동으로 이어질 가능성도 높으며, 비공식 및 공식 조직에 대한 접근성과 연계성이 높아지기 때문인 것으로 판단된다. 이러한 현상은 외국에서도 유사하게 나타나는바, 림머맨(Rimmerman)은 젊은 층들이 투표를 비롯한 정치적 토론에 있어 참여도가 낮고 그 추세도 점차 하락하고 있음을 지적하였고,[43)] 달튼(Dalton)은 연령이 높아질수록 투표를 비롯한 참여수준

42) Schlozman, Kay Lehman, Nancy Burns and Sidney Verba (1994). "Gender and the pathways to participation: The role of resources." *The Journal of Politics* 56(4), 963.

43) Craig A. Rimmerman (1997). *The new citizenship- Unconventional politics, activism, and service.* WestviewPress, 41.

이 높아지는 것을 생애주기 모형(life cycle model)으로 설명하였다.[44] 투표율과 연령간의 비례적 현상은 정치적 무관심과 효능감의 결여 및 시민적 해방으로 설명되기도 한다.[45] 한편 젊은 층들은 지방정부의 특정 정책에 대한 반대서명 운동 등 저항활동에는 비교적 적극적이다. 중년층 이상의 시민들은 서명을 통한 저항활동에 대해 젊은 층에 비하여 상대적으로 거부감이 있고, 특히 이러한 거부감은 60대 이상에서 보다 현저하게 나타난다. 그러나 보다 과격한 형태로 지방정부의 특정 정책에 대해 항의하거나 집단으로 시위하는 저항적 활동에 있어서는 연령대에 관계 없이 전반적으로 참여수준이 높지 않은 편이고, 연령별 격차도 그다지 크지 않았다.

학력, 소득, 직업은 표준사회경제적 지위(Standard SES)를 결정하는 중요한 표준지표이다. 사회경제적 지위에 따라 참여의 양상을 비교한 결과 학력에 있어서는 전반적으로 중학교 졸업자들이 상대적으로 높은 참여도를 보였다. 특히 투표참여는 초등학교나 중학교 학력자들이 고졸 이상에 비해 상대적으로 더 많이 참여하였다. 투표권유나 정치집회 참석 등 선거운동의 경우도 중학교 학력소지자들이 가장 높은 참여를 하고 있고, 이러한 현상은 이전에 살펴본 연령대별 참여경향과 맞물려 투표에 있어 비교적 학력 수준이 낮은 편인 60대 이상 높은 연령의 시민들이 선거 권유 등의 참여에서 현저한 활동을 보이면서 이러한 현상이 나타난 것으로 해석할 수 있다. 다만 단체활동 참여는 학력 수준에 따른 현저한 격차는 보이지 않는다. 다만 초등학교 학력자들의 경우는 유독 단체활동에서 현저하게 낮은 참여 수준을 보이고 있다는 점에서 단체활동에 높은 학력을 필요로 하는 것은 아니지만 조직활동에 저학력자들이 상당히 소외되어 있음을 확인할 수 있다. 이러한 현상은 공직자 접촉이나 집단행동에서도 마찬가지이다. 한편 초등학교 학력자들은 투표활동에 있어서만 유독 높은 참여 경향을 나타내고 있어 학력수준이 낮은 시민들은 투표 관련 이외의 활동에서는 매우 제약되어 있음을 확인할 수 있다.

---

44) Sidney Verba and Norman H. Nie (1972b). *Participation in America: Political democracy and social equality*. New York: Haper and Row; Dalton, Russell J. (2008b). *Citizen politics-public opinion and political parties in advanced industrial democracies*. Washington, D.C.: CQ Press, 60에서 재인용.

45) Suzanne W. Morse (1992). *Politics for the twenty-first century: What should be done on campus?*. Dubuque, Iowa: Kettering Foundation, 2.

참여와 관련된 학력에 있어 중학교 학력자들이 가장 활발한 참여활동을 보이는 양상과는 대조적으로 집단행동에 대한 참여는 학력수준의 상승에 따라 비례적으로 높아진다. 특히 지방정부 반대서명의 경우 대학교 졸업 이상의 높은 학력자가 가장 높은 참여율을 보이고 있다. 요컨대 학력 수준별 참여양상의 특징은 초등학교 졸업자들의 경우 투표참여에 국한된 높은 투표참여도를 보이는 반면, 그 외 정치참여 유형에서는 전반적으로 참여가 매우 저조하다. 투표 이외의 정치참여 유형에서는 중학교 이상의 학력을 소지하는 시민들의 참여가 전반적으로 높은 것으로 나타났다. 이러한 점에서 다양한 참여활동에 상당한 학력 수준이 요구되는 것은 아니지만 최소한 중학교 학력 이상의 교육이 정치활동을 원활하게 하는 것으로 파악할 수 있다.

이와 함께 직업별 참여 양상은 상위직업군이 일관적으로 가장 높은 참여활동을 보이고 있었다. 즉 상위직업을 가진 시민들은 투표, 선거운동, 단체활동, 접촉활동, 집단행동 등 전 유형에서 가장 참여도가 높았다. 이러한 차이는 일반적으로 상위직업군에 속한 사람들이 하위직업군보다 더 높은 교육수준과 소득 및 시간을 보유하는 등 참여에 요구되는 참여자원이 풍부하기 때문인 것으로 유추할 수 있다. 이에 비하여 주부들은 대체적으로 낮은 정치참여도를 보이고 있고, 학생들은 집단행동을 제외한 나머지 모든 활동에서 참여수준이 가장 낮다. 다만 학생들은 직접적인 정치활동보다는 대학 내에서 이루어지는 의견조사 및 각종 서명운동 등에 쉽게 노출되며, 전국적 시위나 집회활동과 같은 집단행동에는 보다 원활히 참여한다는 특징을 지닌다.

마지막으로 소득수준별 참여 양상은 다른 특징들에 비하여 뚜렷한 양상을 보이고 있지 못하다. 이러한 현상의 원인에는 주부, 학생과 같은 소득이 없는 사람들이 표본에 포함되고, 주부의 경우 배우자의 소득과 혼돈된 점 및 자신의 소득을 비교적 높게 응답하려는 경향 때문인 것으로 박대식 외는 추정한다. 다만 통계적 유의미성은 없지만 그럼에도 불구하고 전체적으로 상위소득자가 하위소득이나 중위소득자에 비하여 참여활동의 수준이 높은 경향을 지닌 것만은 분명하다.

종합적으로 볼 때, 성별, 연령, 학력, 직업, 소득 등의 사회경제적 배경은 지방정치의 참여 현황과 실질적인 연관성을 지니는 것으로 나타났다. 특히 여성보다는 남성이, 연령대가 높을수록, 상위직업이며 어느 정도 이상의 학력을 보유할수록, 소득 수준이 높을수록 전반적인 참여 수준이 높은 것으로 나타났다. 다만 참여 유형별로는 투표활동의 경우 사회경제적 지위에 따른 격차가 그다지 크지 않거나 반대의 경향이 나타나는 경우도 있었고, 집단행동의 경우도 젊은 층이 보다 높은 참여율을 보이는 등의 다소 이질적 특성을 보이는 참여 유형도 드러난다.

이와 관련하여 사회경제적 지위와 참여 유형과의 관계를 실증적으로 분석한 국내 연구로 이승종의 연구는 참여활동 중 공직자 접촉에서 사회경제적 지위의 영향력이 가장 강하게 나타나고, 비접촉 참여에서는 이보다 약하였으며, 투표에서는 통계적으로 유의미하지 않은 것을 발견하였다.[46] 김혜정의 연구는 위의 박대식의 연구결과와 유사하게 투표 참여에 사회경제적 지위변수는 부(-)의 영향력을 지니는 것으로 나타났고, 공직자 접촉과는 관계가 없으며, 시민단체 및 조직참여 등의 참여 난이도가 높고 적극성을 요하는 참여일수록 사회경제적 지위가 유의미한 영향을 미치게 됨을 제시하였다.[47] 또한 곽현근 외의 연구에서는 지역사회 주민조직의 참여에 교육수준 및 주거기간, 정치적 효능감 등의 영향력을 제시하였다.[48] 지병문 역시 공직자 접촉과 같은 참여 활동이 사회경제적 지위변수와 나이, 시민조직 변수 등과 관련됨을 발견한 바 있다.[49]

참여는 상당히 불평등적일 수 있고, 때로는 이기적, 방어적, 배타적, 인종차별적 수단으로 사용되기도 한다. 그리고 불평등한 참여는 결과적으로 불평등한 영향력을 가져온다는 점에서 문제가 된다.[50] 더욱이 참여의 대표성과 영향력의 불평등성이 무작위적으로 분포되기보다는 특권층(소득, 부, 교육 측면의 사회경제적 계층)의 시민들에게 편향적으로 분포되어 있는 경우가 많다. 행정 통제를 위한 참여의 필요성은 커지지만, 표준사회경제 모형(Socioeconomic

46) 이승종. (2001). 앞의글.

47) 김혜정. (2009). 앞의글.

48) 곽현근, 유현숙. (2005). "지역사회 주민조직 참여의 영향요인과 집합적 효능감: 충북 청원군을 대상으로." 「한국사회와 행정연구」 16(1), 347-376; 곽현근. (2007). "지역사회 주민조직으로서의 주민자치센터 참여의 영향요인과 사회심리적 효과." 「한국지역개발학회지」 19(1), 145-170.

49) 지병문. (2005). "지방정부에 대한 시민 접촉 모델: 광주의 경험." 「한국정치학회보」 39(1), 233-251.

50) Arend Lijphart (1997). "Unequal participation: Democracy's unresolved dilemma." *American Political Science Review* 91(1), 1.

Status Model: SES)에 의하면 참여가 증대될수록 특권층의 참여와 그에 따른 영향력이 증대되므로 불균등한 정부의 대응이 발생한다.[51] 이와 같은 딜레마는 단순히 수적으로 참여의 증대 또는 참여의 축소만으로 설명되지 않는다. 사회경제 모형의 관점에서는 참여의 확대가 불평등을 가져오는 것으로 보지만, 다른 관점에서는 보다 응집적이고 시간이 소요되는 참여 형태의 경우에는 참여자수가 적어질수록 참여에서의 불평등이 더욱 커질 수 있다고 보기도 한다.[52] 보다 밀도가 높은 참여 형태로 선거운동, 정부관료의 접촉, 정당이나 후보자에 대한 기부, 공동체에서 비공식적으로 일하는 것이나 비공식적 참여 형태로 시위, 보이콧, 세금이나 지대 항쟁, 건물점거, 교통방해 등은 부유한 시민들이 많이 참여하는 경향이 있다는 것이다.

즉 참여의 불평등은 참여 규모를 확대할 것인가 축소할 것인가의 선택의 문제라기보다는 누가 참여하는가의 문제로 귀결된다. 소외계층의 참여가 증대되면 이들의 이익 반영을 통해 형평성은 증대될 수 있다.[53] 그러나 참여에 대한 형평성이 구비되어 있지 못할 경우 소외 계층의 참여가 어려워 형평성은 저하된다. 결국 참여의 평등 문제는 참여를 하지 않으려는 시민의 사회심리적 태도상의 문제도 있으나, 참여에 대한 접근성과 제도 자체의 문제, 참여에 소요되는 비용 등이 중요하게 작용할 수 있다. 이러한 점에서 시민참여와 정치적 평등 양자가 양립불가능하다 해도 시민참여를 증대하면서도 평등을 확보할 수 있는 방안을 마련해야 할 과제가 대두된다 하겠다.

참여의 효용이 확보되기 위해서는 모든 시민의 평등한 참여가 전제되어야 한다. 시민참여에 있어 사회경제적 배경이 갖는 의미와 중요성에 대한 주요 이론들에 대해 다루어 보고 시민의 평등한 참여를 위해 필요한 참여 환경이 어떠한 것인지를 구체적으로 논의해 보고자 한다.

---

51) 표준사회경제 모형 및 사회경제적 지위와 참여와의 관계에 관한 설명은 본서 8장에 자세히 나와 있음.

52) Steven J. Rosenstone and John Mark Hansen (1993). *Mobilization, participation, and democracy in America*. New York: Macmillan, 238.

53) Kim Quaile Hill, Jan E. Leighley and Angela Hinton-Andersson (1995). "Lower-class mobilization and policy linkage in the U. S. States." *American Journal of Political Science* 39(1), 75-86. 낮은 계급의 참여는 재분배정책인 복지정책에 중요한 영향력을 발휘하는 것으로 나타났다.

3. 참여에 관한 모형

시민참여와 시민의 사회경제적 지위와의 관계에 대하여는 기본적으로 세 가지 관점이 있다.[54)]

1) 사회경제적 모형(Socio-Economic Status(SES) Model)

가장 전통적인 참여에 관한 이론적 모형으로서 일반적으로 소득, 교육, 직업 등과 같은 사회경제적 지위가 높은 개인일수록 참여성향이 높다고 본다. 사회경제적 지위가 높은 개인은 그렇지 못한 개인에 비하여 참여에 필요한 지식, 기술 등의 자원이 상대적으로 풍부하므로 상대적으로 높은 참여성향을 보이게 된다는 것이다.

2) 사회행동-항의(抗議) 모형

이 모형에 따르면 오히려 사회경제적 지위가 낮은 사람일수록 상대적으로 높은 참여성향을 나타낸다. 이와 같은 차이는 사회경제적 지위가 낮은 사람들은 보다 나은 삶의 질을 위한 재화, 서비스, 및 환경의 확보를 위한 수단으로서 참여 외에 특별한 정치적 자원을 가지고 있지 못하는데 기인하는 것으로 설명된다. 이러한 모형은 서구에서 1960-70년대 하층계급을 중심으로 한 참여폭발 현상에 잘 부합된다.

3) 공동체 발전 모형

사회경제적 모형이나 사회행동-항의 모형이 상류층과 하류층의 상대적 참여성향을 차별적인 것으로 보는 경험적 모형인 것과는 달리, 공동체 발전 모형은 사회경제적 지위가 다른 집단간에 참여성향이 반드시 다른 것은 아니며 노력 여하에 따라 공동체적 입장에서 다양한 계층이 협조적 입장에서 참여가 이루어질 수 있다고 본다는 점에서 규범적 모형의 성격이 크다. 이 모형은 사회경제적 지위에 따라 참여성향이 달라져 참여에 따른 혜택 또한 불평

54) Warner Bloomberg, Jr. and Florence W. Rosenstock (1971). "Who can activate the poor?: One assessment of maximum feasible participation" in Charles M. Meriam, Terry N. Clark, and Robert L. Lineberry, *Community politics: A behavioral approach*. New York: The Free Press, 150-158.

등하게 배분되는 것을 지양하기 위하여 공동체가 자조노력을 통하여 구성원 모두 고른 참여의 기회를 갖도록 해야 한다고 강조한다. 아울러 이 모형은 구성원의 인식 또는 판단준거는 교육을 통하여 바람직한 방향으로 변화될 수 있으며 지도자는 정부와 구성원간의 중재자 역할을 함으로써 사회경제적 지위의 차이에 따른 불평등이 예방 또는 시정되도록 해야 한다는 점을 강조한다.

공동체 발전 모형은 민주사회가 지향해야 할 하나의 규범적 모형으로 논외로 하더라도, 우리의 관심은 과연 시민참여가 사회경제적 모형이 제시하는 바와 같이 시민의 사회경제적 지위와 밀접한 관련이 있느냐 하는 것이다. 만일 이 모형이 사실이라면 앞에서 지적한 바와 같이 하위계층에 대한 추가적인 배려없는 자연상태하에서의 시민참여는 기존의 사회의 불평등 구조를 참여과정에 그대로 투영시킴으로써 사회불평등 구조를 개선하기는 커녕 더욱 고착시키게 될 것이다.

4. 시민의 참여자원과 배분

정치적 형평성 제고를 위해 소외 계층을 비롯한 참여의 증대가 중요하다는 점에서 소외 계층의 참여를 막는 장애물들이 무엇인지를 고려해 보아야 한다. 물론 참여를 원하지 않는 경우나 어느 누구도 참여를 요청하지 않는 까닭에 참여하지 않는 경우도 있겠으나, 참여에 소요되는 시간, 지식, 노력, 금전 등의 자원 문제 역시 중요하다. 후자는 보다 실질적으로 참여에 대한 접근을 막는 장애물이 될 수 있기 때문이다. 즉 참여의 비용부담 능력은 필연적으로 사회계층별로 차이가 나게 되고 이에 따라 참여도에 있어서의 계층 격차가 발생하기 때문이다. 이하에서는 참여 자원과 배분형태에 대해 살펴보고자 한다.

1) 참여에 필요한 자원

(1) 시간과 자본(소득)

정치적 참여를 위해 필요한 두 가지 투자자원은 시간(time)과 자본(money)이다.[55] 시민의 참여활동이 가능하기 위해서는 선거캠프에서 일하거나, 관료

55) Henry E. Brady, Sidney Verba and Kay Lehman Schlozman (1995). “Beyond SES: A resource

에게 편지를 쓰거나, 공동체 회의에 참석하는 것 등에 사용할 자유 시간을 충분히 지녀야 하고, 후보자나 정당 또는 정치 조직에 기부하거나 정치 활동에 소요되는 비용을 충당할 자본을 지니고 있어야 한다. 이와 같은 자원이 사회경제적 지위와 연계되는 까닭은 교육수준이 높을수록, 좋은 직업을 가질수록 가구에서 이용할 수 있는 자본이 증대될 가능성이 높기 때문이다. 특히 정치활동에 있어 두 자원 중 시간보다는 자본을 활용하는 활동 양식이 점차 늘어가고 있다는 점에서 사회경제적 지위의 영향을 더욱 많이 받게 된다.[56)]

(2) 시민적 기술(civic skill)

시민적 기술은 정치참여에 필수적인 의사소통과 조직 역량에 관한 것으로 참여의 세 번째 자원을 구성한다. 시민적 기술 역시 사회경제적으로 보다 우월한 지위에 있는 사람들이 더 많이 보유하고 있는 경우가 많다. 예컨대 어려서부터 좋은 환경에서 자란 사람은 높은 수준의 교육을 받게 되고, 그에 따라 미국 내 사회에서 주류 언어인 영어를 사용하는 경우가 많고, 보다 나은 어휘력을 구사하며, 글을 잘쓰거나 조직 활동 및 회의 참여에 익숙하도록 학습된 경우가 많다.[57)] 이러한 자원은 시민의식을 형성할 뿐만 아니라 시민참여에 실질적으로 필요한 기술을 차별적으로 구비하게 된다는 점에서 참여의 평등 문제와 연계된다.

2) 참여자원의 배분과 참여

위에서 논의한 참여자원들은 형평적으로 배분되지 않고, 사회경제적 지위에 따라 차등적 분포를 지니는 경향이 있다. 사회경제적 지위에 따른 참여자원의 편중된 배분은 개인의 정치적 활동을 제약할 뿐만 아니라 사회적 집단의 활동상의 차이도 가져오게 된다. 참여 활동에 따라 다양한 참여 자원이 요구되는데 예컨대 브래디 외(Brady et al.)의 연구에 따르면 경제적 자원이 요구되는 참여 활동은 주로 정치적 기부와 관련성이 높고, 시간이 요구되는 참여 활동에는 선거운동이나 공동체 문제에 대해 비공식적으로 참여하는 활동, 지역 공동체 회의에 참석하는 문제 등과 관련성이 높으며 시민적 기술은

---

model of political participation." *American Political Science Review* 89(2), 273.

56) Brady et al. (1995). 앞의글, 274.

57) Brady et al. (1995). 앞의글, 275.

그림 14-1 학력 및 소득별 정보화 수준의 편차

(2014년 기준) 단위 %

학력별 종합 정보화 수준

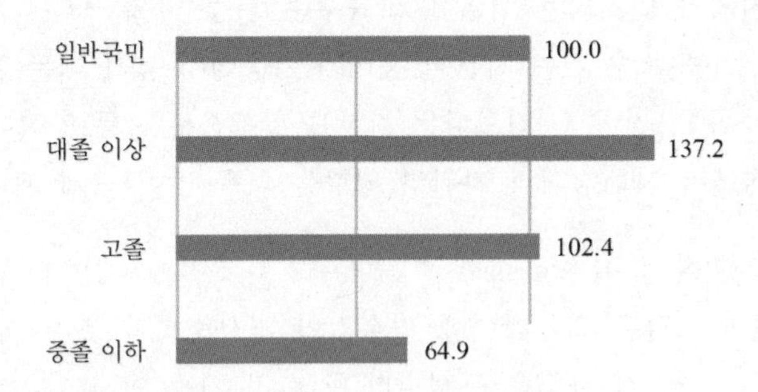

월가구소득별 종합 정보화 수준

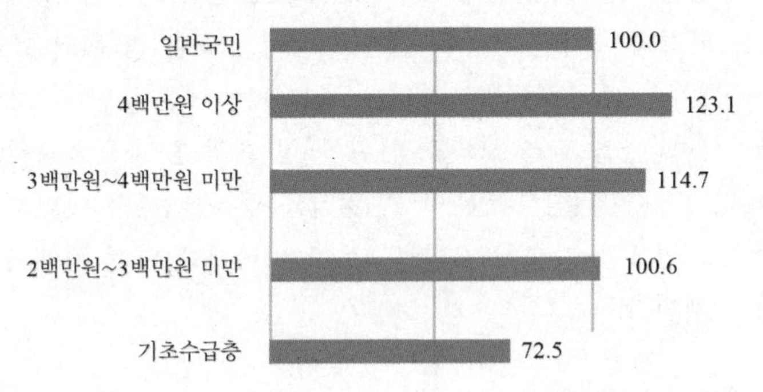

출처: 한국정보화진흥원(2014). 「정보격차 지수 및 실태조사」, p. 126

시민의식과 연계되어 특히 시간의 투자를 요구하는 활동에 도움을 주는 것으로 제시된다.[58)]

사회경제적 지위를 결정하는 하나의 지표로서 소득과 교육수준에 따른 우리나라 국민의 정보화 수준의 편차는 [그림 14-1]에 제시하였다. 정보화 수준은 앞에서 논의한 참여 자원 가운데 시민적 기술과 관련된다. [그림 14-1]에서 나타난 것처럼 시민적 기술은 학력과 소득에 따라 차등적인 것으로 나타났다. 우선 학력별 종합정보화 수준은 일반국민을 100으로 보았을 때 대졸 이상은 137.2에 해당할 만큼 높은 데 반하여 중졸 이하는 64.9에 불과하

58) Brady et al. (1995). 앞의글.

여 격차가 매우 큰 것으로 나타났다. 소득별 종합정보화 수준에 있어서도 소득이 높을수록 정보화 수준도 높았고, 기초수급층은 72.5에 머무르는 것으로 나타났다. 정보화 기술은 참여에 필요한 자료나 정보의 확보 및 참여 자체에 필요한 중요한 기술 중의 하나라고 할 때 정보화 수준의 차이는 참여 기술의 차이로도 연계된다. 이러한 측면은 소득, 교육 등의 사회경제적 배경이 시민의 자본, 시민적 기술, 시간적 자원의 불균등한 분배로 이어져 시민참여의 불평등을 야기할 수 있는 것으로 유추해 볼 수 있다.

결과적으로 사회경제적 자원의 배분 형태에 따라 참여 양상은 달라지게 된다. 그리고 개인이 지니는 자원과 사회적 지위는 개인적 참여나 사회적 참여 모두에서 차별적인 영향을 미치는 것으로 나타나고 있다.[59] 예컨대 버바(Verba)와 나이(Nie) 및 밀브레스(Milbrath)와 고엘(Goel) 등은 사회경제적 지위가 높은 시민들은 참여에 필요한 자원, 기술을 확보하고 있을 뿐만 아니라 정치에 대한 관심, 정치효능감, 시민의무감 등의 시민지향성을 지니고 있어 결과적으로 참여행태를 가져온다고 제시한다.[60]

이와 같이 참여활동에는 다양한 자원과 다소의 정치적 관심을 필요로 하고, 특히 난이도가 높은 참여일수록 참여에 필요한 기술 수준이 높아짐에 따라 시민의 사회경제적 자원은 중요한 영향을 지니게 될 것이다. 그리고 난이도와 밀도가 높은 참여일수록 정책적 투입의 영향력도 크다는 점에서 시민의 참여자원에 따른 참여의 불평등 문제가 현실적으로 발생할 수 있는 것이다.

Ⅳ 참여의 과제

CITIZEN PARTICIPATION

1. 참여의 적정수준

이상의 논의에서 살펴 본 바와 같이 과소한 참여는 시민의사의 정치과

59) Micheal W. Giles and Marilyn K. Dantico (1982). "Political participation and neighborhood social context revisited." *American Journal of Political Science* 26(1), 144-150.

60) Gabriel A. Almond and Sidney Verba (1963). *The civic culture: Political attitudes and democracy in five nations*. Princeton: Princeton University Press.

정에의 효과적인 반영을 저해함으로써, 과도한 참여는 사회의 안정과 상충함으로써 공익을 저해하게 되므로 시민참여는 적정한 수준에서 활성화되어야 한다(본서에서 참여의 활성화는 적정화와 같은 의미로 사용함). 적정한 참여의 수준은 어느 수준을 말하는가? 이에 대하여 단언하기는 어렵다 하겠으나 [그림 14-2]을 통하여 개념상으로나마 참여의 적정수준을 가늠해 볼 수 있을 것이다.

참여와 안정은 다 같이 사회에 유용한 정(正)의 가치로서 그 합은 참여의 공익에 대한 효과를 나타내는 것으로 볼 수 있을 것이다. 그런데 참여와 안정과의 상충관계에 기인하여 참여수준에 따른 공익의 크기는 [그림 14-2]에서 보는 바와 같은 곡선으로 나타나게 될 것이다. 즉, 그림은 공익의 크기가 과소참여수준인 (A), 또는 과잉참여수준인 (C)에서 극대화되지 않고 그 중간수준인 (B)에서 극대화됨을 보여 줌으로써 (B) 수준이 적정한 참여수준임을 보여 주는 것이다.

이러한 논의는 참여수준이 무조건 신장되거나 또는 (그런 경우는 거의 없다 하겠으나) 무조건 축소되어야 할 것은 아니며 현재의 참여수준이 어느 위치에 있느냐에 대한 판단으로부터 출발해야 함을 가르쳐 준다. 그런데 앞에

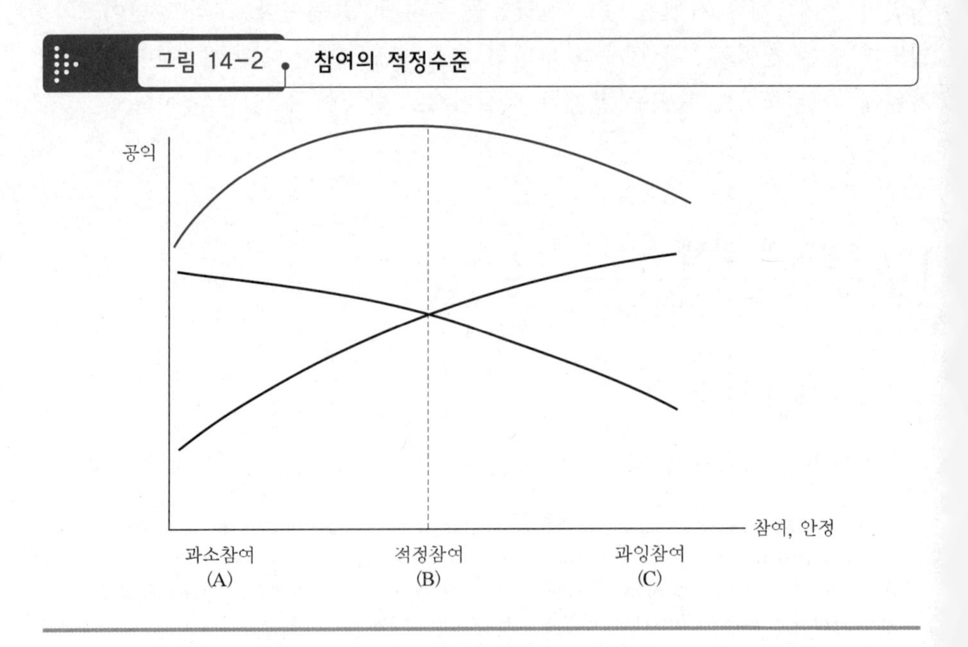

그림 14-2 참여의 적정수준

서 논의한 바와 같이 우리의 참여현실은 [그림 14-2]에서 (B)의 왼쪽 즉, 적정참여수준 이하인 것으로 판단된다. 따라서 적정수준에 이를 때까지 참여의 활성화를 위한 노력이 필요하다 할 것이다.

이와 관련하여 이하에서는 시민참여 활성화를 위한 정책방향을 논하고자 한다. 이에 관한 본격적인 논의에 앞서 시민참여의 활성화를 위한 여러 가지 정책이 기본적으로 지향해야 할 목표 즉, 참여활성화의 기본방향에 대하여 먼저 언급하고자 한다. 시민참여의 활성화 방안이 지향해야 할 기본방향으로는 '참여수준의 확대(적정화)' 및 '참여내용의 건전화'를 제시하고자 한다. 여기에서 적정한 수준의 참여수준 확대 및 참여내용의 건전화는 각각 참여의 수준 및 내용의 한계를 말하는 것이라 하겠다.

2. 참여수준의 확대: 대표성, 형평성

참여활성화 방안은 당연히 시민참여를 '적정한 수준으로 확대 또는 활성화'시키는 것이 되어야 한다.[61] 이와 관련하여 하트(Hart)가 제기한 바 있는 다음과 같은 참여의 모순(paradox)은 참여수준의 확대를 추구함에 있어 유념해야 할 기본방향에 대한 중요한 시사점을 제공하기 때문에 주목할 필요가 있다.[62] 그에 의하면 첫째, 참여의 필요성에도 불구하고 대부분의 시민은 참여의지가 낮고, 참여에 필요한 전문적 지식, 기술, 시간, 자원이 결핍되어 있으며, 그러한 요소를 갖춘 경우라도 성가신 일을 피하고 무임승차(free-riding)하려는 경향이 있어 과소참여가 오히려 일반적이라는 모순이 있으며, 둘째, 참여를 통하여 시민에게 골고루 혜택이 돌아가야 함에도 불구하고 실제로는

61) 참여수준의 확대를 일률적으로 논하는 것은 무리가 있을 수 있다. 대상문제의 성격 또는 상황에 따라 참여의 적정수준이 달라질 수 있을 것이기 때문이다. 이와 관련하여 Thomas는 사회문제를 수용의 문제(acceptability issue) 및 질의 문제(quality issue)로 나누면서 전자의 경우는 참여수준이 높을수록 바람직하고 후자의 경우는 참여가 낮을수록 바람직하다고 주장한 바 있다. John Clayton Thomas (1993). "Public involvement and governmental effectiveness: A decision-making model for public managers." *Administration and Society* 24, 444-469. 생각건대, 이와 같이 세분하여 논의하는 것이 바람직하기는 하지만 실제로 어느 문제가 수용의 문제인지 또는 질의 문제인지에 대하여 분별하기가 사실상 불가능하다는 데서 실제 적용상의 문제가 있다 하겠다.

62) David K. Hart (1972). "Theories of government related to decentralization and citizen participation." *Public Administration Review* 32, 609.

참여과정에서 일부 집단(특히 상류층)의 이익이 과다대표되는 경향이 있어 참여가 오히려 불평등을 심화시키는 모순이 있다는 것이다.

이와 같은 모순에 관한 논의로부터 우리는 참여수준의 확대와 관련하여 다음 두 가지 시사점을 도출해 낼 수 있을 것이다. 첫째, 시민의 기본성향을 감안하건대 참여는 자연발생적으로 활성화되기 어려우므로 참여진작을 위한 제 노력은 바로 이와 같은 현실을 고려하여 모색되어야 한다는 점이다. 이러한 참여현실에 대한 고려 없이 규범적인 관점에서 참여의 필요성만을 강조하거나 실현성 없는 참여 진작방안을 제시하는 것은 오히려 참여에 대한 부정적 인식을 강화시켜 참여확대에 대한 장애요인으로 작용할 우려가 있기 때문이다. 이는 참여확대의 대상에 관한 문제로서 다룰 것이다. 둘째, 참여를 통하여 사회의 불평등이 심화되지 않도록 참여기회가 사회계층 및 집단에 상관없이 평등하게 부여되도록 하기 위한 배려 즉, 참여의 대표성 확보를 위한 노력이 필요하다. 이는 참여범위의 문제로서 다룰 것이다.

1) 참여확대의 대상: 실제적 참여와 잠재적 참여

일반적으로 참여확대에 관한 대부분의 논의들은 실제적 참여에 한정하여 논의를 집중하여 왔다.[63] 그러나 위에서 살펴 본 바와 같이 긍정적이지만은 않은 참여현실 및 실제적 참여에 소요되는 사회적 비용 등을 감안할 때, 우리는 실제적 참여뿐만 아니라 잠재적 참여에 대하여도 같은 관심을 가질 필요가 있다. 이는 구체적으로 참여확대의 대상을 실제적 참여에 한할 것이냐 아니면 잠재적 참여를 목표에 포함시킬 것이냐 하는 문제이다.

---

63) 그리하여 본서에서도 실제적 참여에 한정하여 논의를 전개하여 왔으며 앞으로도 개념상 혼란을 방지하기 위하여 참여는 실제적 참여를 지칭하는 용어로 사용할 것이다.

그림 14-3 실제적 참여와 잠재적 참여

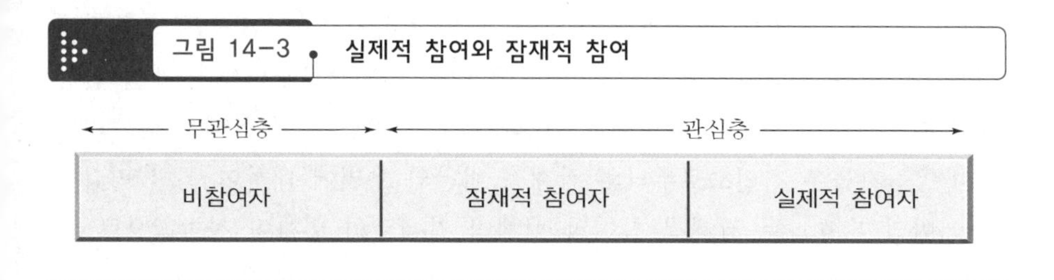

생각건대, 모든 사람이 다 정치과정에 참여하는 것은 아니므로 한 사회의 시민은 참여의 여부 또는 형태에 따라 [그림 14-3]과 같이 구분할 수 있을 것이다. 일반적으로 참여라 함은 실제적 참여만을 의미하고, 잠재적 참여자라 함은 실제적으로 참여하지는 않고 있으나 참여의지를 갖고 있어 참여의 가능성이 있는 부류를 가리키며, 비참여자라 함은 참여의 의지조차 갖지 않은 비참여자로서 참여가능성이 매우 희박한 부류를 의미하는 것이다. 여기에서 실제적 참여자와 잠재적 참여자는 관심층으로, 비참여자는 무관심층으로 생각해도 무방하다.

[그림 14-3]에서 비참여, 잠재적 참여 및 실제적 참여간의 경계의 위치는 유동적이며 이상적 황금분할은 없다. 세 가지 범주간의 상대적 비중은 한 나라의 정치, 사회, 경제적 환경에 따라 유동적일 것이기 때문이다. 그럼에도 불구하고 기본적으로 제시할 수 있는 것은 참여 확대의 대상을 실제적 참여에 한정할 것이 아니라 실제적 참여와 잠재적 참여의 총화로 넓게 보아야 한다는 것이다. 구체적으로, 실제적 참여는 앞에서 이미 제시한 바와 같이 적정한 수준에서 활성화시키도록 하되, 실제적 참여와 잠재적 참여의 합 즉, 참여에 대한 관심층의 비중은 극대화되도록 하는 것이 바람직하다.

이와 같이 참여확대의 대상으로서 실제적 참여만이 아닌 잠재적 참여를 포함시키고자 하는 이유는 다음과 같다. 우선 기본적으로 위에서 제시한 참여의 역설이 가르쳐 주듯이 현실 여건상 실제적 참여수준의 확대만을 목표로 하는 데에는 한계가 있을 것으로 판단되기 때문이다. 즉, 정치를 전업으로 하지 않는 대다수 시민들이 정치에 활발히 참여한다는 것은 사실상 기대하기 어려울 뿐만 아니라, 그와 같이 과도한 참여는 공익이나 사회적 비용의 측면에서 볼 때 바람직하지 않은 측면이 있기 때문이다.64) 둘째, 정책결정에 대한 잠재적 참여의 효과는 실제적 참여의 효과만 못하지 않을 것으로 기대되기 때문이다. 이는 공직자들이 그들의 행위에 대한 시민으로부터의 현재적 반응뿐 아니라 잠재적 반응에 대하여도 마찬가지로 민감할 것이기 때문에 그러하다.[65] 공직자들은 시민으로부터의 잠재적 비난의 우려에 대하여 특히 민감하며,[66] 이러한 효과는 잠재적 참여의 실제적 참여로의 변환이 산발적으로 발생하고, 또 그러한 변환이 언제 어떻게 발생할지에 대한 예측이 곤란할수록 극대화될 것으로 생각된다. 셋째, 잠재적 참여는 실제적 참여와는 달리 실제의 참여행위가 아니므로 참여비용이 절약된다는 장점이 있기 때문이다. 즉, 잠재적 참여의 정책에 대한 효과가 인정되는 한, 굳이 기회비용이 더 큰 실제적 참여만을 참여확대의 대상으로 한정할 필요는 없을 것이다.[67]

문제는 실제적 참여와 잠재적 참여의 상대적 비중을 어떻게 정하느냐 하는 것이다. 이에 대하여는 일률적으로 단정하기 어려우나 생각건대, 기본적으로는 양자에 같은 비중을 두어야 할 것으로 판단된다. 다만, 우리의 경우 현재의 과소참여현실을 감안할 때, 양자의 비중이 적정한 균형을 이룰 수 있을 때까지 최소한 당분간은 실제적 참여비중의 확대에 상대적 노력을 기울여야 할 것으로 판단된다. 그럼에도 불구하고 잠재적 참여의 중요성을 소홀히 취급해서는 아니될 것이다. 참여문제와 관련한 우리의 올바른 관심은 시민이 참여적(active)이냐 비참여적(inactive)이냐 하는 데 있기보다는 어떻게 시민이 강해지느냐(potent)에 있어야 할 것이기 때문이다.

잠재적 참여가 실제적 참여와 동일하게 중시될 수 있기 위해서는 하나의 필요조건이 어느 정도 충족되어야만 한다. 이 필요조건이란 실제적 참여와

64) Lester Milbrath and M. L. Goel (1977). *Political participation: How and why do people get involved in politics?*. Chicago: Rand McNally, 153.

65) Sidney Verba, Kay L. Schlozman, Henry Brady, and Norman H. Nie (1993). "Citizen activity: Who participates? what do they say?" *American Political Science Review* 87(2), 303.

66) 정책결정자의 이러한 동기를 비난회피동기(blame-avoiding motives)라고 한다. 이에 대한 자세한 논의는 이승종. (1990). "정책유형의 도시 공공서어비스 배분에 대한 효과: 통합이론모형의 제시." 「한국행정학보」 24(2), 1095 또는 R. Kent Weaver (1988). *Automatic government*. Washington D.C.: Brookings Institution을 볼 것.

67) 본서의 입장은 잠재적 참여에 의미를 부여한다는 점에서 수정론자의 입장과 일응 유사한 측면이 있다. 그러나 본서의 입장은 실제적 참여의 활성화 필요성을 인정하는 기초 위에 부가적으로 잠재적 참여의 중요성을 인식하는 입장인 점에서, 실제적 참여를 제한하고 잠재적 참여의 중요성을 부각시킴으로써 사실상 참여 전체에 대하여 회의적인 수정론자의 입장과는 차이가 있다.

잠재적 참여와의 경계가 충분히 열려 있어야 한다는 점이다. 즉, 대표의 행태가 시민들의 수인의 한계를 일탈하거나 공공문제가 시민의 이해에 직접적인 관련이 있어 시민이 원하는 경우 잠재적 참여는 언제나 실제적 참여로 동작화될 수 있어야 하는 것이다.[68] 이를 위하여는 참여를 위한 충분한 제도적 장치의 마련과 함께 공직자의 참여에 대한 긍정적 인식이 요청된다. 이와는 달리 참여의 통로가 막혀 있거나 참여에 대한 공직자의 태도가 부정적인 경우, 필연적으로 실제적 참여는 제한될 것이며 이로 인한 참여요구의 증대는 사회불안의 요인으로 작용하여 공익을 저해하게 되며, 이러한 우려는 최근 우리의 역사적 경험이 잘 말해 준다.

한 가지 부언할 것은 실제적 참여와 잠재적 참여와의 경계(threshold)는 정부의 정책결정행태에 크게 영향을 받는다는 점이다. 즉, 정부가 스스로 시민의 입장에서 공익증진을 위하여 최선의 노력을 경주하게 되면 그 노력에 비례하여 실제적 참여의 필요성도 감소되게 된다는 것이다.[69] 그렇게 되면 실제적 참여에 필요한 사회적 비용을 절감할 수 있는 동시에, 참여에 수반될 수 있는 사회불안의 우려를 절감할 수 있게 되어 공익증진에 실질적으로 기여하게 될 것이다. 이러한 의미에서 본다면, 실제적 참여와 잠재적 참여와의 경계를 충분히 개방하면서도 잠재적 참여의 실제적 참여로의 변환 필요성을 사전에 불식시키는 정부가 보다 좋은 정부라 하겠다.

한편, 실제적 참여와 잠재적 참여의 비중을 증대시킨다 함은 곧 비참여자의 비율을 감소시켜야 함을 의미하는 것이다. 비참여는 정치과정에 대하여 관심을 갖되 참여를 유보하는 잠재적 참여와는 달리 정치와의 단절을 의미하는 것으로서 기본적으로 민주시민으로서 취할 자세가 아니다. 많은 시민이 비참여자에 속할 경우, 정책과정은 필연적으로 시민의 이익을 위한 것이 되기보다는 공직자 자신의 이익을 위한 것이 되기 십상일 것이기 때문이다. 따라서 시민은 적극적으로 참여의 의지를 갖는 것이 요청된다. 일반적으로 비참여가 민주사회의 유지발전을 위하여 바람직한 태도는 아니나 그럼에도 불구하고 비참여를 무조건 매도할 수는 없다. 정치에 관한 분업을 전제로 하는

68) 그 반대도 마찬가지이다. 즉, 참여의 강제가 있어서는 아니된다는 것이다.

69) John Gyford (1991). *Citizens, consumers and councils: Local government and the public.* London: MacMillan Education Ltd., 20.

대의민주제하에서 정치와 절연하는 자세를 견지하는 시민을 지탄하기 어려운 경우도 있을 것이기 때문이다. 예컨대, 성직자의 경우, 신앙에 따라 정치로부터 일정한 거리를 유지하는 것은 얼마든지 있을 수 있는 일인 것이다.

2) 참여의 범위: 대표성 및 평등성의 확보

참여는 일부계층의 전유물이 되어서는 아니되며 모든 시민 또는 모든 계층을 망라하여 참여의 대표성(representativeness) 또는 포괄성(inclusiveness)이 확보되어야 한다. 어느 한 계층이 참여과정을 지배하게 되면 참여는 일부 계층의 이익만을 강화시킴으로써 결국 공익을 저해하게 될 것이기 때문이다.

그런데 일반적으로 참여에 있어서 빈곤계층은 부유계층에 비하여 상대적으로 소외되어 있으며, 참여는 부유계층의 전유물이 되기 십상이다. 그렇기 때문에 참여의 대표성 확보를 위하여는 기본적으로 참여과정에 있어서 사회적 지위의 불평등으로 인하여 참여기회의 불평등이 고착되지 않도록 하기 위한 배려가 필요하다. 즉, 참여의 대표성 확보를 위하여는 참여의 평등성 확보가 필요한 것이다. 구체적으로는 빈곤계층의 참여기회를 제고시킴으로써 모든 계층이 평등한 참여기회를 갖도록 할 것이 요청된다. 빈곤계층에 대한 우선적 고려 없이 참여체제를 자연상태에 맡겨두는 경우, 참여과정에서 필연적으로 약육강식의 원리가 작용하게 되고 이에 따라 빈곤계층에 비하여 상대적으로 조직화되어 있고 시간, 지식, 재원 등 참여자원이 풍부한 부유계층이 참여기회를 독점하게 될 것이기 때문이다. 그렇게 될 경우, 부유계층은 빈곤계층에 대하여 참여를 통하여 추가적인 이익을 확보하게 되므로 기존의 사회 내 불평등 구조가 더욱 심화될 우려가 있다 하겠으며, 따라서 참여기회의 평등화를 통하여 참여효과의 평등을 기해야 할 필요가 있다. 예컨대, 1960년대 미국의 경제기획처(the Office of Economic Opportunity)가 근린활동사업(the Community Action Program)을 추진함에 있어 빈곤계층에게 상대적 기회를 부여하기 위한 정책적 노력의 일환으로 빈곤계층에게 "가능한 최대의 참여(maximum feasible participation)"를 인정하려 시도한 바 있음은 참고가 된다.[70)]

---

70) 그러나 그 후 주택 및 도시개발부(the Department of Housing & Development)가 시행한 시범도시사업(Model Cities Program)은 빈곤계층의 참여에 대한 특별배려를 지양하여 비교가 된다. 이에 대한 자세한 논의는 John H. Strange (1972). "The impact of citizen participation on public administration." *Public Administration Review* 32, 457-470을 볼 것.

물론 참여의 효과에는 한계가 있고, 경우에 따라 빈곤계층도 활발한 참여를 통하여 실효를 거두는 경우도 있을 것이다.[71] 그러나 일반적으로 빈곤계층에 비하여 부유계층의 참여가 보다 활발하며, 더욱이 참여과정에 있어서 부유계층의 영향력이 빈곤계층의 그것에 비하여 크다는 점을 부인하기는 어렵다.[72] 즉, 빈곤계층의 참여기회에 대한 정책적 배려가 없는 상황하에서의 시민참여는 빈곤계층이 소외된 채 영향력 있는 집단의 전유물로 전락하여 결국 일부계층의 이익만을 강화시킴으로써 오히려 공익을 저해할 우려가 있어 문제시되는 것이다.[73] 이상의 논의는 참여의 대표성 확보요청이 단순히 모든 시민이 포함되어야 한다는 형식적 의미에서가 아니라 소외계층을 적극적으로 포괄하여야 한다는 실질적인 의미에서 이해되어야 한다는 점을 가르쳐 준다. 즉, 모든 시민에게 참여의 기회가 주어져야 한다는 의미에서의 참여의 대표성 또는 포괄성은 사실상 참여기회가 모든 시민에게 동등하게 제공되어야 한다는 의미에서의 참여의 평등성(equality)을 포함 또는 전제하는 개념이라는 점을 강조하고자 한다.

한편, 부유계층만이 아니라 빈곤계층을 포함한 모든 시민이 평등하게 참여할 수 있도록 하기 위하여는 특히 참여제도의 확충에 있어서 빈곤계층의 참여를 강화시키기 위한 노력이 포함되어야 한다. 문제는 이와 같은 참여에서의 평등성이 대표(공직자)의 재량을 통하여서만 확보되기는 어려울 것이라는 점이다. 이와 관련하여 일반적으로 대표는 정책을 결정함에 있어서 상류계층에 우호적인 방향으로 정책을 결정하게 된다고 한 스톤(Stone)의 지적은 음미할 필요가 있다.[74] 따라서 이의 시정을 위하여는 시민들 자신의 노력이 함께 요청된다.

또한 참여의 평등성을 전제로 하는 참여의 대표성 확보는 참여를 통하여 정책과정에 전달되는 여론의 대표성 확보를 위하여도 중요한 의의를 갖는다.

---

71) 예컨대, 하층계급의 집단폭동.

72) Lyn Kathlene and John A. Martin (1991). "Enhancing citizen participation: Panel designs. perspectives, and policy formation." *Journal of Policy and Management* 10(1), 48.

73) Rod Rhodes (1992). "Management in local government: Twenty years on." in Steve Leach ed. *Strengthening local government in the 1990s*. UK: Longman.

74) Stone은 정책결정자의 이러한 성향이 소위 "체계적 권력(systemic power)"에서 기인한다고 주장한다: Clarence N. Stone (1980). "Systemic power in community decision-making: A restatement of stratification theory." *American Political Science Review* 74, 978–990.

만일 참여과정이 불평등하여 정책과정에 투입되는 여론의 내용이 일부계층의 이익만을 대표하는 것이 된다면 그러한 여론에 기초한 정부의 정책이 공익에 기여하는 것이 되지 못할 것임은 의문의 여지가 없을 것이기 때문이다.

3) 참여의 평등 제고 방안

참여는 야누스와도 같은 특성을 지닌다. 한편으로는 갈등, 분열, 지배이며, 다른 한편으로는 상부상조(mutuality), 단결(solidarity), 유쾌함(conviviality)인 것이다. 그러나 현실적으로 이질화된 사회에서 자유화는 강자의 소외층에 대한 지배를, 또는 강자의 편파적 이익을 더욱 강화하게 된다. 물론 시민사회가 이와 같은 흠결이 있다고 해서 발전이 불가능한 것은 아니지만 시민사회의 본래적 흠결은 예외적인 경우를 제외하고는 스스로의 흠결을 극복할 만한 치유능력을 갖지 못한다.[75] 이러한 상황하에서는 정부만이 부정의를 불식하고, 부분이익을 정치공동체 전체의 이익으로 바꾸어 놓을 수 있는 기관이 될 수 있다. 이 때의 국가는 규제자, 감시자, 조언자, 교육자가 된다. 문제는 국가가 기회주의의 원인을 근본적으로 치유하기보다는 증상만을 치유하려는 경우이다. 이는 집합적 문제를 개인 차원의 문제로서 접근하는 것으로 이를 기회주의적 국가(opportunistic state)라고 한다.[76]

기회주의적 국가 차원의 치유 방식을 지양하되, 참여의 평등성을 제고하기 위한 다양한 정부 차원의 노력이 필요할 것으로 여겨진다. 시민의 참여 활동에 있어서 평등의 문제는 참여에 대한 접근성과 그에 따른 참여 결과상의 문제를 모두 포함하므로 두 측면 모두의 개선 방안이 모색되어야 한다. 참여에 있어서 불평등을 해소하기 위한 방안으로는 소외층의 참여를 확대시키고 상위층의 참여를 조절하는 것이 주요 쟁점이 될 것이다. 그 주요 방안으로는 다음과 같은 방안이 있다.[77]

첫째, 기본적으로 참여의 제도화를 통하여 참여에 소요되는 비용을 축소함으로써 참여비용의 부담능력이 상대적으로 약한 소외층의 참여를 촉진시키도록 노력할 필요가 있다. 참여제도화의 효과는 양면적이다. 즉 한편으로는

75) Danny Burns, et al. (1994). 앞의글, 280.

76) Danny Burns, et al. (1994). 앞의글, 248.

77) 참여의 불평등 해소방안은 이승종. (2001). “지방정치에서의 참여불평등: 현실과 과제.” 「한국정치학회보」 35(1), 337-338에서 가져온 것임.

상위층의 자원에 기초한 추가적 참여통로의 범위를 축소하고, 다른 한편으로는 소외층의 참여통로의 확산을 통하여 참여 불평등 축소에 기여하게 된다. 한편 참여의 제도화를 시도함에 있어 제도화의 우선순위를 어디에 둘 것인가 하는 문제가 대두되는데, 이에는 실현가능성, 가용재원 등 여러 가지 기준이 동시에 고려되어야 하지만 참여 불평등 해소의 측면에서 볼 때 일차적으로 참여비용에 대한 고려가 우선되어야 할 것이다.

둘째, 참여의 비용을 축소하는 외에 직접적으로 소외층의 참여자원을 증대시키기 위한 정책노력이 요구된다. 이를 위하여는 기본적으로 사회경제적 자원배분의 형평성을 제고하여 계층간 지위격차의 축소노력이 필요하다. 참여자원은 소득만을 의미하는 것이 아니라 지식, 기술, 의지 등을 포함하는 것이므로 소외층의 참여능력과 의지를 고취시키기 위한 시민교육이 시행되어야 한다. 물론 시민교육은 소외층만을 대상으로 하는 것은 아니며, 사회구성원 모두에게 적용되어야 한다. 다만 소외층의 과소참여의 시정을 위하여는 일차적으로 소외층의 참여의지와 능력을 신장시키는 일이 중요하며, 이것이 보다 효과적이라는 점이 지적되어야 한다.

셋째, 소외층의 참여촉진을 위한 정책의 추진과 함께 상위층의 과도참여에 따른 문제에 적극적으로 대응하여야 한다. 논리적으로 이러한 노력에는 상위층 참여의 축소 및 상위층에 대한 편파적 정책반응의 방지가 포함될 수 있을 것이다. 그러나 상위층의 참여 자체를 축소하는 것은 소외층의 참여와의 격차를 축소시키는 긍정적인 측면이 있음에도 불구하고 상위층이라 해서 자발적 참여활동을 제약하는 데 따르는 규범적·현실적 한계가 있을 뿐 아니라 총체적으로 정부에 대한 시민사회의 투입축소가 발생한다는 점에서 문제시된다. 따라서 이보다는 상위층의 요구에 대한 정부(공직자)의 중립성 확보를 위한 노력을 추구하는 것이 바람직하다. 이는 문제의 핵심이 참여의 불평등 자체에 있기보다는 이로 인한 정책산출의 불평등에 있는 것이라는 점에서 당위성을 찾을 수 있을 것이다. 이 때 상위층에 대한 정부의 중립성이라 함은 상위층의 압력에 대한 자율성과 도덕성을 포괄하는 것으로 이해되어야 한다.

3. 참여내용의 건전화: 공익과의 관련

아무리 참여가 활성화되더라도 그러한 참여의 내용은 공익과 조화되어야 하며 공익을 저해하는 것이어서는 아니된다. 즉, 참여는 공익성의 확보를 전제하여야 하며 이는 바로 참여의 내용적 한계에 해당하는 것이다. 왜냐하면 앞서 지적한 바와 같이 시민참여는 그 자체로 목적이기에 앞서 공익증진이라는 목적달성을 위한 수단적 성격이 강하기 때문이다.

참여가 공익증진에 기여하는 것이기 위하여는 첫째, 과도한 또는 과소한 참여는 지양되어야 하며 적정한 수준에서 활성화되어야 한다. 이에 대하여는 이미 앞에서 논의한 바와 같다. 둘째, 참여와 공익과의 조화 요청은 참여의 내용이 공익을 추구하는 것이어야 함을 요구한다. 이를 위하여는 참여자가 참여과정에 있어 지나치게 사익만을 추구하지 않고 공동체의 일원으로서 공익을 존중하는 참여의 자세를 가질 것이 요청된다. 물론 인간은 본능적으로 사익을 추구하므로 이와 같은 요청이 자동적으로 실현되기는 매우 어려울 것이다. 그러나 공동체의 구성원으로서의 시민성을 고려할 때 각 개인은 공동의 이익을 위하여 개인의 이기심을 어느 정도 자제할 의무를 가진다. 아울러 지나친 사익의 추구는 결국 사익에도 위해가 된다는 사실에 대한 인식이 필요하다.

사익 일변도의 추구가 결국 구성원 모두의 이익을 저해하게 된다는 점에 대하여는 일찍이 하아딘(Hardin)이 제시한 이른바 "공유지의 비극(the tragedy of the commons)"에 대한 비유에서 잘 나타난다.[78] 일반에게 사용이 공개되어 있는 공유지로서의 목초지가 있다고 가정하자. 이 때 각 농가는 가능한 자신들의 가축을 이 공유지에서 많이 키우려 할 것이다. 각 농가의 이러한 시도는 공유지가 가축들로 붐비기 이전까지는 크게 문제되지 않을 것이다. 그러나 공유지가 각 농가의 가축들로 붐비기 시작할 때 각 농가는 공유지의 목초가 모든 가축들을 기르기에 충분한가에 대하여 걱정해야만 한다. 그러나 이 경우에도 각 농가는 개인이익의 극대화만을 추구하게 되므로 공유지의 비극이 초래될 수 있다. 이 시점에서 어떤 농가가 자신의 가축을 이 공유지에서 추가적으로 기를 것인가를 고려하고 있다고 가정하자. 합리적으로 생각한다면, 이

78) Garrett Hardin (1968). "The tragedy of the commons." *Science* 162, 1243-1248.

농가는 공유지에 자신의 가축을 추가적으로 기르게 됨으로써 생기는 기대수익과 기대비용을 비교하여 수익이 비용보다 많을 것으로 기대되면 추가적으로 방목하기로 결정할 것이고, 비용이 수익을 초과할 것으로 예상되면 추가적인 방목을 포기할 것이다. 이 때, 이 농가의 기대수익은 이 가축을 길러 팔거나 그로부터 생산되는 우유를 판매한 대금이 될 것인바, 이를 +1이라고 가정하자. 또한 이 농가의 기대비용은 목초의 부족으로 인한 가축의 발육부전이며 이의 크기를 수익의 크기와 같은 -1로 보자. 그러나 각 농가가 공유지에 추가적으로 자신의 가축을 기르는 데 따른 수익은 이 농가가 혼자 차지하지만 비용은 다른 농가와 같이 부담하게 될 것이다. 즉, 각 농가의 기대수익이 기대비용을 초과하게 되는 것이다. 따라서 각 농가는 이러한 판단에 기초하여 공유지에서 추가적으로 가축을 기르려 할 것이다. 즉, 개인의 합리적 계산에 의하여 사익만이 고려될 뿐 공익은 무시되는 것이다. 그러나 이러한 행위가 계속되게 될 때, 공유지는 필연적으로 어느 농가의 가축도 기를 수 없는 황무지로 변하게 될 것이다. 요컨대, 이러한 비유를 통하여 우리는 사익일변도의 추구가 결국은 공익을 저해하게 됨을 이해하게 된다.

그러므로 건전하지 못한 참여 즉, 사익 위주의 참여는 참여수준의 확대와 상승작용을 일으켜 공익증진에 더욱 위해가 될 수 있다는 사실에 대한 인식이 강화되어야 한다. 이러한 논의는 참여수준의 확대만이 아니라 공익을 고려하여 참여내용의 건전화를 위하여도 적절한 방안의 강구가 필요함을 가르쳐 준다. 다만, 이를 위한 방안은 제도적이기보다는 주로 인식, 행태에 관련한 것이 되겠다.

한편, 앞에서의 참여의 평등성에 관한 논의는 참여와 공익과의 조화문제와 별개의 것이 아님을 지적할 수 있다. 공익이 사익과 별개의 것이기보다는 다수의 사익과 밀접한 관련이 있다고 할 때, 참여과정의 평등성 확보는 보다 많은 시민의 이익을 증진시키는 것이기 때문이다. 이러한 의미에서 앞서 제시한 두 번째 참여의 모순은 참여의 공익과의 조화문제에도 같은 시사점을 제공해 준다.

4. 참여 확대와 공익성 추구의 상대적 중요성

참여의 기본방향과 관련하여 참여수준의 확대와 참여내용의 건전화(공익과의 조화) 중에서 어느 요소가 상대적으로 더 중요한가에 대한 의문이 있을 수 있겠다. 생각건대, 양자는 시민이익의 증진을 위하여 동시에 필요한 것으로서 어느 하나가 다른 하나에 비하여 상대적으로 중요하다고 단정하는 것은 옳은 태도가 아니라 할 것이다. 그것은 아무리 참여가 확대되더라도 공익에 위배되는 경우에는 참여의 의의가 그만큼 저해될 것이며, 아무리 참여내용이 공익과 조화되더라도 참여수준이 과소 또는 과잉인 경우에는 실질적인 성과를 기대하기 어려울 것이기 때문이다.

그럼에도 불구하고 본서에서는 참여활성화를 논함에 있어 다음과 같은 이유를 감안하여 참여수준의 확대(활성화)에 일차적인 관심을 두고자 한다. 일반적으로 참여문제는 참여의 수준(특히 과소참여)과 관련하여 제기되어 왔다는 점, 아무리 참여의 내용이 공익과 조화되는 경우라 하더라도 그러한 참여활동이 소기의 효과를 얻기 위하여는 최소한의 참여수준이 확보되어야만 한다는 점, 더욱이 참여와 공익과의 조화 필요성의 지나친 강조는 참여활동 자체에 대한 부정적 시각으로 고정되어 오히려 시민의 정당한 주권행사에 저해요인으로 작용할 우려가 있다는 점, 참여의 양적 확대과정에서의 시행착오를 통하여 공익과의 조화성이 제고될 수 있을 것이라는 점, 마지막으로 우리나라의 경우는 특히 참여 자체가 매우 질식된 상태를 오랫동안 지속해 왔으므로 최소한 당분간은 일차적으로 참여의 양적확대에 관심을 기울일 필요가 있다는 점 등이다.

부언할 것은 참여수준과 참여내용은 개념상으로는 구분이 가능하다 하겠으나 실제로 양자는 전혀 별개의 것이 아니라 상호 밀접하게 관련되어 있는 문제라는 점이다. 이는 공익이 소수의 이익보다는 다수의 이익과 보다 유사한 것이라고 전제할 때, 참여의 확대는 소수가 아닌 다수의 참여를 의미하며, 다수가 참여하여 합의한 이익의 모습은 대개의 경우 공익의 모습과 유사할 것이기 때문에 그러하다.

지적할 것은 참여활성화의 필요성에도 불구하고 참여에는 여러 가지 장애요인이 존재한다는 점이다.[79] 첫째, 시민의 경우, 참여에 대한 관심이 반드

79) Kathlene and Martin (1991). 앞의글, 47-48.

시 높다고 하기는 어려운 실정이고, 시민들은 참여에 필요한 지식, 정보, 기술을 충분히 갖고 있지 않으며, 참여에는 비용이 수반되며, 더욱이 공직자에의 접근통로는 일반적으로 제한되어 있다. 둘째, 공직자의 경우, 정책목표에 대한 공직자들간의 합의의 정도가 높지 않아 참여목표에 혼선을 주는 경우가 많고, 공직자들은 기본적으로 시민과 권력을 공유하려 하지 않으며, 참여를 성가신 일로 간주하는 경향이 있다. 셋째, 제도・환경적 요인으로는 일반적으로 참여를 위한 제도는 불충분하며, 대부분의 참여제도는 진정으로 참여를 위한 제도이기보다는 시민협조의 획득을 위한 것이거나 불만에 대한 무마용인 경우가 많다. 그리고 무엇보다도 정부의 정보독점으로 효과적인 참여가 이루어지기 어렵다. 따라서 참여활성화를 위한 제방안은 이러한 장애요인을 효과적으로 극복할 수 있도록 모색되어야 할 것이다.

North Dakota의 Grand Forks 홍수 사례

1979년 4월 이 지역에 금세기 최고의 홍수라 불릴 만큼의 물이 범람하여 리버사이드 공원(Riverside Park)에 있던 오래된 저수지가 붕괴되었다. 이 저수지는 과거부터 홍수가 있던 곳이고 이미 수리 또는 새로 건설하자는 논의가 있었던 것이어서 홍수의 발생은 이 이슈를 재점화하기에 충분하였다. 공원위원회는 시뮬레이션과 수 차례의 회의를 거쳐 다른 지역에 새로운 저수지를 건설하는 것을 최우선 순위의 정책대안으로 결정하고, 향후 위치를 결정하는 문제만 남겨 두었다. 새로운 입지에 대한 주민여론을 수렴하기 위해 6월에 공청회를 개최하고, 공원위원회 국장은 6개의 선택안을 주민들에게 제시하였다. 하지만 주민들은 새로운 저수지 건설보다는 기존 저수지를 보수하여 유지하는 안을 선호하였고, 7-8월 중 투표로 결정하기로 유보하였다. 8월 회의가 개최되었을 때 정치운동은 최고조에 이르러 아이들은 플래카드를 들고 다녔고, 주민들은 집집마다 방문하여 지역의 지지를 얻기 위해 노력하였다. 당일 회의 참석시 주민들은 약 150명이 참석하였는데, 공원위원회 엔지니어들은 저수지를 수선할 가치가 없다는 것을 주장하기 위해 저수지 설계 컨설턴트들을 동원하여 전문성으로 무장하였다. 공원위원회는 근린연합의 대표자, 위원회 집단 대표자 등 10명의 도시저수지연구위원회(City-Wide Swimming Pool Study Committee)를 구성하여 연구보고서를 작성하여 시민들에게 배포하였고, 연구 결과는 엔지니어들이 제시한 4개의 선택안, 즉 리버사이드 저수지를 수리하는 안($136,254)부터 대안 지역에 새로운 저수지를 건설하는 안($363,000)에 이르는 대안 중 다른 지역에 저수지를 만드는 안을 동일하게 추천하였다.

그러나 지역 주민들은 그 결과에 동의하지 않고, 영하 20도의 날씨에도 공청회에 참석하여 추천안을 수용하지 않는 것에 투표하고, 2/3가 리버사이드 저수지를 재보수하는 안에 동의하였다. 이와 같은 결정은 시민참여의 산물로서 공원위원회의 강력한 추진에도 불구하고 주민조직은 주민의 의견을 관철시키는 데 성공한 것이다.

리버사이드 저수지의 사례는 참여 폭발에 따른 가장 최선과 최악의 측면들을 모두 제시해 주고 있다. 우선 주민들의 참여로 인하여 정책의 결정과정이 상당히 지연된 것이다(재건 계획은 1980년 5월까지도 승인되지 않아 이슈가 발생한 후 거의 1년이 소요됨). 따라서 실제 저수지는 1981년 6월까지도 재개장되지 못하였다. 더욱이 결정의 내용은 재원의 합리적 배분 관점에서도 최선은 아니었다. 이처럼 의사결정은 주민들의 관심이 큰 만큼 합리성이 높지는 못했지만 주민들은 상당히 만족하고 기뻐했다. 한 회의에서 주민의 말을 인용하면 "시정부가 주민들에게 그렇게 대응적이라는 점을 본 것에 희열을 느꼈다"고 전한다.

* 출처: Kweit and Kweit (1981). 앞의글, 1-3.

CHAPTER 15

참여환경

Ⅰ. 정보공개

Ⅱ. 지방자치의 발전

Ⅲ. 경제발전: 경제정의의 실현

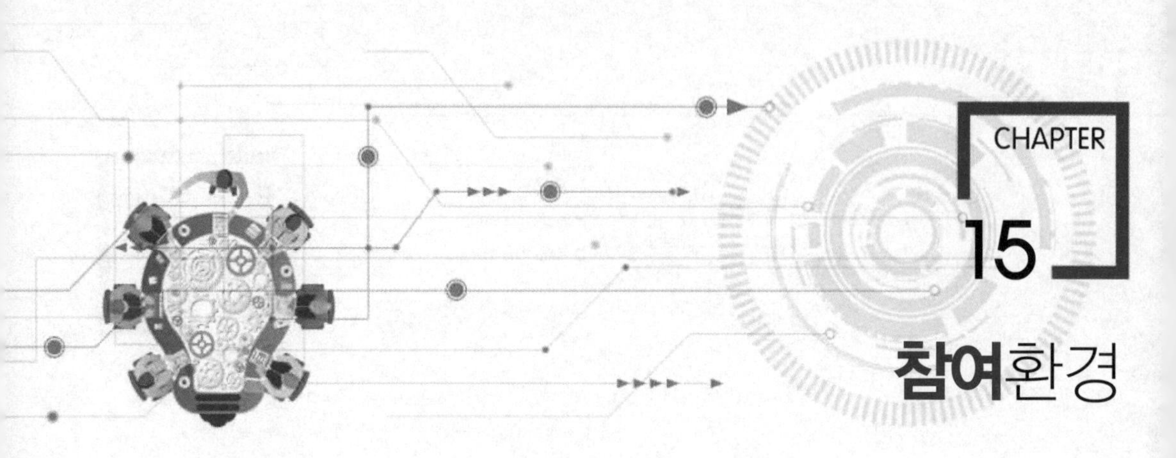

CHAPTER 15 참여환경

참여가 활성화되기 위해서는 참여를 위한 정치・경제・사회적인 여건이 성숙되어야 한다. 본 장에서는 정치・사회적 조건으로 정보공개, 정치적 조건으로 지방자치의 내실화, 경제적 조건으로 경제정의의 실현에 대하여 논의하고자 한다(정치적 조건으로서의 권력구조에 대하여는 제13장에서 별도로 논의하였음).

I 정보공개

CITIZEN PARTICIPATION

"정보 없이 참여 없다"라는 말은 진리이다. 시민의 공공문제에 대한 무관심, 미흡한 참여의식은 정부의 정보제공 노력 소홀과 무관하지 않다. 즉, 정보공개는 참여활성화를 위한 필수적인 조건이며, 따라서 정부는 적극적으로 보유정보를 시민에게 공개하여야 한다. 우리 사회에서도 정보화가 추진되어 감에 따라 정보의 중요성에 대한 인식이 제고되는 한편, 민주화의 진전에 힘입어 정부가 보유하고 있는 정보의 민주화 즉, 정보가 시민에 공개되어야 한다는 주장이 활발해지던 터에, 1992년 충북 청주시에서 우리나라 최초의 행정정보공개조례가 제정 발효되었으며, 중앙단위에서도 정보공개법의 시안이 마련됨으로써 정보공개의 제도화의 전기가 마련되었다. 여기에서는 시민참여와 관련하여 정보공개의 필요성, 정보공개제도의 실태 및 제도화 방향에 대하여 간략히 논의한다.[1)]

1. 정보공개의 개념과 필요성

1) 정보공개의 개념

정보의 공개(information disclosure)는 정부(공직자)의 입장에서 볼 때,[2)] 시민의 공개청구를 전제로 하는 소극적 의미의 정보공개 또는 "청구공개(access)"와 공개청구를 전제로 하지 않고 정부가 자발적 또는 의무적으로 보유정보를 공개하는 "정보공표(dissemination)"를 포함하는 넓은 의미이다.[3)]

한편 정보는 행정기관만이 전유하는 것은 아니기 때문에 정보공개라 함은 행정기관뿐 아니라 입법, 사법부의 보유정보를 시민에게 제공하는 일체의 행위를 가리킨다. 다만, 최대의 정보보유기관으로서의 행정부의 정보공개만을 가리켜 행정정보공개라 불러 이와 구분하는 경향이 있다. 이러한 경우, 입법부 보유정보의 공개는 입법정보공개, 사법부 보유정보의 공개는 사법정보

---

1) 정보공개 내용의 상당 부분은 이승종. (1991). "지방정부의 행정정보공개: 행정통제론적 접근." 「한국행정학보」 25(3)에서 발췌 · 정리한 것임.

2) 정보공개의 개념을 시민의 입장에서 보는 경우, 청구공개는 시민의 알 권리의 적극적 측면 즉, access권을, 정보공표는 알 권리의 소극적 측면인 정보수령권을 보장하는 기능을 한다.

3) 논자에 따라서는 공개청구여부를 기준으로 청구공개를 정보공개라 하고 청구를 전제로 하지 않는 정보공개를 정보제공 또는 정보공표라 구분하거나: 이윤식. (1990). "정보공개제도의 한국적 모형정립을 위한 시론." 한국행정학회 연례학술대회 발표논문; 김홍기. (1987). 「행정국가와 시민참여」. 서울: 대왕사; 정보공개의 의무화를 기준으로 하여 의무적 정보공개를 정보공개라 하고 재량적 정보공개를 정보제공이라 부르기도 한다: 八木敏行. (1986). 情報公開: 現況, 課題. 東京: 有斐閣. 그러나 이 같은 의견은 포괄적 의미의 정보공개(disclosure)와 좁은 의미의 정보공개(access)간의 혼동이 우려되므로 여기서는 이를 따르지 아니하고 구분하여 사용한다. 한편, Joseph F. Caponio and Janet Geffner (1988). "Does privatization affect access to government information?" *Government Information Quarterly* 5, 147-154는 정보공개(access)를 법적으로 공개가 의무화된 경우의 주민의 청구를 전제로 한 정보의 공개라고 하고 그 외의 경우를 정보공표(dissemination)라고 하고 있으나 주민의 정보 보유기관에 대한 정보공개의 청구가 반드시 법적으로 의무화되어야만 하는 것은 아니므로 여기서는 이를 수용하지 아니한다.

공개라 부르게 된다. 그러나 실제로 행정은 행정부에서만 수행하는 것은 아니므로 논리적으로 볼 때, 행정정보공개는 행정부의 보유정보만이 아니라 정부가 보유하고 있는 모든 공공정보(public information)의 공개를 포괄하여 지칭하게 된다. 그러나 본서에서는 편의상, 행정기관이 보유하고 있는 정보의 공개는 '행정정보공개'라 한정하여 부르고, 모든 정부기관의 보유정보의 공개를 포괄하여 단순히 '정보공개' 또는 '공공정보의 공개'라 부르기로 한다.

2) 정보공개의 필요성

참여와 별도로 정보공개가 왜 필요한가에 대해서는 논자에 따라 일치하지 않는다. 예컨대, 정부의 책임성 고양,[4] 알 권리의 보장, 대의제 민주정치의 보완, 부패방지, 개방된 정부 등 여러 가지 측면으로 나누어 지적되고 있으나 여기에서는 시민참여와 관련하여 정보공개의 당위적 측면과 참여에 대한 효과만을 언급한다.

어느 나라에서든 중앙이나 지방을 막론하고 정부는 정보에 대한 시민의 접근을 제한해 왔다. 그것은 정보란 정부의 통치를 위해서 생산된 것일 뿐 시민의 사용을 위하여 생산된 것은 아니라는 잘못된 암묵적 가정에 기초하는 것이었다.[5] 그리하여 예외적으로 정부가 시민에게 정보를 공개하는 경우에도 시민의 권리의 보장을 위한 정부의 대응으로서가 아니라 정부가 시민에게 베푸는 은전(privilege)으로서 접근되었다. 뿐만 아니라 직접적인 이해당사자에 대하여 정보를 공개하는 경우에 있어서도 어떤 시민이 직접적인 이해당사자인지에 대한 판단을 시민 개개인이 아닌 정부가 행함으로써 시민은 사실상 필요한 정보로부터 차단되어 왔던 것이다.

그러나 분명한 것은 주권재민사상을 기본으로 하는 민주국가에서 시민은 하나의 기본권으로서의 '알' 권리를 가지고 있으므로 공공정보는 당연히 공개되어야 한다는 것이다.[6] 이와 같은 시민의 알 권리 또는 정부의 알릴 의

---

4) 정보공개의 필요성의 이유 중 가장 중요한 것은 정보공개의 정부의 책임성 제고효과라 하겠다. 이에 대한 자세한 논의는 이승종. (1991). 앞의글을 참조할 것.

5) James E. O'Neil (1972). "Access to government documents: Progress, problems, and prospects." in Sunflower University Press. *Access the government documents*.

6) 이종익. (1989).「한국지방자치론」. 서울: 박영사, 312; Andrew C. Gordon and John P. Heinz eds. (1979). *Public access to information*. New Brunswick, N. J.: Transaction Books, xiii.

무는 민주국가에서 공공정보는 본질적으로 시민의 재산에 속하는 것인 데서 비롯된 것이다. 정부는 정보의 주인이 아니라 관리인으로서 당연히 시민에게 정보를 공개해야 하는 것이며 시민에게 정보를 제공하지 않는 정부는 민주정부라 할 수 없는 것이다.[7] 한편 정보공개의 당위성은 비밀주의(secrecy)의 폐해를 직시함을 통하여서도 알 수 있다. 비밀주의의 폐해에 대하여 우드로우 윌슨(Woodrow Wilson)은 "비밀은 부정을 의미한다. 그러나 공개는 정부를 정화시키는 요소이다"라고 단언한 바 있다.[8] 생각건대, 정보의 폐쇄로 외부로부터 차단되어 있는 정부는 필연코 부패·비리의 온상이 되기 십상이며 우리는 제 5 공화국 시절을 지내면서 이와 같은 사실을 절실히 체험한 바도 있다. 뿐만 아니라 정보의 비밀주의는 사회불평등 구조를 확대 내지는 영속화시키는 폐해를 낳는다. 그것은 정보가 폐쇄 또는 독점화된 사회에서는 상위계층이 하위계층에 비하여 정보에의 접근이 훨씬 용이한 데서 기인한다. 지금껏 사회문제가 되고 있는 우리나라에서의 부동산 투기현상을 대기업을 포함한 일부 상위계층 집단의 특권적 정보독점이라는 요소를 배제하고는 설명하기 어렵다는 것이 좋은 예이다. 일반 시민에게는 공개되지 아니하는 정보를 상위계층 집단이 독점하여 부와 권력의 축적에 이용함으로써 오늘날 사회적 불평등도가 과거 20-30년 전에 비하여 현저히 악화되는 데 기여하였던 것이다.[9]

이와 같은 정보공개는 시민참여의 활성화를 위하여는 필수적인 요건이다. 시민이 정치과정에 참여하는 데 있어 가장 큰 제약요인 중의 하나로 흔히 지적되는 것이 바로 시민이 정책의 결정 및 집행에 대한 충분한 정보를 가지지 못하고 있다는 것이다.[10] 정보를 가지지 못한 시민은 정치에 대해 무감각하게 되고 결국은 정책과정에 적극적으로 참여하지 않거나 못하게 될 것이기 때문이다. 그러나 만일 시민이 보다 많고 유용한 정보를 보유하게 된다면 시

---

7) James Madison (1982). "Letter to W. T. Barry Aug 4. 1822." in Gaillard Hunt ed. (1910). *The writings of James Madison*. New York: Putnam, Recited from John Shatturk (1988). "The right to know: Public access to federal information in the 1980s." *Government Information Quarterly* 5, 369-375.

8) Francis E. Rourke (1975). "Administration secrecy: A comparative perspective." *Public Administration Review* 35, 1-2에서 재인용.

9) 한국의 Gini계수는 1970년에는 0.332였으나 1975년에는 0.391, 1980년에는 0.389로서 일로 증가추세에 있다: H. Koo (1984). "The political economy of income distribution in South Korea." *World Development* 12, 1029-2037.

10) P. B. Dornan (1977). "Whither urban policy analysis?: A review essay." *Polity 9,* 503-527.

민은 그 정보를 통하여 정책과정에 대한 보다 많은 이해와 관심을 갖게 되고, 아울러 보다 구체적인 목표의식을 가지고 공직자들과 접촉하여 그들의 요구를 정책과정에 투입시킬 수 있을 것이다. 이와 같은 정보공개의 시민참여 확대효과는 특히 지방자치제의 정착이라는 관점에서 볼 때 중요하다. 시민의 적극적 참여 없는 지방자치란 생각할 수 없기 때문이다.

물론, 정보공개가 순기능만 있는 것은 아니다. 정보공개에 따르는 부작용으로서 정보공개에 따른 국가안보 또는 국가이익의 침해, 사생활권(privacy) 침해, 정보공개를 위한 문서목록 작성, 인력충원, 구제절차, 소송 등에 따르는 경비증가, 부실한 정보의 유통, 공직자의 무사안일 초래(계속되는 시민의 요구에 대한 소극적 태도, 법규만 준수하면 된다는 식의 소극적 자세, 사기 저하 등을 말함), 필요한 비밀유지를 위한 경비증가, 정책과정의 효율성 저하 등이 지적되고 있다.[11] 그럼에도 불구하고 이 같은 지적들은 완전히 타당하지도 않거니와 적정한 공개제도의 도입을 통하여 상당부분 완화시킬 수 있는 문제이며, 보다 중요한 사실은 약간의 부작용에도 불구하고 정보공개 없이 참여활성화는 불가능하다는 점이다.

2. 정보공개의 제도화 실태

공공정보의 공개가 활성화되기 위해서는 시민의 알 권리 보장 또는 정부의 알릴 의무를 명시적으로 규정하는 정보공개법을 포함한 제도적 장치의 마련이 필요하다. 우리나라의 정보공개 실태를 제도화를 중심으로 간단히 살펴보고자 한다.

1992년 충북 청주시에서 우리나라 최초의 행정정보공개조례가 제정・발효되었다. 이어 1994년부터 1997년까지 국무총리훈령과 지방자치단체 조례에 의하여 정보공개조례가 전국적으로 도입되었다. 이 때까지의 정보공개는 관련 조항이 개별 법령에 산발적으로 포함되어 있고, 실질적인 정보공개를 위한 법적 근거는 매우 미흡한 상태였다. 대표적인 규정 중 하나가 정부공문서규정 제36조라 하겠으나 여기에서도 정보공개는 원칙이 아니라 예외였다. 또

11) Patrick Birkinshaw (1988). *Freedom of information: The law, the practice, and the ideal*. London: Weidenfeld & Nicolson.

한 비밀범위도 넓었는데, 비밀의 분류는 보안업무규정과 그 시행세칙에 의거 1급비밀, 2급비밀, 3급비밀 및 대외비 등 4종류로 되어 있으나 특히 문제가 되는 것은 대외비의 판정기준이 모호하다는 점이었다. 그래서 사실상 대부분의 행정문서가 대외비 분류에 포함될 수 있다는 것이다. 게다가 실제 행정과정에서는 판정기준이 더욱 모호한 '대외주의'의 적용으로 정보의 공개범위는 위축되는 실정이었다. 아울러 입법예고, 정부간행물, 행정자료실을 통한 정보공표도 취약한 실정이었다. 이처럼 1990년대 중반까지 우리나라의 중앙과 지방의 정보공개 제도화 상황은 매우 미흡한 수준이었다. 이러한 상태에서는 "비공개가 원칙, 공개가 예외"가 되는 것으로 이의 시정을 위한 총체적인 정보공개제도의 도입이 요청되었다.

서두에서 지적한 바와 같이 우리나라의 행정정보공개제도는 1992년 1월 청주시가 행정정보공개조례를 제정한 데서 그 기원을 찾아볼 수 있다. 그리고 1992년 11월에는 행정정보공개제도가 대통령 선거공약사항으로 추진되었으며, 1994년 7월에는 국무총리훈령인 '행정정보공개운영지침'이 시행되었다. 이후 1996년 '공공기관의정보공개에관한법률'이 제정되었고, 1998년 1월 1일부터 시행령 및 시행규칙과 함께 시행에 들어갔다. 2004년에는 시민단체가 제안한 의원발의안과 정부발의안을 통합·보완한 법안이 통과되어 정보공개제도법안이 전면 개정되었다. 개정된 주요 내용에는 전자적 정보공개의 근거 마련, 행정정보 사전공표 및 정보목록 작성·비치의 의무화, 정보공개 처리기간의 단축(기존 15일에서 10일로), 추상적인 비공개 요건의 삭제, 정보공개위원회의 설치, 민간위원을 과반수 포함한 정보공개심의회 구성 등이 주요 개정 내용이다. 이어 2006년에는 각 기관이 정보공개의 범위를 자의적으로 해석하거나 축소하는 문제점을 해결하기 위하여 비공개 대상정보의 범위에 관한 세부 기준을 수립·공개하도록 정보공개법을 개정하였다.

청주시의 정보공개조례 제정과정에서 문제시되었듯이, 중앙단위에서의 정보공개법 제정 이전에 명백한 법률의 위임 없이 지방정부가 자체적으로 정보공개법을 제정할 수 있는가에 대한 문제제기가 있었다.[12] 생각건대 지방자

12) 1992년 1월 4일 충북 청주시에서 우리나라 최초의 행정정보공개조례가 제정되었지만 동 조례의 시행은 시 집행부의 제소에 따라 대법원의 적법 판결 이후인 1992년 10월 1일로 연기되었다. 관련 내용은 이승종. (2004). "지방차원의 정책혁신 확산과 시간: 지방행정정보공개조례의 사례 연구." 「한국지방자치학회보」 16(1), 11.

표 15-1 1998년 이전 지방자치단체의 정보공개조례 제정 현황

연도 / 자치단체	1992	1993	1994	1995	1996	1997	1998	채택 단체(a)	전체자치 단체(b)	채택률 (a/b×100)	의원 입안
서 울	0	4	5	2	0	1	1	13	26	50.0	3
인 천	0	1	0	1	0	0	0	2	11	18.2	0
경 기	2	8	10	3	1	0	1	25	32	78.1	0
부 산	1	2	3	4	1	1	0	13	17	76.5	0
경 남	5	2	3	9	0	1	0	20	23	87.0	1
울 산	0	0	0	0	0	6	0	6	6	100.0	0
대 구	0	0	0	0	0	0	0	0	9	0	0
경 북	0	0	0	0	0	0	1	0	26	0	0
강 원	0	3	9	6	1	0	0	19	19	100.0	0
충 북	2	0	0	0	0	0	2	4	14	28.6	1
충 남	0	0	12	4	0	0	0	16	16	100.0	0
대 전	0	0	0	0	0	0	0	0	6	0	0
전 북	4	2	2	5	0	0	1	14	17	82.4	0
전 남	4	7	7	3	0	0	2	23	23	100.0	1
광 주	2	1	0	1	1	0	0	5	6	83.3	0
제 주	0	1	0	0	0	0	0	1	5	20.0	1
계	20	31	51	38	4	9	8	161	256	62.9	7

* 출처: 이승종. (2004), 앞의글, 12.

치법 제15조가 지방자치단체에게 법령의 범위 안에서의 그 사무에 관한 조례 제정권을 부여하고 있으며, 다만 시민의 권리제한 또는 의무부과에 관한 사항이나 벌칙을 정하는 경우에 한하여만 법률의 위임을 요구하고 있으므로 시민에 대한 권리부여제도인 정보공개법의 경우에 있어서 법률위임은 전혀 문제시되지 않는다 하겠다.

참고로 우리나라에서 법률로 정보공개제도가 채택되기 전 조례로써 정

보공개제도가 도입된 현황을 살펴보면 [표 15-1]과 같다(표의 자료는 정보공개법률이 제정되기 이전 지방의 자율적 조례제정 현황을 보여준다). 1992년부터 1998년까지 기초지방자치단체가 해당 조례를 제정한 현황에 관한 이 자료는 새로운 제도로써 정보공개제도를 채택한 속도(확산), 채택률, 의원입안 여부 등을 제시해 준다. 다른 지역에 비해 조기에 정보공개제도를 도입하고 있는 지역은 서울, 경기, 강원, 전남 등으로 새로운 제도의 확산 속도가 비교적 빠른 편에 속한다고 할 수 있다. 이와 함께 채택률이 최대인 지역은 울산, 강원, 충남, 전남 등의 지역이고, 채택률이 최소인 지역은 기초자치단체에서 조례제정이 전혀 없었던 대구, 경북, 대전 지역이다. 지역별로는 전혀 채택하고 있지 않은 지역에서부터 100%의 채택률을 보이는 지역에 이르기까지 편차가 큰 편이다. 아울러 이 제도에 대한 의원입안은 총 7건으로 매우 소수이다. 특히 서울을 제외한 나머지 지역에서는 의원입안이 거의 활성화되어 있지 않다고 볼 수 있다.

3. 정보공개제도의 현황

1) 정보공개청구제도의 이용 현황

법이 제정·시행된 1998년 정보공개제도의 이용은 26,338건에 불과하였으나, 이후 1999년에는 42,930건, 2000년 61,586건, 2001년에는 86,086건, 2002년에는 108,147건으로 매년 큰 폭으로 증가하였다. 2003년에는 192,295건으로 1998년에 비해 7배가 넘게 증가하였으며, 2009년에는 543,379건으로 1998년에 비해 20배 이상 상승한 것은 매우 괄목할 만한 증가세이다. 이 추세는 지속되어 국가기록원에 대한 청구를 제외하여도 2015년에는 691,936건으로 2014년 612,856건 대비 12.9% 증가하였고, 1998년에 비하면 약 25배 증가하였다. [그림 15-1]은 2001년부터 현재까지의 정보공개청구건수의 증가추이를 보여준다.

[그림 15-1]에서 보듯 정보공개 청구는 과거부터 오늘날에 이르기까지 지속적으로 증가하는 추세에 있는 것을 확인할 수 있다. 다만 2004년도 부터는 정보공개청구건수에 대한 현황 통계에서 국가기록원에 대한 정보공개청구

건수를 제외하도록 되어 있다. 이러한 통계적 범주의 변화에 기인하여 일반 정보공개현황 자료에는 2004년도부터 청구건수가 다소 급감한 것으로 제시되기도 한다. 이러한 점을 감안하여 [그림 15-1]은 전체 청구현황을 비교하기 위하여 전체 청구건과 국가기록원을 제외한 현황도표를 함께 제시하였다.

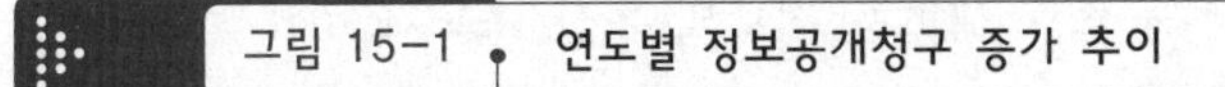
그림 15-1 연도별 정보공개청구 증가 추이

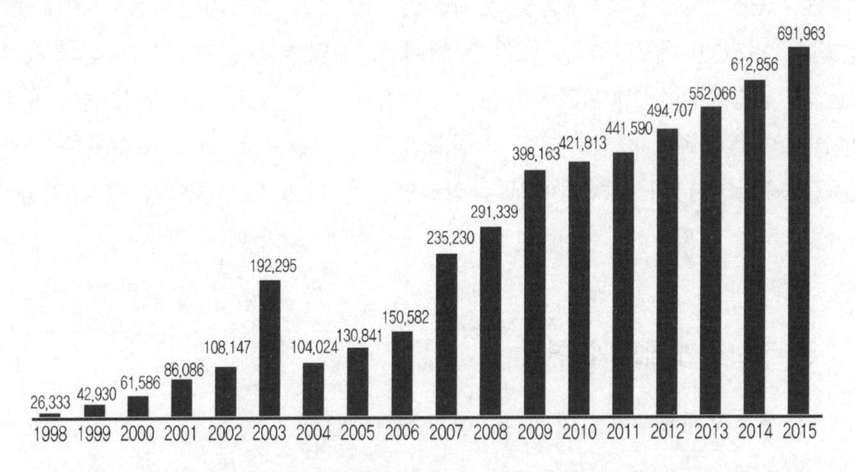

* 출처: 행정자치부 (2015). 「정보공개연차보고서」. p.17.
** 2004년 이후 정보공개 통계에서는 「공공기록물 관리에 관한 법률」에 따른 국가기록원이 보유하는 기록정보 자료에 대한 청구 및 처리에 관한 통계가 분리되어 「공공기관의 정보공개에 관한 법률」엥 근거한 처리현황만 산출됨.

정보공개청구의 대상이 되는 주요기관에 대한 청구 현황은 [그림 15-2]에 제시하였다. 2015년 현재 청구 대상 가운데 지방자치단체에 대한 정보공개청구는 지방자치단체가 413,785건으로 60%를 차지하여 가장 많은 비중을 차지하였고, 그 다음이 중앙행정기관으로 158,666건으로 23%, 기타 공공기관이 14%, 교육청이 3%의 순으로 나타났다. 이와 같이 지방자치단체에 대한 청구건수가 중앙행정기관에 비하여 월등히 높은 것은 행정서비스를 근접하여 직접적으로 제공하는 기관이라는 점에 기인한 것으로 보인다. 한편 중앙행정

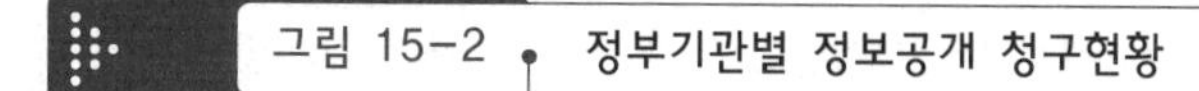
그림 15-2 정부기관별 정보공개 청구현황

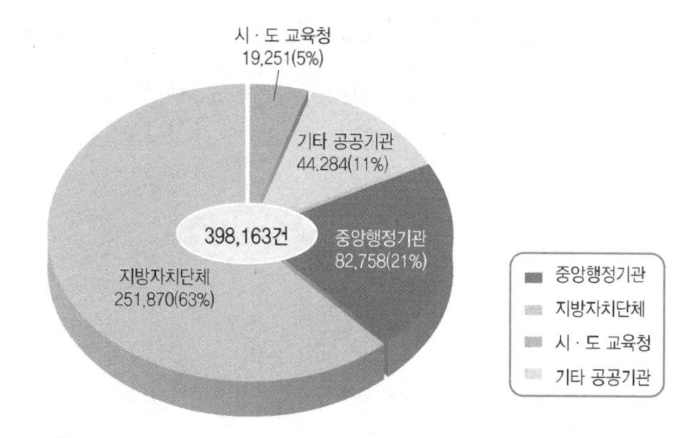

* 출처 : 행정자치부. (2015). 앞의글 p. 18.

기관 중에서도 노동부, 법무부, 경찰청 등 국민생활과 관련된 업무가 많은 기관에 대한 국민의 정보공개 수요가 상대적으로 높은 것으로 나타났다.

이와 함께 정보공개청구에 대한 정부의 수용도를 확인하기 위해 정보공개청구에 대한 처리 현황을 살펴보면 [표 15-2]와 같다. 처리 형태에 있어서는 1998년 이후 전부공개가 83-87%, 부분공개는 7-12%, 비공개는 5-9% 정도를 유지하다가, 2003년에는 전부공개가 92%로 급증하였고, 그 이후에는 다시 80-81%대로 다소 낮아져 수렴 후 2012년 86%로 재증가하여 수렴하는 경향을 보인다. 이와 함께 2004년 이후에는 부분공개 및 비공개 수준이 높아지는 추세를 보인다. 이와 같이 정보공개청구에 대한 전부공개가 증가하다가 2004년 이후부터 다시 급감하는 현상은 2003년도까지는 정보공개처리 공개율이 현저히 높은 국가기록원의 처리결과가 통계에 반영되었으나, 2004년도 이후에는 제외된 효과 때문인 것으로 여겨진다.

표 15-2 연도별 정보공개 처리현황 (단위: 건수,( )" %)

구분	소계	전부공개	부분공개	비공개
1998년	25,475 (100)	21,020 (83)	3,108 (12)	1,347 (5)
1999년	41,484 (100)	35,580 (86)	3,005 (7)	2,899 (7)
2000년	58,711 (100)	50,407 (86)	3,839 (7)	4,402 (7)
2001년	80,165 (100)	66,845 (83)	5,997 (8)	7,323 (9)
2002년	102,319 (100)	89,474 (87)	7,064 (7)	5,781 (6)
2003년	186,087 (100)	170,828 (92)	7,443 (4)	7,816 (4)
2004년	96,187 (100)	78,089 (81)	8,412 (9)	9,686 (10)
2005년	120,879 (100)	96,899 (80)	12,568 (11)	11,412 (9)
2006년	132,964 (100)	106,423 (80)	13,970 (11)	12,571 (9)
2007년	197,617 (100)	157,958 (80)	21,479 (11)	18,810 (9)
2008년	229,650 (100)	183,722 (80)	25,516 (11)	20,412 (9)
2009년	301,332 (100)	244,604 (81)	30,682 (10)	26,046 (9)
2010년	322,018 (100)	259,739 (81)	29,271 (9)	33,008 (10)
2011년	335,706 (100)	272,779 (81)	31,791 (1)	31,136 (9)
2012년	333,006 (100)	285,669 (86)	30,777 (9)	16,560 (5)

2013년	364,806 (100)	316,367 (87)	33,149 (9)	15,290 (4)
2014년	381,496 (100)	326,086 (86)	38,575 (10)	16,835 (4)
2015년	458,059 (100)	392,330 (86)	47,688 (10)	18,043 (4)

* 출처 : 행정안전부. (2010c). 「2009정보공개 연차보고서」. 14 ; 행정자치부. (2015). 「정보공개연차보고서」, 21 재구성.
** 2004년도 이후부터는 국가기록원 기록열람분은 제외하고 산정.

정보공개청구를 하는 데 주로 이용하는 방법은 [표 15-3]에서 나타난 바와 같이 시간이 경과함에 따라 변화하고 있는 현상을 확인할 수 있다. 정보공개청구제도를 처음 시행한 초기에는 대개의 경우 직접출석의 방법을 활용하고 있는 데 반해, 2004년 이후부터는 직접출석은 현격히 줄어들고 그 대신 컴퓨터 통신의 방법을 점차 활용하고 있는 현상이 나타나고 있다. 2009년 현재 정보공개청구방법은 초창기 방법과는 완전히 달라져 직접출석은 26%에 불과한 데 비하여 정보통신망을 활용한 청구방법이 66%를 차지하는 것으로 나타났다. 2004년 이후 정보통신망을 활용한 정보공개청구가 활성화된 것은 정보공개시스템의 구축과도 관련된다. 2004년 법 개정에서 전자적 정보공개의 근거를 마련한 바 있고, 2006년에는 통합정보공개시스템(www.open.go.kr)을 통해 온라인 서비스를 구축한 것이 그에 해당한다.

표 15-3 연도별 정보공개청구방법 (단위 : 건수, %)

구 분	청구건수	직접출석	우 편	모사전송 (Facimile)	정보통신망
1998년	26,338 (100)	23,980 (91)	2,028 (8)	256 (1)	74 (-)
1999년	42,930 (100)	36,973 (86)	3,494 (8)	1,265 (3)	1,198 (3)
2000년	61,586 (100)	46,712 (76)	6,123 (10)	2,507 (4)	6,244 (10)
2001년	86,086 (100)	55,793 (65)	5,781 (7)	2,410 (3)	20,471 (11)
2002년	108,147 (100)	79,054 (73)	7,458 (7)	2,285 (2)	19,350 (18)

2003년	192,295 (100)	161,785 (84)	7,873 (4)	2,166 (1)	20,471 (11)
2004년	104,024 (100)	65,825 (63)	7,159 (7)	2,481 (2)	28,559 (28)
2005년	130,841 (100)	74,742 (57)	9,046 (7)	2,954 (2)	44,099 (34)
2006년	150,582 (100)	75,127 (50)	10,539 (7)	4,597 (3)	60,319 (40)
2007년	235,230 (100)	91,551 (39)	15,046 (6)	7,185 (3)	121,448 (52)
2008년	291,339 (100)	93,877 (32)	13,238 (5)	10,591 (3)	173,633 (60)
2009년	398,163 (100)	104,782 (26)	15,879 (4)	16,734 (4)	260,768 (66)
2010년	421,813 (100)	99,010 (24)	18,325 (4)	21,454 (5)	283,024 (67)
2011년	441,590 (100)	98,323 (22)	15,915 (4)	22,120 (5)	305,232 (69)
2012년	494,707 (100)	103,241 (21)	14,064 (3)	25,786 (5)	351,516 (71)
2013년	552,066 (100)	105,107 (19)	15,494 (3)	26,009 (5)	405,456 (73)
2014년	612,856 (100)	118,082 (19)	16,809 (3)	31,017 (5)	446,948 (73)
2015년	691,963 (100)	128,519 (19)	18,067 (3)	37,488 (5)	507,889 (73)

* 출처: 행정안전부. (2010c). 「2009정보공개 연차보고서」. 36 ; 행정자치부. (2015). 「정보공개연차보고서」, 19 재구성.
** 2004년 이후부터는 국가기록원 기록열람분은 제외하고 산정.

여기에서 확인할 수 있는 것은 시민의 참여방법이 점차 다양화되고 있다는 점이다. 특히 우리나라의 정보화 수준을 반영하듯 정보통신망의 활용도가 특히 높은 것을 확인할 수 있다.

종합적으로 볼 때 정보공개청구는 국민의 참여 및 권리의식의 증가나 국민의 생활과 밀접한 행정업무의 증가 등 여러 측면에 기인하여 지속적으로 증대되고 있다. 특히 시민의 생활을 기반으로 한 지방정부를 대상으로 한 정보공개청구는 더욱 많은 비중을 차지하고 있다. 이러한 현상은 중앙정부뿐 아니라 지방정부 역시 더 이상 정보공개를 소극적으로 바라보아서는 안 되고 보다 적극적으로 대응해야 할 필요성이 증대되었음을 의미한다.[13]

13) 오수길. (2005). "행정정보공개에서 지식공유로." 「행정포커스」. 한국행정연구원, 29.

2) 정보공개청구제도의 개선방향

(1) 공직자의 정보공개 의지 함양

정보공개제도의 활성화를 위해서는 정보공개법의 제정이 중요하지만 그것만으로 정책의 실질적 효과를 담보할 수는 없다. 정보공개법의 시행과정에서 공직자의 재량이 필연적으로 개입되어 법 제정만으로는 공개의 정도(publicity)와 비밀의 정도(secrecy) 사이의 바람직한 조화점을 찾기가 어렵기 때문이다.[14] 여기서 정보공개법의 제정이 실질적인 정보공개를 가져오리라는 암묵적 가정하에 정보공개법 제정의 중요성을 부각하는 규범적 접근방법의 한계점이 있다. 요컨대 정보공개의 추진은 공직자의 정보공개 의지에 따라 그 성패가 좌우된다 하여도 과언이 아니라 하겠으며, 정보공개제도가 실질적인 효과를 갖게 하기 위해서는 정보공개의 주체가 되어야 할 공직자의 적극적 공개의지 함양이 선행되어야 하는 것이다.

그런데 일반적으로 공직자는 정보공개에 대해 회의적인 것으로 예측된다. 정보공개가 그들의 행위에 있어서의 오류 또는 부정을 은폐하기 어렵게 할 뿐만 아니라 비밀주의하에서의 독점적 정보소유에서 비롯되는 재량의 범위를 축소시키는 작용을 할 것이기 때문이다.[15] 이와 같이 공직자들이 정보공개에 대하여 회의적인 경우, 정보공개법 제정의 실질적 효과는 유명무실해질 우려가 크다. 그것은 공직자들이 정보공개법에도 불구하고 정보의 공개에 대하여 이용가능한 여러 가지 저항수단, 예컨대 정보자체를 축적하지 않거나, 정보비공개를 정당화하거나, 정보공개를 지연시키거나, 정보를 공개하는 경우라도 그 효과를 상쇄시키기 위한 다른 조치를 취하는 등의 방법을 사용하여 정보공개를 효과적으로 방해할 수 있을 것이기 때문이다.[16] 그러나 이

---

14) Itzhak Galnoor (1975). "Government secrecy: Exchanges, intermediaries, and middlemen." *Public Administration Review* 35, 32-43.

15) Max Weber (1978). *Economy and society*. Berkerly: University of California; Rourke (1975). 앞의글.

16) Gordon, Andrew C. et al. (1979). "Public information and public access: A sociological interpretation." in A. C. Gordon and John P. Heinz eds. (1979). *Public access to information*. New Brunswick, N. J.: Transaction Books, 280-308; Bob Wise (1989). "Electronic information and freedom of information-moving toward policy: A viewpoint." *Government Publications Reviews* 16, 425-428.

와 같은 정보공개에 대한 저항동기 및 그에 따른 저항방법의 사용 등은 정당하지 못한 것으로 합리화되기 어렵고 그의 시정이 촉구되어야 마땅하다 할 것이다.[17]

다만, 저자의 조사에 의하면 조사대상행정공무원 중 대부분인 81.9%가 정보공개에 찬성하고 있는 것으로 나타나서 공직자의 자발적인 공개가능성에 대하여 다소 희망적인 기대를 주었다.[18] 그러나 아쉬운 것은 그러한 인식이 실제로 동작화되어 나타나고 있지 않다는 사실이며 그러한 인식이 동작화되기 위하여는 적정한 제도상의 조치가 있어야만 한다는 것이다. 문제는 여하히 공직자의 정보공개에 대한 인식을 고양시켜 그들로 하여금 적극적으로 정보공개를 활성화하느냐 하는 것이다. 이를 위하여는 기본적으로 강연회, 교육훈련, 선진사례시찰 및 부서별 정보담당공무원(records access officer)의 임명 등을 통하여 정보공개의 필요성에 대한 설득이 필요하며, 아울러 인사, 보수, 보직 등과 관련하여 유인(incentive) 및 불이익처분(disincentive)의 선별적 부과의 적극적 적용이 요청된다. 후자와 관련하여 한 가지 의문은 어떠한 경우에 유인 또는 불이익 처분이 보다 효과적이겠는가 하는 것이겠는바, 이에 대하여는 아직 적절한 연구가 없는 실정이다. 생각건대 이는 기본적으로 해당 공직자의 정보공개에 대한 태도와 직결된 문제라 하겠으며, 정보공개에 대하여 상대적으로 회의적인 태도를 가진 공직자에게는 불이익처분보다는 유인이, 정보공개에 대하여 상대적으로 호의적인 태도를 가진 공직자에게는 유인보다는 불이익처분이 효과적일 것으로 사료된다.[19]

(2) 시민의식의 함양

정보공개는 참여활성화를 위한 필수적인 조건이며, 실질적인 정보공개를 위하여는 정부가 적극적으로 보유정보를 공개하여야 함은 이미 지적한 바와

---

17) 물론 비합리적인 저항동기 외에도 합리적인 정보공개 반대 이유로서 공공정책결정의 능률저하, 행정전문성 위협, 보안유지 곤란 등이 제시되기도 한다. 그러나 이는 극단적인 정보공개를 가정한 데서 나오는 지나친 우려로 생각되며 적정한 정보공개시에는 크게 문제가 되지 않겠다.

18) 이승종. (1991). 「지방자치단체의 행정정보공개에 관한 연구」. 한국지방행정연구원, 36-39; 김병국의 조사에서도 유사한 결과가 보고된 바 있다. 조사대상공무원 209명 중 95%가 원칙적으로 정보공개를 찬성하였다고 한다. 김병국. (1989). 「지방자치시대의 주민참여확충방안 연구」. 한국지방행정연구원.

19) 이승종. (1993a). "성공적 정책집행을 위한 관리전략." 「지방행정연구」. 8(3), 83-108 참조.

같다. 이와 아울러 정보공개의 원활화를 위하여는 시민의 정보가치에 대한 인식 제고와 함께 바람직한 활용의 자세가 요청된다는 점 또한 강조되어야 한다.[20)]

정보에 대한 시민의 높은 관심은 정보공개를 강제하는 효과를 낳게 될 것이며 또한 바람직한 활용의 자세는 정보를 공개하는 기관의 공개된 정보의 남용에 대한 우려를 완화시킴으로써 결과적으로 정보공개를 촉진시키게 될 것이다. 아울러 정보공개의 제도화를 통한 공개관행의 정착은 시민의식을 저항형에서 참여형으로 성숙시키는 불가결의 조건이 되기도 한다.

(3) 정보공개수단: 청구공개와 정보공표

정보공개는 앞에서 제시한 바와 같이 청구공개와 정보공표를 포함하는 개념으로서 실질적인 정보공개가 이루어지기 위하여는 청구공개 및 정보공표가 동시에 추진될 것이 요청된다. 요컨대 정보공개가 정부의 시민에 대한 은전(privilege)으로서가 아닌 권리(right)로서의 보장을 의미하기 위하여는 시민의 공개청구에 대한 정부의 소극적인 대응 즉, 청구공개뿐 아니라 정부 스스로의 적극적 공개 즉, 정보공표가 충실히 이루어져야 하는 것이다. 여기서 필요한 것은 청구공개와 정보공표의 정보공개수단으로서의 상대적 중요성을 비교함으로써 정보공개제도 추진을 위한 전략에 반영시키는 일이다.

일반적으로 정보공개에 관한 기존의 논의는 "정보공개청구권"의 제도화 자체에 중점을 두었으나 청구공개의 정보공개수단으로서의 유효성에 대한 과신은 금물이다. 그 이유는 첫째, 시민의 정보청구에 대한 공직자의 거부반응 가능성 때문이다. 이 같은 거부반응은 정보공개가 비밀주의하에서의 독점적 정보소유에서 비롯되는 공직자의 재량범위를 축소시킬 것이라는 우려에서 비롯된다.[21)] 이 경우 공직자는 시민의 청구에 대하여 앞에서 제시한 바와 같은 여러 가지 저항수단을 사용하여 정보공개요구를 무색하게 만들 수 있을 것이다. 둘째, 시민들은 어떠한 정보가 존재하는지조차 잘 모르는 경우가 일반적이어서 정보공개청구의 인정만으로는 충분한 정보에의 접근이 사실상 어렵기 때문이다. 셋째, 시민이 요구하는 정보 자체가 존재하지 않거나 있더라도 시

---

20) Dilys M. Hill (1974b). *Democratic theory and local government*. London: George Allen & Unwin, 18.

21) Rourke (1975). 앞의글; Harold C. Relyea (1986). "Access to government information." *Public Administration Review* 46, 635-639.

민이 원하는 형태로 존재하지 않는 경우가 보통이기 때문이다. 요컨대, 청구공개에 의한 정보공개는 시민들이 광범위한 문제에 대하여 정보청구를 요청할 수 있다는 장점에도 불구하고 ① 시민 자신의 정보에 대한 상대적인 무지 및 ② 공직자의 소극적 대응 가능성 때문에 정보공개수단으로서의 실효성은 제한적이라 하겠다.

따라서 이와 같은 청구공개의 제약성을 보정하기 위하여는 공직자 스스로의 정보공표의 중요성이 강조되어야 한다. 정보공표는 공표되는 정보의 내용을 시민들의 요청에 의해서가 아니라 공직자가 독자적으로 결정하므로 공개된 정보가 반드시 시민 개개인이 원하는 것이 아닐 수도 있다는 단점이 있다. 반면, 정보공표는 공표되는 정보의 수혜자가 불특정 다수인으로 수혜의 범위가 넓으며, 청구공개에서와 같은 공직자의 거부반응 또는 시민의 상대적 무지에 따른 문제점이 적어 보다 유효한 정보공개수단이 될 수 있다.

정보공개수단(또는 참여활성화의 조건)으로서의 정보공표의 청구공개에 대한 상대적 중요성에 대한 논의는 정책결정자가 정보공개를 추진함에 있어 정보공표측면에 보다 세심한 관심을 가져야 함을 가르쳐 준다. 그러나 정보공표의 상대적 중요성에 대한 논의가 청구공개의 무용성을 의미하는 것은 아니다. 그것은 이미 지적한 바와 같이 청구공개도 명백히 정보공개를 위한 유효한 수단이며, 아울러 시민 자신이 원하는 정보를 광범한 문제에 걸쳐 청구할 수 있다는 정보공표가 가지지 못한 장점을 보유하고 있기 때문이다. 따라서 정보공개제도는 청구공개 및 정보공표의 적절한 균형을 전제로 하여 추진되는 것이 바람직하다. 양자의 균형적 추진이 필요한 또 하나의 이유는 청구공개와 정보공표가 상호보완적인 관계에 있다는 것이다. 특히 정보공표의 성공적 운영은 청구공개의 필요성을 상대적으로 감소시켜 이에 따른 청구공개에 소요되는 시민 및 정부의 부담을 완화할 수 있을 것으로 생각된다. 그럼에도 불구하고 대부분의 나라에서는 청구공개 위주의 정보공개제도화를 추진해 왔으며 우리나라에서의 정보공개제도도 예외가 아닌 듯싶어 우려된다. 효율적이지 못한 정보공개의 추진은 결국 시민에게 제공되는 정보의 감소를 야기하며 그만큼 시민참여는 저해받게 되는 것이다. 다만 최근에는 사전 정보공표를 다양화하는 시스템들을 구축하는 노력들이 이루어지고 있는 점은 이러한 우려를 다소 줄일 수 있는 새로운 흐름이라 하겠다. 구체적으로 정책연구용

역 정보를 제공하는 '프리즘(www.prism.go.kr)' (2006. 01), '공공기관의 경영정보를 제공하는 '알리오(www.alio.go.kr)'(2005. 12), 지방자치단체의 행정정보를 종합적으로 제공하는 '내고장살림(www.laiis.go.kr)' (2007. 01), '지방공기업의 경영정보를 제공하는 '클린아이(www.cleaneye.go.kr)' (2007. 12), 교육관련 기관의 정보를 제공하는 '대학알리미(www.academyinfo.go.kr)' (2008. 12)와 '학교알리미(www.schoolinfo.go.kr)' (2008. 12) 등이 그것이다.[22] 물론 이러한 정부사이트가 제공하는 정보의 내용이나 질적 측면에 있어서 한계가 없는 것은 아니지만 시민의 정보공개청구가 없더라도 사전에 정보를 제공하는 정보공표를 위한 시스템이라는 점에서 시민의 알 권리 충족을 위한 중요한 수단으로 작용할 수 있다. 따라서 향후 이와 같은 정보공표의 흐름이 지속적으로 확대되어야 할 뿐 아니라 정보의 질적 개선도 함께 이루어져야 할 것이다.

(4) 지방정부의 정보공개

이상적으로는 정보공개입법이 중앙과 지방에서 동시에 이루어지는 것이다. 그러나 우리나라의 경우는 정보공개법이 제정된 1996년 이전에 여러 지방자치단체에서 조례로써 이 제도를 먼저 채택한 바 있다. 시민의 알 권리의 충족 또는 참여활성화를 위하여 공공정보를 시민에게 제공한다는 측면에서 볼 때 지방정부 차원에서의 정보공개와 중앙정부 차원에서의 정보공개는 기본적으로 다를 바가 없음에도 불구하고, 다음과 같은 이유에서 지방정부에서의 정보공개제도의 도입이 중앙정부의 경우에 비하여 상대적으로 용이할 것으로 판단된다.

첫째, 지방정부의 경우는 중앙정부와는 달리 외교, 국방 또는 국가안전보장에 대한 책임이 없고 주로 지역주민의 일상생활과 밀접한 업무를 취급하므로 비밀보장을 필요로 하는 대상정보가 상대적으로 적은 반면 공개대상정보의 영역은 넓기 때문이다. 둘째, 지방의 경우 정보공개에 따른 이해당사자의 이해관계를 둘러싼 갈등의 폭이나 정도가 중앙 단위의 경우에 비하여 상대적으로 작아 정보공개제도의 도입에 대한 저항이 상대적으로 크지 않을 것이기 때문이다. 그리하여 외국의 경우에도 중앙정부에서의 정보공개제도 도입에 앞서 지방정부 차원에서의 정보공개노력이 선행되었던 것은 참고가 된다. 예

---

22) 행정안전부. (2010c). 앞의글, 4.

표 15-4 중앙정부와 지방정부에 대한 정보공개청구 및 비공개 비율 (단위: 건수, %)

구분	청구건수/비공개율	2007년	2008년	2009년	2011년	2012년	2013년	2014년	2015년
중앙정부	청구건수	80,796	60,262	82,758	63,958	65,248	73,752	81,446	92,756
	비공개율	11	16	17	19	14	11	11	10
지방정부	청구건수	140,846	182,077	251,870	210,666	206,834	222,282	224,641	272,312
	비공개율	8	8	7	7	3	2	2	2

* 출처 : 행정자치부 및 행정안전부의 각 연도(2007-2015) 정보공개연차보고서. (단 2010년도 정보공개연차보고서가 확인되지 않아 자료의 부재로 2010년도 자료 제외)

컨대, 미국의 경우 1966년 연방정부의 정보공개법이 제정되기 훨씬 이전인 1849년 위스콘신(Wisconsin)주법, 1851년의 매사추세츠(Massachusetts)주법 등이 비록 체계적인 단일법체계에는 못 미쳤으나 공적기록에 관한 열람권을 인정하는 규정을 두고 있었으며 이러한 규정을 둔 주는 1940년 이전에 이미 12개 주를 초과하였던 것이다.[23)]

우리나라에서 중앙정부와 지방정부의 정보공개청구현황 및 처리 결과를 비교하면 [표 15-4]과 같다. 이 자료에서 나타나듯이 중앙정부에 대한 정보공개청구건수에 비하여 지방정부에 대한 정보공개청구건수는 월등히 많으며, 정부의 비공개 결정의 비율도 지방정부가 훨씬 낮은 것으로 나타나고 있다. 이러한 측면에서 지방정부의 정보공개제도 도입은 중앙정부의 정보공개제도에 비하여 보다 용이할 뿐만 아니라 시민참여의 관점에서도 보다 유의한 것을 확인할 수 있다.

II 지방자치의 발전

CITIZEN PARTICIPATION

1. 지방자치와 시민참여

우리나라에서 참여의 관심이 증폭되게 된 또는 증폭될 수 있는 하나의

23) 강경근. (1983). “정보공개제도에 관한 연구.” 고려대학교 박사학위논문, 35-37.

계기는 1989년 지방자치법의 전면개정 및 1991년의 기초 및 광역지방의회의 구성을 시발점으로 하여 재개된 지방자치를 들 수 있다. 많은 사람들은 지방자치야말로 민주주의 또는 시민참여의 원천이라고 믿고 있다. 지방단위에서의 정책문제는 상대적으로 단순하고, 명료하며, 정책결정자들이 누구인가가 비교적 잘 드러나며, 이해관계자간의 상호작용의 절차의 마련이 용이하다. 지방정부는 시민에 가깝고 따라서 시민은 보다 영향력을 쉽게 행사할 수 있다고 생각한다.[24] 더욱이 많은 학자들은 개인이 민주주의를 배울 수 있는 기회는 오직 지방정부 수준에서의 참여에 있다고 한다.[25]

물론 논자에 따라 지방정부 단위에서의 참여가능성에 대하여 회의적인 입장이 없지 않다. 예컨대 피터슨(Peterson)은 다음과 같이 회의적인 입장을 피력한다. 즉, 현대의 지방정부는 조직화되지 아니한 일반시민이 직접 참여하여 정책과정에 영향력을 행사하기에는 일반적으로 지나치게 규모가 크고, 정책문제 역시 간단치 않다. 그리하여 지방단위에서도 시민은 참여를 위하여는 집단으로 조직화되어야 하고 이러한 집단들이 시민의사를 충분히 대변할 수 있을 것이 요청된다.[26] 그런데 지방정부의 의사결정과정은 그러한 시민집단(이익집단)의 영향력에 대하여 충분히 개방되어 있지 않다. 중앙차원에 비하여 지방단위에서는 정책결정과정이 보다 폐쇄적이고, 매스미디어도 덜 활성화되어 있으며, 지방정치인은 재선에 관심이 덜하며, 공무원은 여론을 파악하기 위한 통로를 충분히 확보하고 있지 못하다. 이상의 여러 가지 요인은 결국 지방의 정책결정과정과 시민과의 관계를 단절시키는 요인으로 작용한다. 그리하여 시민 개인 또는 시민집단이 실제로 참여를 통하여 지방정부로부터 소기의 반응을 얻어낼 수 있을 가능성은 그리 높지 않으며, 그렇기 때문에 지방단위에서의 참여는 중앙에 비하여 저조한 것이며, 시민집단의 형성 또한 활발치 않은 것이다.[27]

그러나 이러한 주장은 현상을 지나치게 과장한 것이다. 물론 국지적으로

---

24) P. Peterson (1981). *City limits*. Chicago: University of Chicago Press, 116; Advisory Commission on Intergovernmental Relations (1979). *Citizen participation in the American federal system*, 8.

25) Corole Pateman (1970). *Participation and democratic theory*. New York: Cambridge University Press, 38.

26) Peterson (1981). 앞의글, 196.

27) Peterson (1981). 앞의글, 128.

지방단위에서의 참여가 국가차원에서의 참여와 비교하여 덜 활성화되어 있을 수도 있다. 지방의회의원 선거 참여율이 국회의원 선거 참여율에 비하여 저조한 것은 그 한 예이다. 그럼에도 불구하고 이전에서 살펴본 바와 같이 참여의 형태는 선거에만 국한되지 않고 다양할 뿐만 아니라, 지방단위에서의 참여가 반드시 중앙단위에서의 참여에 비하여 침체되어 있다고 인정하기도 어렵다. 우리는 주위에서 많은 지방단위에서의 참여사례를 접하고 있는 것이다. 더욱이 참여의 실태와 참여의 가능성은 같은 개념이 아니다. 즉, 지방자치 실시에 따른 참여의 관심 및 효과 증대의 가능성을 간과해서는 아니되는 것이다. 그리하여 일반적으로 지방단위에서의 참여가 국가단위에서의 참여에 비하여 상대적으로 용이하고 더 효과적인 것으로 인식되고 있는 것이다.

생각건대, 지방자치의 실시는 과거에 중앙정부가 독점하였던 권력을 시민과 보다 가까운 위치에 있는 지방정부에 상당부분 이양함을 의미하는바, 물리적으로나 심리적으로 보다 가까운 지방정부에 대하여 시민은 보다 용이하게 접근하여 영향력을 행사할 수 있을 것이다. 즉, 지방자치의 실시는 정치의사결정과정에 대한 시민의 접근성 및 영향력의 제고를 통하여 시민사회의 구현을 위한 정치적 기반을 강화시킴으로써 시민참여에 대한 관심을 증폭시키는 직접적인 도구로 작용하게 되는 것이다. 이러한 점에서 지방자치의 실시는 과거에 비하여 정부의 의사결정과정에 있어서의 시민역할의 중요성을 부각시키는 중요한 계기가 된 것만은 부인하기 어려운 사실이다. 더욱이 단체장과 지방의회의원의 선출제에 의한 충원은 선출직 공무원의 시민의사에 대한 감수성 증대 및 그에 따른 참여효과의 증대 기대로 인하여 시민참여에 대한 관심 및 참여효과에 대하여 보다 긍정적인 기대도 가능하다 할 것이다.

더욱이 참여문제와 관련하여 지방자치가 갖는 의의의 중요성은 앞에서도 언급한 바와 같이 참여는 기본적으로 정치공동체의 규모와 밀접한 함수관계에 있다는 점에서도 찾을 수 있다. 참여는 정부의 규모가 작을수록 용이하다. 고대 그리스에서 비록 불완전한 형태로나마 직접민주정치가 가능했던 것도 국가의 규모가 작았기 때문이며, 현대에서도 미국 또는 스위스에서 소단위 자치체에 한하여 직접민주정 형태의 정부를 찾을 수 있음은 규모가 참여에 결정적 역할을 하기 때문임을 알 수 있다. 요컨대, 참여는 국가차원보다는 구역이 좁은 지방차원에서 좀 더 용이하다는 점에서 지방자치는 시민참여를

위한 토양으로서 중요하다.[28]

2. 지방자치란 무엇인가

지방자치란 '일정 지역의 주민들이 해당 지역 내의 공공사무를 스스로의 의사와 책임하에 처리하는 제도'를 의미한다.[29] 즉, 일정한 지역을 토대로 한 지방정부가 중앙정부로부터 상대적으로 독립하여 해당 지역주민의 자율적인 의사와 책임하에 해당 지역 내의 공공사무를 독자적으로 처리하는 제도를 지방자치라 하는바, 이같은 지방자치 개념은 [그림 15-3]과 같은 기본구조를 갖는다.[30]

이와 같은 지방자치구조에는 단체자치와 주민자치라는 두 가지 차원이 있는 바, 전자는 중앙정부와 지방정부와의 관계라는 측면이며, 후자는 지방정부와 지역주민과의 관계라는 측면이다. 이에 대하여 이기우 교수는 지방자치

그림 15-3 지방자치의 기본구조

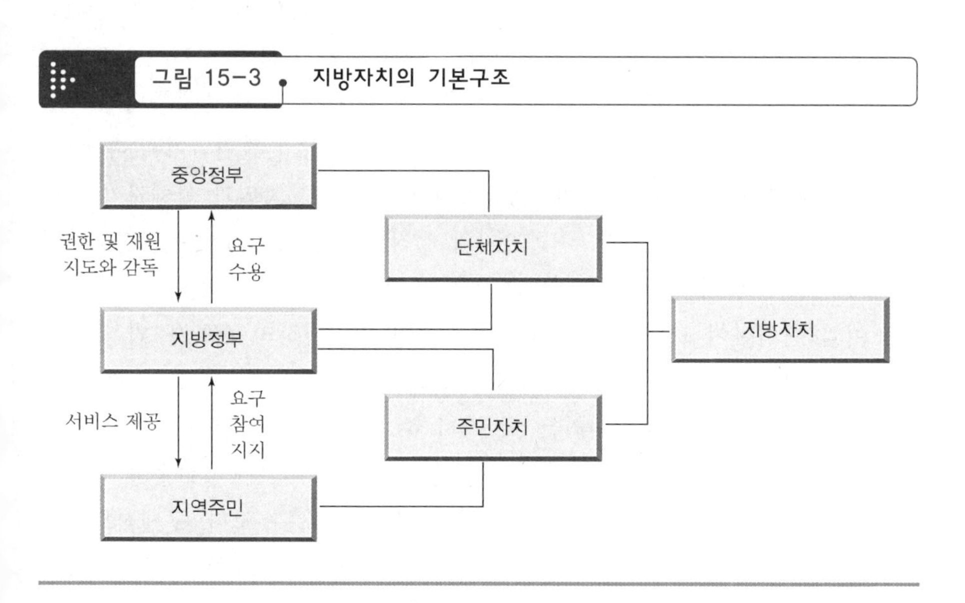

28) 단, 참여가 지방단위에서 보다 용이하다고 해서 국가차원의 참여를 도외시할 수는 없다. 왜냐하면 국가차원에서의 참여는 그 대상이익의 크기가 보다 클 것이기 때문이다.

29) 최창호. (1990). 「지방자치제도론」. 서울: 삼영사, 49.

30) 최봉기. (1989). "지방자치와 민주주의." 관악행정학회 편 「한국의 지방자치와 행정」. 서울: 대영문화사, 13.

가 주민자치와 단체자치요소를 포함하는 것으로 보는 통설은 두 가지 상반된 요소가 구체적인 법률제도로서 어떻게 결합하여야 하는지에 대하여 설명하지 못하기 때문에 문제시된다고 비판한다. 그리하여 그는 지방자치란 민주주의적 요소, 지방분권적 요소, 지방정부의 자기책임성이라는 세 가지 요소로 구성된다고 하면서 그렇기 때문에 통설은 민주주의적 요소(주민자치)와 지방분권적 요소(단체자치)만을 가리키는 데 의의가 있다고 한다.[31] 생각건대 이러한 비판은 일응 타당하다 하겠으나 통설이 지방정부의 자기책임성을 전혀 부인하는 것은 아니며, 아울러 지방자치의 구조를 분석함에 있어서 통설은 여전히 유용한 측면이 있다 하겠다. 실제로 자기책임성이란 단체자치와 주민자치와 같은 차원에서 볼 요소가 아닌지도 모른다. 전자는 지방정부의 고유성을 지칭하는 것인 반면, 후자는 이와 마찬가지로 지방자치의 속성을 나타내는 동시에 자치의 분석 측면을 나타내는 것이기도 하기 때문이다. 본서에서도 이를 고려하여 통설을 따르기로 한다.

한편, 지방자치와 주민참여와의 관계는 주로 주민자치의 차원에 관련된 문제로서 이해될 수 있으며, 지역주민의 의사와 다른 별도의 국가(중앙정부)에 의한 지방행정이란 존재할 수 없다는 전제하에 아래로부터의 민주주의를 지방자치의 원리로서 강조하는 영·미 계통의 지방자치사상과 관련되어 있다. 그러나 지방자치의 구조면에서 볼 때, 지방자치가 주민자치 측면과 단체자치 측면을 동시에 포함하는 것인 한, 지방자치의 정착 및 발전을 위하여는 단체자치 측면도 아울러 중시되어야 할 것임은 재론의 여지가 없다 할 것이다.

이와 관련하여 보다 민주적이고 효과적인 지방행정의 수행을 위한 개념모형을 제시하는 가운데, 매캔지(Mackenzie)는 [그림 15-4]에서 보는 바와 같이 국가, 지방정부 및 주민이라는 세 가지 주요한 요소를 식별한 뒤, 지방자치의 성패는 결국 국가의 전반적 통치체계와 지방정부의 구성원들의 업무수행능력 및 주민의 여론환경에 달려있다고 보고 있다.[32] 보다 구체적으로는 지역주민의 인식과 태도, 지방의원의 역량, 집행기관 구성원의 자질, 지방의회와 집행기관과의 관계 및 지방정부와 중앙정부(의회 및 집행부 포함)와의 관계라는 다섯 가지 요인이 유기적으로 연계될 것이 요청된다고 하겠다.

---

31) 이기우. (1991). 「지방자치행정법」. 서울: 법문사, 24-26.

32) Dilys M. Hill (1974b). 앞의글, 74에서 재인용.

그림 15-4 지방자치의 요소

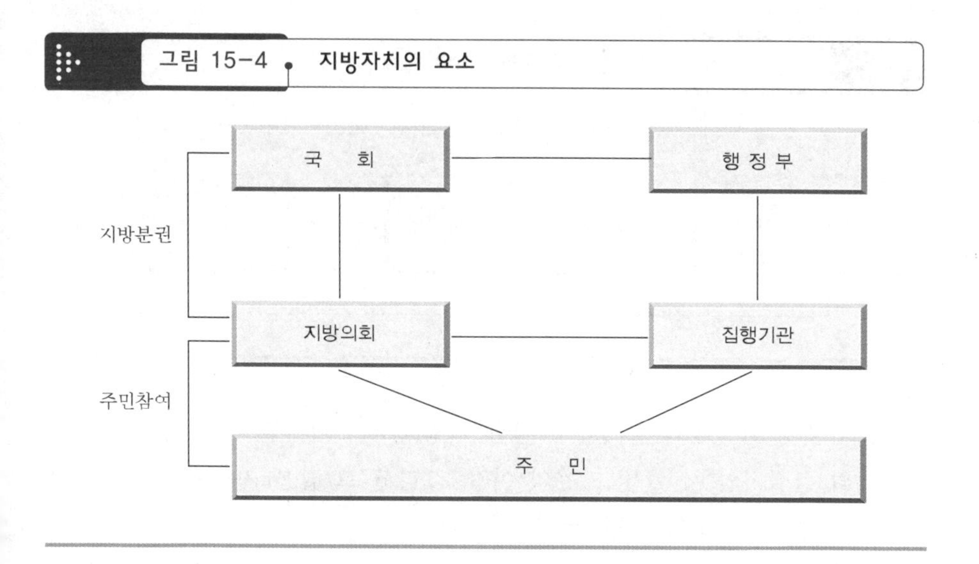

이상의 논의는 지방자치 발전은 단체자치 측면에서의 지방분권 수준의 적정화와 주민자치 측면에서의 주민참여의 활성화라는 양대 과제를 전제로 하고 있음을 가르쳐 준다. 그럼에도 불구하고 우리나라는 지방자치제 실시 이래 상대적으로 단체자치 측면에만 관심을 가짐으로써 주민과 정부와의 교호작용으로서의 주민자치 측면을 소홀히 취급하여 온 것은 문제시된다. 따라서 지방자치의 발전을 위하여 보다 총체적인 관점에서 지방자치에 접근할 필요가 있다.

3. 지방자치와 참여의 상호관계

주민참여와 지방자치는 상호 밀접한 관계에 있으며 양자간의 관계는 두 가지 측면으로 나누어 파악할 수 있을 것이다. 첫째는 자치의 참여에 대한 관계이다. 즉, 자치를 독립변수로 참여를 종속변수로 파악하는 관점인바, 이 경우에는 지방자치를 통하여 여하히 주민참여를 활성화시키느냐에 논의의 초점을 맞추게 된다. 구체적으로 지방자치는 공공의사결정과정에 대한 주민의 접근성 및 영향력의 제고를 통하여 주민참여를 활성화시키는 직접적인 도구로 작용하는바, 이와 같은 지방자치의 참여활성화 효과를 제고시키기 위하여는

그림 15-5 주민참여와 지방자치의 관계

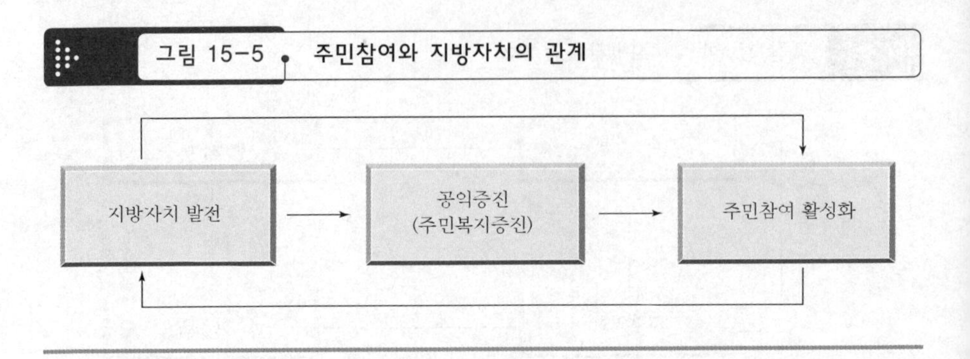

자치단체장의 민선제의 실시를 포함한 지방정부의 자주권의 인정, 중앙정부로부터의 실질적인 사무 및 기능의 이양, 그리고 그 같은 기능수행에 필요한 재원의 이양 등의 조치가 필요하다 하겠다.

둘째는 참여의 자치에 대한 관계이다. 즉, 참여를 독립변수로 자치를 종속변수로 파악하는 관점으로서 이 경우에는 참여를 통하여 여하히 지방자치를 발전시키느냐에 논의의 초점을 맞추게 된다. 구체적으로 참여는 이하에서 살펴보는 바와 같이 대체로 지방자치의 발전에 순기능적인 역할을 할 것이다.

요컨대, 지방자치의 발전은 주민참여를 활성화시키며, 동시에 주민참여는 지방자치의 발전에 기여하게 되는 것이다. 아울러 참여와 지방자치는 다같이 공익증진 또는 복지증진을 궁극적 목표로 하는 활동 내지는 제도로서 함께 공익증진(또는 주민복지증진)에 기여하게 된다. 이와 관련하여 [그림 15-5]는 양자가 교호적인 상승작용을 통하여 공익증진에 기여하게 됨을 요약하여 보여 준다.

4. 지방자치에서 참여의 중요성(의미)

지방자치제에 있어 주민참여가 왜 중요한가에 대하여는 그 동안 여러 학자가 다양하게 의견을 제시하여 왔다. 일찍이 루쏘(Rousseau)는 지방자치는 주민참여의 기회를 확대시키고 다시 확대된 참여는 참여에 내재된 교육기능을 통해 주민의 정치의식 수준을 제고시킴으로써 궁극적으로는 민주주의를 촉진

하게 된다고 하였다.[33)]

밀(Mill)은 지역주민이 자신 스스로를 다스리는 방법(how to govern himself)을 배우는 장소는 바로 지방자치 무대이기 때문에 지방정부에서의 참여가 이룩되지 않는 중앙정치에의 참여는 무의미하다고 함으로써 지방자치에서의 참여를 중시하고 있다.

콜(Cole)은 현대 산업사회에 있어 참여의 중요성을 강조하면서 모든 사회조직의 목표는 단순한 물질적 효율 추구가 아닌 모든 구성원들의 완전한 자기표현(self-expression)에 있으며, 이 같은 자기표현은 자기지배(self-government)를 포함하는바, 이를 위해서는 지역사회 문제해결에 있어 지역주민의 완전한 참여가 요청된다고 하였다.[34)]

허슨(Herson)과 볼랜드(Bolland)는 참여의 의의를 중앙정치와 지방정치로 구분하여 설명하고 있다. 즉, 중앙정치에의 참여는 주로 철학적이거나 도덕적인 쟁점들(예컨대, 무기소지나 환경문제, 국방비나 핵무기 감축 등)에 대한 의견표출적 성격(expressive nature)을 지니고 있는 데 반해, 지방정치에의 참여는 일상생활과 관련된 보다 실제적인 쟁점들(예컨대, 도시계획변경이나 교차로 개선, 도로나 도시공원설치 등)에 대한 개인적 관심(personal concerns)을 반영하고 있다는 것이다. 즉, 주민들은 자신들의 가치관을 표명하는 진술을 통해 중앙정치에 참여하지만, 지방정치에 있어서는 문제해결을 직접 요청하거나 자신들의 불만을 공개함으로써 참여를 행동에 옮기게 된다.[35)]

한편, 지포드(Gyford)는 지방자치제의 중요한 주제 가운데 하나로서 보다 대응적인 지방정부의 형성이라는 관점에서 주민참여의 의의를 찾고 있다. 즉, 지방정부가 대응적이기 위해서는 지방의회나 집행기관에 의한 정책결정시에 외부적 이해(external interests)가 반드시 고려되어야 한다는 것이다. 왜냐하면, 집행부 공무원들의 전문식견이나 지방의원들의 선거에 의한 신임 모두는 정책결정에 필요한 모든 관련 정보를 제공해 주지 못하며, 관료제와 대의민주

33) 루쏘는 주민참여에 내포된 3가지 기능으로서 교육기능, 수용기능 및 통합기능의 3가지를 들고, 이 가운데서도 교육기능이 참여의 가장 중요한 역할이라고 보았다. Pateman (1970). 앞의글, 22-27 재인용.

34) Pateman (1970). 앞의글, 36 재인용.

35) Lawrence J. R. Herson and J. M. Bolland (1990). *Urban web: Politics, policy and theory*. Chicage: Nelson-Hall Publishers, 138.

제도에 의한 공식경로를 보완해 주는 보충장치로서 주민참여가 반드시 필요하다고 보고 있다.[36)]

이와 같이 지방정부 수준에서의 참여는 논자에 따라 다양한 이유로 그 중요성이 인식되고 있으나 여기에서의 관심은 지방자치의 발전을 위하여 참여가 얼마나 중요한 의의를 갖고 있는가 하는 것이며 위에서 제시한 허슨과 볼랜드, 그리고 지포드의 의견은 이와 관련이 깊다 하겠다. 생각건대, 참여의 중요성은 중앙정부의 경우에도 마찬가지지만 특히 일정한 지역을 기초로 하여 지역주민과 가까운 위치에서 밀접한 관련을 가지고 수행되는 지방정부수준에 있어서의 참여의 중요성은 더욱 클 것으로 생각된다.[37)] 이는 지역주민이 자신의 거주지역에서 수행되는 지역의 문제에 대하여 지대한 관심을 가지고 있으며 보다 용이하게 지방정부에 대하여 영향력을 행사할 수 있다는 점을 고려하면 쉽게 이해된다. 지방정부 수준에서의 참여의 의의는 특히 최근 사회 전반에 걸친 민주화 추세와 더불어 부활된 지방자치의 실시에 따른 지역주민의 의식구조상의 변화를 고려해 볼 때 더욱 강조되어야 한다. 즉, 오늘날의 주민은 과거와는 달리 수동적이고 복종적이지 않으며 보다 능동적으로 자신들의 주장을 표출하려는 경향을 보이고 있는바,[38)] 이 같이 변화된 행정여건하에서 지역주민의 참여가 없을 경우에 지방정부는 주민의 의사를 제대로 파악하지 못하고 적절히 대응하지 못함으로 인하여 주민복지를 증진시키지 못하고 주민으로부터의 거리감이 확대되어 그 존립의 기반을 상실할 우려가 있기 때문이다.

5. 지방자치에서 참여의 성격(보완론)

주민참여의 성격에 관하여는 대의민주주의와 주민참여에 관한 논의(제1장)에서 간단히 언급하였으나 지방자치제와 관련하여 이를 부연하여 설명하면 다음과 같다. 지방자치제와 관련한 참여의 성격에 관하여는 크게 대의민

36) John Gyford (1991). *Citizens, consumers and councils*. London: Macmillan, 54.

37) Advisory Commission on Intergovernmental Relations (1977). *The organization of local economics*. Washington D.C., 221.

38) 대표적인 예가 1990년 11월 8일 핵폐기물 처리시설 설치와 관련하여 발생한 안면도 주민의 집단행동사태이다.

주주의 치환론, 대의민주주의 보완론으로 나누어 볼 수 있다.[39]

1) 대의민주주의 치환론

이는 대의민주주의제도가 갖는 근본적 결함 때문에 이를 대체하는 참된 (authentic) 민주제도로서 참여민주주의를 주장하는 입장이다. 즉, 대의민주제 하에서의 주민성 또는 주민자격(citizenship)이란 주로 선거과정을 통한 공직자 선출에 주기적으로 개입하는 데 그칠 뿐인바, 이처럼 간헐적인 투표 기회를 갖는다는 것은 주민의 정치과정에의 완전한 참여와는 거리가 먼 단지 모방에 그칠 뿐이라고 한다. 따라서 진정한 민주제도는 주민들에 의한 보다 적극적이고 능동적인 참여를 요구하며, 참여를 통해 주민들은 공공문제를 학습하고, 지역사회에 기여함으로써 참된 민주주민이 될 수 있다고 한다.

이 같은 관점에 의하면, 주민참여의 제고는 공공사무의 수행에 긴요할 뿐 아니라 개개 주민의 자질향상을 위해서도 매우 중요하다. 패이트맨(Pateman)은 참여민주주의 모형이 갖는 특징으로서 최대투입(참여)이 이뤄질 경우 그 결과의 산출에는 정책결정의 개선뿐 아니라 주민의 사회적·정치적 능력 발전이 포함되며, 이 같은 투입(참여)과 산출(정책 및 주민발전) 사이에는 환류작용이 있다고 주장하고 있다.[40] 또한 이 관점에서는 참여민주주의하에서의 진정한 정부과정의 모습에는 주민참여를 육성하고 배양하는 책무도 포함된다고 보고 있으며, 매일매일의 복잡 미묘한 공공정책 결정과정 속에서 통치예술(art of government)은 오직 관리기술(craft of management)에 의해서만 회복될 수 있고 또 그래야 한다고 주장하고 있다.[41]

2) 대의민주주의 보완론

이는 대의민주제가 지닌 결점과 편견을 보완하는 기능을 주민참여에서 찾는 견해이다. 이 관점은 대의제하의 지방정치과정은 낮은 투표율로 표현되는 주민의 무관심과 냉담이라는 문제를 안고 있으며, 지방정부 역시 모든 주

39) Elaine B. Sharp (1990). *Urban politics and administration*. New York: Longman, 75-78; 최호준. (1987). 「시민행정학」. 거목, 147-152.

40) Pateman (1970). 앞의글, 43.

41) Louis Gawthrop (1984). "Civis, civitas and civilitas." *Public Administration Review* 44, 104 재인용.

민들의 이해를 골고루 반영하고 있지 않을 뿐 아니라, 더 나아가 저소득층 주민보다는 상류 계층이나 기업의 이해에 더욱 더 민감하다고 본다.[42)]

아울러, 지방정부의 관료제는 증대되는 관료제의 규모와 복잡성 및 전문화에 기인하여 지역주민의 일반적 관심사로부터 너무 멀리 떨어져 있을 뿐 아니라 비대응적이라고 한다. 즉, 지방정부의 관료들은 그들의 의사결정을 보다 전문적이고 기술적인 기준들로 이뤄진 관료제적 의사결정 규칙에 의거함으로써 주민들의 관심사에 비대응적이 된다는 것이다. 따라서, 다양한 주민참여 프로그램들로 하여금 전문적이고 기술적인 도시관료제 속으로 주민들의 관심사를 투입시키는 일종의 연계장치(liaison devices) 역할을 부여할 필요가 있다는 것이다.

한편, 대의제 보완론의 일종으로서 의회우회론, 정책결정보조론 등이 제시되기도 한다.[43)] 특히 정책결정보조론은 참여의 정책결정과의 관계에 초점을 맞추어 제시되는 것으로서 주민참여제도를 통하여 지방정부의 계획이나 정책결정 및 집행이 도움을 받게 됨을 강조한다. 즉, 주민참여를 위한 추가적이고도 혁신적인 통로의 마련은 지방정부의 공직자들에게 도움을 줄 수 있는바, 주민들의 선호와 수요 및 정보의 제공을 통해 공공서비스 제공을 위한 정책결정을 지원할 수 있다는 것이다. 구체적으로, 주민참여를 통해 주민들간의 갈등이나 협박을 해소시킬 수 있으며, 공공서비스 제공비용을 낮출 수 있을 뿐 아니라, 지방정부의 사업을 지원하는 강력한 동맹자가 형성될 수도 있다.[44)] 더 나아가, 주민들에 의한 투입은 비용·효과분석 등과 같은 정책분석 기법의 중요한 요소가 될 수 있다. 이들 기법이 갖고 있는 주요 결함은 바로 포괄적 정보가 부족하다는 것인바, 특히 각 대안의 대주민효과 등에 관한 정보는 주민참여를 통해 제공될 수 있다고 한다.[45)] 다만, 그 상대적 초점을 달리 하고 있으나 이러한 관점 역시 대의제 보완론의 일종으로 보아야 한다.

---

42) Clarence N. Stone (1980). "Systemic power in community decision-making: A restatement of stratification theory." *American Political Science Review* 74, 978-990 재인용.

43) 최호준. (1987). 앞의글, 147-152; Sharp (1990). 앞의글, 75-78.

44) John C. Thomas (1986). *Between citizen and city*. Lawrence: University Press of Kansas, 16-17.

45) Mary G. Kweit and R. W. Kweit (1987). "The politics of policy analysis." in Desario, J. and S. Longton eds. *Citizen participation in public decision making*. New York: Greenwood Press, 19-37.

6. 지방자치에 대한 주민참여의 효과

1) 긍정적 기대효과

주민참여가 지방자치에 긍정적인 영향을 미칠 것이라는 믿음은 광범하게 확산되어 있으면서도 실제로 참여가 자치에 미치는 효과를 구체적으로 제시한 연구를 찾기는 어렵다. 이러한 가운데 짐머맨(Zimmerman)은 주민참여로부터 기대할 수 있는 긍정적 효과를 네 가지로 정리하여 제시하고 있어 참고가 된다.[46)]

첫째, 지방정부의 문제 식별 및 해결능력이 향상된다고 한다. 주민참여를 통하여 기존의 지방정부가 식별해 내지 못하던 문제를 새롭게 인식하게 될 뿐 아니라, 문제해결을 위한 또 다른 대안제시도 가능할 수 있다는 것이다. 둘째, 지방정부의 의사결정과정이 개선된다고 한다. 주민들이 갖고 있는 지역사정에 대한 상세한 지식과 많은 경험은 지방정부의 의사결정과 집행에 투입될 경우 매우 귀중한 정보가 될 수 있다는 것이다. 셋째, 지방정부 사업의 효과적 집행이 가능해 진다고 한다. 참여를 통하여 주민들은 지방정부와 책임을 공유하게 될 뿐 아니라, 사업집행 이유를 보다 잘 이해하게 됨으로써 사업의 성공적 완수를 위해 기꺼히 협조하게 된다는 것이다. 넷째, 지역주민의 평가능력이 제고된다고 한다. 참여과정 속에서 많은 정보를 제공받은 주민들은 지방정부의 활동과 성과를 보다 잘 판단할 수 있게 되며, 따라서 지방정부 공무원들의 책임성을 보다 강화시키게 된다는 것이다.

위와 같이 제시함에 있어 짐머맨은 참여의 지방자치(행정)에 대한 긍정적 효과는 다음과 같은 전제조건을 충족한 경우에 발생한다고 한다. 첫째, 참여는 지속적으로 이루어져야 한다. 둘째, 참여는 지방정부가 수행하는 새로운 사업이나 계획의 기획단계에서부터 시작되어 사업집행 이후까지 지속적으로 이루어져야만 한다. 셋째, 가능한 한 모든 주민에게 동등한 참여기회가 부여되어야 한다. 이에는 공청회장에의 접근가능성, 정보의 가용성 및 의견표명기회의 제공 등이 포함된다.

짐머맨이 제시한 바는 전적으로 타당함에도 불구하고 주로 참여의 자치

---

46) Joseph F. Zimmerman (1986). *Participatory democracy: Populism revisited.* New York: Praeger, 2-4.

의 효율화 효과에 초점을 둠으로써 포괄적이지 못한 한계가 있다. 따라서 그와 같은 한계를 보충하기 위하여 본서는 참여의 자치에 대한 효과를 다음과 같이 세 가지로 나누어 제시한다. 첫째, 참여는 지방정부의 의사결정의 효율성을 제고시켜 준다. 지방정부는 한정된 자원을 효과적으로 할당·투입하여야 하는데 참여는 공공정책에 대한 시민의 선호 및 요구를 정책결정자에게 효과적으로 알려줌으로써 효율적 투자에 기여할 수 있는 것이다.[47] 물론 참여 없이도 정책결정자들은 전문적인 분석기법에 의거하여 자원배분을 할 수도 있겠으나 그러한 과학적 방법은 종종 비현실적인 가정에 기초하는 등의 이유로 인하여 비효과적인 경우가 많으므로 이의 보완적 수단으로 일반 주민의 참여가 필요한 것이다. 극단적인 경우, 주민참여의 도움 없이는 주민의 요구가 정부능력을 과도히 초과하여 초래되는 이른바 시가전적 다원주의(street fighting pluralism)의 상황하에서 제한된 자원을 갖고 있을 뿐인 정책결정자는 가능한 방법을 잃은 속수무책의 상황에 처할 우려가 없지 않다. 이러한 우려는 특히 풍부한 재정상황하에서의 참여의 필요성보다 빈약한 재정상황하에서의 참여의 필요성이 더욱 절실함을 가르쳐 준다.

둘째, 참여는 지방행정에 있어서의 불평등을 완화시켜 준다. 일반적으로 지방정부는 유지·존속을 위하여 성장을 추구하는 경향을 보이게 된다. 이는 경제성장이 없이는 지방정부의 유지·운영에 필요한 재정확보 곤란, 서비스 수준의 저하에 따른 담세원(擔稅源)의 유출 증가 또는 유입 감소, 주민의 지지 저하 등으로 인하여 지방정부 존립기반이 위태롭게 될 것이기 때문이다.[48] 따라서 성장을 추구해야 하는 지방정부는 한정된 재원으로 개발사업을 수행해야 할 필요성에 당면하게 되고 이에 따라 관할구역 내의 서비스 또는 재원배분의 불평등의 시정에는 상대적으로 소홀하게 되기 쉽다.[49] 이러한 경향은 특히 재정력이 취약한 우리나라 시군의 경우 더욱 그러하다. 재정력이 취약한 상태하에서는 그야말로 형평을 추구할 여력이 없을 것이기 때문이다. 그

---

47) Jack DeSario (1987). "Consumers and health planning: Mobilization of bias?" in Jack DeSario and Stuart Langton. *Citizen participation in public decision making*. New York: Greenwood Press, 35.

48) Peterson (1981). 앞의글; 이승종, 김흥식. (1992). "지방자치와 지방정부의 정책정향." 「한국행정학보」 26(2), 575.

49) Michael Keating (1991). *Comparative urban politics*. VT: Edward Elgar, 143.

러나 참여는 이 같은 우려를 상당한 정도로 완화하여 줄 수 있다. 물론 참여가 그러한 효과를 갖게 하기 위하여는 제14장에서 제기한 바와 같이 저소득층의 참여에 대한 배려가 필요할 것이다.

셋째, 참여는 지방정부의 공식기관간의 갈등을 중재 또는 해결하여 준다. 우리나라의 지방정부는 행정부와 입법부간의 기관대립주의를 채택하고 있다. 이와 같은 기관대립주의의 이상은 양 기관이 적절이 견제, 협조를 통하여 원활하고 책임있는 지방행정을 수행하는 데 있다 할 것이다. 그러나 이러한 원칙이 무시되고 간혹 양자간의 대립이 격화되어 지방행정이 정상적으로 수행되지 못할 우려가 있다. 실제로 과거 제1, 2공화국하 지방자치시대에 이와 같은 우려는 현실로 나타난 바 있다. 이와 같은 양 기관간의 갈등은 결코 공익 또는 주민복지를 위하여 바람직하지 못한 현상으로서 원만한 해결이 필요하다. 물론 그와 같은 양자간의 갈등 마찰은 자체적인 협상을 통하여 해결가능한 것이지만, 일정한 경우 양자간의 갈등은 주민의 참여를 통하여 효과적으로 해소될 수 있다. 즉, 지방정부의 기관간의 갈등은 주민투표, 주민발의, 주민소환과 같은 주민참여의 제도적 방안을 통하여 해결이 모색될 수 있는 것이다.[50] 물론 주민참여에 의한 해결방식은 주민의식 및 참여도의 문제, 비용의 문제, 소수 선동세력에 의한 악용의 문제 등이 없는 것은 아니지만, 지방정부의 기관간에 자율적으로 해소되지 않는 갈등을 수권주체로서의 주민이 중립적 입장에서 직접해결을 도모한다는 점에서 정당성이 높은 방식이라 하겠다.[51]

끝으로 주민참여는 위에서 제시한 바와 같은 효과를 통하여 우리나라의 지방자치의 정착발전을 위하여 기여하게 될 것으로 본다.

2) 부정적 효과

주민참여의 지방자치에 대한 효과에는 긍정적 측면만 있는 것이 아니라, 역기능 또한 예상할 수 있다. 앞에서 예를 든 짐머맨(Zimmerman)은 주민참여로부터 기대할 수 있는 긍정적 효과에 더하여 부정적인 효과 역시 다음의 네

50) 이와 관련하여 현행 지방자치법(제 8 절)은 주민의 청원을 인정하고 있으나 갈등의 해결책과는 거리가 있다.

51) 이에 관한 보다 자세한 논의는 이승종. (1992). “집행기관과 의결기관과의 관계.” 한국지방행정연구원 주최「21세기의 바람직한 지방행정좌표세미나」주제발표논문을 참조.

가지로 제시한다.[52)]

첫째, 행정비용이 증가될 수 있다. 그 이유로는 주민참여를 위한 대주민 정보의 제공이나 공청회의 개최 또는 주민투표의 실시 등에는 추가적인 비용이 소요되기 마련임을 제시한다.

둘째, 계획입안이나 집행상의 지연가능성이 있다. 주민들에 의한 추가요구 및 조사에 따라 계획이 지연될 수 있으며, 일반주민들은 계획과 사업의 전문적 측면을 적절히 판단할 수 있는 능력이 결여되어 있으므로 지방공무원들이 이를 설명하는 데 시간이 소요되기 때문이다.

셋째, 주민들간에 갈등이 유발될 가능성이 있다. 주민들의 시각은 편협하고 국지적일 경우가 많아, 자신들이 살고 있는 근린지역의 이해와 보다 광범위한 지역사회의 이해간에 충돌이 일어날 수 있는 것이다.

넷째, 참여자들의 대표성 문제가 제기될 수 있다. 주민참여에 능동적인 사람들의 숫자나 성분 또는 선호가 해당 지역주민 전체의 의사를 반영하는지의 여부가 문제가 될 수 있는 것이다.

생각건대, 이와 같은 부작용에 대한 지적은 일응 타당하다 하겠다. 그러나 이러한 지적이 반드시 옳은 것은 아니며 주민참여를 통한 건강한 지방자치제도로부터 기대할 수 있는 많은 혜택들을 고려할 때, 주민참여의 이 같은 문제들은 치러야 할 작은 비용에 해당한다. 이와쿠니(岩國)시장의 지적과 같이, 민주제도에 내포된 낭비란 실은 비효율의 효율일 것이기 때문이다.[53)]

7. 참여활성화를 위한 지방자치의 발전방향(조건)[54)]

지방자치의 의의는 지역사회의 공공문제를 지역실정에 밝은 지방 스스로가 해결하도록 하는 데 있다. 이때 지방이란 지방정부와 함께 지역사회의 주인인 지역주민을 포함하는 것이다. 바꾸어 말하면 지역사회의 문제해결과정에서 지방정부의 적극적 역할만이 아니라 지역주민의 적극적 참여가 필요하다는 것이다.

---

52) Zimmerman (1986). 앞의글, 3-4.

53) 細川護熙・岩國哲人. (1992). 地方의 論理. 서울: 민지사, 50.

54) 참여활성화를 위한 지방자치의 발전방향의 주요 내용은 이승종. (2008b). “근린자치의 활성화를 위한 지역사회 주민조직의 재구조화 방안.” 「자치행정」. 11월호에서 발췌한 것임.

기본적으로는 주민은 공공문제의 해결을 위하여 지방정부의 적극적 역할을 중시하여야 한다. 그러나 그렇다고 해서 주민들이 지역문제의 해결을 지방정부에게 전적으로 맡겨 놓고 지역사회의 공공문제 해결에 무관심할 수는 없는 노릇이다. 이는 한편으로는 주민의 무관심 속에서 지방정부가 진정으로 주민의 이익을 위해서 기능할 것인가에 대한 우려 때문이기도 하지만, 다른 한편으로는 지역문제의 원활한 해결을 위해서는 지역실정에 밝은 주민의 집합적 지혜와 자원의 투입 그리고 시책추진과정에서의 감시와 협조가 필요하기 때문이다.

이 같은 요구에도 불구하고 실제로 지방자치에 있어서 주민참여에 기반한 주민자치는 활성화되어 있지 않다. 지방자치가 재개된 지 이미 십수년이 지났으면서도 지방자치가 주민의 피부에 와 닿지 못하고 지방정부 또는 대표자 그들만의 리그로 인식되고 있는 것은 주민참여에 기반한 주민자치가 제대로 이루어지지 못하고 있는 데서 기인하는 바가 크다. 이 같은 지방자치에 대한 냉소현상이 적절한 시기까지 조절되지 않는다면 그야말로 우리 지방자치는 주민의 관심에서 벗어나 정부불신을 더할 뿐인 천덕꾸러기 정치제도로 전락할 수도 있을 것이다.

참여활성화를 위해서는 우선 주민자치의 장으로서 지방자치단위의 적정화가 요구된다. 자치의 단위가 지나치게 크면 참여에 소요되는 비용이 커져서 참여가 원활하게 이루어지기 어렵기 때문이다. 물론 자치단위가 너무 작아도 참여의 효과가 적어져서 참여가 어렵게 될 것이므로 지나치게 작은 자치단위도 바람직하지 않다. 이와 관련하여 최근 일각에서 제기되고 있는 읍·면·동 단위에서의 주민자치 강화요구는 한편으로는 외국에 비하여 규모가 과대한 시·군 단위의 주민자치의 한계를 보완하고, 다른 한편으로는 적정한 규모의 단위에서 주민자치 활성화를 위한 것으로서 경청할 필요가 있다.

또한 주민의 참여를 위한 제도화, 주민의 참여의지 강화를 위한 시책도 필요하다. 기왕에 채택되어 있는 주민투표제, 주민소환제, 조례제정개폐청구제, 주민소환제 등 직접민주제의 운영개선을 포함하여 다양한 참여제도의 보완적 조치, 그리고 참여의지와 능력을 진작시키기 위한 시민교육이 필요하다. 이때 참여제도와 시민교육은 별개가 아니라는 데 대한 인식이 중요하다. 참여의지는 참여를 통해서 효과적으로 이루어지는 데 참여는 참여제도화를 통해서 효과적으로 제고될 것이기 때문이다. 즉, 양자는 선순환관계에 있다는 점에 대한 인식이 필요하다.

자치단위의 조정 및 보완, 시민교육, 참여제도화 등에 대해서는 기왕에 다소나마 논의가 이루어져 왔다. 기왕의 논의에서 빠져있는 것은 참여의 제도화와 관련하여 주민의 자치활동을 매개할 적절한 조직체계의 구축에 대한 논의이다. 이 같은 지적은 기본적으로 주민의 집합적 참여를 매개할 조직체계의 구축이 이루어지지 않은 상황에서 현실적으로 주민참여가 진작되기 어렵다는 인식에서 출발한다. 물론 이론적으로는 주민 개개인 또는 소수가 참여의 매개조직이 없이도 적극적으로 참여할 수도 있을 것이다. 개인민원, 진정, 항의방문, 개인 캠페인 등은 개인이 할 수 있는 참여활동의 예이다. 이러한 참여활동이 활발해질 때 주민자치는 진작된다. 그러나 현실적으로는 적절한 조직체계의 매개 없이 고립된 개인이 적극적이고 안정적인 참여의 주체가 되기는 어려운 노릇이다. 때로 회자되는 개인의 영웅적 참여행위는 오히려 예외적이고 산발적이다. 이는 참여에는 시간, 노력, 기술, 지식 등 비용이 수반되는데 그 비용을 개인이 전담하기 어렵기 때문이기도 하거니와, 대개의 공공문제의 해결은 개인이 아닌 다수 주민의 협력을 필요로 하는 것이기 때문이다. 또한 일반적으로 개인의 생각보다는 다수 주민의 집합적 지혜가 우월할 것이라는 점, 나아가서 다수의 이익이 관련되는 공공문제의 해결을 위하여 개인 또는 소수만이 참여하는 것은 규범적으로 타당하지 않다는 점도 인식되어야 한다. 물론 경우에 따라서는 집합적 참여의 유도가 어려울 경우, 개인 또는 소수의 창도적 참여가 필요하고 더 효과적일 경우가 없지 않으나 일반적으로는 개인적 창도보다는 집합적 창도가 더 효과적이다. 최근의 자원동원론은 시민의 참여가 조직과 같은 제도를 매개로 하여 현실화되는 것으로 보고 있는 것은 참고가 된다. 요컨대, 개인의 참여보다 다수 주민의 참여가 규범적으로나 실천적으로 더 바람직하다는 것이며, 따라서 주민의 집합적 참여를 매개할 조직의 구축 또는 정비가 필요하다는 데 대한 인식이 요구된다.

그러므로 일차적으로 지역주민 전체를 기반으로 한 참여제도의 마련에 초점을 맞추어야 한다. 주민대표 조직을 만들 때는 대표성 확보에 신경써야 한다. 지역사회 전체 주민의 참여기회 확보에도 관심을 기울여야 한다. 이 같은 기본방향을 전제로 하여 몇 가지 대안을 제시하면 다음과 같다. 가장 중요한 것은 읍·면·동 단위의 주민자치위원회를 근린주민자치의 기간조직으로 정립시키는 일이다. 이를 위해서는 우선 주민자치위원회의 구성을 반상회를 기반으로 한 선출제로 전환시키고 공모제와 위촉제를 보완적으로 적용할 필요가 있다. 현행 공모제 또는 위촉제는 좋은 취지에도 불구하고 대표성이 의문시되고 있으므로 선출제를 통하여 대표성을 높이는 기반 위에서 보완적으로 활용하는 것이 좋다. 아울러 현재 통·리장과 주민자치위원으로 이원화되어 있는 근린주민 대표체제를 일원화할 것이 요구된다. 구체적으로 반상회에서 통·리장을 선출하고 선출된 통·리장이 당연직 주민자치위원을 담당하도록 하면 된다.

주민대표만이 아닌 지역주민 전체의 집합적 지혜의 축적과 반영을 위해서 지역주민의 대표체계의 구축 노력 외에 지역주민 전체의 참여의 장 확대에도 관심이 필요하다. 구체적으로, 지역주민 전체가 모이는 주민총회를 설치하는 것이다. 이는 읍·면·동과 같이 작은 단위의 지역사회에서는 가능한 일이라 본다. 일본, 독일 등 선진국에서 지역주민 전체를 대상으로 주민총회 또는 행정보고대회를 시행하는 것은 좋은 참고가 된다. 전체가 모이기 어려운 경우에는 읍·면·동을 몇 개 단위로 구분하여 모일 수도 있다. 이 같은 주민총회는 자주 개최하기는 어렵고 연례 행정보고회 또는 중요 논의의 장으로 모이는 것이 현실적이다. 보다 상시적인 논의의 장으로는 주민자치위원회가 주관하여 지역의 현안문제를 놓고 관심있는 주민들이 자유롭게 참여하여 논의하는 장으로서 의제포럼(issue forum)과 같은 제도를 도입할 수도 있다. 의제포럼은 현재 미국에서 모범적으로 추진하고 있는 제도로서 소지역모임, 중간지역모임, 대지역모임으로 체계화되어 있는 토의장치이다. 우리의 경우, 반, 통, 동으로 축차적으로 토의의 장을 넓혀갈 수 있을텐데 반상회의 경험은 이러한 논의장치의 구축에 긍정적 요인이 될 것이다.

나아가 지역사회에서 주민자치를 매개할 수 있는 시민단체의 육성도 필요하다. 이를 위해서는 지방정부의 지원이 필요하다. 지원에는 사업공모방식을 통한 활동비의 일부 지원, 지방행정정보의 제공, 시민사회단체와의 의사소통 강화 등과 함께 지역시민단체가 주민자치위원회에 참여 또는 참관할 수 있는 기회를 부여하는 것이 포함되어야 한다. 이러한 지원조치는 지역차원에서도 유능하고 건전한 시민사회단체의 형성을 촉진시킬 수 있을 것으로 기대된다.

주민자치위원회를 지역사회에서 주민자치의 중심으로 정립시키는 것은 지방정부의 여론행정에도 도움이 될 것이다. 한정된 행정력으로 분절되어 있는 여론을 수렴하고 반영하는 것은 쉬운 일이 아니다. 이러한 상황에서 주민자치위원회로 주민자치 기능을 집중시키게 되면 지방정부는 행정에 대한 여론의 수집 및 반영을 보다 효과적으로 수행할 수 있게 될 것이다. 이와 같이 지방정부와 주민자치 조직, 그리고 시민사회단체의 접점을 제도화하게 되면 민관간 의사소통의 양적 증가는 물론, 상호이해와 타협에 기초하여 의사소통의 질적 향상, 나아가서 지방자치의 성과 향상도 기대할 수 있다. 이에 대하여 여론창구의 집중화에 따른 폐단에 대한 우려도 제기될 수 있을 것이다. 그러나 지금은 과거와는 달리 민주화가 진전되었고, 민도도 많이 향상되었으며, 공직자의 인식도 많이 변화된 상황이므로 공사협력에 대한 우려보다는 긍정적 기대가 더 크다. 최근 지방화, 세계화, 및 민주화 추세를 반영하여 공사간 협력에 기반한 거버넌스가 강조되고 있거니와, 이에 따라 정부는 노젓기(rowing), 방향잡기(steering)를 넘어 민간과 '함께' 노젓기(co-rowing), '함께' 방향잡기(co-steering)를 할 것을 요구받고 있다. 이는 여기에서 제안하는 바와 같은 공사간 접점의 확대 및 정착에 대한 요구에 다름 아니다.

이상에서는 참여활성화를 위한 지방자치의 발전방향으로서 주민자치의 관점에서 지역주민의 적극적 참여를 독려하기 위한 지방정부 차원의 적극적 시책인 참여제도의 확충 및 주민 대표체계의 구축 등에 대해 제시하였다. 이와 함께 지방정부 및 주민 각 행위자들의 역할 관점과 관련하여는 1986년 영국의 맨체스터(Manchester) 시의회가 지방행정 가운데 특히 도시계획 분야의 주민참여가 성공적으로 수행되기 위한 조건들로 일곱 가지 사항을 제시한 바 있다.[55] 이를 참고적으로 제시하면 다음과 같다.

첫째, 시의회와 주민 양자는 참여의 내용에 대해 처음부터 명백히 할 필요가 있다. 즉, 주민들은 정보제공, 단순협의 또는 의사결정에의 적극적 참여 가운데 어느 수준인지를 분명히 알아야 한다. 둘째, 전체 주민 가운데 누가 참여하는지를 사전에 식별할 필요가 있다. 즉, 주민 가운데 특정 그룹만 참여

55) Manchester City Council (15 July 1986). *Report of the consultation and participation officers working party*. Neighborhood Service Committee.

하는지, 이들은 특별한 문제를 갖고 있는지 등이 가려져야 한다. 셋째, 다양한 참여방식이 활용될 필요가 있다. 주민집회, 공청회, 비공식 집단형성, 주민여론조사 등이 이용되어야 한다. 넷째, 특정 집단이 전체 주민을 위한 대변인으로서 참여하는 경우, 처음단계에서 '대표성 시험(test of representativeness)'이 실시될 필요가 있다. 즉, 어떤 요소를 대표성에 포함시킬 것인지 또는 누가 대표성을 인정할 것인지 등에 관해 동의가 있어야 한다. 다섯째, 시의회와 주민 양자는 주민참여는 정책결정뿐 아니라 집행에 있어 추가시간이 소요된다는 점을 상호 인정할 필요가 있다. 여섯째, 참여주민들에 대한 보고장치(reporting mechanism)에 관한 사전합의가 이룩될 필요가 있다. 일곱째, 시의회 종사자들의 역할이 모든 참여관계자들에게 분명히 밝혀질 필요가 있다. 특히, 이들 전문가에게 참여주민들이 의견을 형성하고 제출하는 일을 도와주는 임무가 부여되었을 때는 더욱 더 분명히 해야 한다.

그 외에 참여의 지방자치 발전에 대한 효과를 극대화하기 위한 단체자치 관점의 발전적 대안이 필요하다. 우선 시민의 참여를 진작시키기 위하여는 기본적으로 참여대상으로서의 지방정부가 시민의 요구에 대응할 수 있는 권한 및 사무를 가지고 있어야 한다는 점에서 사무 및 권한의 지방분권화가 요청된다. 지방정부가 사무수행의 책임 및 실질적인 권한을 갖고 있지 않을 경우, 시민은 참여를 통하여 지방정부로부터 별로 얻을 것이 없다고 생각할 것이며 따라서 참여의욕이 저하될 것이기 때문이다. 이를 개선하기 위하여는 기본적으로 자치사무의 비중을 늘릴 것이 요청된다.[56] 또한 고유사무와 단체위임사무를 구별하지 말고 자치사무로 통합인정하는 조치가 필요하다.

둘째, 지방정부의 재원이 부족할 경우 지방정부가 시민의 요구를 수렴하여 정책에 반영하는 일은 매우 어렵게 된다. 예컨대 시민요구에 비하여 과소한 지방재정은 한정된 재원을 둘러싼 참여자 또는 참여집단간의 투쟁을 초래함으로써 그렇지 않아도 중앙단위에 비하여 개별적인 동기에서의 참여성향이 강한 지방단위에서의 시민참여를[57] 대립적인 성향으로 전이시키는 부작용을 초래할 수 있다. 이의 개선을 위하여는 우선 중앙으로부터의 지방에 대한 재

56) 현재 지방정부에서의 고유사무의 비중은 대체로 50%를 넘지 못하는 것으로 분석되고 있는 실정이다.

57) Herson, and Bolland (1990). 앞의글, 138.

정지원이 강화될 필요가 있다. 또한 지방재원의 확충을 위하여는 중앙으로부터의 재정지원 외에 자주재원에 의한 지방재정 확충 노력이 병행되어야 할 것이다.

III 경제발전: 경제정의의 실현

CITIZEN PARTICIPATION

시민접촉이나 투표참여의 경우에는 비교적 그 정도가 덜한 것으로 연구결과가 제시되고 있기는 하지만, 기본적으로 사회경제적 배경이 시민참여에 영향을 미치는 것으로 나타나고 있다. 이와 같이 사회경제적 배경이 참여에 영향을 미치는 한, 사회경제적 불평등은 결국 정치과정에서의 불평등으로 연장될 수 있음을 가르쳐 준다. 그리고 우리는 이러한 논의로부터 정치과정에서의 불평등이 시정되기 위하여는 경제사회면에서의 불평등이 완화되어야 함을 알게 된다. 그럼에도 불구하고 앞에서 지적한 바와 같이 우리나라의 경우 1970년대 이래 경제적 불평등을 나타내는 Gini계수가 증가하는 경향을 보이고 있으며, 사회경제적 지위 획득의 기본적 수단이라 할 수 있는 교육기회의 불균등 현상 또한 심화되고 있어 문제시되고 있는 실정이다. 더욱이 최근 들어 국제적인 보호무역주의의 강화 및 기술력 부족 등으로 인한 국제경쟁력 약화 등의 구조적인 이유로 국가경제가 어려워짐에 따라 사회경제적 평등에 대한 배려나 논의가 실종되어 가는 것은 참여를 통한 시민복지 증진이라는 관점에서 볼 때 매우 우려되는 일이 아닐 수 없다.

그러나 성장과 분배는 어느 한 쪽을 우선하기보다는 동시에 추구되어야 할 정책목표라는 점을 재인식하고 정부는 분배 측면에도 적절한 관심을 기울여야 한다. 이러한 필요성에 대하여는 인간의 복지는 절대적 복지와 상대적 복지의 어느 한쪽이 아닌 양자의 적절한 조화 아래에서 극대화될 수 있을 것임을 생각하면 쉽게 수긍이 갈 것이다. 물론 인간의 행복을 위하여는 기본적으로 절대적 복지수준의 향상이 중요하다. 예컨대, 경제성장에 따라 절대적 복지의 양이 증가하게 되면 그만큼 인간의 행복도 증가될 것이기 때문이다(예, 의료혜택의 확대는 건강 증진이라는 복지향상효과를 통하여 행복감을 증진시킬 것임). 그러나 절대적 복지수준의 보장이 인간의 행복을 위한 충분조건이 되지는 못한다. 이는 예컨대, 문화시설이 결핍된 원시인의 행복감의 정도와 그렇지 아니한 현대인의 행복의 수준을 비교할 경우 반드시 현대인이 더 행복하리라고 단정하기 어렵다는 점을 고려해 보면 쉽게 이해된다. 즉, 시민의 행복한 생활의 보장을 위하여는 절대적 복지의 증진뿐만 아니라 상대적 복지의 증진도 아울러 강조되어야만 하는 것이다.[58]

요컨대, 경제적 정의 또는 경제적 평등 없이 정치적 평등은 있을 수 없으며 참여의 대표성 내지는 평등의 확보를 위하여는 결국 경제적 불평등의 시정이 절실하다는 것이다. 경제정의의 실현을 위한 분배의 과제는 크게 다음 네 가지로 요약할 수 있겠다.

첫째, 소득을 대상으로 한 분배이다. 우리나라의 분배구조는 학력별・지역별・도농간 그리고 직종별 임금격차가 크게 나타나고 있으므로, 이에 대한 정책적 노력이 집중될 것이다.

둘째, 부(wealth)를 대상으로 한 분배이다. 부는 토지와 같은 부동산 및 유가증권을 포함한 금융자산 또는 생산적 자산으로 대별될 수 있다. 우리의 경우 소득보다는 부가, 실물자산보다는 금융자산의 불평등도가 심한 것으로 나타나고 있다. 부의 집중현상이 심화되는 것은 결국 공정한 경쟁을 해치므로 시장경제의 민주화를 교란시키는 것이다.

셋째, 경제적 힘의 분배이다. 예컨대, 경쟁기업 사이에, 기업과 소비자 사이에 독과점적 시장구조 내지는 불완전 경쟁상태가 생겨남으로써 공정경쟁을 해친다. 따라서 분배의 민주화는 소득-부-경제력의 세 가지가 유기적으로 연계되어 추진되어야 하는 것이며, 이것이 시장경제의 결과를 교정할 뿐 아니라 시장경제의 민주화를 가능케 하는 기반이 된다.[59]

---

58) 상대적 복지 또는 상대적 박탈감에 관한 이론에서는 인간의 행복은 절대적 복지의 수준보다는 오히려 상대적 복지의 수준에 의하여 더욱 영향받는 것으로 본다. 이는 Stouffer의 군대집단에 대한 사기연구를 통하여 입증된 바 있다. Samuel A. Stouffer, Edward A. Suchman, Leland C. DeVinney, Shirley A. Star and Robin M. Williams, Jr. (1949-1950). *The American soldier: Studies in social psychology in world war*, 4. Princeton, N.J.: Princeton University Press.

59) 차경수 외. (1991).「교육과정 개선을 위한 국가. 사회의 요구 및 전망 조사연구」. 교육부 학술연구 조성과제, 121.

넷째, 교육기회의 균등배분이다. 최근 공사 교육비의 급격한 증가는 사회경제적 지위에 따라 교육기회가 차별되는 현상을 심화시키고 있다. 이의 개선을 위하여 교육투자재정의 확대, 및 정규교육의 내실화 등 사교육비 부담을 절감할 수 있는 교육제도의 마련이 필요하다.

이와 같이 경제정의의 실현을 위한 기본과제를 제시하였으나 실제로 경제정의의 실현은 앞서 제기한 정보공개나 지방자치의 발전과제와는 달리 보다 복합적이고 거시적인 문제로서 정부의 힘만으로 단기간에 해결되기 어려운 측면이 많으며 사회구성원 공동의 노력이 요구된다는 점 또한 인식되어야 한다. 끝으로 사회경제적 측면에서의 평등에 대한 배려와 함께, 정치과정에서의 불평등을 시정하려는 직접적인 노력 즉, 참여과정에서의 하층계급에 대한 정책적인 배려가 필요함은 이미 앞에서 논의한 바와 같다.

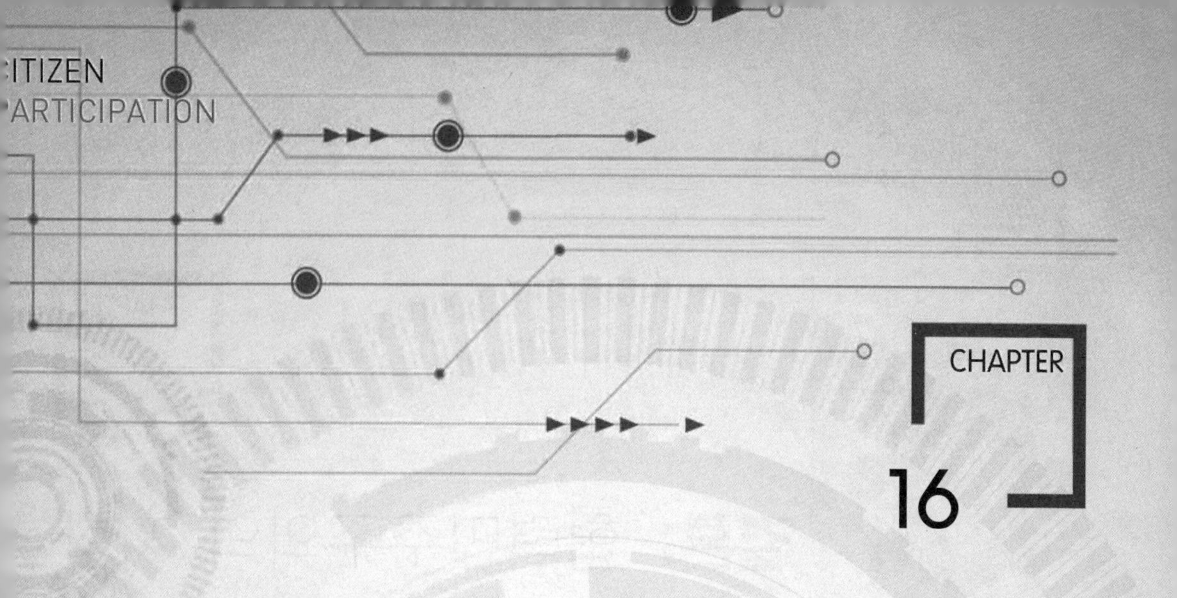

CHAPTER 16

결론: 협력민주주의의 지향

CHAPTER 16

결론: 협력민주주의의 지향

1. 협력민주주의의 의의

시민참여는 민주주의의 당연한 요청이다. 그리하여 시민참여가 어느 정도까지 활성화되어야 하는가에 대하여는 이견이 있으나 실제로 참여의 필요성에 대하여 전적으로 부정하는 시각은 없는 실정이다.[1]) 참여에 대하여 회의적인 논란들까지도 대개의 경우, 투표와 같은 제한적인 범위 내에서의 참여는 민주주의의 유지를 위하여 필요한 것으로 인정하고 있는 것이다. 이와 관련하여 지금까지 본서는 참여의 활성화를 위한 정책방향을 제시한 바 있다.

그렇다면 이와 같은 참여를 통하여 우리가 추구하는 바는 무엇인가? 그것은 바로 정책과정에의 참여 신장을 통하여 우리가 사는 사회의 공익 내지는 공공복지증진에 기여하는 것이라 하겠다. 그러나 앞에서 이미 논의한 바와 같이 불행히도 참여의 신장이 반드시 그러한 목적에 기여하지는 않는 것 같다. 그것은 참여의 효과가 실질적이냐 하는 문제와는 별도로, 과도한 참여

1) David K. Hart (1972). "Theories of government related to decentralization and citizen participation." *Public Administration Review* 32, 617.

는 자칫 사회의 안정을 해쳐 공익을 저해하게 될 우려가 있기 때문인바, 이와 같은 시민참여와 민주사회의 안정과의 상충은 민주주의에 있어서의 최대의 곤경(dilemma)으로 지목되어 오고 있음은 주지의 사실이다. 즉, 참여와 안정이 적절히 균형을 이루게 되면 공익은 증진될 것이나, 어느 한 쪽이 지나치게 강조되는 경우 사회의 안정이 저해되거나 또는 시민의견이 과소반영됨으로써 공익은 증진되기 어려운 것이다. 앞에서 참여는 공익증진이라는 민주주의의 궁극적 목적가치의 달성을 위한 수단가치적인 성격이 강하다거나 또는 시민참여는 극대화되기 보다는 적정화되어야 한다는 논의는 바로 이와 같은 참여와 안정과의 상충이라는 민주주의의 곤경을 전제하여 제시된 것이다. 따라서 참여를 바람직한 것으로 인정하여 확대하더라도 그 과정에 있어서 여하히 참여와 안정을 조화시킬 것인가 하는 문제는 참여활성화에 있어서의 최대의 과제로 남는다.[2)]

이상의 논의가 제시하는 바는 명백하다. 그것은 참여가 신장되면서 사회의 안정도 확보됨으로써 공익이 극대화되는 사회의 실현이 요청된다는 것이다. 그렇다면 참여와 안정이 조화되는 사회는 어떤 모습의 사회인가? 그러한 사회는 수정민주주의론자 또는 제한민주주의론자들이 주장하는 제한적인 민주사회도 아니며, 그렇다고 해서 참여민주주의론자들이 주장하듯 참여가 극대화된 사회도 아니다. 이들의 주장은 전자는 참여에 우선하여 안정을 지나치게 강조함으로써, 후자는 안정에 우선하여 참여를 지나치게 강조함으로써 결국 양자간의 조화와 균형을 소홀히 하게 되고 이는 결국 공익증진을 저해하게 될 것이므로 문제시된다.

저자는 참여와 안정이 조화됨으로써 공익이 증진되는 사회는 '협력민주주의 사회(cooperative democracy)'이며 따라서 시민과 정부(공직자)는 그러한 사회를 만들기 위하여 함께 노력해야 함을 제언하고자 한다. 협력민주주의 사회란 어떤 사회인가? 그것은 권력의 주체인 시민과 통치를 위탁받은 정부가 참여하고 통치하되 상호신뢰에 기초하여 공익증진이라는 공동의 목표달성을 위하여 교호하는 사회를 말한다.

---

2) 제14장에서 제시한 참여의 활성화 방향은 바로 이러한 참여의 곤경을 전제로 하여 적정한 수준에로의 참여활성화를 위하여 제시된 것임은 앞에서 언급한 바와 같다.

2. 협력민주주의 사회의 특징

협력민주주의 사회가 어떤 사회를 말하는지는 수정론자들이 옹호하는 대의제적 민주주의와 참여론자들이 주장하는 참여민주주의와 비교함으로써 보다 구체화될 수 있을 것이다(표 16-1 참조).

1) 기본목표

대의민주주의는 사회의 안정을 강조하고, 참여민주주의는 참여를 강조하나 협력민주주의는 공익증진을 위하여 참여와 안정의 조화를 추구한다.

2) 참여에 대한 관점

대의민주주의는 시민의 제한적이고 수동적인 참여를 강조한다. 참여민주주의는 능동적이고 극대화된 참여를 주장한다. 그러나 협력민주주의하에서는 시민 스스로의 조율된 선별적 참여에 가치를 둔다. 예컨대, 시민은 제도적 참여에 우선하되 필요한 경우 비제도적 참여에 가담한다. 이러한 참여성향은 참여는 제한되어서도 강제되어서도 아니 되며 어디까지나 시민의 자유의지에 따라야 한다는 데서 정당화된다. 협력민주주의하에서 참여의 수준은 대의민주주의보다는 높고 참여민주주의에 비하여는 낮은 수준에서 주장된다.

3) 정부에 대한 시민의 위상

대의민주주의하에서 시민은 정치과정의 주인은 아니며 관객의 입장에 선다. 정치는 대표의 몫이기 때문이다. 참여민주주의는 정치는 시민의 몫이며 시민은 권력의 주체로서 우월적인 지위에서 정치과정에 참여해야 한다고 본다. 협력민주주의에서 시민은 권력의 주체이기는 하지만 통치의 주체는 대표일 수밖에 없다는 현실적 제약을 인정하는 바탕위에 양자간 대등한 입장에서의 협력을 강조한다.

4) 시민과 정부의 관계에 대한 관점

대의민주주의와 참여민주주의는 모두 시민과 정부를 대립적인 존재로 파악한다. 대의민주주의는 시민을 가해자로 정부를 피해자로 보는 경향이 있으며, 참여민주주의는 정부를 가해자로 시민을 피해자로 보는 경향이 짙다. 그러나 협력민주주의는 시민과 정부를 대립적인 실체로서가 아니라 공익 또는 공공복지의 증진이라는 공동선을 추구하는 공동체의 일원 내지는 파트너(partner)로서 파악한다.

5) 현 실 성

대의민주주의는 대표에 의한 통치라는 현실성을 강조한다. 그러나 시민 참여의 필요성 또는 요구를 어떻게 수용할 것인가에 대하여는 소홀하다. 참여민주주의는 현대국가에서의 대표에 의한 통치가 불가피함을 과소평가하고 있어 이상주의적 경향이 강하다. 그리하여 직접민주주의의 이상은 보편적으로 모든 국가의 기능에 적용되기 어려운 측면이 있다는 사실을 경시한다. 협력민주주의는 대표에 의한 통치가 불가피하다는 현실을 인정하면서도 가능한 범위 내에서 참여를 확대하려 한다. 이러한 협력민주주의는 대의제의 불가피성을 인정한다는 점에서 대의민주주의와 같지만 대의민주주의는 참여에 대하여 소극적인 입장인 반면, 협력민주주의는 참여에 대하여 긍정적이라는 점에서 구분된다.

6) 이념적 성향

대의민주주의는 현실사회에 안주하려 하며 사회 개선의 의지가 결여되어 있어 보수주의적 성향이 강하다. 참여민주주의는 대의민주제의 한계에 대한 비판 위에 참여를 강조하는 점에서 대의민주제 대체론에 가까운 급진주의적 경향을 띤다. 협력민주주의는 대의제의 한계에 주목하되 참여와 대의제의 상호보완관계에 초점을 둔다는 점에서 점진주의적 성격을 갖는다.

7) 논리의 특징

전체적으로 볼 때 대의민주주의와 참여민주주의의 논리는 일방적인 성격을 띤다. 그러한 가운데 대의민주주의는 대표의 입장을 강조하는 대표의 논리 내지는 정부중심 논리의 성격을 보인다. 참여민주주의는 시민의 입장을 강조하는 시민의 논리의 성격이 강하다. 이와는 달리 협력민주주의는 시민과 대표(정부) 어느 일방의 논리를 추구하기보다는 양자의 중간자적 입장에

표 16-1 • 민주주의 유형의 비교

민주제 유형	기본목표	참여관점	시민의 위상	시민과 정부관계	현실성	이념적 성향	논리의 특징
대의민주주의	안정	수동적 제한적	종속(관객)	대립적 (이원적)	현실적	보수적(현상)	대표의 논리
참여민주주의	참여	능동적 확대적	독립(주인)	대립적 (이원적)	이상적	급진적(변혁)	시민의 논리
협력민주주의	조화	자율적 복합적	대등(계약)	공동체적 (일원적)	현실적	점진적(변화)	공동체 논리

서 공동체의 이익을 강조한다는 점에서 공동체(community)의 논리로서 특징지어진다.

이상에서 설명한 협력민주주의는 참여와 안정의 조화를 통한 공익증진이라는 관점에서 볼 때 대의민주주의 또는 참여민주주의에 비하여 우월한 정치원리임에 틀림 없다. 그러한 판단은 기본적으로 대의민주주의와 참여민주주의는 시민과 정부를 대립적인 존재로 파악하는 대립형 원리인 데 비하여 협력민주주의는 시민과 정부를 공동체의 일원 내지는 파트너로서 파악하는 공동체형 원리라는 데서 비롯된다.

우선 대의민주주의와 참여민주주의하에서 대립적인 존재로서의 시민과 정부와의 관계는 상호 적대감은 아니더라도 최소한 이질감을 기초로 한다. 이러한 상태하에서 정부는 시민참여를 건설적인 협력행위로 파악하기보다는 정부에 대한 비판행위 내지는 성가신 일로 인식하여 이의 수용에 소극적이 될 것이므로 참여효과가 저조해지게 될 것이다. 한편, 참여에 대한 정부의 소극적 내지는 부정적 태도는 건전한 시민참여 의욕을 저하시키게 되므로 안정적인 시민참여가 이루어지기 어렵게 된다. 더욱이 그와 같은 정부의 태도는 시민의 정부에 대한 저항감 및 제도권 내의 참여에 대한 불신감을 팽배하게 함으로써 시민참여를 우호적이기보다는 공격적이고, 지속적이기보다는 산발적이며, 제도적이기보다는 비제도적인 형태로 악화시키게 된다. 그리고 다시 이러한 참여의 성향에 대하여 정부의 거부감은 더욱 증폭되어 갈 것이다. 즉,

대의민주주의와 참여민주주의하에서의 시민참여는 파행적 참여와 이에 대한 소극적 수용의 악순환으로 참여와 안정과의 조화를 이루어 내지 못함으로써 결국 공익증진에 효과적으로 기여하지 못하게 될 것이다.

이와는 달리 협력민주주의 아래에서는 시민과 정부간에는 상호신뢰가 형성되어 있다고 전제된다. 이러한 상태하에서 정부는 시민참여를 건설적인 협력행위로 파악하여 이를 적극적으로 수용하게 될 것이므로 참여효과가 제고될 것이다. 한편, 이와 같이 참여에 대한 정부의 적극적 내지는 긍정적 태도는 건전한 시민참여 의욕을 고취시켜 시민참여가 안정적으로 이루어지도록 촉진시킨다. 더욱이 그와 같은 정부의 수용적 태도는 시민의 정부에 대한 신뢰감을 제고시킴으로써 시민참여를 공격적이기보다는 우호적이고, 산발적이기보다는 지속적이며, 비제도적이기 보다는 제도적인 형태로 유도하게 된다. 그리고 다시 이와 같은 참여경향은 참여에 대한 정부의 수용성을 더욱 제고시키게 될 것이다. 즉, 협력민주주의하에서의 시민참여는 안정적 참여와 이에 대한 적극적 수용의 순환에 기초하여 참여와 안정과의 조화를 이루어 냄으로써 결국 공익증진에 효과적으로 기여하게 될 것으로 기대되는 것이다.

협력민주사회의 장점은 민주사회에 문제가 발생했을 때 발휘된다. 사회문제에 직면하였을 때 제한적 민주사회는 공직자에게 책임을 전가하려 할 것이다. 반면, 참여민주주의 사회는 시민에게 그러한 책임을 전가하려 할 것이다. 그러나 협력민주사회에서는 어느 일방에게 책임을 전가하기보다는 공직자와 시민간 상호신뢰의 바탕 위에 공익증진을 위하여 양측이 어떠한 추가적인 노력을 기울여야 하는가를 함께 토구한다. 이러한 과정에서 양자간의 담화는 중시된다. 이 때의 담화는 대립적(adversarial) 입장에서의 공격이나 일방적 요구가 아닌 공동체적 입장에서의 협의의 성격을 띠게 된다. 그리고 그러한 대화의 전제조건은 정부의 정당성이며 시민의 건전한 시민의식임은 재론의 여지가 없다.

구체적으로 협력민주주의는 여하히 공익증진에 기여하게 되는가? [그림 16-1]이 이를 도식화하여 설명해 준다. 협력민주주의는 결국 대의민주주의와 시민참여가 안정적으로 균형되고 조화되는 정치체제를 말하는바, 협력민주주의하에서 체제요소인 대의제와 참여는 상호보완적으로 원활히 기능한다. 양

체제요소가 상호보완적 입장에서 원활히 기능하게 될 때, 정책수행의 추진이념 또는 공익증진을 위한 중간목표로서의 능률성, 민주성, 형평성 역시 조화된다. 구체적으로 대의제의 원활한 기능은 정책의 능률성과 형평성을 제고시키고, 시민참여의 신장은 정책의 민주성과 형평성을 제고시키게 될 것이다.[3] 한편, 공익 또는 공공복지는 절대적 복지와 상대적 복지의 복수요소로 구성되어 있다 하겠는바,[4] 능률성과 민주성의 제고는 공익의 절대적 측면 즉, 절대적 복지수준을 향상시키고, 형평성의 제고는 상대적 복지수준을 제고시키게 되며, 이에 따라 결국 정치공동체의 궁극적 목적으로서의 시민이익(공익)은 극대화되는 것이다.[5]

협력민주주의의 개념과 함께 부각되는 개념인 협의민주주의(consociational

그림 16-1 협력민주주의와 공익증진과의 관계

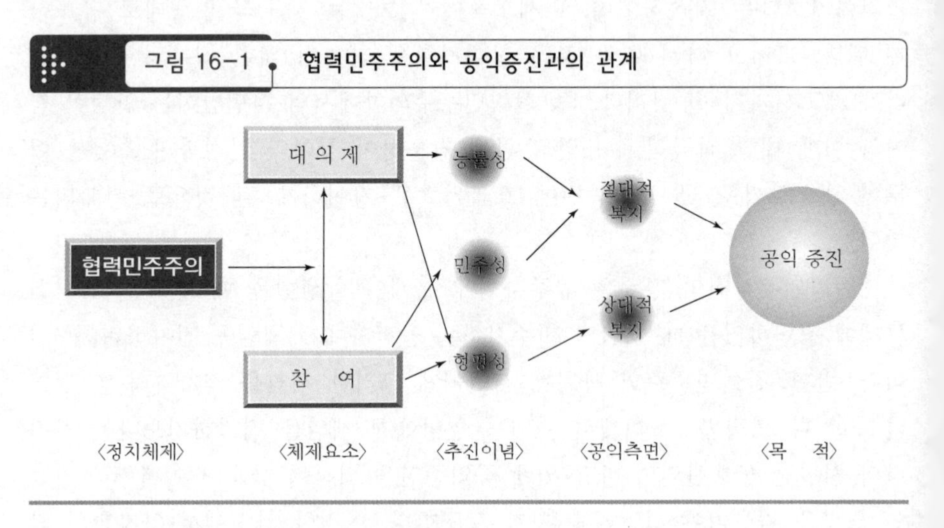

3) 주목할 것은 형평성은 참여의 범위가 확대될 경우에 즉, 하위계층의 참여가 신장될 경우에 제고될 뿐만 아니라 재분재 정책과 같은 정부의 주체적 노력을 통하여도 제고된다는 점이다.

4) 이에 대하여는 이미 제15장에서 언급한 바 있다.

5) 여기에서 제시한 바와 관련하여 DeSario and Langton은 전문적 판단에 의한 지배(technocracy)와 시민의 여론에 의한 지배(democracy)가 조화·균형을 이루어 소위 전문기술민주주의(technodemocracy)가 정착될 때에 비로소 시민이익이 극대화될 수 있다고 제시하여 주목된다. J. DeSario and S. Langton eds. (1987). *Citizen participation in public decisionmaking*. New York: Greenwood Press, 3-15. 물론 이들의 주장은 현대 행정국가의 특성을 고려하여 행정관료와 시민과의 관계에 초점을 맞추어 제시한 것이지만, 현대사회에서 관료제는 대의제의 기능을 위한 필수적 도구이며 행정관료도 넓은 의미의 대표로 간주할 때, 이는 대표에 의한 지배(representocracy)와 시민에 의한 지배(democracy)의 조화에 관한 제언으로 간주하여도 무방하리라 본다.

democracy)는 민주주의의 일반적인 원리로 받아들여지고 있는 다수결 원리에 중대한 수정을 가한다. 즉 정치엘리트 사이의 '수평적 협력'을 통해 민주체제의 성과를 높이는 방안인 다수결의 원리는 국민들로부터 한 표라도 더 많이 표를 얻는 정당이 국가권력을 장악하고 일정 기간 그것을 독점적으로 행사하게 되는 '승자독식'과 '다수지배'를 가져올 수 있다. 이러한 점에서 소수자, 예컨대 언어집단, 민족집단, 종교집단 등의 소외를 가져올 수 있고, 이러한 현상은 소수자의 과격화(시위, 폭력행사, 무장테러, 분리독립운동 등)를 가져오게 되어 체제의 문제해결 능력을 약화시키고 민주주의의 안정성을 위협할 여지가 있다. 이에 대한 대안으로서의 협의민주제는 소수집단에 대해서도 정치적 대표권을 부여하고 다수와 소수가 권력을 공유하는 장치를 마련하는 것이다. 엘리트들 상호간의 협력은 물론 소수 문화집단 구성원들 상호간에도 협력하고 공존할 수 있는 제도적·관행적 여건을 조성하여 정치적 포용을 강화하는 형태이다.

협의민주주의는 네 가지 요소로 나타난다.[6] 하나는 주요 정당간 '대연합(grand coalition)'으로 인종, 종교, 언어 등 문화적으로 분절된 다원주의 사회에서 몇몇 집단이 지배연합에서 배제될 경우 집단 사이에 대립과 분열이 심화되는 것을 예방하기 위해 가능한 최대한의 지배연합을 형성하는 것을 의미한다. 둘째, 대연합에 참여하는 모든 집단에게 '상호 거부권(mutual veto)'을 부여하는 것으로 이를 통해 타협과 공존의 기반이 마련된다. 셋째, 주요 공직자의 임용 및 자원배분시 비례성(proportionality)의 원리를 적용하는 것이다. 넷째, 각각의 소수집단에게는 자신의 문화적 정체성 유지와 관련된 영역에서 집단의 내부 자율성(segmental autonomy)을 부여하는 방법이다. 즉 협의민주주의는 승자독식을 정당화하는 다수결 민주주의를 수정하여 모든 사회문화집단들이 정치적으로 공존하고 평화를 유지하게 하려는 민주주의 형태인 것이다.

협력민주주의와 협의민주주의는 기본적 방향에서 유사하지만 협력민주제는 엘리트와 시민의 협력을 통해 최적결정을 도모하지만, 협의민주제는 기본적으로 엘리트 연합으로 대화와 타협으로 최적결정을 내리는 것이 곤란하다는 차이점을 지닌다.

---

6) Arend Lijphart (1977). *Democracy in plural societies: A comparative exploration*. New Haven: Yale University Press.

표 16-2 대의제 보완을 위한 제도적 대안

	협력민주주의 체제	협의민주주의 체제
엘리트와의 관계	엘리트와 시민의 협력	기본적으로 엘리트와 연합
합의도출과정	최적결정 도모	대화와 타협으로 최적결정 곤란

이상에서 논의한 바는 우리가 지향해야 할 사회는 참여가 신장되면서도 안정과 조화를 이루는 협력민주사회라는 것을 가르쳐 주는바, 이와 같은 협력민주주의 사회의 성립을 위하여는 특히 다음과 같은 요소가 강조되어야 한다. 첫째, 시민과 정부간의 상호 신뢰의 구축이다. 그러한 상호 신뢰는 어느 일방의 노력에서 비롯되는 것이 아니고 서로의 공통의 노력을 통하여 형성된다는 점을 인식하여야 한다. 공직자가 시민을 위하여 일하느냐, 아니면 자신들의 권력유지를 위하여 일하느냐의 여부에 따라 상호 신뢰에의 기여가 결정된다.[7] 시민의 의식과 자세 또한 상호 신뢰 구축에 중요한 요인이 된다. 시민의 참여가 건전하여 공익을 추구하는 것일 경우에 정부는 시민에 대하여 신뢰를 갖게 될 것이나 그렇지 않은 경우 정부는 시민에 대하여 불신을 갖게 될 것이다.[8] 결국 상호 신뢰는 양자가 동시에 책임져야 할 사안인바, 따라서 상호 신뢰의 구축을 위하여 정부는 권력유지보다는 시민의 이익을 추구하는 자세를 가져야 하며, 시민은 참여하되 사익보다는 공동의 이익을 우선하는 자세를 보여야 한다. 그러한 위에서 상호 신뢰는 가능하며 그 바탕 위에 협력민주사회는 배태될 수 있는 것이다.

둘째, 시민과 정부의 역할을 동시에 강조하면서도 권력구조의 현실을 생각할 때 아무래도 협력민주사회의 실현을 위한 정부의 적극적 역할을 우선적으로 강조하지 않을 수 없다. 이는 시민이 아무리 건전한 참여노력을 기울인다 하더라도 공공문제에 대한 공식적 의사결정권을 갖고 있는 정부가 대응하지 않으면 소용이 없게 된다는 점을 감안하면 이해가 쉽다. 반대로 정부가 적극적이고 시민이 이에 대하여 소극적이거나 심지어는 부정적일 경우에도 그

7) 정부는 지배하되 소유나 착취가 아닌 보호, 관리에 있어야 한다. 제러미 리프킨 (1992). 김명자 · 김건 역 「엔트로피」. 서울: 동아출판사, 275.

8) 오늘날 많은 공직자의 부패가 시민의 사익추구과정에서 시민의 방조 내지는 공조하에 발생되고 있다는 사실은 시민의식의 중요성을 입증해 준다.

들은 공식적인 의사결정권이 없기 때문에 그 부작용은 정부가 소극적일 경우에 비할 바 아닐 것이다. 그러나 이러한 지적이 일방적으로 정부에 책임을 전가하고자 하는 것은 아니다. 그것은 어디까지나 현실 권력구조의 요청에 따라 정부의 보다 능동적인 역할이 요청됨을 의미할 뿐이다.

셋째, 협력민주주의가 정착되기 위하여는 무엇보다도 정부가 시민으로부터 정치적 정당성(political legitimacy)을 획득할 것이 필요하다.[9] 이는 앞에서 제시한 상호 신뢰와 밀접히 연관되어 있는 사항이다. 정당성이 결여된 정부하에서 협력은 협력이기보다는 굴종이며 정당성이 결여된 정부가 시민에게 아무것도 요구할 수 없음은 논리상 당연한 일이다. 실제로도 정당성 없는 통치체제가 협력민주체제로 정착될 수 없음은 제 2 차 세계대전 후 독재체제하의 신생국에서 혁명과 폭력이 난무했으며 우리나라의 경우에도 유신체제하 및 5공화국하에서 정권에 대한 시민의 항쟁으로 평화로운 날이 별로 없었던 역사적 사실을 상기하면 이해가 된다. 반면, 정당성 있는 통치체제하에서는 참여가 사회발전의 원동력으로 작용하게 되는 경우는 일찍이 토크빌(Tocqueville)의 미국 민주주의에 대한 관찰에서 제시된 바 있다.[10]

물론 이러한 협력민주사회도 참여의 신장을 추구한다는 면에서 참여민주주의와 크게 다르지 않으며, 민주적 전통이 약한 우리나라는 분명 참여가 신장된 민주사회를 지향해 나가야 마땅할 것이다. 그러나 지적할 것은 우리가 지향해야 할 사회는 참여극대화를 추구하는 참여민주사회가 아니라는 점이다. 참여가 만병통치약은 아니기 때문이다. 지나친 참여의 강조는 자유민주주의의 전통이 강한 영미국가에서는 바람직한 이상이 될 수 있으나 우리나라와 같이 권위주의적 전통이 강한 나라에서는 여러 가지 부작용이 심각하게 나타날 수도 있다.[11] 하리살로(Harisalo)가 포퍼(Popper)의 용어를 빌어 사회를 예측이 가능한 시계가 아니라 예측이 어려운 구름에 비유하면서 무제한의 참여 내지는 다수에 의한 지배를 인정하는 것은 사실상 민주주의가 아니며, 오

---

9) Ithiel de Sola Pool (1967). "The public and the polity." in Ithiel de Sola Pool ed. *Contemporary Political Science* , 46-47.

10) Pool (1967). 앞의글, 46.

11) Geraint Parry, G. Moyser, and Neil Day (1992). *Political participation and democracy in Britain*. Cambridge: Cambridge University Press, 31.

히려 참여는 정부로부터 시민을 보호하는 장치로서 우선적으로 인식되어야 한다고 주장한 것은 우리에게 참고가 된다.[12] 요컨대, 참여지상주의는 대의민주제가 전제하고 있는 정치에 관한 분업의 장점을 지나치게 무시하는 것으로서 결국 사회의 총비용의 증가에 따른 시민이익의 저하를 가져올 우려가 있다는 것이다. 우리는 서비스 공급과 관련하여 서비스의 공급주체와 생산주체를 구별하듯이 권력의 소재와 행사주체가 별도로 되어 있는 현실을 어느 정도 인정해야만 하는 것이다.

강조할 것은 위에서 논의한 바와 같이 과잉참여도 문제시되지만 과소참여 역시 협력민주주의의 실현과 관련하여 문제시된다는 점이다. 그것은 앞에서 지적한 바와 같이 시민과 정부간의 상호 신뢰에 기초한 협력민주주의의 실현은 양자간의 대등한 입장에서의 활발한 담화를 필요로 하기 때문이다. 그러므로 이를 위하여 우리는 최소한 당분간은 지나치게 제약되어 온 참여를 적정한 수준으로 신장시키기 위한 노력을 기울여야만 한다. 그리고 그러한 노력은 시민의 몫만도 아니고 정부의 몫만도 아니며 다 같이 분담하여 추구할 바라 하겠으며, 이 때 비로소 참여와 안정의 곤경은 참여와 안정의 조화로 변화되고 그러한 바탕 위에 공익증진이 이루어질 것이다.

한 가지 의문은 2000년대를 맞이하여 향후 시민참여의 발전추세는 어떻게 될 것인가 하는 것이다. 주민참여는 계속 확대될 것인가? 아니면 위축되어 갈 것인가? 향후 주민참여는 어떤 형태로 수행되어 갈 것인가? 이 같은 물음에 대해 허쉬만(Hirschman)의 잘 알려진 공사순환(private-public cycle) 이론은 해답의 실마리를 제공해 준다.[13] 그의 이론의 핵심은 공공문제에 대한 시민의 개입은 시계추와 같은 패턴을 따른다는 것이다. 즉, 공공문제에 대한 관심이 결여된 일정 주기의 사적정향(private orientation) 기간이 끝나면, 참여의 열정이 분출하고 공공문제에 적극적으로 관여하는 공적정향(public orientation)의 기간이 뒤따른다는 것이다. 물론, 공적정향이 어느 기간 지속된 후에는 다시 사적정향의 주기가 오게 된다는 것이다. 이와 같이 공·사적정향이 계속 순환되는 결정적 동기로서 허쉬만은 실망(disappointment)과 좌절(frustration)을

12) Risto Harisalo (1993). "Powershift in democracy, public services and local government." *Local Government Studies* 19(1), 16.

13) Albert O. Hirschman (1982). *Shifting improvements*. Princeton N.J.: Princeton University Press, 3.

들고 있다.

사적정향은 궁극적으로는 다양한 시민들의 경제활동의 한계에 대한 실망으로 인해 포기되며, 공적정향 역시 집합적 참여활동에 따른 많은 좌절 때문에 결국 포기된다는 것이다. 그런데 그의 분석에 의하면, 1950년대에는 시민들이 개개인의 물질적 개선에 몰두하던 사적정향의 시대였으며, 1960년대에는 '참여의 분출'로 불리는 공적정향의 시대였다. 뒤이어, 1970년대는 다시 개인의 사적인 경제적 관심사로 다시 회귀하였으며, 흥미롭게도 이같은 사적정향은 1980년대에도 계속되어 시민들의 전반적 관심은 소비와 물질적 획득 및 개인적 성공에 집중되었다. 만일, 허쉬만의 이론과 분석이 정확하다면, 2000년대는 시민들이 공공문제에 관심을 다시 갖기 시작하는 공적정향의 시대가 될 것이며, 이는 참여의 열정과 분출에 따른 높은 수준의 시민참여로 나타나게 될 것으로 예측해 볼 수 있을 것이다.

한편, 허쉬만과는 달리 참여양상이라는 관점에서 볼 때, 1970년대와 1980년대는 시민참여가 잠잠했던 시대가 아니라 단지 참여의 형태가 달라졌던 시대라고 보는 사람도 있다.[14] 다시 말해, 1960년대가 보다 가시적인 참여활동의 시대였다면, 1970년대와 1980년대에 와서는 시민참여가 사라진 것이 아니라 단지 길거리로부터 다양한 이익집단 속으로 이동한 것뿐이라는 것이다. 실제로, 1970년대와 1980년대는 외국의 경우, 근린정부운동이나 다양한 환경단체의 활동이 활발했던 시기였을 뿐 아니라 직접민주주의 도구인 주민투표제나 주민발의제가 빈번히 이용되던 시대였다. 결국, 공·사순환적 시각에서 보거나 아니면 참여형태의 관점에서 보거나 최소한 외국의 경우 향후 시민참여는 계속 확대되어 나갈 것으로 보인다.

생각건대, 우리나라가 반드시 이러한 경향을 따르게 될 것인가에 대하여는 확신하기 어려운 실정이지만 민주화 운동의 관성에 따라 참여의 요구는 당분간 계속될 것이라는 점에서 외국의 경우와 크게 다르지 않을 것으로 예측해 본다. 이와 같은 참여의 시대를 맞이하면서 위에서 제시한 협력민주주의는 우리의 민주주의에 대한 고정관념에 대하여 수정을 요구한다는 점에서 그 의의를 찾을 수 있을 것이다. 이와 관련하여 샤츄나이더(Schattschneider)의 다음과 같은 지적은 음미할 만하다. "지식인의 민주주의에

14) Elaine B. Sharp (1990). *Urban politics and administration*. New York: Longman, 292.

대한 관념이 지나치게 경직되어 있고 참신하지 않다. 이것이 시정되지 않으면 민주주의가 무엇인지 발견하기도 전에 민주주의 자체가 말살될 우려가 있다."[15)]

15) Hart (1972). 앞의글, 617.

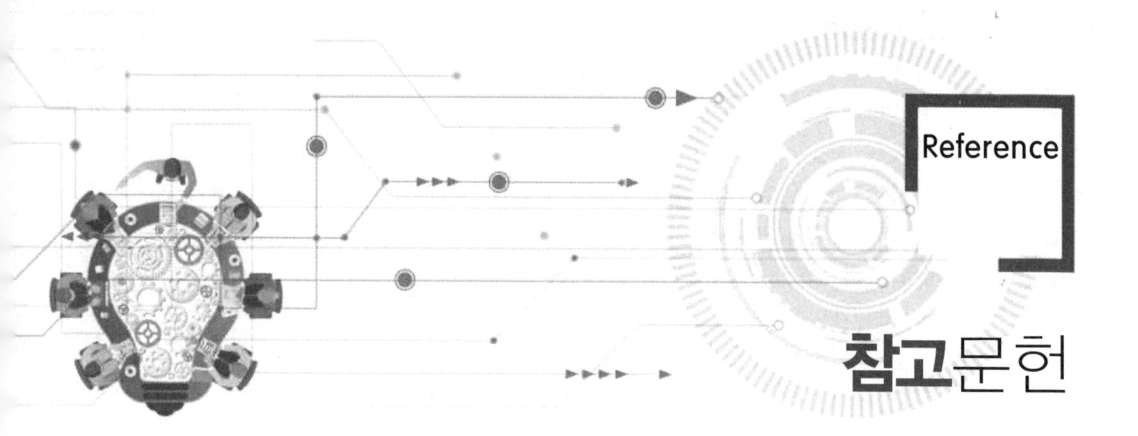

1. 국내문헌

강경근. (1983). “정보공개제도에 관한 연구.” 고려대학교 박사학위논문.

강상욱. (2001). “우리나라 NGO의 성장에 관한 연구-시민단체를 중심으로.” 서울대학교 행정대학원 박사학위논문.

강상현. (1996). 「뉴미디어 패러독스: 정보통신혁명과 한국사회」. 서울: 한나래.

강은숙. (2003). “주민자치센터 평가와 지역공동체구축에 관한 연구-군포시 사례를 중심으로.” 「행정논총」 41(2), 117-141.

강재호. (2010). “노무현 정부의 지방분권.” 지방자치학회 하계학술대회 발표논문, 301-315.

고영복. (1993). “전환기 한국사회와 시민의식.” 대한 YMCA연맹 민주개혁 시민운동 심포지움 (I) 주제논문집.

고헌환. (2014). “행정법상 주민감사청구제도에 관한 비교 연구”. 「국제법무」 6(1): 1-31.

곽채기. (2005). “주민참여예산제도의 모형 설계와 성공적인 운영 전략.” 「지방재정」 no. 2, 37-58.

곽현근. (2007). “지역사회 주민조직으로서의 주민자치센터 참여의 영향요인과 사회심리적 효과.” 「한국지역개발학회지」 19(1), 145-170.

곽현근, 유현숙. (2005). “지역사회 주민조직 참여의 영향요인과 집합적 효능감: 충북 청원군을 대상으로.”「한국사회와 행정연구」16(1), 347-376.

곽효문. (2003). “조선조 향약의 복지행정기능과 의의.”「행정논총」41(1), 23-45.

교통과학연구원. (2000).「집회시위의 사회적 비용에 관한 연구」.

구영록 외. (1995).「정치학개론」. 서울: 박영사.

권내현. (2005). “향약은 지방자치의 원형이었을까?” 한국역사연구회 편「조선시대사람들은 어떻게 살았을까」. 파주: 청년사, 49-59.

권해수. (1999). “시민단체의 조직화 과정과 정책변화에 대한 영향력 비교연구.”「한국사회와 행정연구」10(1), 145-158.

금창호. (2003). “외국의 주민투표제도”.「지방자치」통권 175호. 현대사회연구소.

김기재. (1986). “지방자치와 주민참여의 활성화 방안.” 한국지방행정연구원 지방자치의 발전전략 세미나 주제발표논문집, 363-393.

김동욱, 한영조. (2010). “제주특별도지사 주민소환사례를 통한 주민소환제 문제점 고찰 및 개선방안.”「한국지방자치학회보」22(1), 73-98.

김동춘 외. (2000).「NGO란 무엇인가」. 서울: 아르케.

김명숙. (2005). “로컬거버넌스와 주민의 정치참여.”「한국사회와 행정연구」16(3), 325-347.

김명식. (2002).「환경, 생명, 심의민주주의」. 고양: 범양사.

김병국. (1989).「지방자치시대의 주민참여확충방안 연구」. 한국지방행정연구원.

김병국, 문동진. (2014). “주민직접참정제도의 청구요건 완화방안”.「GRI연구논총」16(3): 433-462.

김병섭, 박홍식. (1999). “신뢰와 정부개혁.” 한국행정학회 춘계학술대회 논문집.

김비환. (2000).「데모크라토피아를 향하여」. 교보문고.

김상구, 이원일. (2004). “지방정부와 NGO간의 관계유형: 부산광역시를 중심으로.”「한국사회와 행정연구」15(1), 191-210.

김상호. (2013). “비교적 관점에서 현행 주민감사청구제도의 문제점과 개선방안”「지방정부연구」17(2): 211-232.

김석준 외. (2000).「뉴 거버넌스 연구」. 서울: 대영문화사.

김석준 외. (2002).「거버넌스의 이해」. 서울: 대영문화사.

김선혁. (2003). “시민사회론의 행정학적 함의.” 한국행정학회 하계학술대회발표논문, 329-349.

김선혁, 문명재. 고려대학교 산학협력단. (2006).「시민사회단체의 운영실태분석과 지원방안에 대한 연구」. 한국행정연구원.

김성배, 이은정. (2008). “정보의 연쇄파급현상이 사회적 갈등에 미친 영향분석-방폐장 부지선정 사례의 경우.” 한국지방자치학회 하계학술대회 발표논문.

김성호. (2004). “주민투표제도의 운용과 과제: 주민투표제도와 단체장과 의회의 대응.”「지방행정」53권 610호: 31-37.

김영기. (2008). “미국과 스위스, 한국의 주민발의제도 비교연구- 직접참여의 최적단계와 핵심요소를 중심으로”.「지방행정연구」22(2): 117-144.

김영래. (1990).「한국 이익집단과 민주정치 발전」. 서울: 대왕사.

김영래, 김혁래. (2001). “한국비정부조직(NGO)의 현황과 과제.” 한국정치학회 국회학술발표회.

김영수. (2003). “시민단체의 공익적 역할에 관한 연구-갈등중재를 중심으로.” 서울대학교 행정대학원 박사학위논문.

김영인, 이승종, 이달곤. (2007). “정책단계와 NGO의 역할유형: 교육개혁정책과정에서 NGO의 활동을 중심으로.”「행정논총」45(4), 23-46.

김왕근. (1993). “시민교육을 위한 덕목주의의 새지평: 합리성의 형식관심에 대한 비판을 중심으로.”「사회와 교육」제17집, 19-36.

김용덕. (1978).「향청연구」. 한국연구원.

김용덕. (1989). “조선후기의 지방자치-향청과 촌계.”「국사관논총」3.

김용철. (2008). “정보화시대의 사회운동: 온라인 사회운동의 유형과 특징.”「사이버커뮤니케이션학보」25(1), 5-42.

김용철, 윤성이. (2005).「전자민주주의-새로운 정치패러다임의 모색」. 서울: 오름.

김운태. (1978).「정치학원론」. 서울: 박영사.

김인영. (2002).「한국 사회 신뢰와 불신의 구조: 거시적 접근」. 서울: 소화.

김일중. (2007). “향약의 문화적 가치와 지방행정에의 적용가능성 탐색.” 한국행정학회 춘계학술대회발표논문.

김종표. (1991).「신지방행정론」. 파주: 법문사.

김준기. (2000). “정부-NGO 관계의 이론적 고찰: 자원의존모형의 관점에서.”「한국정책학회보」9(2), 5-28.

김지희. (2002). “한국사회의 신뢰수준.” 김우택 외.「한국 사회 신뢰와 불신의 구조-미시적 접근」. 서울: 소화.

김진경 외. (1989).「서양고대사강의」. 한울아카데미.

김창수. (2005). “관료와 시민사회 협력의 성공조건: 부산광역시 온천천 복원사례를 중심으로.”「지방정부연구」9(1), 145-167.

김태룡. (1986). “정치참여: 경향과 조망.”「상지대 논문집」제 7 집.

김학로. (1994).「지방행정의 이론과 실제」. 서울: 박영사.

김학로. (2000).「지방행정의 이론과 실제」. 서울: 박영사.

김현. (2006). “주민발의제도의 이해와 활용방안”.「도시와 빈곤」81권. pp. 5-16.

김혜정. (2006). “지역시민사회의 역량이 지방정부의 정책혁신에 미치는 영향에 관한 연구". 서울대학교 행정대학원 박사학위논문.

김혜정. (2009). "시민참여의 표준사회경제이론 수정모형의 수립 및 분석." 「한국정책학회보」. 18(3), 283-310.

김혜정, 이승종. (2006). "지역시민사회의 역량과 지방정부의 정책혁신." 「한국행정학보」. 40(4), 101-126.

김혜정. (2016a). "주민직접참여제도의 제도분석—개선과 활성화 방안을 중심으로". 지방자치발전위원회 세미나 발표자료.

김홍기. (1987). 「행정국가와 시민참여」. 서울: 대왕사.

김홍식. (1993). 「지역이기주의 극복을 위한 정책연구」. 한국지방행정연구원.

남기헌. (2006). "주민감사청구 및 주민소송제도의 운영." 「지방행정」 55(634).

남기헌. (2006). "주민감사청구 및 주민소송제도의 운영". 「지방행정」 55(634): 33-47.

리프킨 제러미 (1992). 김명자 · 김건 역 「엔트로피」. 동아출판사.

박대식, 강경태 편 (2005). 「한국 지역사회 주민참여-배경과 수준」. 서울: 오름.

박동서 (1989). 「한국행정론」. 파주: 법문사.

박동서, 김광웅. (1987). 한국인의 민주정치의식: 대중과 엘리트. 서울대학교 출판부.

박문옥. (1982). "주민참여의 방안." 「지방행정」. 31(349), 71-77.

박상필. (2002). 「NGO와 정부, 그리고 정책」. 아르케.

박정택. (1990). 「공익의 정치행정론」. 서울: 대영문화사.

박종민. (1991). "정책산출이 정부신뢰에 주는 영향." 「한국행정학보」. 25(1), 291-305.

박천오. (1999). "한국 이익집단의 정책과정상의 영향력과 활동패턴: 정부관료제와의 관계를 중심으로." 「한국행정학보」 33(1), 239-259.

박현희. (2010). "주민발의 제도의 운영현황과 특성: 참여주체, 이슈, 효과를 중심으로". 한국행정학회 하계학술대회 발표논문.

박효근. (2012). "주민소송제도의 현황 및 향후 과제". 「한양법학」 40: 113-135.

박희봉. (2006). "시민참여와 로컬거버넌스." 「한국정책과학학회보」 10(2), 1-23.

박희봉, 김명환. (2000). "지역사회 사회자본과 거버넌스 능력: 서울 서초구와 경기 포천군 주민의 의식을 중심으로". 「한국행정학보」 34(4), 175-196.

배기헌. (1988). "16세기 향촌지배질서와 유향소의 성격." 「대구사학」 35, 91-137.

배성동, 길영환, 김종림. (1975). "한국인의 정치참여형태와 그 특성." 제 1 회 한 · 재북미 정치학자회 합동학술대회 논문집 Ⅰ.

백상기. (1982). 「PR론」. 서울: 형설출판사.

박옥출 역 (1971). 「민약론」. 서울: 박영사.

박정택. (1990). 「공익의 정치행정론」. 서울: 대영문화사.

본체크, 마크세스. 원성묵 역 (1997). 「브로드캐스트에서 넷캐스트로: 인터넷과 정치정보의 흐름」. 서울: 커뮤니케이션북스.

성도경, 박희봉, 장철영. (2004). "사회자본과 거버넌스 증진을 위한 정부와 시민사회의 역할."「대한정치학회보」12(1), 419-437.

성병훈, 성도경. (2012). "주민투표제도의 개선 방안에 관한 연구".「한국균형발전연구」. 3(3): 111-138.

손재식. (1983).「현대지방행정론」. 서울: 박영사.

신광영. (1999). "비정부조직과 국가정책: 외국의 사례를 중심으로."「한국행정연구」8(1), 29-43.

신도철 외. (1990). 한국 민주주의의 미래: 의식과 이념적 성향 분석. 서울대학교출판부.

신명순. (1995). "한국에서의 시민사회 형성과 민주화과정에서의 역할." 안병준 외.「국가, 시민사회, 정치민주화」. 한울아카데미.

신봉기. (2004). "지방자치에 있어서 직접민주제 방식의 도입: 특히 주민소환제와 관련하여.「공법연구」33(1): 181-211.

신원득. (1989). "지방행정에 있어서의 주민참여에 관한 요인분석." 성균관대학교 박사학위논문.

신윤표. (2007).「지역개발과 새마을운동론-새마을운동의 발전전략」. 서울: 대영문화사.

신 율. (1999). "독일에서의 사회운동, 신사회운동과 정당." 국회학술회의 발표자료.

심상복. (2009). "현행 주민소환제의 문제점 고찰".「법학연구」49(2): 155-187.

심익섭. (1993). "지방자치와 옴부즈만제도."「자치통신」제22호, 한국지방자치학회.

심익섭. (2007). "민주시민교육의 논리와 발전전망." 박재창 외.「민주시민교육의 전략과 과제」. 서울: 오름.

심익섭 외. (2004).「한국민주시민 교육론」. 엠-애드.

안병만. (1989).「한국정부론」. 서울: 다산출판사.

안성호. (2005). "주민투표의 직접민주적 개방성: 스위스의 교훈".「한국지방자치학회보」17(3).

알베르토 멜루치 (1993). 정수복 역「새로운 사회운동에 대한 이론적 접근」. 서울: 문학과 지성사.

양병우. (1997).「아테네 민주정치사」. 서울대학교출판부.

열린사회시민연합. (2001).「주민자치센터운영 길라잡이」. 열린사회시민연합.

오석홍. (2005).「조직이론」. 서울: 박영사.

오수길. (2005). "행정정보공개에서 지식공유로."「행정포커스」. 한국행정연구원.

유광수, 배득종 외. (2000).「정보화 시대의 민주주의」. 나노미디어.

유석춘, 장미혜. (2002). "사회자본과 한국사회."「사회발전연구」8.

유석춘, 장미혜, 정병은, 배영 공편 (2007).「사회자본: 이론과 쟁점」. 서울: 그린.

유재원. (2002).「한국지방정치론-이론과 실제」. 서울: 박영사.

유재원. (2003). "시민참여의 확대방안-참여민주주의의 시각에서"「한국정책과학학회보」 7(2), 105-126.

유지연. (2003). "디지털 정보격차의 재정의와 주요국 현황." 정보통신정책연구원, 60-64.

윤성일, 성시경, 임동완. (2014). "주민참여예산제도의 분화: 제도화 과정의 분석과 시사점". 「사회과학연구」 25(13): 385-410.

윤주명. (1991). "일선관료제와 시민간의 공적상호작용에 관한 연구: 시민의 관료제 대응을 중심으로." 연세대학교 박사학위논문.

이경원, 김석준. (1999). "시민단체의 현황과 역할에 관한 정책적 제안: 제주지역 시민단체를 중심으로". 「한국지방자치학회보」 11(2), 171-200.

이극찬. (1989). 「정치학」. 파주: 법문사.

이기우. (1991). 「지방자치행정법」. 파주: 법문사.

이기우. (2008). "중앙과 지방의 관계재설정과 주민참여: 주민소환제도의 개선과제". 한국지방자치학회 학술대회 논문집: 921-936.

이명석. (2002). "거버넌스의 개념화: 사회적 조정으로서의 거버넌스." 「한국행정학보」 36(4), 321-338.

이상백. (1962). 「한국사」. 서울: 을지문화사.

이수건. (1989). 「조선시대지방행정사」. 서울: 민음사.

이승종. (1990). "정책유형의 도시 공공서어비스 배분에 대한 효과: 통합이론모형의 제시." 「한국행정학보」 24(2), 1091-1115.

이승종. (1991). "지방정부의 행정정보공개: 행정통제론적 접근." 「한국행정학보」 25(3), 891-916.

이승종. (1992b). 「지역주민여론의 효율적 수렴방안」. 한국지방행정연구원.

이승종. (1992c). "집행기관과 의결기관과의 관계." 한국지방행정연구원 주최 「21세기의 바람직한 지방행정좌표세미나」 주제발표논문.

이승종. (1993). "성공적 정책집행을 위한 관리전략." 「지방행정연구」 8(3).

이승종. (1995). 「민주정치와 시민참여」. 삼영.

이승종. (1997). "미국 지방정부 정책과정에서의 주민참여기제 - 뉴욕시의 지역위원회를 중심으로." 「한국정치학회보」 31(4), 249-269.

이승종. (2001). "지방정치에서의 참여 불평등: 현실과 과제." 「한국정치학회보」 35(1), 327-344.

이승종. (2003). 「지방자치론-정치와 정책」. 서울: 박영사.

이승종. (2004). "지방정치참여와 민주시민 교육." 김민정 외. 「한국민주시민교육론」.

이승종. (2004). "지방차원의 정책혁신 확산과 시간: 지방행정정보공개조례의 사례 연구." 「한국지방자치학회보」 16(1), 5-25.

이승종. (2005). "참여를 통한 정부개혁: 통제적 참여방식을 중심으로." 「한국공공관리학보」 19(1), 19-39.
이승종. (2006). "거버넌스와 시민참여." 「국정관리연구」 1(1), 64-82.
이승종. (2007). "참여활성화를 위한 실천적 시민교육." 박재창 외. 「민주시민교육의 전략과 과제」. 서울: 오름.
이승종. (2008a). "지방정부 형태와 조직의 변화 60년." 「한국지방자치학회보」 20(2), 5-21.
이승종. (2008b). "근린자치의 활성화를 위한 지역사회 주민조직의 재구조화 방안." 「자치행정」 11월호.
이승종, 김흥식. (1992). "지방자치와 지방정부의 정책정향." 「한국행정학보」 26(2), 573-589.
이승종, 유희숙. (1994). 「지방화시대의 주민참여」. 한국지방행정연구원.
이승종 외. (2008). 「서울형 동주민센터 모델 연구」. 서울특별시 보고서.
이영호. (1973). "한국의 사회변화와 정치참여." 한국사회의 전통과 변천. 고대아세아문제연구소.
이윤식. (1990). "정보공개제도의 한국적 모형정립을 위한 시론." 한국행정학회 연례학술대회 발표논문.
이재열. (1998). "민주주의, 사회적 신뢰, 사회적 자본." 「계간 사상」. 여름, 65-93.
이정만. (2014). "주민참여예산제의 운영 실태와 정책 과제에 관한 연구: 충청남도의 사례를 중심으로". 「한국지방자치학회보」 26(2): 317-342.
이존희. (1986). "조선시대 지방관청의 관원과 향청." 「지방행정」 35(388), 122-126.
이종수 (2001). "정부에 대한 신뢰와 그 결정요인." 「사회과학논집」 32, 67-86.
이종원. (2002). "정부형성과 거버넌스: 이론적 연결고리의 탐색 및 지방 거버넌스에서의 적용." 「정부학연구」 8(1), 69-91.
이종익. (1989). 「한국지방자치론」. 서울: 박영사.
이태진. (1989). 「조선유교사회사론」. 파주: 지식산업사.
이형순 (1975). 「경제학원론」. 서울: 박영사.
이효선. (1997). 「현대국가의 시민운동」. 서울: 집문당.
임석준, 이승종. (2005). "전자민주주의와 지방자치 역량: 기초자치단체의 홈페이지 분석." 「대한정치학회보」 13(1), 75-102.
임승빈. (1999). 「행정과 NGO간의 네트워크구축에 관한 연구」. 한국행정연구원.
임승빈. (2006). 「지방자치론」. 파주: 법문사.
임승빈. (2009). 「정부와 NGO」. 서울: 대영문화사.
정광호. (2003). "OECD 국가들에 있어서 인적자본이 시민활동에 미치는 영향: 15개 OECD국가를 중심으로." 한국행정학회 춘계학술대회 발표논문, 421-443.
정상호. (2008). "한국 시민단체(NGO)의 재정 위기의 현황과 해소방안." 「동서연구」

20(2), 256.

정세욱. (1984). 「지방행정학」. 파주: 법문사.

정세욱, 최창호 (1983). 「행정학」. 파주: 법문사.

정수복. (2004). 「시민의식과 시민참여」. 서울: 아르케.

정연정. (2012). “주민소환제와 주민참여”. 「선거연구」 2(1): 31-58.

정정화, 김찬동. (2015). 「주민참여제도 현황 및 활성화 방안 연구」. 한국정책학회.

조경련, 김영기. (2008). “우리나라 주민소환제 운용에 관한 연구.” 「지방정부연구」 12(1), 197-220.

조석주. (2004). “주민자치위원회의 인식분석과 시사점-군포시 주민자치위원을 중심으로.” 「지방행정연구」 18(3), 77-110.

조성한. (2005). “거버넌스개념의 재정립.” 한국행정학회 동계학술대회발표논문.

조셉 S. 나이 (2001). 박준원 역 「국민은 왜 정부를 믿지 않는가」. 서울: 굿인포메이션.

조정남 편 (1993). 「자유민주주의의 이해」. 서울: 교양사.

주성수. (2003). “참여시대의 시민, 정부 그리고 NGO.” 「시민사회와 NGO」, 1-17.

중앙선거관리위원회. (2008). 「제18대 국회의원선거 투표율 분석자료」.

지동식 편 (1976). 「고전고대 희랍사 연구의 제문제」. 고려대학교출판부.

지병문. (2005). “지방정부에 대한 시민 접촉 모델: 광주의 경험.” 「한국정치학회보」 39(1), 233-251.

지헌교, 최문성, 박균섭. (1991). 「조선조 향약연구」. 서울: 민속원.

총무처. (1993). 「총무처연보」.

최근열. (2006). “주민자치센터의 평가와 정책과제-울산광역시를 사례로-.” 「한국거버넌스학회보」 13(3), 335-361.

최봉기. (1989). “지방자치와 민주주의.” 관악행정학회 편 「한국의 지방자치와 행정」. 서울: 대영문화사.

최봉기. (2006). “중앙정부에 의한 지역간 경쟁적 주민투표제도의 개선과제.” 「한국지방자치학회보」 18(2), 5-26.

최성욱. (2004). “거버넌스개념에 대한 비판적 고찰: 한국행정학계의 거버넌스 연구경향 분석. 「정부학연구」 8(1), 239-261.

최완식, 홍경순, 최정아. (2015). 「정보격차지수 및 실태조사 2014」. 미래창조과학부; 한국정보화진흥원

최유진, 최순영, 홍재환. (2013). “옴부즈만 제도 활성화 방안 연구: AHP 분석방법을 활용한 정책대안 우선순위의 도출”. 「행정논총」 51(2): 95-119.

최은수. (2003). 「명품도시의 탄생」. 매일경제신문사.

최창호. (1990). 「지방자치제도론」. 서울: 삼영사.

최창호. (1995). 「지방자치학」. 서울: 삼영사.

최호준. (1987). 「시민행정학」. 거목.

프랜시스 후쿠야마. (2004). 구승회 역「트러스트: 사회도덕과 번영의 창조」. 한국경제신문사.

한국국민윤리학회. (1990). 「사상과 윤리」. 서울: 형설출판사.

한국민주시민교육학회 편 (1998). 「민주시민생활용어사전」. 서울: 유풍출판사.

한국정보화진흥원. (2010). 「2010 국가정보화 백서」.

한국정치연구회 사상분과 편 (1992). 「현대민주주의론 I」. 파주: 창작과 비평사.

한상진, 은기수, 조동기. (1999). 「한국사회의 신뢰실태 조사」. 1999년도 교육부연구보고서.

한원택. (1995). 「지방행정론: 이론·제도·실제」. 파주: 법문사.

행정자치부. (2000). 「선진외국의 지방자치제도(Ⅰ)」. 행정자치부.

행정안전부. (2008). 「2008년 행정안전부 통계연보」.

행정안전부. (2010). 「2010년 행정안전부 통계연보」. 행정안전부.

행정안전부. (2010a). 「주민소환 추진사례」.

행정안전부. (2010b). 「주민소송 실시사례」.

행정안전부. (2010c). 「2009정보공개 연차보고서」.

행정안전부. (2010d). 「2010년 행정안전부 통계연보」.

행정안전부. (2010c). 「2009정보공개 연차보고서」.

행정자치부 (2015). 「정보공개연차보고서」.

현대사회연구소. (1982). 「2000년대를 향한 한국인상」.

홍정선. (2009). 「新지방자치법」. 박영사.

홍준형. (1998). "주민직접청구제도의 도입." 「자치의정」.

2. 외국문헌

Advisory Commission on Intergovernmental Relations (1977). *The organization of local economics*. Washington D.C.

Advisory Commission on Intergovernmental Relations (1979). *Citizen participation in the American federal system,* Washington, D.C.

Aggens, Lorenz (1983). "Identifying different levels of public interests in participation." in J. L. Creighton., J. D. Priscoli, and C. M. Dunning (eds). *Public involvement and dispute resolution*. Fort Belvoir, Va.: U. S. Army Institute for Water Resources.

Aiken M. and R. Alford (1970). "Community structure and innovation." *American Sociological Review* 35, 650–665.

Alford, Robert R. and Harry M. Scoble (1968). "Sources of local political involvement." *The American Political Science Review* 62, 1192–1206.

Alford, Robert R. and Roger Friedland (1985). *Power of theory: Capitalism, the state, and democracy*. New York: Cambridge University Press.

Alinsky, Saul (1969). *Reveille for radicals*. New York. Vintage Books

Alinsky, Saul (1971). *Rules for radicals*. New York: Random House.

Almond, Gabriel and Sidney Verba (1963). *The civic culture*. Princeton: Princeton University Press.

Anheier, H. (2004). *Civil society: Measurement, evaluation, policy*. Earthscan.

APSA. (1950). "Toward a more responsible two-party system." *American Political Science Review* 44(special issue).

Arnstein, Sherry (1969). "A ladder of citizen participation." *Journal of the American Institute of Planners* 35(4), 216–224.

Arterton, Christopher F. (1987). *Teledemocracy: Can technology protect democracy*?. Newbury Park, CA: Sage Publications.

Atkins, Robert (1992). "Making use of complaints: Braintree district council." *Local Government Studies* 18(3), 164–171.

Babchuck, Nicholas and Ralph V. Thompson (1962). "Voluntary associations of negroes." *American Sociological Review* 27, 647–655.

Bachrach, Peter (1971). *The theory of democratic elitism: A critique*. Boston: Little, Brown.

Bachrach, Peter and Morton S. Baratz (1962). "Two faces of power," *American Political Science Review* 61.

Bachrach, Peter and Morton S. Baratz (1970). *Power and poverty: Theory and practice*. New York: Oxford University Press.

Baker, Kendall et al. (1981). *Germany transformed*. Mass.: Harvard University Press.

Balch, George, I. (1974). "Multiple indicators in survey research: The concept "sense of political efficacy." *Political Methodology* 2(1), 1–43.

Barbalet, J. M. (1988). *Citizenship*. Minneapolis: University of Minnesota Press.

Barber, Benjamin R. (1984). *Strong democracy: Participatory politics for a new age*. Berkeley CA.: University of California Press.

Barber, Benjamin R. (2006). *A place for us: How to make society civil and democracy strong*, New York: Hill and Wang.

Barnes, Samuel H., and Max Kaase et als. (1979). *Political action: Mass participation in five western democracies*. Beverly Hills: Sage Publications.

Barron, Jacqueline, Gerald Crawley, and Tony Wood (1991). *Councillors in crisis*. MacMillan.

Barry, Bryan (1967). "The public interest." in A. Quinton ed. *Political philosophy*. Oxford University Press.

Becker, Ted (1993). "Teledemocracy- Gathering momentum in state and local government." *Spectrum* (Spring).

Beierle, T., and J. Cayford (2002). *Democracy in practice: Public participation in environmental decisions*. Washington, D.C.: Resources for the Future.

Bellah, R., R. Madsen, W. M. Sullivan, A. Swindler, and S. M. Tipton (1985). *Habits of the heart: Individualism and commitment in American life*. Berkeley, CA: University of California Press.

Benhabib, Seyla (1992). *Democracy and difference: Contesting boundaries of the political*. Princeton University Press.

Bentley (1949). *The process of government*. Evanston, Illinois: Principia Press.

Berelson, Bernard et al. (1954). *Voting*. Chicago: University of Chicago Press.

Berlin, Isaiah (1969). *Four essays on liberty*. Oxford: Oxford University Press.

Berry, Jeffrey M. (1984). *The interest group society*. Boston, Ma.: Little, Brown & Co.

Bessette, Joseph M. (1994). *The mild voice of reason: Deliberative democracy and American national government*. Chicago: University of Chicago Press.

Bimber, B. (1999). "The internet and citizen communication with government: Does the medium matter?" *Political Communication* 16(4), 409–428.

Bimber, Bruce A. (2003). *Information and American democracy- Technical in the evolution of political power*. Cambridge, UK: Cambridge University Press.

Bimber, Bruce and Richard Davis (2003). *Campaigning online: The internet in U.S. elections*. Oxford: New York: Oxford University Press.

Birch, Anthoy H. (1993). *The concepts and theories of modern democracy*. Routledge.

Birkinshaw, Patrick (1988). *Freedom of information: The law, the practice, and the ideal*. London: Weidenfeld & Nicolson.

Bish, R. L. (1975). "Commentary." *Journal of the American Institute of Planners* 41, 67–82.

Blackburb, Walton J., and Willa Maric Bruce, eds. (1995). *Mediating environmental conflicts: Theory and practice*. Westport, CT: Quorum Books.

Blau, Peter (1964). *Exchange and power in social life*. New York: Wiley and Sons.

Boix, C. and D. N. Posner (1998). "Social capital: Explaining its origins and effects on government performance." *British Journal of Political Science* 28(4), 686–693.

Bollens, John C. and H. J. Schmandt (1970). *The metropolis*. New York: Happer & Row.

Bollens, John C. and Henry J. Schmandt (1982). *The metropolis: Its people, politics, & economic life*. 4th ed. New York: Harper & Row.

Booth, John H. and Mitchell A. Seligson, eds. (1978). *Political participation in Latin America*. New York. Holmes and Meier.

Boss, R. W. (1978). "Trust and managerial problem solving revisited." *Group & Organizations Studies*. 3, 331−342.

Bourdieu, P. (1986). "The forms of capital," in J. Richardson, ed. *Handbook of theory and research for the sociology of education*. Westport, CT: Greenwood Press.

Box, Richard C. (1998). *Citizen governance: Leading American communities into the 21st century*. London: Sage.

Brady, Henry E., Sidney Verba and Kay Lehman Schlozman (1995). "Beyond SES: A resource model of political participation." *American Political Science Review* 89(2), 271−294.

Braithwaite, Valerie and Margaret Levi, eds. (1998). *Trust and governance*. New York: Sage Publications.

Briggs, Xzvier dé Souza (1998). "Brown kids in white suburbs: Housing mobility and the many faces of social capital." *Housing Policy Debate* 9(1), 177−221.

Brown, S. D. (1982). "The explanation of particularized contacting." *Urban Affairs Quarterly* 18, 217−234.

Burns, Danny, Ronin Hamnleton and Paul Hoggett (1994). *The Politics of decentralization*. Macmillan.

Burt, Ronald S. (2001). "Structural holes versus network closure as social capital." in Lin, Nan, K. Cook and R. S. Burt. *Social capital: Theory and Research*. New York: Aldine de Gruyter, 31−56.

Butler, David and Austin Ranney (1978a). *Referendums: A comparative study of practice and theory*. Washington D. C.: American Enterprise Institute for Public Policy Research.

Butler, David and Austin Ranney (1978b). "Theory." in Butler, David and Austin Ranney (1978a). *Referendums: A comparative study of practice and theory*. Washington D.C.: American Enterprise Institute for Public Policy Research.

Butts, R. Freeman (1991). "A personal preface." in Charles F. Bahmueller ed. *CIVITAS: A framework for civic education*. California: Center for Civic Education.

Campbell, Angus, Gerald Gurinm and Warren Miller (1954). *The voter decides*.

Evanston, Ill.: Row, Peterson.

Campbell, A., P. E. Converse, W. E. Miller, and D. E. Stokes (1960). *The American voter*. Chicago: University of Chicage Press.

Campbell, Angus, Philip Converse, Warren Miller and Donald Stokes (1960). *The American voter*. New York: John Wiley & Sons; Margolis.

Campbell, J. R. Hollingsworth and L. Lindberg (1991). *Governance of the American economy*. Cambridge University Press.

Caponio, Joseph F. and Janet Geffner (1988). "Does privatization affect access to government information?" *Government Information Quarterly* 5, 147–154.

Carson, Lyn and Janette Hartz-Karp (2005). "Adapting and combining deliberative designs: Juries, polls, and forums", in John Gastil and Peter Lenine eds. *The deliberative democracy handbook: Strategies for effective civic engagement in the 21st century*. Jossey-Bass.

Castells, M. (1983). *The city and the grassroots*. Berkeley: Univ. of California Press.

Cavanaugh, John W. (2000). "E-democracy: Thinking about the impact of technology on civic life." *National Civic Review* 89(3), 229–234.

Cloude Mossé, Le citoyem dans la Grèce antigue, (1864). 김덕희 역 (1993). 「고대 그리스의 시민」.

Cohen, Carl (1971). *Democracy*. The Free Press.

Cohen, Stephen (2004). *The nature of moral reasoning: The framework and activities of ethical deliberation, argument, and decision making*. Oxford University Press.

Cohen, Jean L. and Andrew Arato (1992). *Civil society and political theory*. Boston: MIT Press.

Cohen, Jean L. and Andrew Arato (1997). *Civil society and political theory*. Cambridge, Massachusetts and London: The MIT Press.

Cole, G. D. H. (1919). *Self-government in industry*. London: G. Bell & Sons.

Cole, G. D. H. (1920). *Social theory*. London: Methuen.

Cole, L. Richard (1975). "Citizen participation in municipal politics." *American Journal of Political Science* 19, 761–781.

Coleman, James S. (1988). "Social capital in the creation of human capital." *American Journal of Sociology* (Supplement) 94: s95–s120.

Conge, Patrick, J. (1988). "The concept of political participation." *Comparative Politics*. Vol 20. 241–249.

Connor, Desmond M. (1988). "A new ladder of citizen participation." *National Civic Review* 77(3), 249–257.

Conover, Pamela Jonston (1991). "Political socialization: Where's the politics?" in William Crotty ed. *Political behavior political science: Looking to the future*. vol. 3, Evanston, IL: Northwestern University Press.

Conway, M. Margaret (1985). *Political participation in the United States*. Congressional Quarterly Inc.

Cook, J., and T. Wall (1980). "New work attitude measures of trust, organizational commitment and personal need nonfulfillment." *Journal of Occupational Psychology* 53, 39-52.

Cooper, Terry L., and Luther Gulick (1984). "Citizenship and professionalism in public administration." *Public Administration Review* 44(Special Issue), 143-151.

Coulter, Philip B. (1988). *Political voice: Citizen demand for urban public services*. Tuscaloosa: University of Alabama Press.

Courtenay, Bryce (1999), *The power of one*. Bt Bound.

Craig, S. and M. Maggiotto (1982). "Measuring political efficacy." *Political Methodology* 8, 85-109.

Creighton, James L. (2005). *The public participation handbook*. John Wiley & Sons.

Cronin, Thomas E. (1999). *Direct Democracy: The Politics of Initiative, Referendum, and Recall*. Camnridge, Massachusetts, USA, Harvard University Press.

Cunningham, James V. (1972). "Citizen participation in public affairs." *Public Administration Review* 32.

Cupps, D. Stephen (1977). "Emerging problems of citizen participation." *Public Administration Review* Sep./Oct., 478-487.

Curry, Nigel (2001). "Community participation and rural policy: Representativeness in the development of millennium greens." *Journal of Environmental Planning and Management* 44(4), 561-576.

Dahl, Robert A. (1956). A *preface to democratic theory*. Chicago: University of Chicago Press, 84.

Dahl, Robert A. (1957). "The concept of power." *Behavioral Science* 2.

Dahl, Robert (1961). *Who governs?*. New Haven: Yale University Press.

Dahl, Robert A. (1966). Further Reflection on "The elitist theory of democracy." *American Political Science Review* 60(2), 296-305.

Dalton, Russel, S. C. Flanagan, James E. Alt (1984). *Electoral change in advanced industrial democracies*. Princeton: Princeton University Press.

Dalton, Russell J. (1988). *Citizen politics in western democracies*. Chatham, New Jersey: Chatnam House Publishers, Inc.

Dalton, Russell J. (2008a). *The good citizen: How a younger generation is reshaping American politics*. Washington, DC: CQ Press.

Dalton, Russell J. (2008b). *Citizen politics-public opinion and political parties in advanced industrial democracies*. Washington, D.C.: CQ Press.

Dalton, Russell J. and Doh Chull Shin (2006). *Citizens, democracy, and markets around the Pacific Rim*. Oxford University Press.

Dalton, Russell J. and Martin P. Wattenberg (2000). *Parties without partisans: Political change in advanced industrial democracies*. New York: Oxford University Press.

Davies, Gower, J. (1974). *The evangelistic bureaucrat*. Edinburgh University Press.

DeFleur, M. L. and S. J. Ball-Rokeach (1985). *Theories of mass communications*. New York: David McKay.

De Hart, J and P. Dekker (2003). "Local patterns of social capital." in Hooghe, M. and D. Stolle (eds). *Generating social capital*. New York: Palgrave, 153–170.

DeLeon, P. (1990). "Participatory policy analysis: Prescriptions and precautions." *Asian Journal of Public Administration* 12.

DeSario, Jack (1987). "Consumers and health planning: Mobilization of bias?" in Jack DeSario & Stuart Langton. *Citizen participation in public decision making*. New York: Greenwood Press.

DeSario, J. and S. Longton eds. (1987). *Citizen participation in public decision making*. New York: Greenwood Press.

DiMaggio, P., E. Hargittai, W. Neuman, and J. Robinson (2001). "Social implications of the internet." *Annual Review of Sociology* 27, 307–336.

Dornan, P. B. (1977). "Whither urban policy analysis?: A review essay." *Polity* 9, 503–527.

Downs, Anthony (1957). *An economic theory of democracy*. New York: HarperCollins.

Downs, Anthony (1981). *Neighborhoods and urban development*. Washing–ton D.C.: Brookings.

Dryzek, John S. (2002). *Deliberative democracy and beyond: Liberals, critics, contestations*. Oxford University Press.

Duley, J. S. (1981). "Field experience education." in A. W. Chickering (ed.). *The modern American college*. San Francisco: Jossey-Bass.

Dye, Thomas R. (1991). *Politics in states and communities*. 7th ed. Englewood Cliff: Prentice-Hall.

Dye, Thomas and Harmon Zeigler (1970). *The irony of democracy*. Belmont, California:

Duxbery.

Edwards, George C. and Ira Sharkansky (1978). *The policy predicament: Making and implementing public policy*. San Francisco: Freeman and Co.

Eisinger, P. K. (1972). "The pattern of citizen contacts with urban officials." in H. Hahn ed. *People and politics in urban society*. Beverly Hills: Sage.

Eisinger, Peter K. (1973). "The conditions of protest behavior in American cities." *American Political Science Review* 67, 11-28.

Elkin, Stephen L. and Karol Edward Soltan (1999). *Citizen competence and democratic institution*. Pennsylvania State University Press.

Elster, Jon (1988). *Deliberative democracy*. Cambridge University Press.

Erikson, Robert S., Norman R. Luttbeg, and Kent L. Tedin (1991). *American public opinion: It's origins, contact and impact*. New York: Mcmillan Publishing Co.

Etzioni, Amitai (1975). *A Comparative Analysis of Complex Organizations*. New York: Free Press.

Etzioni, Amitai (1993). *The spirit of community: The reinvention of American society*. New York: Simon and Schuster.

Euben, J. Peter, John R. Wallach, and Josiah Ober (1994). *Athenian political thought and the reconstruction of American democracy*. Ithaca: Cornell University.

Evans, Peter B., Dietrich Rueschemeyer, Theda Skocpol (1985). *Bringing the state back in*. New York: Cambridge University Press.

Evans, S. M. and H. C. Boyte (1986). *Free spaces*. New York: Harper & Row.

Fainstein, Susan S. and Norman I. Fainstein (1985). "Economic restructuring and the rise of urban social movements." *Urban Affairs Quarterly* 21(2), 187-206.

Ferguson, Charles (2002). *The United States broadband problem: Analysis and policy recommendations*. Working Paper May 31. Washington, DC: Brookings Institution.

Ferguson, R. F. (1991). "Paying for public education: New evidence on how and why money matters." *Harvard Journal of Legislation* 28(2), 465-498.

Fernand, Jude L. and Alan W. Heston (1997). "Introduction: NGOs between states, markets, and civil society." *The Annals of the American Academy of Political and Social Science*, 8-20.

Fisher, Frank (2006). "Participatory governance as deliberative empowerment: The cultural politics of discursive space." *American Review of Public Administration* 36(1), 19-40.

Fishkin, James (1991). *Democracy and deliberation*. Yale University. 김원용 역 「민주

주의와 공론조사」. 이화여자대학교출판부.

Fishkin, James S. (1991). *Democracy and deliberation: New directions for democratic reform*. New Haven: Yale University Press.

Fishkin, James (1995). *The voice of the people: Public opinion and democracy*. Yales University Press.

Fiss, Owen M. (1996). *The irony of free speech*. Cambridge, MA: Harvard University Press

Flathman, Richard (1981). "Citizenship and authority: A chastened view of citizenship." *News for Teachers of Political Science*. Summer.

Fleischmann, Arnold and Carol Pierannunzi (2007). *Politics in Georgia*. the University of Georgia Press.

Forrest, W. G. (1996). *The emergence of Greek democracy*, 800−400BC. 김봉철 역 「그리스 민주정의 탄생과 발전」. 한울.

Fox, A. (1974). *Beyond contract: Work, power, and trust relations*. London: Faber & Faber.

Freeman, Jo. (1975). The politics of women's liberation. New York: Longman.

Friedland, L., and H. Boyte. "The new information commons: Community information partnerships and civic charge." *Center for Democracy and Citizenship*. Hurbert A. Humphrey Institute of Public Affairs, University of Minnesota (www.publicwork.org).

Friedrich, Carl J. (1950). *Constitutional government and democracy*. Boston: Ginn

Fromm, E. (1976). *To have or to be*. New York: Harper & Row Publisher.

Fukuyama, Francis (1995). *Trust: The social virtues and the creation of prosperity*. New York: Free Press 구승회 역 (2006). 「트러스트: 사회도덕과 번영의 창조」. 한국경제신문사

Galnoor, Itzhak (1975). "Government secrecy: Exchanges, intermediaries, and middlemen." *Public Administration Review* 35, 32−43.

Galston, William (1999). "Fall 1999 report." *Institute for Philosophy and Public Policy* 19(4). (www.puaf.umd.edu/ippp).

Gamson, William A. (1968). *Power and discontent*. Homewood: Dorsey.

Galston, William A. (1989). "Liberal virtues." *American Political Science Review* 82.

Gawthrop, Louis (1984). "Civis, civitas and civilitas." *Public Administration Review* 44.

George, Arthur ST. and Sandra Robinson-Weber (1983). The mass media, political attitudes, and behavior. *Communication Research* 10(4), 487−508.

Gerrard, M. (1994). *Whose backyard, whose risk: Fear and fairness in toxic and nu-*

clear waste siting. Cambridge, MA: The MIT Press.

Ghose, Rina (2005). "The complexities of citizen participation through collaborative governance." *Space and Polity* 9(1), 61–75.

Giddens, A. (1982). 'Class division, class conflict and citizenship rights'. *Profiles and Critiques and social theory*. London: Macmillan.

Giddens, Anthony (1987). *Social theory and modern sociology*. Stanford, CA: Stanford University Press.

Gomley, William, John Hoadley, and Charles Williams (1983). "Potential responsiveness in the bureaucracy: Views of public Utility regulation." *American Political Science Review* 77, 704–717.

Gordon, Andrew C. and John P. Heinz eds. (1979). *Public access to information*. New Brunswick, N. J.: Transaction Books.

Goss, Sue (1999). *Managing working with the public*. KOGAN PAGE.

Gramsci, Antonio (1971). *Selections from the prison notebook*. edited and translated by Quintin Hoare and Goffrey Nowell Smith. London: Lawrence & Wishart.

Granovetter, Mark S. (1973). "The strength of weak ties." *The American Journal of Sociology* 78(6), 1360–1380.

Green, Andrew and Ann Mattias (1997). *Nongovernmental organizations and health in developing countries*. St. Martin's Press.

Greenberg, Edward S. (1983). *The American political system: A radical approach*. 3rd ed. Boston: Little, Brown & Co.

Greenstone, David and Paul E. Peterson (1973). *Race and authority in urban politics: Community participation and the war on poverty*. New York: Russell Sage Foundation.

Gruning, James E. and Todd Hunt (1984). *Managing public relations*. New York: Holt.

Gutman, Amy and Dennis Thompson (2002). "Deliberative democracy beyond process." *Journal of political philosophy* 10(2), 153–174.

Gutman, Amy and Dennis Thompson (2004). *Why deliberative democracy?*. Princeton, NJ: Princeton University Press.

Gyford, John (1991). *Citizens, consumers and councils: Local government and the public*. London: MacMillan Education Ltd.

Haeberle, Steven H. (1987). "Neighborhood identity & citizen participation." *Administration & society* 19, 178–196.

Haeberle, Steven H. (1989). *Planting the grassroots: Structuring citizen participation*. New York: Praeger.

Hagen, Martin (1997). "A typology of electronic democracy." (http://www.uni-giessen.de/fb03/vinci/labore/netz/hag_en.htm).

Haight, David and Clare Ginger (2000). "Trust and understanding in participatory policy analysis: The case of the Vermont Forest Resources Advisory Council." *Policy Studies Journal* 28(4), 739-759.

Hall, P. (1999). "Social capital in Britain." *British Journal of Political Science* 29(3), 417-461.

Ham, Christopher, and Michael Hill (1984). *The policy process in the modern capitalist state*. Harvester Press.

Hardin, Garrett (1968). "The tragedy of the commons." *Science* 162, 1243-1248.

Harisalo, Risto (1993). "Powershift in democracy, public services and local government." *Local Government Studies* 19(1), 16-27.

Hart, David K. (1972). "Theories of government related to decentralization and citizen participation." *Public Administration Review* 32, 603-621.

Held, David (1987). *Models of democracy*. Standford University. 이정식 역 (1993). 「민주주의의 모델」. 인간사랑.

Herson, Lawrence J. R., and John M. Bolland (1990). *The urban web: Politics, policy, and theory*. Chicago: Nelson-Hall Publishers.

Hill, Dilys M. (1974a). *Citizens and cities: Urban policy in the 1990s*. Hemel Hempstead: Harvester Wheatsheaf.

Hill, Dilys M. (1974b). *Democratic theory and local government*. London: George Allen & Unwin.

Hill, Kim Quaile, Jan E. Leighley and Angela Hinton-Andersson (1995). "Lower-class mobilization and policy linkage in the U.S. states." *American Journal of Political Science* 39(1), 75-86.

Hill, Kim Quaile and K. R. Mladenka (1992). *Democratic governance in American states and cities*. Pacific Gorve, California: Brooks and Cole

Hirschman, Albert O. (1970). *Exit, voice, and loyalty: Responses to decline in firms, organizations, and states*. Cambridge: Harvard University Press.

Hirschman, Albert O. (1982). *Shifting improvements*. Princeton N.J.: Princeton University Press.

Holden, B. (1986). *Understanding liberal democracy*. Philip Allan.

Hooghe, M. and D. Stolle (eds). *Generating social capital*. New York: Palgrave.

Hunter, Floyd (1953). *Community power structure*. Chapel Hill: University of North Carolina Press.

Inglehart, Ronald (1997). *Modernization and postmodernization: Cultural, economic, and political change in 43 societies*. Princeton N.J.: Princeton University Press.

Irvin, Revee A., and John Stansbury (2004). "Citizen participation in decision making: Is it worth the effort?." *Public Administration Review* 64(1), 55–65.

Iyengar, Shanto (1978). "The development of political efficacy in a new nation–The case of Andhra Pradesh." Comparative Political Studies 11(3), 337–354.

Janda, Kenneth, Jefffrey M. Berry and Jeny Goldman (1986). *The challenge of democracy: Government in America*. Boston: Houghton Mifflin Co.

Janoski, Thomas (1998). *Citizenship and civil society*. Cambridge University Press.

Jenkins, J. C. (1983). "Resource mobilization theory and the theory of social movements." *Annual Review of Sociology* 9.

Jessop, B. (1997). "The governance of complexity and the complexity of governance: preliminary remarks on some problems and limits of economic guidance." in Amin, Ash and Jerzy Hausner. *Beyond market and hierarchy: Interactive governance and social complexity*, 95–128. Lyme, U. S.: Edward Elgar.

Jones, Bryan. D. (1977). "Distributional consideration in models of government service provision." *Urban Affairs Quarterly* 12, 291–312.

Jones, Bryan D. (1980). *Service delivery in the city*. New York: Longman.

Jones, Bryan D. (1981). "Party and bureaucracy: The influence of intermediary groups on urban public service delivery." *American Political Science Review* 75, 688–700.

Jones, Bryan D. (1983). *Governing urban America: A policy focus*. Boston: Little, Brown & Co.

Jones, Bryan D., Saadia R. Greenberg, Clifford Kaufman and Joseph Drew (1977). "Bureaucratic response to citizen-initiated contacts: Environmental enforcement in Detroit." *American Political Science Review* 71(1), 148–165.

Jones, Kathlene, John Brown and Jonathan Bradshaw (1978). *Issues in social policy*. London: Routledge & Kegan Paul.

Kaase, Max and Kenneth Newton (1995). *Beliefs in government.* Oxford: Oxford University Press.

Kaase, M., and Marsh, A. (1979). "Political action repertory: Changes over five and a new typology." in S. H. Barnes, M. Kaase, et al.: *Political action: Mass participation in five western democracies*. Beverly Hills: Sage Pubns.

Kathlene, Lyn and John A. Martin (1991). "Enhancing citizen participation: Panel designs, perspectives, and policy formation." *Journal of Policy and Management*

10(1).

Katznelson, I (1981). *City trenches: Urban politics and the patterning of class in the United State*. Chicago: University of Chicago.

Kaufman, Herbert (1969). "Administrative decentralization and political power." *Public Administration Review* 29, 3–15.

Kaufmann, Bruno., Buchi, Rolf., and Braun, Nadia (2008). *Guidebook to Direct Democracy in Switzerland and Beyond, Switzerland, The Initiative & Referendum Institute Europe*.

Keane, John (1988). *Democracy and civil society*. London: Verso.

Keane, John (1998). *Civil society- Old images, new visions*. Polity Press.

Keating, Michael (1991). *Comparative urban politics*. VT: Edward Elgar.

Key, V. O. (1964). *Politics, parties, and pressure groups*. 5th ed. New York: Cromwell.

King, Cheryl S., and Camilla Stivers (1998). Citizens and administrators: Roles and relationships in Government is Us, edited by Cheryl S. King and Camilla Stivers, 49–62. Thousand Oaks, CA: Sage Publications.

King, Cheryl, S., Kathryn, M. Feltey and Bridget O'Neill Susel (1998). "The question of participation: Toward authentic public participation in public administration." P*ublic Administration Review* 58(4), 317–326.

King, Jean A. (1998). "Making sense of participatory evaluation practice." in *Understanding and practicing participatory evaluation*. New Directions for Evaluation. No. 80. edited by Elizabeth Whitmore, 57–67. San Francisco, CA: Jossey-Bass.

Kingsley, G. T., J. B. McNeely, and J. O. Gibson (1997). *Community building coming of age*. Washington, D. C.: The Development Training Institute. The Urban Institute.

Koo, H. (1984). "The political economy of income distribution in South Korea." *World Development* 12: 1029–2037.

Kramer, Daniel C. (1972). *Participatory democracy: Developing ideals of the political left*. Cambridge: Schenkman.

Krasner, Stephen D. (1978). *Defending the national interest: Raw materials investments and U.S. foreign policy*. Princeton, N.J.: Princeton University Press.

Krishna Anirudh (1999). "Creating and harnessing social capital." in Serageldin, Ismail. *Social Capital: A multifacedted perspective*. Washington D.C.: World Bank, 71–93.

Krishna, Anirudth (2001). *Enhancing political participation in democracies: What is the role of social capital?*. Working Papers Series San01-03. Terry Sanford Institute, Duke University.

Kuklinski, James H. and John E. Stanga (1979). "Political participation and government responsiveness: The behavior of California Superior Courts." *American Political Science Review* 73, 1090-1099.

Kumar, Somesh (2003). *Methods for community participation: A complete guide for practitioners*. ITDG Press.

Kweit, Mary Grisez and Robert W. Kweit (1981). *Implementing citizen participation in a bureaucratic society*. New York: Praeger.

Kweit, Mary G. and Robert W. Kweit (1984). "The politics of policy analysis: The role of citizen participation in analytic decisionmaking." *Policy Studies Review* 3(2), 234-245.

Kweit, Mary G. and R. W. Kweit (1987). "The Politics of Policy Analysis." in Desario, J. and S. Longton eds. *Citizen Participation in Public Decision Making*. New York: Greenwood Press.

Kweit, Robert W. and Mary G. Kweit (1990). People and politics in urban America. CA: Brooks/ Cole Publishing Co.

La Cité antique: Etude sure le cutte, le droit, les institutions de la Grecé et de Rome. (1864). 김응종 역 (2000). 「고대도시: 그리스, 로마의 신앙, 법, 제도에 대한 연구」. 아카넷.

Lane, Robert E. (1959). *Political life: Why and how people get involved in politics*. New York: The Free Press.

Lehnen, R. G. (1976). *American institutions, political opinion and public policy*. Hinsdale, Illinois: The Dryden Press.

Lepofsky, J. and J. C. Fraser (2003). "Building community citizens: Claiming the right to place-making in the city" *Urban Studies* 40(1), 127-142.

Lin, Nan (2001). *Social capital: A theory of social structure and action*. Structural Analysis in the Social Science no. 19. Cambridge: Cambirdge University Press.

Lijphart, Arend (1977). *Democracy in plural societies: A comparative exploration*. New Haven: Yale University Press.

Lijphart, Arend (1997). "Unequal participation: Democracy's unresolved dilemma." *American Political Science Review* 91(1), 1-14.

Lipsitz, Lewis (1972). in George H. Frederickson ed. *Politics, public administration and neighborhood control*. San Francisco: Chandler. recited from Strange.

Lineberry, Robert L. and I. Sharkansky (1974). *Urban politics and public policy*. New

York: Harper & Row.

Lindblom, Charles E. (1965). *The intelligence of democracy: Decision making through mutual adjustment*. New York: Free Press.

Lindblom, Charles E. (1990). *Inquiry and change: The troubled attempt to understand and shape society*. Yale University Press.

Lindblom, Charles E. and Edward J. Woodhouse (1993). *The policy-making process*(3rd ed.). New Jersey: Prentice Hall.

Lipset, Seimour M. (1960). *Political man*. New York: Doubleday & Co.

Loury, Glen (1977). "A dynamic theory of racial income difference." in P. A. Wallace and A. LeMund (eds). *Women, minorities, and employment discrimination*. Lexington Books, 153-186.

Luhman, N. (1979). *Trust and power*. London: Wiley.

Lukes, S. (1974). Power: *A radical view*. London: MacMillan.

Lunde, Tormod K. (1996). "Client consultation and participation: Consumers and public services." in OECD, *Responsive government: Service quality initiatives*. Paris: OECD.

Lyons, William E., and David Lowery (1989). "Citizen responses to dissatisfaction in urban communities: A partial test of a general model." *Journal of Politics* 51(4), 841-868.

MaCarthy, John and Mayer Zald (1987). "Resource mobilization and social movements: A partial theory." in Zald, Mayer/McCarthy, John (eds). *Social movements in an organizational society*. Transaction Books, New Brunswick(US) and Oxford(UK).

MacPherson, C. B. (1977). *The life and times of liberal democracy*. London: Oxford University Press.

Madison, James (1982). "Letter to W. T. Barry Aug 4. 1822." in Gaillard Hunt ed. (1910). *The writings of James Madison*. New York: Putnam, Recited from John Shatturk (1988). "The right to know: Public access to federal information in the 1980s." *Government Information Quarterly* 5, 369-375.

Maloney, W. (1999). "Contracting out the participation function." in Van Deth, J., Maraffi, M. Newton, K. and P. Whiteley eds., *Social capital and European democracy*. London: Routledge.

Manchester City Council (15 July 1986). *Report of the consultation and participation officers working party*. Neighborhood Service Committee.

Dalton, Russell Manfred Kuechle r(1990). *Challenging the political order-New social and political movements in western democracies*. Cambridge: Polity Press. 박형신・한상필 역 (1996). 「새로운 사회운동의 도전」. 한울아카데미.

Mansbridge, Jane J. (1983). *Beyond adversary democracy*. Chicago: University of Chicago Press.

Mansbridge, Jane, James Bohman, Simon Chambers, David Estlund, Andreas Føllesdal, Archon Fung, Christina Lafont, Bernard Manin, José Luis Martí (2010). "The place of self-interest and the role of power in deliberative democracy." *Journal of political psychology* 18(1), 64−100.

Margolis, M. and D. Resnick (2000). *Politics as usual: The cyberspace "Revolution."* Thousand Oaks, CA: Sage.

Mathews, David (1994). *Politics for people: Finding a responsible public voice*. Urbana: University of Illinois.

Mathews, David (1999). *Politics for people: Finding a responsible public voice*, 2nd ed. Univ. of Illinois Press.

Matthews, D. R. and J. W. Prothro (1966). *Negroes and the new southern politics*. New York: Harcourt, Brace, Jovanovich.

Mayor, Nonna (2003). "Democracy in France: Do associations matter?" in Hooghe, Marc and Dietlind Stolle, eds. *Generating social capital: Civil society and institutions in comparative perspective*, New York: Palgrave.

McAvoy, Gregory E. (1999). *Controlling technocracy: Citizen rationality and the NIMBY syndrome*. Georgetown University Press.

McClosky, H. (1969). "Political participation." *International Encyclopedia of the Social Sciences*. 12, 262−263.

McDowell, Richard L. (1984). "Sources and consequences of citizen attitudes toward government." *Public Administration Review* 44.

Mellors, Colin and Nigel Copperthwaite (1987). *Local government in the community*. N. H.: ICSA Publishing.

Melucci, A. (1988). "Social movement and the democratization of everyday life." in J. Keene ed. *Civil society and the state*. London: Verso.

Michael (1979). *Viable democracy*. New York: St. Martin's.

Michels, R. (1915). *Political parties*. E. & C. Paul trans. London: Jarrold & Sons.

Milbrath, Lester (1965). *Political participation*. Chicago: Rand McNally & Co.

Milbrath, Lester W. (1968). "The nature of political beliefs and relationship of the individual to the government." *American Behavioral Scientist* 12(2), 28−36.

Milbrath, Lester W. (1971). "A paradigm for the comparative study of local politics." *I*

& Politico 36, 5−35.

Milbrath, Lester W. and M. L. Goel (1977). *Political participation: How and why do people get involved in politics?* Chicago: Rand McNally College Publishing Co.

Mill, John Stuart (1910). *Considerations on representative government.* New York: Henry Holt & Co.

Mladenka, K. R. (1977). "Citizen demand and bureaucratic response: Direct dialing in a minor American city." *Urban Affairs Quarterly* 12, 273−290.

Mladenka, Kenneth R. (1980). "The urban bureaucracy and the Chicago political machine: Who gets what and the limits to political control." *American Political Science Review* 74, 991−998.

Moe, Terry M. (1981). "Toward a broader view of interest group." *Journal of Politics* 43, 531−543.

Morgan, Edward P. (1987). "Technocratic versus democratic options for educational policy." in Jack DeSario and Stuart Langton. *Citizen participation in public decision making.* New York: Greenwood Press.

Morrell, Michael E. (2005). "Deliberation, democratic decision-making and internal political efficacy." *Political Behavior* 27(1), 49−69.

Morse, Suzanne W. (1992). *Politics for the twenty-first century: What should be done on campus?.* Dubuque, Iowa: Kettering Foundation.

Mosca, G. (1939). *The ruling class.* H. D. Kahn trans. New York: McGraw Hill.

Mosher, Frederick C. ed. (1967). *Governmental reorganizations: Cases and commentary.* Indianapolis: Bobbs-Merrill.

Mosher, William E. ed. (1941). *Introduction to responsible citizenship.* New York: Henry Holt and Company.

Mossberger, Karen, Caroline J. Tolbert and Ramona S. McNeal (2008). *Digital citizenship- The internet, society, and participation.* The MIT Press.

Mossberger, K., C. Tolbert and M. Stansbury (2003). *Virtual inequality: Beyond the digital divide.* Washington, DC: Georgetown University Press.

Mott, Stephen Charles (1993). *A christian perspectives on political thought.* New York: Oxford University Press.

Muller, Edward (1972). "A test of a partial theory of potential for political violence." *American Political Science Review* 66, 928−959.

Muller, Edward N. (1982). "An explanatory model for differing types of participation." *European Journal of Political research* 10, 1−16.

Myrdal, Gunnar, Richard Sterner and Arnold Rose (1944). *An American dilemma*. New York: Harper and Brothers.

Nachmias, D. (1985). "Determinants of trust within the federal bureaucracy." in D. H. Rosenbloom (ed.), *Public personnel policy: The politics of civil service*, NY: Associated Faculty Press.

Naisbitt, John (1986). *Megatrends: Ten new directions transforming our lives*. Warner Books.

Needleman, Martin L., and Carolyn E. Needleman (1974). *Guerrillas in the bureaucracy: The community planning experiment in the United States*. New York: John Wiley & Sons.

Nelson, Joan M. (1979) *Access to power: Politics and the urban poor in developing nations*. Princeton: Princeton University Press.

Newman, J. (2001). *Modernising governance: New labour, policy and society*. London: Sage.

Newton, Kenneth (2001). "Trust, social capital, civil society, and democracy." *International Political Science Review* 22(1), 201-214.

Nie, N., B. Powell, and K. Prewitt (1969). "Social structure and political participation." *American Political Science Review* 63, 361-378.

Nie, Norman et al. (1979). *The changing American voter*. Cambridge, Mass.: Harvard University Press.

Nimmo, Dan D. and Charles M. Bonjean (1972). "Introduction." in Nimmo, Dan D. and Charles M. Bonjean eds. *Political attitudes & public opinion*. New York: David McKay Co., 5.

Nugent, John D. (2001). "If E-democracy is the answer, what's the question?." National Civic Review 90(3), 221-233.

Nye, Joseph S. et al. eds (1998). *Why people don't trust government*. Harvard University Press. 박준원 역 (2001). 「국민은 왜 정부를 믿지 않는가」. 서울: 굿인포메이션.

OECD. (1997). "Final draft of the ad hoc working group on participatory development and good governance" (www.oecd.org/dac/htm/pubs/p-pdgg.htm).

OECD. (2001). *Citizens as partners-Information, consultation, and public participation in policy-making*.

Offe, Claus (1999). *How can we trust our fellow citizens? In democracy and trust*, edited by Mark E. Warren, 42-87. Cambridge: Cambridge University Press.

Olsen, Marvin E. (1970). "Social and political participation of blacks." *American Sociological Review* 35, 682-696.

Olson, Mancur (1971). *The logic of collective action: Public goods and the theory of groups*. Cambridge, MA: Harvard University Press.

Olson. M., Jr. (1965). *The Logic of Collective Action: Public Goods and the Theory of Groups*. Cambridge: Harvard University Press.

Olson, Marvin E. (1982). *Participatory pluralism*. Chicage: Nelson-Hall.

O'Neil, James E. (1972). "Access to government documents: Progress, problems, and prospects." in Sunflower University Press Access the government documents.

Orum, Anthony M. (1966). "A reappraisal of the social and political participation of negroes." *American Journal of Sociology* 72, 32–46.

Pahl, R. (1977). "Managers, technical experts and the state." in *Captive cities*. Edited by M. Harloe. London: John Wiley.

Painter, J. and C. Philo (1995). "Spaces of citizenship: An introduction." *Political Geography* 14(2), 102–120.

Pallentz, David L. and Robert M. Entman (1981). *Media, power, politics*. New York: Free Press.

Parnell, John A. and William R. Crandall (2001). "Rethinking participative decision making: A refinement of the propensity for participative decision making scale." *Personnel Review* 30(5), 523–535.

Parry, Geraint, G. Moyser and N. Day (1992). *Political participation and democracy in Britain*. Cambridge: Cambridge University Press.

Pateman, Carole (1970). *Participation and democratic theory*. Cambridge: Cambridge University Press.

Paxton, Pamela (1999). "Is social capital declining in the United States? A multiple indicator assessment." *The American Journal of Sociology* 105(88).

Percy, Stephen L. (1984). "Citizen participation in the coproduction of urban services." *Urban Affairs Quarterly* 19(4), 431–446.

Peters, B. Guy and John Pierre (1998). "Governance without government? Rethinking public administration." *Journal of Public Administration Research and Theory* 2, 223–243.

Peterson, Paul E. (1981). *City limits*. Chicago: University of Chicago Press.

Pierre, J. (2000). *Debating governance*. Oxford University Press.

Pinch, Steven (1985). *Cities and services: The geography of collective consumption*. London: Routledge & Kegan Paul.

Pomper, Gerald M. (1971). "Toward a more responsible party system? What, again?." *Journal of Politics* 33, 916–940.

Pool, Ithiel de Sola (1967). "The public and the polity." Ithiel de Sola Pool ed. *Contemporary Political Science*, 22-52.

Portes, Alejandro (1998). "Social capital: Its origins and applications in modern sociology." *Annual Review of Sociology* 24, 1-24.

Poulantzas, Nicos (1973). *Political power and social classes*. London: New Left Books.

Powell, Jr., G. Bingham (1982). *Contemporary democracies: Participation, stability, and violence*. Cambridge, MA: Harvard University Press.

Powers, Stanley, F. Gerald Brown and David S. Arnold (1974). *Developing the municipal organization*. International City Management Association.

Putnam, Robert D. (1993a), "The prosperous community: Social capital and public life." *American Prospects* 4(13), 35-42.

Putnam, Robert D. (1993b). *Making democracy work: Civic traditions in modern Italy*. Princeton University.

Putnam, Robert D. (1995). "Bowling alone: America's declining social capital." *Journal of Democracy* 6(1), 65-78.

Putnam, R. D. (1996). "The Strange Disappearance of Civic America." *American Prospect*. 7(24).

Putnam, Robert D. (2000). *Bowling alone: The collapse and revival of American community*. New York: Simon and Schuster.

Ranson, Stewart (1988). "From 1944 to 1988: Education, citizenship and democracy." *Local Government Studies* 14(1), 1-19.

Relyea, Harold C. (1986). "Access to government information." *Public Administration Review* 46: 635-639.

Rhodes, Rod (1992). "Management in local government: Twenty years on." in Steve Leach ed. (1992). *Strengthening local government in the 1990s*. UK: Longman.

Rhodes, R. A. W. (1997). *Understanding governance: Policy networks, governance, reflexivity and accountability*. Open University Press.

Rich, Richard C. (1979). "The roles of neighborhood organizations in urban service delivery." *Urban Affairs Papers* 1, 2-20.

Rich, Richard C. (1982). "Problems of theory and method in the study of urban-service distributions." in D. R. Marshall ed. *Urban policy making*. Beverly Hills: Sage.

Ridley, Frederick F. (1984). "Intermediaries between citizen and administration: Some British perspectives." *International Review of Administrative Science* 50(4), 355-363.

Rimmerman, Craig A. (1997). *The new citizenship- Unconventional politics, activism, and service*. WestviewPress.

Rohrschneider, Robert (1990). "The roots of public opinion toward new social movements: An empirical test of competing explanations." *American Journal of Political Science* 34(1), 1–30.

Rokkan, Stein and Angus Campbell (1960). "Norway and the United States of America in citizen participation in political life." *International Social Science Journal* 12: 69–99.

Rosenau, J. (1992). "Governance, order, and changes in world politics." in Rosenau, J. and E. Czempiel. *Governance without government: Order and change in world politics*, 1–29.

Rosenbaum, Walter A. (1978). Public involvement as reform and ritual. in *Citizen participation in America*, edited by Staurt Langton, 81–96. Lexington, MA: Lexington Books.

Rosenstone, Steven J. and John Mark Hansen (1993). *Mobilization, participation, and democracy in America*. New York: Macmilln.

Rotter, J. B. (1967). "A new scale for the measurement interpersonal trust." *Journal of Personality* 35, 651–665.

Rourke, Francis E. (1975). "Administration secrecy: A comparative perspective." *Public Administration Review* 35.

Rourke, Francis E. (1984). B*ureaucracy, politics and public policy*. 3rd ed. Boston: Little, Brown Co.

Rousseau, Jean Jacques (1913). *The social contract and discourses*. New York: Praeger.

Rousseau, J. J. (1968). *The social contract*. M. Cranston trans. Penguin Books.

Sabatier, Paul A. (1988). "An advocacy coalition framework of policy changes and the role of policy-oriented learning." *Policy Sciences* 21(2–3), 129–168.

Sabucedo, Jose Manuel and Constantino Arce (1991). "Types of political participation: A multidimensional analysis." *European Journal of Political Research* 20, 93–102.

Salamon, Lester. M. (1995). *Partners in public service: Government-nonprofit relations in the modern welfare state. Baltimore and London*: The Johns Hopkins University Press.

Salamon, L. M. and H. Anheier (1996). *The emerging nonprofit sector: An overview*. New York: Manchester University Press.

Salamon, Lester M. and S. Sokolowski (2004). *Global civil society: Dimensions of the nonprofit sector*. Kumarian Press.

Sanoff, Henry (2000). *Community participation methods in design and planning.* John Wiley & Sons, Inc.

Sartori, G. (1962). *Democratic theory.* Detroit: Wayne State University.

Saunders, Peter (1979). *Urban politics: A sociological interpretation.* London: Hutchinson.

Sayre, Wallace S., and Herbert Kaufman (1965). *Governing New York city: Politics in the Metropolis.* New York: W. W. Norton.

Scaff, Lawrence A. (1975). "Two concepts of political participation." *The Western Political Quarterly* vol. 28, 447-462.

Schachter, Hindy Lauer (1995). "Reinventing government or reinventing ourselves: Two models for improving government performance." *Public Administration Review* 55(6), 530-537.

Schachter, Hindy L. (1997). *Reinventing government or reinventing ourselves: The role of citizen owners in making a better government.* SUNY Press.

Schattschneider, E. E. (1942). *Party government.* New York: Holt, Rinehart & Winston Inc.

Schattschneider, E. E. (1960). *The semi-sovereign people.* New York: Holt, Rinehart, and Winston.

Schlozman, Kay Lehman, Nancy Burns and Sidney Verba (1994). "Gender and the pathways to participation: The role of resources." *The Journal of Politics* 56(4), 963-990.

Schlozman, Kay Lehman, Sidney Verba and Henry E. Brady (1995). "Participation's not a paradox: The view from American activists." *British Journal of Political Science* 25(1), 1-36.

Schmitter, Philippe C. and Gerhard Lemnruch (eds). (1979). *Trends toward corporatist intermediation.* Beverly Hills: Sage Publication.

Schramm, W. (1973). *Men, message and media.* New York: Harper & Row.

Schumpeter, J. S. (1943). *Capitalism, socialism, and democracy.* London: Geo Allen & Unwin.

Shane, Peter M. (2004). *Democracy online- The prospects for political renewal through the internet.* New York, N. Y.: Routledge.

Shultze, William A. (1985). *Urban politics: A political economy approach.* Englewood Cliff: Prentice-Hall.

Sears, David O., and John B. McConahay (1973). *The politics of violence.* Boston: Houghton Mifflin.

Seligson, Mitchell A. (1980). "Trust, efficacy, and modes of political participation: A study of Costa Rican peasants." *British Journal of Political Science* 10(1), 75–98.

Seyd, Patrick and Paul Whiteley. (2002). *New labour's grassroots: The transformation of the Labour Party membership*. New York: Macmillan.

Sharkansky, Ira and Donald Van Meter (1975). *Policy and politics in American government*. New York: McGraw-Hill Book Co.

Sharp, Elaine B. (1980). "Citizen perceptions of channels for urban service advocacy." *Public Opinion Quarterly* (fall), 362–376.

Sharp, Elaine B. (1984a). "Citizen-demand making in the urban context." *American Journal of Political Science* 28, 654–670.

Sharp, Elaine B. (1984b). "Exit, voice and loyalty" in the context of local government problems." *Western Political Quarterly* 37, 67–83.

Sharp, Elaine B. (1990). *Urban politics and administration*. New York: Longman.

Shils, E. (1997). *The virtue of civility: Selected essays on liberalism, tradition, and civil society*, ed., by Steven Crosby, Indianapolis: Liberty Fund.

Shultze, William A. (1985). *Urban politics: A political economy approach*. Englewood Cliff: Prentice-Hall.

Skeffington Committee on Public Participation in Planning (1969). *People and planning*.

Skogan, W. G. (1975), "Groups in the policy process: The police and urban crime." in R. L. Lineberry and L. H. Masotti eds. *Urban problems and public policy*. Laxington, MA: D.C. Health and Co.

Smith, David Horton (1997). "The rest of the nonprofit sector: Grassroots associations and the dark matter ignored in prevailing 'flat earth' maps of the sector." *Nonprofit and Voluntary Sector Quarterly* 26(2), 114–131.

Smith, Michael Peter (1979). *The city and social theory*. New York: St. Martin's Press.

Stanton, T. K. (1983). *Field study: Information for faculty*. Ithaca, N.Y: Human Ecology Field Study Office, Cornell University.

Stanton, Timothy K., Dwight E. Giles, Jr., and Nadinne I. Cruz (1999). *Service-Learning- A movement's pioneers reflect on its origins, practice, and future*. San Francisco: Jossey-Bass Publishers.

Stenberg, Carl W. (1972). "Citizens and the administrative state: From participation to power." *Public Administration Review* 32, 190–223.

Stinson, T. F., and J. M. Stam (1976). "Toward an economic model of voluntarism: The case of participation in local government." *Journal of Voluntary Action*

Research 5(1), 52−60.

Stivers, Camilla (1990). “The public agency as polis: Active citizenship in the administrative state.” *Administration & Society* 22(1), 86−105.

Stone, Clarence N. (1980). “Systemic power in community decision-making: A restatement of stratification theory.” *American Political Science Review* 74, 978−990.

Stone, Deborah A. (1988). *Policy paradox and political reason*. Glenview, Illinois: Scott, Foresman & Co.

Stouffer, Willard B., Cunthia Opheim and Susan Bland Day (1991). *State and local politics: The individual and the governments.* Harper Collins.

Strange, John H. (1972). “The impact of citizen participation on public administration.” *Public Administration Review* 32, 457−470.

Strouse, J. C. (1975). T*he mass media, public opinion, and public policy analysis*. Columbus. Oh Charles E. Merrill.

Susskind, L. (1999). “An alternative to Robert's rules of order for groups, organizations, and ad hoc assemblies that want to operate by consensus.” in L. Susskind, S. McKearnan, and J. Thomas-Larmer (eds). (1999). *The consensus building handbook*. Thousand Oaks, Calif.: Sage Publications.

Szasz, A. (1994). *EcoPopulism: Toxic waste and the movement for environmental justice*. Minneapolis: University of Minnesota Press.

Thomas, John Clayton (1982). “Citizen-initiated contacts with government agencies: A test of three theories.” *American Journal of Political Science* 26(3), 504−522.

Thomas, John Clayton (1986). *Between citizen and cit*y. Lawrence: University Press of Kansas.

Thomas, John Clayton (1993). “Public involvement and governmental effectiveness: A decision-making model for public managers.” *Administration and society* 24, 444−469.

Thomas, John Clayton (1995). *Public participation in public decisions: New skills and strategies for public managers*. Jossey-Bass.

Thomas, J., and G. Streib (2003). “*The new face of government: Citizen-initiated contacts in the era of e-government.” Journal of Public Administration Research and Theory* 13(1), 83−102.

Tiebout, Charles M. (1956). “A pure theory of local expenditures.” *Journal of Political Economy* 64, 412−424.

Tocqueville, Alexis de. (1956). *Democracy in America*. Ed. Richard Heffner. New York: Mentor Books.

Toffler, Alvin and Heidi Toffler (1995). *Creating a new civilization: The politics of the third wave*. Atlanta: Turner Publishing Inc.

Tongsawate, M. and Walter E. J. Tips (1988). C*oordination between governmental and non-governmental organizations in Thailand's rural Development*. Division of Human Settlements development, Asian Institute of Technology, Bangkok.

Truman, David (1959). *The governmental process*. New York: Knopf.

Turner, B. S. (1988). *Citizenship and capitalism*. London: Allen and Unwin.

Uphoff, Norman (1999). "Understanding social capital: Learning from the analysis and experience of participation" in Serageldin, Ismail. *Social capital: A multifaceted perspective*. Washington, D.C.: World Bank, 215–253.

Vedlitz, A., and E. P. Veblen (1980). "Voting and contacting: Two forms of political participation in a suburban community." *Urban Affairs Quarterly* 16, 31–48.

Verba, Sidney, Kay L. Schlozman and Henry E. Brady (1995). *Voice and equality: Civic voluntarism in American politics*. Harvard University Press.

Verba, S., K. Schlozman, and H. Brady (1995). *Voice and equality: Civic voluntarism in American politics*. Cambridge, MA: Harvard University Press.

Verba, Sidney, Kay Lehman Schlozman, Henry Brady and Norman H. Nie (1993). "Citizen activity: Who participates? what do they say?." *American Political Science Review* 87(2), 303–318.

Verba, Sidney and Norman H. Nie (1972a). *The model of democratic participation: A cross-national compariso*n. Beverly Hills: Sage Comparative Politics Series. No. 01–13.

Verba, Sidney and Norman H. Nie (1972b). *Participation in America- Political democracy and social equality*. New York: Haper and Row.

Verba, Sidney, Norman Nie and Jae-on Kim (1971). *Modes of democratic participation: A cross-national comparison*. Beverly Hills, Calif.: Sage Comparative Politics Series, No. 01–13.

Verba, Sidney, Norman H. Nie and Jae-on Kim (1978). *Participation and political equality: a seven-nation comparison*. New York: Cambridge University Press.

Wade, Rahima C. (1997). *Community service-learning in a democracy: An introduction, community service learning- A guide to including service in the public school curriculum*. State University of New York Press

Walker, J. L. (1960). "A critique of the elitist theory of democracy." *American Political Science Review* 60, 285–295.

Walle, Steven Van de (2003). "Public service performance and trust in government: the problem of causality." *International Journal of Public Administration* 26(8/9), 891–909.

Walton, John (1966). "Discipline, method and community power." *American Sociological Review* 31.

Wamsley, G. L. et al. (1987). "The public administration and the governance process: Refocusing the American dialogue." in R. C. Chandler ed. (1987). *A centennial history of the American administrative state*. London: Collier Macmillan, 291–317.

Wamsley, Gary L. and Larkin Dudley S. (1995). *From reorganizing to reinventing: Sixty years and we still don't get it*. Mimeo, 1–42.

Warren, Robert, M. S. Resentraub and L. F. Wehschler (1992). "Building urban governance." *Journal of Urban Affairs*. 14, 399–422.

Weaver, R. Kent (1988). *Automatic government*. Washington D.C.: Brookings Institution.

Wattenberg, Martin P. (2007). *Is voting for young people?*. New York: Pearson/ Longman.

Weaver, R. Kent (1988). *Automatic government*. Washington D.C.: Brookings Institution.

Weber, Edward P. (2000). "A new vanguard for the environment: Grass-roots ecosystem management as a new environmental movement." *Society and Natural Resources* 13(3), 237–259.

Weber, Max (1946). *In from Max Weber: Essay in sociology*. Edited and translated by Gerth, Hans H. and C. Wright Mills. New York: Oxford University Press.

Weber, Max (1978). *Economy and society*. Berkerly: University of California.

Weiss, Thomas George and Leon Gordenker (1996). *NGOs, the UN, and global governance*. Lynne Rienner.

Welch, Susan (1975). "The impact of urban riots on urban expenditures." *American Journal of Political Science* 19(4), 741–760.

Western, Tracy (2000). "E-democracy: Ready or not, here it comes." *National Civic Review* 89(3), 217–227.

Whiteley, Paul F. (1995). "Rational Choice and Political Participation. Evaluating the Debate." *Political Research Quarterly* 48(1), 211–233.

Wilson, James Q. (1966). "The war on cities." *The Public Interest 3*.

Wise, Bob (1989). "Electronic information and freedom of information-moving toward policy: A viewpoint." *Government Publications Reviews* 16, 425–428.

Wolfinger, R. E. (1974). *The politics of progress*. Englewood Cliffs, New Jersey: Prence-Hall.

Wolfsfeld, Gadi (1985). "Political efficacy and political action: A change in focus using data from Israel." *Social Science Quarterly* 66(3), 617–628.

Woodruff, Paul (2005). *First democracy: The challenge of an ancient idea.* Oxford Univ. Press.

Woolcock, Michael (1998). "Social capital and economic development: Toward a theoretical synthesis and policy framework." *Theory and Society* 27(2), 151–208.

Yang, Kaifeng (2005). "Public administrators' trust in citizens: A missing link in citizen involvement efforts." *Public Administration Review* 65(3), 273–285.

Yates, D. (1977). *The ungovernable city*. Cambridge: MIT Press.

Yeich, Susan and Ralph Levine (1994). "Political efficacy: Enhancing the construct and its relationship to mobilization of people." *Journal of Community Psychology* 22, 259–271.

Zand, D. E. (1972). "Trust and managerial problem solving." *Administrative Science Quarterly*. 17, 229–239.

Zimmerman, Joseph F. (1986). *Participatory democracy: Populism revisited.* New York: Praeger.

Zimmerman, Joseph F. (1999). *The Initiative: Citizen Law-Making*. Westport, Connecticut, U.S.A., Praeger Publishers.

Zimmerman, Marc A. (1989). "The relationship between political efficacy and citizen participation: Construct validation studies." *Journal of Personality Assessment* 53(3), 554–566.

Zuckerman, Alan S., and Darrell M. West (1985). "The political bases of citizen contacting: A cross-national analysis." *The American Political Science Review* 79(1), 117–131.

山口定. (1989). 政治體制. 東京大 出版會.

岩崎忠夫. (1984). 住民參加論: 住民參加の理論と實務. 制一法規.

高寄昇三. (1980). 市民統制と 地方自治. 經革書房.

的石淳一. (1982). 自治體 廣報の新展開. 制一法規.

村松岐夫와 伊藤光利. (1986). 地方議員の研究. 日本經濟新聞社.

本田 弘 (1979). 現代地方自治の機能と役割. ぎょうせい.

渡邊克己. (1990. 4). "都道府縣 廣報廣廳 活動에 관한 調查研究의 槪要." 지방자치.

八木敏行. (1986). 情報公開: 現況, 課題. 東京: 有斐閣.

細川護熙・岩國哲人. (1992). 地方의 論理. 서울: 민지사.

사항색인

공저자약력

이승종(李勝鐘)
서울대학교 사회교육과 졸업
서울대학교 행정대학원 행정학석사
Northwestern University 정치학박사
행정고등고시 22회
한국지방행정연구원장
고려대학교, 성균관대학교 교수 역임
현, 서울대학교 행정대학원 교수

김혜정(金惠貞)
연세대학교 행정학과 졸업
서울대학교 행정대학원 행정학석사
서울대학교 행정대학원 행정학박사
한국지방행정연구원 수석연구원
현 선문대학교 행정학과 부교수

제2판
시민참여론

제2판발행	2018년 2월 28일
지은이	이승종 · 김혜정
펴낸이	안종만
편 집	안희준
기획/마케팅	오치웅
표지디자인	김연서
제 작	우인도 · 고철민
펴낸곳	(주) 박영사
	서울특별시 종로구 새문안로3길 36, 1601
	등록 1959. 3. 11. 제300-1959-1호(倫)
전 화	02)733-6771
f a x	02)736-4818
e-mail	pys@pybook.co.kr
homepage	www.pybook.co.kr
ISBN	979-11-303-0528-8 93350

정 가 34,000원